アダム・スミスの会監修

水田　洋
篠原　久
只腰親和
前田俊文
【訳】

名古屋大学出版会

訳序

本書は、アダム・スミスが一七六二―六三年にグラーズゴウ大学の道徳哲学の教授として行った、通年講義のひとつである法学講義の、学生による筆記手稿からの翻訳である。本書によって、確認されたかぎりのアダム・スミスの著作（講義ノートを含む）は、すべて邦訳されたことになる。

スミスはグラーズゴウ大学で、スコットランド啓蒙思想の開拓者の一人とされるフランシス・ハチスンに学び、オクスフォードに留学したが、そこの学問的退廃に失望して帰郷した。すでに恩師ハチスンを失っていたスミスに、エディンバラで公開講義（修辞学・法学・哲学）を行う機会を与えたのは、ハチスンと並ぶ思想開拓者、ケイムズ卿ヘンリ・ヒュームであった。この講義の成功によって、スミスは一七五一年に母校の論理学の教授に迎えられ、翌年には道徳哲学に転じて、まもなく主著『道徳感情論』を書いたのだが、公開講義の三つのテーマのうち、ケイムズが希望したのは修辞学で、あとの二つはスミスの提案であったと想定されている。法曹としてケイムズを継承したウッドハウスリー卿タイトラーは、ケイムズの伝記でこの公開講義に関して修辞学しかあげていないが、スミスが大学に任用されてからも道徳哲学の講義とともにこれらの三つの講義を継続していたことについては、弟子たちの証言があり、特に法学は、彼が『道徳感情論』の終わりに「次の著書は法学あるいは統治の一般理論である」と書いたことによって、重く見られることになった。スミスはこの計画を死に面しても捨てず、『国富論』はそのうちの生活行政に関する部分にすぎないとしていた。以下に訳される法学講義は、スミスがバクルー侯の大陸旅行に同行するために大学を辞任する前の、最後の通年講義である。その後グラーズゴウを離れる前に、スミスは短期集中の法学講義を行った（あるいは代講者用のメモを残した）とされ、その筆記手稿が発見されている（邦訳『法学講義』岩波文庫）。『グラーズゴウ版アダム・スミス著作・書簡集』の編者は、後者の手稿をLJ(B)とよび、最後の通年講義の手稿をLJ(A)と呼ぶことにした。われわれもそれに従うのだが、括弧は省いて表記する。

手稿の発見は、LJBのほうがLJAよりはるかに早く、一八九五年にエドウィン・キャナンがスコットランドの旧家の蔵書のなかから手稿を発見して、編集出版したのだが、キャナンはそのときロンドン政治経済学校（LSE）の経済学の講師に任命されたばかりで、『国富論』の新版編集に取りかかるところであり、新しく発見された手稿をもっぱら『国富論』の前段階として評価し、スミスにおける法学の独立性を認めなかった。経済学者は『道徳感情論』を読まなかったのかもしれない。それでもキャナンは手稿に見られる穀物価格などから、これが一七六三年またはその後の講義にもとづくものであることを証言した。ところが一九五八年に、アバディーン大学のジョン・ロージアンがやはりスコットランドの旧家の蔵書のなかから、LJAを発見してみると、この手稿には一七六二年一二月二四日から一七六三年四月一三日までの日付があって、その後の第七巻が紛失したらしいことが分かったので、一七六四年のはじめに辞任したスミスにとってはLJAが最後の通年講義であり、したがってLJBは、LJAを終了してから辞任するまでのあいだのものだということが確認されたのである。

ロージアンによる手稿の発見は、法学だけでなく修辞学・文学にも及んでいたので、スミス研究者たちに大きな衝撃を与えたが、修辞学ノートが一九六三年にロージアン自身の編集によって出版されたのに対して、法学ノートは一九七八年にグラーズゴウ版著作集で出版されるまで、公開されなかった。発見者ロージアンが、事故死した息子の遺族の養育費のために高く売りたいと言っていたためでもあろうが、グラーズゴウ大学が入手してからの秘密主義は、ほめられたものではなかった。グラーズゴウ版の主任編者であったロンルド・ミークは、ロイ・パスカルのあとを継いで、戦後まもない頃からスミスの法学講義にマルクスの史的唯物論の原形を読み込もうとしていたので、自説を発表するまで秘密主義に傾いていたのだろう。

スミスが『道徳感情論』で、次の著書は法学・統治論だと書き、死を控えては計画が達成できなかったことを認めて、『国富論』はその一部分にすぎなかったと明言したあとも、スミス研究といえばほとんどつねに『国富論』の研究であった。これには一方で『国富論』がイギリス産業革命の波に乗ったという幸運があり、他方で『道徳感情論』が自愛心を主張するものとして、グラーズゴウにおけるスミスの後任であったトマス・リードなどによって非難された不幸があった。したがって、国際的なスミス研究が彼の思想の全体に、あるいは『道徳感情論』の終わりの「次は法学」という言葉に、目配りをするようになったのは、『国富論』出版二〇〇年記念の頃にすぎなかったのである。日本だけは例外的に研究の蓄積をもっていると、海外のある研究者が書いたとおり、われわれは太平洋戦争が始まる頃に、二人の先学によってアダム・スミスの思想を経済学・法学・道徳哲学の統一として学ぶことを教えられた。そのために日本のスミス研究者は、戦後の国際学会で先輩のような顔をすることができたのだが、それは結局、先学の遺産の売り食いにすぎなかったのではないか。私たち訳者はこの機会に、上記二人の先学、高島善哉・大河内一男両先生の学恩に感謝するとともに、この翻訳が日本のスミス研究に新風を起こしてくれることを期待したい。

この翻訳には、ロージアンが発見して現在グラーズゴウ大学が所蔵する手稿を底本として使用し、高知大学図書館所蔵のそのフィルムと『グラーズゴウ版アダム・スミス著作・書簡集』第五巻を利用した。翻訳は四人の分担で行われたが、まず水田が単独で前半三巻を訳したところで力尽きて悲鳴をあげ、後半について三人の訳者のそれぞれの専門領域について協力を仰いだ。特に直接に統治論にかかわる第五巻については、プーフェンドルフ研究者とスミス研究者の協力が必要であり有効であった。後半三巻の分担は、次のとおりである。第四巻：篠原久、第五巻：前田俊文・水田洋、第六巻：只腰親和。前田は索引の作成と訳語の整理にあたり、全体の訳語訳文の統一は水田が担当したが、これについては、名古屋大学出版会の三原大地氏の全面的な助力があったので、付記して謝意を表したい。水田は前半三巻について古典語とそれをめぐる知見について、一橋大学の大月康弘氏のご協力を得た。

二〇一二年二月

訳者を代表して　水田　洋

目次

凡例

一、本書の底本はロージアンが一九五八年頃に発見したままの、六巻に製本されて以下紛失とされる手稿（Glasgow University Library, MS Gem. 94）である。もちろん手稿原本を直接に利用できる機会はきわめて限られているので、高知大学図書館所蔵のフィルムによるコピーを手元に置いたが、『グラーズゴウ版アダム・スミス著作・書簡集』第五巻（edited by R. L. Meek, D. D. Raphael, and P. G. Stein, Oxford University Press, 1978）としてLJAもLJBも編集出版されていることを忘れたわけではなく、翻訳にあたって最大の恩恵を受けたのはその編者たちからであった。

二、手稿は書かれたあとで製本されたので、見開き右側に本文があるのは当然として、左側には前ページの裏があって、そこに本文への加筆が書かれている。原注と言うべきかもしれない。それは次ページの裏まで続くこともあるが、本文のどこに挿入されるべきかの指示は皆無である。訳者は追加の全文を編者にしたがって〔 〕で示し、挿入の位置についても編者にしたがった。前ページの裏であることは示さなくてもよかったかもしれないが、次ページの裏まで及んでいる場合は本文中の〔 〕の直後に［ ］で示す必要があった。

三、手稿のページ数は各段の下部に記し、本書内での参照には手稿のページ数と本書のページ数を併記した。

四、本文中の〈 〉は手稿原文の空白、あるいは必要な文字の欠落である。編者がそこで補填した場合は編注のひとつの形なのだが、編注に別記、または空白のままということもある。空白はできるかぎり訳者が補填するが、〈読めない一語〉〈解読不能〉とする場合もある。

五、［ ］は訳者による補足であり、また各項目の見出しは訳者が追加した。訳注も［ ］で示す。

六、編者による脚注は、編注 editorial notes として、本文にアラビア数字で示されたものと、本文注 textual notes として本文にアルファベットで示されたものがあり、いずれも相当な数に達している。前者は全部、対応部分の本書見開き左ページの下部に収め、後者は原則不採用とした。後者は主として手稿原文の読み方に関するもので、抹消字句の存在や読み方への疑問などを知ることができるが、ある文字について読み方に疑問あり reading doubtful と注記されても、訳者がより有力な別の読み方を提案できるわけではないし、抹消部分の復活は著者（筆記者）の意に反することで、訳者の仕事ではない。

七、この翻訳では、編注の全部を編者の意見の表明として採用し、できるだけ原形どおりに再現することに努めたが、次のような問題が生じた。

⑴編注の大部分を占める引照文献は主として英文表記のままであり、当然のこととして邦訳への参照はない。

⑵編注に対して訳者としての異議または補足があれば、本文に対する補足と同様に、適宜［ ］で挿入する。

⑶編注に、本文に引用されたラテン語文章の英訳が注記される場合、邦訳を本文中に示しラテン語を注に記した。

⑷ローマ法、イギリス法の法典法文の表記も、読者として当然の教養の範囲内のものとして、特に説明はしない。以上のほかに、訳注としては、『道徳感情論』以外のスミスの著作への引照に留意した。『国富論』への引照は、グラーズゴウ版著作集の編集方針として断念され、他方で『道徳感情論』への引照は編集者の一人であるラファエルによって、スタンダード・エディションの範囲を超えるほどに詳細である。

八、編注の略語は次の文献を示す。

A.P.S.: *The Acts of the Parliaments of Scotland 1124–1707*, ed. T. Thomson and C. Innes, 12 vol. (1814–75)

C.: Code of Justinian

C. Th.: Code of Theodosius

Cocceius : *Samuelis L. B. de Cocceii ... Introductio ad Henrici L. B. de Cocceii ... Grotium illustratum, continens dissertationes proemiales XII* (1748)

D.: Digest of Justinian

Dalrymple : Sir John Dalrymple, *An Essay towards a General History of Feudal Property in Great Britain* (1757 ; 4th edn., 1759)

Erskine : John Erskine, *The Principles of the Law of Scotland* (1754)

Grotius : Hugo Grotius, *De Jure Belli ac Pacis libri tres* (1625)

Hale : Sir Matthew Hale, *The History of the Pleas of the Crown*, 2 vol. (1736)

Harris : Joseph Harris, *An Essay upon Money and Coins*, Parts I and II (1757–8)

Hawkins : William Hawkins, *A Treatise of the Pleas of the Crown*, 2 vol. (1716)

Heineccius : Johann Gottlieb Heineccius, *Antiquitatum Romanarum jurisprudentiam illustrantium Syntagma* (1719 ; 6th edn., 1742)

Hume, *Essays* : David Hume, *Essays, Moral, Political and Literary*, ed. T. H. Green and T. H. Grose, 2 vol. (1875 ; new edn., 1889)

Hume, *History*, I and II : David Hume, *The History of England, from ... Julius Caesar to the accession of Henry VII*, 2 vol. (1762)

Hume, *History*, III and IV : David Hume, *The History of England under the House of Tudor*, 2 vol. (1759)

Hutcheson, *M. P.*: Francis Hutcheson, *A Short Introduction to Moral Philosophy* (1747), being English translation of *Philosophiae Moralis Institutio Compendiaria* (1742)

Hutcheson, *System* : Francis Hutcheson, *A System of Moral Philosophy*, 2 vol. (1755)

Inst.: Institutes of Justinian

Kames, *Essays* : Henry Home, Lord Kames, *Essays upon several subjects concerning British Antiquities* (1747)

Kames, *Law Tracts* : Henry Home, Lord Kames, *Historical Law-Tracts*, 2 vol. (1758)

LJA : Adam Smith, *Lectures on Jurisprudence : Report of 1762-3*, Glasgow University Library

LJB : Adam Smith, *Lectures on Jurisprudence : Report dated 1766*, Glasgow University Library

Locke, *Civil Government* : John Locke, *Second Treatise of Civil Government* (1690)

M'Douall : Andrew M'Douall, Lord Bankton, *An Institute of the Laws of Scotland in Civil Rights*, 3 vol. (1751-3)

Mandeville : Bernard Mandeville, *The Fable of the Bees*, Part I (1714), Part II (1729), ed. F. B. Kaye, 2 vol. (1924)

Montesquieu : C. L. de Secondat, Baron de Montesquieu, *De l'esprit des lois* (1748)

Pufendorf : Samuel von Pufendorf, *De Jure Naturae et Gentium libri octo* (1672)

Stair : James Dalrymple, Viscount Stair, *The Institutions of the Law of Scotland* (1681)

TMS : Adam Smith, *The Theory of Moral Sentiments* (1759)

目次

〔以上、手稿第一巻3ページに書かれた不完全な目次で、ページ数は手稿39ページまでに対応する。3ページの裏と次の五枚は空白である〕

第一巻

一七六二年一二月二四日　金曜日

法学について

法学とは、国々の統治 civil government がそれによって導かれるべき諸規則についての理論のことである。

それはさまざまな国のさまざまな統治体制の基礎を示し、さらに、それらがどこまで理性にもとづいているかを示すことを目指している。

われわれは、あらゆる統治が意図する四つのことがあるのを知るだろう。

第一に、あらゆる統治体制の第一の主要な目標は、司法〔正義〕justice を維持することであり、その社会を構成する人々が、相互に所有 property を侵犯したり、自分のものではないものを掌握したりすることを防ぐことである。ここで意図されているのは、その社会のそれぞれの人に、その人自身の所有を確実平穏に占有させておくことである。〔司法が公言するその目的は、人々を、彼らの完全権とよばれる状態で

2 維持することである。〕［1裏］[1] われわれが内部平和とか城内平和とかよぶことができるこの目的が保障されると、その統治が次に意図するのは、その国内の富裕の促進であろう。このことは、われわれが生活行政 police とよぶものを生み出す。その国の貿易、商業、農業、製造業に関して作られるすべての規制は、生活行政に属するものとみなされる。

〔生活行政〕

〈　〉[1]氏がパリの〈　　〉[2]の職をダルジャンソン氏に譲ったとき、彼はダルジャンソン氏に、国王はこの職にあるものに対して三つのことを求めていると語った。すなわち、第一に清潔に配慮すること、第二に安心または安全保障に配慮すること、第三に良好な市場 bon marché すなわち食料品の低価格に配慮することである。これらのうちの第一は、法学体系のなかで取り扱われる主題としては、あまりにも軽少瑣末

〔1〕手稿1ページの裏に書かれた文章が、編者の判断でここに挿入された。以下同様。

（1）手稿の空白。次注を見よ。

である。第二のものには二つの種類があって、その一方は火
事やその他の事故に対する住民の安全保障に配慮することで
あり、これもやはり法学の一部門とみなすには性質が瑣末す 3
ぎる。他方は、住民に対して他の人々によってなされうる、
あらゆる侵害に対する配慮であり、この目的は、そういう犯
罪が実行されるのをいわば未然に阻止する監視や巡視によっ
て、あるいは、侵犯者たちを処罰し、犯人たちを発見して司
法の場に引き出す人々を励ますための法律条文の制定によっ
て、達成される。――この第二の部分は生活行政に関する
司法とよんでいいものであり、そのようなやり方で法学の前
述の部分に結びつけられるので、われわれはこれをそういう
項目で考察するだろう。生活行政の第三の部分は、良好な市
場すなわち食料品の低価格であり、市場をあらゆる種類の商
品で十分に供給された状態にしておくことである。このこと 4
は町と農村の交易、すなわちわれわれが国内商業とよんでい
いものの自由を促進することだけでなく、隣国の豊富すなわ
ち富裕を促進することをも含むに違いない。

　これは生活行政のなかの最も重要な部門であって、われわ
れが生活行政を取り扱うことになったときに考察すべきもの
である。そのときわれわれは、それぞれの国で行われてきた
さまざまな規制と、それらを設けた政府の企図にそれらがど
こまで応えたかを考察するだろうし、このことをわれわれ
は、近代についてと同じく古代についても〈　〉だろう。

　第三。統治というものは、その国が非常に富裕であったと
しても、何らかの費用なしには支えられないから、次に考察
されるのは、この費用が負担されるべきやり方である。事情 5
がどうであれ明らかなことは、この重荷が最終的には、国民
のなかの勤労的な部分に課せられざるをえないということで
ある。まず、それが直領地とよばれているもの、すなわち王
あるいは国民のなかの統治する部分に属するものの地代によ
って負担されるとすれば、それは臣民たちの占有 possession
を削減することだから、彼らに対する重荷として考察されな
ければならない。あるいは第二に、それは臣民たちが占有す
る土地に対する税によって埋められるかもしれない。これら
は、王の地代からではなく、保有者の地代からの控除であ
る。最後に、もしそれが製造品、輸入品、その他同様なもの
への関税によって調達されるとすれば、直接に国民から徴収
するということである。したがって統治の費用は、あらゆる
場合に、国民によって支払われなければならないのだ。これ
らの費用の支払いのために徴収される金額が、われわれが政
府の収入とよぶものである。法学のうちで統治に関するこの 6
部分を扱うときに、われわれは、さまざまな国で国家の費用
にとって必要な金額を調達するためにとられたさまざまな方
法と、このことを達成するために、国民の勤労に与える損失
または障害が最少であることを主要な目標として考慮して、
それらがどこまで修正されるかを考察するであろう。という
のは、同一金額を調達するために、あるいくつかのやり方で
はその国の勤労と改良をひどく妨げるのに、別のいくつかの

やり方ではそういう弊害が生じる割合がはるかに小さいから
である。

〔**戦争と平和**〕

第四。所有の安全保障、生活行政、王国または国家の収入
という三つの考察のほかに、その国を外からの侵害に対して
保護するために、何かの手段をもつことが必要であるに違い
ない。国内平和がいくらしっかりと確立されていても、外か 7
らの侵害に対する安全保障がなかったならば、諸個人の所有
は確実ではありえない。彼らにとって、この点での危険は、
彼ら自身の社会のなかの人々からの危険におとらず恐るべき
ものであり、また、私人の安全保障が危機におちいるだけで
なく、国家の存在そのものの安全保障が危険にさらされる。
したがって、国家を外からの侵害に対して防衛するととも
に、なされてしまった何らかの侵害について賠償を受けるた
めにも、武力の維持が必要である。この主題を取り扱うに際
して、われわれは、古代と近代の諸国家で使用されてきた、
さまざまな種類の武力、各種の民兵と訓練隊について考察
し、それらが統治のさまざまな性格にどこまで適合するかに 8
注目するだろう。

　このことは自然にわれわれを、第四項で平和〈と〉戦争の
諸法、すなわち jura belli et pacis を考察するように導く。そ
れは、さまざまな独立国のあいだに存在するさまざまな規則
であって、平時における相互の交流と、どのような特権が各
国に与えられるかということとともに、戦勝の諸効果と、諸
国民のあいだで戦争が行われているときに合法的だとして許
容されるものは何かということとの、双方に関するものであ
る。この項目でわれわれは、古い時代に存在した戦争の諸法
を、現在有効であるそれらの法と比較して、後者が抑制と人
道においてどれだけすぐれているかを示し、さらにまた、社
会が洗練されるにつれて戦時諸法に課せられてきた諸制限を
指摘するであろう。われわれはさらにこの項目で、これらの 9
規制が、独立諸国家が共和制、君主制、あるいは貴族制のど

（2）手稿の空白。Baron Bielfeld, *Institutions politiques* (1760), I. 7 (*De la Police*), I：「高等法院長デュアルレーが、ダルジャンソン氏をパリ市の生活行政総監として受け入れたとき、次のように注目すべき言葉を彼に告げた。国王陛下があなたに求めるのは安全・清潔・低価格なのです」。ダルジャンソン伯マルク・ルネ・ドゥ・ヴォワイエは、一六七七年にこの職務についた。手稿第六巻１－２ページ［本書353ページ］を参照。［ビールフェルトの著書はスミスの蔵書のなかにある（ASL 161）が、このダルジャンソンが名門ダルジャンソン家のどのダルジャンソンなのかは、明らかにされていない。生活行政総監ダルジャンソンについては、あとになって次のような業務報告が出版されていて、就任を一六九七年としている。Paul Cottin (ed.), *Rapports inédits du lieutenant de police Rene d'Argenson (1697–1715)*, publiés d'après les manuscrits conservés à la Bibliothèque Nationale. Introduction, notes et index par Paul Cottin, Paris, Plon, 1891. 編注とのあいだの二〇年の開きは誤植だろうか。Bielfeld, Jakob Friedrich, baron von (c. 1716–1770) はハンブルクに生まれ、レイデン大学に学び、はやく皇太子時代のフリードリヒ二世（大王）の注目を受けた。プロイセンの宮廷官僚として活動し、一七四八年に男爵・枢密顧問官に昇進した。上記著作は、一七五五年にアルテンブルクの所領に引退してから書かれたものと思われる］

4

の形態であるかに応じて、どのように変わるかを示すであろうし、それはわれわれを、さまざまな国でよそものとしての外国人に与えられる、さまざまな特権の考察などへと導くだろう。

＊

［**正義の維持**］

あらゆる国内統治の第一で主要な目標は、私が述べたように、その国家の成員たちのあいだで正義［司法］を維持し、そのなかの諸個人に対する、同じ社会の人々による侵犯を阻止することである。｛それはすなわち、各個人を彼の諸完全権において維持することである。｝［8裏］人がそれに対して権利をもち、他の人々がもっていたら正当に取り戻し要求ができるものを奪われるとすれば、あるいはむしろ、われわれが正当な理由なしに、彼に対して侵害または加害をするならば、ただちに正義は蹂躙されるのである。そこでわれわれは、どれだけ多くのやり方で正義が蹂躙されるかを、言いかえれば、どれだけ多くの点で人が侵害されうるかを考察しよう。――第一に彼は人として侵害されうる。第二に家族の一員として、第三に市民として、すなわち国家の一員として侵害されうる。一人の人に対してなされうるあらゆる侵害は、これらのうちのどれかに帰着させることができ、これらのすべてにおいて彼は、その他のどのような見方によっても影響されることなく侵害されうるのだ。――人がある人を

殺そうとしたら、彼はその人を人として侵害するのである。人が妻を奪われるとか、妻を虐待されるとかしたら、彼は夫として侵害される。あるいは、彼が自分の息子を奪われたり、その息子が彼に対して正当な尊敬をもってふるまわないならば、彼は父として、家族の一員として侵害される。

――人がもし、職務や称号によって権威づけられている人物に対して、無礼にあるいは正当な尊敬なしにふるまうならば、その人の優越は政治制度にもとづくものであるから、これは市民に対する侵害である。もし正当な権利をもたないものが、何かの貴族の称号を名のるならば、これは彼の同等者たちに対しては、彼らに優越する身分の一人の性格を装うことによる侵害であるとともに、同時に上位者たちに対しては、彼らの下であるのに同等とみなされるようにふるまうことによる侵害でもある。この侵害は、彼がそのなかにあるとみなされる国家の市民あるいは成員の性格によって生じると言えよう。これらの例のすべてにおいて、侵害は、その人物がどういう性格のものと考えられるかによって、それぞれに違う。父に対してなされた侵害が、たんに人としての彼にかかわることはありえない。また、国家の一員としての彼に対してなされた侵害が、人としてあるいは家族の一員としての彼に対して効果をもつことはありえず、それはまったく彼の市民としての状態から発生するのである。

われわれは第一に、一人の人間としての人に属する諸権利を考察しよう。それらは一般に最も簡単であり容易に理解され、しかも一般に何も他の事情を考慮することなく考察しうるからである。 12

［自然権］

たんに一人の人間としての人は、三つの点で侵害されうる。第一に彼の身柄においてか、第二に彼の評判においてか、第三に彼の資産においてか、のどれかである。第一に、人はその身柄において、やはり二つのやり方で侵害されうる。第一に殺害、傷害、あるいは不具化、あるいはとにかく身体を傷つけることによって、または第二に、彼の自由を拘束することによってである。――これらの権利は、プーフェンドルフが自然権とよぶものにあたり、家族または国家の成員としての人間に関する権利は、追加的 adventituous 権利とよばれるものにあたる。(3) ――彼らが、あらゆる人間の行為に先立つ諸権利 jura, quae omnem actum humanum antecedunt、あるいはいかなる人間の行為にも由来しない諸権利 quae ex nullo actu humano proficiscuntur と定義する自然権のなかに、彼らは生命身体に対する権利、自由取引の権利 jus ad vitam, ad corpus, liberi commercii、彼と取引をする意思をもつ者たちと取引をする権利、結婚権 jus connubiorum などを、そして最後に、無傷の評判権 jus sincerae aestimationis、すなわち彼が占有しているものについての穢れのない評判に対する権利を数えあげ、全部で一二ぐらいである。これらすべては、いまは上述の三つに帰着させることができよう。 13 彼の身体にかかわるものはすべて、彼の身柄に関する第一のものに帰着させていいだろうし、自由交渉権や自由結婚権などが侵犯されればすべて明らかに、人が自分の身柄を自由に使用する権利の侵犯であり、一言で言えば、心に思っていることが他の誰にも有害であるとは思われない場合に、それを実行する権利の侵犯である。

人がその評判について侵害されるのは、誰かが彼についての評判を、人々のあいだで普通の水準より低くしようと努力する場合である。誰かが他人を愚者、悪人、ごろつきとよぶならば、彼はその人を評判において侵害するのである。なぜなら彼はこの場合、その人に対して、ほとんどすべての人にとって、おそらく一〇〇人中九九人にとって普通な、好評による恩恵を与えないからである。 14 しかし他方で、誰かが他人を正直で善良な人とよぶとすれば、その人がおそらくそれよりもっと高い評判にふさわしいかもしれないとしても、何かの侵害がなされたと不満を言うことはできない。なぜならそれは、人間一般にふさわしい評判だからである。われわれは

（3）自然権と追加権の区別は、Hutcheson, *M. P.*, II. 4. 2 による（*System*, I. 293 を参照）。「前者は自然自身が、人間の同意や創意なくして、各人に与えておいたものである。追加的諸権利は何か人間の行為や創意に依存する」。Pufendorf, III. 4. 3 は、自然的 connatae 義務と追加的義務を区別した。

ここで、ハチンスン［ハチスン］氏がプーフェンドルフ男爵に従って行った、諸権利の区分[4]について述べることができる。彼はそれらを jus perfecta と jus imperfecta、すなわち完全権と不完全権に分けた。――完全権はわれわれが要求する資格をもち、拒否されたら拒否したその人に、それを行うことを強制できる権利である。彼らが不完全権とよぶものは、われわれに対して他人が行うべき義務に対応するのだが、われわれには他人に対して、それを行うよう強制する資格はなく、行うかどうかはまったく彼らの自由なのである。こうして、輝かしい才能や顕著な学識をもつ人は称賛に値するが、われわれは誰に対しても、それを彼に与えるよう強制 15 することはできない。乞食はわれわれの慈善の対象であって、それを要求する権利をもっていると言っていいかもしれない。しかし、われわれが権利という言葉をこのように使用するとき、それは本来の意味においてではなく、比喩的な意味においてなのである。権利という言葉をわれわれが理解するときの普通のやり方では、それはわれわれが完全権とよんできたものと同じであり、交換的正義にかかわるものである。他方で、不完全権は分配的正義に関係する。前者がわれわれが考察するべき権利であり、後者は正確には法学に属さずに、むしろ、諸法の管轄下にないために良俗の体系に属する[5]。したがって、われわれは以下において、完全権および交換的正義とよばれるものに論述を完全に限定する。―― 16

人が侵害されうる最後の事項は、彼の資産である。

そこで、われわれがある人の資産とよぶものは、何であるか。それは第一に、彼が、衣服などのように自分の身体のまわりにもつだけでなく、どこでどういう状態で見つけても請求権があって直接に占有できるものである。〔人は、いかなる占有者からも請求しうるもの[6]に対して、対物権をもつ。〕［15裏］あるいは第二に、貸借によって、または販売などのどのような種類の契約によってであれ、彼に属するものである。前者は、われわれが対物権あるいは特定のものに対する権利とよぶものである。第二のものは対人権とよばれ、特定の人に対する権利である。〔対人権は特定の人に対してのみ、特定のものか〈役務〉[7]か価値について取得できる権利である[8]。〕［15裏後半］

〔対人権は特定のものに対して設定されることもありうるが、その場合は、そのものが特定の人に占有されている限りそれに及ぶにすぎない。したがって、たとえばある人が誰かに馬を売ったが、その馬が引渡されないとすれば、買い手は売り手に対して対人権をもつのである。買い手はいつでも売り手に馬を要求できる。しかし、［はじめの］所有者が二度目にその馬を別の人に売り、その別の人が善意 bonâ fide でその馬を占有したとすると、最初の買い手は、馬が引渡されてしまった第二の人に馬を要求することはできず、売り手に対して、損害についての訴訟を起こすことができるだけである。しかし、買い手が馬の引渡しを受けてしまった場合は、事情はまったく別である。馬が引渡されたあとで、買い手が売り手に対して、それをしばらく保持するように希望したのに、売り手が別の買い手にそれを売るとすれば、前の買い手は、たとえ第二の買い手が善意の占有者であったとしても、彼にそれを要求することができる。}〔16裏〕

〔対物権〕

　われわれは、最初に対物権を考察することにしよう。それらのうちの四つが、ローマ法に列挙されている。所有権 Dominium、地役権 Servitus、抵当権 Pignus、相続権 Haereditas である。ドミニウムすなわち完全な所有権。これによっ 17
て人はその対象について、他のすべての人を排除して専一の権利をもち、それを自分が適当と思うとおりに使用することができるし、そうしたいならば悪用または破壊することができる。もしある対象が、その正当な所有者から失われたり奪われたりすれば、彼はこの権利によって、それをどのような占有者からも要求することができる。おそらくその占有者は正当にそれを手に入れたのであろうが、それでも彼は何も賠償を要求することができず、それを所有者に返還しなければならないのである。確かに彼は、手段を見つけることができれば、彼の前にそれを悪質な手段で占有した人から賠償を得られるかもしれない。所有は、われわれがこのように占有しているものを、他の誰かがどのような形態であれ使用することを妨げうる排他的権利とみなされている。たとえば、借地の占有者は、誰か他人がその生産物のどれかにかかわること
18 を妨げうるだけでなく、自分の畑をよこぎって歩くのも妨げることができる。この排他的特権のいくらかの部分を、ある特定の個人に対して緩和したり譲渡したりすることから、地役権が発生した。

　したがって、対物権の第二の種類が地役権である。これは正確には、完全所有権のある部分の放棄である。ある人の借地が、私と公道あるいはどれかの市場町とのあいだにあるというような場合に（われわれがあとで述べるように）、私は協定または法律によって、地役権（すなわちその人の排他的特権の緩和）を取得し、それによって彼の借地を通って馬か徒歩で移動したり、荷車を動かしたりすることを許されるのである。

〔他人の所有に対するあらゆる種類の要求は、従属的所有者 dominus serviens に対するある要求を保証するために設定されようと、何もそのような意図なしに設定されようと、排他的所有権の緩和とみなされるべきである。前者はわれわれ

（4）Pufendorf, I. 1. 19 ; I. 7. 7 ; Hutcheson, *Inquiry concerning Moral Good and Evill* (1725), VII. 6 ; *M. P.*, II. 2. 3 ; II. 4. 2 (cf. *System*, I. 303).

（5）スミスは TMS VII. ii. 1. 10 で、交換的正義と分配的正義とを、完全権と不完全権への考慮なしに区別しているが、そこでの彼の区別は、結局ここと同じである。

（6）vindicari potest a quocunque possessore.

（7）手稿の空白。servitutem の語尾の tem が省略されている。

（8）Jura personalia, sunt jura ad certam tantum personam competentia, ad certam rem servitu[tem] vel valorem. Hutcheson, *M. P.*, II. 5. 1.

が質 pledge、抵当 mortgage、担保 hypothec とよぶものである。他方は地役権と名づけられている。したがって、隣人の壁に梁をさしこむ権利(9)は、誰か他人が自分の壁を、何であれ有害な用途のために借用するのを妨げる排他的特権の緩和である。｝［17裏］

人がその貨幣を貸して、それについてしっかりした安全保障があるという確信がない場合に、彼は債務を負っている人の所有のある部分を押さえておくかもしれない。このようにして、質や抵当が確立されるようになった。この場合には、 19
何も正規の取得は存在しない。なぜなら、前述の場合と同様に、抵当化された対象は、質が必要な債務と等価であると考えられていて、彼がそのなかに所有をもつのは、その債務が支払われない場合に、その質物のなかからの支払いを要求できるということにすぎないからである。

第四。もしわれわれが、相続人がその父の資産を相続する前にもつ権利を考察するならば、われわれはそれが所有権とは違うが、ひとつの対物権であることを知るであろう。相続人は相続財産に対して排他的特権をもち、誰もいかなる形でも、それに介入することはできない。彼は、それが他人によってこうむるかもしれないあらゆる損失について、賠償を入手しうるし、それに付け加えられるかもしれないすべての取得についても、同様である。そして彼は、相続財産に立ち入 20
りを許されるや否や、その十分にして完全な所有者 proprieter になるのである。

｛したがって、もしわれわれが相続権を、それが確かにそうであるように、対物権と考えるならば、他のすべての排他的特権も同一の理由で対物権と考えられるだろう。たとえば、完全にローマ法によって設定された特権である諸独占販売権、著者の著書に対する権利、機械または薬の発明者が、その機械または薬を販売・製造する独占権がそうである。これらはしばしば、人の財産の最大〈部分〉――ときには全部――であって、どの国でもローマ法が創設したものである。ほかにいくつか、狩りだした人の獲物に対する権利などのように、自然理性に起源をもつものがあるが、自然に基礎をもつすべての排他的特権のなかで最も重要なものは相続であり、それはのちにわれわれが示すように、自然の構造にまったく合致するのである。｝［19裏］

われわれは、所有権 property だけでなく、他のすべての排他的特権は対物権である、と言うことができるかもしれない。この国では特許によって一四年と決められている、自分で書いた本、自分が発明した機械について、その人がもつ所有権は、実際には対物権なのである。その期間のあいだは、彼の本を印刷したり、彼の機械を複製したりするすべての人から、彼は損害賠償または表示を要求することができ、それによって彼はそれに対する対物権をもっているとみなされうるのである。

［対人権］

われわれはいま、対人権に到達した。われわれはそれが三 21
つの源泉から発生するものであることを知るだろう。第一は契約、第二は契約にもとづくものに準じて quasi ex contractu とよばれるものからであり、それはいまでは準契約、あるいはより適切に賠償権とよばれるものからである。第三は[10]

——

第一に、対人権は契約から発生しうる。この権利の起源は、約束の相手が約束したことを実行するだろうという、約束を受けたものに生じる期待である。ある人が誰かに、五ポンドを与えると約束する場合がそうであり、このことは当然に相手のなかに、約束のときに彼から五ポンドを受け取るだろうという期待を作り出す。この場合、約束した人は、相手がこの期待によって受けたどのような損失に対しても、穴埋めをするように拘束されざるをえないのである。

第二に、契約にもとづくものに準じて。これは、われわれがすでに述べた賠償権にほかならない。ある人が、他人の所有物である何か、たとえば時計を見つけたならば、その他人を見つけしだいただちに、正当な所有者にこの時計を返却し 22
なければならない。そして、このことは何も反対の請求権を伴わないのである。

しかし、たとえばある人が、自分の父が私の父に五ポンドの借金があったと想像したとしよう。私はそういう債権があると想像して、この想定された債務の支払いを受け取る。——あとになって相手が、その金額が支払われていたことを発見して、弁済証書を提出する。この場合、もしこの貨幣が使われてしまっていたら、彼はその貨幣について、私に対して対物請求権をもつことはできない。彼が私に対して要求することができる、その特定の五ポンド［貨幣］は存在しないのである。しかし、それにもかかわらず、私は彼に五ポンドを賠償しなければならない。est res aliena in patrimonio すなわち私の相続財産のなかに何か他人のものがある、ということである。同じ〈ように〉して、私が正当な請求権をもたないやり方で、他人の所有物によって利益を得た場合はつねに、「他人の所有によって私が豊かになったぶんだけ」[11]を賠償しなければならない。そしてこれは、その対象が存在する 23
場合だけでなく、それが消費されてしまったあとでもそうなのである。〔ここから、非債弁済 condictio indebiti および事務管理訴訟 actio negotiorum gestorum のように、ローマ法にあげられている多くの訴訟が発生する。それは家屋の所有者の不在中にそれが廃墟になるのを防ぐために、別の人が修理した場合、所有者は事務管理訴訟を受けるということである。彼は自分の貨幣を何も失わなかったのに、それでも利益を与

（9）servitus tigni ingrediendi の三語目の読みが疑わしいとして immittendi とする。［意味に大差はない］
（10）「第三は」のあとは空白。対人権の第三の源泉としてスミスが考察するのは、不法行為 delict または怠慢 delinquency である。
（11）quantum ex re aliena locupletior factus sum.

えられ、修理者の貨幣によって購入されたものを占有しているのであり、彼の家屋に修理者が投じた金額を賠償しなければならないのである。｝［22裏］

第三に不法行為によって ex delicto。理由は何であれ、自分が手に入れたものを、それが他人のものであるにもかかわらず、自分のものだと思って手を加えた場合に、その他人が彼から受けた何らかの損害を彼が償わなければならないという理由は、前より強くはないとしても同等である。この場合の侵害は、侵害した人物の意図的な侵犯または犯罪的な怠慢として前の場合よりもするどく感じられ、強い影響を与えて、こうむった損害についての不安を大いに増大させる。｛われわれは、人がわれわれを意図的に侵害することのほうが、何かの約束を実行しなかったにすぎない場合よりも、大きな侵害を受けたと思うのである。｝［22裏］ここから、こうむった損害についての、他人に対するいくつかの請求権が発生し、それは過失による ex culpa とよばれるような怠慢によるものであれ、悪意による ex dolo 意図的なものであれ、同じである。これらはそれぞれ対人権である。

―――

［**権利の根拠**］

諸権利を取り扱うにあたって最初に考察するべきは、それらの発生の起源または基礎である。

さて、われわれは、自然権とよばれているもの｛あるいは

たんに一人の人間としての人にとって正当な諸権利｝［23裏］の最大部分の起源は、説明する必要がないと言うことができるだろう。人が何かで傷つけられたり、打たれたりしたときに彼が侵害されることは、何の説明がなくても理性によって明らかであり、同じことは、彼の自由が何かのやり方で制限された場合に、彼に対してなされた侵害についても言えるだろう。この場合に侵害がなされているということは、誰でもすぐ分かるだろう。人が侮辱され、彼の名声が人々のあいだで傷つけられた場合には、侵害を受けたということを何か大議論をして立証する必要はない。人の生涯における主要な努力のひとつは、名声を得ること、周囲の人々から抜け出ること、何かの点で彼らの上位に立つことである。したがって、ある人が、普通の種類の人々と同じ水準に戻されるだけでなく、それ以下にさえおとしめられるならば、彼は与えうる限りの最も強力で非道な侵害を受けたことになる。――自然権の起源がまったく明白ではない唯一の例は、所有に関する自然権の場合である。たとえばあるものが、私にとってと同じく、あるいは私にとってよりも他の人にふさわしいかもしれないのに、私がそれを手に入れてしまったというだけで、他のすべての人々を排除してそれが私のものであるべきだという場合である。たとえば、ひとつの林檎は疑いもなく、私にとってと同じく他の誰にとっても快適であり有益でありうるのに、私がそれを木から取ったというだけで完全に私に所有されて、他のすべての人は排除されるべきだという場合で

ある。

われわれは、所有が根拠をもちうるには、五つの原因があることを知るだろう(12)。第一は先占であり、それによってわれわれは、以前に他人の所有ではなかったあらゆるものを取得する。——第二に移転であり、それによって所有物がある人から他の人に、意思にもとづいて引渡される(13)。 26 第三に添付であり、ある対象に付着している部分が、そのものよりも重要性が少ないとか、その一部分であるように見える場合に、それは獣の乳や子のように主物の所有者のものになる。——第四に時効すなわち usucapio であり、それによって、長いあいだ正当な所有者 owner によって占有されず、他人によって占有されていたものは、正当に後者にわたる。——第五に相続であり、それによって最も近い親族または遺言による相続人が、遺言者によって彼に残されたものに対して所有の権利をもつ。——これらについて順々に(14)。

一　先占について

〔人類史の四段階〕

所有が取得されるこの方法や他のあれこれの方法について、正確に考察する前に、それらについての規制が、それぞ 27 れのときに社会がどのような状態または時代にあったかに応じて、大いに異なっているということを述べておくのが適当であろう。人間が経過してきた、はっきり区別される状態は四つある。——第一に狩猟民の時代、第二に牧畜民の時代、第三に農業の時代、第四に商業の時代である。

〔狩猟民の時代と牧畜民の時代〕

われわれがもし、性の異なる一〇人か一二人が無人島に定着したと想定するならば、彼らが自分たちの生存のために最初に思いつく方法は、その土地が提供する野生の果実または動物によって、生命を維持することであろう。彼らの唯一のビジネスは野生動物の狩猟か魚の捕獲であっただろう。野生の果実の採取は、仕事とは到底よべない。彼らのあいだでビジネスの名に値する唯一のことは、狩猟だっただろう。これが狩猟民の時代である。 28 時の経過につれて、彼らの数が増加したので、彼らは狩猟が自分たちを維持するには不確実であることに気がついただろう。彼らは、自分たちを維持するために何か別の方法を案出しなければならなかっただろう。おそらく最初に彼らが試みたことは、〔狩猟が〕うまくいった

(12) We fill は We will の誤記だろう。

(13) 反対のページすなわち24ページの裏に、次の言葉がさかさまに書かれている。「われわれはいま、対人権に到達した。われわれは、これらが、五つの源泉から出たことを知るであろう。第一は先占〔すなわち権利と書いて抹消〕であって、これによって人は〈　〉に対する権利をもつ」。

(14) 以下においてこれらの主題が実際に取り扱われる順序は、先占、添付、時効、相続、移転である。

あるときに、かなりの期間自分たちを支えるような蓄積をす
ることだっただろう。しかしこれは、十分なほど長期にわた
ることができない。――彼らが思いついたであろう最も自
然な手法は、捕獲した野生動物のうちのあるものを飼いなら
し、それらがよそで入手しうるよりも良い飼料を与えること
によって、彼らの土地で生き続けて繁殖できるようにするこ
とである。こうして牧畜民の時代が始まったのである。彼ら
はおそらく、まず植物よりも動物を増やすことから始めただ
ろう。そのほうが、技術と配慮を必要とすることが少ないと
思われたからである。どの食糧が動物たちに適しているかを
知るだけでよかったのだ。したがってわれわれは、ほとんど 29
すべての国で、牧畜民の時代が農業の時代に先行したことを
知るのである。タタール人[2]とアラビア人はほとんどまった
く、彼らの家畜群によって生活している。アラビア人はわず
かな農業をもっているが、タタール人はまったく何ももたな
い。この原則に反するように見える唯一の例は、北アメリ
カ・インディアンの状態である。彼らは家畜群という概念を
もたないが、それにもかかわらず農業についてある考えをも
っている。彼らのなかの女性は少数のトウモロコシの茎を、
自分たちの小屋の裏に植える。しかしこれは、とても農業と
はよべない。このトウモロコシは、彼らの食料のいくらかで
も取るに足りる部分にはならず、彼らの通常の食料である狩 30
りの獲物の肉に対する調味料、すなわち味つけ材料として役
立つにすぎない。――したがって家畜群は、人々が狩猟に
よって生存することの困難に気がついたときに、まず頼りに
した手段であっただろう。

〔農業の時代と商業の時代〕

しかし、社会の人口が増えたとき、彼らは、家畜群によっ
て自分たちを支えるのは困難だと知っただろう。そこで彼ら
は自然に、土地の耕作と、彼らに適した栄養を提供する草木
の育成に向かった。彼らは、乾燥した裸の土地や岩の上に落
ちた種子からは、めったに何も出てこないが、土のなかに入
った種子はたいてい植物を生み、蒔かれたものに似た種子を
もつことを観察しただろう。彼らはこれらの観察を、彼らが
見つけた、快適で栄養になる食糧を生むさまざまな草木に拡 31
大していったであろう。そしてこの手段によって、彼らは次
第に農業の時代に進んだであろう。社会がさらに改良された
のにつれて、はじめはそれぞれの個人によって、生活の改善
のために必要な限りで行われたであろうさまざまな技術が、
彼らそれぞれの意向によって分化し、ある人々はある技術
を、他の人々は別の技術を習得しただろう。彼らは互いに、
自分たちを支えるのに必要な量よりも多く生産したものを交
換し、それらと引き換えに、必要でありながら自分たちでは
生産しなかった商品を得たであろう。この商品交換は、時が
経つにつれて、同じ社会のなかの諸個人のあいだだけではな
く、違う民族の諸個人のあいだにも広がる。このようにして
われわれは、フランスにわれわれの織物、鉄製品、およびそ

32 の他の小間物を送り、それらと引き換えに彼らのワインを入手するのである。スペインとポルトガルには、われわれは自分たちの余った小麦を送り、そこからスペインとポルトガルのワインをもってくる。こうしてついに、商業の時代が生じたのである。したがってある国が、養いうる限りの家畜群を蓄え、土地がそれが耐えうる限りわれわれの生活維持に必要なすべての穀物と、その他の商品を生産するまでに耕されたとき、あるいは、少なくとも住民を維持するだけ耕され、自然または人工の余った生産物が輸出されて、引き換えにその他の必要品が得られるとき、そういう社会は、その安楽と便宜に向かって、できる限りのことを成し遂げたのである。

［盗みの刑罰］

社会のこれらの段階のそれぞれにおいて、所有に関する法律と規制が、非常にさまざまであったに違いないということ
33 は、わけなく分かることである。——前に言ったように、住民の生活手段が家畜群に依存しているタタールでは、盗みは即座に死刑に処せられる。狩猟民の時代が存続している北アメリカではまた、盗みはあまり問題にされない。そこでは、彼らのあいだに所有というものがほとんど存在しないので、起こりえた唯一の侵害は、獲物を奪うことであった。社会のそのような時代には、わずかな法律または規制しか必要ではなかっただろうし、それらも非常に長くはならなかっただろうし、所有の何かの侵犯に科された罰は、非常に厳しいものではなかっただろう。窃盗は、前に言ったように、社会のこのような時代または状態の人々のあいだでは、あまり問題にならなかった。それを犯す機会もほとんどなかったし、犯したとしても被害者をひどく傷つけることはありえなかっ
34 た。——しかし、家畜群が飼育されるようになると、その場合には所有は非常に重大な範囲に及ぶようになる。相互に侵害する機会は多くなり、そのような侵害は被害者にとってきわめて危険である。この状態においては、多くの法律と規制が追加されたに違いない。窃盗と強盗は犯されやすかったため、その結果、最大の厳しさで処罰された。農業の時代には、おそらく、人々が窃盗や公然の強盗にさらされることは、それほどなかっただろうが、その後、所有の対象がかなり広がったため、所有が多くのやり方で中断されうるようになった。したがって法律はおそらく、それほど厳しくはないとしても、牧畜民のあいだよりもはるかに多数になるだろう。商業の時代には、所有の対象が非常に増加するので、法
35 律はそれに比例して増加するに違いない。社会が改良されればされるほど、住民の生活を支える手段の及ぶ範囲は広がり、正義を維持し、所有の侵犯を阻止するのに必要な法律と規制も多くなるだろう。

［2］タタール人は、ヨーロッパ・ロシアに住むモンゴル系およびトルコ系民族。韃靼とも言う。

〔先占による所有権〕

これだけ前おきをしたので、われわれは、提案したとおりに、先占によって取得される所有権の考察に進む。最初に注意すべきことは、先占すなわちある対象のたんなる占有が、そのように入手された対象への排他的権利をわれわれに与えるようになるのは、どのようにしてなのかということである。——人が林檎をもぎとることによって、その林檎に対する権利と、すべての他人を排除する力をもつと考えられるのはどうしてなのか。——しかも、そういう対象が占有者から取り去られると[15]、侵害がなされたと考えられるのはなぜなのか。諸君は私が、すでに説明した体系[16]から次のように言ったのを思い出すだろう。それは、ある人が侵害されたとい
36
う意見を中立的な観察者がもったときに、われわれは、何かの侵害がその人に対してなされたと考えていいのであり、彼の関心に同調し、彼が占有している対象を暴力的な攻撃から守るとき、あるいは彼の手からそのようにして不当にもぎとられたものを力ずくで取り戻そうとするときに、彼についていくのだ、ということである。これはいま述べた事情にあてはまるだろう。最初の占有者が侵害された場合には、観察者は、いま述べたように防衛し復讐さえすることを正当とするだろう。観察者と占有者とのあいだのこの同感あるいは同調の原因は、観察者が占有者の思考のなかに入り、彼がその果実を——あるいはそれが何であっても——好きなように使用することについて合理的な期待を形成していいという、その意見に同調することである。この期待は観察者の精神のな
37
かで、占有者がこうして取得したものを奪おうとする者に対して防衛する場合と、力ずくでそれを取り戻そうと努力する場合に、ともに彼を正当と認める。——〔観察者は、彼の期待については彼についていくが、最初の占有者からその財貨を奪おうとするものの意図には入ることができない。〕〔36裏〕したがって、最初の占有者が示した合理的期待が、先占によって所有の権利が取得されることの根拠なのである。君は確かに、この林檎が私が使うのに適しているのと同じく君が使うのにも適しているのに、私は何の権限があってそれを君から離しておくのか、と尋ねることができる。森に行ってもうひとつの林檎をもぎとればいいだろう（と誰かが私に言う）。私と同じように、君が森に行けばいい、と私は答えた。そのうえ、私がすでにそこに行ってその果実を調達するのに時間と苦労を費やしたように、君もそうするほうがもっともなことなのだ[17]。

先占が占有者に所有権を与えることについての基礎を説明したので、次に考察されるべきことは、どの時点で先占によ
38
って所有が始まると理解されるのか、ということである。それは、われわれが対象を見たときなのか、あるいはわれわれがそれを実際の占有に入れたときなのか。たいていの場合、対象の所有は、われわれが実際にそれを占有するまでは、始まるとは理解されない。走りだした兎は、とてもわれわれの支配下にあるようには見えない。われわれは、それを手に入

れようという期待をもつかもしれないが、しかしそれがわれわれから逃げ去るということも起こりうる。そのような獲物をわれわれの力が及ばないようにすることによって、われわれに対してなされた侵害について、われわれが賠償を求めることが正当化されうるという理解にまで、観察者はわれわれについてこない。——しかしながらわれわれは、法律家たちの見解がこの点でかなり違っていることを知っている。ユスティニアヌス[3]が告げているように[18]、トレバティウス[4]は、動物がわれわれの所有となるのは傷つけられたそのときであり、このことがわれわれにそれに対する正当な権限を与え、動物を傷つけたものは、［その後の］占有者にその返却を求めて所有者訴訟を起こすことができる[19]、と考えた。もっと厳しいプロクルスやサビヌスのような法律家たちは、それが実際にわれわれに占有されるまでは、われわれのものにはならないという意見である。フリードリヒ・バルバロッサ[5]はトレバティウス説をさらに洗練して、傷が与えられたやり方について区別をした[20]。傷が飛び道具によって与えられたのであれば、それはただちに所有権をもたらすものではないと、彼は判決した。しかし、もしそれが槍や剣のように人の手中にある武器によるものであれば、その獣——たとえば猪——はただちに傷を与えた人の所有物になると、彼は判決した。｛疑いもなく、それは彼の力のうちに非常に近かったので、彼はそれがまったくそうであったと理解した。｝［39裏］さまざまな国々では、この項目についてさまざまな制度がある。ランゴバルドの法律[21]では、傷つけられた牡鹿は、傷を受けてから二四時間以内に殺されるならば、一部分は傷つけた人の

（15）taken for the possessor は taken from the possessor の誤記と思われる。

（16）『道徳感情論』の倫理学体系を、スミスは疑いなくこの講義の初期に説明しただろう。

（17）Cf. Locke, *Civil Government*, §§ 27-8. しかし、先占によって取得される権利についてのスミスの説明は、ロックの説明の変更を意図しているように思われる。特に以下手稿42ページ［本書16ページ］を見よ。

［3］ユスティニアヌス（Flavius Petrus Sabbatius Iustinianus, c. 482-565）は、五二七年に即位したローマ皇帝。トリボニアヌス（Tribonianus）の助けを得て、ハドリアヌス以来の法令の編纂に取りかかり、『ユスティニアヌス法典』（*Codex Justinianus*）と『法学論集』（*Digesta*）を公表した。その後、自らも一五〇を超える新法を発布した。

（18）トレバティウスの見解が *D*. 41. 1. 5. 1 に示されていて、そこでは反対意見が単純に多数とされる。ユスティニアヌスは後者を追認した。*Inst*. 2. 1. 13. プロクルスとサビヌスは、一世紀の対立する法学派の指導者たち。

［4］トレバティウス（Gaius Trebatius Testa）は前一世紀のローマの法学者。キケロの愛好を受け、カエサルの法律顧問に推薦されたが、その著作は残っていない。

（19）rei vindicatio compelere ei judicabat は文章が混乱している。要点は、動物を傷つけたものが所有者訴訟によって、占有者に返還を強制できるということである。

［5］バルバロッサ（Barbarossa）は神聖ローマ皇帝フリードリヒ一世（Friedrich I, c. 1122-1190）のあだ名で、イタリア語で「赤ひげ」を意味する。

（20）Gothofredus, *D*. 41. 1. 5. 1 への注（Radevicus, *De Gestis Friderici*, I. 26）。Pufendorf, IV. 6. 10 に引用。

（21）*Lex Longobardorum*, I. 22. 4, 6. Pufendorf, loc. cit に引用。

ものに、他の部分は殺した人のものとなるべきだと決められ
40
ていた。前者はそれを捕らえるのに手を貸したと理解されたからである。傷つけたものに与えられたのは、足一本とあばら肉四個だったと思う。同じようにして、今日グリーンランド漁業に出かける船は、鯨を傷つけた船と殺した船とで分けている。[22] もし同じ季節に漁をしていたどれかの船の捕鯨銛が、魚〔鯨〕のなかに発見されたならば、その一部分が、傷つけることによって捕獲に貢献したとして、その船に割り当てられる。しかしたいていの場合、所有は、対象が捕獲者の力のうちに入ったときに始まると理解された。――――

〔所有の継続〕

順序として次に論じられるのは、どれだけ長く、どういう事情において所有が継続するのか、そしていつそれが終わると想定されるのか、ということである。

41
はじめ所有は、占有とともに始まるのと同じく、それとともに終わると理解された。人々は、われわれがあるものの直接の所有を失ってしまったあとは、もはやそのものは自分たちのものではなくなったのだと理解したのである。われわれが捕らえた野獣がわれわれの力の外に出たときは、われわれのものではなくなったとみなされた。しかし、一度取得したものを失った占有者と一度取得したものとのあいだには、取得する前よりもいくらか大きなつながりがあるので、所有は少し延長されて、そのときにはわれわれの手を離れているが、かつてあるとき占有していたものにも及ぶとみなされた。すなわち、われわれがそれを追跡する限り、そしてそれを回復する可能性がある限り、ということである。

私が林檎をもぎとりたいと熱望し、それに向かって手をのばしたとき、私よりすばしこい人がきて私より前にそれをも
42
ぎとったとすると、中立的な観察者はこのことを、善良なマナーと礼儀の非常に大きな蹂躙だと理解するだろうが、所有の侵犯とは想定しないだろう。――私がその林檎を手に入れてしまったあとで、うっかりそれを落とし、他人がそれをつかみとったとすれば、それはいっそう失礼であり、非常に憎むべき侮辱であって、所有権の蹂躙にきわめて近い。しかし、私が実際にそれを占有しているときに、手からつかみとろうとする人がいれば、傍観者はただちに、私の所有が侵害されたのだということに同意するだろうし、私がそれを取り戻したり、事前に侵害を阻止したりするのについてくるだろう。私が意図を達成するために暴力を使うだろうとさえ想定するだろう。そこで、このことを狩猟民たちの場合にあては
43
めてみよう。私が兎を狩りだしたときに、それを私の側で捕らえることについて、私には蓋然性しかない。それが私から逃げる可能性もある。傍観者は、それを捕らえなければならないという私の期待に関して、まったく私についてこない。多くの偶発事件が起こって、私がそれを捕らえるのを阻止するかもしれない。もしこの場合に誰かがやってきて、私が狩りだして追いかけている獲物を捕らえたとすると、これは公

正狩猟法の重大な侵犯であるように見えるだろう。しかし私
はこの侵犯者から、正当に賠償を受けることはできないので
ある。ある国々では、森林官が違反者に罰金を科すことがで
きる。もし私が兎かその他の野獣を捕らえたあとで、それが
逃走を企て、私が追跡を続けてそれを視野に入れたとする
と、観察者はもっと容易に私の期待についてくるであろう
し、この追跡で私を妨げるものは、非常に凶悪に公正狩猟規
則を侵犯し、所有の権利の蹂躙に非常に近づいたように見え 44
るだろう。〔しかし、私がそれを見ることができても、それ
が私の力の外に出たのちは、それと私とのあいだにはもはや
何のつながりも存在しないのである。私はもはやそれに対し
て、他のどの野獣に対してとも同じく、何の請求権ももつこ
とができない。私がそれを捕らえる可能性がより大きいわけ
ではないからである。〕［43裏］しかし、もし彼が暴力的ある
いは盗賊的に、私がすでに占有していたものを私から取り去
るならば、それは明らかに所有権の凶悪な侵犯であって、私
がそのように不当に奪われたものを取り戻そうとする努力
が、注視者の目に正当とうつるほどのことである。したがっ
て、この時代の社会においては、所有が占有を超えて及ぶこ
とはなかっただろう。

〔**家畜の成立**〕

しかし、人々がこれらの野獣を飼いならして自分のまわり
で育てることを考えるようになったとき、所有は必然的に、
はるかに遠くまで拡張されただろう。われわれは動物を、三
つの種類に属するものとみなすことができる。第一に、ferae
〔野獣〕すなわちつねに野生状態にあるもの。第二は、man-
suefactae〔飼いならされた〕すなわち手を加えられたもので、
それらは、われわれが自分の手から放しても戻ってくるよう 45
に飼いならされてしまっていて、習慣的にそうするのであ
る。牡鹿、兎、家鴨などのように、同種のものはほかにもあ
るだろうが、それらのあるものは野生で、ほかは飼育された
ものである。第三はmansuetaeすなわち家畜で、これは雄牛
のように飼育されたものとしてしか存在しない。人々が家畜
を育て始めたとき、それらの動物はすべて手を加えられたも
のmansuefactaeに分類されるものだっただろう。家畜以外は
まだ野生だったと考えられるからである。しかしこの場合で
も、所有が占有の終了とともにただちに消滅しないことが、
絶対に必要だっただろう。所有者は彼が飼育してきたそれら
の動物を、すべて身のまわりに置きたくても、それはできな
かっただろう。この種のいかなる所有にとっても、それがさ
らにいくらか継続することが、その存在自体のために必要で
あった。したがって彼らは、すべての動物は、最初に所属し
た人のところへある期間内に戻ってくる慣習を保持している 46
限り、彼に所有されたままであるとみなした。[23] そしてこのこ
とは、家畜〔mansuetae おとなしい〕であるすべての動物、あ

（22）Stair, II. 1. 33.

るいはわれわれが飼いならされたと言って間違いでないものに、やはりあてはまる。――〔鷹、雄鹿などは、その所有者の力の及ぶところに戻ってこなくなったとき、先占者に譲られたものと想定される。〕〔45裏〕しかし時が経って、いくつかの種類の動物が、手を加えられた状態でしか見られなくなったときに、それらはその名を失って家畜になった。このような手段で、所有の観念にそれ以上の拡大が導入されて、これらの動物はすべて、主人のものとして区別できる限り、彼の所有物であるとみなされるようになった。それらが長いあいだ、彼の力の及ぶところに来るのをやめてしまっても、それでもそれらは完全に彼の所有物とみなされたのである。これは疑いなく、所有の観念の大きな拡大であった。しかし、さらに大きな拡大が、農業の導入に続いた。はじめは土地の耕作のあとには、この種の私的所有は何もなかったように見える。[24]――彼らの住居の固定と都市の建設が、私人たちのあいだにはじめて土地の分割を導入した。所有の観念は、はじめは人の身のまわりのものに限られていたように思われる。彼の衣服や、彼が必要としたらしい何かの道具がそうである。このことは当然、狩猟民のあいだの慣習であっただろう。彼らの仕事は、彼らに絶えず住居を変えさせたのである。――〔シャルルヴォワ[6]はわれわれに、あるカナダ人の女性が〈[25]〉を長くつないだ紐をもっていたと語っている。それは彼らのあいだで、貨幣の役割を果たすものであり、彼女はそれを自分の目の届かないところに置くことができなか

47

った。たまたまあるとき、彼女はそれをもって、トウモロコシの収穫のために畑に来た。そこには木がなかったが、すぐ近くの彼女の隣人の畑にはあった。この木に彼女は紐をかけた。別の女性がそれを注視していて、出ていってそれを取った。紐の所有者はそれを要求したが、その女性は拒んだ。問題はその村の有力者の一人に持ち込まれ、彼は、自分の意見では厳密な法律によれば、紐はそれを木から取った女性のものであって、他方はそれを自分の占有から外したことによって、その所有に関するすべての権利を失ったのだ、と言った。しかし彼は、一方の女性も、非常にみっともない行為をしてひどく貪欲だ（その国では非常に非難される言葉）という評判を得ることを好まないならば、それを所有者に返すべきだろうと述べ、彼女もそれに従ったということである。〕〔46裏から47裏まで書いたものを47に挿入〕。

〔家屋および土地の所有〕

牧畜民の導入は、彼らの住居を前よりも固定したが、それでも非常に不確定であった。彼らが建てる小屋は、氏族の同意によって建てた者の所有物として認められた。すなわち、ひとつの小屋が他の人ではなくある人の所有物であり、彼が立ち去ったあとでもそうなのだということは、はじめは分からなかったのである。大小の洞穴は、それを占有した人のものであり、彼が占有し続ける限りそうであったが、彼が今夜そこに宿ったからといって、明日の夜もそこに対して何かの

48

権利をもったわけではなかったらしい。だから、家屋の所有の導入は、ある氏族あるいは社会のそれぞれの成員の共同の同意によるものであったに違いない。ここから時が経つにつれて、家屋とそのなかのものが、建築者の所有とみなされるようになった。ギリシャ語とラテン語の所有という言葉 dominium と *οἰκεῖον* はここから生じた。(26)〔述べておかなければならないのは、狩猟民の時代にも、家族たちには固定した住居があったが、所有は家屋のないところには及ばなかっただろうということである。〕［47裏］しかし、所有はまだ土地や牧草地には及ばなかっただろう。牧畜民の生活は、彼がしばしば生活環境を変えること、少なくとも、彼の家畜の牧場を見つけるために放牧地を変えることを必要とする。彼が生活環境を築いた場所の所有は、彼がそこを立ち去るや否や終了するものと理解されただろう。劇場の座席や海岸の小屋が、彼によって占有されなくなれば誰のものでもないのと同様である。彼らには、土地のように広大なものが単一の人間のような小さなものに属することがあろうとは、理解しにくかっただろう。民族全体というような大きな集団が土地の所有権をもつということのほうが、理解しやすかっただろう。だからわれわれは、多くの民族において、さまざまな氏族がそれぞれに特有の土地をもち、（タタール人やギニア海岸住民のように）他氏族はあえてそれを侵犯しないということを知っている。しかしここでは、一私人についての所有権は、彼が対象を実際に占有している限りしか継続しないと理解され

49

ている。一人の人間が放牧してきた草地は、彼が実際にそこにとどまっている限りしか、彼のものとみなされないだろう。――農業が発明されたあとでさえ、土地が個々の所有に分割されるまでにはかなりの時間がかかった。はじめは、共同体の全体が一片の土地を共同で耕したのである。彼らはこの一片の土地が生産するものを、それぞれの住民に、各家族の人数とそれぞれの個人の身分に応じて分配した。誰か一個人の意向で土地のどれかの部分に彼の所有を設定することは、たとえ一収穫期でも困難であった。彼以外の共同体の全員が、彼らすべての共有であるべきものを、彼が侵犯して自分のものにするのかと、非難の声をあげただろう。同じようにしてわれわれのなかのどの団体や集会も、共有の畑や樹木を、誰かが自分の使用のために取り分けることを許さなかっ

50

（23）*Inst.* 2. 1. 15.

（24）Locke, *Civil Government*, § 38.

［6］シャルルヴォワ（Pierre François Xavier de Charlevoix, 1682–1796）は、フランス人のイエズス会宣教師で、北アメリカで宣教に従事したときに得た知識によってこの本を書いた。日本での布教について書いたところは伝聞による。

（25）手稿の空白に入れようとしたのは、おそらく貝殻玉 wampum だろう。この女性は陶器の首飾り、すなわち磨いた貝殻をつないだものをつけていた。典拠は P.-F.-X. de Charlevoix, *Hitoire et description générale de la Nouvelle-France avec le journal historique d'un voyage … dans l'Amérique septentrionale* (1744), III, 275-6.

（26）スミスは二つの言語において所有が、家を意味する言葉から引き出されたと想定している。dominium は domus から（これは正しくない）、*οἰκεῖον* は *οἰκία* から（これは正しい）。

ただろう。彼らはこれらの共有物から共同で、共有の果実を 51 刈り取るべきだからである。〔このことを確認するために、われわれはタキトゥス[7]から、いくらかでも農業をもったそれぞれの民族は、いくらかの地片を耕して、その生産物を共同体の成員のあいだに分配していたことを知るのである。[27]〕〔50裏〕私的所有の最初の起源はおそらく、人々が定住地をもち、都市に集まって生活したことであろう。すべての改良された社会はおそらくそうであったはずだ。このように集まって生活していたときに、彼らが耕した畑は、彼らに最も近接していただろう。いまや彼らの居住地は固定された状態になったので、彼らにすぐ分かったのは、土地を一度にはっきり分けてしまうことが、毎年その生産物を分配するという不必要な面倒を課せられる〈よりも〉、最も楽な方法だということであった。この意図の結果として、そのような共同体あるいは国家の主要な人物たち——もし諸君がそうしたければこの状態にある一組の人々を、あの名誉ある称号でよんでもいいのだが——は、共有地を各個人または各家族のための 52 部分に分割したのである。したがってわれわれは、ホメロス[28]とアリストテレス[29]が植民地の開設について説明するときに、いつも最初に土地の分割をあげているのを知るのである。アリストテレスはまた、このことがなされたやり方まであげている。彼はわれわれに[30]、新しく建設された都市の最も近くにある土地は、すべての人に非常に便利だったので分割されたが、それより遠方の土地はなお共有のままにしておくことを許されたと告げている。

土地の所有が為政の首長によって設定されたのは、その耕作以後であるという意見を支持するひとつのことは、この国では、作物が土地から刈り取られるや否や、家畜はそれ以上居続けることも世話されることもなく、追い出されて、いわゆる長いつなぎになり、それは思いのままに歩きまわらせられた、ということである。このことは議会の法律[31]に反するのではあるが、田舎の人々は、土地の所有は作物が土地にある 53 あいだしか継続しないという見解に固執していて、〈　〉に対して科せられるように決められた罰金をもってしても、彼らにその法律を守らせる可能性はないのである。

〔**所有の制限**〕

この最後の種類の所有、すなわち土地の所有は、所有の最大の拡張であった。われわれはこれから、さまざまな国で、それがどのような形態で制限されてきたかを考察しよう。

所有は時が経つにつれて、前に述べたいろいろな方法によって、ほとんどあらゆるものに拡張されただろう。それでも、公正の原則によって、共有のままにしておかなければならないものがいくつかある。たとえば、まず野獣、すなわち迅速あるいは凶暴であるため、人々の力に服するのを拒むものは、所有の対象となりえない。それらはローマの法律家たちが野生動物 ferae naturâ とよんだものであり、また、これまで飼育されたことがないものでもある。

54 封建的統治の圧制と、下級者からはできるだけのものを絞り取るという人々の志向が、それらのものについてもある程度、所有をもちこんだ。古代のたいていの国の民法と基本法によって、猟獣はすべての人が自由に処理できるとみなされた。そしてこのことは確かに、理性にとって最も歓迎すべきことであった。というのは、誰もこの種の動物を力で支配したり、その所有を主張したりできないからである。なぜならそれは、たったいま彼の土地で草を食べていても、おそらく次の瞬間には別の人の土地にいるかもしれないからである。

しかし、封建的統治が確立されると——それはヨーロッパのすべての政府の基礎であり、いまなおそれらのなかで有力なのだが——国王とその貴族たちは、奴隷化された民衆を怒らせるという大きな冒険をおかすことなく、できる限りす
55 べてを自分のものにした。その他の侵犯のなかで、野獣は、国王と彼が捕獲の許可を与えた貴族のものだということが規則になった。したがってヘンリ七世[8]の時代に、誰でも土地所有者に〈許可〉されない限り、自分の土地でなければ猟獣を殺してはならないという法律が作られた(32)。ジェームズ一世[9]のときには、もうひとつの法律が作られて、それによれば、年一〇〇ポンドの地代をもつか、九九年という長期の一五〇ポンドの借地権をもつか、あるいは何かの終身地代をもつのでなければ、自分の土地でも猟獣を殺してはならないとされた(33)。さらにジョージ一世[10]と二世[11]のときには、いま述べた地代をもたないのに武器や猟獣を手元に置いているものは、五ポンドの罰金で罰せられることになった(34)。さらにこの治世の別の制定法によって、為政者だけでなく、通報者は誰でもその

---

[7] タキトゥス（Publius Cornelius Tacitus, 55?–120?）は『年代記』、『歴史』、『ゲルマーニア』を著したローマの歴史家。

(27) *Germania*, xxvi.

(28) たとえば *Odyssey*, vi. 9–10.

(29) アリストテレスは *Politics*, VII. 10 (1330a9 ff.) で、私有地と公有地への分割に伴って、私有地がさらに都市に近い部分と境界上の部分に再分割されたことを示している。

(30) He tells as that の as は間違いなく us の誤記。

(31) The Winter Herding Act, 1686, c. 11 (A.P.S. VIII. 595, c. 21) は、公費負担義務のある土地所有者に、夏でも冬でも家畜の飼育について、隣人の土地で発見された一頭につき半マルクの罰金を科せられることを定めた。

[8] ヘンリ七世（Henry VII, 1457–1509）は、バラ戦争を終結させて即位したテューダー王朝初代の国王（在位一四八五—一五〇九）。

(32) 11 Henry VII, c. 17 (1495).

[9] ジェームズ一世（James I, 1566–1625, 在位一六〇三—二五）はスコットランド王（在位一五六七—一六二五）であったが、一六〇三年のエリザベス女王の死後、イングランド王位を兼ねステュアート朝を開いた。

(33) 1 James I, c. 27 (1603) は、年価値一〇ポンドの土地の自由保有者あるいは年価値三〇ポンドの土地の生涯保有者に、猟獣を殺すことを許可した。

[10] ジョージ一世（George I, 1660–1727）はハノーファー選帝侯であるとともに、ジェームズ一世のひ孫として一七一四年にイギリス王位に着いた（同君連合、在位一七一四—二七）。

[11] ジョージ二世（George II, 1683–1760）はジョージ一世の息子で、父の死によって王位を継承した（在位一七二七—六〇）。

(34) 3 George I, c. 11 (1716); 9 George I, c. 22 (1722); 31 George II, c. 42 (1758).

罰金を請求する資格をもつことになった(35)。この制度には、公
正上は何の理由も与えられない。人がもし所有者に害を与え
56
たなら、彼はその人に賠償する義務を負うかもしれないが、
何も害を与える危険がないならば、誰でもその土地の所有者
と同様に、猟獣を捕らえていいのである。彼らが理由として
いるのは、この禁止は、下層民衆がそのように不利益な仕事
に時間を費やすのを阻止するために作られたのだということ
である。しかし本当の理由は、われわれが前に述べたとお
り、有力者たちの狩猟の楽しみであり、自分の手で絞れるだ
け絞り取ろうという強力な意向である。同じようにして、海
や川にいる魚は当然、すべての人にとって共有のものである
が、猟獣を国王と貴族たちのものとしたのと同一の精神が、
魚にまで及んだのである。こうしてすべての大きな魚は、重
要性も大きいので、国王と、彼が捕獲の権利を与えた従士た
57
ちだけのものとみなされた。鯨、イルカ、チョウザメなど
が、この種のものである。｛これらの大きな魚は、すべて王
のもの Royal とよばれる。｝［56裏］鮭もまた、明示された特
許状によって国王が許可を与えない限り、捕獲することがで
きない(36)。この魚も猟獣と同じく、所有の対象にはならない。
それらは、たびたび居所を変えるので、われわれの力のうち
にはなく、ひとつの領地に属するものとみなされえず、すべ
てのものにとって共有であるべきである。――下層民衆の
諸権利に対するもうひとつの侵犯は、一度は彼らが遺棄盗品
とよんだもの（すなわち盗人が盗んだが残したもの）が、一年
以内に所有者によって請求されなければ、国王またはそれが
発見された土地の領主に帰属すると定めた、議会制定法によ
って行われた。その領主に対しては、国王が遺棄盗品特許状
を与えるのである(37)。これが、すべての無主物 *ἀδέσποτα* に対
しても拡大された。同じようにして、飼い主のところから迷
いでて、誰かの土地で見つけられた動物は、発見者のもので
はなくそのマナー *δσποάε*［12］の領主の所有物となったのであ
58
る。公正法によれば明らかに、そういう占有物は、他のどう
いうものとも同じく正当な所有者に返還されるべきであり、
そのことは、間違いなく彼のものであると知られうる時計
が、それに対する彼の所有権を示すことができれば、ただち
に彼に返還されるのと同じである。これについて与えられる
唯一の理由は、家畜が迷いでないように人民がもっと注意
し、それが起こったら適切なときに請求することを、もっと
気にかけるようにするために、この法律が制定されているの
だ、ということである。しかし、そのことが事実であったと
しても、なぜそれらが、国王やマナーの領主に与えられるの
ではなく占有者に帰属しないのだろうか。国王・領主がそれ
らに対して何かの権利をもつことはありえず、取得時効自体
でさえもたないのである。――同じようにして、国王が土
地所有者に埋蔵物特権を与えておいたのでない限り(38)、彼は自
分の土地で発見された埋蔵物を自分のものとすることができ
なかったのであり、他人の土地で発見したものについては、
はるかに問題外である。これらはしばしば、国王の収入のか

なりの部分になった。今日ではめったにそういうことに出会
わないが、所有が非常に不安定であり、身辺にいくらかでも 59
貨幣をもっていると知られることが危険であったあのかつて
の混乱期には、法律がその占有を保証できなかったので、人
が集めたものを埋めるということほど当たり前なことはなか
ったのである。今日、トルコとムガール諸邦では、たいてい
の人が埋蔵物をもっていて、相続人たちに最後に伝えること
のひとつは、彼の埋蔵物が取り出されるべき場所である。そ
ういう時代には、埋蔵物の権利はかなり重要なものだっただ
ろう。貴族や有力者たちがこれらの制度を立ち上げた理由
は、人民を何かの侵犯に耐えさせるのに、このようなやり方
によるほうが他のどのやり方によるよりも容易だろうという
ことであった。誰でも、（この例のように）短期間しか占有せ
ずわずかな労働によって手に入れたものに対しては、大きな
苦労と勤労によって入手したものに対するような愛着を形成
しないのであり、したがって、それを奪われることについ
て、あまり高度の侵害を自分が受けたとは考えないのだろ 60
う。

すでに述べたこれらのもののほかに、すべての人に共有と
みなされるべき多くのものがある。それらは使用によって、
小さくすることも減少させることもできないし、誰かが侵害
されることもありえないものである。たとえば、空気はすべ
ての人によって呼吸されることが必要であり、他の人々が使
用するのに、量が少なくなったり、不適当になったりはしな
い。流水も同様に、海もまた自然に、すべての人に共有であ
る。[39] 道端の泉は、誰かが飲んだぶんだけ減ることはないし、
土地の所有者は、誰かが水を飲むことを妨げることはできな
い。しかし、それが畑のまっただなかにあるということにな
ったとすれば、人は所有者によって阻止されうる。なぜなら
その人は、所有者に害を与えることなしには、そこに行くこ
とができないからである（彼が所有者の農場に対して、家畜を
水場に追って行く[40]という用役権をもっているのでなければ）。
――同じようにして、川の水とそこでの航行と帆走権、海
上の航行と帆走権は、すべての人に共有である。他人がそれ 61
らをそのように使用することによって誰も侵害されないし、
ある停泊地に船を置いている人は、その地点の所有を横取り
するわけではない。彼はそこを占有するときだけ、そこへの
権利をもつにすぎないのである。その場合、彼は確かに、自

---

(35) 8 George I. c. 19 (1721).
(36) Stair, II. 3. 69.
(37) 盗人による遺棄盗品の取得特権については、次を見よ。*Quoniam Attachiamenta*（一四世紀の法廷手続案内、ステア協会第一一巻所収）, c. 48, sec. 14.
[12] 領主が裁判権をもつ貴族領地で、日本の荘園にあたる。
(38) 埋蔵物所有権 Franchise of Treasure Trove は、地中に埋もれていて所有者が分からない貴金属を取得する特権であった。手稿は Trove を troff と書き、次ページでも troaf としている。
(39) Cf. Hume, *Treatise of Human Nature* (1739–1740), III. ii. 2 (ed. Selby-Bigge, 495); *Enquiry concerning the Principles of Morals* (1751), III. i (ed. Selby-Bigge, § 145).
(40) ad aquam appellendi.

分を移動させようとするものに対しては、自分の権利を守ることができるのだが、そこを出ていけば、権利は次の占有者に譲られる。〔同じようにして、海岸もその共同体全体にとって共有であり、それへの添付もその全体に属するものと思われるが、しかし以下のように、国王はそれを横取りして自分のものとした。添付と縮小がしばしば起こるリンカンシャー(41)で、ある人が海沿いに一〇〇エーカーの添付を得て、彼の特許状はその海岸とデンマークとのあいだのすべての土地を対象としていたのに、そのエーカー数が明記されていないという理由で彼はこれを占有することができず、添付の全体が国王にわたったのである。〕〔60裏〕航行権はこのようにして、当然すべての人に共有なのだが、川や入江に隣接している国民と国家はしばしばそれらに対して、領土権や所有権ではなく管轄権すなわち支配権を横取りしてきた。したがって彼らは、自分たちの許可がなければ船がそこに入ることを許さないだろう(42)。その理由は、そうしないと彼らは敵または外国人にさらされ、それらを国の中心に入らせることになる、というものである。しかし、彼らが権利を主張するのは、これらの川の水に対してではなく、ただそこでの航行を制限することについてなのである。

　こうして管轄権の下に置かれているのは、クライド湾、フォース湾、マリ湾(43)のように、隣接する土地に比べれば小さい入江だけである。他方でバルト海は、広大ではあるがデンマーク王の管轄権の下に置かれた。しかし、それは陸地の一部

62

分あるいは添加物とみなされたからではなく、灯台の維持のために彼が税を集めたことに起源をもっている。スウェーデンもデンマークも、バルト海沿岸の領土はしばしば現在よりも大きかったが、その項目で税を集めたことはそれまで決してなかった。川や小さな入り江が土地の添加の一部と考えられたのと同じようにして、海と海岸が等しく管轄権の下に入れられる。そこでは(44)外国人は、明文の許可なしには、岸近くで航行したり漁業をしたりすることは許されない。このことが特にあてはまるのは、港に近く、カノン砲[13]の射程内の海域についてである。そこではどの船も、その管轄権に敬意を表することなしには、通過することも漁業をすることも許されない。外国人が魚をとることを許されるべきではないということには、自然のなかに若干の根拠がある。それは、そのようにして得られたものが、しばしばそこに住む多数の住民たちにとっては生活資料の主要部分だということがあるからである。したがって、外国人が邪魔をすれば、彼らは当然、自分たちが侵害されたと思うだろう。このことに加えて、せまい川や海の魚は無限ではない。しかしながら、共同体や国家による領土内を通る川の通行制限や占有は、添付を根拠としていて、それによれば、小さいものはそれが付着する大きいものに所属するのである。

63

〔**添付**〕

〔次に取り扱われることになるのは、添付である。これら

二つ〔先占と添付〕は、所有権取得の元来の方法である。そ
の他のものは二次的であり、遺志や相続によって死者から生
者へ、あるいは意思にもとづく移転によって生者相互で、所
有権が伝達される。〕〔62裏〕所有権取得のこの方法もまた、
社会のさまざまな時代のなかで、非常に重大な変更を経過し 64
た。〔狩猟民の時代には、添付の余地はなかった。その時代
のすべての所有は、彼らが捕らえた動物からなっていたので
ある。〕〔63裏〕牧畜民の時代には、添付が動物の乳と子を超
えて何かに及ぶことは、到底ありえなかった。それらは当
然、その動物を飼育してきた人に与えられただろう。おそら
く彼はそれを期待しなかっただろうとしても、乳が誰か他人
にわたるのを許容することは、不適当だと思われただろう。
このことが、他の多くの場合と同様に、そのなかに見られる
不適当さを、あらゆる不便さにもかかわらず、継続させたの
である。〔動物が特定の人によって飼育され領有されたあと
に、その乳が共有のまま残されるというのは、ばかげている
と思われるだろう。われわれが自然に、人の所有権またはあ
らゆる他の権利を、完全なものあるいは確定したものにした
がるのであり、それはわれわれが自分の所有地の形をよくし
たがるのと同じである。われわれは、それに角がいくつもつ
いているのを好まない。〕〔63裏〕先占の権利でさえ、われわ
れが述べたように、主としてこの明らかな不適当性にもとづ
いている。すべての動物の子は、父にではなく母への添付と
想定されていることを言っておかなければならない。受胎し
出産し授乳する行為は、子と母とのあいだに、つかのまの生 65
殖行為が父と母とのあいだに作り出すよりも、はるかに強い
結合を生むように見える。〔これに加えて、子は生まれてし
ばらくしてさえ、乳がずっとそうであるのと同じく、母の一
部分、ただし一小部分であるとみなされるため、したがっ
て、全体の一部として全体の所有者のものになるのである。〕
〔64裏〕白鳥を除けば、このことに例外はない。白鳥の場合
には子の一部分は雄の所有者の、他の一部分は雌の所有者の
ものになる。その理由とされているのは、雄は一羽の雌とし
か一緒にならないので、雄の所有者としては、その雄が作っ
た子の一部分を得るのでなければ、何の利益もないというこ
とである。人間のあいだでも子は、母が父の所有物でない限
り、母のものとみなされる。母が父の所有物である場合は、
子孫は妻の添付として父に属する。このことは、結婚生活の
状態について旧法でそうであったし、この点ではいまでもそ

(41) Robert Callis, *Reading on Sewers* (2nd ed., London, 1685), 47-8.〔リンカンシャーはイングランドの州で、北海に面し、南はウォッシュの入江、北はハンバー川の河口で区切られる〕
(42) Grotius, II. 3. 13.
(43) Moray Firth を Murray frith と誤記。〔クライド湾はグラーズゴウ市を貫流するクライド川の河口の湾で、フォース湾はエディンバラの外港リースをもち、マリ湾は北スコットランドの中心都市インヴァネスに接する〕
(44) おそらく To that は So that を意図している。
〔13〕カノン砲は、砲座にすえつけなければ発射できない大砲で、一六―一七世紀には大きさによっていくつかの名称があった。

うである。しかし、非嫡出子は母の所有物であり、一般に母の名前をとる。――〔ローマの法律家たちのうちの何人かは、女性のドミヌス［所有権者］が子に対してもった権利に添付という名称を与えなかった。彼らはそれを母胎権 jus ventris(45) とよんだが、上述のことは、それが添付権を設定するのに必要なすべての事情をもっていることを示している。〕

［64裏］

牧畜民の時代には、添付の機会はきわめてわずかしかなかったが、農業と土地の私的所有が導入されると、その数はほとんど無限に増大した。土地がその国の一般的同意によって分割されたときに、彼らが考えていたのは、各人に土地の所有権を与えて、彼がそこで作物を育てることができるようにしたいということであった。しかし、彼がこの所有物の主要部分をもつことから自然に生じるのは、そこに見出されたすべての樹木、岩石、鉱物についても、彼が所有権をもつべきだということであった。最初の理由は、地表を傷つけることなしには、それらのものに到達できないということだったかもしれない。だが鉱物について言えば、ある農場のなかの鉱坑は、そこから他の所有者の鉱坑へ地表を傷つけずに拡張できるし、むしろ排水路として役に立つだろう。しかし、地表と地下部分との接続部分は非常に大きいので、まもなく、地表と大地の中心とのあいだにあるすべてのものは、地表の所有者がそこまで行けるなら、それは彼のものだということが規則になった。〔最初に私的所有者に譲渡された権利は、実

際には、耕し、蒔き、果実を刈りとる権利か、あるいはそこで牧畜をする権利であった。このことは、彼が土地の所有権をもったと言えば、もっと簡単に表現されただろうし、理解もされただろう。売却や移転の場合の表現方法あるいは形態も同様だっただろう。地表についての所有権が、こうして移転されるようになったので、まもなく土壌とそのなかのすべてが、同じ所有者に属するものとみなされただろう。土壌とその内容物は、おそらく地表を傷つけずに到達できたかもしれないし、鉱坑は、むしろ余計な水分を排除するのに役立ったが、適宜性によればこれは不正とみなされて、現在行われている法律が導入された。すなわち土壌全体が地表の所有者に属するということである。〕［65裏］ローマ法と封建法のあいだには、次のような違いもあった。すなわち、前者によればすべての鉱山は土地の占有者の所有物とみなされたのである。それらの国では、土地はすべてわれわれが自由保有(46)とよぶもの、すなわち誰からも保有するのではなく、完全に所有者の所有物であり、したがって国家は彼がその領地のどの部分をどのように使おうと、制限することができなかった。しかし封建的統治にあっては、国王が直接支配者とみなされ、当時はそれに仕えることがかなりの便益を伴ったのである。準所有者 domini utiles としての占有者〈たち〉は、そうよばれるように王の土地保有者[14]にすぎず、王から保有したのである。したがって、森林地の貸与を受けた土地保有者は、明白に特定されてはいないが、藪や下生えについての権利をも

ち、木材になる樹木は所有者のために留保されて、彼には権利がないものと想定された。同様に、従士たちは石炭、鉛、錫、鉄、銅などのような価値の少ない鉱坑への所有権をもっているが、金と銀の鉱坑は直接支配者すなわち国王によって、彼自身のために留保されるのだと説明された。こうして国王から保有するものは、価値の低い鉱坑を自分自身のために稼動してよいが、金銀坑は、特許状によって明言的に許可されない限り、そうではないということになった。 68

同じようにして、土壌と他の物質は地表の添付とみなされたので、海の後退や川の移動によって追加されたものは何でも、隣接している畑の所有者に帰属するとみなされた。しかしこれらの添付は、それぞれの国でそれぞれに規制されてきた。イタリアとブリテンの大部分のような、海岸も川岸も水面よりもはるかに高い高地諸国では、陸地への添付は、海の後退または川の移動のどちらによるにせよ、非常に大きなものではありえない。そのようなすべての国では、この種の添付は隣接の陸地にとってあまり意味がないので、その土地の 69
所有への添付とみなされた。しかし、エジプトやガンジス川岸諸国や低地諸国のような平坦な国々では、しばしばかなり大きな海の後退や川の移動が生じるため、それによって追加された地片は、隣接の畑への添付とみなすことはできず、国有とされた。(47) リンカンシャーの沼沢地では、法律によって追加は隣接地への添付とみなされているが、ここでさえその畑が個別に特定されなければならず、そうでなければその追加は王のものになる。 70

この種のすべての場合に、添付の所有者を決定するのには何の困難もない。少しでも混乱があるのはただひとつ、添付が主物の所有者とは違った人物の所有である場合である。〔ある人が他人の木材で船を作ったり、他人のぶどうでワインを作ったり、あるいは他人の金属でカップを作ったりしたときのように。〕〔69裏〕こうして、人が他人の土地に家を建てた場合に、その家が土地への添付とみなされるべきか、土地が家への添付とみなされるべきかが問題となる。ここで言っておかなければならないのは、添付と主物の所有者が違うすべての場合に、問題は、誰が双方に対する単独の権利をもつべきかではなく、どちらが主物所有者とみなされて、他方の所有者に対してその利益になるまでの補償を与えて、そのものを請求する権利をもつかということである。そこで、いま述べた場合について問題になるのは、家屋が主物とみなされて、その結果その建築者は、その土地に対して妥当な価格 71

(45) Cocceius, XII. 271. この表現はローマのものではない。
(46) 自由保有地は、絶対的所有として保持され、封建的保有地は上位者から「保有」（役務を条件として）される。［上位者 superior とは封建社会の階層構造のなかの相対的な上位者を表す用語として、この講義で使用される］
[14] 土地保有者 tenant とは、土地の所有者である国王または領主から、一定の条件で土地を保有する者のことで、小作人ともよばれる。
(47) Pufendorf, IV. 7. 12.

あるいは適当な地代を払ったあとは、それを占有する権利をもつのか、あるいは反対に、土地の所有者が建築者に対して、それに投下された費用をはるかに下まわるかもしれないにしても「豊かになる程度に[48]」支払って、その家屋に対する権利をもつべきか、ということである。この場合、すべての法律家たちによって決定されているのは、土地の所有者が、上述の条件で家屋を要求する権利をもつものとみなされるべきだ、ということである。家屋がたいていの場合に、それが建っている土地よりも大きな価値をもつのは確かだが、ここで取り上げている規則は、誰も他人の行為によって所有を奪われるべきではないということである。「誰も他人の行為によって自分の所有を失うことがないように[49]」。この一般規則はたいていの場合に、十分よく適合するのだが、いくつかの場合には、これに適合した決定が非常に厳しいものと思われるだろう。ある人が他人の木材やキャンヴァスに見事な絵を描いたとすると、大きな価値をもつかもしれないその作品を 72 画家が失うのは、厳しいと思われるかもしれない。なぜならその絵は、木材やキャンヴァスのように取るに足りない価値のものへの添付とみなされるからである。だから、穏やかな法律家であったプロクルスと〈　〉は、画家に添付に対する権利を与えたが、カッシウスやサビヌスのように彼らより厳しい者たちは[50]、一般規則に固執して、その絵は木材を変化させなかったから、それは前の所有者の所有物のままだと言った[51]。〔絵はその物質を変化させなかったとみなされ、板は依然として板であるとみなされたのだ。その理由はおそらく、彼らの壁はすべて石か土であって、そこにかけられる絵は、板という名称で区別されるような種類のものだけだということだろう。〕［71裏］その他の多くの場合に、同じ困難が起こっただろう。それはたとえば、他人のぶどうや大麦からワインやエールを作ったり、あるいは他人の銀でカップを作ったり、他人の木で船を作ったりした場合である。厳しい法律家たちは、物質の所有者はその物質が新しい形態をとってしまったあとでも、その所有者であり続けるべきだと宣告した。 73 他の人々は、これらの場合に変更者は、主要部分の所有者とみなされるべきだという意見だった[52]。しかし彼らは、自分たちの一般規則と矛盾しないように、これは正しくは添付の一種ではなくて、生産された物質は新しいものなのだと言った。それは自然界のなかの新しいもの res nova in rerum natura なのであって、ワインになったぶどうはもはやぶどうではなく、大麦はエールになり、銀はカップになったのであり、したがって、その物質の所有者によって、それをいわば生産した人と同じ妥当性をもって要求されることはできない、と言うのである。パウルスと[53]、その後のトリボニアヌス[54]とユスティニアヌスは彼らが中道と考えたものを――他の二つのどれよりも気まぐれなものだが――採用した。彼らが作った規則は、本体を前の状態に戻すことができるならば、それは元の所有者の所有物であるべきだが、そうできな 74 いならば、その物質が形態への添付とみなされるべきだ、というものであった。この規則によれば、金属はどのような奇妙な形に加工されても、依然として元の所有者の財貨の一部とみなされるだろうが、船、ワイン、エールは、変更者の仕事の添付であるべきであった。――この規則は理性に基礎をもたないし、元の状態に戻しうる場合は物質が依然として同一なので、戻しえない場合に比べて、わずかに物質と所有者とのつながりがあるということから出たにすぎない。しかしこの規則は、彫刻の場合のように、多くの場合にまったく理性に一致しないだろう。それよりも理性に一致するように思われるのは、これらの場合の多くにおいて、物質が形態への添付と見られるべきだということである。なぜなら、こうすれば物質の所有者は、変更者が彼に払う利潤を得ることによって完全に補償されるからである。これに対して、もし物質の主人 dominus substantiae がそれ〈への〉添付をもつとすると、変更者は、彼の仕事によって物質の主人が儲けただけを受け取ることによって、おそらくかなり損をするだろう。これは、絵画や彫刻などに関して、しばしば起こりうることである。〔この決定はわれわれに、法律家たちが想像におけるどれほど軽少な関連にもとづいて自分たちの見解を形成するかを、示すものかもしれない。〕［74裏］

　これによく似た多くの事例がある。他人の金のなかに宝石がはめこまれた場合がそうで、おそらく宝石が最も高価ではあろうが、しかしそれは金への添付とみなされた。金の装飾になるようにと、そこに使用され、はめこまれたのだからで

75

ある。しかし彼らは、宝石はこうして金のなかにはめこまれた限りでしか添付ではなく、分離されたときは元の主人の所有になると考えた。この理由で彼らは、厳しい法律を逃れる工夫をして、宝石の持ち主に他方に対する訴訟(見るための訴訟 ad exhibendum)を許した。すなわち、その宝石を見るための訴訟である。そうするとそれは分離されるだろうから、彼はそれを請求できたのである。(55) ここでは、理性は同様に宝石の持ち主の側にあるように思われる。というのは、その全体の価値は結合した指輪の占有者のものになるので、相手はその

76

(48) quantum locupletior factus est.

(49) nemo ex alienâ actione rem suam amittat.

(50) プロクルス、カッシウス、サビヌスは一世紀のローマの法律家で、プロクルスはプロクルス学派の主導者であり、カッシウスとサビヌスはそれに対抗するサビヌス学派の主導者であった。

(51) 法学者たちのあいだでは、絵画が木材に添付されたのか、その逆であるのかという論争があった。パウルスによって *D.* 6. 1. 23. 3 で言及され、ガイウスによって *D.* 41. 1. 9. 2 で言及されているが、それがプロクルス派とサビヌス派との学派間論争であるとは言われなかった。スミスはこの論争と変更についての論争（次注を見よ）を混同しているかもしれない。ユスティニアヌスは、木材が絵画に添付されたものと決定した。*Inst.* 2. 1. 34.

(52) サビヌス派は新しい種類の所有権を材料の所有者に帰着させ、プロクルス派はそれを製作者に帰着させた。*D.* 41. 1. 24, *Inst.* 2. 1. 25 におけるパウルス。変更者 specificator とは、その新しい種類の製作者のこと。

(53) パウルスは三世紀初頭のローマの法律家。

(54) トリボニアヌスはユスティニアヌス法典の編集主任。

(55) *D.* 10. 4. 6 ; *D.* 6. 1. 23. 5. 訴訟は宝石を明確なものとして示すためのもので、それには金からそれを分離することが必要であった。

金について補償されるだろうが、彼は十分に償われないかもしれないからである。

［時効］

これら二つ［先占と添付］は、所有権取得のための元来の方法のすべてである。派生的方法[56]とよばれるもののうちの第一は、すでに他人によって占有されたものの所有権を〈取得する〉時効である。｛時効とは、人が長いあいだ占有してきたある対象に対する権利であり、もし彼のこの占有がなかったなら、それは彼のものにはならなかっただろう。所有権取得のこのやり方の導入の起源は、次のことであったと思われる。｝［76裏、77に続く］所有が占有を超えて拡大され、財貨が前の占有者の力を離れたあともその所有物であり続けると考えられるようになったあとで、ある長さの占有が所有権を移転させ、そのとき占有者はその財貨についての完全な権利を保障されるということが必要だと分かった。そうでなければ所有はつねに不確実であろう。この権利の基礎は、人が長く占有してきたものに対しては、占有者の愛着が形成されると想定できるということと、前の占有者の愛着が、長いあいだまったく彼の力の外にあったものから離反するということである。[57]｛この時効の権利は、実際は先占の権利と同一の原理から引き出された。というのは、最初の先占者が先占物の使用についてもつ期待に、観察者が入っていくことができ、それを彼から奪い取ろうとする人々によって彼は侵害される

77

と、考えることができるからである。同じようにして、時効の権利は、観察者の次のような意見から引き出されたのである。すなわち、長く続いた占有者が、このように占有されてきたものは使用していいのだという、正当な期待をもつということ、さらに、前の所有者は、現在の占有者を排除するのは彼として不正だと思われるほどに、それに対するすべての権利を失って、それを使用することについて何の期待ももっていないということである。これら二つの原理すなわち占有者の愛着と前の所有者の離反が、この権利の基礎であるということは、長く続いた占有を所有権の移転とするために導入されたさまざまな必要条件によって、大いに確認されている。｝［76裏・77裏］

占有者は善意でなければならない。すなわち自分がその対象の合法的な所有者であるという意見をもたなければならない。もし彼が、それが他人に属することを知っていたら、いくら長い時間でも彼にその所有権を与えることはできない。そのうえ必要なのは、彼がそれを正当な権利で justo titulo 占有すること、すなわち所有権が合法的に移転されうるやり方でその占有を得たということである。彼が市場でもどこでもひとつの財貨を買うと、彼はこのものに対して正当な権利 justus titulus をもち、それに対して所有権をもつと考えるのが正当である。しかし彼が、たとえば時計を路上で発見し、そういうものを発見したと公に通知せずに、一〇〇年間占有して、持ち主またはその相続人があとになってそのことを知

78

ったとすると、彼はその返還を義務づけられるだろう。——〔人が何ものかに対して権利をもつと考えることは、彼が正当な権利 justus titulus をもってそれを入手したのでない限り、めったにないだろう。しかし、もし彼がそう考えるほど愚かであったとしても、その占有は彼にそれに対する権利を与えないだろう。だが多くの場合、どのような資格でも、非常に軽少なものでも十分なのである。動産のあいだでは資格は何も必要ではなく、善意の占有だけで権利が得られる。不動産については従士遺産令状[58]による封建的占有[59]が必要とされる。〕［77裏］土地資産は、何かの資格がなければ占有できない。国王がすべての土地の所有者と考えられているので、権利の移動についての何かの証拠がなければ、それを他人に渡すことはできないのである。これがいわゆる証書または羊皮紙［不動産譲渡捺印証書］であった。だから、土地資産の相続に入るには、それに対してもつ何かの資格を示さなければならなかった。しかしこの場合、非常に軽少なもの、たとえば彼の父が相続人であったときにもっていた従士遺産令状のようなものでも十分であろう。〔前述の必要条件は、占有者が占有物に対してすでに愛着をもっているということを確実にする傾向がある。前の所有者の愛着は確実にそれから離れてしまっていたらしいので、それは等々。〕［78裏］さらに必要なのは、占有が中断されなかったことであり、それは正当なやり方での中断だけでなく、不正なやり方での中断さえもあってはならないということである。この国では、唯一合法

79

的な中断の方法は、所有者がその対象の占有権を主張するという場合である。占有者が、彼自身で中断を引き起こしうる状態にあることもまた必要である。「何か不可抗力のある事情によって占有の中断を妨げられた場合は、時効は作用しない[60]」。すなわち、それは、不在の人々、あるいは何かほかのやり方で、中断する能力を奪われている人々〔たとえば、未成年たち、狂人たち、夫が生きているあいだの妻たち、一六四八年のオリヴァー・クロムウェルによる横奪のあいだの人々のように、不当に追放された亡命者たち〕［78裏］に対しては進行しない。時効は、未成年者に対しても発生せず、占有者は被後見人が成年に達したのち数年間にわたって占有し続けなければならないのである。言っておかなければならないのは、時効が成立する期間が一月か、一年、一〇年、二〇年、三〇年、または四〇年などであるかは、事柄の性質が正確に決めるものではないということである。しかし、人がその占有物に対する権利を得るのはいつなのかについて、あ

80

（56）Grotius, II. 3. 1.
（57）Kames, *Essays upon Several Subjects in Law* (1732), IV ('Of the Doctrine of Prescription').
（58）従士遺産令状 clare constat によってスコットランドの上位者は、死亡した従士の相続人の資格を確認した。
（59）イングランドでは seisin と言い、スコットランドでは sasine と言う、自由保有土地資産の封建的占有。
（60）Contra non valentem agere non currit praescriptio : Stair, II. 12. 27 ; Erskine, III. 7. 15.

る期間を決めなければならないので、どこの国でもそういう期間が決められていることを、われわれは知っている。ローマ国家の最初の時期の、社会がまだあまり大きく進歩しておらず、所有も非常に不確定であったときに、十二表法の編者たちは、動産の時効には一年、不動産には二年で十分だと考えた。あとになって、この期間は三年に延ばされ、しばらくしてイタリアでは動産に三年、不動産に一〇年に延期され、 81
属州では二〇年とされたが、イタリアでもついにそうなった(61)。同じようにして、封建的統治において、土地の所有者たちがそれを国王から、戦時には彼につき従い、平時にはつねに彼の求めに応じて助言者になるというように、彼のために行うべき一定の役務に対して保有したときは、これらの役務を遂行した者によって占有されていない領地が存在しなくなったのは必然的なことであった。だから、もしある所有者が、わずか一年でもその領地を放棄して、彼がそれに対して権利をもつ理由である役務を行わず、別の人がその土地を占有して彼の役務を果たしたとすれば、後者は〔彼は権利を取得するのに必要なすべてのことをしたのだから〕その領地に対する完全な権利をもつであろうし、他方の義務を顧みなかった人は、請求権をもつことができないのである。〔後者は令状をもたないのだから、確かに国王が請求してもよかったのである。しかし、前の占有者が権利をもつことはありえなかった。〕[80裏]しかし、この統治がかなり変化するようになって、領地への権利が個人の役務に依存しなくなったとき、

それほど短い時効で領地から放り出されるのは、不当だと思
われた。 82
その頃には、この制度を発生させた所有についての争いや不確実性が、すでに存続しなくなっていたのである。当時は、時効の二つの根拠、すなわち占有者がそれに対してある愛着をもつようになることや、あるいは所有者の愛着が、それほど最近まで占有していたものから離反したということが、いずれにせよそのように短期間に起ころうとは想定できなかったのである。それで彼らは、ここから他方の極端(62)に到達し、所有は占有がなくなってからずっとあとまで継続すると考えられたのだが、時効がいつ成立するかは決められなかった。このことは、所有に大変な混乱と不安定をもちこんだ。これを矯正するためにヘンリ二世[15]は、占有に対しては訴訟を提起してはならないという法律を作り、占有の根拠は彼の祖父のヘンリ一世の治世にまでさかのぼるとした(63)。ヘンリ三世[16]は同じ法律を作ったが、それはヘンリ二世のときまで 83
期間を延長したにすぎなかった(64)。エドワード三世[17]もまた、リチャード一世[18]のときまで(65)、のちにはリチャード二世[19]のときまで延長した。これ以降、それはヘンリ八世[20]のときまで続くが、彼は何らかの請求がつけられえない領地はほとんどないことを知り、六〇年の時効のあとでは、資格が〈権利にもとづくものならば(66)〉、それ以後いかなる請求も有効ではなく、また資格が何か別の種類のものならば五〇年時効のあと、占有が請求者の生存中に始まっていたならば三〇年時効のあともそうであると指示した(67)。スコットランドでは、チャールズ二

世[21]の法律によって、四〇年の中断されない占有ののちに時効が生じる(68)。動産の時効はイングランドでもスコットランドでも、もとは一年であった。イングランドではこれがまだ続いていて、スコットランドでは、現在それは遺棄盗品とよばれるものに限られている。以前には、一年と一日がすぎると宣告が行われて、すべての遺失品あるいは無主物(69)とよばれるものが、国王の役人たち、または国王が遺棄盗品特権を与えて 84
おいた従士たちのものとして裁定された(70)。

　時効のための期間がさまざまなので、長期の占有によって権利を確認するために必要な事情も、やはりさまざまである。スコットランドでは、われわれが前に述べたように、時効のための期間が四〇年というかなりの長さなので、彼らは、占有者が善意であることを必要としてこなかった。彼らはこのことが、正当な資格と中断のない長期の占有から必然的に生じるに違いないと考えるのである。――期間がそのように長いので、未成年期やその他の中断のために(71)、領地が五、六〇年より短い期間で時効になることは、到底起こりえなかった。したがって、時効の権利を強化することが慣習的になり、それに応じてたいていの法律家は、そうすることに非常に好意的であった。このことから同様に、期間も中断後に継続し、あらためて始まるのではないとされた。スコットランド法によれば、時効に対して有効な中断は、前の占有者 85
あるいはその相続人が請求を開始することしかない。戦争またはその他の外的手段による中断は、何も効果がない。

――占有がさらに長くなければならないとするイングラン

(61) *Inst.* 2. 6pr. 期間は両当事者が同じ属州に住んでいれば一〇年、違う属州ならば二〇年であった。

(62) hence または here を hene と誤記。

[15] ヘンリ二世（Henry II, 1133–1189）は一一五四年に即位し、王権を封建的土地保有者への依存から解放した。

(63) その日付はヘンリ一世が死亡した一一三五年一二月一日。

[16] ヘンリ三世（Henry III, 1207–1272）はヘンリ二世の孫で、マグナ・カルタに象徴される貴族階級の要求への対応に追われた。

(64) The Statute of Merton, 20 Henry III, c. 8 (1236) は期限をヘンリ二世の即位日、一一五四年一二月一九日と定めた。

[17] エドワード三世（Edward III, 1312–1377）はエドワード二世の長男で、一三二七年に即位した。

[18] リチャード一世（Richard I, 1157–1199）はヘンリ二世の三男で、一一八九年に即位し、第三回十字軍に参加し、獅子心王とよばれた。

(65) The Statute of Westminster I, c. 39 (1275) はその期日を、リチャード三世の即位日一一八九年九月三日と定めた。一五四〇年までそれ以上の変更はなく、エドワード三世による変更もなかった。

[19] リチャード二世（Richard II, 1367–1400）は黒太子の息子としてボルドーで生まれ、一三七七年にエドワード三世を継承して即位、一三八一年にワット・タイラーの農民一揆に対処した。

[20] ヘンリ八世（Henry VIII, 1491–1547）はヘンリ七世の次男で、一五〇九年に即位したが、離婚・再婚をめぐってローマ法王と争い、一五三四年に首長令によってイングランドの政教最高権力者となって、ローマと絶縁した。

(66) 手稿の空白。おそらく droitural を意図していただろう（占有の請求よりも権利の請求にもとづく）。

(67) 32 Henry VIII, c. 2 (1540). 単純封土権利令状の日付から六〇日以内でなければ、どのような占有 seisin によっても令状の中に請求権を見出すことはできなかったが、他方で占有 possessory 訴訟は三〇年で時効になった。

ドでは、善意も正当な権利も必要と考えられておらず、その期間を短くするためにあらゆる工夫がされている。そこでは領地が七〇年か九〇年以内に時効になるということは、到底起こりえないからである。――〔人の生存期間の三〇年のあいだに時効になるということは、決して起こりえない。〕〔84裏〕市民法は、非常に短い期間で時効が起こることを許すので、他方では所有者の請求権に好意的である。たとえば、彼の側での中断だけでなく、敵が彼の土地に布陣するというような敵の侵入による中断も、中断とするのに十分であった。そのほかに、中断はそれが起こっているあいだだけ時効の進行を止めるだけでなく、それに先立つ占有を無効化するため、占有者は中断の終了時からあらためて計算しなければならなかった。このことは、中断がどのようなやり方でなされたかに関係がない〔われわれの法律では、請求権によるものが優先されているのと同様である〕〔85裏〕。しかしながら、ローマ法のなかには、時効に非常に好意的なことがひとつある。それは、善意が必要とされるのは最初だけだ、ということであり、彼が善意でなかったことがあとで証明されえたとしても、それでも時効は成立するのである。〔盗品もまた、どれだけ長い期間によっても時効にならなかったが、それに対してこの国では、それは宣告されてから一年と一日で時効になる。[72]〕〔85裏〕

他方でカノン法は、すべてを良心の法廷 foro concientiae で見出されるべき規則で規制するので、悪意を伴う mala fides

86

supervenerit 場合に時効の成立を許さない。人は他人の財貨を保留しているとき、そのことを自覚しているに違いないからである。[73] 市民法はここでもまた、人間本性の脆さのほうを重く見るのだ。

何人かの著者たちは時効の原理を、ここに述べられたのとは違った起源から引き出している。グロティウス[74]はそれを、占有者の何気ない放置にもとづくとしているが、かなり大きな財産、特に土地についての権利を、進んで放棄する者はいないだろうということを考慮すると〈　〉。権利をもっている占有物や先祖が占有していた占有物を占領することを（それができるのに）妨げるのは、無知だけである。コクツェーイ男爵[75]はそれを、占有への敬意にもとづくものとしている。

87

〔四分の一ページの空白〕

時効の大きな利便は、それが多数の論争をたちきることである。特に、もしどの土地も、元の資格を示すことができなければ占有できないとすれば、その場合にわれわれは、自分たちの権利をたどって大洪水までさかのぼらなければならないから、安全を保証されうるものはひとつもないだろう。

時効は、これからもっと詳しく説明されるように[76]、対人であれ対物であれ、すべての権利について成立する。私はさしあたってはただ、国際法も同様に、主権国家や国王たちのあ

88

いだで時効が成立すると規定していることを述べるだけにしよう。国王が彼の臣民たちの服従に対してもつ権利は、土地およびその他の財産の単独使用の権利と同じ理由で、時効にかかるだろう。ここでは長い占有が、占有する国王と彼の臣民たちとのあいだの愛着と、彼が統治するだろうという期待を形成し、それと同時に前の国王を彼の民衆の愛着と期待から切り離す。また、記憶を超えた占有は、すべての請求権を切り離す。ウィリアム征服王[22]が追い払ったサクスンの王たちの直系の子孫たちが、自分がそうであることを証明したとしても、彼らが現在の王家を排除するとは、誰も想像しないだろう。あるいはまた、シャルルマーニュ[23]やギリシャの皇帝たちの子孫がフランス王やトルコ皇帝を排除することについても、そうである。しかし人類にとって不幸なことに、人間の事柄の頂点に座する人々は、彼らの臣民たちの争いを規制するのだが、必ずしもつねに彼ら自身の争いを終わらせようという気持ちをもってはいないので、何か空想的な請求をもち続けることを選ぶのである。それらの請求は、何らかの偶発的な出来事が彼らにそれを利用する機会を与えるかもしれないというものであるため、彼ら自身と隣人たちの不安を引き起こすのである。サルデーニャ王が二〇〇年後までキュプロス島に対してもち続けている請求、またヴェネツィア人たちがキュプロスとクレテに対して、グレート・ブリテンの王たちがフランスの王位に対して、フランス王がナヴァール王国に対してもち続けている請求は、そういうものなのだ。プロイセン王のシレジアに対する請求も、同様にこの種のものであって、彼の家族はウェストファリア条約[24]によって、一〇〇年以上も占有から外れてきたのである。しかし、私は自分の権利を奪われてはならない、と彼は言う。なぜなら、私の先

[21] チャールズ二世（Charles II, 1630-1685）はチャールズ一世の子で、ピューリタン革命中に亡命し、革命後の王政復古で王となった（在位一六六〇—八五）。

(68) Act, 1617, c. 12 (A.P.S. IV. 543, c. 12) は四〇年の積極時効を導入した。チャールズ二世の治世には、そのほかに制限条例がいくつかあった。

(69) 手稿第一巻57ページ［本書22ページ］を参照。

(70) 手稿第一巻24ページ［本書10ページ］を参照。

(71) 所有者が未成年のあいだは時効は停止する。Stair, II. 12. 18.

(72) スコットランド法では、盗品は他の動産のように消極 negative 時効によって取得でき、一年と一日が適用されるのは、遺棄盗品だけである（消極時効では異議申し立て権が失われるが、積極 positive 時効では反対に新しい資格が得られる）。

(73) Pufendorf, IV. 12. 3. 教会裁判所は「良心の法廷」であると言われる。人の外面的な態度だけにかかわるものではないからである。

(74) Grotius, II. 4.

(75) Coccejus, XII. 297 ff.

(76) 手稿第二巻165-166ページ［本書138-139ページ］。

[22] ウィリアム征服王（William the Conqueror, 1027-1087）はノルマンディー公ロバートの私生児で、一〇六六年に王位継承権を主張してイングランド南部のヘイスティングズに上陸、ウェストミンスターでウィリアム一世として即位した。

[23] シャルルマーニュ（Charlemagne, 742-814）はカール大帝とも呼ばれるフランク王国の国王（在位七六八—八一四）。各地に遠征して全ゲルマン族を支配し、フランク王国の最盛期を実現した。

[24] ウェストファリア条約は三十年戦争（一六一八—四八）を終結させるための条約で、一六四八年に締結された。

90 祖は人がよくて寛大で、おろかにもそれを私が生まれる前に手放したのだからである。しかし、これは力をもちえない。なぜならそういう場合には、その財産に対して請求しうる子孫や親族に事欠くことは決してないからである。というのは、何らかの形での権利を放棄しなかった誰かが、つねに現れるからである。

一七六三年一月六日　木曜日

［相続――法定相続］

所有権を取得する最初の三つの方法［先占、添付、時効］を考察したので、私はいま、その四番目の相続に到達した。相続とは、死者から生者への所有権の移転を意味する。相続には二つの種類があって、第一の、法律によって決められる相続か、第二の、死者の遺言または意思によって決められるものかの、どれかである。第一は、私がいま考察しようとするもの、すなわち法定相続である。

国際法のこの主題についてのたいていの筆者は[77]、相続のこの方法の根拠を、死者の想定された意思に置く。為政者は死者が（意思を決めていたとして）誰に遺産を与えたかったかを考慮し、その人物は死者の財産の最も自然な継承者として、公的権威によって確認されるべき人物でなければならないのである。91 もしこれが本当に法定相続の基礎であるならば、それが行われてきたすべての国で、遺言相続が先行したに違いない。なぜなら、もし死者の明言された意思が、彼の財産がどのように占有されるべきかを指示しても、効果がまったくないとすれば、われわれは、この想定された意向が、それよりはるかに小さいにせよ大きいにせよ効力をもつとは、合理的に想像することはできないからである。もしこの仮説が正しいならば、それによってすべての国で遺言なしの相続が、遺言による相続のあとに続いたに違いない。しかし、われわれは反対に、記録が残されてきたほとんどすべての国で、遺言相続が遺言なしの相続よりもはるかに遅れて導入されたことを知るのである。タタールやアフリカの海岸諸国では、92 現在、相続を指示する一定の規則がある。彼らは遺言という観念をもたないのだ。初期のローマ人のあいだでも、遺言は知られていなかった。それは十二表法によってはじめて導入されたのである[78]。そのときより前には、相続人をもたない人が自分の財産を残すには、われわれの議会の法律に類似した、親族集会[79]で作られた法律によるほかはなかった。同じようにして、ソロン[80]がアテナイ人のなかでの遺言相続の創始者であり、われわれ自身の国では、遺言相続が行われる六〇〇年前に、人民は正規の共同体に形成されていたということを、われわれは知っている。〔このことのほかに、法廷相続人の相続が遺言相続に対してもつ優位について、われわれがさらに言わなければならないことは、法定相続人がほとんどすべての国で、遺言相続人よりも好まれていて、遺言はわずかな形式などの欠陥で無効とされるということである。この優位は、遺言なしの相続の基礎が遺言者の推定意思であったら、決して起こりえなかった。なぜなら、彼の推定意思が、彼が平明に表現しておいたものに優先するということは、道理ではありえないからである。同じようにして、あとで示されるのは(81)、遺言相続の権利はわれわれが考えうる限りで最大の所有権の拡大であり、したがって、社会に早くから導入されはしなかっただろう、ということである。――｝［91裏］それゆえ、死者の想定された意向がその基礎であったとしたら必然的に起こるだろうことと反対に、遺言なしの相続がつねに遺言相続に先行するのであるから、われわれは、死者の意思ではなくどこか別のところに、遺言なしの相続の根拠を探さなければならないのである。｛狩猟民の時代には、所有というものがないのだから、相続の余地はありえなかった。弓や矢筒などの小さいものは何でも、死者と一緒に埋められた。それらはまた、相続人に残されるには、あまりにつまらないものであった。――所有が大きく拡大された牧畜民の時代には、死者が占有していた財貨は、すべて彼とともに埋めるには価値がありすぎた。それらのうちのあるもの、馬、雄牛などのように、彼が最大の愛着をもっていたと推定されたものは、埋められただろう。残りは、これから述べるように、他の家族に与えられただろう。財貨を埋めるという慣習のいくつかの痕跡が見つかるのは、ずっとあとのことである。｝［91裏］

このことの最も確からしい説明は、次のとおりである(82)。子どもと彼らの親たちは、すべて一緒に住んでいて、父の財貨はその家族全体の結合労働によって維持されていた。家長はまた、この蓄えによって彼らを養った。それは家族全体の労働によって維持調達されたものであるから、全員にとって共通の生活資料でもあった。家長は確かに、生存中に彼の蓄えを譲渡できるという特権をもっていて、他の家族員はそれに対して請求権をもたないのだが、しかし同時に、彼は死にのぞんでそれを譲渡することができなかった。彼の死に際して家族の全員が、その平等の分け前を求めて集まった。彼らはすべて、それを維持するための助力に貢献したからである。性に関する区別は何もなかったし、息子たちと娘たちは、家長(83)に対して平等の助力をした。この理由で、彼の死後には、その占有物の分け前は平等であった。｛だから全体として、子どもたちと他の家族員との、その家長の財貨に関する関係が、それらの相続という問題を引き起こしたのであって、その原因は家長自身の愛着でも、このように愛着をもった人々

（77）たとえば Grotius, II. 7. 3 ; Pufendorf, IV. 11. 1 ; M'Douall, III. 4. 1. 3.
（78）Heineccius, II. 10. 2. 5.
（79）Comitia Curiata は血縁集団にもとづく民衆集会。
（80）Montesquieu, V. 5. Plutarch, *Life of Solon*, 21 を引用。
（81）手稿第一巻149ページ［本書62ページ］以降。
（82）Cocceius, XII. 281.
（83）the master of the head of the family は the master or the head of family の誤記と思われる。

に自分の財貨を残したいという彼の推定意思でもなかった。——家族員たちは彼の財貨を、彼らはそうすべきだという家長の意思の想定によって占有するのではなく、自分たちがその調達に助力したもの、そして彼らがすでにそれによって支えられているものの占有を継続したにすぎない。このことは、すぐあとの説明で確認される。〕［92裏］相続の規則は、この点について、われわれの国とローマ人たちのあいだとでは、重要なひとつの点を除けば、かなりの程度同一であっ
94
た。それは妻の状態が国によって違うために、引き起こされたことである。ローマ人たちのあいだでは、妻は娘の人格として考慮され[84]、〔したがって相続においては、娘としての平等な分け前を求めて参加し、家族の娘という同じ名前でよばれたが〕［93裏］しかしこの国の習慣では、妻はもっと尊敬される人物である。その理由は、これからさらに詳しく説明されるだろう[85]。われわれはまず、ローマ人のあいだでの相続の順序を考察しよう。われわれはすでに、すべての子が、家族の父または家長の財産のなかに、平等な分け前をもつと言った。しかしこれは、家族のなかにいる人についてだけ言えることである。父権を解除され[86]、そのことによってその社会から切り離された者、あるいは養子として取り入れられた者、捕虜、亡命者、あるいは市民権喪失者 capite deminutus は、遺産のどの部分に対しても権利をもたなかった[87]。結婚によって与えられた娘は、嫁資とともに与えられたかどうかにかかわらず、そのとき別の社会のメンバーになったのだから、同じ理由で分け前を受けとらない。〔もし彼女が夫より生きのびたならば、彼の遺産の一部分が、彼女の父の蓄えに加えられ、彼女は再び彼の家族になったのだから、前のように彼女の分け前に対する請求権をもった。〕［93裏］同様に、養子になった息子たちは分け前をもたなかった。彼らはすで
95
に別の家族のメンバーであることによって、配慮を受けていて、追加を受ける必要はなかったのである。人々が遺言によって財産を譲渡できるようになったとき、彼らはしばしば自分の財産を、すでに富裕になっている者に与えたがった。そういう人々は、低い境遇にいる人々よりも、彼らにとって尊敬すべき縁者たちだったのである。〔このことはおそらく、まったく正当ではないが、人々は自然にそうしたがるのである。〕［94裏］死者の直接の子孫だけでなく、死んだ息子の孫たちもまた、遺産の一部分をとる。（もしその息子が生きていたら、彼が自分の分け前をとるだろうから、孫たちは分け前をもたなかった。）その理由は次のとおりである。すなわち、家族の諸要求がわずかであった初期の単純な時代には、息子たちは、もっと贅沢な時代のように結婚するとすぐ父の家族から離れるのではなく、彼らとその家族たちは引き続き同じ家に住んで、共同の蓄えの維持に貢献したということである。したがって、ある家族の父が死ぬと、その一部分を作った子ど
96
もたちは、平等に相続するのだ。しかし、もし息子が死んで子どもたちを残したとすると、彼らは引き続きその家族のなかにいたのだから、その父が生きていたら得たのと同じ分け

前で、相続に参加するのである。兄弟二人の子どもたちのあいだのこの関係は、彼らはすべて同じ家族の部分なのだから、いとこ同士の結婚が兄弟姉妹の結婚と同じく近親相姦とみなされることを必要とした。後者の根拠は、彼らのあいだでの交流の機会が非常に多いので、彼らのあいだでの結合に関するすべての希望をたちきることが必要だということである。同じ理由で、兄弟たちが自分たちの父の家族のなかで暮らしているところでは、いとこたちと同様の禁止が必要だっただろう。われわれは、これが事実であることを知っている。兄弟と姉妹との結婚が近親相姦と考えられているすべての国民で、いとこ同士の結婚もやはり、もともとそうだと考えられていた。このことは、他のすべての習慣と同様に、しばしばその理由が消滅したあとも継続している。ローマ人たちのあいだでは、息子たちが父から離れた家族で暮らすようになってからずっとあとでもなお、このことは継続した。これが最初に民衆によって変更されたのは、自分のいとこを好きになった護民官の気まぐれを満足させるためであった(88)。いとこは、いくらか離れた兄弟姉妹と考えられたのである。だからキケロは、クィントゥス・キケロを自分の兄弟とよんでいる。「クィントゥス・キケロは、確かに生まれは父方のいとこだが、愛着によって私の兄弟なのだ Quintus Cicero frater meus, natura quidem patruelis, affectione autem germanus」(89)。そして、ここで言っておかなければならないのは、いとこを表す〈言葉が〉、それらの語尾が示すように、もとは形容詞であったということである。つまり、パトルエリスとコンソブリヌス patruelis vel consobrinus frater すなわち父方または母方のいとこ(90)。――もし、たとえば、家長が死につつあり、前に死んだ息子による三人の孫と、そのほかに二人の息子を残すとすると、この場合、遺産は三分されて、息子はそれぞれ三分の一を、孫たちはそれぞれ三分の一の三分の一、すなわち全財産の九分の一を受け取るだろう。これは頭割り相続と区別

(84) 言及されているのは夫権を伴う cum manu 結婚であり、それによると、妻が彼女自身の父の力を脱して、その結果、父の死に際してその資産のうちの彼女の分け前を継承する権利を失い、彼女は夫の夫権（manus）に臣従する。そして妻は夫の資産を、自分の娘と同様の相続権によって取得するのである。この形式の結婚は、ローマの初期には普通であったが共和国の末期には稀であった。Heineccius, III. 1. 5 ff.

(85) 手稿110-111ページ［本書45-46ページ］を見よ。

(86) A son whas emancipated の whas は was を意図したのだろう。

(87) 父権解除 emancipation は、息子がその父の権限から自発的に離れることで、capitis deminutio は、自由か市民権か家族内地位かの喪失を意味する。

(88) Montesquieu, XXVI. 14. Plutarch, *Quaestiones Romanae*, 6 を引用しているが、実際には、彼が護民官であったとは言われていない。いとこ同士の結婚を禁止した規則の緩和については、次を見よ。Livy, XLII. 34 ; Tacitus, *Annals*, XII. 6.

(89) *De Finibus*, V. 1. キケロは彼のいとこのルキウス・キケロを frater noster cognatione patruelis, amore germanus（血による私のいとこで愛着では私の兄弟）とよんでいる。

(90) Patruelis は厳密には父の兄弟によるいとこを意味し、consobrinus は母の姉妹によるいとこを意味するが、後者はすべてのいとこを含むように拡張された。

するために、血統による相続［代襲］とよばれるが、近親は遠縁を除外する propriores excludunt remotiores という一般規則と矛盾するように見える。しかしこれに対しては、次のように答えることができる。確かに彼らは、この家長の血から遠いのだが、しかしここでは、彼ら自身の権利で相続するものとみなされているのではなく、彼らの父を代表して相続するのである。したがって、それは代表相続ともよばれた。

98

――ローマの共和国では、このことは非常に早くから行われていたが、この国では、これが確立されたのはかなり遅かった。これは統治の性質によるのであって、そのほかにいくつか、われわれがあとで考察する理由がある。そのうちのひとつで、かなりの影響があったと思われるのは、この国では相続が、甥たちに有利に叔父たちに不利に、そして少年に有利に成年に不利に確立されたことである。すなわち、弱者に有利に、強者に不利にということである。(91) しかし反対にローマ人のあいだでは、強者に有利に、弱者に不利に確立された。このことは相続を、ずっと早く容易に実現させたであろう。死につつある家父が一人の息子と、前に死んだ息子の二人の孫を残したとする。孫たちは父の蓄えのうちに、息子と同じ占有をもっていたのだから、彼の死後はおそらくそれぞれ等しい分け前を請求するだろう。しかし、他方で叔父は、このやり方で、自分の兄弟の死による合法的な相続財産の一

99

部分を切り取られたと、不平を言うだろう。彼は自分の兄弟を失っただけでなく、父の資産のなかに、彼が生きていた場合よりも少ない分け前をもった。このことにもとづいて、強者としての叔父たちは、その兄弟たちが生きていた場合と同一の分け前をもつことを、確立してもらおうとするだろう。だがその反対が、封建的統治の場合であった。

［男系親族による相続］

ひ孫たちは孫たちと同じようにして、父と祖父が死ねば、彼らの分け前を求めてやってくる。娘たちによるひ孫その他の子孫は、分け前をとらない。彼らはその家族のなかにいないからであり、彼らの母もそうである。(92)――子孫による相続が確立されたすぐあとで、直近男系親族による相続が確立された。これによって、子どもをもたずに死んだ男性の遺産は、彼の直近男系親族に与えられた。このことは、あまりものごとの本性にもとづいていたとは言えない。なぜなら二人の兄弟の家族などは離れていただろうし、彼らのあいだには、父とその直接の子孫とのあいだと同一の関係は、存続していなかっただろうからである。〔しかし、それが相続人と財貨あるいは占有の継続との関係にあまりもとづいていないとはいえ、それを自然に導入しそうないくつかのことがある。すなわち、二人の兄弟がひとつの遺産を継承したとして、その一方がまもなく死んだとすると、この場合に生き残ったほうが、一年か二年早く父が死んだことによって遺産の半分を奪われるというのは酷であると思われる。このことがまもなく、兄弟が相続するという慣習を生んだだろう。そし

て後述する理由によって、これはまもなくいとこたちなどに拡大されただろう等々。}［98裏］したがって、それは法律によって導入されたのであるが[93]、新しい関係や権利を導入する他のすべての法律と同様にこれもまた、予想どおり最も厳しいやり方で解釈された。それで、もし直近の父方親族が受け入れるという選択をしなかったならば、次に近い者に提供されず、国庫によって掌握されたのである[94]。これはのちに、彼らの計算で七親等にまで拡大され、その後、公正の審判官であったプラエトルがそれを、同じようにして母方七親等にも与えることを提案した。{すべてのことを整理し完成するという、われわれが生来もっている傾向から、この方法に関してもまた、われわれは元の制度を拡大したのである。こうして、何か新しい権利を発見したすべての法律は、時が経つとその解釈が拡大される。}［99裏］しかし、相続人がいないすべての場合に、国庫は遺産を請求した。すなわち、それは公共のものと決定されたのであり、公共はつねにすべての無主物を、そのような財貨に対して起こるであろう争奪と、この争奪に続くであろう混乱をさけるために引き取るのである。同じようにしてこの国では、上位者 superior が、あるいはもしそこに他の者がいなければ、すべての土地の究極の継承者であり支配者である国王が、代表者のいないすべての遺産を引き取る。{言っておかなければならないのは、元来傍系相続においては、代襲が行われなかったということである。人が遺言なしに、一人の兄弟と二人の甥を残して死ぬとする

100

と、遺産のすべてを兄弟がとるだろう。同じようにして、甥たちはいとこたちを除外し、後者はさらにまたいとこたちを除外した。人が先に死んだ三人の兄弟によって、それぞれ三人、二人、一人の甥をもったとすると、遺産はこの場合、頭割りで与えられるから、彼らはそれぞれ六分の一をとるだろう。代襲も代表相続も行うことを許されなかった。のちにユスティニアヌスは、一親等についてそれが行われることを許した。すなわち、甥たちがその兄弟たちとともに、いとこたちが甥たちとともに相続に参加するということである[95]。傍系のあいだで代襲が許されなかった理由は、このやり方では遺産が、到底受け取る値打ちがないほどの小部分になるだろうということであった。人は簡単に二〇人、三〇人のいとこや、四〇人、五〇人のまたいとこを〈もつこと〉があるのである。}［99裏・100裏］

もっと早い時代には、息子あるいはその他の子どもは、父の家族の一部分である限り、彼自身が何かを取得することはできなかった。彼の労働の生産物はすべて父の蓄えのなかに入り、彼が死んだときには、その時点でおそらく彼が占有し

101

(91) Dalrymple, 169.
(92) agnates は男系だけの共通の先祖をもつ親族で、これに対して cognates はすべての血族関係を含む。
(93) 十二表法。Heineccius, III. 2. 3.
(94) 国庫は、ローマ共和国では aerarium、帝国では fiscus とよばれた。
(95) 新法一一八条。

ていたかもしれないものは、すべて父に、父自身の所有物として戻ったのである。父権を解除された息子たちは、確かに、父のものから分離された自分自身の所有物をもつことができただろう。しかしこれを父が、息子の死に際して、直近親族としてではなく、後見人 patron として請求したのである。それは、後見人が解放奴隷の遺産を請求したのと同じであった。——のちにユリウス・カエサル〔25〕は、彼の兵士たちのために、従軍によって取得したものは、父によるいかなる請求も受けることなく、完全に取得者のものであるということを確立した。これは軍務財産 peculium castrense(96) とよばれた。同じことがのちに、自由学芸の実行によって取得したものについて確立された。これらは、ほかのものより父とのつながりが少ないので、それだけ容易に彼から切り離すことができたのである。外来財産 pec. adventi(97) についても、これはあてはまる。——息子はこれらすべてについて、遺言で処理することができた。したがって、父はこれらについて所有権をもたなかったので、法定相続人として相続することを確立しなければならなかった。息子は、自分の子がなかったならば、父が相続することを望んだだろうと想定されたからである。したがって、まず確立されたのは、息子が父より近い相続人をもたなかった場合、父がすべての遺産をとるべきだということであった。〔これはのちに祖父などに拡大された。〕［101裏］そして言っておかなければならないのは、尊属相続 successio ad scendentiam(98) とよばれるこの相続が、傍系相

102

続よりも好まれがちだということであって、それは、父と息子のあいだには兄弟相互間よりも近いつながりがあるからである。兄弟相互間にはひとつの段階があるが、息子と父のあいだには何も介入するものがない(99)。それはこのようにしてハドリアヌスのときまで続いた。そのとき離婚が非常に増えたので、夫と妻が一緒に住まないで、別々の家族、別々の財産をもつということが、たびたび発生した。それで、息子が死んだときにその財産は彼の父と母に等分されるべきだと、法定されたのである(1)。彼らのうちのどちらかが、すでに死んでいたとすれば、次位の系への相続 successio secundum lineas が行われた。すなわち、父が死んで、あとに一組の夫婦を残したとすると、半分は母に渡り、あとの半分が夫婦のあいだで等分される等々であり、遺産はつねに、生きていたら遺産を得たであろう人の直接尊属にわたるということである。このことは、傍系相続人たちを、彼らが尊属たちよりも近かったとしても排除した。——やはり離婚が頻繁であったことから起こったのは、母がその夫とは別に財産をもっていて、それを好きなように残すことができ、彼女の子どもたちはその法定相続人とみなされる、ということであった。それで、母が自分の息子から相続するようになったことと、息子がその母からの相続によっても利益を得たことが、同時に起こったのである。

　相続のこれら三つの方法、すなわち卑属、傍系、尊属による方法すべてのうちで、第一のものは他の二つよりもずっと

103

早く成立しただろう。それは明らかに、法定相続人と故人の財貨とのつながりにもとづいている。他の二つは、決してそれと同じ原理にもとづいているのではなく、遺言者(2)の遺志の推定にもとづくのだが、それはわれわれが述べたとおり(3)、卑 104
属相続に関しては起こりえない。この種のものは、われわれが述べたとおり、すべての国で遺言相続に先行する。その他はまた、つねに卑属より遅く、ほとんど確実に卑属と、遺言を作らなかったというような場合の遺言者の意向の推定とから、生じたらしいのである。

［動産の相続］

私はこれから、近代の諸国で有力であった相続の順序の考察に進もう。ここでわれわれは、動産の相続が、ローマ人たちのあいだでの一般的な相続順序と正確に同じ原理にもとづき、たいていの点で同一であったし、ヨーロッパの自由保有地統治のあいだは、領地の相続は同じように行われていたことを知るであろう。

それからわれわれは、まず動産の相続順序を考察するだろう。家族の父が死につつあるとき、彼が占有していた動産は三等分される。そのうちのひとつは妻に与えられ、もうひとつは子どもたちのあいだで分割され〔そして、同じ理由で、 105
息子たちによる孫たちが、もしいくらでも家族のなかにいれば、おそらく参加しただろうと、私は思う。〕［104裏］第三の部分は、故人のものとみなされる。この部分ははじめは、ミサをしてもらうための慈善的諸目的やその種のことにあてられた。それが故人の魂に安らぎを与えると彼らは考えたのであり、〔当時は、故人がそれをこのように使うことを意図したのだと思われたのである。〕［104裏］しかし、それらの迷信的儀礼が不評になると、子どもたちを養うことが、それを当てうる限りで最も敬虔な用途であると思われたので、この部分もまた〔なおそれらの敬虔な用途に残された小部分を除いて〕［104裏］子どもたちに与えられた。この分割は明らかに、ローマ人のあいだでの分割と同じ原理にもとづいていたと思

［25］カエサル（Gaius Julius Caesar, 100-44BC）はローマの軍人・政治家。ガリア平定で軍功を立て、政敵ポンペイウスを破りイタリアを征服した。

(96) 息子が軍役中に取得した所有。それはアウグストゥスによって、はじめて息子のものとして取り扱われた。スミスは、これに関してカエサルに言及している Heineccius, II. 9. 2 によって、誤解したのかもしれない。

(97) bona adventitia は、子が母から相続した所有で、彼はこれを自分のものとしてもつことができた。

(98) 尊属による相続 successio ascendentium のこと。

(99) 傍系親族の親等は、共通の先祖から計算される。兄弟間には二親等、叔父と甥には三親等の距離がある。

(1) ハドリアヌスの治世のものと言われる（*Inst.* 3. 3. 2）senatusconsultum Tertullianum は母に息子の資産に対する請求権を与えたが、それは父と兄弟の請求権に従属するものであった。代襲による尊属相続はユスティニアヌス新法一一八条と一二七条の産物である。それより前にユスティニアヌスは、母が兄弟とともに相続に加わることを許していた。C. 6. 58. 14.

(2) 遺言のない死者のこと。

(3) 上記手稿91ページ［本書36ページ］を見よ。

われる。家族は、夫の生存中は三つの部分からなり、そのおのおのが占有物のなかに分け前をもち、このことは彼の死後も継続するとみなされていた。〔このやり方が、その前に存続していた財産の一体性 communio bonorum の維持に最も適当であると思われたからである。――そして遺言相続が確立されてからは、この第三の部分だけが、父がその死に際して譲渡証書によって譲渡しうるものであった。ただし彼は、生存中には、家族の共同の維持に当てられるべきであったものから、すべてのシリングを使うことができたのであり、いかなる場合でも、彼に残された財産が後見人の配慮下にあるのでない限り、そうだったのである。――妻はまた、子どもたちと何も変わらず、夫の生存中はどの部分をも譲渡することができなかった。彼らが占有したものはすべて、共通の蓄えに戻ったのである――〕〔104裏・105裏〕この分割がやはり、死者自身と彼らとのつながりにではなく、子どもたちと父の財貨とのつながりにもとづいていることは、次のことから分かるだろう。結婚によって与えられた娘たちは、そのことによって家族の一部ではなくなるため、この国で子どもの部分とよばれる分け前をもたないのである。ローマ人たちのあいだの父権を解除された息子と同じように、われわれのあいだでは、家族外の息子たちは[4]、以前は遺産のなかに何の分け前もなかった。――彼らがそうよばれたのは、双方の便宜のために彼らが父の家に住まず、もはや家族のものとみなされないどこか別のところに定着したからである。そ

106

してこのことは、家族から離れるときに分け前をもらったか、もらわなかったかによって区別はなかった。彼らのうちのどちらも、父の遺産の分け前に対する請求権を何ももたなかった。息子は父に対してその財産のなかの自分の負担分を完全に返済してしまうまでは、完全に家族外になったとはみなされないということが確立されたのは、実にしばらく前のことだったのである。――この場合には、彼はどのような分け前に対する請求権ももたない。しかし、もし彼が完全に返済しなくても、家族を離れたときにある分け前をもらっていたならば、そのとき彼はそれをイングランドで言う財産併合[5]に入れなければならない。すなわち彼は、相続に子どもとして参加して全体のうちの彼の分け前を、前には何の分け前ももたなかったかのように受け取るのである。こうして、父権を解除された息子が一〇〇ポンドをもらったとして、父がそれ以外に三人の子どもを残して死に、一五〇〇ポンドの遺産があったとすれば、子どもの取り分は五〇〇ポンドであり、これに息子が前にもらった一〇〇ポンドをあわせて、四人でそれぞれ一五〇ポンドを受け取るだろう。息子は父に父権解除料を支払わない限り、完全に家族外になったとはみなされないと定めた議会法[6]は、以前にはこの言葉はもっと厳密な意味をもっており、家族を離れた人々は、分け前を受け取ったかどうかにかかわらず、完全に家族外になったとみなされたことを示すのであり、これがこの言葉自体の意味であるように思われる。

107

イングランドでは、相続の進化がこれとほとんど同一に近いことを、われわれは知るだろう。〔カノン法は彼らのあい
108
だでの相続を規制していたものであり、これは主としてユスティニアヌス新法にもとづいていたので、相続の順序はたいていの点で新法一一八条と一一九条で確定されたものと同じである。[7]――これは法律による分配〈　〉〕［107裏］最初の時期には、ヨーロッパの最大部分においてこれらの事柄の規制者であった主教が、すべての遺産の分配をまかされていた。彼らは神聖な人であり、したがって間違ったことができるとはみなされていなかったので、誰に対しても責任を負う必要がなかった。しかしやがて、彼らがこの権力を大いに悪用し、財産のかなりの部分を彼ら自身の、すなわち教会のものにして、債権者たちに損害を与えてしまったため、エドワード一世[26]の治世には主教が債権者たちに責任をもつようにすることが必要だとされた。[8]これは彼らに非常に大きな困難を投げかけたので、彼らは相続財産の分配のための主教代理を設立した。しかし彼らはこの主教代理を、運営について自ら責任を
109
もつものとし、こうすることで彼らの分け前を確保したのである。これを阻止するために、主教代理に任命されたものは主教に対して責任をもつべきではないという、法律が出された。しかし主教は依然として、彼らの主教代理に自分たちが好む人物を選ぶ権力をもっていたので、権力を簡単には捨てない善良な主教たちは、主教代理と事前に協定を結んで、その遺産をどのように処理するかを決めただけでなく、彼のために保証人をたてたり、彼の資産から彼ら自身の使用に当てたいと思う額を支払わせ、彼がそれを遺産のなかから、そういう敬虔な目的を口実に取り戻すことを許しさえしたのである。これらの手法を阻止するために、さらに進んで制度化されたのは、死者の最近親族でなければ、主教代理に任命されてはならない、ということであった。しかし、六、七人の兄弟とか、二〇、三〇人のいとこのように、同一親等にかなりの数の人がいることが、たびたびありうるので、主教は依然
110
としてこの数のなかから好むものを選ぶ機会をもったのであり、前と同じようにして彼と事前に取引をすることができたのである。これを阻止するために、現在スコットランドで行われているものとかなり似たような、財貨の分配を決める制度が作られた。[9]この規制以前には、主教が相続財産について縁者たちをよび集める規則は、カノン〈法〉によって確立さ

（4）forisfamiliation は、スコットランドの父権解除に等しく、息子が家族から離れて自分自身の家をもつこと。
（5）スコットランドでは照合とよばれる。
（6）成文法にはないが、スコットランドでは普通法の規則である。M' Douall, III. 8. 1. 16. 財産併合の原則は一六七〇年に22 and 23 Charles II. c. 10によって、イングランド分配法のなかで法律化された。
（7）新法一一八条。
[26] エドワード一世（Edward I, 1239–1307, 在位一二七二―一三〇七）はヘンリ三世の子。
（8）13 Edward I, c. 19 (Statute of Westminster II, 1285); cf. Kames, *Essays*, IV ('On Succession or Descent'), 177.
（9）22 and 23 Charles II. c. 10 (1670); cf. Kames, *Essays*, 180.

れたものであり、それは主としてユスティニアヌス新法にもとづいていたから、その方法は新法一九条に定められたものであっただろう。

　この分配とローマ人のあいだで決められたものとの主要な違いは、遺産のなかから妻がとる分け前が大きかったことであった。このことは、キリスト教徒の結婚とローマ人の結婚との違いから生じた。ローマ人のあいだでは、夫は彼が適当と思うあらゆる口実によって、妻を離婚する権力をもっていた（これは、のちには確かに一定の理由に限定されたし、同一の特権が妻にも与えられた）。しかも、離婚はいつでも頻繁に行 111
われたので、妻は夫に非常に依存していて、彼の財貨に関係をもっているとはみなされえないほどであった。しかし、キリスト教が確立されてからいくらか時が経つと、結婚はほとんど解消できないものになった。離婚は、何か大きな逸脱を理由として教会裁判所で許可されたものしか、ありえなかった。このことは離婚を簡単には実行できなくして、妻に前より重要な地位を与え、妻の生活が夫から大いに独立するようになった。したがって妻は、家族の重要なメンバーとみなされ、共同の蓄えに対して、主人や子どもたちと同じ利害関係をもったのである。このことから妻は、その夫の死後、家族のなかの他の二つの部分と同じ分け前を求めて、相続に参加したのである。――――

　もうひとつの大きな違いが、二つの国家の構造の違いから生じた。――大小貴族すなわち貴族と郷士だけが、何か相 112
続するものをもつことができる人々であった。実に彼らだけが、何かの所有物をもつ人々だったからである。当時の土地保有者 tenant は、農奴あるいは奴隷の状態にあって、彼ら自身の所有物をもっていなかったことは、よく知られている。彼らが獲得したものは、主人のものになったのである。同じようによく知られてはいないが同様に確かなことは、町の町人や業者はいくらかより大きな自由をもっていたかもしれないが、彼らもやはり農奴状態にあったということである。このことは、最も早い時代に彼らに与えられた特許状によって明らかであって、それは彼らに、望みどおりいつ誰とでも結婚する権利、娘たちを結婚させ、財産を継承する権利、およびそのほか、特許状をもたなかった人々が奴隷状態にあったことを明白に示すものを与えた。実にすべての町は、国王または近隣の有力者に対して、絶対的に依存していた。そこで、この状態の国において、あとに残すものを何かもってい
たのは、大小の貴族だったのである。下層民衆はおそらく、 113
他の国々の貧民たちと同じように生活していたのだろう。息子たちは結婚しても父の家から出ることはなく、彼らの全家族がひとつの社会を形成しただろう。しかし彼らは、相続制度の確立にあたって重要ではありえなかった。彼らは相続すべきものを、何ももたなかったからである。他方で貴族は――彼らだけが相続することができたが――財産が大きすぎてかなりのものであり態度も格式ばっているので、二家族がひとつの社会に住むのは無理であった。その生活様式は、

彼らが維持しようとした華麗荘重とあいいれなかった。〔すなわち孫たちは彼らの父の死後、母とともに祖父の家族に戻ることなく、母とともに父の家にとどまったのである。〕［112裏］相続法は彼らの便宜によって決められるに違いないから、こうして父権を解除された息子たちは相続に参加してはならないということを決定した。親たちが相続の権利をもたないときに、代襲が行われることはさらにありえなかった。こうして、このような習慣が支配した国々では、代襲の権利は生じなかったのである。しかしこの厳しさは、この国では
114
父権を解除された息子たちのために緩和され、イングランドでは、彼らの子どもたちは相続の順序に従ってその父たちの地位を継ぐことを許された。このことは、スコットランドにはまだ導入されていないが、おそらく、まもなく彼らにも拡大されるだろう。

スコットランド法と市民法とのあいだに存在する、もうひとつのかなり重要な違いは、分割できない対象の相続について封建法が確立した、相続の方法から生じた。これから説明するように、封建制度によれば傍系相続が尊属相続より優先された。そのことから人々は傍系親族が尊属よりも遺産に近いと考え、どのような尊属よりも前に傍系親族を相続に立ち会わせた。したがってこの国では、男が死ねば、彼の両親のどちらの性をもまったく排除して、彼の兄弟たちが相続するのである。[10] イングランドではそうではない。彼が父より先に死んだならば、父が遺産のすべてをとるし、母より先に死んだならば、彼女は［自分の］子どもたちと平等に参加する。
115
スコットランド法とイングランド法とのあいだにはまた、次のような違いがあった。スコットランドでは代襲 successio per stirpes は決して行われないのに、イングランドでは孫たちがその親たちの分け前を求めて参加するのである。この違いは、分配に関する法律[11]によって作られたもうひとつの違いとともに、これらの法律が一般に指示をあおいだユスティニアヌス新法から借りたものである。その違いというのは、傍系相続では代襲が行われないのに対して、イングランドでは、ユスティニアヌスがそれを許したとわれわれが述べたのと同じやり方で、それが許容されているということである。

一七六三年一月一〇日　月曜日

〔蛮族侵入期〕

したがって、ローマ人のあいだでは分割できてもできなくてもすべてのものについて、ヨーロッパの近代諸国民のあいだでは分割できるものについての、相続の方法は――それ

(10) 彼女の子どもたちとともに。1 James II, c. 17 (1685)は遺言のない死者の母が、彼の兄弟姉妹とともに、分配に参加することを認めた。

(11) 22 and 23 Charles II, c. 10 (1670); 手稿第一巻110ページ［本書45ページ］。

らのうちのたいていの場合に、(無遺言) 相続は同一の法律によって支配されているのだから――完全に財産の一体性にもとづいている。〔確かにいくつかの違いがある。〈　〉においては、女性は相続することを許されなかった。アテナイでもそうであったと言われるが、それはいくらか不確実である。[12] ローマでは女性が男性と同じ分け前を得たことを、われわれは知っている。〕［115裏］前にはこれが、ヨーロッパのすべての国民の規則であって、死者に属したあらゆる種類のものは、子どもたちによって平等に分割された。〔ゴート族、フン族、ヴァンダル族などはすべて、その相続方法を使った。〕［115裏］ところでいまや、新しい方法が導入されたのであり、それは長子相続権のことである。これほどはなはだしく自然に反し、理性に反し、正義に反する方法が、封建的統治の本性によって引き起こされたのであるから、統治のこの構造または形態について説明することが、この権利の基礎をさらに明らかにするために、いっそう適切であるだろう。

北方の野蛮諸民族がローマ帝国を蹂躙し、ヨーロッパの西部諸地方に定着したとき、所有はきわめて不平等に分配されるようになった。それと同時に、すべての学芸技術がまったく放置された。このことが、権力の一大部分を、最大の所有を占有している人々の手に投げこんだ。所有の格差が、そこで優位を占める人々に、もっと洗練され文明化された時代において同様の所有が人に与えるよりも、はるかに大きな権力における優越を与えることになるのは明らかであろう。文明

116

化された時代には、年にイギリス正貨一万ポンドを占有する人は、もし彼が一人の生活を支えて〈彼に？〉衣食を与えるのに必要なだけというつつましい手当てだけで我慢しているならば、彼は千人を維持するだけのものを占有するのだと言っていいだろう。しかしわれわれは、これは人々が彼らの貨幣を使うやり方ではないことを知っている。この一万ポンドは、その人自身と少数の家庭使用人を維持するだけであろう。現在では開発された学問技術が彼に、自分の蓄えのすべてを自分自身で消費する機会を与えている。彼には、建築家、石工、大工、仕立て屋、家具職人、宝石職人、調理師、およびその他の奢侈の担当者たちがいて、彼らのさまざまな仕事によって、彼の所得の全体を消費する機会を与える。彼は何も無償で与えはしない。なぜなら人々は非常に利己的であって、彼らが占有しているものを彼ら自身のために使用する場合に、まったく価値のないものについてであっても、それを必要としている人々によって最も適当な目的に充てられるように、それを与えようとは決して考えないからである。[13] 彼が使用する業者たちは、自分たちが彼から、とにかく何かの恩恵を受けているとは思っていない。彼らは、自分たちの時間と労働を、彼から受け取ったものに等しいだけ、彼に与えたのであり、彼がひいきして彼らを優先したことを、いくらかの好意と感じるかもしれないが、それでもそのことを、彼からある金額を無償で受け取ったかのように大きな恩恵を受けたとは、考えないであろう。自分の貨幣のこのような使

117

118

い方は、近代において所有の差が権力の優越にわずかしか寄与しないことの主要な原因なのである。いつもあなたのひいきを受けている業者は、選挙であなたに投票するかもしれないが、あなたは彼が戦場についてくると期待するわけにはいかない。他方で、ヨーロッパの西部諸地方がはじめて野蛮諸民族に占領されたとき、学問技術は非常に低い水準にあった。建築術も石工術もほとんどまったく知られていなかった。最大の所有者たちは、この国の最僻遠地方の家屋と大差のない家に住んでいた。その他の技術はすべて、これに準じて未開発であった。当時、この状態にある人にとって、全財産を自分自身のために消費するということは、不可能だったのである。彼が[14]それを処分するためにもっていた唯一の方法は、それを人々に与えることであった。そこで、その当時で一万ポンドに等しい価値の財産をもっていた人は、千人を養うことができただろう。これはそれらの人々のすべてを彼に依存させることになったので、彼に大きな権威を与えただろう。彼が占有していた土地は、分割して人々に渡すのでなければ、容易に処分できなかった。これらの借地の占有者たちは小額の賃料を所有者に支払ったが、それはその土地の価値としてであるよりも、彼に依存していることの表明としてであった。この賃料もまた、彼は自分の食卓にやってきた人々に与えるよりほかに、処分することができなかったのである。したがってその土地の賃料は、食糧で支払われたのであり、農地 farm land という言葉は、正しくは、賃料として食

119

糧が支払われる土地を意味する。ファームという言葉は、古いサクスンまたはゲルマン語では、食糧のことだからである。[15]封地あるいは封は、別のやり方で保有される土地を意味し、それについてはあとで説明する。領主または有力者が自分で使いきれない食糧は、彼の家のまわりで彼がもてなした人々によって食べられたし、しばしばそのうちの大部分を、彼に支払った土地保有者たち自身が食べたのである。その頃のもてなしは、いまではわれわれが考えることができないようなものであった。領主は、年に三カ月、四カ月、五カ月、あるいは六カ月にわたって、彼の土地を保有しているすべての人を、家のまわりでもてなすのが普通であった。〔小領主たちがその従士たちをもてなしたのと同じようにして、大領主たちが彼らをもてなし、さらに国王が彼に依存している人々をもてなした。というのは、（あとで説明されるように）

120

（12）Meursius, *Themis Attica* (1685), II. 13. Demosthenes, *Against Macartatus* を引用。

（13）TMS IV. 1. 10 を参照。しかしながらスミスはそこで、富裕な人々は「彼らの生まれつきの利己心と貪欲にもかかわらず、……見えない手に導かれて、大地がそのすべての住民のあいだで平等に分割されていた場合になされていたであろうのとほぼ同一の、生活必需品の分配を行うのである」と言っている。手稿第三巻134ページ［本書200ページ］以下も見よ。

（14）his は he の誤記だろう。

（15）H. Spelman, *Tenures*, cap. 7 を Dalrymple, 27 が引用している。現代の farm という単語は、いまでは中世ラテン語の firma すなわち確定支払いに由来するものと考えられている。

さまざまな領主たちは、いずれは相互に依存するようになったからである。｝［119裏］われわれは大ウォリック伯[27]が、農村各地の彼のマナーで、年中毎日、食客三万人と食卓をともにしたということを、読んで知っている。それはヘンリ七世の治世のことだった。(16) ヘンリ二世のときに生きていたトマス・ベケット[28]について、大変な奢侈と洗練の物語として伝えられているのは、彼はつねにその広間に燈心草を敷きつめておいて(17)、彼とともに食事をする貴族や有力者たちが、床に座っても衣服を汚さないですむようにした、ということである。このことはわれわれに、そういう時代の接待の巨大さを示すと同時に、彼らのあいだではあらゆる種類の技術が大いに欠けていたことを示すものでもありうるだろう。さらに、もし彼らが、ヘンリ二世のときにこのように野蛮であったとすれば、アルフレッド[29]やエドガー[30]の時代にはどうであったに違いないかを、われわれは推測することができよう。それらに比べれば、ヘンリの時代は上品で文明的であったのだ。——いまではウェストミンスター・ホールとよばれているウィリアム・ルフス[31]の広間は、奥行きが三〇〇フィートで、それに対応する間口があり、当時は彼とその宮廷に出仕する貴族たちの食堂としては広すぎると考えられた。従属者たちはあらゆる点で、生計と彼らが享受するすべてのものについて、これらの自由保有地領主（彼らはそうよばれた）に完全に依存していたので、戦争において彼に従い、他の領主やその従属者が彼を侵害すれば彼を守ったのは当然のことであった。こ

121

うして彼らは、戦時であれ平時であれ、つねに彼のまわりにいて、平和ならば彼の食卓でもてなされ、戦争においては彼の兵士となったのである。この統治がはじめて樹立されたときには、従士たちはその土地を、ただ領主の好意が続く限り保有したのであり、戦争における随従が足りないとか、何かほかの逸脱とかで彼によって追い出され、彼らの封地は領主が意図するほかの者に与えられる、ということがありえた。彼らはこの状態をしばらく続けたが、やがて土地保有者の要求と彼らの役務を確保する必要とから、領主たちは協議によって一代またはそれ以上の終身保有を彼らに許すようになった。｛これらの種類の終身保有の封地は恩貸地 **beneficia** すなわち恩給地とよばれ、それに対して領主の気持ちしだいの封地は恵地 **munera** とよばれた。このことから教会人の生活地が同じく恩給地とよばれるのだが、それらは終身の居住地だからである。(18)｝［121裏］ドイツ皇帝のコンラート二世[32]は、封土 **feudum** とよばれる永久保有を導入した最初の人であった。(19) 彼のイタリア遠征において、彼の兵士たち（それは彼の土地保有者たちであって、そのときそこには彼らしかいなかった）が不満を訴えた。すなわち、彼らは遠国での危険な遠征を続けていて、そこから帰ることがあるかどうか分からないし、彼らのうちの多くのものの妻子は、完全に破滅するだろう、と言うのである。これらの不満をなだめ、安心して役務につかせるために、皇帝は彼らに対して、彼らの妻たちとその子孫がそれらの土地を確実に保有することを保証したのである。

122

この慣習はまもなく、西の他の地方全体に広げられた。イングランド法には、ノルマン征服の数年後まで封土 feodum という言葉は見当たらないし、フランス法ではコンラートのあと一〇年か六〇年を超えるまで、そうである。これらの時期はいずれも、上述したコンラートによる土地の永久保有の導 123
入の時期より、いくらか遅れている。封建的統治の起源について論じた著者たちは一般に誤解していて、封 feus が確立[33]されたのは、ローマ帝国が蛮族によって崩壊した直後だと言いふらすのだが、崩壊はこれらの封がドイツその他の国々に導入される前の五世紀のことであり、ブリテンに確立されるより五〇〇年前またはそれ以前であった。(20)この（上にほのめかされた）時代以後、封土と自由保有地 allodium という言葉が区別されるようになった。allodium は語源不明の蛮族の言葉で、(21)あらゆる種類の保有 farm または所有 possession を意味し、ラテン語の土地 praedium および地所 fundus と正確に同義である。しかし feuda, feoda が、地代または賃料を意味する feu または fee（召使の給料として）から、fee lands とよばれるようになると、それらの土地は自由保有地 allodia と名づけられた。それはこの負担から自由であり、いかなる地代もなく保有されたのである。同時に、封地の占有または保有を表す言葉が、所有する habere, possidere から、保有する 124
possess, tenere へと変化した。土地保有のこの方法は、ゲルマニアでそれが始まったのと同じ理由で、まもなくヨーロッパのほとんどすべての地方に広がった。時が経つにつれてまた、小領主たちが他の小領主たちに侵略されて自衛ができないという場合に、彼らはより有力な自由保有地領主からしか助力を得る道がなかった。彼らはこの助力を得るのに、何かの譲歩をしないわけにはいかなかった。彼らがきわめて普通

---

［27］大ウォリック伯（the great earl of Warwick, Richard Neville, 1428–1471）は妻の権利によってウォリック伯を継承し、ヨーク公リチャードを助けて挙兵、ヨーク・ランカスター両家の政争に参加した。

（16）Hume, *History*, II. 361.

［28］トマス・ベケット（Thomas Becket, 1118?–1170）はイングランドの聖職者。ヘンリ二世によって大法官、カンタベリ大主教に任命されるが、教会権益をめぐる対立によってカンタベリ寺院内で殺害された。

（17）Ibid., I. 272.

［29］アルフレッド大王（Alfred the Great, 849–901）は西サクスンの国王（在位八七一—九〇一）。

［30］エドガー（Edgar, 944–975）はイングランド人の王と言われた豪族。

［31］ウィリアム・ルフス（William Rufus, 1060?–1100）はウィリアム二世としてイングランド王になったウィリアム征服王の三男。

（18）Dalrymple, 161. 手稿第四巻127ページ［本書262ページ］を参照。

［32］コンラート二世（Konrad II, 990–1039）はドイツ国王（在位一〇二四—三九）、神聖ローマ皇帝（在位一〇二七—三九）で、封土の世襲化によって、貴族層に対して王権の基礎を固めた。

（19）Craig, *Jus Feudale*, I. 4. 8.

［33］ヴァンダル族（ゲルマンの一部）によるローマ略奪（四五五年）が、ローマ帝国の崩壊の象徴とされる。

（20）Ibid., I. 7. 1 ff.

（21）Cf. P. Bouquet, *Le Droit public de France, éclairci par les monumens* (1756), 32–3. この言葉は、古いゲルマン系の言葉で完全な所有全体を意味する allod からきたと考えられている。

のこととして同意した譲歩は、自分たちの土地を彼らからの封土として保有するということであった。〔これでも彼らが土地を彼［彼ら?］からの恩地または恵地 munera、あるいは恩貸地 beneficia として保有するようになるのに比べれば、譲歩は少なかった。そのうえこれらの野蛮な時代においては、彼らはつねにさまざまな契約に入る用意があったのであり、おそらくそれは彼らが契約の下で守らなければならない責務について、非常に厳しい見解をもっていなかったためであろう。〕［123裏］これらの比較的大きい領主たちもまた、のちには他の領主たちから来る危険により、あるいは彼らが国王の助力を求めるための最後の手段として結合を求められて、同じ条件で、すなわち国王から封土を保持するという条件で、それを得たのであった。この手段によって、ローマ帝国が崩壊してから約五〇〇年か六〇〇年が経つと、西ヨーロッパ全土が封建的統治の下に置かれた。

〔注意。領主または上位者が、彼らの権威を維持するために押しつけた諸負担の前に、管轄権について何が言われているかを読むのが適切だろう。それがここでの説明の目的なのだから。〕［124裏］

［**封建的統治**］

言っておかなければならないのは、この統治形態が領地の保有者たちに対して、戦争または平時の会議において領主に仕えることを求めているのであり、したがって諸領地がすべ

125

てこれらの義務を果たした者によって、満たされていなければならない、ということである。だからまもなく、領地が未成年者のものになったとき、領主は彼の後見人とみなされて、その領地を取り上げ、それを彼に仕えることができる誰かに与えるということが確立されたのである。このやり方によって被後見人の負担が導入された。そして、領主を彼の従士たちのすべての被後見人の後見人とみなすという、この見解によって、また別の負担が導入された。すなわち被後見人として、父たちの同意なしに結婚するのは高度の無礼と思われたであろうから、この場合、領主であり管理を一手に握る後見人である者の同意なしに結婚するのは、被後見人としていくらか無礼を超えたことであり、憎むべき侵害であると思われたであろう。この口実によって、また、結婚によって領主と敵対関係にある家族に入り、それによって忠誠から引き離されることは誰も実行しようとは思わないと、人々が公表することで、彼らは封建従士の結婚規則を確立した。それによれば、男性はみな自分の上位者の同意なしには結婚できなかった。後見人規則が確立されたのと同様に、結婚規則も確立された。すなわち、女性は従士の義務を実行できないから、彼女と結婚する男性は、それらの義務を遂行する意思と能力をもっていることが必要とされた。この理由からまた、女性相続人はその領地の上位者の同意がなければ結婚できないということが慣習になった。

領主がひとたび未成年者の領地を自分の支配下に置いたと

126

するとその被後見人が成年に達して権利を回復するには、領主法廷における手続きが必要であるから、国王または領主の臣下は、彼らの手数に対して償いを受けなければならなかったし、彼らの貪欲はこの取り分がどうであるべきかを決め
127
なければならないほどであった。これは、あるところでは一年分の、他のところでは二年分あるいはそれ以上の地代であった。これは相続上納金義務あるいは認可料 sufferage とよばれた。これらのほかに、つねに了解事項とされていたのは、相続人がいなければ、領地または封土は領主のものとなるか、彼によって没収[22]されるということである。――これらの手段によって、やがてすべての土地が基本的には国王によって、または彼の下の上級領主によって、次のような義務を伴って保有されるようになった。第一は臣従の義務であり、これは国王のすべての要求に応じて、彼の兵士あるいは召使を務めることである。第二は、彼に対する忠誠 fealty または誠実 fidelity の義務である。第三は騎士役務、すなわち戦争において彼に仕える義務である。第四は後見に関する義務、第五は結婚に関する義務、第七は相続料の義務、第八は没収の義務である。

言っておかなければならないのは、この統治が国内統治あるいは生活行政の維持に、まったく[23]適合していなかったということである。国王は土地所有において、まったく他の誰の
128
所有にもまさっていたけれども[24]、彼らに対していくらか意味のある力をもつほどにはまさっていなかったのである。王国の僻遠諸地方に対していくらかでも支配権をもつ人物は、上位者か領主であった。その場合に人は遠方に対する債権を、どのように決済するのか。ロンドンの商人が、たとえばヨークに住む人から。あるいはスコットランドで、人は何かを、遠隔地で取り戻してもらうことができるのか。どちらの場合にも国王は常備軍も守備隊ももたず、スコットランドではハイランドの最貧の村のほかには町というものがないのに。もし国王が国王使節などを送ろうものなら、彼らはたちどころに彼を縛り首にするだろうし、国王は対策として、彼と首長たちとのあいだで続けられる内戦のほかには、何もできないのである。唯一の方法は、そこの領主の好意を獲得することである。もし彼がその気になれば、彼は彼らが市民自警団 posse comitatus[25] とよぶものを組織して、商人に取り戻してや
129
るだろう。そうでなければ、何も対策はない。この手段によって確立されたのは、国王から保有するすべての領主と有力者は｛主要な封建領主たちも、その保有地がときには自由所有の領主たちと同じように大きかったので、彼らと同様にその土地のなかでは司法権をもっていた――｝〔128裏〕彼ら自身の領土では司法権を行使するべきだということである。ほ

(22) escheat とは、土地保有者が相続人なしに死んだか、何かの罪を犯したかのために、土地を領主に返すことである。
(23) all all は at all と書くつもりだったのだろう。
(24) they は he と書くつもりだったのだろう。
(25) posse comitatus は州長官が治安維持のために動員しうる州兵。

とんどすべての有力者は、この権利を得た。四五年の反乱のときまでロッヒールのキャメロン氏[26]は、普通のやり方でこの特権を行っていたし、ある犯罪者の絞首刑や〈解読不能〉さえも実行していた。このようにしてすべての領主は国王から、臣従誓約、忠順誓約、騎士奉仕、後見、結婚、相続、没収によって［土地を］保持し、同じ権利と権限を自分の従士に対してもっていた。——あとでわれわれは、どのようにして長子相続制が〈?〉を示すであろう。

［**長子相続制**］

それぞれの大自由保有地領主（およびある程度主要な封建領主）はすべて、あらゆる点でその王国の小君主とみなされることになった。（封建領主は確かに小額の謝金を上位者に支払ったし、いくつかの負担に服したが、それでも彼らの力は非常に大きかった。）彼らは自分の領地内で諸規制を作り、自分の従士たちに対して権限を行使したが、それはしばしば国王への報告なしに行われた。彼らは、自分の従士たちを戦争に連れて行く権力と、敵と和睦する権力をもっていた。その頃の法律は（統治の起源を考察するときに、われわれが説明することになるように）、臣民たちの安全について配慮しなかったし、実際にそうすることができなかった。まったくそうよばれるにふさわしい各公国は、今日のドイツの大小の君主国とほとんど同一の状態にあったので、自国の防衛に配慮した。彼らが自力で敵をはねかえせれば、それでいいのだが、それがで

130

きなかった場合には、隣接する領主たちのうちの誰かあるいは国王の、助力を求めるほかには手段がなかった。しかし、国王もまた同じように自分の領土を守らなければならなかったのであり、もし彼が、自分とその従士たちでは防衛ができなかったならば、同じようにして、彼の自由保有領主たちのうちの誰かの助力を求めなければならなかった。この状態においては、小所有はきわめて不安定であるに違いない。それは自分では防衛できず、近隣有力者のなかの誰かの助力に完全に頼らなければならないからである。今日では、最小の所有でも最大の所有と同じく、安全が保証されている。一エーカーはその所有者にとって、一万エーカーと同じく、所有を保証されている。そして、法律がその保護下に所有の防衛を置いているので、不動産を好きなようにいくら多くに分割しようとも、何の危険もありえない。しかし他方の場合には、唯一の安全保障が占有者の力からくるものなので、小所有には何の安全保障もありえない。それであるから、ある領主の領地がひとつにまとまっていれば、それ自身で容易にすべての隣人に対して防衛しえたのに、動産と同じやり方で、すなわち兄弟全員に平等に分配されるとすると、それはその前にははるかに優越していた人々と、同等の状態にはならないだろう。

王国を死んだ国王の子どもたちのあいだで分割することは、つねにきわめて有害な慣行であり、国の弱体化にきわめて大きく貢献する慣行であると理解されてきた。これはフラ

131

ンスでは、最初の二王家のあいだの慣行であって、国全体が、死亡した国王が残した息子たちのあいだに分割された。たとえば、国王が二人の息子を残したとすると、二人はそれぞれ国の半分をとることになる。しかし、彼らの領地はこのように分割されたのだが、それぞれのなかにはそこの主権者の敵たちの領地もあった。兄弟は父の宮廷で育てられたので、王国全土の貴族たちと知人友人の関係を作り上げていただろう。したがって、王国が分割されたときには、双方の宮廷に兄弟の他方を支持する党が存在するだろう。彼らはあらゆる手段を使って、自分たちが支持する国王が、他方の国でそこの王を好まぬ人々を解放して、その王国全体を自分のものにしようという、まったく当然の意向をもつことを励まし、かきたてる。彼はそうするのにふさわしかったのである。このことが兄弟の一方の宮廷で進行しているあいだに、同じ計画が他方の領地でも熟しつつあって、その国王に対して同じ励まし、同じそそのかしが与えられただろう。このようにして、兄弟のあいだの内戦は、全体が一人の力の下に置かれない限り、ほとんど避けられなかった。だからわれわれは、フランスの最初の二つの王家の時代に、国王が死んだあとにしばしば五人か六人の別々の主権者がいたが、しかし四年か五年が経つとたいていそれらは一人になって、この生き残った国王は征服者であっただけでなく、自分の兄弟の謀殺者であったということを知るのである。王国を息子たちに分けることに伴うのと同じ悪い諸帰結は、自由保有地の分割に

132

133

も伴うのが常であった。ゴードン領あるいはダグラス領は、一人の首長の下にあったときは、たとえばフレイザーなどの隣人に対抗して存立することができたが、しかしこの領地が七人か八人の息子たちのあいだに分割されていたときには、そのうちのどの部分も、それらの有力な隣人たちのうちで、彼を侵害から守ることができて、おそらく国王自身にも対抗できる誰かに臣従することなしには、隣人たちに対して独立を維持することができなかったし、ほかの兄弟たちのあいだで仕組まれた計画にも対抗できなかった。〔この場合、注意しなければならないのは、長子相続の権利を成立させたのは封建的統治と軍事的封地の導入ではなく、自由保有の大領地の独立性と、そのような領地の分割に伴う諸不便であったということである。この権利の導入期と軍事的封地の権利の導入期が、ほとんど一致していることは確かであって、それはこれらの土地の分割に伴う諸不便が十分に経験されて、これほど自然に反しながらもその他多くの困難に対応できる慣行を導入する必要が明らかになってからであった。自由保有地統治は三〇〇年か四〇〇年しか存続しなかったので、そのための十分な時間を与えなかった。しかし、封建的統治の導入後は、大封地はそれほど独立してはいなかったが、やはりそれらは、自由保有地のなかでこの権利を生み出した諸不便

（26）ドナルド・キャメロン (Donald Cameron, 1695?–1748) はキャメロン族の首長で、一七四五年にはプリンス・チャールズを支持して部族民を召集した。

に、ほとんど同じように直面したのである。｝〔132裏・133裏〕

しかし、これらすべての不便にもかかわらず、長子相続権は自由保有地統治の導入のかなりあとまで確立されなかった。だが上記の諸不便がしばらく我慢されたあと、土地資産は息子たちのうちの一人に与えられるのが適当だということが分かった。このことが同意されたとき、息子のなかで誰が優先されるべきかについて、疑問の余地はなかった。その選択を決定した相違点は、問題とする余地のない何かであったに違いない。それは美しさでも賢さでも強さでもありえなかった。そういうことはすべて議論することができる。それは年長ということだっただろう。これはつねに何の疑いもなく、知られることができた。｛このことのほかに、教養がほとんど開発されず、知識は経験によってしか得られなかった野蛮諸民族のなかでは、文字や会話やその他の知識獲得の人為的諸手段が導入されたときに比べて、年齢がはるかに尊重されるのである。父であるということは、人がある人に与えうる限りの、最も名誉ある称号である。兄弟だということは、その人を自分の同等者とし、息子だということは、その人を目下のものとすることである。ある民族では年齢が非常に尊重されていて、相続は長男ではなく、その家族の最高年齢者によって行われる。タタールの〈　〉のあいだでは国王の死に際して、新しい国王を選ぶための集会が開かれるが、それは王族のなかで誰が最年長であるかを調べるためである。｝〔133裏・134裏〕しかしながら、この権利は、非常に早く導入さ

134

れたものではなかった。それは当然で、年下の兄弟たちは、自分たちの父の遺産から完全に排除されて、同等ではなく彼の臣下となり従属者となるということを、非常に厳しいと考えたであろう。民衆もやはり彼らと同じ立場をとって、自分たちもその一部を得ることを促進しただろう。このような事情で、この権利は一〇世紀あるいは九世紀末まで、一般的慣行のなかに導入されなかった。われわれは、いくつかの土地がサクスン統治の末期に、このやり方で相続されたのを知っているのだが｛大自由保有地領主であったルヴリックとアルリック[27]の領地のように｝〔134裏〕、多くは依然として従来のとおり〈ガヴェルカインド[28]〉とよばれるやり方で、息子たちに平等に分割された。われわれは前に[29]、これがフランスでは二王家について継続されたことをあげておいた。第二の家系の治世の後期に、ますます強くこれが支持されて、ついにしっかりと確立されたのである。

〔代襲権〕

しかしながら、長子相続権の導入にどれほどの困難があったにしても、代理すなわち代襲権の導入には、それよりはるかに大きな困難があっただろう。｛それは、長子相続権がその前に導入されていたことによって、妨げられさえしただろう。それによって息子たちに対してなされる侵害が、はるかに大きいように思われたからである。｝〔134裏〕長男が兄弟たちを排除することが〔彼らにとって〕厳しいとすれば、彼ら

135

は、長男の死後に彼らの甥が彼らを排除することを厳しいと思っただろう。自分の安全について当然に彼らの恩恵を受け、保護について彼らに依存する人が、依存しなくなるだけでなく、逆に大人である彼らが、しばしば未成年または幼児 136
であったかもしれない人物に、臣従し依存する人々になるのである。{彼らは言っただろう。彼がその父を代理することについて彼らが理解するのは、彼が親近性によって父を代理するのだということだけであり、年齢では彼は父を代理することはできない、と。彼の父は年長であることによって優先されたが、彼はそのような請求権をもっていない。}［135裏］これらの、および同様の動機によって、弟たちは、兄たちの子の相続権を廃止するように促されただろう。このようにして、長子相続が導入されてからずっとあとになって、代襲権が生じた。傍系親族による相続もまた、代襲と同じような困難に直面したことが分かっている。{それはしばしば、相続についての議論と争論を引き起こした。}［135裏］父が数年早く死んだために、未成年者が父の遺産の最大部分を奪われるのは過酷だと思われた。もし父が彼の兄弟たちより長く生きていたならば、彼は議論の余地なくすべてを相続しただろう。もし彼が何らかの期待を形成しうる年齢であったならば、父に対して、相続についての合理的な期待を形成したに違いない。――この年齢では、上位者に対して必要な義務を遂行しえないという反対もあった。それでわれわれは、この権利がゆるやかに、段階を経て、少なからぬ困難を伴って導入されたということを知るのである。民族の感情はしばし 137
ば、相続についてのこれらのさまざまな資格を主張する人々のあいだで分裂した。われわれの古いスコットランド法書である『レギアム・マエスターテム』(30)の著者は、死亡した父の息子かその兄弟のどちらが領地を相続すべきかという問題が、少なからず彼を悩ませたと述べている。私としては、彼の息子が占有を保持し続けるべきだと考えられるのであって、特に彼が上位者に対してその土地についての臣従を誓ったならば、そうである。しかし彼はすべての場合に、それは決闘で決めることができると言っている。この権利の不確実さが、ブルースとベイリオルとの間の論争を引き起こしたのである(31)。われわれの見解では、後者が長女から生まれたことによって、疑いのない権利をもっていたようである。しかし、この論争を取り上げている外国の著者たちからわれわれが知るところでは、当時の世論はむしろブルースに好意的で、それは彼が共通の血統に一歩だけ近いためであった。そ

(27) マーシア伯のレオフリック（Leofric, ?–1057）とアルフリック（Alfric, ?–1004?）のこと。
(28) 手稿の空白。gavelkind と書くつもりだったのだろう。サクスン時代のイングランドで一般的な習慣であったとされるこの土地保有形態によれば、土地は息子たち全体によって継承された。
(29) 上記手稿131ページ［本書54ページ］。
(30) II. 23（スキーン番号）; Dalrymple, 172; Kames, *Essays*, 139.
(31) スコットランド王位継承争い（一二九一―九二）。ベイリオルとブルースは二人の姉妹の子孫であり、ベイリオルは姉の孫、ブルースは妹の息子であった。Dalrymple, 180 ff.

してエドワード一世はベイリオルに有利な判決を下したが、138 それはたんに、ベイリオルが彼に対してある譲歩をしたのに対して、はるかに勇猛で活発な気質をもつブルースからは、それを得られそうもなかったということだけによるものであった。またそれは、有名なヨーク家とランカスター家のあいだの争いに導入された。(32)ランカスター家の請求権は代襲権にもとづいていたし、ヨーク家の請求権は、家系のなかの直近関係にもとづいていた。先例には代襲に有利なものがひとつ、反対なものがいくつかあった。サクスンの時代には、今日では非常に奇妙に思われそうな相続方式が有力であった。アルフレッド大王は三番目の息子であったが、(33)兄姉がみな子どもをもっていたので、その彼が相続した。ランカスター家はつねに代襲権を尊重したので、それについての先例が多ければ多いほど、彼らの請求権は強化されたのである。他方でヨーク家は、王位をもっていたので（ランカスター家が三回か 139 四回、代襲によって継承したあとで、ランカスター家の権利を疑い始めた民衆の意向によって）全力でそれを阻止しようとした。しかしながら、やがてこの相続方法は全ヨーロッパで確立されるに至った。ただし若干の地方では、それはきわめて遅かった。ドイツの選帝侯たち、ブランデンブルク家、ブラウンシュヴァイク家、ハノーファー家はそれを、きわめて遅くにしか受容しなかったのである。代襲がひとたび一般に行われると、そのすぐあとに、それは完全に確立されたが、そのとき相続に関する疑問はありえなかった。長男の後裔が他の者をすべて排除し（この国では後裔が男か女かにかかわらず）、次の長男などについても同じだということになったのである。これは王位についても王家一族によっても守られている順序である。――〔そして同じ理由で、この場合の傍系代襲には反対がありえなかった。というのは、誰がその家族の最年長の系列から来ているかを、つねに確かめることができるからであり、その男性または女性に全領地が分割されずにわたって、同じ序列の者をすべて排除するからである。しかし、われわれがすでに述べたように、動産についてはこれと違っている。それは分割できる財貨だからである。〕〔130裏〕

この代襲を導入するにあたっての困難の一例として、ドン・セバスティアン(34)による〈　〉ポルトガルの王位の継承が、彼の兄弟の娘たちよりも優先して行われたことをあげていい 140 だろう。人々は彼を支持して次のように言う。この代襲権はローマ法から借りられたのだから、それが彼らのあいだでどのような効果をもったかを考察すべきである、と。すわなち、人が自分の子どもたちのほかに、すでに死亡した息子による孫たちを残して死んだとすると、孫たちはその父の分け前を求めて参加すべきであり、あらゆる形において彼を代理すべきだということである。それで、この子が息子としてその地位を得るとしよう。しかしなぜ、長男としてなのか。この子が彼を代理できるのは、血縁だけによるのであり、年齢においては代理できないし、性においてはさらにできない。その子の父は、他の兄弟たちより年長であり、知恵と年齢でまさっているために優先された。しかし、年齢においてだけでなく性においても劣る彼の娘が、優先されるべきだろうか。彼女は父の姉妹たちと性において等しく、年齢において劣っているため、彼女たちよりも相続から遠いはずである。このことは、この代襲権が進む道に重大な諸困難がたちはだかっていて、それが確立されるまでには長い年月を要したことを示すであろう。

［女性による相続］

封建的統治の最初の時代には、女性たちの相続は決して許されなかった。なぜなら彼女らは、国王のであれ他の貴族のであれ従士たるものの諸義務を、どれも実行できなかったからである。彼女らは彼にとって、戦争においても会議においても役に立たなかったし、彼女らが相続できなかったために、その子孫たちもその権利によっては相続できなかった。〈自由保有地の諸統治においてもそれは許されえなかった。女性は従士たちを率いて戦闘に向かうことも、会議を主催することも、管轄権を行使することも、できないからである。しかし、軍役封地が次第にほとんどの点で所有とみなされるようになり、戦場奉仕も必ずしもつねには求められなくなって、一定の上納金で免除されるようになった。彼らが〈軍役免除金〉[35]とよんだこの上納金は、しばしば実際の奉仕よりも尊重され、新しい封地はその条件で与えられた。領主たちまたは封建的首長たちは、いまでは管轄権を自分たちで行使せ

ず、その執事が行使するようになった。ものごとのこの状態においては、女性はどの形態においても男性と同じように相続することができた。彼女らは男性たちと同じように〈軍役免除金〉[35]を支払うことができたし、土地保有者たちに対する管轄権を行使するために、執事を雇っておくことができた。したがって、このとき以来女性は相続することを認められたのである。〉［140裏］しかし、のちにこの種の奉仕がそれほど必要ではなくなり、封建的統治が封地を、所有と同一に近い特権をもつものとみなすようになったときには、それらはいずれも男性によってと同じく女性によっても相続されるようになり、同時にこのことが、その領地に関係のある彼らの子孫たちにも拡張されるようになっただろう。女性による傍系親族もまた、男性による関係者のあとに招かれた。

女性による相続が導入されたあとで、封地 fields（または feus）が男系と女系の二種類になった。男性封地とは、古いサリ法が固守されている封地で、そこでは女性もその子孫も

(32) 手稿原文の混乱を訂正。ランカスター家のヘンリ六世はエドワード三世の三男の子孫であり、他方でヨーク家のリチャードは次男と四男の双方の子孫であって、この後者によって彼は親等でヘンリよりもエドワードに近かった。
(33) 実際には四番目。
(34) ジョアン三世の息子の遺児。一五五七年に王として祖父を継承した。
(35) 手稿の空白。イングランド語では escuage、スコットランド語では taxtward.

認められない。女性封地では、女性とその子孫はやはり、男性がいない場合でなければ認められない。フランスの王家は、男性封地のやり方で相続している。他方で、グレート・ブリテンの王冠は女性封地であり、したがって現在の王家では、故プリンス・オブ・ウェールズが彼の父を相続するはずだったが、それは彼の死によってその息子すなわち現国王［ジョージ三世］が相続した。彼がいなかったならば、次に年長の兄弟のものになったであろうし、そのようにして彼ら全員に行き、彼の男性子孫がまったくいなくなってはじめて順を追って娘たちに行くであろう(36)。それから、彼女らがいない場合に、カンバーランド侯爵とその子孫に行き、彼らがいなければ王女とその息子たち子孫に行って、さらにそのように 143 続く。何人かのドイツの著者は、彼らが混合封地とよぶ第三の種類について語っている。そこでは遺産が順々に息子たちに行き、それから長男の子孫に戻って進行する。この種類について私は、どこの国にも、公的私的どちらの占有であろうと実例を見つけることができない。もしそれがかつて行われたことがあったとすれば、限嗣相続によるものでしかありえないだろう。限嗣相続は、その他のあらゆるばかげた相続順序と同じく、これも確立するかもしれないのである。

こうして、長子相続、代襲、女性相続の権利が、比較的大きな領地で確立されたので、いまやそれがスコットランドでもイングランドでも同じように、次回の講義で取り上げられる少数の例を除いて、あらゆる種類の分割できない領地にまで拡張されている。

ここでわれわれは、次のように述べることができる。すなわち、女性は、はじめは比較的大きな自由保有地および封建領地の相続には受け入れられなかったが、それでも彼女らが 144 いつでも受け入れられた二種類の相続があった。これらの第一は動産の相続であって、彼女らは、何の特権もつけられておらず何の負担も課せられていない分割可能な動産に対して、男性と平等に受け入れられた。これについてはすでに述べた(37)。第二はソケージ、あるいはソック地である(38)。自由保有地および封建領地の大領主たちは、彼らの領地を貸与するときに、最大部分を戦時奉仕に対する軍事封地としたが、その他の部分は一定の地代または一定の仕事の遂行に対して与えた。この後者は農奴的保有地、ソック地とよばれた。地方に住む彼ら領主は、自分の土地の一定部分を、家族を養うために手中にとどめておかなければならない。この土地を彼らは自分の召使によって耕作するのではなく、このやり方で保有し、そのためにソックによって保有すると言われた土地保有者によって耕作した。このやり方による保有は、いまでもこの国に多く残存している。このやり方で保有した人々はつねに所有の大きな部分を占めるのではなく、その占有を自分で守りうることについて、合理的な希望、想像、期待をもつこ 145 とができなかった。このことについては、彼は自分の主人に依存しなければならないのであり、この場合には、遺産を分割しないという理由はありえなかった。どの部分も同じようにしか安全ではなかったからである。そして当時は、女性も男性と同じく農村労働に従事し、役務も同じように行えたから、彼女らが除外されるべきだという理由は存在しなかった。したがって彼女らはつねに、ソック地の相続について資格があるとみなされ、相続参加者として認められたのである。――ここで私は空白にしておく。君も誰もこれ以上はない。(39)

［三ページ半の空白］

これまでの講義のいくつかで私は、遺言なしの相続のさまざまな方法の説明に努めた。それらは、対象が分割できるかできないかによって違っていた。分割できる対象については、二つの一般的な方法がある。第一は、妻を娘と同じやり方で取り扱い、すべての子と妻とに平等に分割する方法である。第二は、妻が三分の一をとり、子どもたちが彼らのあいだで三分の二をとる方法であって、三分の一は彼ら自身の分け前として、残りの三分の一を彼らの父の継承者としてとる。第一の方法は、ローマ人およびたいていの古代民族のあいだで支配的であった方法であり、他方はヨーロッパのすべての近代国家で、普遍的に使用されている方法である。――同じようにして、分割できない対象についても、相続の方法が二つある。すなわち男性封地と女性封地である。これらはフランスとイングランドの王位継承の例によって示さ

146

れた。さらにまた、スコットランドとイングランドの相続の方法は、男性封地と女性封地のどちらともまったく同じではなく、いくつかの細かい点でどちらとも異なり、相互にも異なる、ということも述べられた。われわれが述べることができるこれらの違いは、傍系あるいは尊属の相続だけに見られる。卑属による相続には、まったく何も違いがない。後者のほうがいっそう自然にもとづいているので、人々はそれについてのほうがはっきりしている。だが他方については、彼らの意見はそれほど安定しておらず、多くのさまざまな状況によって、さまざまな経路に転化させられうる。――〔そういうことなので、それらの多くはきわめて気まぐれであり、異

147

(36) ジョージ二世の長男、皇太子フレデリックは、父に先立って死亡し、彼の息子がジョージ三世として一七六〇年に王位を継承した。カロドゥン沼地の戦いの勝利者、カンバーランド公爵ウィリアム・オーガスタスは、フレデリックの弟であった。

(37) 上記手稿104ページ［本書43ページ］。

(38) ソケージは騎士奉仕とは対照的に、一定の確定した奉仕に対する土地保有であった。

(39) heir portioners のあとの言葉は、違ったインクとペンで書かれたように思われるが、手稿本文と同じ筆跡だということは十分にありうるだろう。「空白」とか「誰も」と記したあたりの読み方はきわめて疑わしい。もしこの読み方が正しいとすれば、この但し書きが意味することはおそらく、この筆記者がスミスが講義の終わりのほうで言ったことを書き取ることができなかったので、ノートの三ページ半を空けておいて、友人が埋めてくれるのを期待したということだろう。しかし、他の学生のノートを調べてみても、空白を補充できるものを発見できなかったのだと考えられる。［編注の要約］

腹、異父同母、尊属の相続についての意見がそうである。〕〔146裏〕相続についてのスコットランド法とイングランド法との違いは、それらと市民法とのあいだの相続の順序のいくつかの違いとともに、すでに考察されたし、それらを引き起こした諸原因は、それぞれの国家制度の性質から説明された。この両者のどれとも違った相続方法が二つあって、その第一はガヴェルカインド(40)とよばれる。これはいくつかのサクスン公国で行われて、いまなおイングランドのいくつかの地方のソック地で行われている。それによると、遺産は娘を除く息子たちのあいだで等分され、息子がいない場合にのみ娘に及ぶ。これはソロンの時代より前の、アテナイ人のあいだでの法律であったと言われるが、事情が正確に知られているわけではない。もうひとつの方法は、いまなおイングランドのいくつかの地方で、ヨーロッパの他のいくつかの国と同じように行われているもので、バロウ・イングリッシュ(41)とよばれる。このやり方の相続では、最年少の息子が、父が死ぬときもっていたすべてを相続する。その理由は、農地においては、息子が成年に達するとすぐ、父が彼のために農地を取得してそこに定着させたということにあるように思われる。このやり方においてしばしば起こったことは、ほかの息子たちがすべて、父の死の前に土地分与 forisfamiliate されていたので、すべての遺産が、父とともに暮らすのが普通の末子のものになるということである。通常の慣習によって判決を規制しなければならない裁判官は、年少の息子が、亡き父がもっ

148

ていたすべてを相続するのが普通のやり方であることを知り、この慣習が行われていると分かった町と州では、これを規則として確立したのである。

〔**遺言による相続**〕

われわれはいま、遺言による相続を扱うところにきた。自分の財貨を死後に処分することについて、人がどのような権利をもつとわれわれが考えるかということ以上に、説明が困難な問題はない。すなわち、どの時点でその権利が成立するのか(42)。その人は、自分が死亡するまさにそのときに、それらを処分する力〈をもつ〉ということである。というのは、遺言による相続人は、遺言者の財貨のどれに対しても、当人が死ぬその瞬間まで、何の請求権も権利ももたないのであり、それはそのときまで彼は、それらを所有するという合理的な期待さえもつことができない、ということである。なぜなら、遺言者が気持ちを変えるかもしれないからだ。生きているうちに自分の財貨を処分するという力を、彼がもっていると考えられるのは、きわめて正当である。所有という観念そのものが、彼がそれらを悪用するなり手放すなり、どうにでも好きなようにしていい、ということを意味する。所有のそもそもの始まりにおいて、人が狩りをして捕らえた野獣を、好きなように使用していいということについて、議論の余地はなかっただろう。——しかし、人が死後に自分の財貨を好きなように処分する力をもつようになったのは、どのよう

149

150

にしてだろうか。人が彼の財貨について出した指示を、彼が意思をもちえないとか、そのことについて何の知識ももちえないと想定されるいま、その共同体はその指示を守ることについて、どのような義務を負うのであろうか。〔法定相続人がいる場合でも、遺言によって相続人とされた人をわれわれがより尊重するのには、どのような理由があるのだろうか。〕［149裏］ここでの困難は非常に大きくて、プーフェンドルフが霊魂の不死の助けを借りたほどである(43)。彼が言うには、われわれが死者の意思の実行を容認するのは、彼がまだ生きていて同じようなやり方で意思すると想定するからであり、この意思に対する敬意からわれわれは、彼の遺言が有効であることを認めるのである。しかしわれわれは、このことについての十分な説明を見つけるのに、それほど遠くまでいく必要はない。――われわれが誰でも自然にもっている、死者の意思への敬意は、それを説明するのに十分であるように思われる。すなわち、終末の時期は非常に重要な性質をもっていて、そのためにそれにかかわるすべてもまた、重要だと思われるほどなのである。死んでいく人の助言、命令、あるいはまったくの愚行でさえも、われわれに対して、同じものごとが別のときに与えるよりも大きな影響を与える。われわれは、そのようなときにおける彼の命令に対して、大きな敬意をもち、彼の死後には、われわれは彼が何を意思したかを考慮しないで、彼がそのとき生きていたら、彼の意思はどうであるだろうかを考慮する。われわれが考えるのは、よくわれ

151

われが言うように、彼が墓から見上げて、ものごとが彼の指示とは反対に進行しているのを見たとき、彼の意思はどういうものであろうか、ということである。人が死の床で友人たちをよび集め、自分の財貨をあれこれの仕方で処分してくれるように、懇願し、嘆願し、切願する。〔彼らが彼とその子たちを心をこめて見たのと同じやり方で、彼は一人の友人を見る。〕［150裏］のちに彼らは、死者に対する彼らの敬虔な気持ちに、いわば責められて、彼の財貨を彼の希望どおりに処分するだろう。彼らがそれらの財貨を、あのように真剣に頼まれたのとは反対のやり方で処分しているのを、彼が見るとしたらどうだろうと、彼らは想像するだろう。しかし、死者に対するこの敬虔な気持は、人情の高まり、その洗練であって、われわれはそれを、風習の文明化においてかなり進んだ人々からでなければ期待すべきではない。したがってわれわれは、たいていの国においてその導入がかなり遅かったことを知るのである。ローマの最初の時代には、われわれが議会

152

(40) gavelhaide はもちろん gavelkind のことで、それはケントに残存していた。

(41) Borough-English. 末弟が相続する習慣をこうよぶのは、それが主としてイングランドの諸地方に見られるからだろう。

(42) right と conveyed が行間に書かれており、前者は抹消されて一部分は後者の下になっている。これはおそらくこの文章が、この right が convey されるのはいつであるかと読まれるように意図されていることを、示しているのだろう。

(43) IV. 10. 4, ライプニッツの見解を引用している。

法とよぶものによって、すなわち召集された民会 Comitia Calata に集まった全人民の布告によってでなければ、遺言を作ることができなかった。彼はそこで彼らに向かって次のようによびかける。「要望し命じるか、青年諸君 Velitis jubaeatis, juveniles, etc」すなわち全人民の意思が、この人を自分の息子として認めることを命じているのだ、と。(44) だから、これは遺言というよりはむしろ養子縁組であって、われわれはこのことが許されたのは、その人が子どもをもたない場合に限られたと聞いている。その状態にあるものとしては、最親最愛の友人たちのうちの誰かが自分の財産を占有し、家族を代表してくれることを望むのは、自然なことであった。私的な遺書は、十二表法によって導入されるまで思いつかれなかった。十二表法はそれをアテナイ人の法律から借りたらしい。遺書はさらに、アテナイにはソロンによっても導入されたのだが、(45) それは彼の時代以前のドラコンの法[34]の下において用いられていた。(46)

　同様にして、イングランドでもかなりのあいだ、遺言を作ることができなかった。〔父の分け前以上、すなわち彼が妻と子をもっていれば、彼の所有の三分の一、妻か子がなければ半分。〕〔152裏〕ヘンリ八世は領地を遺言によって処分する自由を与えたが、いまでは領地全体をそのやり方で与えることができる。(47) スコットランドでは、領地について遺言を作ることができず、それは生存者のあいだで所有が移転されるのと同じ種類の処分によってしか、処分できない。(48) ――アジ

153

アとアフリカの野蛮諸民族のあいだでは、遺言による相続は知られていない。相続は完全に決められていて、ある人の領地は、彼に最も近い男性親族に行く。最少のものについてさえ、死後に行われる何かの行為によって、彼が処分する力はない。社会がかなり洗練されてはじめて、死者の意思に対してそのような尊敬が払われるようになる。死者に対する敬虔（とよばれているもの）は、未開民族にとっては洗練されすぎた教義である。しかし、死者に対するこの敬虔と遺言者の意思への配慮が、われわれを、彼の財貨を処分して死後しばらくはその意思に従おうという気持ちにさせるのだが、それでもわれわれは、この尊敬が永遠に持続するとは想像しない。数年が経つと自然に、しばしば数カ月で、遺言者の意思に対するわれわれの尊敬は、まったく消えうせてしまう。一〇〇年前に死んだ人は彼の意思を、彼がいまだかつて生きていたことがなかったかのように尊重してもらえない。われわれは自然に、人が自分の領地について、すぐあとのことではなく先々それがどうなるかを決定できるとは想像しない。彼が死んで、相続人が相続するや否やそれらは、それらについて思いどおりに扱うという故人と同じ〈力?〉をもった別人に占有されるのである。したがってローマ人のあいだでは、限嗣相続のようなものは、遺言による相続が導入されてから長いあいだ存在しなかった。それにいくらかでも類似していたものは、通常補充指定と未成熟者補充指定であった。前者においては、もし遺産が大変な負債を背負っていて、彼が自分の

154

155
相続人にしようと意図している、おそらく富裕な人が、相続に伴う面倒を引き受けたがらない場合、遺言者は〔彼が自分の相続人として誰ももたずに死ぬという、不名誉とされたことにならないように〕〔154裏〕何人かの相続人を順番に指名することを許された。しかしその場合、これは一親等の相続以上には及ばなかった。というのは、もし誰かが引き受けたとすると、全部が彼とその相続人たちに行って、残りの者はすべて排除されるからである。もうひとつの種類のものは、次のように規定する。すなわち、もしある人の直近親族またはそのほかで(49)彼が相続人にしようと企図している人が、後見人の下にあり、そのために遺言を作成することができない場合、また、もし彼がこの幼年者の法定相続人に対してよりも大きな愛着をもっていた者が、何人かいたとすると、その場合に遺言者は、彼が年頃になる前に死んだ場合のために、相続人を指名することを許された。しかしこの場合も、それは一親等以上には及ばなかった。

〔ローマの限嗣相続〕

しかしながら、やがて限嗣相続が次第にローマ人のあいだに導入されて、これが遺贈信託(50)という手段で行われるようになったので、その性質と起源を説明することが必要だろう。神前結婚か仮装売買婚として行われた古代の結婚によって、妻は完全に夫の奴隷になった。(51)彼は彼女に対して、その死についても離婚についても、絶対的な権力をもった。妻たちは
156
当時、夫の財産に何も大きな追加をすることができなかった。彼女らは何ももってこないか、七エーカーの土地が大領地とされたのに比べて、きわめてわずかなものしかもってこなかった。したがってこの頃は、妻たちはあまり重視されて

(44) 民会は、養子と遺書の承認のために招集されるときは、Comitia Curiata（前出手稿92ページ〔本書36ページ〕）であった。司会の役人が「市民諸君、諸君は要望し命令するのか」と訊ねたのである。この文章のなかの「市民諸君」は「青年諸君 quirites」に置き換えられる。Heineccius, II. 10. 2 は Aulus Gellius, V. 19 を引用している。Kames, *Law Tracts*, I. 186–7.

(45) 手稿92ページ〔本書36ページ〕を参照。

〔34〕ドラコンの法は、前七世紀のアテナイの執政官ドラコンによって作られた法律。

(46) 手稿のこの部分には脱落があるらしい。

(47) 32 Henry VIII, c. 1 (1540) を 34 and 35 Henry VIII, c. 5 (1543) によって訂正したものは、すべてのソケージ地と騎士奉仕による保有地の三分の二を遺贈する権力を与えた。

(48) 譲渡人は、彼の死後代理人によって実行されるように、その土地の譲渡を実施した。Dalrymple, 130–1.

(49) 未成熟者補充指定が可能なのは、その未成年者が、遺言者の力のうちにある子孫であった場合だけである。彼は遺言者の死によって思春期（男性で一四歳）に達する前に独立するのであり、そのことによって彼は、彼自身の遺志を作成する能力を取得する。その年齢まで、彼の利害関係は後見人（教師）によって管理された。*Inst.* 2. 15. 16.

(50) fideicommiss は、ラテン語の fideicommissum のスコットランド版である。

(51) confarreatio（祝宴）、coemptio（嫁買い）、usus（時効）はすべて夫権を伴う cum manu 結婚を生み出し、妻を夫に臣従させる。上記手稿94ページ〔本書38ページ〕を見よ。

いなかったのである。〔次のようなことも導入された。すなわち、男女が一年と一日同居して、そのあいだ三夜の不在がなかったなら、その女性は、事前の儀式によって結婚した人々と同じように、彼の妻になった。彼女は慣行によって彼の妻 wife usu となったのであり、他のどのような動産とも同じく、時効の適用を受けた。〕［155裏］しかし非常に貧しい民衆であったローマ人が富裕になり、女性たちが――すべての上品で富裕な国では、女性が貧困野蛮な民族においてよりも尊重されるので――大財産をもつようになって、それを夫に与えることができるようになったとき、彼女らは古い形態の結婚に付随した従属を甘受することができなかったし、友人たちもそれを許さなかっただろう。それで彼らは、相互に一定の譲歩をした。夫は彼らがときどき受け取りうるそのような巨額の貨幣の効用を考慮して、権威のいくつかの部分を放棄し、他方で女性は、自分の分与産を彼の生存中に使用することを、彼に許したのである。そこで嫁資証書[52]とよばれる文書に諸条項が記されたのだが、それは私がこれから示すとおりのものである[53]。司祭形態の結婚と同様に、それは主として妻たちを妾たちから区別するために作られたもので、違いは主として次の点にあった。すなわち、妾の子は相続することができず、誰の親族ともみなされない、ということである。この結婚によって夫と妻は、彼らがそうしたければ、いつでも別れることができた。妻が慣行によって夫のものとならないために[54]、彼女は毎年三夜を夫とともにしないようにと

157

指示された。そうすることは時効を中断したのである。

これらのやり方は、カトー、オッピウス[55]、およびその他の厳格な規律家たちの、古代風の規律と厳しい態度に対する非常に大きな違反であったから、彼らはできる限りのことをして、妻たちを以前の従属に持ち込むことによって、彼女らを抑えようとした。このことを彼らは、妻の分与産の価値を低めることによって企てたのである。この目的のためにウォコニア法が作られた[56]。ある人々は、それ以後は誰も遺産の四分の一以上を、一人の女性に残すことができなくなったという意見をもっているが、これについては十分な理由を与えることができない。しかしながら、あれこれのやり方で、女性たちの所有が制限されたことは確かである。〔すなわち、女性は公務も、それより儲かる仕事の遂行もできないとされていたから、彼女らがかなりの財産を所有しうる唯一の手段は相続であり、これが制限されると、その結果、彼女らの所有は減少せざるをえないのである。〕［157裏］そして、これがペリゾニウス[57]その他の意見に反することもまた明らかであり、この法律は遺言による相続人についてと同様に、遺言なしの相続人にも適用されたに違いない。そうでなければ、遺言なしで死ぬことによって回避することができただろうからである。この法律を逃れるために――それは富裕で強力な者にとってはきわめて同意しがたいものであったから――彼らは、たとえばある人[58]が自分の全財産を娘か姉妹に残したいと思ったとき、自分の相続人として信頼できる友人を指名し

158

て、のちにそれを自分の娘に回復してくれるように厳粛に希望するということにした。すなわちこの法律によって、死の床での譲渡を阻止することはできたかもしれないが、法律は生存者間の贈与には及ばなかったのである。これは遺贈信託とよばれた。しばらくのあいだ、それは絶対的な拘束力があるとは考えられなかったが、遺言に表明された約束を実行し 159 ないのは、不名誉とみなされた。そうではあるが、それらが守られなかった例が多数あって、そのうちのいくつかはキケロによってあげられている。——それを絶対に拘束的としたのは、アウグストゥス[35]であった。彼は〈　　[59]〉によって、このやり方の相続人として残されたので、彼自身が遺贈信託を履行しただけでなく、それ以後および少し前のすべての遺贈信託を絶対に拘束的なものとし、この法律が守られるようにするための執政官を任命した。この職務はのちに遺贈信託プラエトルに移された。——この制度は結果的にウォコニア法を廃棄したので、われわれはそれがアウグストゥス時代以後には、ほとんど言及されなかったことを知っている。

遺贈信託プラエトルは、遺贈信託がそのとおりに守られるように配慮することを、職務として指定されていて、その職にある三人が担当職務を遂行することになっていた。この三人が遺贈信託を構成する信託遺贈人 fideicomitens であった。160 信託相続人 haeres fiduciarius は、信託相続人［信託遺贈受遺者[60]］とよばれる第三者にそれをわたすようにという要望の言葉[61]によって拘束された。これらの遺贈信託相続において相続人は、彼の生存中のあるときに遺産を回復するように拘束されるか、あるいは死に際してある人に規定された金額を与えるように求められるかもしれない。後者の方法によって、それは遺言者の死後も非常に長いあいだ継続されることができた。これはウァレンティニアヌス[36]とセヴェルスの新法によって[62]、確かに四親等までに限られたのだが、あるかなりの期間

---

(52) instrumenta dotalia.
(53) 手稿第三巻8-9ページ［本書148ページ］。
(54) usū coveniret in manum.
(55) M・ポルキウス・カトー老は前一八四年に、厳しい検閲官として悪評が高かった。C・オッピウスは前二一三年に護民官としてオッピウス法 lex Oppia を成立させ、それは女性の奢侈を制限するものであった。カトーは前一九五年に、この法律の廃止を阻止しようとしたが、成功しなかった。
(56) 前一六八年のウォコニア法は、富裕な遺言者が女性を自分の相続人に指定することと、相続人の受領額を超えた額を遺贈することを、禁止した。Montesquieu, XXVII. 1.
(57) Jacobus Perizonius, *Dissertationum Trias* (1679), II (*De lege Voconia feminarumque hereditatibus*, 99 ff.).
(58) e.g. am は a father を書き直したものだが、さらに e.g. a man とするつもりだったらしい。
[35] アウグストゥス（Gaius Octavianus Augustus, BC63–AD14）はユリウス・カエサルの後継者で、最初のローマ皇帝。
(59) 手稿の空白。Lentulus : *Inst.* 2. 25pr and 2. 23. 1 ; Cicero, *De Finibus*, II. 55, 58.
(60) haeres fiduciarius は fideicommissarius（信託受益者）と書くつもりだったのだろう。
(61) Verbis precariis,「要請の言葉で」。

にわたって何も制限がなかった。すなわち、遺贈信託が全力を発揮し始めたトラヤヌス[37]時代またはその頃からウァレンティニアヌスまでである。それにもかかわらず、限嗣相続はその言葉の完全な意味では、ローマ人のあいだでは決して使用されなかった。彼らは、誰もがその領地をウァッロ[38]に残すことを許容したようには思われない。たとえば、彼［ウァッロ］と彼の身体の継承者たちをセイウスにつなぐことができず、したがって彼の子どもたちと、その他の親戚のすべてがそうなった。このことがもし許されていたならば、それは完全な限嗣相続になったであろう。しかしながら、ヨーロッパ
161
のたいていの民族の事情は次のようであった。全ヨーロッパを侵略したゲルマン諸民族は、遺言による相続という観念をもたなかったため、すべての遺産は子どもたちのあいだで分割された。彼らのあいだで何かそのような観念をもった人々は、〔キリスト教の導入後には〕［160裏］教会人だけであったのである。彼らは祈祷書を読めるようになるためにラテン語を理解しなければならなかった。同じようにして彼らは一般に、ローマ法が含まれている本を読んだのであり、この法律からも、彼らが教育された国の慣行からも、死者の意思に対する尊敬を受け継いだ。これを彼らは不可欠の敬虔のひとつとして民衆に伝え、それを通じて次第に、死者が彼の財貨や相続人についてもっていた意思が守られるようにしていった。教会人は遺言相続の導入者であったとともに、最もそれに熟達している者として、それを判断するのに最適の人たち
162
とみなされた。その結果、各主教はその主教区において、さらには各司祭がその教区において、すべての遺言相続について正式の判決を下したのである。確かに、征服以前のイングランドでは判決にあたって、主教とその州（当時は主教区と重なる範囲だった）の長官が同席した。[63]彼は自分の国で支配的であった慣習によって、これを民事裁判から完全に取り上げて、教会裁判所が遺言に関するすべての問題の唯一の裁判官であるべきだと決定した。ヨーロッパの東部地方では、為政者が市民法に依拠していたので、教会人は遺言にかかわりをもたなかったし、〈　〉[64]が主教に遺言書を提出することを明白に禁止した。――それでも主教は引き続き、遺言に関するすべての事柄の判決者であった。限嗣相続を実行することもまた、遺言の導入のあといくらか早くやってきた。自分の相続を支持する死者の意思という観念が、ひとたび一歩
163
を踏みだせば、それをさらに進めるべきだと想定するには何の困難もなかった。しかし彼らは、デ・ドニス法[65]［条件付贈与法］ができる前にすべての限嗣相続について、ある言い逃れを思いついていた。この法律は、遺言者のすべての贈与は、彼が指定したまさにそのとおりのやり方で有効であり、限嗣相続人のうちの誰一人として、彼とその相続人たちに残されたものを譲渡することはできず、限嗣相続の最後の相続人に到達したとき、それは譲渡されるのではなく、王冠に帰するべきだと定めていた。それでも彼らはこの法律を回避する工夫をしたのであり、いわゆる罰金法と〈　〉[66]によって

その法律は事実上廃棄されたのである。だがスコットランドでは、限嗣相続は、排他的、抑止的、刺激的な条項なしになされるならば、法律上有効に行うことができる(67)。これらの禁止の第一は、遺産を特定された人々以外の誰かに委ねること(68)を禁止するが、それが譲渡されることは禁止しない。第二の禁[39]

［五―六行分の空白］

164

このようにして作られた限嗣相続は、ジェームズ二世[40]のときに一六八二年の法律によって(69)、まったく拘束的にされた。今日でもそうである。{この種の文書で、これ以前に作られたものが有効とみなされるべきかどうかは、問題であった。われわれの卓越した法律家たちの大部分は、それらは有効ではないと決定している(70)。――それらが今日でもなお、普通法によって無効とみなされないかもしれないということは、もうひとつの問題でありうる。ある卓越した法律家によれば〈　〉}［163裏］さて、この限嗣相続の習慣以上に背理的なものは、何もありえない。人が自分の死後に自分の財貨について、何がなされるべきかを決定する力をもつべきだということは、死者へのわれわれの敬虔にとって受け入れやすいし、理性にも反しない。しかし彼が、それを彼らがどのように処分すべきかを決定する力をもち、引き続き無限にそうだということは、この敬虔のなかに何の根拠もなく、この世で最も

［36］ヴァレンティニアヌス（Valentinianus, 321–375）はローマ軍の将校であったが、兵士に推されてローマ皇帝に即位（在位三六四―三七五）、北部国境の防衛に努め、宗教問題には寛容であった。
（62）実際にはユスティニアヌス新法一五九条。
［37］トラヤヌス（Marcus Ulpius Trajanus, c. 53–117）はローマ皇帝（在位九八―一一七）で、五賢帝の一人。

［38］ヴァッロは前二世紀のローマの農学者マルクス・テレンティウス・ヴァッロ Marcus Terentius・Varro が有名だが、ここで言及された理由は不明。セイウスは、代々の所有者が不慮の死をとげた美馬の最初の所有者。ヴァッロをセイウスの後継者にすることを避けたということだろう。
（63）H. Spelman, 'Of the Probate of Wills or Testaments', *English Works* (1723), II. 128.
（64）手稿の空白。おそらく第四回カルタゴ会議での決定を指すのだろう。episcopus tuitionem testamentorum non suscipiat は Gratian's *Decretum*, D. lxxxviii, c. 5 に含まれている。
（65）Statute of Westminster II, 13 Edward I, c. 1（1285）. [Statute de donis conditionibus]
（66）手稿の空白。限嗣相続不動産権は財産回復（苦心の擬制）の手続き上の手段によって阻止された。4 Henry VII, c. 24（1490）は、科料（すなわち最終和解）は、一定の場合には限嗣の廃止であると規定した。Dalrymple, 136.
（67）禁止的、刺激的、解消的諸条項：Kames, *Law Tracts*, I. 201 ff. 刺激的条項は証書の規定に反してなされた行為を無効（irritus）にした。解消的条項は違反者の諸権利を除去（解消）した。
（68）ここにある小さな脱落記号は、ページわきの burthened with debt so as to ma と読める文章を参照するつもりだったのかもしれない。
［39］手稿はここで改行され、空白がある。

［40］ジェームズ二世（James II, 1633–1701）はチャールズ二世の弟で、兄の死後即位したが、ジェームズ七世としてスコットランド王も兼ねた（在位一六八五―八八）。名誉革命により王位を追われ、フランスに亡命した。

背理的なことである。この大地がそれぞれの世代の所有物であるということ以上に、広く受け入れられている原理はない。前の世代が、それを利用する方法について現世代を拘束するというのは、まったくの背理である。先代たちの時代にはそれが当時の人々のものであったのと同様に、現代ではそれはまったく現世代の人々のものである。五〇〇年前に生きたわれわれの先祖たちが、現時点においてすべての土地を処分する力をもつと想定することは、まったくの背理であるだろう。だがこのことは、彼らが限嗣相続を行う力をもっていたならば起こりえた事例であり、またわれわれが自分たちの 165 子孫の領地について五〇〇年にとどまらず、その先まで権利を主張するということなのである。死を前にした人々に対してわれわれが許容した、自分の財貨を処分する力を、いつわれわれが終わらせるかを決めることは困難である。そのときにこれが消滅すべきだという、明白なときはない。そしてこの不確定性が、ヨーロッパのすべての国に、限嗣相続を行う権利を導入したのであった。最善の規則は、死を前にしている人が彼の財貨を、彼が分かる範囲で処分することを、すなわち、彼と同時に生きている人々のあいだでそれがどのように分配されるかを決定することを、われわれが認めることだろうと思われる。彼が彼らに対しては、いくらかの愛着を交わしていたかもしれないと推測できるし、そこでわれわれは、彼が彼らのあいだで相続を決めることを合理的に許容できる。しかし生まれていない人々に対しては、彼は愛着をもつことができない。われわれの敬虔の最大の拡張も、合理的 166 に彼らにまで及ぶことはできないのである。

　この権利は、最大限に背理的であるだけでなく、その共同体にとってきわめて有害である。というのは、それが土地を商業から完全に排除するからである。——国家の利害関心は、土地が他のどの財貨とも同様に、商業のなかにあることを必要としている。このことを、限嗣相続を行う力はまったく排除してしまう。私はいまはこれだけのヒントにとどめて、このあとで、長子相続の権利と限嗣相続を行う力が、それが普及している国々を支配するほとんど全面的な農業の衰退の原因であったことを、もっと詳しく示すであろう。——土地が商業のなかにあってしばしば人手を変えれば、それはうまく運営される可能性がきわめて高いのであり、交易その他で財産を作り上げた人々は一般に、投下しているもののほかに貨幣をもっている。彼らはまた一般に企画と企業に長けた人々でもあり、したがってその大多数は、改良への意欲と能力の双方をもっている。他方で、古い家族領地 family estate をもっている人々は、そのほかにいくらかの貨幣をもっていることは稀である。その家族の年々の奢侈と出 167 費は、収入を消費する。したがってわれわれが見るところ、大きな町の近くにあってしばしば主人を変える土地は、町から遠いところにあって長くひとつの家族のものである土地に比べて、非常によく耕作されている。名門旧家の領地が、現在の状態から改良される機会はきわめて少ない。領主はそこに投下すべきものを何ももたず、土地保有者は彼らを改良に誘うような状況に置かれていない。もしこの領地が、別々の主人をもつ多数の小所有に分割されたならば、それはまもなく高度に耕作されたことだろう。長期貸与や封地として出された農場は、その国の改良に最もよく貢献する。任意貸与のように短期のものが、土地保有者に改良しようという気持ちを起こさせることは、絶対にありえない。なぜなら、彼が投下するものは、彼自身のではなく他の人々の計算に入るからである。しかし長期貸与においてさえ、土地保有者はおそらく彼の

［手稿第一巻の終わり］

（69）実際は1685, c. 22 (A.P.S. VIII. 477, c. 26) による。Kames, loc. cit.; Dalrymple, 142.

（70）Kames, op. cit., 216 :「限嗣相続がイングランドで流行しているのを見ると、われわれは、無知によって、またその全効果が法律から引き出されたことに注意せずに、それが模倣の力によってここでも同様に効力をもつかもしれないと考えさせられる」。

第二巻

収入の三分の一を地代として払わなければならない。このことは大きな障害である。だがこれらすべての農場が所有に転化されたとすれば、土地はすべてその主人によって耕作されるので、まもなくよく改良されるだろう。そしてこのことは、諸家族の虚栄だけによって支えられている長子相続と限嗣相続という不自然な権利がなかったならば、まもなく事実となるだろう。

一七六三年一月一七日　月曜日

［**移転**］

1 私はいま、所有を取得する最後の方法、すなわち任意の移転に達した。これには二つのことが必要である。第一は、そのものが受領者に移転されるべきだという所有者あるいは移転者の明示された意思である。第二は引渡しであって、それは所有が移転されたものが、移転を受ける人の力のなかに入れられることである。所有者の意思は、引渡しがなければ、

2 ただ彼が所有を他人に与えるという意図をもつことを示すにすぎず、受領者はひとたびその対象を自分の力のなかに入れたのでない限り、所有を取得したとみなされない。所有が最初に取得される先占は、その対象が少なくとも一度、先占者の力のなかに入り、それによって共有物から取り出されなければ起こりえないのであり、それと同じように、ある決まった人の所有であるものが、別の人の所有になるには、それがその他人の力のなかに入れられなければならない。

　所有者の意思と引渡しが、双方とも絶対に必要であるから、それらが分かれている場合と、結合している場合とでは、効果もまた異なる。所有者の意思の表明は受転者（われわれが transferrée という表現を許されるならば）に、所有者に対する対人訴訟を起こさせうるだろう。それによって彼は所有者に対して、その人が参入した契約の実行を要求し強制することができる。しかしそれは決して、所有者が意思を表明したもの自体に対する対物権を、彼に与えはしない。その権利が取得されるのは、引渡しが所有者の表明と結合したときだ
3 けである。（すなわちわれわれは、所有者の意思の表明のない引

渡しは、譲渡されるものへの権利を作り出すことができないと、言わなければならない。[1]）たとえば、人が彼の馬をある人に売るとして、代金を受け取り、その人にその馬を厩舎で見せるまでになったが、それを買い手の力のなかに引渡すことをしなかったとして、その後、もし彼が別の人にその馬を売って引渡したとすると、最初の買い手は売り手に対して、その価格と彼がこうむったかもしれない損害について、訴訟を起こすだろうが、彼は二番目の買い手に対して馬を請求することはできない。なぜならその馬は、一度も正しく彼に占有されたことはないからである。しかし、この取引の終了後、もとの所有者がその馬を相手の力のうちに届け、彼が手綱に触れるか何か別のやり方で、それを力のうちに入れたことをあらわしたあとで、もとの所有者に対してそれをしばらく保持してくれるように頼んだとしよう。その間に売り手がそれを別の人に売るとすると、最初の買い手はこの場合、その馬を彼のものとしてどのような占有者に対しても（対物訴訟で）請 4
求できただろう。グロティウスは[71]、引渡しがつねに必要だということに反対して、所有者の意思だけで所有の移転に十分な場合がいくつかある、と主張している。彼があげている例は、抵当の所有権が抵当権者に移転する場合、質物の所有権が質権者に移転する場合、預金または信託財産が所有権受託者に移転する場合である。これらすべての場合において、所有者の意思が何も引渡しなしに所有を移転する、と彼は言っている。しかし、移転を受けるものにその対象に対する力を与えることのほかに、どういう目的のために引渡しが必要なのか、それが何の役に立つのかを考察しよう。さて、これらすべての場合において、対象はすでにその所有が移転される人物の力のなかに渡されている。質屋はすでに質物を占有していて、受託されたものの受託者なのである等々。それだから、これらすべてにおいて引渡しは不必要なのである。なぜなら、所有を移転するという所有者の意思が、すでに先行していたからだ。彼はまたフランスの南西部に定着した野蛮民族である西ゴート族[2]のひとつの法律を引用している。それによれば所有は今後、〔筆記が使用されるようになったとき音 5
声の宣告に代わった、契約または送達礼状〕［4裏］の送達時点から始まるものとされる。しかし、彼が引用しなかったその法律の次の部分でわれわれが読むのは、立法者が所有を所有者の意思の表明から始めようと思いながら、それがすべてのさまざまな場合に適合するのは容易ではないことが分かった、ということである。すなわち、移転を受けるものが引渡しの前に死亡した場合については、彼はいくらかの躊躇ののちに、対象の所有は所有者とその相続人にとどまるべきだと、結論するのである。それに対して、もし所有が令状の送達のあとで移転されたとすれば、所有は前の所有者とは何の関係もなく、受取人とその相続人たちに帰属したに違いない。われわれがまた注意するべきは、これらの民族の法律は教会人たちによって規制されていたので、カノン法の計画にもとづいて、すなわちカノン法学者たちが主として忠実であったユスティニアヌス新法にもとづいて、形成されたということである。その帝法も市民法もともに、あらゆる種類の契約と責務の効力を、それらが自然にそうなるよりも、あるいは野蛮な民衆のあいだで彼らの判断に任せておいた場合にそ 6
うなったであろうよりも、はるかに広げるように努めている。｛古代ローマ法は、所有が長期の保有と引渡しによってのみ移転されることを、明白に肯定する。(72)｝［5裏］どのようにして、馬や本などの移転可能な対象の引渡しが実行されるべきかを、われわれは容易に考えることができる。これらの対象は受取人の力のなかに容易に入れることができるからである。しかし、それほど容易に考えられないのは、家屋や土地のようなより大きな対象が、どのように引渡しによって移転されるかということである。受取人はこれらのもののあらゆる部分を占有することはできないのだから、このことが行われるのはつねに、家屋の鍵の送達やドアを開けることが受取人に占有を与えるというように、象徴的な引渡しによってなのである。穀物庫の鍵の場合も同様である。この国では、収穫物が売られる場合に、もしそれが立っていれば茎一本が、刈り倒されていればその一束が、全体の占有を与えるものと想定される。同じようにして土地資産の引渡しは芝土と石の送達によって行われ、もしそれが郷士によって保有され 7
ることになるならば、杖と楯である。小杖と楯 bacculus et parma が送達されるのだ。――｛イングランドでは土地資産の移転は受取人が実際にその上にいること〈なく〉、遠くからそれを指差すだけで行われる。しかし、彼があとでそれを占有するのでなければ、このことは引渡しの代わりにはならない。――イングランドではまた、人が領地を手放すときには、もしそれが完全に地続きでないならば、新しい取得者はそのすべての部分について、相続可能な所有権 infeft を与えられなければならない。しかしスコットランドでは、一部分の引渡しによって、それぞれの部分が同じ州にあるかないかにかかわらず、全体の所有を移転することができる。なぜなら同じマナー（または下級貴族領または領主領）にいるすべての人は、そのすべてのさまざまな部分で、何が行われているかを知っているものと想定され、同じようにして、同じ州のすべての人は、そのなかで何が行われているかを知っているものと想定されるからである。この理由でもまた、必要とされる登記はひとつだけなのである。――｝［6裏］

［封建的従士と土地］

ここで言っておかなければならないのは、封建的統治の最

［1］手稿の文章の混乱が編者によって訂正されている。
(71) II. 8. 25, *Lex Visigothorum*, V. 2. 6. を引用している。
［2］西ゴート族（Wisigoths, Visigoths）は東ゲルマンの一部族で、フン族の西進をおそれて、三七五年に南下を開始した。翌年ドナウ川を渡りローマ領内へ移動したことがゲルマン人大移動の発端となり、五世紀はじめに南フランスに建国した。
(72)「長期の保有 usucapionibus と引渡し traditionibus によって」：C. 2. 3. 20.

初の頃、それが非常に強力であったとき、従士たちは国王であろうとどこかの領主であろうと、自分の上位者の同意なしにはその土地を譲渡することができなかったということである。その土地をその上位者自身が保持しようと、あるいは彼同様にその上位者がさらに上位者から保持しようと、関係がない。土地は軍役保有として保持されていたので、上位者たちは自分の召使となる人物を変更する力をもっていなかったのである。しかし、かなり早く、従士たちはその土地を、彼らから保持されたものとして他人に渡すことができるようになった。ただし、彼らがその土地に対する自分の権利を譲渡することは、禁止されていた。——従士たちが、その土地の使用と利潤に対して彼らがもっている権利を譲渡することを禁止されたのと同様に、上位者は、彼がその土地に対してもっていた所有権を、その占有者たちの同意なしに譲渡することを禁止された。それが軍役による高貴な保有であろう 8
と、前に説明されたソケージのような不名誉な保有であろうと、関係がない[73]。もしそれが高貴な種類のものだとすれば、彼が奉仕すべき主人が別の人の意のままになるということは、耐え難いことであるばかりでなく、次のようなことがしばしば起こりえたであろう。すなわち、彼の主人が彼の隣人たちのうちの誰かと不仲になり、彼の敵と和睦するかもしれないということである。この場合、敵は彼の主人への敵意を失っても、おそらくその従士に対しては敵意をもち続けるだろうし、しばしばこのことによって彼は破滅させられただろう。もし彼らが不名誉な保有によって保有したならば、彼らは彼らの土地を永久に、あるいは封建的統治が最初に始まったときにそうであったように、自分の生涯にわたって保有したのだから、第一の主張は同じく有力である。——封建的統治においてはこのようにして、二つの所有が結合された。そのうちのひとつは領主に帰属し、彼がその従士から受け取る権利をもった一定の臨時金と奉仕を内容とするものであり、他方で従士としては、彼が所有する土地とその果実という便益を得た。 9
そして（すべての結合所有者がそうであるように〈 〉、彼らは双方とも、他方の同意なしに自分の部分を手放すことができなかった。従士が、彼の占有物のどの部分についてであれ、彼の所有を手放そうと思ったときは、彼はそれを上位者の手中に[74]、すなわち〈永久にさかのぼってか[75]〉恩恵によってか in favorem いずれかで譲渡しなければならない。前の場合には、その土地は所有者の完全な所有に戻され、それ以後その所有者は、直接所有と使用権の双方を与えられた。後の場合には上位者が、現在の従士と同じやり方で保有することを望んでいる第三者の利益になるようにすることが、上位者にまかされた。この後の場合に、もし上位者がそれを特定の人に移転する意向をもたなかったならば、上位者に委ねられたことにかかわりなく、土地は以前と同じやり方でその従士に戻される。上位者の同意は、はじめはまったく任意であった。彼が同意を与えざるをえない第一の例においては、領地が債権者たちに委ねられることもありえた。この 10

ことが法定されたのちには、上位者が同意を与えざるをえないということが、いつでも容易に起こりえた。すなわち、自分の領地を手放そうと思っている従士は、その領地の価値を受け取ったあとに、その証書を買い手に与えることのほかには何もすることがなく、その買い手に対して上位者は法定債権者として土地を与えることを義務づけられるからである。――他方で、上位者はやがて、彼の領地のうちの自分の部分を、従士の〈　[76]〉同意なしに手放す力をもつようになった。このことは封地が所有とみなされ、上位者制がわずかな重荷にすぎないとみなされるようになったのちに、徐々に導入された。そのとき従士たちは、上位者の保護に完全に依存するのではなく、どのような主人の下にあっても、彼らの部分を国法〈the〉Law of the land によって保護されていたのである。この場合、従士についての彼らの同意[77]は、それほど絶対的に必要とみなされるとは限らなかった。ここでわれわれはまた、イングランドでは、従士が土地を手放すときに上位者の同意が、きわめてまもなく必要でなくなり、従士の同意が上位者にとって必要ではないと考えられるようなったのは、最近のことにすぎないと言うことができる。他方、スコットランドでは、従士の〈　[78]〉同意は三、四〇〇年にわたって不必要と考えられてきたのに、一六世紀末か一七世紀初頭までに、法定債権者そして相続を要求する買い手による移転の方法が〈?[3]〉。そして、これが依然としてある程度維持されている形態なのである。

11

所有移転のある方法が、近頃までイングランドで使用されていて、それによると引渡しは必要ではなかった。それは次のようにして導入されたものである。封建的統治下の土地保有者たちは、しばしば戦争によびだされて領地を離れなければならなかったので、領地を維持するために、自分たちが帰ってきて請求するまでそれを保有してくれる人々に、その使用を移転することが必要だと考えた。これが使用の条件である場合、領地を売った売り手は買い手に対して、その土地を継続して使用することを許可していた[79]かもしれないが、しかし、それを自分のために保有しているとはみなされえなかった。そして、もしこの使用期間中に、売り手がそれを別の人に売るならば、買い手は彼がもっていた領地の価値と損害について、彼に対して対人訴訟を起こしただろうが、どのような土地所有者の資格においても a quocunque possessore 対物

(73) 手稿第一巻144ページ［本書60ページ］。
(74) スコットランドでは、20 George II, c. 50 (1747) によってこの規則が廃止されるまで。
(75) 手稿の空白。Ad perpetuam remanentiam : Stair, II. 11. 1 ; M'Douall, III. 2. 2. 8.
(76) 手稿の空白。Contournement : 英語では attornment で、従士による上位者の変更と新しい上位者に対する忠誠義務の承認。Dalrymple, 211 を参照。
(77) 前注を見よ。
(78) 手稿の空白。注76を見よ。
[3] 手稿の文章がきれている。
(79) who sold an estate might begin continue の begin が行間に書き込まれている。begin and と書くつもりだったと思われる。

12

訴訟は起こさなかっただろう。しかし、使用条例によって[80]、使用は占有を継続すると表明されたとき、それは前の所有者による占有であるから、いまさら引渡しを必要としなかった。そこで彼は、売却後には買い手の召使または代理人とみなされるべきものとして、彼自身が占有していたのと同じようにみなされ、彼がそれを実際に占有した場合には、それはそのときまで他人のものであったものを占有したとはみなされず、彼自身のものの継続とみなされた。――売却のときから自らそれを占有する売り手。

さらにもうひとつの、イングランドで現在普通に使用されている所有移転の方法があって、それによれば引渡しは必要とされない。すなわち定期不動産権設定と復帰権放棄による不動産譲渡 lease and release である。それによれば売り手が
13 買い手に、自分がある贈与を目当てに有利に手放そうという意図をもつ領地の定期不動産権を与えて、一定の負担と奉仕を留保し、それらをあとの不動産譲渡証書によって権利を放棄して、先行の定期不動産権において留保した負担と責務を解除すると表明するのである。その時点から買い手はその領地の完全な所有者になる。これがイングランドで一般に使用される方法である。というよりむしろ、販売と使用による方法がそれに結びついた方法なのである。すなわち、不動産権設定と不動産譲渡のあいだに買い手が来て領地を占有することには、しばしば不便があるので、いまでは所有者が彼に代わって占有するのが慣行になったのである。

これまでに、所有を取得する五つの違った方法を、すべて説明したので、私は、対物権の第二の種類すなわち地役権を考察するところに到達した。

地役権

14 地役権とは、人が他人の所有に対して課すことができる負担、またはそれに対して何かを請求する権利である。ローマ人たちは、地役権は対人的か対物的、すなわち一定の人か一定のものに課せられると考えた。彼らはまたそれらを、都市所有地地役権と農村所有地地役権に分けた。前者［後者］は水利権などのように、農村のひとつの農地が他の農地に対して負うものである。後者［前者］は町のなかで、ひとつの私有地が他の私有地に対して負うものである。注意すべきは、すべての地役権がもともと対人権であったということであり、われわれがそれらの導入過程を考察すれば、それは容易に明らかになるだろう。そこで普通の例をとって、ある人の農地が、公道または市場町と隣人の農地とのあいだにあると想定しよう。この場合、後の農地の占有者にとって、前の農地を通過する道の使用を許されることは、きわめて必要とは言えないにしても、非常に便利であるだろう。彼はこれを一定の贈与によって占有者から入手できるかもしれないし、占
15 有者は感謝からその自由を将来にわたって彼に与えることに

なるかもしれない。それが彼に与えられるのは、たんなる人間としてではなく、そういう農地の占有者としてであろうし、彼だけでなく彼の相続人たちとその継承者たちについても同じように規定されるだろう。そして、もし彼がのちにその農地を、売るか処分するとすれば、彼はその自由を彼の占有物の一部分として数え、それについての妥当な補償を、農地そのものについてとともに、買い手から要求するだろう。──しかし、地役権の対象である農地の所有者が、その農地を処分することになり、有力地 dominium praedom(81)の所有者との協定にもとづいて、買い手は彼に、決められた自由を与えるべきだとしたが、このようにしてこの農地が三人か四人の手を経たあと、第四の買い手が彼に決められた自由を与えることを拒否したと想定しよう。どのようなやり方で、彼は、第四の買い手がそれを実行するように強制するべきか。彼は確かに第三の買い手には結びついているが、第四の買い手にではないから、有力地の所有者(82)は彼に対して訴訟を起こすことができない。彼ができることはただ、彼の権利にもとづいて最初の占有者に対する訴訟を起こし、彼の責務を実行させることだけである。彼はさらに第二の占有者を強制しうるかもしれないし、その人が第三を、後者が第四を、強制しうるかもしれない。あるいは、彼が最初の占有者に対する訴訟を起こして、後者が第二に、すでにそのもとにあった責務を求めさせ、さらに第二、第三と進むかもしれない。このような訴訟の重複は、しばしば非常に面倒であり、それを阻止

16

するために、はじめは地役権取り戻し訴訟 actio servitia によって、のちには準地役権取り戻し訴訟 actio quasi servitia によって(83)、まずいくつかの、次いで大半の地役権が、対物権とみなされるべきであると法定されるようになった。

ローマ人のあいだでは都市でも農村でも、多数のさまざまな地役権が存在した(84)。後者のなかには通行権と車通行役権、汲水権と水を運ぶ権利などがあり、第二に雨だれ権、梁木組込権、荷物運搬権などがある(85)。これらのうちのたいていのものは他の多数のものとともに、われわれのあいだでも使用されている。{生涯権、または第二に家屋やその他奴隷の使役 opera servorum のような使用も、合法的となるとただちに地役権とみなされえた。それはおそらく、支配権をそれらの負担とともに売るためであろう。}〔15裏〕言っておかなければならないのは、すべての封建的保有が地役権とみなされうるし、同じようにしてはじめは対人権とみなされたということ

17

(80) 27 Henry VIII, c. 10 (1536).

(81) この有力地 Dominans praedium の利益のために地役権が存在する。

(82) Dominantis pradii dominus.

(83) actio Serviana と actio quasi-Serviana は役務を強制しないが、それによって債権者は所有を第三者から回復するために、所有の上に抵当権を保持することができるようになり、こうして抵当権を対物権とするのである。役務は actio confessoria によって強制される。

(84) *Inst.* 2. 3.

(85) jus itin. act. and via jus aquaehaust. and ad aquam appellendi, etc. 2d, jus stillicidii, tigni injiciendi, oneris ferendi, etc.

である。従士たちは、はじめその土地を軍事的またはその他の役務によって、随意にまたは終身にわたって保有したが、彼らはその土地の所有者に完全に依存していた。所有は彼のものであり、従士は土地の使用を、所有者が望む限り、あるいは何〈年〉間か、与えられたにすぎない。封建的統治が導入されて保有が世襲化されたのちも、本来の所有権 dominium directum は依然として上位者の手中にあった。従士は役務の最小の欠陥によって、あるいは上位者の所有地または自分の保有地以外の土地の侵犯によって、保有地を追い出され、土地は上位者によって没収されるということになりがちであった。その土地は、上位者の同意なしには他人に譲渡することはできなかったし、新しい従士は、前の従士が遂行ずみであったのと同じ役務を、改めて遂行しなければならなかった。同じようにして、相続人は上位者に対して臣従誓約と誠実誓約をしてからでなければ、相続に参加することができず、もし相続人が未成年であれば相続に参加することができなかった。しかも彼が未成年のあいだ、その領地の全利益は上位者の手に渡り、彼ははじめに恣意的に決められた相続料を払わなければ、領地を取り戻すことができないのである。このことから明らかに分かるのは、その所有は従士役務を負わされたまま上位者に預けられたのであって、保有がそのように不安定なのだから、その効果は対人的なものにすぎないということである。――しかし、時の進行につれて（進行によってわれわれは、解明されたものをさらに詳しく説明しよう

18

〈）〉従士は彼の領地について、よりよく保証されるようになった。従士が払うべき臨時費は、確定地代または免役税[86]に転換され、相続料は一定金額に決められた。領地の価値に比べると、それらの価値は非常に小さなものであった。｛それらを彼らは国王または国王から保有している誰かに払ったのだが、時が経つと、直接にであれ間接にであれ、国王に払うようになった。｝〔17裏〕したがって、ここでわれわれが本来の所有権をもつ者として考察しているのが彼らのうちのどちらであっても、従士は利益を得たのであり、それには上位者に対する小さな役務が課せられているにすぎなかったのだ。うえに述べたのと同じようにして、他のすべての高価で必要な役務は対物的なものとみなされるようになってきた。それより価値が少ないものは、たんに快楽のためなので、いまでは対人的なものにすぎないとみなされるが、ローマ人のあいだでもそうだった。この転化が始まったのは、他のすべてのなかで最後であり、実に決して対物的になるべきではなかった種類の役務からであったことを、われわれはしだいに説明するであろう。

所有に対するすべての負担は、契約からしか生じえないのだから、もともと対人的なものであったに違いない。契約は対人権以外の何ものも生み出すことはできないからである。それは法律の介入によってのみ、対物権になったのである。このことは、対物権の第三の種類である抵当にも等しくあてはまる。

19

抵　当

抵当とは、ある人に対して支払わなければならない債務の
保証のために、その人に渡される対象のことである。ところ
でとにかく、もしその対象が何らかの方法で取り去られて、
質権者 pawnee は彼の支払いを受けるための力を失ったとす
れば、彼は誰から請求することができたのか。もし彼が、誰 20
であれその占有者に対して請求したとしても、後者はそれを
返還することを拒否するだろう。というのは、彼は所有者で
はないので、占有者に対する訴訟を起こすことができないか
らである。彼にとって唯一のやり方は、それを入質者に対し
て請求することである。後者は所有者として、それを占有す
る誰に対しても所有権確定訴訟によって請求することができ
る。この面倒な回路をさけるために、抵当は対物権を設定す
るものとみなされるべきだということが、確立された。質
pawn または抵当 pledge と担保 hypotheque との違いは、前の
二つの場合は保証となるものが質権者の手中におかれるが、
他方の場合はそれが入質者のもとにとどまることを許され
る、ということである。この区別は、抵当を移動可能な小さ
な対象と移動不可能な対象とに分けた場合のものと見ること
も、十分に可能である。移動可能なものは抵当として、一般
に質権者の占有に入れられる。こうして、人が五ギニーを借
りようとする場合、一〇ポンドするかもしれない自分の時計
を貸し手に渡し、もしそれを支払わなかったなら、その時計
を保持していいと告げるのである。ところで、そのような協 21
定のなかには、正当に非合法と呼べるものは何もない。とい
うのは、当事者たちは、彼ら自身の所有の処分に関して、望
むとおりにどのような協定でも結ぶことができるからであ
る。彼らがある協定を結んだとすると、それを彼らが守らな
いという理由はありえない。「契約当事者たちが宣言したの
だからそれを法律に入れよう(87)」というのは、よく知られた格
言である。譲渡の協定では、対象は賭物とみなすことがで
き、{それは貧しい(88)境遇の人々が喜んで支払うような賭けで
ある。彼らはたいてい、実際にそうだと分かるより多くを実
現できると期待するからである。}［20裏］

さて、これらの場合において、流質法 lex commissoria 以前には(89)、決められたときまでに支払いがなされなかったとすると、あるいは時期が特定されずに、請求されてから一定期間が過ぎると、質物全体が質権者の手にわたった。これは入

(86) 騎士義務の代わりに払われる年地代。手稿第一巻141ページ［本書59ページ］を参照。
(87) uti contrahentes verbis nuncupaverant ita jus esto は、十二表法 VI. 1 の uti lingua nuncupassit, ita jus esto にもとづく。
(88) 最後の三語の上に agreement と書かれ、そのあとに括弧らしいものと which の通常の省略形が書かれている。おそらく such a time のあとに「貧しい境遇の人々が喜んで承認しがちの協定、というのは彼らはたいてい……」のように続けるつもりだったのだろう。

質者にとって大きな損失であった。なぜならそれらの質物はしばしば、負債と利息が到達しうる額よりもはるかに大きな価値をもっているからである。しかし、これがほとんど常のことであると分かり、債務者はしばしば、債権者が要求しない限り満足しがちで、その〈ため〉一般に負債をゆっくり支払おうとする傾向があったので、いっそうの公正のために法定されたのは、負債が決められた時点で、あるいは請求後一
22
定期間内に支払われなかったなら、質物はその日から質権者のものではなくなり、彼はそれを合理的な価格で売って、負債全額と利息と訴訟費用の支払いを受けることを許されるということである。〔残額は入質者またはその相続人たちに返還される。〕［21裏］これはスコットランドでも同じであるが、イングランドでは彼らは質仲買人とよばれている。仲買を業としてはいないため、彼らは正しくは質取人である。もし抵当が償還されないならば――というのは、途方もない利息をつけられているために、償還はしばしば容易ではないので――指定の日または入質者の死の前に、質権者が質物全体をとるのである。そうであるから、当事者たちもその相続人たちも、彼に対して何も請求することができないのだ。自分たちの衣服などを質入れしてそういう協定に入る人々が、彼らの取引を知られることを望まないということは広く知られているが[90]、それは彼らの貧困と低い境遇のしるしだからである〈?〉[4]。したがって質屋の認可は、これから示されるように、イングランドの国家体制のなかで、特に大都市に
23
おける最大の難題なのである。不動産抵当に関するローマとスコットランドの制度は、動産抵当についてと同じである。領地についての譲渡可能証券 heritable bond は、支払期日の指定がないのが普通であり、たんに請求されたときに支払うべきだとされる。したがって、請求後一定期間がすぎると、債権者はその領地を、元金、利息、および請求時に要した費用と損失の五分の一にあたるものと判定されて、売ることができる。他方でイングランドでは、債務が請求されたときに支払われなかったならば、土地またはその他の不動産は、ただちに抵当権者のものになる。ただし法律によれば、すべての土地は四〇年間、買い戻しが可能であり、それから時効にかかるのである。しかし大法官はこの場合について、負債が請求されたときから数えて二〇年間、入質者がそれを買い戻すことを許すと表明した[91]。合意によって制度化されたこれらのもののほかに、ローマ人たちのあいだには非常に多数の暗黙の担保があり、そのうち多くがわれわれのあいだで受け入
24
れられている。しかしそれらすべては、そのような担保をもっている人に優先請求権を与えること以上の効果はない。それで、家屋を貸す人はその賃料について、借家人の家具と財貨のほかには保証をもたない。彼は他のどのような債権者にも優先して、それらから支払いを受けることができる。古くはこの国では、彼はその手中にある財貨についてだけではなく、他のすべての債権者に優先して、優先訴訟を行うことが多かった。農奴または奴隷による土地の耕作が行われなくな

ったあとで、普通の種類の農地の大部分は、いわゆるスティール・ボウ[5]、フランス語で〈メテヤージュ[92]〉によって保有された。この方法では、地主が土地を準備すると同時に五頭か六頭の牡牛を彼［農民］に与え、彼はそれを同数で、あるいはある正直な人の判断による等価で、返却するように義務づけられた。収穫の終わりごとに地主と小作人は、収穫物の一 25
束一束を平等に分け合った。この場合に地主は、小作人の財貨と収穫物のすべての半分を所有し、もし小作人がその一部分を、彼の同意なしに、彼が支払いを受ける前に手放したとすると、彼は自分の取り分を、どの保有者に対しても請求することができた。この土地賃貸方法は、これから示されるように、これまで行われてきたなかで最悪のもののひとつであり、今ではこの国の僻地のどこかを除いたたいていのところで廃止されているのだが、これはフランスの六分の五以上で行われている。しかし、土地賃貸のこの方法が廃止されてからでさえ、地主はその財貨に対して所有権をもつとみなされ、そのために彼は、彼の同意なしに売られたときは、それらを請求できるのである。ただしこのことは、比較的近年に高等民事裁判所 Court of Session の法令によって規制され、議会法によってそれが継承されたので[93]、いまでは地主は他のすべての債務者に優先する優先債務をもつにすぎず、財貨が彼の同意なしに売られても請求することはできない。特に買 26
い手が善意であれば、すなわちこの売買によって地主の地代を詐取するという意図をもたず、そのような小作人の計画に参加していないならば、請求はできないのである。[94]（ローマ人たちはまた、ほかにも多くの暗黙の担保をもっていたが、それらはわれわれの法律では認められない。たとえば、人がもし金を借りて、それで船か家を造ったとして、その家か船のなかに彼が自分の金で買った何かがあったならば、彼はそれに対して他のすべての債務者に優先する請求権をもつものと想定される。しかし、これはいまでは認められない。）（イタリアでは、土地は同じようにしてセルヴィすなわち地主の所有物である奴隷によって耕作されるか、スティール・ボウや〈メテヤージュ[95]〉の保有者たちと同じ条件のコロニ[6]によって耕作される。地主はコロヌスと共同

(89) 負債が期限内に支払われなかった場合に、質物を完全に質権者のものとする没収条項。それはコンスタンティヌスによって禁止された。ここの本文は「lex commissoria が禁止される前に」と読むべきである。
(90) there is commonly known の there は that と書くつもりだったのかもしれない。
［4］手稿の文章が混乱している。
(91) M. Bacon, *New Abridgement of the Law*, s. v. Mortgage, III. 654.
［5］『国富論』第三篇第二章で言及されている。
(92) 手稿の空白。métayage と書くつもりだったのだろう。
(93) 1469, c. 37 (A.P.S. II. 96, c. 12); Kames, *Law Tracts*, I. 233.
(94) 行間に「これより先に次の挿入文を読め」という文章があり、それによれば、同じページの「イタリアでは土地は」に始まる文章が「ローマ人たちは」の前にくることになる。この解釈は余白に書かれた1と2という番号の位置によって支持される。
(95) 手稿の空白。やはりメテヤージュを入れるつもりだっただろう。
［6］コロニ coloni は帝政ローマ後期の土地被拘束農民。コロヌスが単数、コロニは複数。

所有権をもったため、支払いの前に彼の同意なしに手放された財産については、〈請求することが?〉できた。〉

われわれはいま、第四の対物権すなわち排他的特権に到達した。

27

排他的特権

市民法で取り扱われている四つの対物権は、われわれがこれまでにあげた三つ、すなわち所有権、地役権、抵当権と、第四に haereditas すなわち相続権である。

相続人が相続に入ったあとでは、これは違った種類の対物権とは考えられないということは明らかである。なぜなら、そのとき彼は、故人がもっていたのと同じ権利をもつのであり、あらゆる点において完全な所有権を有して、同一の人格とみなされるのだからである。相続が、新しい種類の対物権を与えるものとみなされうるのは、最後の所有者の死と相続人の相続とのあいだの時間内でしかありえない。ところで、相続人が相続に入る前にもっている権利は、どのような権利であるのか。それは、彼が相続に入るかどうかを決めるまでは、他のすべての人をその占有から排除するという権利にほかならない。この決定の前には、彼に続く他の相続人たちは、遺産に対するどのような請求権ももちえないが、彼が拒否されたあとでは次の相続人が、彼がもっていたのと同一の

28

権利をもつ。したがって、相続権が対物権とみなされるべきだとすれば、他のすべての排他的特権が同じ資格をもち、明らかにそれらと同様に対物権であると思われる。それらのうちのあるものは自然理性にもとづくが、そのほかはまったく諸国家の社会制度の創造物である。この相続の排他的特権は、明らかに自然理性と公正原理にもとづいている。しかしほかにもいくつか、それに起源をもつものがある。そのように、もし狩猟権をもつ人が、鹿を狩りだして追求中に、他人が参入して、彼が捕獲の希望を捨てる前に、その鹿を捕らえたとする。この後の人は明らかに善良の風俗に反し、したがって森林法によって処罰されるかもしれない。しかしながら、それは所有の侵害とはみなされえない。なぜなら、その獣が実際に追跡者の占有に入れられるまで、所有は開始されえないからである。[96] そのあとで彼がその動物を取り去るならば、それは窃盗または強盗とみなされるだろう。――ここには明らかに、狩猟者が狩り出した獣を追跡・追及するという排他的特権に対する侵害がある。――一七〇一年にイングランドの軍艦が、軍艦に護衛されたフランスの商船団を急襲して交戦中に、スコットランドの私掠船が来て商船団を襲った。艦長は私掠船を、当時存在したスコットランド枢密院に告訴して、自分が軍艦と交戦しなかったなら私掠船は決して商船団を捕獲できなかったし、私掠船が来なかったら、商船団は自分の手中に落ちるしかなかっただろうと述べた。したがって、彼は商船団の返却を要求したのである。枢密院は

29

30 同意し、私掠船に所有権侵害の罪があることを特定して、商
船団を返還するようにと判決した(97)。しかし、もし彼らが正し
い表現をしたならば、彼は排他的特権の侵害によって有罪で
あると言ったであろう。というのは、もし彼が所有権を侵害
したならば、返却を求められるのではなく、海賊として裁か
れただろうが、そうではなかったからである。彼によって侵
犯されたのは、ある人が発見して追跡した船団を追及・捕獲
するという排他的特権であった。もし船団が軍艦によって曳
航されていて、彼が夜間にそれを切断したとすれば、これは
海賊行為であり所有権の侵害であっただろう。
　しかしながら、排他的諸特権の最大部分はその国の政治制
度の産物である。これらのうちの最大部分は、社会にとって
大いに有害である。確かにいくつかは、まったく害がない。
31 たとえば、新しい機械やその他の新しい発明品の発明者は、
その才能に対して、その発明品を一四年のあいだ製造販売す
るという排他的特権を、この国の法律によって与えられてい
る(98)。それはおそらく思いつく限り公平なものだろう。という
のは、もし立法府が新しい機械その他の発明に金銭的報酬を
定めるとすれば、このような発明の値うちに正確に釣り合っ
たものには到底できないだろうからである。それはこの場
合、その発明がすぐれたものであり、人類の利益になるもの
であれば、彼はおそらく発明によって財産を得るであろう
が、もしそれが価値のないものであれば、彼はもうけること
がないだろう、ということである。同じようにして、新しい
本の著者は彼の著書を一四年間にわたって出版し販売する排
他的特権をもつ(98a)。確かにある人は次のように主張する。その
本は著者のまったく新しい業績であり、したがって彼とその
32 相続人たちに永久に帰属するのが正当であり、まさに自然理
性の法によって、彼が許可を与えた人々のほかは、誰もそれ
を出版または販売することを許されてはならないのだ、と。
しかし、印刷が手書きを速くした手段にすぎないことは明ら
かである。そこで、ある人が一冊の本を書き、それを他人に
貸して書き写させたとして、のちにこの人がコピーを第三者
に売ったとしよう。ここには、著者が侵害されたと考える何
かの理由があるだろうか。私はそれを見ることができない
し、このことは印刷物についても同様にあてはまるに違いな
い。理性の自然法則から考えて、人が本を書くことによって
手に入れるだろう唯一の利益は、市場に真っ先に着いたこと
であり、それによって彼はかなりの利益を得るだろう。しか
しながら法律は彼に、学識者の労働に対する奨励として、一
四年間の排他的特権を与えた。そしてこのことはおそらく、
33 他のどの場合とも同じように、この仕事の真の価値に対応す
るだろう。というのは、もしこの本が価値のあるものであれ

(96) 手稿第一巻38-44ページ［本書14-17ページ］を参照。
(97) *King's Advocate v. Rankine* (1677), M. 11930. これについてはStair, II. 1. 33に説明がある。
(98) Statute of Monopolies, 21 James I, c. 3 (1623).
(98a) 8 Anne, c. 19 (1709).

ばそれに対する需要が、この期間中に彼の財産を増加させるからである。だがそれが価値のないものであれば、彼がそれから刈り取りうる利益は、きわめて小さいだろう。――したがってこれら二つの特権は、何も害悪を与えず、いくらかの利益を与えるかもしれないのだから、完全に非難されるべきではない。だが、これほどに無害なものはわずかしかない。すべての独占は、特に有害である。――〈ある?〉[7]国家の富は、食料品とその他すべての生活必需品・便宜品の低価格にある。すなわち、その国の貨幣量を考えて、それらに対して支払われた貨幣の割合が少ないこと、言いかえれば、それらが容易に手に入ることである。また国家の貧困は、あれこれのさまざまな生活必需品を調達するに際しての手に入れにくさ、難しさにある。ところで、すべての独占は明らかに貧困を、あるいは同じことになるのだが、そのように独占された財貨の入手困難を促進する傾向がある。たとえば、ある人が国内でのすべての絹の製造・販売の排他的特権を得るとすれば、彼は自分自身で作ったのだからその価格を大いに増加させるだろう。彼はおそらく製造量を現在使用されているものの十分の一に減少させ、その価格をほぼそれに比例して引き上げるだろう。この手段によって彼は、多くの人が同じ自由をもったときよりも少ない原料費と労働費によって、大きな利潤を得るだろう。商品の価格はこの手段によって上昇し、同時にこの生活上の必需品・装飾品・便宜品の量は減少する。したがってそれは前より二倍、入手しにくくなるので

34

ある。他のすべての独占からは、同じ悪い帰結が生じる。排他的権利をもつ組合およびその他の諸団体の設立は、同じように有害である。町にあるそれぞれの組合はすべて、その町の自治区のなかで営業を行う自由をもっている。〔その町で徒弟奉公をしたものでなければ、そこで開業することは許されなかった。以前には父が町民でなければそうだった。〕〔34裏〕ところで、たとえば肉屋の組合は、市場にもちこまれるすべての肉の屠殺と販売について単独の自由をもっている。この場合、特権はある人の身柄に与えられているのではないが、人数は限られているので、彼らは商品価格を維持する約束を進んで交わし、同時に何も特別の配慮なく市場に肉を供給するのである。――同じやり方で、パン屋、ビール屋、皮なめし屋などがすべて、それぞれの商売に関する排他的特権をもっている。――これらの特権が、共同体にとって大きな害悪であるに違いないということは、非常に明白である。なぜなら、それはあらゆる種類の必需品をそれだけ手に入れ難くするからである。〔このことに加えて、財貨そのものが劣悪になる。なぜなら彼らは、誰も彼らを安値で売り負かすことができないのを知っているので、価格を吊り上げておくからであり、また彼らは、自分たちだけが商売ができることを知っているので、品質に配慮しないからである。〕〔34裏〕このことは、決して疑われたことがない。だが、それらが組合にとって有害だということは、あまり広く認められていない。しかしこれは、前の例に劣らず真実である。その地

35

域にひとつの組合しかないならば、その団体の利潤は巨大だ
ろう。なぜなら彼らは、安く買って高く売るという、最も有
36 利な状態にあるだろうからである。しかし、組合が存在する
場合、そのような組合が多数あるのが常であるから、特権は
価値がなくなる。彼らは自分の商品を高く売るが、そうする
とそれ以外のすべてをやはり高く買うことになるのである。
彼は確かに自分の財貨を扱う人々が市場に集まるのを阻止す
るのだが、同時に他の人々も同様のことを行う。もし商売が
自由であれば、あらゆる商売人が市場に集まり、そこでは、
すべてのものの価格が正当で自然な水準となるだろう。なぜ
なら、ある人が低価格で売ろうとしなくても、他の人がそう
しようとしただろうからである。そのうえ、これらの組合に
よって居住者の数が大いに減少する。その町に定住するかも
しれない人々が、そうするのを妨げられるからである。この
やり方のために、各都市の近隣には二つか三つの大きな村が
あるのが普通である。ある組合が競争者の数を減らせば、そ
れは顧客の数も減少させる。このことは、あとでもっと詳し
37 く取り扱われるだろう。

　私はいま、さまざまな対物権を、所有だけでなく地役権と
抵当に至るまで考察し、それらがはじめは対人権にすぎなか
ったのに、それが生み出すと考えられた混乱を阻止するため
に、のちに立法府の決定によって対物権に変えられたのだと
いうことを示した。私はまたそれぞれの封建的義務がすべ
て、正確には地役権であり、この国において使用されている
地役権のなかのとびぬけて最大で、最重要な部分をなしてい
ることを示そうと努めた。しかし、普通は地役権という名称
で区別されているものが、まったくそうではないということ
がある。それは、ある領地の占有者たちが彼らの麦を、よそ
ではなくある決められた水車場で挽かなければならないとい
う拘束である。これを人々は水車場への義務とよび、この負
担は一般に法律家たちによって[99]サーリッジの地役権とよばれ
ている。しかし、これが地役権ではなく排他的特権であるに
38 すぎないことは、非常に明らかである。というのは、近隣同
士のそれぞれの領地が、指定された水車場で挽くように拘束
されるということは、地役権に対応するものではまったく
なく、地役権はつねに他人の土地に置かれた権利 jus in re
aliena constitutum の存在を意味するからである。それは一定
の地帯で生育するすべての麦を挽くという、排他的特権なの
である。それはスコットランドの低地地方のほとんど全体に
わたって存在する排他的特権であり、どこかの水車への義務
をもたない領地はほとんどない。これは、ものごとの現在の
状態においては除去したほうがはるかにいい、旧制度のひと
つであり、この種のものは多数存在する。しかし、そうであ
るにもかかわらずそれは、水車場の仕組みと設置にとって、
はじめは非常に好都合であったかもしれない。風車または水

［7］国家 state の前に不定冠詞 a を補足する。
(99) たとえば Mackenzie, *Institutions of the Law of Scotland*, II, 9.

車は、仕事を人々の手よりもはるかに容易に短時間に処理する。したがって、ある人々が近隣の役に立つようにこれらの機械を設置したとき、何かのやり方で利潤を確保することが必要であった。この目的のために、遠近の差はあれ近隣の人々とその相続人たちが結合して、彼らに仕事を与え、この
39
やり方で彼に対してまずまずの生活を保障するのである。だがこのような制度は、今日では無用であるだけでなく、非常に有害である。なぜならそれは、勤労と技術改良を妨げるからである。それは多くの場所できわめて大きな不満の種であり、そのもとにある人々にとっては大きな負担となるのだ。おそらくこのことから法律家たちはそれを、負担であるという意味で地役権とよんだのであろう。

同じようにして、組合の排他的特権は、私が示そうと努力したとおり、いまでは共同体にとって有害なのであるが、しかしそれぞれの組合の諸個人に〈とっては〉、はじめは非常に好都合であり、ほとんど必要であったかもしれない。一組の人々が共同体として一緒に暮らすことに同意した場合、彼らは共同体外の隣人たちによる侵犯に対して、自分たちを防衛する力をもつこと、（つまり）ある程度の管轄権をもつことが必要だった。したがってわれわれは、すべての都市がそれをもっているのを知っている。この制度によって、彼らの安全に対する配慮はなされたが、繁栄を享受しつつ彼らの安
40
全を提供することもまた必要であった。さまざまな仕事がすべて存立しうるには、すなわち、パンや肉などのようなある種の食物を直接に調達しない職業、あるいはそれらを調達する職業のすべてまでもが存立しうるには、社会がかなりの程度進歩しなければならないことが分かっている。それまでは大工または織工は、自分のそのような仕事に完全に依存することができなかった。彼はその職業を、補助的なものとしてしか行わなかっただろう。そして今日に至るまでこの国の僻遠過疎の地では、織工や鍛冶屋はその職業を営むかたわらで、小農地を耕しており、このようにして農夫と織工という二つの職業を行っているのである。したがって、社会の進歩が自然に生み出すよりも早く職業の分化を引き起こし、それぞれひとつの職業に就いた人々の不安定感を阻止するには、彼らに快適な生活の安定を与えなければならない。――そ
41
してこの目的のために、立法府は、人々が競争相手の増大によって生計を断たれる恐れなく、分離した職業を実行する特権をもつことを決定した。したがってこれが、技芸の第一段階を真の完成に到達させるために必要であったということは、非常にもっともだと思われるし、それは次のことによって確認される。というのは、それがヨーロッパの全国民の一般的慣行であったからである。しかしこの目標は、いまでは十分に達成されたので、これらがそのほか多くの旧法の残りものとともに、除去されるべきであると大いに望まれるようになった。

私はいま、さしあたって対物権について提示したいことを

すべて終えたので、次の考察に進む。

対人権

それはすなわち、人が他人に対してある種のサーヴィスの遂行を求める権利である。前の対物権は、ローマ法学者によって物に関する権利 jura in re とよばれた。こちらは物に対する権利 jura ad rem あるいは個人の権利 jura personalia とよ
42
ばれ、「何かをするように、または何かを与えるように、人を拘束するのに使える力すなわち権利」[1] として定義される。このことから明らかなのは、すべての対人権は、ある責務 obligation に起源をもっているに違いないということである。そうすると、責務には三つの種類がある。それらは第一に契約からくるか、第二にローマ法学者が準契約とよぶもの、すなわち任意であれなんであれ自分のところにきた他人のものを、所有者に返還する責務からくるか、あるいは第三に、他人のものに対して行った侵害または不法行為からくるかである。

われわれはまず、契約または同意から生じる責務を考察しよう。ただし、それらを考察する前に、契約されたことを行うという責務を生む契約とは何であるかを、考察するのが適当だろう[2]。まず、あれこれのことを行うつもりであるというたんなる宣言は、責務を生むことはない。それが意味するの
43
はただ、あれこれのことを行うと宣言した人の現在の企図にすぎず、その宣言を合法的なものとするために彼に求められるのは、誠実さ、すなわち自分が言ったとおりに実行することが、本当にその時点における彼の意図であったということだけである。もし、その後、彼が事情によって意図を変更したとしても、われわれは彼が責務を蹂躙したということはできない。われわれにできるのはせいぜい、彼が軽少な根拠でそうした場合に、自分の意図を簡単に覆し変更する、その軽薄さを非難することだけである。このやり方において責務が生じうるのは、彼がある人に対して自分の約束を頼りにするようにと、公然と平明に宣言した場合である。われわれが一般的にそういう宣言をするときの言葉は、「私はこれこれのことをすると約束するから、あなたはそれをあてにしていい」というものである。約束されたものを取得するだろうという約束相手の期待と依存が、まったく合理的だと受け取られ、中立的な観察者はそのようなものとして、ためらいなくついていくだろう。それに対して前の場合には、もし彼が何か大きな期待をしたとしても、観察者はついていけ〈なかっ
44
た〉だろう。もし私が、次の元日に一〇〇ポンドをあなた

（1）faultas vel jus competens in personam quo aliquid facere vel dare teneatur.

（2）Cf. Hutcheson, *M. P.*, II. 9 ; *System*, II. 1 ff. ; Hume, *Treatise of Human Nature*, III. ii. 5 ; Kames, *Essays on the Principles of Morality and Natural Religion* (1751), I. ii. 7.

に、自分の意思であげるつもりだと言ったが、私はあなたに
それを頼りにさせるつもりはないということを平明に示し
て、「あなたはそれを頼りにする必要はないが、これは私の
現在の企図なのだ」と言明したとすれば、観察者はここで、
約束相手が何か合理的な期待をもつだろうと想像することは
できない。しかし、もし私が彼を頼りにさせるつもりだと平
明に宣言したならば、疑いなく観察者はそのように想像した
だろう。——われわれがここで注意するべきは、契約の破
棄によってなされる侵害は、可能な限り最も軽少だというこ
とである。少なくとも何かの償いを求める根拠が十分にある
もののなかでは、最も軽小なものである。私から借りている
ものを返さない男は窃盗か強盗であり、それだけの額を奪う
のと同じだと、よく言われる。損失がそれだけ大きいという
ことはまったく真実であるが、しかし、われわれが自然にそ
の侵害を、それほど凶悪だと〈みなす〉ことはまずありえな
い。他人の慈悲や誠意が頼りのものごとについて、人は決し
て、自分の腕だけが頼りのものごとに対するほど、大きな期 45
待をよせない。観察者は、彼がそれを占有するという期待が
それほど確かな根拠をもつとは、考えられないのである。し
たがってわれわれは、あらゆる社会の初期には、これらの犯
罪がはるかに軽く処罰されたことを知っている。これらの時
代には、謀殺、強盗、窃盗その他のように社会の平和を破り
秩序を乱すきわめて凶悪な犯罪以外には、罰が科せられるこ
とはなかった。初期のすべての裁判は、民衆全体が集まって
行われ、それは処罰するためではなく、和解をもたらし、侵
害に対して侵害された側が納得できる償いをするために行わ
れた。謀殺の場合でも主な問題は、なされた侵害について死
者の友人たちをなだめ、他方で謀殺された人物の友人たちの
復讐心を和らげるために、謀殺者からある譲歩を得ることで
あった。すべての裁判がこのように、全民衆の集会によって 46
行われていたときには、人々をそれぞれの必要業務からそこ
へ呼び出すのに、多くの不便がつきまとったに違いないた
め、最も重要な事件でなければ、裁判にかけられなかった。
契約の破棄から生じる侵害は、その当時の裁判が必然的に引
き起こした迷惑を、全民衆に与えるだけの重要性をもつとは
考えられなかっただろう。このことのほかに、言語の不確実
性というような、契約の有効性を妨げるいくつかの理由があ
る。言語というものは、どの時代においてもいくらか曖昧で
あるに違いない。われわれがいま語っている社会の状態で
は、さらにそうであっただろう。このことは、契約当事者た
ちの意図を正確に結論することを、非常に困難にしたに違い
ない。すなわち、彼らの意向が合理的な期待を生むことであ
ったのか、そうではなくて、そのように行為することをその
時点で意図したことを表すだけだったのかを決定することは
困難だっただろう。第二に、初期の時代において頻繁に契約 47
の対象になったものの価値が低かったことが、その契約が拘
束的であるかどうかを、大きな問題にしなかった。第三に、
そのことを必要とする場合が少数であった。——したがっ

てわれわれは、社会の最初の段階では、また社会がかなり前進してからでさえも、契約は決して拘束的ではなかったことを知るのである。ストバエウス[8]によって引用されたダマスクスの〈ニコラオス〉(3)（そこには彼から多くの章句が引用されていて、初期の社会の状態について知るには非常に有益である）は、東インド諸島のいくつかの民族では、契約はすべて拘束力がなかったと告げている。預金の返還の契約のように、破約による侵害が非常に大きいので拘束力が最も強いと思われる場合もそうだという。{彼らがその理由としてあげるのは、そうすることによって、契約の有効性を争う訴訟が多くなるのを避けたということである。}［46裏］アリストテレス(4)もまた、ずっと彼の時代にくだってもギリシャのいくつかの国では、契約の有効性は問われなかったと告げている。それは司法手続きが多くなるのを防ぐためでもあり、さらにまた彼らの言うところでは、契約に入る人は相手の誠実さを信頼しており、彼を信頼していると想定されるからであった。もし彼がだまされたなら、彼自身を責めるべきであり、{彼に補償を与えない}［47裏］法律を責めるべきではない、というのである。われわれはまた、われわれの古い法律書である『レギアム・マエスターテム』やヘンリ二世のときに書かれたグランモアの本(5)からも、スコットランド〈とイングランド〉の双方で、契約はその頃ようやく尊重され始めたのだということを知るのである。その頃に国王裁判所が設立されて、最も重要な契約のうちのいくつかに注目した。しかしながら、

48

『レギアム・マエスターテム』の著者は、契約のように重要性の少ない事柄においては、国王裁判所はまれにしか関心をもたないと告げている(6)。

　われわれがいま、契約が拘束的でなかった理由を考察するならば、その有効性が次第に導入されてきた原因を発見することにもなるだろう。それが拘束的であるのを妨げてきた第一の事情として私があげたのは、言語の不確実性であった。この事情が解決されたときには、異議申し立てはもはや効果がなかった。したがってわれわれは、最初の拘束的な契約は{契約者の意図が平明で議論の余地がないもの、すなわち}［47裏］ある決められた一組の言葉で表現されたものであり、その言葉は、契約内容の実行について相手が信用してくれるようにという契約者の企図を表現したものであったと考える。{約束がなされた相手である契約者の、この合理的な期待が、責務を形成したのであり、しばらく経ってから、これらの契約が拘束的とみなされたとき、破約者たちは契約内容

［8］ストバエウス（Stobaeus）は五世紀のはじめ頃に、息子の教育のために四巻の文集を編纂したと推定されている。

（3）手稿の空白。Stobaeus 2, 160 (ed. Hense) に引用されたダマスクスのニコラオス (Jacoby, *Die Fragmente der griechischen Historiker*, 2A. 386)。

（4）*Nicomachean Ethica*, 1164^{b}13–15.

（5）スコットランドの *Regiam Majestatem* は、大体において Glanvill, *Tractatus de Legibus et Consuetudinibus Regni Angliae* に依拠している。

（6）*Regiam*, III. 4 and III. 14（スキーン番号）, Glanvill, op. cit., X. 8 and X. 18 による。

の遂行を義務づけられるのではなく、期待の裏切りによってこうむった損失を支払うだけでよかったのである。」〔48裏〕これらは拘束的言語あるいは言語契約とよばれた。それは、訴訟上の合意 stipulationes(7) とよばれる一組の言葉によって行われ、双方に対して質問が厳かに問われ厳かに同意された。たとえば、寡婦産の設定にあたっては、「あなたは嫁資の名により、あなたの娘とともに夫権のためにそれらを与えることを、私に誓うか否か。誓う。受け入れる。Ammon manus causeos spondes mihi cum tua filia nomine dotis : Spondeo : Et ego accipio」。――現代のスコットランドでは、種類を問わずすべての契約は等しく拘束的である。たんなる約束も法律上は義務を生む。――このことは教会法からもちこまれた。彼らはまず、前に述べた種類の契約は拘束的であるべきだという慣行を導入した。人々を約束を実行するように義務づけるだけでなく、教会的な告解を課し、破門でおどしさえしたのである。それは彼らを全キリスト教社会から追放しただけで
50
なく、全財産を王権へと没収したため、この慣行は当時は非常に恐ろしい処罰であった。これらの制度が、まもなく契約を有効なものにし、教会人たちはまもなくこれらに、何であれすべての契約を付け加えた。教会人によって導入された他のすべての制度と同じようにして、契約に関するすべての事柄の判断は、教会人に対して大きな尊敬を払っていた民衆によって、彼らに投げ返された。しかしながらこの尊敬は、われわれがいま想像しがちな盲目的な迷信ではなくて、非常に合理的なものであったのである。その当時、教会人は民衆の諸権利の主な支持者であった。この国の市民法は、そのとき非常に不完全で、カノン法あるいは教会法は、完全からはるかに遠いとはいえ、他方よりずっと好ましかった。教会人はこの法によって導かれていたのである。したがって、彼らの判決はきわめて公正であっただろう。遺言相続の全権利は、
51
契約の責務化と同じく、彼らから生じたのである。彼らは貴族たちの道を防ぐ唯一の障害物であり、貴族たちを下層民衆にとっていくらか我慢できる礼儀と穏やかさに保持しておく唯一の存在であった。民衆はこのことを分かっており、その人間集団が抑圧されるならば、自分たちもまた同時に抑圧されるだろう、ということを知っていた。したがって彼らは、教会人の諸自由を自分たちの諸自由と同じように力をこめて守り、十分な理由をもって、非常に高い尊敬を彼らに払った。それで、教会裁判所は国内統治がかなりの程度の完成に達した国では、考えられる限り最大の厄介な問題のひとつであるが、国内統治の規制が劣悪な国では、非常に大きな便益でありえた。それはちょうど組合が、技術がかなりの程度発達したときには最大の損害を与えるにもかかわらず、技術の程度が低い場合には非常に有益であるのと同じである(8)。

これらの言語による責務化の次に導入されたのは、対物的
52
責務化であった(9)。われわれはここで、対物的 realis という言葉がさまざまなやり方で使用されたとき、非常にさまざまな意味をもつことを言わなければならない。たとえば、対物権

はどのような条件においてであれ、あるものに対する権利である。物的役権 servitus realis は、一定のものに対する役権ではなく――すべての役権がそうである――、また一人の人間としての人に対するものでもなく、特定の農地の所有者としての人に対する権利である。それが、そういうものに対する権利だと言われるのである。また、対物契約 real contract は特定のものに対する訴訟を許すのではなく、なされてしまったあることについての契約なのである。{契約の有効性についてのもうひとつの障害は、取り扱う対象の価値が少ないことであったから、逆に、所有が非常に高価になると、契約は見逃すことができないほど大きな重要性をもつことになった。そのとき契約は、非常に大きな価値をもつものにまで広げられたのである。}［51裏］これらは非常に早く拘束的とされた。そうでないと、契約の一部分が一方によって実行された場合に、もし他方が彼の役割を実行していなかったとすれば、莫大な損失になっただろうからである。この種のものには金銭消費貸借 mutuum、消費貸借 loan、寄託 dipositum、質 pignus などがある。これらは、契約の一方が実行されると、残りは拘束的になる。しかし、もしどちらも実行されなければ、言葉による取り決めは考慮されなかった。

［商業と契約］

商業の広がりもまたいくつかの契約を、すでに拘束的であったものに付け加えた。商業の最初の段階で、それがあまり

53

遠くない地域に限定され、そのなかでもあまり大規模でなかったときには、すべての商品は直接交換によって購入された。ある人が他の人に貨幣を渡してワインを得たとか、小麦と引き換えに馬を得たとかいうのは、今日ギニア海岸で黒人たちのあいだで行われている交易と同じやり方である。この時代には、契約であると理解される言葉が発せられる人々のあいだでなければ、契約はありえなかった。誓約は、実際にそれを自分の口から伝達したものだけが、受容されうる。書かれて署名された誓約は効果がない。書くことは、われわれの思考の自然な表現ではなく（言葉はそうである）、したがってより曖昧で、意味が決まっていない。誓約は未開野蛮の諸民族のあいだで、非常によく使用されると言っていいだろう。彼らはそこで、その人の意思を平明にあらわすことが必要だと考えたが、最大の野蛮状態においては、言語の意味が確定されていないので、言われたすべてのことを確認するには誓いが必要だと考えられている。契約は（私が言ったように）、はじめは現存する者たちのあいだでしか結ばれえなかった。「契約はそこにいない者たちのあいだではなく、そこ

54

（7）*Inst.* 3. 15 : stipulatio は一方的合意のことで、問いと答えに spondere［保証する］のような同一の言葉が使用されることによって、受約者の提案が約束者によって、無条件に受容されたことを示す。

（8）手稿第二巻39-40ページ［本書88ページ］を参照。

（9）*Inst.* 3. 14.

に現存する者たちのあいだだけで結ばれる」[10]。しかし、商業がさらに拡大されると、契約をする力を拡大することが必要
55 だと分かった。ローマの商人が[11]、アレクサンドリアの商人の小麦を買いたいと思ったとしても、古い制度では、彼がそこにいて貨幣を渡さなければならなかった。だが、交易をもっと容易に進めるために、すべての必要性の高い契約が、現存者間・不在者間を問わず、拘束力があると考えられるのが慣習になった。このようにして、あらゆる売買 emptio venditio、貸借 locatio conductio、組合 societas、委任 mandatum がすべて拘束的な責務とみなされた。すなわち販売契約、あるものをある金額で借用する契約、組合すなわち共同所有の契約、さらに、ある人が他人に、自分の名前であれこれのことをするように依頼する委任である。これらは商業にとって大いに必要であるから、すべて拘束的であった。その他のそれほど重要でないものは、ローマ法では決して拘束的とはされ
56 なかった。それで彼らは、必要なものは拘束的になったのだから、その他のものについては大した問題はない、と言っていたのである。そして実際に、拘束的な契約はきわめて広汎に及んだだろう。たとえば、貸借は代理人の決定などを含みえたし、その他についても同様であった。これらはしばしば利用されるので、特別の名称をもち、代理契約 nominati contractus とよばれた。その他のそれほど利用されないものは、特別の名称をもたず、無名の innominati とされた。――

一七六三年一月二一日　金曜日

この前の講義で私は、どのようにして契約の義務化が生じたかを示そうと努力した。それはまったく、契約の相手のなかに引き起こされた期待と信頼から生じたのだということである。私はまた、ある人の意思または意図の表明が、その人のなかにいかなる義務も生み出しえないことを示した。それは相手に、期待の合理的根拠を与えなかったからである。そ
57 れを実行する義務を引き起こすのは、約束相手の失望である。われわれが厳かに実行を約束したことは、意図のたんなる表明よりも大きな信頼を相手に生む。しかし、約束の破棄が引き起こす失望は、二つの原因によるのであって、約束がなされた厳かさと明確さだけではなく、約束されたものごとの重要性にもよるのである。わずかな価値しかないものについての約束の破棄によって引き起こされた失望は、もっと重要な事柄についての場合ほど大きくはない。もしある人が、今夜私とお茶を飲もうと約束して、その約束を実行しなかったとしても、私は彼が私に返すべき金額を支払わなかった場合ほどには失望しないだろう[12]。したがってわれわれは、ものわかりのいい人々はすべて自分が負わされている責務の重さを、その破棄によって引き起こされるだろう失望によって測定してきたのだということを知っている。そのようにして、

もし私がある人と一緒にお茶を飲むことや町なかを歩くことを約束して、何かの介入がそれを実行させなかったとすると、私がこの約束をかなり厳かな言葉で交わしたとはいえ、
事柄そのものの重要性が非常に少ないので、失望も大きなも 58
のではありえないのである。私がそれを実行しなかったならば、私はきわめて当然に、紳士らしくないやり方で行動したと思われたかもしれないし、またおそらくその人に対して軽い侮辱を与えたと思われたかもしれないが、非常に高い憤慨に値しそうな侵害、または訴訟の十分な原因を与えたとは思われなかっただろう。

　他方で、もし私が債務としてある金額を支払うという合意をしていたとすると、それはその人にとって、もし実行されないとかなり失望し困惑するほど重要なものであるかもしれない。したがって、そのような契約はすべて拘束的だと誰でも考える。それに対して軽い合意は、善良の風俗および見事な紳士的態度として実行されるべきであるにしても、その破棄によって引き起こされる侵害も、破棄者の犯罪も、それほど凶悪な犯罪とは、決して見られないだろう。

　ここでわれわれは、約束を実行する責務は、何人かの著者(13)が想像するように責務を負うべき人の意思から出るのではない、と言うことができる。なぜなら、もしそうであるとしたら、実行しようという意思のない約束は、決して拘束的には
ならないからである。もし私があなたに、明日一〇ポンドを 59
支払う約束をしたが実行する意図はなかったとすると、この約束はいまあげた学説によれば、決して拘束的ではないだろう。なぜなら、約束したものが、いかなる拘束の下に入ることも意図しなかったからである。しかしそのような約束は、他の約束とも同じく、例外なく拘束的であると認められてきたし、現在も認められているが、その理由は明白である。それらは他のものと同程度の信頼を生み、その破棄は同程度の失望を生むからである。――あるいは、契約を実行するという責務はおそらく、自然法と国際法のほとんどすべての著者(14)がこの責務の原因とする、真実性 veracity への責務から引き出されたのではありえない。また、約束破棄の犯罪ということも、真実性破棄の犯罪から引き出されたのではない。な

（10）contrahitur tantum inter praesentes non autem inter absentes. 正式の契約は両当事者の現存を必要とし（*Inst.* 3. 19. 12）、合意した契約は形式のない同意にもとづく（*Inst.* 3. 22）ので、同時現存でない当事者のあいだでも作成可能である。

（11）手稿53ページの裏に punishment as it no とさかさに書かれている。これは明らかに書き始めの間違いであり、学生は手稿第一巻25ページ［本書11ページの注13を参照］と同じやり方で訂正する。手稿50ページのはじめがその結果である。

（12）as if he paid me a summ of money he owed me は as if he promised to pay me a sum of money he owed me とでも書くつもりだったのだろう。

（13）Grotius, II. 11. 2 ff.; Stair, I. 10. 1 ff. 批判としては Hutcheson, *M. P.*, II. 9. 1; *System*, II. 2–3; Hume, *Treatise of Human Nature*, III. ii. 5 (ed. Selby-Bigge, 523–4).

（14）Pufendorf, III. 5. 5 ff.; Richard Price, *Review of the Principal Questions and Difficulties in Morals* (1758), ch. 7 (ed. Raphael, 155–6).

ぜなら、あらゆる真実性は、過去であれ現在であれすべてに及ぶからである。人がもし過去および現在のものごとの状態に関して、真実と思うことを語るとすれば、これが真実性について彼に求められるすべてである。未来がどうであるかについては、真実性は効果をもちえない。なぜなら、知識はそこまで及ばないからである。——そのうえ、より小さい犯罪がより大きい犯罪の〈根拠〉[15]であるということは決して起
60 こりえない。ところで、契約または約束の破棄が、真実性の破棄よりもはるかに大きい犯罪であることは明らかである。うそをつくという日常的な習慣をもっていることをわれわれが知っている人が、同席者をもてなすために、すばらしく目を見張るような冒険談を作り上げているのを見て、これを低劣で軽蔑すべき性格と見下げることは、正しいかもしれないが、しかしわれわれは彼を、非常に大きな犯罪について有罪であるとはみなさない。この種の人はしばしば、契約の責務について非常に強い感覚をもっているため、もしわれわれが、彼のこの話し方から、彼は自分の約束や契約に注意を払わないだろうと結論するならば、彼に対して非常に大きな侵害をすることになるだろう。——ある人が私に対して、実行しなかったならば私に大きな失望を与えるような、何かかなりのサーヴィスをすることに合意して、この合意について誠実に実際に実行する意図をもったものの、その後、何かの不都合のために彼の約束が実行できなかったとする。さらに
61 もし、別の人が軽率さか無精から、同じサーヴィスを実行する意図はないのに、私に対してそれを実行する約束をしたとしよう。だがあとになって、彼の破約が私に与える失望の大きさに気がついて、最初の企図を変えて約束を実行したとする。私が聞きたいのは、この二人のうちどちらが善良であるだろうか、ということである。疑いなく後者である。彼は実行を意図しないで約束したが、あとになって、私が受けるに違いない失望に思いをいたし、よりよい精神の持ち主になった。しかし他方の人は、真実に厳しく固執し、名誉について最大の感覚をもっていた。というのは、彼は実行する企図をもたないものごとを引き受けなかったからである。しかし、彼は自己中心的な動機によって平衡を失い、その結果が失望を生むであろうことを知っていたにもかかわらず、彼の責務を怠った。われわれがこの例で理解できるのは、ときには名誉と真実性の感覚が、約束の責務についての感覚を伴わないことがありうるということであり、他方で、小さなことでは真実をよく守る人ではなくても、契約の責務については、少
62 なくともその破棄が生むだろう失意については、大きな関心をもつことがありうる、ということである。

私はまた、契約が訴訟を維持することすなわち司法請求の対象であることを妨げ、たいていの国民でこの制度の導入を非常に遅いものにしている、いくつかの原因を指摘しようと努めた。それは、第一に約束の破棄によってなされる侵害が小さいことであり、私は、これがたいていの人の目には、所有の破棄よりはるかに小さいものであることを示した。第二

に言葉の不確実さであって、それは人がたんに意思をあらわ
しただけなのか、約束をしたのかを、決定することを困難に
しただろう。第三に、どの犯罪であれ、裁判を行うことの困
難または不便さである。人々は、はじめは諸犯罪を処罰する
ことを非常にためらった。すべての裁判には、民衆の全員が
集められなければならなかったのであり、このことは司法手
続きを非常に面倒なものにした。また最初に裁判にもちこま
れたのは、われわれが民事訴訟とよぶものではなくて刑事訴 63
訟であった。すなわち、強力と暴力をよびおこすようなもの
（〈われわれが?〉平和の侵犯とよぶもの）、社会の平和と秩序を
乱すようなものである。すなわち、意図的に人の身柄または
所有を侵害する謀殺、強盗、窃盗などである。——契約の
破棄は、それ自身は非常に静かに、何も公然の暴力を伴わず
に行われる。それらは確かに、侵害された人を復讐にかりた
てるかもしれないが、それら自体は大きな混乱を引き起こし
はしない。第四に、われわれはこれらに、初期の時代の契約
の内容でありえたものの価値が小さかったことを付け加えて
いいだろう。

［言語による契約］

私がさらに示したのは、各当事者の意思と意図が議論の余
地なく相手に依存を作り出す契約が、はじめて訴訟を提起す
ることを認められたということである。これらは、その目的
のために指定された言語形式によるものと考えられて、条項
とよばれた。——われわれはまた、契約当事者たちの意思 64
に議論の余地がない契約が、イングランドの民事裁判所では
じめて訴訟を維持できると考えられていたということを知っ
た。私は、宣誓によって確認されたものを教会裁判所がはじ
めて訴訟を維持するものと認め、その後、これをあらゆる契
約に拡大したのだということを述べた。しかし民事裁判所が
最初に認めたのは、当事者たちが国王裁判所の面前におごそ
かに入ってくるような訴訟であった。このことについては、
いくらかの痕跡が、いまでもイングランド法に残っている。
彼らが認知とよぶものは、正確にこの性質をもっている。こ
れらは歯型形式(16)で記録され、そこには同意の条件が書かれて
おり、その紙が歯型に両断される。以前にはその一方を被契
約者 contrahee が、他方を法廷書記が保管したが、いまでは
両当事者がそれぞれそれを保管する。——この方法は、スコッ
トランドでは使用されない。諸裁判所が長いあいだ同じ地位
であった場合には、新しい裁判所が設立された場合よりも、
手続様式における古い慣習からの違いがはるかに少なかった
と、われわれは言うことができる。それで、イングランドの
裁判所に関する制度は長いあいだ現在とほとんど同じであっ
た。王座裁判所は、エドワード一世の時代まで古く、財務裁 65

（15）a less crime should be of a greater は should be of the ground of a greater とでも書くつもりだったのだろう。

（16）手稿のこの部分に小さな図形があり、二分された書類と「小さな歯のような」状態を示す波状線が描かれている。

判所はそれよりずっと古く、また普通民事裁判所 Court of
Common Pleas は非常に古い。したがって、これらは訴訟手
続きの古いやり方に大変こだわっている。ヘンリ八世によっ
て設置された星室裁判所のように新しい裁判所は、前の諸裁
判所の手続きにあまり注意を払おうとしなかった。それだか
らわれわれは、星室裁判所が存続したあいだ、それは非常に
恣意的に手続きを行ったことを知るのである。スコットラン
ドの制度は、樹立されるのがきわめて遅かった。現在の形態
の高等民事裁判所が創設されたのは、ジェームズ〈五世〉[17]に
よってであった。新しい裁判所、特にこのような最高裁判所[9] 66
は多くの訴訟において、古い裁判所の手続きに固執するより
も、多くの場合にそれらを変更しようとした。というのは、
すべての新しい裁判所は古い裁判所の欠点を訂正することを
その目的としたと、想定されたからである。したがってわれ
われは、イングランドの裁判所がスコットランドの裁判所よ
りもはるかに多くの古い訴訟手続きの痕跡をもっていて、こ
れが彼らのあいだで認められていることを知るのである。言
っておくべきことは、これらの明記契約が訴訟を維持するよ
うになったあとでも、無償の契約は、約因[18]とよばれたものす
なわち契約に入るための正当な理由をもたなければ、訴訟の
維持を許されなかったということである。それで、父が娘に
ある相続分を約束したならば、彼が彼女の父であることが正
当な理由なのである。もし伯父がその姪にある相続分を約束
すると、これもまた親に代わるもの quia loco parentis habetur
であるから維持された。しかし、見知らぬ人が相続分を約束
してもこれは維持されず、この種の他のものもそうだった。
このように自分の契約を破ることは、疑問の余地なく、その
人にとってきわめて不適当で非難すべき行動であって、彼は 67
正当に断罪されるだろう。しかし、そのような契約をしたこ
とにこだわるのは、非紳士的で非難に値するように見える。
ここで注意すべきは、ある人がこのように無償の契約を行
い、この契約は訴訟を維持しないだろうが、もし彼がこの契
約を確認して、自分はそれの実行に依拠したいという希望を
宣言するならば、最初の契約は第二の契約の訴訟の正当な理
由として維持された。

厳粛な言語形式によって結ばれた契約は訴訟を維持できる
としたのと同一の理由が、まもなく対物契約（前に説明した）
とよばれたものを、やはり維持できるものとした。なぜな
ら、それらにおいては、契約当事者が拘束されるというすべ
ての意向が、最も厳粛な言語形式によって表現されたかのよ
うに明らかだからである。〔最初は、約定は対物契約におい
てさえ必要とされたが、[19]のちにこれは省かれた。契約者たち
が信頼を生み出すという意思が、厳粛な言語形式が用いられ
た場合と同じく明白だったからである。〕［66裏］このように
して、四つの指定された代理契約 contracts nominati がまもな
く訴訟を維持することを許された。ある人物が金銭消費貸借 68
mutuum とよばれる契約を結ぶとき、当事者の意思はすべて
明白である。この契約は、貨幣、ワイン、小麦などのように

使用によって消費されるものが貸与される場合の契約である。使用貸借 commodatum は、使用のために貸与されるものが消費されない場合の契約である。ここでの区別はたんに想像上のものではなくて、ある実際の違いを生む。金銭消費貸借においてはそのものの所有が移転され、借り手はそれを消費することを許され、等しい質と量ではあるが同一でないものを返還するように拘束されるだけである。他方では、借り手は借りたものを消費せず破壊しないで、まさにそのもの自体を返還するように拘束される。前者の場合、貸与されたものに対してなされた損傷については、訴訟がありえない。なぜならば、それは借り手の所有だからである。しかし、第二の場合には訴訟がありうる。なぜなら彼は、使用しているだけだからである。これらはきわめてまもなく、訴訟を維持することを許されるだろう。なぜなら、契約者たちの意欲がその契約の実行、あるいは少なくとも信頼の創出であることが、非常に明白だからである。これらが訴訟を維持することが許されると、まもなく預託 deposita が続いて確立されただろう。そこでは、ある人の保護下に置かれたものが使用されるべきではなく、所有者のためにもっぱら保存されるべきだとされる。この場合、もし彼が協定に反してそれを使用するか、あるいは消費すると、依頼者は彼に対して訴訟を起こしただろう。抵当においても同様に、質物は債務を支払うために全面的に手放されるのではなく、支払いを保証するために渡されるのであり、同意はこの場合には明白である。したが

って、もし質物が質屋によって所有されていたなら、入質者は質契約にもとづいて彼に対して訴訟を起こしたのである。

商業の拡大は、そのほかにもいくつかのものを導入した。このとき以降、ビジネスを進行させるのに必要なすべての契約は、現存者間か不在者間のどちらであっても訴訟を維持するものと認められた。こうして（私が言ったように）売却、賃貸借、協同などが、まもなく訴訟を維持するものと認められたのである。――しかし、われわれが言っておかなければならないのは、少なくともしばらくのあいだは、これらの契約は口頭でも書面でも、明記文書を伴わない限り訴訟の維持を認められなかったということである。ある契約が全面的に拘束的なものとみなされるためには、はじめはある厳粛さが求められる。――ヘロドトスが語っているのは、スキタイ人は全面的に拘束する契約を結ぼうと望むとき、ひとつのボールにお互いの血を注ぎ、それに彼らの矢を浸し、その後それを飲みほした、ということである。[20] アラブ人もこれに似

（17）手稿の空白。高等民事裁判所はジェームズ五世によって一五三二年に創設された。

［9］最高裁判所 a supreme one というのは、イングランドでは高等裁判所 the Court of Session のことであるが、スコットランドでは最高位にある裁判所を指している。

（18）市民法では causa、イングランド法では consideration。

（19）to great a dependence は to create a dependence と書くつもりだったのだろう。

（20）IV. 70. 血が注がれたのはワインの大杯であった。Kames, *Law Tracts*, I. 94 にも引用されている。

た習慣をもっていた。そしてタキトゥスが告げているのは[21]、アルメニア人が契約を結んだとき、互いに親指を切って血を嘗め取ったことである。サッルスティウスによれば、カティリーナと彼の共犯者たちが密約の誓いを交わしたときに、彼らが飲んだワインに血を混ぜたということが、広く伝えられたという[22]。彼はこの報告を、その民族に対する心配りと恐怖のせいにしている。しかしそのことは、この民族が一般に、そういうおそろしい儀式が、彼らが行う契約をいっそう拘束 71
的に見せ、契約者たちの精神に大きな印象を残すと信じていたことを示すのに役立つかもしれない。――

商業の進行にきわめて不可欠であるために訴訟を維持することを許された諸契約は、当初あるいはそのあとでさえ、少なくともいくつかの場合は、文書授受を必要とした、と言っていいかもしれない。これらは文書契約 contractus literales とよばれて、テオドシウス法典[10]にかなり詳しく説明されている[23]。ユスティニアヌスは彼の法典でそれらに言及しているが、その方法は非常に粗雑である[24]。のちにこれは必要とされなくなり、引渡しやその他の儀式がなくても当事者たちの同意で十分とされた。これらは合意契約 contractus consensuales とよばれた。このようにして、契約ははじめ四種類であったのである。第一は厳しい言語形式すなわち契約条項によって結ばれたもの、第二は対物契約、第三は文書によって結ばれたもの、第四は合意によるものであって、そのほかに裸の契約 nuda pacta があり、それをわれわれはただちにとりあげよう。あとになってそれらは、裸の契約さえも含めて、四つに 72
まとめられた。文書によるものが合意によるものと同一とみなされ、あるいは合意によるものが契約条項によるものとまったく同じ効果をもったので、実に三つにまとめられた。

裸の契約 nuda pacta［訴訟の根拠となる要件を欠く合意］は、正当な理由 justa causa または賠償 compensatio をもった言語契約と同じく、ローマ人たちによって訴訟を維持することが決して許されなかった。しかし同時に、彼らは例外を設けた[25]。というのは、それらは訴訟を成立させることはできなかったが、訴訟を覆すには十分だったからである。たとえば、もし私があなたに一〇〇ポンドの借りがあり、あなたが、それを私に要求しないだろうと言ったとすると、それは申し分のない証拠によって私をその借金から解放するのに十分であった。しかし、あなたが無償で一〇〇ポンドを私に与えよう 73
と約束しても、このことは、その金額に対する法律上の請求権を私に与えないだろう。個人の自由に対する寛容は、契約に対する訴訟の発生をこのように遅くしたが、同時にそういう責務はすべてこの自由に対する拘束であるから、非常に軽い根拠でそのような責務の下にあるすべての人々を解放しようと考えさせた。――ヨーロッパ諸国民のあいだでは、はじめ普通法は、どのような種類であれ契約についての訴訟を認めなかった。教会裁判所だけが契約についての訴訟を支持した。民事裁判所がついに契約についての訴訟を許したとき、それは裁判所でなされてその記録書に載せられた、認知

形式または厳粛証書によるもののみであった。まったく名誉
と徳の原則に従う教会法またはカノン法は、粗野な民衆に何 74
が自然に公正なものと見えるかよりも、何が善良なキリスト
教徒の義務であり、彼が自分の行動を律すべき規則であるか
に、注意を払った。したがって彼らは、どのように些細なも
のであってもすべての契約について、訴訟を許したのであ
る。スコットランド法と他のたいていのヨーロッパ諸国民の
法律は、裸の契約が訴訟になりうることを除けば、まったく
市民法と同じである。もし人がこの国で、ある額の貨幣やほ
かの何かについての約束をして、このことが明白に立証され
ると、彼はそれを実行するように拘束される。その理由は、
パリの高等法院も高等民事裁判所も、市民法とカノン法がそ
れらの国で有力になってからずっとあとで確立されたのであ
り、それだから、かなりのものをこれらの法の双方から借り
ているということである。他方でイングランド法がひとつの
体系に形成されたのは、ユスティニアヌスの法典が発見され
るよりも前であり、その裁判所が確立され、それらの手続方
法の多くが決定したのは、ヨーロッパの諸裁判所が設置され
たり、市民法やカノン法が何らかの大きな力になったりする 75
前であった。この理由によってイングランド法は、ヨーロッ
パのどの他の国民の法律よりも、それらの法から借りている
ものが少ないのである。そのため、それは人類の自然な感情
にもとづいて形成されたものとして、他の法よりも思索的な
人間の注目に値するのである。

　このことのためにまた、それは契約に関して非常に不完全
なのである。イングランド法が、どの契約についても特定履
行に関する訴訟を許したのは、大法官裁判所が創設されて、
それが大きな力を握ったあとのことだった。それは契約破棄
に対する損害訴訟のみを認めた。このことはまったく国内統
治の最初の段階では、十分に自然であるように思われる。と
いうのは、それが目的として考えたのは、その諸個人に約束
を実行させることよりも、侵害を補償することだったからで
ある。販売契約において片方がその財貨を送達してしまった
のに、他方がその価格を支払わなかった場合のように、この 76
損害訴訟は、多くの場合、特定履行に等しいものでありえ
た。ここでは、特に寄託 depositum において物品の引渡し rei
traditio があったとすると、法の擬制によって、少なくとも
渡されたもののそのものの返還は獲得しえたのである。このこ
とは動産返還 trover and conversion 訴訟によって行われ[26]、そ
こでは彼がその物品が自分の占有に入らなかったことを知っ
ていたとしても、それが発見されてこのように請求されたと

(21) *Annals*, XII. 47.
(22) *Bellum Catilinae*, XXII. 1.
[10] 四二九年にテオドシウス二世の命令で委員会が作られ、四三八年にテオドシウス法典 Codex Theodosiamus が公布された。
(23) *C. Th.*, 2. 27; 5. 10; 11. 39.
(24) *Inst.* 3. 21.
(25) *D.* 2. 14. 7. たんなる契約では訴訟を維持できない。
(26) 訴訟形式は動産返還訴訟 trover and conversion であった。

擬制された。実在するものならばその個体が、使用に転じられていたならばそれの価値が請求されたのである。しかし、すべての場合にこれは、この訴訟が起こされた相手の誓約によって回避されえた。それが単純な契約であれば、彼は免責宣誓をすることができ、簡単な保釈金で彼は釈放された[27]。〔ギリシャ人たちが契約についての訴訟をしなかったのは、同じ理由によるという。すなわち彼は相手の正直さ、誠実さを信頼したのだから、いま彼が誓約をしたことについて彼を信頼することがなぜ許されないのか。〕［75裏］すなわち、彼の側に何も証拠がなかったとしても、彼の誓約は彼を釈放するのに十分であり、原告の側には何の証拠も認められなかったのである。もし何かが送達されていたら、彼の誓約と、要求されたものを彼が受け取らなかった、もしくは返却したという六人の証人の一致した証言によって、その訴訟は取り消された。その契約がどちらの側によっても実行されなかったならば、大法官裁判所以前には訴訟は行われなかった。何かが送達された場合の契約において彼らが使用した方法は、被告が免責誓約をするだろうと予想された場合に、つねに損害賠償を求めて訴えるという方法であった。この場合に彼は、証明されるべき額に対して損害を与えなかったと誓うことができない。彼はそれが何であるかを知らないからである。損害は陪審の判断に委ねられ、その決定は多くの場合、前述のように、特定履行と等しいものとなった。こうして普通は動産返還の訴訟とともに使用される動産返還令状 writ of de-

77

tinue はめったに適用されず、損害訴訟が、被告が法律論争をすることが少しでも疑われるすべての場合に適用される。しかしスコットランド法によれば、すべての契約について訴訟が起こる。この国の人々は、裸の契約が訴訟を維持するものと認められることを除けば、市民法と正確に同じ立場にある。つまり、われわれのあいだには二種類の契約しかないということである。すなわち、ものの引渡しが妨げられたのでなければ訴訟が維持できない対物契約と、契約者たちのたんなる同意によって訴訟の維持が許される諾成 consensual 契約である。

78

〔**契約者の義務**〕

契約に関しては二つの疑問があるが、私はここではそれらを指摘するにとどめておく。それらを取り扱うにはもっと適当な場所が、あとであるだろうからである。その第一は、契約者たちはどの程度の強制執行手続の対象になるべきかということであり、この目的のためにわれわれは過誤 culpa または過失 neglect について、過誤と重過誤、小さい過誤と最小の過誤の区別に注意しなければならない。それはユスティニアヌス法典[28]で取り扱われ『道徳感情論』[29]で詳しく説明されたので、ここで繰り返す必要はない。ローマ人たちは、契約を無償か有償かであると考えた。最初のものには消費貸借 mutuum、使用貸借 commodatum、寄託 depositum、委託 mandatum があり、これらにおいては、普通の場合には利

79

益はすべて、消費貸借契約者 mutuarius、使用貸借契約者 commodaturius、寄託者 deponense、委託者 mandans のものになった。したがって、彼らは最小の過誤 culpa levissima に対してさえ支払うように拘束されたし、最大の強制執行手続の対象とされたが、他方は最少の強制執行手続と保全義務[30]だけであった。というのは、消費貸借においてさえ、その契約は無償とみなされたからであって、それは報酬も利子も与えられないからである。そしてわれわれの法律においてさえ、貨幣の貸借について利子は、別に述べられていない限り必要ではない。受容された為替手形 bill of exchange には期日以降利子がつくことは確かだが、しかしそれは別の条文による[31]。そのほか、契約が双方に対して拘束的 onerous である場合は、彼らは小過誤 culpa levis に拘束される。

もうひとつの疑問は、もしある人がある金額を借りたものの、支払期日の前に貨幣が回収されて新しい鋳貨が〈導入され〉、そこで貨幣の価値が変更された――たいていは切り下げられる――とすると、債務者は彼の債務を新鋳貨で支払うことを許されるのか、あるいは旧貨で支払うように義務づけられるのか、ということである。たとえば、ある人が一〇〇ポンドを借りたとして、支払いの前に銀が回収されて新鋳貨〈が導入され〉、そこでは同一の名目価値が以前と比べて銀が半分になった混ぜものの鋳貨に与えられるとする。すなわち、四〇〇オンス近くの銀を含む一〇〇ポンド貨の代わりに、約二〇〇オンスしか含まない一〇〇ポンド貨が導入され

たということである。質問は、この場合に債務は、こうして劣化された二〇〇オンスで支払われるべきか、四〇〇オンスの旧貨、あるいはそれと等価の新鋳貨で支払われるべきかということである。この場合、すべての国の市民法と自然的正義および公正は[32]、まったく反対の立場にある[33]。正義と公正は明白に、貨幣の名目的価値にかかわらず、受け取ったのと同一の価値を回復することを求める。したがって彼は、それだけを旧貨で回復するか、新鋳貨で、受け取ったものの等価を回復するべきである。しかしすべての国の政府は、これとまったく反対の制度を作った。――この処置の理由は、次のとおりである。貨幣価値の何らかの変更〔後述のように[34]、つ

（27）免責宣誓とは、被告が否認の誓約を行うことによって請求から自らを解放するための手続きであり、彼の否認が真実であると信じると誓う一二人（六人ではなく）を必要とした。実際に動産返還訴訟では使用できなかったが、古い動産返還訴訟では使用可能であった。その訴訟は単純寄託の場合の救済策を規定していて、それは原告の同意を得て、動産を被告に渡すことであった。本文の文章は混乱している。

（28）この分類は古代の資料のどこにも見当たらないが、重過誤 culpa lata は *D*. 50. 16. 213. 2 と 223pr にあり、最小の過誤 culpa levissima は *D*. 9. 2, 44 にある。下記手稿89ページ［本書106ページ］を参照。

（29）II. iii. 2. 8–10.

（30）読めないが custodiam らしい一語。salam は salvam であり、この文章の意味は安全保管の義務である。

（31）1681, c. 20 (A.P.S. VIII. 352, c. 86).

（32）the civil law of all countries and naturall justice and equity the quite contrary の二つめの the は are の誤記だろう。

（33）Cf. Pufendorf, V. 7. 6.

ねに有害な手段である」［80裏］をするように政府を誘いう
る唯一の原因は、貨幣調達の困難である。たとえば政府が、
ある用途のために一千万リーヴルを支出しなければならない
のに、五〇〇万以上はどうしても調達できなかったとしよ
う。この場合、彼らはどうすべきか。彼らが思いつきうる唯
一の便法は、鋳貨を回収してその価値を半減させることであ
る。このように大きな変化がなされるのは稀ではあるが、一
七〇一年にフランス人は、そういう状態にあったので、八オ
ンスのフランス銀貨を二八リーヴルの代わりにまず四〇リー
ヴルとし、次に五〇、ついには六〇リーヴルにした[35]。このや
り方によって実質価値の半分以下で、彼らはそのすべての部 82
隊、艦隊、将校の俸給や負債を支払ったのである。しかし、
少なくともその欺瞞があまりにも早く政府の債権者たちによ
って感じられることを、できる限り避けるために、彼らは、
すべての負債はこのようにして新鋳貨によって支払われるべ
きだと命令した。この手段は欺瞞を隠した。というのは、わ
れわれは貨幣を二つの目的に使用することができるからであ
る。その第一は商品を買うことであり、第二は負債を支払う
ことである。ところで貨幣使用の第一の方法において、貨幣
の実質価値が下げられ、名目価値が二倍になったとすると、
その貨幣は同一量の銀が以前に買っていたより多くを買うこ
とができないだろう。なぜなら貨幣の価値はつねに、純金属
の量で計算されるため、合金は何も生まず、抽出のための労
働がわずかな追加価値を相殺するからである。このやり方で
貨幣はまもなく、すべての財貨に関して、前の価値に下落し
ただろう。しかし、貨幣は負債の支払いにも当てることがで
きる。私がこのあとで示すように[36]、下層民衆の富がパン、牛 83
肉、ビールなどのすべての種類の通常の商品の価値を規制す
る。それらは彼らが買える以上の価格に上がることは決して
ない。そこで、兵士たちやすべての種類の手仕事職人が新貨
幣で支払いを受け、結果として、以前の賃金の半分しか受け
取らなかったならば、彼らは前に商品に与えていた半分の価
値しか払うことができない。この場合、新貨幣は、旧貨幣の
名目価値と同じだけを買うようになるだろう。このやり方
で、また過去のあらゆる負債がこうして支払われることによ
って、貨幣あるいは鋳貨の価値はしばらくのあいだ、新旧の
あいだで変動しただろう。購入時におけるその価値は半分に
すぎなかっただろう。たとえば、新シリングひとつで古い六
ペンスぶんだけしか買えなかっただろうが、しかしその後、
新シリングは旧シリングと同じように支払うようになるので
ある。これらが組み合わさり、その価値は、しばらくのあい
だ一〇または九ペンスであり続けるに違いない。その結果、 84
このような変更によって、債権者たちの損失はあまり大きく
感じられないだろうし、貨幣はこうした実質価値の減少と名
目価値の増大によって、三分の一以上を失わないだろう。

もうひとつの、前者にかなりよく似た疑問がある。それ
は、〈もし〉金が銀との比較価値で安くなるとすると、
たとえば、一ギニーが二五シリングであったときに一〇〇ギ

ニーを借りた人は、それが二一シリングになったとき一〇〇ギニーで負債を返済するのか、ということである。答えは明らかに否である。なぜならこのやり方では、彼は一二五シリングを受け取って、たんに一〇五シリングを払うのと同じだからである。というのも、すべての場合に金は銀の価値で評価されるが、銀の価値は金の価値で評価されないからである。確かに、彼が一〇〇ギニー正貨で支払うことに同意していたら、事情は違ったかもしれない。しかし、すべての債券は銀貨で引き受けられるため、このことはめったに起こりえないのである。

［**準契約**］

われわれはいま、第二種の責務、すなわち準契約 **quasi contract** あるいは契約に準じるものとみられる責務 **quae quasi ex contractu nascuntur**[37] に到達した。それは返還の義務である。その最も単純な種類は、ローマ法学者が非債務請求とよぶものである。それは、人がある他人に対してある金額を支払わなければならないと考え、その他人もやはり彼は自分にそれだけの金額を支払わなければならないと考えていたため、支払いが行われたのだが、前者が自分の口座の計算によって、この金額がすでに支払われていたことが分かったという場合である。どのようにして彼は返還を請求すべきなのか。契約は作られなかったから、彼はそれを契約によって請求すること

85

はできない。双方ともそのような偶発事故を予想することはなかったし、その貨幣を自分のものだとして請求することもできない。それらはおそらく、すでに使用されているだろう。しかもそのうえ、彼はそれを何の留保もなしに明白に手放したのである。しかし、それでも相手は自分に属するものをもっているのだ。他人のものがその者の私有財産のなかにある **est res aliena in ejus patrimonio** 状態であり、誰も他人のものによって富裕になりたいという意図をもたないであろうと推定される。この理由によって、彼はその貨幣の返還を義務づけられ、彼に対して非債務返還請求が与えられる。同様に、有益な取引 **negotia utiliter gesta** において、私の貨幣は彼の世襲財産のなかにはないが、それでもそこにはその貨幣で買われたものがあるとする。したがって、彼は私がそこに投じたものを返還するように拘束される。これは、これらの取引 **negotia** によって、私がそのために行為する人に、ある利益が生じるという事例である。そしてもし何の利益も彼にとって生じないとしても、取引 **negotia** が有益 **utiliter** であり、

86

（34）下記手稿第四巻119ページ［本書258ページ］以降。
（35）これはおそらく一七〇九年の改鋳であろう。これについての議論は、J.-F. Melon, *Essai politique sur le commerce* (1734), ch. XVI (in E. Daire, ed., *Économistes financiers du XVIIIe siècle* (1843), 721 ff.) と、その章に関する C. Dutot, *Réflexions politiques sur les finances et le commerce* (1738), ch. I, art. 4–6 (Daire, 797 ff.) を参照。
（36）下記手稿第六巻73–75ページ［本書382ページ］。
（37）*Inst.* 3. 27 ; Hutcheson, *M. P.*, II. 14 ; *System*, II. 77.

そういう善行を励ますために誠実になされたならば、彼は返還するように拘束される。ロードス島積荷法から生じる責務の平均化[38]についても同じように、この場合には一人の財貨の損失で、他の人々の財貨は救われるのである。各人が相互に補償されるために保証人団体が起こす訴訟も、まったく同様で、この場合には、他の人々は、「負債を支払ったものの犠牲によって富裕になる」[39]のである。ローマ人の反対訴訟 actiones contrariae は、すべてこの原理にもとづいて進行する。契約によれば、それらが発生した事情は決して考慮されないのである。しかし、何か異常な損失が明らかになり、通常ではない費用がかかる場合 impensae extraordinariae, non autem ordinariae には、貸与者は占有者に対して訴訟を起こす。同じようにして後見人は被後見人に対して、このことから生じる普通でない費用について訴訟を起こすことができるが、普通の費用についてはそうではない。〔われわれはまた、後見人の義務が準契約から生じると考える必要もない。なぜなら、彼らの義務はその職務を引き受けることによって発生するのだからである。〕［46裏］というのは、これらのすべてにおいて、犠牲を払うことになる人に対する補償の責務は、契約からではなく、返還義務から生じるのであって、それは「誰も他人の損失によって儲けないこと」[40]を求めているからである。すべての国で、これらの反対訴訟は行われていて、返還義務がこれらの基礎なので、損失者は、彼が奉仕した人に対して反訴訟 actio contraria か取引行為訴訟 actio nego-

87

tiorum gestorum を起こすことができる。私はこの項目については、さらに次のことを述べるだけにする。それは、さまざまな種類の対人権のすべてが同一の原因から起こりうるということであり、契約や準契約、あるいは返還や怠慢からもそうである。だから、私が誰かを雇って私のために馬[41]を貸借させるとすると、所有者はその雇い人 hirer に対して契約の実行を求めて訴訟を起こすことができる。雇い人は、彼が負担したかもしれない特別の費用について準契約にもとづく訴訟を起こすことができるのである。また、所有者は乗り手が彼の馬を乗りすぎたり虐待したりしたら、彼に対して怠慢にもとづく訴訟を起こすことができる。

私はいま、対人権または責務の第三の種類を考察するところにきた。これは怠慢から生じるものである。

88

怠慢

それは、人が他人の怠慢 delinquency から受けた損害について、補償を求める権利である。怠慢には二つの種類がありうる。その他人の有意的侵害 malice propense から生じたものか、あるいは、犯罪的か悪質な怠慢または過失 culpa から生じたものである。不注意 negligence あるいは過誤[42] culpa もまた、すでに述べたように、第三の種類のものとして考察することができる。不注意が非常に大きくて、誰も自分の事柄に

89

ついて犯したことがありえないような罪を、この人が他人の事柄において犯すほど不注意であったと言われた場合に、怠慢は大きな過誤 culpa lata から生じたといわれる。あるいは第二に小過誤 culpa levis とよばれるものがあり、これは他人の事柄についての怠慢が、自分の事柄についてよりも大きい場合であって、これを引き起こすのは一般に、自分のことについては非常に注意深くはない人の場合である。(43) あるいは最後に、最小の過誤によるもので、不注意または過誤が、最も注意深い人でさえ犯したかもしれないという程度の場合である。――しかし私は第一に、悪巧み dolus すなわちわれわれが有意的侵害とよぶものから生じる、他人に対する故意の企図的な侵害を考察しよう。

そこで、怠慢に科せられるべき罰の程度は、すべての場合に、中立的な観察者と侵害を受けた者の憤慨との一致点である。(44) もし侵害が大変大きくて、被害者が自ら犯人の死によって復仇するのに観察者がついていけるならば、これは適切な処罰であり、被害者によって科せられるか、あるいは為政者がその地位において、中立的な観察者の性格をもって、そうすべきである。もし被害者の復讐が犯人を死に至らせるものであって、観察者は同調できないが、もし彼がその侵害に対して軽度の体罰か小額の罰金による復讐に同調できるとすれば、それがこの場合に科せられるべき処罰なのである。すべての場合に、それを科すことについて観察者が被害者と一致するような処罰であれば、それは人類のうちの彼ら以外にも

公正と思われるのである。受けた侵害を犯人に返すようにせきたてる被害者の復仇心は、犯罪処罰の真の源泉である。グロティウスその他の著者たち(45)が共通して処罰の根源的な尺度だと主張する公益への考慮は、処罰の制度を十分に説明するものではない。公共的効用が必要とするので、その限りでわれわれは犯罪者の処罰に同意するのであり、これがすべての処罰の自然の意図なのだと、彼らは言っている。しかしわれわれは、(46) 実情はそうではないことを知るだろう。というのは、多くの場合に、公益が被害者の正当な復仇心と同じ程度で、観察者がついていける程度の処罰を要求することがあるかもしれないが、しかしそれでも、主として公益の観点から

(38) 船荷放棄に関するロードス島海事法。財貨を船から投げ捨てて船を軽くし、船と積荷を難破から救った場合に、船と救われた積荷の所有者たちは損失を比例的に負担した。すなわち損失の平均化である。*D.* 14. 2. 1.

(39) facti jactura ejus, qui debitum etc. solverit.

(40) neminem locupletiorem fieri aliena jactura という原則は、*D.* 50. 17. 206 から引き出された。

(41) hire a house は hire a horse の誤記だろう。

(42) 手稿第二巻78ページ［本書102ページ］。

(43) これは具体的な小過誤 culpa levis in concreto である。もっと一般的なものは抽象的な小過誤 culpa levis in abstracto であって、「善き家長」の配慮を表す客観的水準を示すことができない場合である。

(44) この学説およびこのパラグラフ全体については、TMS II. ii. 3. 6–11 を参照。さらにグラーズゴウ版 TMS の付録Ⅱでは、処罰についてのスミスの初期の見解が論じられている。

(45) Grotius, II. 20. 7–9 ; Pufendorf, VIII. 3. 9–12.

(46) we fill find の fill は will の誤記。

処罰される諸犯罪について、法律によって規定された処罰と、われわれがためらいなく入っていける処罰とは、非常に違っているからである。たとえば、数年前にブリテン国民は（まったく非常に気まぐれに）次のようなことを思いついた。すなわち、この国民の富と力は完全に羊毛貿易の繁栄に依存していて、もし羊毛の輸出が許されるならば、その繁栄はありえないというのであった。これを阻止するために、羊毛の輸出は死をもって処罰されるべきだと法定された[47]。この輸出はまったく犯罪ではなく、自然的公正のなかのことであり、民衆の目には、到底そのような高度の処罰に値するものではなかった。そこで彼らに分かったのは、これが処罰される限り、陪審も密告者も得ることができないということであった。それ自体はこのように罪のないものごとに、これほど重い罰をかけるということに、誰一人として同意しなかっただろう[48]。それで彼らは、処罰を財貨と船の没収に引き下げざるをえなかったのである。同じようにして、軍法は立哨中に眠りにおちた歩哨を死刑にする。これはまったく公益の考慮にもとづくものであり、われわれはおそらく、少数者の安全のために一人を犠牲にすることを承認できるとはいえ、そのような処罰が実際に科せられたときのわれわれの受け取り方は、残酷な謀殺犯その他の凶悪犯の場合と非常に違ったものである。

同様にわれわれは、次のように言うことができる。すなわち、被害者の憤慨は、処罰を三つの目的に完全に応えるよう

92

に規制するだろう。三つの目的とは、前掲の著者たちが、すべての処罰の意図として述べているものである。第一に、被害者の憤慨は彼を導いて、自分が誰によってどういう害を受けたかを加害者に感じさせて、彼をこらしめようとさせる。復讐は毒や暗殺によって、決して完全に満たされないし、われわれが高尚に考えるように満たされるものでもない。これはあらゆる国民、あらゆる時代において、卑怯なやり方と考えられてきた。なぜならこの手段によって受刑者は、誰から何のために、この罰が科せられるのかを感じることがないからである。――第二に、憤慨がわれわれに、犯人に科すべきだと指示する処罰は、犯人あるいは他の誰かが、われわれや他の人々が同じやり方で侵害することを十分に抑止する傾向をもつ。第三に、憤慨はまた人を、彼が受けた侵害に対する矯正または補償を求める方向に向かわせる。

犯罪には二つの種類がある。第一のものは、われわれの自然権を侵犯するものであり、殺人、不具化、殴打、身体の切断、あるいは不正な投獄、評判や名声の毀損などによる自由の制限によって、われわれの身柄に作用するものである。あるいは第二のものは、われわれの取得権に作用するもので、われわれの所有への攻撃、強盗、窃盗 theft、窃取 larceny などである。

言っておかなければならないのは、契約の実行を拒否することは決して犯罪とはみなされなかったが、詐欺はつねに犯罪とみなされたということである。裁判官は、契約の実行を

93

94

怠ったことによってよびだされた人物に対する判決で、まずそれを実行すること、次にその遅延と訴訟によって相手に引き起こした損害に対して償いをすることを命じるが、故意の忌避に対して罰を科すことは決してない。しかし他方で、詐欺的な方法で他人を契約に引き込んだ者は、非常に厳しく処罰される。それゆえ、この国では手形や証書の偽造は死刑に処されるのである。(49)

［身柄に対する攻撃］

まずは、身柄に対する攻撃である諸犯罪から始めよう。これらのうちで第一の、最も凶悪な犯罪は故意の謀殺である。これに対して間違いなく唯一の適切な処罰は、犯人の死である。被害者の憤慨は、少なくとも被害者と犯人の苦痛のあいだに平等性があるのでなければ、（すなわち）侵害がある程度報復されるのでなければ、簡単な処罰で満足させることができない。したがってわれわれは、すべての文明的な国々で、その処罰が謀殺者の死であったことを知るのである。しかし、野蛮な諸民族のあいだでは、処罰は一般に、罰金のようにはるかに軽いものであった。――その理由は、社会の初期には統治が弱体だったことであって、そのために諸個人の問題への介入が非常にデリケートになった。したがって統治は、最初は、このような犯罪が原因で殺された者の友人たちの憤慨によって生じるかもしれない悪い諸帰結を防止するために、仲介者として介入したのである。それでは、この状

95

態における民衆の視点において、犯罪を処罰する目的は何であろうか。それは現在、民間犯罪を処罰する目的とまったく同じであって、公共の平和の維持である。犯罪自体はすでに行われてしまったため、これについてはどうすることもできない。したがって、社会が主に考えることは、その悪い諸帰結を阻止することであろう。したがって、彼らはこのことを処罰によって行おうとはしなかっただろう。それは目的を妨げるかもしれなかったからである。すなわち、社会がはるかに進歩してからでなければ、政府は、犯罪者をよびだして彼らに対して判決を下すことを、引き受けなかったのである。

したがって、卓越した価値と権威をもつ個人によって、あるいはまた社会全体によって当事者間の調停が行われて、当事者たちにあれこれのやり方を助言し勧告する。それでは、このように介入する人が、なされるべき最も妥当なこととして提案することは、何であるか。彼らは間違いなく、謀殺者が死者の友人たちを贈物によってなぐさめ、その償いを受け入れてもらうことを勧告しただろう。神父シャルルヴォワと(50)

96

（47）13 and 14 Charles II, c. 18 (1662) は羊毛の輸出を重罪とした（18 Henry VI, c. 15 が以前にそうしたように）。

（48）7 and 8 William III, c. 28 (1696) の前文は、その犯罪を軽罪とした。

（49）Sir G. Mackenzie, *Laws and Customes of Scotland in Matters Criminal* (1678), I. 27. イングランド法ではそれほど厳しくなかった。

（50）P.-F.-X. de Charlevoix, *Histoire et description générale de la Nouvell-France, avec le Journal historique d'un voyage ... dans l'Amérique septentrionnale* (1744), III. 272 ff.

ドゥ・ラ・フュラージュ[51]によれば、イロクォイ族とその他いくつかの北アメリカの未開民族のあいだでは、同じ家族の誰かが他人によって殺されても、その社会は決して介入しないで、それを許すか罰するかは、その家族の父か首領が適切と考えるようにするのに任せるという。しかし、ある家族の者が他の家族の者に殺されると、彼らは介入して、殺された者の友人たちをなだめるための贈物を決める。しかし、もし彼が十分な贈物を提供できないとすると、彼に代わって全共同体が募集を行い、各人はそのような立派な企てのために、何かの寄与を行うのである。これらの贈物は一般に六〇に分割されて、そのうちひとつは息子の喪に服すために死者の母に与えられ、次のひとつは彼女が楽しむ一服のタバコを調達するために、次のひとつは兄弟姉妹などに与えられ、ひとつが茨の道を清掃するために、もうひとつが――彼らの表現によれば――そのときに流された血を覆い隠すために、というように続く。五世紀のはじめにヨーロッパになだれ込んだ北方諸民族のあいだでは、社会が今日のアメリカ人たちよりも、一歩進んでいた。彼らはいまなお狩猟民の状態にあり、誰にもまして最も粗野で野蛮であるが、他方は牧畜民の段階に達していて、いくらかの農業さえもっていた。この両者の中間にある段階は、社会の進歩のなかで最も重要なものである。なぜなら、それによって所有の概念が、それまでの状態の限界であった占有を超えて拡張されたからである。このことがひとたび確立されると、これをひとつの対

97

象へ、家畜群から土地そのものへと拡大していくことは、大きな困難をもつ事柄ではなかった。――したがって彼らは、アメリカ人たちよりもはるかに進んでいたのであり、社会とともに成長する統治はさらに大きな力を獲得した。だからわれわれは、統治がこれらの事柄に前より介入するようになったことを知るのであり、そこで、それらすべての民族の法律のなかに、国王から奴隷にいたるその国のあらゆる身分の人の死について、なされるべき償いの個別の金額が決められていて、これがウィンギルド[52]とよばれることを知るのである。このウィンギルドは、人々のさまざまな身分によって違っていて、彼らが高い身分であればその友人たちもより強力で、その結果、なだめることがより困難であった。それは彼らが賠償を得ることについて、より大きな期待をもったからである。この理由によって国王の償いすなわちウィンギルドは、侯爵のそれよりはるかに大きく、侯爵のウィンギルドは伯爵のそれより大きく、伯爵のウィンギルドは男爵の〈それ〉より大きく、男爵の贖罪金はさらにたんなる自由人のそれより大きく、自由人のウィンギルドはさらに奴隷や農奴のそれより大きい。――サリ法によると、[53]ある人がもしウィンギルドを払うことができないならば、彼はテントに閉じこめられ、〔まず彼はそれを支払うことができるかどうかと尋ねられた。払うことができないと、仲間たちがよばれて個別に尋ねられた。彼らのうちの誰も彼のために払おうとしないと、彼らのあいだで払うように要望された。この三度目を彼らが

98

拒否すると、彼はすぐ引き渡された等々。｝［97裏］彼の仲間たちが三度、彼のまわりに呼び集められて、彼の罰金を支払うのに助力しないかと尋ねられた。そのたびに彼らが拒否すると、彼は殺された人の友人たちに引き渡されて殺されるか、彼らの思いどおりに取り扱われる。｛故人の親族は、はじめはつねに刑の執行者であったが、いまではこの役割は公共の役人に与えられる。いまでは公共がこれらの親戚の代わりを務めるからである。――近い親族を謀殺したものの事故死、あるいは何かほかの原因による彼の処罰は、彼の仲間たちの怒りをやわらげるかもしれないが、彼らの復仇心を満足させはしない。それは彼らから出たものではないからである。――知らない人々による毒殺または暗殺はいくらか満足度が高い。彼らは、彼が自分たちの手段によって殺されたことを知っているからである。しかしこの場合、復讐が十分かつ高貴に果たされるのは、彼が自分の受難が彼らによるものであることを悟らされる場合だけである。｝［98裏］贈物による犯罪の償いが、古代にはきわめて普遍的であったことを、われわれは知っている。その例がいくつかホメロスにある。ネストル(54)はアキレスに、贈物がすべての人をなだめ、それによって父は自分の子の死を許すのだと語っている。――アキレスの盾の叙述では、区画のひとつに描かれているのは殺された男の仲間たちが殺し手から贈物を受け取るという話である(55)。その頃は、統治はこれらのことには介入しなかったのであり、われわれは、テレマコスの船に乗ってきた

99

見知らぬ人が、司法官からではなく自分が殺した人の仲間から逃げてきたと語るのを知るのである(56)。

ヨーロッパの諸統治がますます力を得るにつれて、彼らは自分たちが介入するときの面倒に対していくらかの謝礼をもらう権利があると考えた。彼らの介入はつねに犯人に有利であって、彼の生命を奪おうとする人々から彼を保護し、彼らを満足させるためのある容易な方法を彼のために調達するのだから、彼らは自分たちがこの保護について、いくらかの謝礼をもらう権利が十分にあると考えた。これは免除金またはフランク・ギルドとよばれた。そして、和解条件が故人の関係者の力と彼の処罰の大きさに比例するように、このこと自体が保護者の力に比例し、犯罪が行われた土地の平和（すなわち管轄権）を維持する人の地位の高さによって、大小が決まった。国王も管轄権を持っているため、国王の管轄権内で行われた犯罪に対して支払われるフリーギルドの額は、伯領で行われた謀殺に対して支払うべき額よりはるかに大きかった。そして、伯領で支払われるべき額は男爵領で支払われるべき額よりも大きかった――しだいに主権者たちは、少な

100

（51）おそらく J. F. Lafitau, *Mœurs des sauvages amériquains, comparées aux mœurs des premiers temps* (1724), I. 486–90.
（52）普通は wergeld または vergelt. Kames, *Law Tracts*, I. 43 ff.
（53）*Pactus legis Salicae*, 50.
（54）実際にはアイアス。*Iliad*, ix. 632.
（55）*Iliad*, xviii. 500.
（56）*Odyssey*, xv. 271 ff.

くとも実際上は主として自分たちが侵害された人物であると、考えるようになった。したがって、犯罪者の処罰に対する追加は、故人の仲間に支払われるべき和解金またはウィンギルドに対するものではなく、国王に支払われるべきフランク・ギルドに対するものであった。これはスコットランドと
101 その他のいくつかの国では、国王の収入のかなりの部分になった。そして国王の弁護士 advocate は（このあとで私が示すように[57]）、裁判官によって科されて国王に支払われたこれらの償い金を集めてまわる役人にすぎなかった。裁判官は、いまでは秩序と規則性を維持するためだけの権威しかもっていないが、当時は陪審として行動したのである。国王に対して支払われるべきこの償い金は、特にスコットランドでは、故人の仲間に支払われたものをはるかに超えて、犯罪者はある人の親戚の謀殺者としてではなく、国王の自由な臣民の謀殺者とみなされた。しかし、主権者たちはやがて、彼らの臣民たちのあいだで平和と調和を維持するためには、彼らに科せられるフランク・ギルドを死刑に代えることが、自分たちに有利であることを知ったのである。スコットランドでは、この刑罰は決してウィンギルドに取って代わることはなく、国王に対して彼の臣民の死にかかわるものであった。この観念はスコットランドで非常に完全に実行に移されたが、そこで
102 は統治がきわめて初期の貴族制で、王権に好意的であった。それだから親戚たちは、彼らだけでは、すなわち国王弁護士の同意なしには、故人の謀殺者を処刑することができなかったのである。そして処刑は、少なくとも謀殺者の生命に関する限り、国王の名において行われたので、国王はまた死刑を恩赦免除することを、彼が行うべきこととして請求する権利をもつ。しかし、十分な訴訟原因なしに密輸人を謀殺した〈収税吏マロッホ[58]〉事件に関する近頃の高等民事裁判所の布告によって分かったのは、国王赦免は死刑にも及んだとはいえ、故人の友人たちに支払うべきいわゆる補償金（いまではウィンギルドがこうよばれる）から、彼を自由にすることはできないということであった。誰でも自分に支払われるべき負債を免除することができるように、国王は自ら死罪を赦免することができたのだが、彼は故人の友人たちに対して支払われるべき補償を赦免することはできなかったのである。それは、彼らに支払われるべき他のどのような債務も免除することができなかったのと、何も変わりがない。それは、現実にかつ真実に、契約による他のすべての債務と同じ債務なのだ
103 からである。民主政治の種子がより早く蒔かれたイングランドでは、〔ここでは死刑は、フランク・ギルドの代わりに導入されただけでなく、死者の友人たちに支払われるべきウィンギルドすなわち補償金の代わりでもあった。――〕〔102裏〕近親者たちは、王権から独立して訴追権をもっていたのであって、死刑は、国王の権威からとともに、この訴追権からも行われたのである。したがって、国王が赦免権を執行した場合でも、故人の近親者たちはなお、この赦免ののちに、血の訴えの名の下に訴追権をもっていたのであり、これによる死

刑を国王が赦免することはできなかった。この訴訟手続きはいまなお存在するが、立法府がそれを非常に嫌い、最小の手続き違反でも無効とするので、きわめて稀にしか提起されていない。(59)――それで、もし夫が謀殺されたとすると、寡婦のほかは誰も訴追できるものはいないし、彼女がいなければ、直近の男性親族がいなければ誰も訴追できない。兄弟の死について訴追できるのは、年長の兄弟または男性親族だけであり、この段階が欠ければ、誰も訴追できないのである。名称、時間、あるいはその他すべての事情についての間違いは、何であれ訴訟を無効にする。だから、今日ではきわめて稀にしか、訴追は企てられないのである。

104

［一ページと三分の二の空白］

この控訴特権を除けば、謀殺に関してイングランド法とスコットランド法とのあいだには、また実際にはそれと他のたいていの国の法律とのあいだにも、きわめてわずかな違いしか存在しない。しかしながら、イングランド法では、殺人についての区別が他のどの国よりも詳しく述べられている。謀殺が本来意味するのは、謀殺者が待ち構えていた殺人である。人々が殺人を死をもって処罰するようになるのは、（私が前に述べたとおり）大変遅かった。イングランドでは、このやり方はデーン人カヌート(60)によってはじめて行われた。新しい主人たちに対するイングランド人の復仇心は、しばしば

105

デーン人を待ち伏せして突然殺すようになったのである。これを阻止するためにカヌートは、このようにデーン人を殺したものは、誰であれ死をもって罰せられるという法律を作った。この犯罪は殺人罰金 murdrum すなわち謀殺とも名づけられた。この刑罰は、われわれがすぐあげる理由によって、ノルマン征服のあとまもなく消滅して、示談がそれに代わった。しかし、その後あまり長く経たないうちに、あらゆるやり方の故意の計画的な殺人に関して、それは謀殺とよばれるのが正しく、つねに死をもって罰せられるということが確立されたのである。しかし第二に、殺した人に対して悪意の予謀も邪悪な計画もなかったのに、何か突然の挑発によって激

106

(57) 手稿第五巻13-14ページ［本書292ページ］。

(58) 手稿の空白。収税吏マロッホのこと。国王の赦免が損害補償の訴訟に影響しないということは、*Keay v. McNeill* (1717) の裁判で決定された。Baron David Hume, *Commentaries on the Law of Scotland re trial of crimes* (1800), II. 387 を見よ。*Malloch v. Fulton's relict and child* (1751), Morison's *Dictionary of Decisions*, 11774 では、債務者の財貨の財産権放棄 cessio bonorum は寡婦と子どもたちの請求に不利益を与えないと決定されていた。それは、損害補償が赦免によって影響されないことを前提していたのである。本文の「故人の友人たち」は「故人の家族」とするべきである。スミスはケイムズ卿からマロッホ裁判について聞いたかもしれない。彼はヘンリ・ヒュームとして、マロッホの弁護人であった。

(59) Hawkins, II. 23, paras. 36 ff. and 103 ff.

(60) Hale, I. 35 によればカヌートは、デーン人が一人殺されると、その集落全体を有罪とした。［Canute または Cnut はデーン人のイングランド王（在位一〇一六―三五）。デーン人とは、九―一〇世紀にイングランドを占領したスカンディナヴィア人の総称］

情的に人を殺したという場合、これはその人を侵害する予謀による計画がないのだから、大きな犯罪とはみなされずに、故殺とよばれた。それは許すことができる犯罪とされたのではまったくなく、誰かが教会人の恩恵を請求した場合は、軽い刑罰が科せられた。〔彼の財貨は法律によって国王に没収されたが、彼は正規の手続きによって財貨を取り戻して赦免を求めることができた。この手続きはつねに、彼が教会人の恩恵を請求したあとで即座に行われた。〕［105裏］しかしながらそれは、正当化できるものとみなされたのではない。というのは、殺人の意図の予謀がなかったにしても、行為が実行される前には、ある意図があったに違いないからである。この理由によって、それは重罪とみなされさえする。〔これら二種類の殺人は刑罰が死刑であるから、重罪殺人とよばれる。故殺においても、死刑判決は宣告されるのであり、刑は犯人が教会人の恩恵を主張するまで軽減されないからである。〕［105裏］第三の区分は、人々が偶殺 chance manly(61)とよぶものである。それは人がまったく偶然に、事前にも行為時にも殺す意図を何ももたずに、殺人を犯すという場合である。〔これは不運によるものだと言われる。——そこではその人を殺すことが、何の企図もないまったく偶然の事柄なのである。また、許すことができる殺人の第二の種類もあって、それは自衛のための殺人 homicidium se defendendo とよばれる。(62)これは争いが始まってしまってから、逃げるための確かな手段のない立場に追い込まれた場合である。これは許されうる

107

が正当ではないとみなされる。それを引き起こした争論も、殺人のための武器の使用もそれ自体で犯罪だからである。——〕［106裏］これは許されうるものとみなされ、したがって死をもって罰せられない（しかし、そのような偶発事件には、一般に性急さが伴うので、殺人者は一般にその財貨の没収をもって処罰される。これは他の人々をより慎重にするためである。）〔われわれはまた、許されうる殺人の最後の種類を、自衛のための殺人のように正当化できるとみなされる殺人(63)から、区別しなければならない。後者は争論が先行したものと想定されるのだが、これに対して他方では、自分自身には何の過誤もなく、まったく他人の攻撃によって窮地に追い込まれるのである。〕［106裏］しかしながら、殺人がまったく正当とされて、どのような処罰ともかかわりがない場合が二つある。それらは、国王の役人が、合法的な職業に従事していて彼らの職務を執行するときに、抵抗したものを殺すという場合と、自分の身柄や家や財貨を守るために人を殺す場合である。これは殺人者の側としては何の侵害もなく、たんに自分の諸権利を守っただけなのだから、故殺とは区別されるべきである。これらについては、処罰が強行されることはない。問題とされうる唯一のことは、これらのさまざまな種類の殺人のあいだの区別である。謀殺は、厳密に言えば、ある人が他の人を、決められた目的をもって、待ち伏せして殺す場合である。しかし、先行する悪意があって邪悪な意図から生じた殺人もまた、すべて謀殺に数えられる。すなわち情念によ

108

る殺人は故殺とみなされるにすぎないとはいえ、これはつねに最も厳密な意味で理解されているのである。[64] たとえば、人を謀殺から免れさせるはずの挑発について言えば、それは打撃からきたものに限られる。声や身振りは、十分な挑発を与えるものとみなされていない。しかし同時にこの法律は、このようなやり方で人を殺した者に有利である。すなわち挑発が、挑発者を殴るほどに十分であり、彼が殴り返したならば、そのあとで挑発者を殺すことは、故殺とみなされるのである。人と人とのあいだに争いが生じて、双方が抜剣して戦い、こうして一方が他方を殺さざるをえなくなったとすると、彼は自己防衛の殺人という罪に問われるにすぎないが、完全に正当とされることはできない。なぜなら先行の争いを致死的な武器で戦うことが、それ自体で犯罪だからである。――だが、もしこの人たちが互いに恨みをもっていて、どちらも待ち伏せしたのではないが出会い頭に抜剣して戦うとすれば、これは謀殺とみなされるだろう。同様に、朝に発生した争いについて夕方に戦うとか、前夜争ったあとで朝に戦うとかすれば、それは謀殺として解釈されるだろう。しかし、争論が白熱する最中に彼らが武器をもっていなかったので、それぞれ武器を取りに帰宅してから、ただちに戦うとすれば、これは故殺としてしかみなされないだろう。{もし、何かの争いのあとで、当事者の一人が、相手に対して挑戦し、相手がそれを受けはしなかったものの、自分は毎日ある場所にいると告げたとすると、この場合、一方の死は謀殺と

109

みなされただろう。なぜなら彼らは明らかに、決められた目的で戦うのではないことによって、法律を回避することをたくらんだのだからである。そして、時と場所が示されているすべての決闘は、同じようにして謀殺を生むものとみなされる。――}［108裏］次のような場合も、法律上は同じように扱われる。息子が全身をなぐられ虐待されたとして、その父がただちに駆けだして息子を虐待した人物に追いついて殺したとすると、彼は四分の三マイルを走ったので冷静になれたと想定することができるのだが、それでもこれは中断されないひとつの行為でなされたのだから、故殺としてしか解釈されないのである。――故殺は死をもって罰せられはしないが、手に焼判を押され、板書で彼の教会人に誓いつつ、前述のように没収の罰を受ける。字が読める故殺犯人を免罪するこの習慣の起源は、次のようにして発生した。[65] われわれはみな自分たちの住んでいる時代の習慣について、好意的に考えて、他の時代にまさると考えがちであるが、早い時代の教会人は、死刑の導入を非常に嫌った。彼らは、キリスト教の穏やかで人道的な性格は、そのようにむごい刑罰を許すことは

（61）chance manly とは防衛殺人 chance medley すなわち不運による殺人 killing per infortunium のこと。Hale, I. 39 ; Hawkins, I. 29.
（62）Hale, I. 40.
（63）Hawkins, I. 28.
（64）Hale, I. 36.
（65）Hale, II. 44.

110

できないといった。〔われわれがカノン法についてのさまざまな本のなかに見るとおりである。〕［109裏］宗教について正しい関心をもつものが、最大の犯罪に対してさえ科しうるものは、せいぜい罰金と示談であった。——したがって彼らは死刑を、野蛮の残滓にすぎない宗教と統治の弱体の明白な証拠のせいにして、全力をもってあらゆる死刑に反対した。カヌートが死刑を導入したとき、彼らはその手続きを〈阻止する〉ためにできる限りのことをしたが、彼らのあらゆる努力も目的を達成できなかった。それでもなお彼らは、教会人はそのような不正の制度に服することはできないとして、争ったのである。したがって、誰かが民事裁判所で有罪とされたとき、彼はたいてい主教によって請求されることができたし、そうでなければ彼は教会人の恩恵を請求することができただろう。この手段によって彼は教会裁判所に移されたのであるが、そこは最も厳しくなく、つねにより快適であった。ここで彼は、前の判決にもかかわらず、浄罪の宣誓を許され、それに、もし彼が無罪だという意見をもつ一二人の証人の宣誓をつけることができるなら、彼は赦免された。しかし、彼がこうして罪から浄化されえなかったとしても、主教は彼が更生可能かどうかを考慮することができた。もし更生可能と考えられたなら、一定の教会の苦行を行うように判定され、もし更生不可能と考えられたなら終身投獄された。——このようにして、教会人自身が法律を回避しただけでなく、教会に対して何らかの依存関係をもつすべての人が、

111

法律を回避したのである。教会の掃除人、門番、その他の召使、すべてが教会人として裁判に参加したのである。〔何らかのかたちで教会人であったすべての人が処罰を逃れたので、教会人にとっては、誰でも思いのままに、最初の剃髪によって教会人序列の下層の助祭にすることによって、解放するのは容易であった。助祭はわれわれが説教師とよぶものに似ている。しかも、当時の教会人は保護を求める者には誰にでもそれを認めたから、処罰されたのはわずかしかいなかったか、誰もいなかっただろう。〕［112裏］その結果、教会人のこの権力をある程度規制するために、次のことが確立された。すなわち教会人の恩恵を請求する者がいた場合、聖書が彼のところにもってこられて、彼がそれを読むことができれば請求は支持され、読めなかったならば彼は拒否されたのである。当時は、読むことが、教会人であることの十分な証拠だと考えられたのであるが、それは、彼らの主な仕事が祈祷書を読むことであり、教会人のほかには誰もそれをすることができるほどの学識を取得していなかったからである。これはヘンリ八世のときまで続き、彼が謀殺に関して、これを完全に廃止した。[66]〔この教会人の恩恵は、はじめは殺人だけでなくすべての重罪的行為あるいは重罪に、すなわち反逆罪を除いて、死刑にあたるすべての犯罪に及んだのであり、このやり方で悪意の予謀による殺人さえ含んだのである。〕［111裏］——だが、それにもかかわらず、それはいまなお故殺に関して存続している。〔それは重罪になる殺人の第二の種類

112

である。赦免可能な犯罪においては、それは決して必要ではなかった。――｝〔111裏〕そして今日に至るまでそれは使用されていて、故殺で有罪であるものが教会人の恩恵を請求すると、前に述べた場合を除いて、手に焼印を押されるという小さな処罰だけで、彼は釈放されるのである。｛スコットランドにおける教会人の力はイングランドに劣らないが、この教会人の恩恵はこの国の裁判所では必要ではなかったため、ローマ・カソリックの教会人の追放に際して完全に廃止された。そしていまでは、スコットランド法ではいずれも等しく死をもって罰せられるので、謀殺と故殺の区別がない。(67) アン女王の法律(68)によって、この教会人の恩恵という特権は、字が読めない人々にまで拡張された。その資格がないために免罪できないという事例が多かったからである。｝〔112裏〕

〔**偶殺**〕

何の企図もない偶然的な殺人である偶殺 chance manly[11] は、まったく赦免可能とみなされているが、これには故殺と同じようにいくつかの制限がある。すなわち〈もし〉それが何か重罪的な行為をしているうちに行われたならば、その罪は謀殺と同じ見方で考察されるのである。たとえば、飼い鳥を盗み去ろうとして射たとき、人を殺すことになったとすれば、彼は誰も殺そうという企図はなかったのに謀殺者とみなされた。(69) それは彼が従事していた行為そのものが非合法であり、重罪的であったからである。鹿か兎を盗むために兎飼育場か

狩猟場に押し入り、偶然に番人を殺してしまったという場合も同じである。すなわち、偶然に人を殺すことも狩猟場や兎飼育場に押し入ることも、盗みが犯されなければ死罪ではないのだが、その企ては重罪的であるから彼は謀殺者とみなされる。｛そしてこの場合には、謀殺者だけでなく、この仕事に参加した全員が謀殺について訴追を受ける可能性がある。｝〔112裏〕より厳しい法律家たちは、狩りをしたり火器を携行したりする資格のない者が、そこで偶然に人を殺したとすれば、死をもって罰せられるべきだという見解をもっている。しかし現在の法律によれば、彼は、正当な資格なしに狩りをしたり火器を携行したりする者に対して定められた罰金を科せられるだけであろう。同じようにして、人々を驚かそうとして街路で荒れ馬に乗り、何かの拍子に人を殺したとすれば、より厳しい法律家たちの意見では、謀殺者とみなされるべきだが、現在の法律の穏やかさによれば、むしろより軽い手段で処罰されるだろうと、私は想像する。｛そして同様に、自己防衛の殺人においては、彼が壁に押しつけられた場合の

(66) 23 Henry VIII, c. 1 (1532).
(67) Cf. TMS II. iii. 2. 8：「もし……思慮のない行為によって、偶然に人を殺したとすると、多くの国の法律とくにスコットランドの旧法によれば、極刑に処せられる」。
(68) 5 and 6 Anne, c. 6 (1706).
[11] 前述のとおり、手稿の chance manly は chance-medley の誤記である。本書115ページの注61を参照。
(69) Hale, I. 37 ; Hawkins, I. 31. 40 ff.

ように、その敵の死のほかに彼の生命が救われる道がなかったことが、まったく明らかでなければならないのである。｝［113裏］正当化できる殺人の第一は、｛それは事前に争いがないことによって自己防衛によるものと区別されるべきであって、その場合にのみ赦免可能であるにすぎない｝［113裏］自分の身体、財貨、家屋を守るために、行われるものである。こうして、もし人が公道上で襲撃されて、強盗を殺すよりほかに逃げられる可能性がないならば、あるいは自分の家が襲われて、それを守るために襲撃者を殺すことになるならば、彼は処罰されない。あるいは、挑発しなかったのに路上で襲われ、逃げ道がなかった場合もそうであろう。しかし、もし彼が逃走できたにもかかわらず、逃走を図るためではなく武器を抜くために一〇歩か一二歩退いて、それから反撃に転じたとすれば、彼は少なくとも故殺の罪があるとみなされるだろう。もう一つの例は、ある人が国王の役人たちに抵抗するか、彼らから逃げるかして、乱闘のうちに、あるいは役人たちまたはその部下たちに追われて殺されるという場合であり、〈これが?〉彼らをどのようにであれ処罰されるべきものとするとは考えられない。しかし、もし彼が何の関係もない人々によって殺されるとすれば、彼らは謀殺の処罰を受けるだろう。なぜなら彼らは彼を逮捕し、阻止する権利をもっているが、彼らの本来のビジネスを行うのではなくて彼を死に至らせることについては、彼らに何の正義もありえないからである。殺人が正当とされて、何の処罰も受けえない第三

115

の場合がある。これは、他人を殺すほかには自分の生命を救う方法がないという場合である。これが起こりえる場合は、私の知る限りひとつしかない。それは、著者たちによって普通にあげられる例であるが、船が難破したあとで一枚の板に二人が乗り、それによって二人がともに助けられることは明らかにありえないと思われる場合である。その場合にもし、彼らのうちの一方が他方を排除したとしても、この殺人は正当とされるであろう。なぜなら、彼がここで他方を排除する権利は、他方が彼を排除する権利にまさるものではないが、それでも彼の生命を救う方法はほかにはないのだから、彼は自分の側に緊急避難という弁明をもっていたからである。しかしこれはきわめてわずかな重要性しかなく、しかもめったに起こらないので、法律はまったくこれを排除している(70)。

それゆえ、イングランド法によれば、殺人には三つの種類がある。第一は重罪になる殺人であって、これには二つの種類があり、悪意の予謀による謀殺と故殺である。第二は赦免可能な殺人であり、これにも二種類があって、偶殺すなわち不運による殺人と自衛のための殺人である。第三は正当とされる殺人であり、それもまた二種類あると考えられている。自分の身柄、家族、所有を防衛するために人を殺す場合、あるいは役人が抵抗する犯人を逮捕するに際して、あるいは国王の役人に協力している人々によって、犯人が殺される場合である。

正当とされる殺人と、教会人の恩恵によって弁明または赦

116

免が可能な殺人とのあいだには、かなりの違いがある。すな 117
わち、ある人が謀殺によって告訴され、自分は故殺の罪しかないことを知っているとすると、彼は自分は故殺の罪しかないのだと主張するだけでは、自由になることはできず、故殺について無罪か有罪かを主張するか、謀殺の罪状認否を問われて裁判を受け、彼の犯罪が故殺であったことを示す証拠になる事情を示さなければならない。そしてもし、それが裁判官によって、あるいはむしろ陪審員によって、そのとおりと認められると、彼らは、彼は謀殺では無罪だが故殺では有罪であるという判決を下す。そこで彼は、教会人の恩恵を主張することができるのである。同じようにして、偶殺か自衛のための殺人だけの罪のある者が、謀殺で告訴されると、彼は最初に偶殺か自衛のための殺人による有罪を主張することはできず、謀殺で有罪か無罪かを主張して、陪審員がさまざまな事情による軽減を考慮して、彼を謀殺については無罪だが偶殺については有罪だとするのに任せなければならない。それについて彼は、財貨による弁償などによって免除されるのである。しかし他方で、正当とされる〈殺人〉の罪しかないものが、謀殺で起訴されると、彼は謀殺についての罪状認否を求められるのを認めず、最初に謀殺無罪を主張して、人々が有罪とされてきた殺人の種類と、それがそうであることを
示す事情とを明示することができる。それによって彼は、た 118
だちに釈放されるであろう。

［贖罪奉納］

ここでわれわれはまた、理性的被造物だけが、人の死の原因であったために罰を受けるのではなく、ほとんどすべての国において生物も無生物も、人の死という大きな悲運の原因であったものは｛とにかく処罰に委ねられる｝［117裏］のだと述べることができる。われわれは自然にわれわれの友人の死の原因であったようなものを、特にそれが偶発事件のせいであれば、ある恐怖と嫌悪をもって見ることになる。剣やその他の武器、あるいは彼を突き殺した牡牛などがそうである。それらは horrenda et excrabilia すなわち、おそろしく唾棄すべきもので、呪われたものとみなされた。そのためにそれらは、神から与えられたものだと言われた(71)。それは聖別されたことを意味するだけでなく、不浄とみなされるべきものであることを意味した。アテナイ人のあいだでは〈貴賓館(72)〉とよばれる裁判所があって、そういうものを裁判し処分した
のであり、われわれは、家屋の軒蛇腹から落ちて偶然に人を 119
殺した斧が、厳粛に断罪されて、華やかな行列で運ばれ、海に投げ込まれたということを読むのである(73)。ユダヤ法によれ

(70) Hawkins, I. 28. 11, 17, and 26.
(71) deodat はスコットランドでは deodand.
(72) 手稿の空白。貴賓館 Prytaneum のこと。Pausanias, *Description of Greece*, I. 28. 11 では、斧の裁判について述べられている。
(73) Meursius, *Themis Attica* (1685), I. 17. Kames, *Law Tracts*, I. 13 に引用されている。実際に投げ込まれたのは倒れた像であった。

ば、人を突き刺した牡牛は殺された[74]。このようにして、生物または無生物がたまたま人の死の原因であったときには、そのことがわれわれの動物的本能のなかに一種の憤慨あるいは怒りをかきたて、それはなんとかしてなだめられなければならないのである[75]。偶然に友人を殺した剣は、われわれが言ったように嫌悪をもって見られるのだが、もしそれが殺人を犯したあとに他人の手に渡るとすれば、われわれの憤慨はその剣から、死の原因としての剣をもつ人物に移るのである。イングランドの贖罪奉納物法によれば、人の死の原因であったものは何でもこのように聖別された。以前には教会人がそれを請求したが、いまでは教会の首長である国王が請求する。〈隊列が〉[12]静止しているときに、そのなかの一頭の馬が人を殺したとか、あるいは車両をよじ登っていた人が落ちて死ぬか大怪我をしたとすると、その車か馬は贖罪奉納物となる。しかし、もしその隊列が動いていて、その人が全体の組み合わさった力で殺される｛あるいは動いている車両から落ちる｝［119裏］とすると、隊列全体と車両とそのなかのすべてが贖罪奉納物となる。同じことが、水車についても適用されている。しかし近頃、車両のなかの財貨は贖罪奉納物ではなく、水車も、独立して壁に向かって立てられたのでなければ同様であると、決定された。突き刺す牡牛または蹴る馬だけでなく｛それらはたいていの国で殺される｝［119裏］、人が落馬によって死んだ馬も、彼自身の不注意によるものだとはいえ、国王によって請求されることができる。しかし、木や家

から落ちて死んだ人、あるいは一般に固定されている vincta et fixa とよばれるものはすべて贖罪奉納物にならない。人が船から海に落ちることが、その船を贖罪奉納物にするかどうかは、議論されてきた。そのことは否定的に決定されてきた。水夫たちはその境遇によって絶えずそのような危険にさらされているのであり、それはきわめてしばしば起こるに違いないからである[76]。

［補償と復讐］

以上が、殺人または人殺しについて、すなわち人の身体に対してなされうる最も凶悪な侵害について、私が言わなければならないと思うことのすべてである。——われわれはいま、人がその身体に対して侵害を受けうる、もうひとつの方法に到達した。すなわち不具化、四肢切断、殴打、傷害などによるものである。——これらすべてについて、すべての国の最古の法律は金銭的な補償を指定してきたのであり、それは彼らが謀殺について指示したのと同じ動機から出たものであった。——これはひとつの一般的なやり方であり、ヨーロッパのすべての国民の野蛮な先祖たちの共通の慣行であったように思われる。これらの国民のどれをとっても、われわれはその法律のなかに、身体の各部分について個別の評価があるのを見るのである。——たとえば、ランゴバルド法によれば[77]、笑ったときに現れる歯のうちのひとつを抜いた者は、二シリングを払い、現れない歯を抜いた者は一本一シリ

ングを払った。すなわち、現れない歯のひとつである顎歯であれば一シリング、現れる歯の二本ならば四シリング、三本ならば六シリングであり、後者の二本なら二シリング、三本なら三シリングであったが、もし彼がいずれかからそれ以上を抜いたならば、彼はそれ以上を払うことなく、交渉に任せた。同じようにして、頭への一打に価格が決められていて、それは約三シリングだった。しかし、彼らが値をつけてきて一八シリングに達したとき、それ以上は払われることなく交渉に委ねられた。なぜなら、そうしなければ人は相手に全面的な損害を与えることによって、破産させられたかもしれないからである。同じようにして、手の指のひとつひとつの切断について値段が決まっていて、右手か左手かによっても値段は違った。足についても同様であった。手、腕、足、脛、その右と左に、それぞれ値段がついていた。目、鼻、耳も同様である。これはヨーロッパ全体にわたって行われていたのである。当時の大きなビジネスであった軍役にとって絶対に必要な身体部分の損傷は、死刑か報復などによってより厳しく罰せられた。われわれはこれらに、去勢を加えることができる。

122

すべての国の法律は、その第二段階で、金銭的補償の代わりに報復を取り入れた。これははじめは、不法行為者 delinquent が罰金を払えないときに導入されたのであり、謀殺に対する死刑が、謀殺者とその友人たちが示談金を支払えなかったときに、補償金の代わりに導入されたのと同じである。

123

——同じようにして復讐は、その人の死について友人の死がなぐさめられる必要があるから、彼らにとっては犯人が被害者と同じやり方で同じように傷つけられることを必要とするだろう。それでユダヤ法は、目には目を、歯には歯をとし(78)、十二表法は、誰かが手足を損傷されてそれについての補償の取り決めがなければ、同害復讐になるだろう(79)としている。これらよりさらにのちの諸法は、報復の代わりに被害者に損害賠償を与えた。報復は疑いもなく野蛮で非人道的な慣習であるため、たいていの文明国では行われなくなったのである。スコットランドとイングランドでは、それはほとんど廃止されている。しかしホラントでは、それはやはりある程度残っていて、特に顔の傷についてはそうである。それは、その国では非常に普通の種類の傷害なのだ。この場合には、犯人は処刑台に引き出され、相手の顔に彼が作った傷を測

124

(74) 出エジプト記 21 : 28.
(75) TMS II. iii. 1. 3 で、憤慨と感謝がしばしば生命のない対象や動物にも及ぶと述べたあとで、スミスは後者は前者より非理性的でないと付け加えた。「したがって動物は、生命のない対象よりも、憤慨や感謝の対象として不適当でないのである。噛みつく犬や突き刺す牡牛は、ともに処罰される」。
[12] a drawing として a だけを残している。
(76) Hale, I. 32 ; Hawkins, I. 26. 5, 6.
(77) *Lex Longobardorum*, I. 7.
(78) 出エジプト記 21 : 24, 申命記 19 : 21.
(79) Si membrum rupit, ni cum eo pacit, talio esto（表 VIII. 2).「手足の損壊については（補償についての）取り決めがないならば、同害復讐になるだろう」(Kames, *Law Tracts*, I. 42 に引用)。

り、自分の顔にそれと同じ長さ、幅、深さの傷を作るように努めるのである。――悪意の予謀による不具化は、チャールズ二世の時代に起こった特定の事件によって、死刑とされた(80)。劇場を維持すべきかどうかという下院の討論において、議員のうちの誰かが賛成討論で、ことのついでに、それは国王の楽しみのために維持されているのだと主張したのである。これに対してサー・ジョン・コヴェントリが、それは男優のことか女優のことかと質問した。それは大きな侮辱を伴う粗野なジョークであったので、宮廷派を非常に怒らせ、そのために国王の希望によって、彼の婚外子であるモンマス公と数人がサー・ジョンを要撃した。彼は勇敢に防衛したがついに圧倒され、暗殺者たちは彼の耳と鼻をそいだのである。このことは下院にとって大変衝撃的であったように思われ、〈そのために〉彼らはただちに法律を作り(81)、待ち伏せして相手を不具化する者は死刑と定めた。この法律はその後一度しか実施されなかったが、そのただ一度でもかなり拡張された。その事件は次のとおりである。訴訟代理人のウッドバーンという男が、手助けのために雇った鍛冶屋の〈　〉とともに義兄弟を待ち伏せした(82)。彼らはその男を生垣鎌で殴り倒し、それから刈り取り鎌を使って殺そうとしたが、殺す代わりに顔面をきわめて衝撃的な方法で切りきざむにとどめたのである。彼らは逮捕され、前述の法律によって裁判にかけられた。この法律は立法の原因によって、今日に至るまでコヴェントリ法とよばれている。彼は答弁のなかで、自分は相手を

125

126

不具にする企図をもって待ち伏せしたのではなく、謀殺の企図をもってそうしたのだと主張し、謀殺の企図が最終の論点として利用されたとき、彼は[13]ピストルの発射は死をもって罰せられないのだから、彼を有罪とすることはできないと主張した。しかし、陪審は彼を有罪にしようと熱心だったので、次のように答えた。彼は不具にしようと企図して待ち伏せしたのではないが、彼が使った道具は、それが彼らを殺さなかったとしても不具にせざるをえないものである〈から〉、彼は有罪とされるべきである、と。これに応じて彼とその共犯者は処刑された。このとき以来、人を殺すか不具にするに違いない道具をもって誰かを待ち伏せすることは、死をもって罰せられるものとみなされてきたのである。

不具化、四肢切断、およびそれと同類のことが処罰されるべき侵害であるだけでなく、こぶしを固めるとか、剣やピストルを抜くなどの何らかの恐怖、脅迫感におちいらせて、相手を恐れさせることもそうである。これは襲撃とよばれる。同じようにして、人が人を殴打したり傷つけたりしても、不具化も四肢切断も生じなかった場合には、彼は打撃について処罰される。これらは一般に同時に発生するため、暴行殴打という題名の下にまとめられて、任意の罰金と損害補償によって罰せられる。というのは、法律は諸個人の安全だけでなく安全保障にも配慮するべきだからである。

127

〔不当な拘束〕

人の身体に対してなされうるもうひとつの侵害は、彼を拘束してその自由を奪うことである。公正上は、犯罪人のほかは誰も拘束されるべきではない。しかし、もし裁判官が、ある人を有罪とするのに十分な証拠がないうちは、彼を拘束することを許されなかったならば、裁判はまったく実施できないだろう。それゆえ彼は投獄の権力をもつのだが、随意にで
128 はない。というのは、正当な根拠のない恣意的な投獄は、間違った、あるいは（イングランドでは）虚偽の投獄とみなされるからである。しかし、誓約を伴うかどうかにかかわらず一人の証人の情報、広く知られた名声、あるいは裁判官の個人的な知識が、十分な証拠となり、誤認投獄の訴追から彼を解放する。しかし、裁判官自身が十分な根拠〈なしに〉投獄を行ったか、証人が企図をもって虚偽の情報を与えたのであれば、その投獄はイングランドでは虚偽、スコットランドでは過誤とされ、非常に高い罰金が、前者の場合には裁判官に、後者の場合には証人に科せられるのである。これに加えて、故殺を含む保釈可能なすべての犯罪について（不十分な保釈は重く罰せられるのだが）適切な保釈を裁判官が拒否するならば、彼は過誤投獄の罪があるとされて、スコットランドでは貴族ならば六千ポンド、郷士ならば三〇〇ポンドの罰
129 金を科せられる。(83)――しかしながら、これらすべての警戒にもかかわらず、無罪の（あるいはそうでない）人が、長期拘留されることが起こりうる。すなわち、彼が巡回裁判の直後に捕らえられて、十分な保釈金を調達できなかったとすると、彼は裁判を受けることができる次の巡回裁判まで、約六カ月にわたって拘留されるだろう。だからイングランドでは、人身保護令状に訴えることによって、旅費を負担して首都に送られることができ、裁判は四〇日以内に行われると定められている。(84)しかしそれでも、貧しい人にはこれらの費用を払う余裕がないから、このことは困難であった。このことはスコットランドでも回避された。そこでは人身保護令状による必要がなく、各州の長官は刑事事件においても有能な裁判官であるため、判決は六〇日以内に与えられるからである。そして〈読めない一字〉遅れると過誤による投獄としてより高い罰金で罰せられ、貴族ならばそのような一日につき

---

(80) Rapin, *History of England*, tr. Tindal, II. 658 ; Burnet, *History of His Own Time* (1753), I. 397.

(81) 22 and 23 Charles II, c. 1 (1670).

(82) *Woodburne and Coke's Case* (1722), Howell's *State Trials*, XVI. 53. 実際にはコーク Coke（あるいはクック Cooke）が「訴訟代理人」であった。彼は自分の義兄弟であるクリスプという男を殺すために、鍛治屋のカーターを誘ったが成功しなかったので、労働者のウッドバーンを説得して、自分の目の前で殺人をさせようとした。

［13］he が the と誤記されている。

(83) Act, 1701, c. 6 (A.P.S. X. 272) は、死罪以外のすべての犯罪は、保釈が可能であると宣示している。保釈を与えなかった場合は不当投獄の罰金を科せられ、その額は貴族ならば六千ポンド、地主郷士ならば四千ポンド、その他の郷士または市民ならば二千ポンド、それ以外は誰でも四〇〇ポンドであった。

(84) 実際は二〇日以内。31 Charles II, c. 2 (Habeas Corpus Act, 1679).

130 一〇〇スコットランド・ポンド、貴族でなくてもそれぞれに
補償がある。もし本人が望むならば、彼は身柄をエディンバ
ラの高等民事裁判所に送られることができる。

〔四分の三ページの空白〕

131 　この過誤または虚偽の投獄によるもののほかに、人は自分
の自由を別の形態で侵害される。すなわち、人は強制的な拘
束によって、あるいは他人の自由に対してなされるその他の
暴力あるいは脅しによって、その人を自分に対する責務の下
に置き、その自由を侵害する。すべての責務は、人を制限の
下に置くからである。ところで、人からいわゆる強制によっ
て押しつけられた、すなわち誰かに対する苦境または恐怖に
陥れられて強いられた契約または責務は、すべて無効であ
る。それは恐怖によって搾り取られたものだからである。こ
うして、当事者におけるすべての恐怖は、彼らがその下に置
かれたすべての責務を、はじめから無効とする。——強姦
は、女性の自由を破棄するものであり、彼女に対する重大な
侵害であるから、すべての文明国の法律によって死をもって
罰せられる。死刑だけが、彼女に対してなされた侵害の十分
な償いのように思われるからである。同じようにして、強制
によって行われた結婚は無効であり、そのうえ、相手を強制
した当事者は死刑を受けるべきである。なぜなら、一般に男
性が女性を強制するのであって、強姦の場合と同じ侵害を彼
132 女の評判に対して行うからである。侵害した人物の死は、こ
の場合、女性が受けた侵害に対する唯一の十分な償いである
ように思われる。同様にまた、他人をその意思に反して強制
して、ある責務の下に置くものは、その責務を失うだけでな
く、さらに裁量による罰金を科せられる。以前には確かに、
裁量による科料という処罰が、強姦に科せられた罰のすべて
であったが、より文明化した国々では例外なく、これは死刑
に変えられた。これはその人物がなすべき償いとしてだけで
なく、国王に対して支払うべき科料の代わりでもあった。す
べての刑事訴訟では、犯人を二つのやり方で訴えることがで
きた。第一に国王名の起訴状か、第二に私訴追者の訴訟手続
きによる私訴追である。したがって、強姦あるいは強制によ
って押しつけられた結婚や責務の訴訟においては、被害者は
あとからそれに同意しなければならない。あるいは、彼らが
133 事後合意とよぶものが彼の私訴追を無効にするが、犯人はや
はり国王名の告訴状に示されるだろう。——〔ここでわれわ
れが言わなければならないのは、人を恐怖に陥れて、その手
段によって彼をある責務に入らざるをえなくした場合、その
脅迫は、そういう責務を無とし無効とするが、それでもわれ
われは次のことを理解しなければならない、ということであ
る。すなわち、これは、彼を非難や侮辱によって脅やかすと
いうような、彼をそうする資格のない人による恐怖にのみあ
てはまることであり、もし責務が要求されている項目につい
ての訴訟で脅かすのだとすれば、これは悪意であるが不正で

はない malus non injustus から、その責務を無効にはしないだろう。」〔132裏〕しかしながら、一国の統治がその臣民に対して完全に保持する人類の対人権のなかで、彼の身柄の自由の保持以上に難しいものはない。無実の人々がある犯罪で告訴されて、出廷のために保釈を得なければならない場合や、あるいは犯罪が非常に嫌悪すべきものであるため、保釈金が必然的に投獄を我慢してもいいほどに高いということが、しばしば起こるに違いないのである。確かにこれは、もし彼が正当な証拠か情報にもとづいて拘禁されたのであれば、法律によって過誤または虚偽の投獄とみなされるものではないのだが、しかしこれはやはり臣民の自由の重大な侵犯なのである。それでも、これはあらゆる社会において避けられないことである。なぜなら、もし誰でも、彼が訴えられている犯罪が彼にとって不利に決定されるまでは投獄または拘禁されてはならないとすれば、犯罪者が裁判を受けることは決してないだろうからである。もし裁判官が、有罪の十分な証拠があってもその人を投獄することを許されないならば、それは彼が犯人を処罰することを許されないのと同じである。もし投獄されることが大変ならば[14]、まだ期日にならない借金をもっている人に、その金額の保釈金を払わせることさえできるのであり、もし裁判官が債務による投獄の権力をもっていなかったならば、多くの債務を払わせることは決してできなかっただろう。そうして、犯罪者を裁判に引き出すことは、さらに困難だっただろう。臣民の自由は、グレート・ブリテンで

134

は確かに他のどの国とも同じようによく配慮されている。すなわち、前に述べたとおり、もし裁判官が彼自身の意見にもとづいて間違った投獄をするか、あるいはある人が虚偽の情報を与えるかすれば、非常に高い罰金を科せられるのである。第二に、判決は、自分が最高裁判所に、あるいはスコットランドではその州の長官の前に連れてこられることによって取得できる。州長官は死刑事件についての裁判官でもあるので、きわめて短時間で、人身保護法を不要とする。さらに第三に、囚人がそのときから拘束されて審理にかけられなかったならば、その毎日について非常に厳しい罰金を科せられる。彼を裁判に呼び出すのが遅れた裁判官か、判決の実行を遅らせた役人かが、厳しい罰金を科せられるのである。臣民の自由についてこれだけ大きな配慮をしている国は、わずかしかない。すべての恣意的な統治においては、臣民たちは君主の意のままに投獄されうるのであって、フランスでは、逮捕状が誰でもバスティーユに放りこむだろうし、彼は保釈される力をもたず、政府が望む時期よりも前に彼の裁判を開かせる力をもたない。ヨーロッパの他の大抵の国にはそうする力が存在する。しかし、これらすべての警戒にもかかわらず、どの社会でもときには無実の人々が、この種の辛苦の下に置かれるだろう。

135

〔14〕 or if it be great to suffer imprisonment の or を無視する。

〔**評判権**〕

対人権の次の種類は、人が自分についての正当な評判などに関してもつ権利である。これについて人に対してなされうる侵害は、通常、次のようなものに分けられる。まずは他の人々がいるところで、その人が卑しく思われるようにするため、ある行為をすることによって行われる。これらは真の侮辱とよばれる。第二に、言葉によって行われて悪口とよばれるもの(85)と、最後に、それが書かれて中傷文とよばれるものが 136 ある。

最初に真の侮辱について。法律はこれらを、近代の慣習に適合するようにではなく、むしろ旧法が受け取っていたような意味で考えがちであった。すなわち侮辱としてよりも、襲撃・殴打として考え、したがってそれらに対して非常にわずかな償いしか与えなかった。そのために決闘がしばしば行われたのだと考えていいだろう。殴打、こぶしを振りかざすこと、顔につばをはきかけることについて、法律によって得られるのはきわめてわずかな償いにすぎない。一〇ポンドが、顔面殴打に対して支払われる罰金のすべてである。〔ローマ法においては、そのような侵害に対する罰金は、二、三シリング(86)にすぎなかった。最高の侮辱とみなされたであろうすべての侵害に対する補償も、同じように取るに足りないものであった。そして今日のわれわれの法律によると、人の鼻をつまむことなどに対する科料は、きわめてわずかにすぎない。処罰が軽かったことが、ローマに決闘を導入するという結果を招いたのではなく、諸国民のさまざまな事情が容易にそれを説明する。〕〔135裏・136裏〕確かに、襲撃・殴打として考えられたこれらの侵害は、非常に取るに足りないものであり、法律が定めた罰金で十分に償われる。しかしこの科料は、名誉の法が受容されている国々の人々のマナーのなかで考えら 137 れた場合には、決して適切な償いではない。なぜならそこでは、それらは想像される限り最大の侮辱とされていて、実際にこの件ではきわめて大きな侮辱なのだからである。侵害は切りつけられた傷にあるのではなく、それによって彼が置かれた急迫状態にある。それは決闘において生命をさらすこと、あるいは彼自身の階層の人々によって、貧しく卑しく弱気で恥知らずとして、今後ずっと軽蔑され侮辱され続けるということである。それらの人々の付き合いから、彼は今後ずっと排除され続けるだろう。小額の罰金は、そのような侮辱に対して十分な補償ではない。人に対してうそつきだとか、その他の非難の言葉をあびせるというような言語的侵害は、その時代には決闘の十分な理由であるから、極悪の侵害であるに違いない。〔それらはそれら自体で大きなマナー違反であるが、帰結を何も考えなければ、最も許しがたいものではなかっただろう。〕〔136裏〕そのような侮辱という侵害が生じたのは、まったく名誉についてのこの新しい見解からである。その最初の起源は、法律によって確立された決闘裁判にあったのだが、そのほかにいくつかの付随的理由があって、決闘裁判が使用されなくなって三〇〇年か四〇〇年が経った 138

いまに至るまで、それを維持してきたのである。この時代より前には、これらの侵害は身体に与えた傷として考えられ、したがって処罰は非常に小さく、その侵害に対して非常に不適当で、彼がそのために訴訟を起こす値打ちがあるとは誰も考えないほどであった。――われわれが最大の侮辱と考える行為と言葉が、以前にはあまり重視されなかったということを、われわれは理解している。プラトンはその対話編のなかでつねに、ソクラテスが話し相手の人々に向かって、通常の会話を超えないものとして受け取られるような、うそをついていることを紹介している。ロンギヌスが[15]、デモステネスの全著作のなかで最も崇高な章句のひとつとして引用しているのは、彼の弁護依頼者が相手によって次から次へと徹底的に殴られたことを、争いの全体にわたって悲痛な言葉で述べ、彼の裁判官に対してそれを詳細にわたって十分に説明しているところである(87)。ロンギヌスはこの文章を、崇高の例として引用している。ここから明らかなことは、そのような侮辱について相手を裁判所に訴え、あらゆる事情を詳しく述べることが、卑しいとはみなされなかったということである。しかし、もしこの時代にある人が裁判官に対して、自分が殴られた詳細をすべて説明して、補償が受けられるように懇願するとすれば、彼が犯人を呼んで自分で決着をつけなかったのは、可能な限り最もこっけいで卑しい態度のように見えるだろう。というのは、法律がその侵害に対して何か適当な賠償を与えないならば、人々は自分の手でそれを取得する資格

139

があると考えるだろうからである。したがって、われわれの法律において、これらの侮辱に対して課せられるわずかな処罰は、決闘のひとつの大きな原因であって、法の欠陥と考えられるべきである。フランスの名誉裁判所が考え出した罰は、そのような侮辱によって与えられた侵害について、はるかによく考えられたものであった。すなわち、なされた侵害は、その人をさらし者にして、滑稽に見せようという企図で行われたのだから、適切な罰は、他人を侵害した人が滑稽に見えるようにすることであり、さらし台で恥さらしにし、侮辱の事情に応じて考慮された投獄や科料によってそうすることである。――言葉による侮辱は、舌ほど統御しにくいものはなく、舌ほど相手を突然怒らせやすいものはないので、他のすべてのなかで最も予防が困難である。重要性が少ない

140

---

(85) Mackenzie, *Laws and Customes of Scotland in Matters Criminal* (1678), I. 30：「侵害は言葉か実物による」。

(86) 二五アス［アスは共和制ローマ時代の硬貨］。Cf. Aulus Gellius, XX. I. 13.

[15] ロンギヌス（Longinus）は一世紀に書かれたとされる『崇高について』の著者。

(87) Demosthenes, *Against Meidias*, 21. 72 が Longinus, *On Sensibility*, 20 に引用されている。しかし、これは、ひとつの文章のなかでのいくつかの修辞の組み合わせの例としてにすぎず、最も崇高な文章のひとつとしてではない。スミスはロンギヌスの数行前の説明を間違って記憶しており、そこではヘロドトスのある文章が最も崇高とされている。筆記者ははじめ「彼に与えられた打撃」と書き（襲撃はデモステネス自身に対するものだったのだから、これは正しい）、その後「彼」を the clien[t] に書き換えた。

ものごとは、法律によって配慮されず、それらのうちのいくつかが、名誉の法によって厳しく処罰される。しかし法律は、より重要な、人格を傷つけるかもしれないことに対しては、補償を与える。こうしてもし誰かが他人によって、謀殺、姦通、あるいはその他の刑罰を受けるべき罪があると言われるならば、彼は民事裁判所において補償を受けることが
できる。あるいはもし人が他人の資格を傷つけた場合、たと 141
えば、私が占有している[88]家屋についてある人が、私が彼以上の資格をもたないと主張し、他の人々をけしかけて私に対する請求権を主張させるとすれば、彼は裁判所で説明することを求められるだろう。さらにまた、言っておくべきことは、これらの誹謗についての真実は、犯罪として軽いと言われても完全に訴訟を阻止することはできないということである。なぜなら、誰かの権利のひそかな失敗、ひそかな欠陥を暴露することは、関係のない人物の仕事ではないからである。〔これらの侵害に対する処罰は、侵害されたものの復讐心によって自然に指示される。すなわち、侵害が身体を暴露することであれば、処罰は任意の科料、投獄、さらし台である。――〕〔140裏〕ほかに、性的放縦などに関する誹謗のように、民事裁判所がかかわりをもたない誹謗がある。それらが実際に行われても、民事裁判所は処罰しないで、教会裁判所に委ねられる。同じようにして、誰かをこれらの罪について非難したことを訴える場合にも、告訴は教会裁判所に対してなされなければならない。そして一般に、虚偽の非難についての
補償は、その罪が実際に行われたときに告訴されるはずの 142
裁判所で得ることができる。

書かれた侵害または誹謗は、しばしば思慮を伴わない口頭のものよりも、熟慮された悪意ある侵害であるから、法律によってより重く処罰される。すべてのそのような誹謗文書の著者だけでなく、筆者、印刷者、出版者もである。さらし台、投獄などが、この犯罪に結びついてる刑罰であり、それはそのような誹謗文書の存在を知って普及に努めた者にまで及ぶ。〔しかし一般に誹謗者は、彼が誹謗する相手の評判よりも自分の評判を傷つけるのだから、その非難がそれを本当らしく思わせる事情と特に結びつけられていて、その人の名声をいちじるしく傷つける性質のものでない限り、そのような誹謗に対しては、軽蔑して告訴をしないのが最も慎重な態度である。というのは、いま言った場合を除けば、誹謗されている人物がそれを軽蔑した場合よりも、誹謗を取り上げて問題にするほうが、その罪がありそうだと思われるからである。〕〔141裏〕誹謗処罰の厳しさと訴追の真剣さは、統治の形態に大いに依存する。すべての貴族制統治では、あるいは貴族が大きな力をもっていればどこでも、それは専制的統治にさえまさる最大の厳しさで処罰される。というのは、国王がそのようなスキャンダルよりはるか上にいるため影響されない誹謗も、下級貴族を大いにいらだたせ、その結果彼らは、違反者たちを最大の厳しさをもって訴追するのがつねだからである。ホラントとスイスの諸共和国を除けば、ヨーロッパ

のどの国でもイングランド以上に誹謗を軽視することはな 143
い。誹謗と罵倒の紙誌は、このあたりでも毎日手渡されるが、フランスならばそれは、筆者たちをバスティーユに送るか、死をもって罰するだろう。その厳しさは、今日のヨーロッパのたいていの君主国では、これに劣らない。古代ローマの君主制あるいは貴族制の統治では、誹謗文書の出版者は死をもって罰せられた。十二表法には、「誰でも他人に対して呪文を作るものは死刑に処せられる」(89)と記されている。これは、死罪として非難されたことのひとつにすぎないと言われるが、そのことについては根拠がない。しかし、ローマの民主制統治のときに、非常に非理性的なこの刑罰は除去されて、この点で大きな自由が民衆に与えられた。だが、君主制の統治形態が再び復活すると、古い刑罰も戻ってきたのである。アウグストゥスが十二表法を再建して、彼の時代には多くの人々がこの法律によって処刑され、ティベリウスのとき
にはさらに多かった(90)。そうして、ウァレンティニアヌス、テ 144
オドシウスとその頃の時代には、それは著者と筆者だけでなく、誹謗を発見してただちにそれを焼却しないで他の人々に見せた人々にも及んだ(91)。一般にこの点に関する自由は、民衆の自由の大きな指標である。すべての専制的な統治と恣意的な統治において、誹謗はまったく抑圧されるが、民衆がより大きな自由を享受しているところでは、それはあまり重視されない。実に最もスキャンダラスな誹謗ではあっても、度重なっても大きな害にならないものは、毎日出版されても最小の注意さえ払われることがない。あらゆる政体のなかでも貴族政治はそれについて最も嫉妬深く、すべての君主政治は――ブリテンの君主政治を別にして――その抑圧に努めるのである。

一七六三年二月三日　木曜日[16]

［**資産に対する侵害**］

一人の人間としての人に対して与えられうる侵害で、これまで考察しなかったものは、彼の資産に対する侵害である。〔このことは、彼の不動産または動産を侵害することによって行われうる。第一に、人に対して彼の不動産についてなさ
れる侵害について。〕［143裏］それには二つの種類がありう 145
る。というのは、彼らは第一に、彼の占有不動産 immovable possessions について彼を侵害するかもしれず、あるいは第二に、占有動産について彼を侵害するかもしれないからである。さらにまた、人は彼の占有不動産について、その家を焼かれた

(88)「彼が占有している」は「私が占有している」の誤記。
(89) Qui malum carmen in alium condiderat, capite plectetur（表VIII. 1）. 正確な本文は、たとえば Horace, *Satires*, II. 1. 82 : si mala condiderit in quem quis carmina, ius est iudiciumque から推測すべきであろう。
(90) Tacitus, *Annals*, I. 72.
(91) *C*. 9. 36. 2 = *C. Th*., 9. 34. 7.
[16] 行間に、あとから小さく書きこまれた。

り破壊されたりして侵害されることがあり、それはイングランド法では放火と呼ばれる。あるいは、力ずくで資産から追い出されて侵害される。——放火 fire raising, incendium、あるいは住宅放火 arson、他人の住宅に意図的に火をつけることは、ローマ法、イングランド法、スコットランド法によって、死刑によって罰せられる。人が自分の家に火をつけることは、隣接地域への放火を意図してなされたのであれば、死刑に処せられるべきだと考えられてきた。もしそれが、そのなかの誰かあるいは彼の財貨に損害を与えようという意図でなされたのであれば、それより軽い程度の罰を科せられる。〔しかし、過失によって家を焼いたことは、処罰されない。〕〔144裏〕人を彼が占有する資産から追い出すことは、あらゆる場合に処罰されるのであり、追い出したものはその資産を、追い出されたものに対して、非常に短期迅速な手続きによって返還することを義務づけられる。そしてこの場合、社会制度 civil constitution は理性と自然の指示をかなり超えて拡大される。というのは、正当に占有していたものから追い出された人は、誰でも自然に、力ずくで自分の所有物の占有を回復する権利があると考えるのが普通であろう。しかし政府はこのことを、社会の平和と秩序に合わないとして許さないのである。自分があるものに対して権利をもっていることを知っている人が、そのものの占有を力ずくで獲得すると、占有を奪った他の誰とも同じく、その項目で訴えられて、非常に簡単な手続きによって、その資産を放棄することを義務

146

づけられてしまうのである。しかもこの手続きには、彼を追い出すのに使われた力を示す証拠のほかには何も必要としないが、それに対して、人が資産についてもつ権利の証拠は、つねに厄介であり、しばしば非常に疑わしい。こうして、ある人が占有していた資産に復帰した場合、他方が自分の権利の証拠を提出するかもしれない。しかし、あらゆる時代において、資産の占有を取得するための暴力は禁止されている。それでも次のことは言わなければならない。すなわち、こうして力ずくである資産を取得した人が、二年間にわたってそれを平和に保持することを許されたとすると、[92] あとになって彼が暴力について訴追されることはありえず、他方が自分の諸権利を立証するまで、占有を維持することを許されなければならない。この立証は、前にも言われたとおり、はるかに疑わしく厄介な手続きなのである。——さらに言わなければならないのは、暴力で占有を奪うのは不法であるが、占有を力で維持することは自衛行為にすぎないので不法ではない、ということである。

〔盗み〕

人の資産のうち移転可能な部分の侵害については、三つの種類がありうる。第一に窃盗、すなわち他人の財貨を自分の使用に当てようという企図をもって、ひそかに運び去ることであり、第二は強盗、第三は海賊行為である。第三が第二と違うのは、一方が陸上で行われ、他方が海上で行われるとい

147

148

うことである。

窃盗は当然、非常に高度の処罰に値するようには思われない。それは軽蔑すべき犯罪であって、何か高度の憤慨というよりもわれわれの軽蔑を引き起こすようなものである。――しかしながらそれは、ヨーロッパの大抵の国で死刑で罰せられていて、〈一二〉(93)世紀からそうであった。イングランドでは一二ペンスを超えるすべての盗みは重窃盗とみなされて、教会人の恩恵なしに死をもって罰せられる。一二ペンス以下の盗みは、追放か科料か鞭打ちによって罰せられる。イングランド法は、そしてスコットランド法もまた、ジョージ二世のときまでは、盗まれたものがある人の所有でない限り、盗みは死罪とされなかった(94)。したがって、鳩小屋から遠いところで鳩を運び去ること、あるいは小屋から遠くさまよい出た鵞鳥や家鴨をそうすることは、処罰される盗みではない。〔また、どの種類の野鳥でも、それを射撃する権利のないものが射撃しても、窃盗ではない。〕［147裏］しかし、小屋や巣から運び出すのは盗みである。同じようにして、ジョージ二世の法律まで、森または猟場のなかで鹿を殺すことは、猟園や囲い込みのなかであっても――夜間に黒覆面の人々によって行われた盗みは別として――窃盗ではなかった(95)。

149

しかし、その法律によれば、権利のない人による鹿殺しは、死をもって罰せられる。スコットランドでは、あらゆる種類の盗みは死をもって罰せられるのだが、盗みの額はイングランドよりもかなり大きいに違いない。より小さい額の窃盗は、追放で処罰される。しかし、イングランド法とスコットランド法の双方において、最小の額でも盗みが死をもって罰せられる場合がひとつある。それは実行の際に家屋が打ち破られた場合である。諸個人の安全保障が、この場合には他の場合よりも厳格で厳密な処罰を求めるのである。したがって、住居侵入はつねに死刑に処せられる。普通の盗みに科せられる科料は、確かに、まったくその犯罪に比例したものではない。それは非常に厳しすぎて、侵害された人の憤慨が求めるようなものではない。窃盗はわれわれの憤慨をかきたてるにふさわしいものというよりも、むしろ軽蔑して見下げる

150

べきものに思われる。この厳しい処罰の起源は、自由保有地統治と封建的統治の本性と、そのときしばしば起こった混乱からきている。自由保有地の各領主は、いわば独立の王侯であり、思いのままに和戦を行った。これらの領主のおのおのは、すべての隣人たちと戦争をしているか、少なくとも不和であるのが普通であった。そして彼の従士たちもすべて、同

(92) 実際には三年。31 Elizabeth I, c. 11 (1589); Hawkins, I. 64. 8. 14.

(93) 手稿の空白。一二と書くつもりだったのだろう。フリードリヒ一世への注［本書133ページの注99］を参照。

(94) Hawkins, I. 33. 24-6 (English); M'Douall, II. 3. 12 (Scots). これはおそらく、侵入に対する罰金を引き上げることによって、猟獣の保護を改善しようとした条例をさすのだろう。たとえば、10 George II, c. 32 (1737) (England) and 24 George II, c. 34 (1751) (Scotland).

(95) 9 George I, c. 22 (1722). 31 George II, c. 42 (1758) によって永久化された。Hawkins, I. 49.

じようにして他の領主たちの従士から分離されていて、つねに隣人たちの手から略奪品を奪い去ることに熱心であった。盗みに対する罰は、はじめはいくらかの金銭的な科料あるいは補償であった。〔ローマ人のあいだでは、盗みの罰は盗んだものの二倍を賠償することであったが、次のような区別があった。すなわち盗賊[96]が、盗品を身辺にもっていて逮捕されたならば、彼は四倍を回復しなければならなかったし、現行犯逮捕でなければ二倍であった。（スコットランド法の表現によれば）「逮捕されているのかいないのか」であり、そしてラテン語の書き手たちによれば「明白な盗人であるのかないのか fur manifestus et nec manifestus」である。これについては、もっと注意するのが適当だろう。なぜなら、その理由が非常に明白であるようには思われないからであり、モンテスキュウによって主張されていることも[97]、非常に巧妙ではあるが、私には真実であるようには思われないからである。彼によれば、この法律はラケダイモン人から借りたもので、彼らは青年たちを主として軍事技術によって訓練したので、盗みを奨励した。それが戦術戦略における彼らの機智と手腕を鋭くするのに役立つと想像されたからである。したがって盗みは、彼らのあいだでは抑制されていたのではまったくなく、行為を終えるまでに発見されなければむしろ名誉とされた。しかし盗みが発見されると、たくみに遂行しなかったのだから恥辱とされた。このスパルタ人の慣習から、ローマ人は彼らの法律を借りたのだと、彼は言うのである。それはスパルタの統治においては、きわめて適切であったが、ローマの統治にはまったくあわなかった。しかしこれは、どの一部分も事実であるとは思えない。なぜならば、第一にスパルタ人が盗みを奨励したと考えるための、しっかりした根拠がない。これは〈プルタルコス〉[98]のある章句から、特に都市の老人たちのために公費で食卓が設けられていたが、青年のためには何もないと彼が語っているところからの推測であるが、しかし彼らは、上に述べられた理由で、自分たちのためにその食卓から肉を手に入れることを奨励された。しかしこのことは、盗みとよぶのが適切なものとは非常に違っていて、盗みは決して奨励されなかった。第二にわれわれは、盗みがローマ人によって奨励されたのを、どこにも見ることがない。なぜなら、泥棒は現行犯でなくても、現行犯と同じく――同じ厳しさではなかったが――処罰されたからである。その理由は次のとおりである。もともと処罰というものはつねに、侵害された人の憤慨に対応するものだが、現行犯逮捕の場合における人の盗人に対する憤慨は、盗人があとで発見されたにすぎず、盗みが彼に対するものであることが証明されなければならず、そのことが彼の憤慨に冷却時間を与えるという場合よりも〈大きい〉。彼が求める補償は、前の場合には後の場合よりもはるかに大きいのだ。われわれはまた、他の諸犯罪の刑罰についても、同じように奇妙なことがあるのを知っている。赤い手 rubro manu 〔現行犯〕で逮捕された謀殺犯は、あとになって謀殺が証明された者よりも、はるかに厳しく処罰される。}［149・150・151裏］しかし、上述の混乱を阻止するために、皇帝〈フリードリヒ一[99]〉世は、盗みは死をもって罰せられるべきであるという法律を作った。彼のこの法律以降、死刑はまず窃盗犯に科せられた。それはまずドイツとイタリアで導入され、その後、全ヨーロッパに広がった。どのような犯罪でも、実行の大変な容易さと、それによって個々人に対して生じる継続的な危険は、つねに刑罰を
151
引き上げる。統治の現状において、窃盗は非常に容易にかつ安全に行われるため、したがって非常に厳しいやり方で処罰される。しばらく前のスコットランド法は、窃盗で有罪となった農村郷士たちに対して、他の誰に対するよりも重い罰を科した。このことは、いまでは非常に奇妙に見えるだろうが、当時の風習によれば自然なのである。各氏族がすべての隣人と不和であり、各首長は、実行された窃盗、強盗、〈読めない一語〉の主要な推進者であり受益者であった。彼らがこれらすべての違反行為の大受益者であり、主要源泉だったのである。だから、彼らの刑罰をより厳しくすることが必要であった。したがってそれは死刑ではなく、この罪にはさらに、財貨の没収、相続不能化、およびその他すべての小反逆罪[1]の
152
刑罰が付随していた。しかし、死刑はいくつかの点でそれらの時代には適当であったかもしれないが、決してこの時代に適合したものではない。名誉毀損、科料、投獄が、はるかに適切な刑罰であるだろう。

統治の進歩と犯罪の刑罰［の進歩］は社会の進歩とつねにほとんど同一であり、あるいは少なくともそれに大いに依存している。社会の最初の段階では、統治は非常に弱く、どの犯罪も処罰されない。社会は、個々人の事柄に大いに介入するように統治組織に迫るほどの、大きな力をもたない。そこで彼らがあえてかかわりうるのは、和解を成立させて、加害者から被害者への何らかの償いを取得することである。しかし、社会がより大きな力を蓄えてきたときには、彼らは償いを取り立てるだけでなく、それを刑罰に転化させる。社会のこの段階における刑罰は、つねに、想像できる限り最も厳しいものである。犯罪を罰する力を取得してまもない社会が最初に考慮に入れようとするのは、個々人に対してなされる諸侵害ではない。それはこれらを同感によってしか、すなわち侵害された人の状態に自分が入ることによってしか、考慮に入れることができないのである。国家に直接に影響を与える人々が、処罰の最初の対象であるだろう。彼らは社会全体に等しく影響を与えるので、全社会がこれらの状態に入っていけるだろう。この種のもののなかには、反逆、国家に対する
153

(96) fould は four fold の誤記だろう。
(97) XXIX. 13.
(98) 手稿の空白。Plutarch, *Life of Lycurgus*, 17–18.
(99) 手稿の空白。Frederick I: *Lib. Feudorum*, II. 27. 8, およびそこへのゴトフレドゥスの注。
(1) Sir G. Mackenzie, *Laws and Customes of Scotland in Matters Criminal* (1678), I. 19. 12 は Act. 1587, c. 50 (A.P.S. III. 451, c. 34) を引用している。

すべての陰謀、戦場での隊列離脱などのような臆病な行為が含まれる。タキトゥスが語っているのは(2)、古代ゲルマン人のあいだでは、臆病と反逆的行為だけが処罰されるべき犯罪であった、ということである。〔そして、そのような犯罪はすべて死刑に処せられた。〕［152裏］だから、その国家が個別の人々に対してなされた侵害を考慮するようになったとき、それは諸個人に対する侵害よりもむしろ国家に対する侵害であった。したがって社会のこの段階、すなわち賠償が考えられなくなった直後においては、すべての犯罪に対する処罰は最も血なまぐさく、しばしば侵害に釣り合うところをはるかに超えた。社会がさらに大きく進歩して、共同体の平和と善良の秩序が配慮され、静穏が十分に確立されたときは、これら
154
の処罰は再び軽減されて、しだいにそれぞれの犯罪に対して正しく釣り合うようにされた。歴史はわれわれに、このことについての多くの例を提供している。賠償が衰えた頃に作られた十二表法は、軽少な犯罪の多くを死をもって罰した。われわれが述べたように、中傷は死刑に処せられたのである(3)。しかし、のちにはプラエトルたちがこれらの処罰を、もっと自然的公正に適した穏やかなものに変更した。同じようにして、アテナイ人が、賠償という方法が廃止されたあとにもった最初の法律は、ドラコの法であって、それは想像できる限り最も血まみれであった。最小の罪に対する処罰は、最大の罪に対するものと同じく死であった。〈プルタルコス(4)〉は、キャベツ盗みを涜聖や謀殺に対してと同じように処罰したと言っている。これらはのちに、ソロンの穏やかで公正な法律によって取って代わられた。ブリテンにおいてもまた同じようにして、ほとんどすべての重要犯罪は反逆的とみなされた。はじめはどういう人の殺害でも反逆的とみなされて、それに応じて処刑され、のちには夫婦の一方による他方の殺害、強
155
盗、前に述べたようないくつかの場合の窃盗が、さらには負債の不払いでさえもそうなった。窃盗に関しては、これがある程度除去されたことは前に述べた。負債については、スコットランドではこれは完全に除去され、イングランド法では事実上無視された。これらの反逆罪は全体として、アン女王の治世の王国の合邦に際して除去された(5)。賠償が廃止されたのちの最初の刑罰は、つねに最も厳しく、それから次第に社会の進歩と正しく歩調を合わせて、軽減されるのである。

　人がその動産を侵害されうる第二のやり方は、強盗によるものである。窃盗はわれわれの憤慨を、いくらかでも大きくはかきたてないが、われわれの財貨を力ずくでわれわれから奪い取る強盗は、われわれの憤慨を大いに高めるだろう。したがって強盗は、示談が廃止されたときにすべての国で、死をもって罰せられるのが一般的であった。それはすべての犯罪のなかで最初に配慮されたものであった。人の身柄を恐怖に陥れることによって、その人の財貨を力ずくで奪い去ると
156
いうことだけでなく、恐怖による略取はすべて強盗とみなされる。たとえば、もしある人が何の価値もない商品に対してある金額を誰かに支払わせるならば——これは強盗が法律

を逃れるために、しばしば試みた方便であるが――あるいはまた、もし彼が相手の財貨を大きな損失で売却させるとすれば、これらすべての略取は強盗とみなされて、死をもって罰せられる。しかし、もし人がある人に対して、その人の財貨を、正当に期待しうるよりもかなり高い価格で自分に売らざるをえなくしたとすれば、その相手はその価格のどの部分を奪われたのでもないから、それは強盗とはみなされないであろうし、むしろ奇想や気まぐれのせいにされるだろう(6)。

海賊行為は、もうひとつの種類の強盗であって、同様に厳しい処罰を必要とする。それはすべての強盗がわれわれのなかにかきたてる憤慨によるだけではなく、さらに、それを行う機会が多いことと、人の所有の大きな部分が一度に被害を受けるので、それによってこうむりうる損害が大きいことによっても、きわめて高度の処罰を絶対に必要とする。そしてこれは、私が言ったように、一般に死刑である(7)。

［詐欺・偽証・偽造］

われわれはいま、人に対して、彼の個人的な資産についてなされる諸侵害に到達した。これらは、第一に詐欺によって、すなわち他人をだまして彼自身の資産の所有から外すか、あるいは第二に偽証、あるいは第三に偽造によって、そうすることである。

軽い詐欺は一般に、だました者が補償を義務づけられ、その上に科料で罰せられる。しかしながら、それより厳しく処

157

罰される二種類の詐欺があって、その第一は破産に関するものである。イングランドの破産法によれば、債務者は彼の全財産を債権者に渡して、それ以上のすべての面倒から解放される。しかしもし彼が、彼とその妻の衣服のほかに二〇ポンド以上を着服していたら、彼は死をもって罰せられる(8)。この法律はジョージ二世のときに作られて、それ以来多くの人がこれによって処刑されてきたが、それはきわめて正当なことだった。というのは、侵害された人の憤慨は、それほど大きな処罰を必要としないだろうとはいえ、いくつかの事情がそれを必要としているからである。破産者がこの法律から受ける大きな便益は、彼の罪が少しも加重されないということである。だが、発見されずにこれ以上容易に行える詐欺は、ほかにない。人は彼の動産を千通りのやり方で隠すことができるため、このやり方による債権者の損失は非常に大きいかもしれない。このやり方における動産の最良の部分は非常に大きいかもしれないからである[17]。この詐欺を行うことによって動産のいくらかを救いたいという誘惑が、高度の処罰を必要

158

（2）*Germania* xii.
（3）上記手稿第二巻143ページ［本書129ページ］。
（4）手稿の空白。
（5）7 Anne, c. 21 (1708).
（6）Hawkins, I. 34. 7.
（7）Hawkins, I. 37.
（8）5 George II, c. 30 (1732); Hawkins, I. 57.
［17］編注は原文どおりとするが、意味不明である。

とする。すなわち、誘惑と機会が増大すればどこでも、処罰もまた増大せざるをえないのである。――〔この理由によって、ローマ人たちのあいだでは、窃盗はたいていの場合に、二倍の返却という処罰を、半分は盗まれたものに、他の半分は仕返しとして科せられたが、鋤や馬鍬のような農耕用具のどれかを盗むことは、死をもって罰せられ、彼らはケレースの神に捧げられたものとみなされた。[9]〕［157裏］ここで述べられるべき第二の詐欺とは、保険に関するものである。船と積荷の価値の計算を申告する船長たちに対する保険［保険業者?］[10]は、その船についてその全額を保証する。しかし、次のような議会の法律[11]によれば、この種の計算で実際の価値より多く申告することは、その人にとって死を意味する。というのは、その方法によって船長は、彼の船にその価値以上の保険をつけ、どこか自分と船員たちが容易に逃れられる場所で船を難破させる機会を捕らえ、こうして保険人たちの大損失によって、彼自身が儲けることができるからである。そして、そのようなすべての取引を探知することは非常に困難であり、それによって大きな利潤が得られるかもしれないので、そのような詐欺をしようという誘惑は非常に大きく、そのために処罰が重くならざるをえないのである。――

　偽造は、次にわれわれが考察するべきものである。書かれた責務が拘束力をもつようになったときはつねに、この種の詐欺が禁止されることが絶対に必要になった。なぜなら、そうでなければ誰もが、ある責務を偽造することによって、好

159

きなだけの金額を絞りとることができただろうからである。だから、偽造はイングランド法とスコットランド法の双方で、死刑によって罰せられる。ただ違うのは、スコットランド法では、どのような種類であれすべての偽造が、債務の性質にかかわりなく、死をもって罰せられることである。イングランド法によれば、死刑に処せられるのは、手形、インド証券[18]、銀行証券、銀行券、およびその他すべての一定のときに支払われるべきものについて、即時の支払いを求めるような書類に関してなされた偽造だけである。[12]しかし、正しくそのようによばれる証書、すなわち土地譲渡証書は、即座の支払いを求めるものでなければ、死刑ではなく、さらし台、科料、投獄で処罰される。その理由は保険と破産の場合と同じである。すなわち貨幣の支払いが即座に行われる場合には、その人物の発見もその貨幣の回復も非常に不安定である。それに対して、証券や譲渡証書においては対象がそれほど消滅しやすいものではなく、権利の確認に時間がかかるので危険があまり大きいものではありえないのである。

　偽証は、これに劣らず危険な犯罪である。[13]なぜなら、それによって人がその資産を奪われたり、生命そのものを奪われたりするかもしれないからである。証人の虚偽の宣誓は、それにかかわるすべてのことを引き起こしうるが、この犯罪は死をもって罰せられることなく、非常に不名誉な刑に処せられる。[14]両方の耳をさらし台に釘づけされて失うとか、鼻をそうされるとか、科料や投獄である。確かに若干の場合には、

160

偽証によって処刑されることがあるが、それは偽証者としてではなく謀殺者としてであって、彼の虚偽の宣誓が無実の人の被害の原因になり、このことが他の偽証とともに教唆者に 161
及ぶのである。確かに何人かの著者は、偽証によって絞首刑に処せられた例があったと主張しているが、それはおそらく上述の種類のものであっただろう。サー・ジョージ・マケンジーとフォーブズ(15)もまた、姦通で有罪となった女性たちが、偽証の法律によって絞首されたと主張しているが、もし、そういう例があったならば、それはその法律の間違った拡張であった。というのは、そのように処罰しうるのは積極的な偽証だけであることを、われわれは述べなければならないからである。約束についての宣誓は（その責務の厳粛さを大いに高めるものではあるが）非常にまじめになされるかもしれないが、それを破棄したことがその人を、虚偽であることを知っていながら意図的に肯定した人のように、極悪な罪があるとはしないように思われる。そのような宣誓の破棄は、何かの悪意または邪意よりもむしろ優柔不断や薄弱さに帰せられ、このことは姦通についてもあてはまる。

［三行の空白］

［対人権の終了］

われわれが対人権という主題を離れる前に、どのようにし 162
てそれらが終了に達するかを考察するのが適当であろう。すべての対物権は、次の三つのやり方で終了する。第一に〈放棄〉(16)によって、第二に時効によって、第三に意図的移転によってである。あらゆる種類の対人権は、同じように三つのやり方で終了する(17)。———

これらのうちの第一は、われわれが取り立てる権利をもっているものについての、その権利の履行である。私にある額の貨幣の借りがある人は、この負債を払うことによって、その責務から自由になるのである。私がそのあとで彼に対して、いくらかでも請求権をもちうると想定することは、とんでもないことであるだろう。同じようにして、ある犯罪について有罪であった人が、自然法と公正が求めるものであろうと、その国の市民法が求めるものであろうと、その犯罪に対

(9) 十二表法 VIII. 9 は、夜間に他人の農作物を刈り取ったり、その上で動物を放牧したりすることを、死をもって罰し、ケレースに生贄をささげた。
(10) insurance は insurers の誤記だろう。
(11) 4 George I, c. 12 (1717); Hawkins, I. 48.
[18] India bond は東インド会社関係の証券か。
(12) 5 Elizabeth I, c. 14 (1563); Hawkins, I. 70.
(13) Hawkins, I. 69.
(14) punished は punishment の誤記だろう。
(15) Mackenzie, *Laws and Customes of Scotland in Matters Criminal*, XVIII. 1, 2; W. Forbes, *Institutes of the Law of Scotland*, II (1730), IV. 5. 重婚は Act, 1551, c. 19 (A.P.S. II. 486, c. 11) によって偽誓として処罰された。
(16) 手稿の空白。renunciation か abandonment を入れるつもりだったのだろう。
(17) Hutcheson, *M. P.*, II. 17. 1.

して科せられるべき処罰に自ら服することによって、被害者に対して彼が負う責務から自由になるのである。もし科せられるべき罰が死であれば、その人の死は、その処罰を与えるべき人々の権利を除去する。同じようにして、もし処罰が金 163
銭的な科料あるいは軽い体罰、あるいは何かほかのものであれば、それを要求する当事者の権利は、それが公的か私的かを問わず、犯人がその科料を払うか、自らその体罰に服するかしたときに明らかに終了する。すなわち、人物に対する権利は、われわれが権利をもつ科料あるいは役務が支払われたり履行されたりしたときに、ただちに終了しなければならないことは明らかである。———

対人権が終了する第二のやり方は、免除または解除と赦免によるものである。———ある人が私に借金があって、私はこの金額を受け取っていないにもかかわらず、契約によって、その支払いを求めないで彼をそれから自由にすることを約束しているとすれば、彼の責務は間違いなく除去されるだろう。その場合、彼は、私がそれを取り立てる権利と同等の、あるいはそれ以上の免除請求権をもっている。確かに私は、彼は契約によって私にその金額を支払うように拘束されていて、それを実行しないので失望していると主張することはできるが、彼はそれについて、彼の負債を免除するという契約を有しているので、履行を免除されるべきだという同等の請求権をもっている。そのうえ、彼の請求権は私のものにはるかに優先している。なぜなら、私がそれを取り立てないと約束したあとでは、彼の不履行によって私が受ける失望 164
は、非常に小さいに違いなく、それに対して［私の請求が消滅しないことによる］債務者の失望は、私が債務の支払いを免除するべきだという責務を受け取ったあとには、当然に非常に大きいものでありうる。｛こうしてスコットランドでは免除、イングランドでは解除とよばれるものによって、債権者が服することになる責務は、人をその負債から解放するに違いない。この場合に債務者は、免除または解除によってそれから自由になることについて、債権者が証書による支払いに対してもつよりも、はるかにもっともな期待をもつのである。｝［163裏］また同様に、人が公正法またその国の市民法によって、あれこれの処罰を受けることになったとき、その履行を求める権利をもった当事者が、彼を自由にするべきだと自発的に同意すれば、彼はまったく自由になるだろう。このことが赦免権に根拠を与えうるのである。解除が債務者を自由にするのと同じようにして、赦免は犯罪者を刑罰から自由にする。さらに同様に、解除を与えうるのは債権者だけであるため、刑罰の実施を求める権利をもつ者だけが、赦免を与えることができる。もしその刑罰が、ある個人が正当に求めうるものであれば、その個人が彼に対して、許しを与えることができる。あるいはもし、それが共同体またはそれを代表する王侯が求めうるものであれば、同じ理由によりその王侯が、赦免と解除を与えることができる。それで、イングランドでは、国王が告発と起訴状にもとづいて訴追できるのと同 165

じく、死者の近親が私訴追にもとづいて謀殺者を訴追できるという場合に、これらの当事者が正当に求めうることとして、彼を死刑から自由にすることができるのだが、国王にとって正当であるように、彼を無罪にすることはできない。個々の検察官は、王権の名において刑の執行を停止することはできないし、判決に対して彼を釈放することもできない。また、国王の赦免も、関係者の私訴追にもとづく死刑から彼を自由にすることはできない。しかし近親者は自分たちにとって正当なこととして、彼をそれから自由にすることができ、国王は共同体を代表する自分自身にとって正当なこととして、彼に刑罰からの赦免と自由を与えることができる。

　第三に、対人権は対物権と同じ期間の時効によって終了させられる。その理由もまた両者にとって同一である。長期にわたって自分の権利を行使しない人物は、それについて考えたことがなかったか、あるいは少なくとも、それに対していくらかでも大きく依存してはいないと想定される。他方で、何〈年〉にもわたって請求されなかった人は、彼の債務を忘れたのか、あるいは少なくとも期待[19]をもっていると想像されるかもしれない。イングランド法によれば、支払期日を決めたすべての手形と証書は、六年で時効になり(18)、為替手形のように何かの特権をもっている手形は、三年でそれらの特権を失う。スコットランド法によれば、支払期日が特定されている手形と責務は六年で時効にはならず(19)、六年より前にそれらの特権をやはり失うのである。〈　〉言葉の正確な意味で支

払い日のない証書は当然、時効になるにはもっと長い期間がかかるべきである。なぜなら、債権者の放棄または怠慢、あるいは債務を免除されたいという債務者(20)の希望が、支払日が債権者の意思に委ねられている場合に、それほど早く起こることはありえないからである。しかしそれでもなお、債権者が長いあいだ何年もの長さにわたって、元金または利息の請求を無視していたとすれば、その証書が時効になるのはまったく正当である。なぜなら、もし利息が定められておらず、したがって債務者が払うべき利息が何もなかったならば、そのような負債は、きわめて短期に支払われるべきだと推定されるに違いないからであり、そのように自分の貨幣を寝かしておきたいと思う人は珍しいからである。しかしその期間は、スコットランド法によれば、不動産についてと同じく四〇年と決められている(21)。もし利息が支払われるべきだとされて、それが正当に請求されるならば、債権者が彼の債権を視野に入れていることは確かであり、債務者は、支払いから自由にしてもらうことについて、いかなる期待も形成すること

［19］手稿原文どおり。
(18) 21 James I, c. 16 (1623)は、手形についての訴訟を六年までに限定したが、印璽つきの証書には適用しなかった。
(19) 手形の六年時効は、スコットランドには 12 George III, c. 72, sec. 37(1772)によって導入された。
(20) おそらく creditor は debtor の誤記。
(21) Act, 1469, c. 29 (A.P.S. II. 95, c. 4); Act, 1474, c. 55 (A.P.S. II. 107, c. 9).

はできない。この場合、証書は決して時効にならないだろう。人が一〇〇年、二〇〇年という古い証書によって利息の支払いを受け、それが時効になる危険はないということはありうる。なぜなら、その人が自分の資産の一部分として明らかに説明し、自分の年々の生活費の一部分として依存しているものを奪われるのは、不当だからである。しかし他方で彼が、元金か利息を二〇、三〇、四〇年にわたって請求しないとすれば、彼がそれをまったく忘れたということも、ありうるように見えるだろう。人は自分の生計のそれほど大きな部分を、簡単には放棄しないからである。証書は二〇年で利息によって倍増し、四〇年で元の金額の三倍に達するだろう。誰でもそれほどの金額を、故意にポケットから出しはしないだろう。同時に、ある金額を長いあいだ平和に占有してきた人が、突然、これまで受領したものの三倍を支払うことを求められるのは、酷であると思われる。しかしながら厳密な法律によれば、人が三九年目に一年分の利息を請求して、その支払いを受けたならば、元金も利息も時効にはならないだろう。もし四〇年目にまた一年分の利息を請求して支払いを受け、それを継続するならば、このこともまた元金を保つが、各年にその年の利息が支払われないならば、年利息は時効にかかる。こうして四一年目には一年目の、四二年目には二年目の利息が時効にかかるということになる。これが厳密な法律による時効である。しかしおそらく、厳密な法律に関してとともに公正に関する裁判所でもある高等民事裁判所は、時

168

効期間を切り上げてかなり早いものにするだろう。債務についてと同じく、犯罪の実行に対する刑罰も、公共に対するものであれ諸個人に対するものであれ、人の生存期間よりもかなり短い期間に時効になるべきだというのがもっともである。もし人がかなりの期間にわたって見逃されていたか、隔離されていた場合、彼が処罰されるというのは、まったく理に合わないだろう。そして、諸犯罪に対する刑罰が時効になるのはまったく適切であることを、われわれは知るだろう。諸犯罪を処罰することの適切さを、われわれがいま説明した原則にもとづくとするにせよ、あるいはグロティウスおよびこの主題についてのその他のたいていの著者が根拠とする諸原則によるにせよ、そうである[22]。処罰の諸原則とは、犯罪者を矯正することと、彼に自分の義務を悟らせることであり、第二に彼を実例とすることによって、他の人々に抑制させることであり、あるいは第三に、不適切で危険な成員を除去することによる、共同体の安全である。

169

　侵害された人またはその関係者の憤慨について言えば、時が経つにつれて、これが薄れていくに違いないということは明白である。私に対する大きな侵害について有罪であった人物が、二〇年が経ったのちに、あるいはもっと短期間でも、その行為が行われたときに近い憤慨を私に起こさせはしないだろう。したがって、この原則によれば、犯罪に対する刑罰は、非常に長期にわたるべきではないということが明らかである。また、われわれが前に述べた原則によっても、事情は

170

同じだろう。――第一の、犯罪者の矯正について言えば、このことによって非常に長期にわたる処刑を正当化することはできない。というのは、もしある人が一〇年か二〇年、あるいは三〇年前に、きわめて凶悪な犯罪について有罪であったとして、もし彼が、そのとき以来平和に罪なく暮らし、立派な評判を得ていたとすると、何かを矯正される必要が彼にあるということは、滑稽だと思われるだろうからである。彼はそのときには、まったく別の人になっているかもしれないのである。――同じようにして、危険で有害な成員をその社会から排除することを必要とする共同体の安全にしても、非常に長い年月にわたってそうすることはできない。というのは、二〇年前に非常に大きな犯罪を犯した人が、そのときは社会にとって非常に危険な成員であったが、いまでは非常に違った人物になっているかもしれないからである。もしその人がそれ以来、平和で罪なく暮らしていたとすれば、われわれは彼を、危険人物として社会から排除することが正当だとは決して考えることができないだろう。これらの著者たちによって示されている、もうひとつの刑罰の理由または基礎は、一見すると前二者よりも、刑罰をはるかに長く継続させることを正当化するように見える。というのは、それは、改善された行動が長く継続されている場合でも、彼らが前の罪の刑罰から自由になることができないのを見て、他の人々が、憎むべき犯罪を犯すことを大いに控える傾向をもつように見えるからである。しかし、このことでさえ、長い時間が

171

すぎれば消滅するだろう。すなわち、人がずっと前に犯した犯罪についてこのように処罰されるとして、それがその後の彼の行動と非常に違っていたとすると、それは罪を犯したことから必然的に生じたというよりも、むしろ恣意的なもの〈と思われる？〉だろうから、誰もこの刑罰によって大きな影響を受けることはないだろう。したがって、あらゆる場合において、犯罪に対する刑罰は、一応の期間が経てば時効になるのであり、たいていの場合、それは被害者の憤慨によって規制される。ただし他の人々もまた、それに影響を与えることは確かだろう。イングランドでは、私訴追による告発は一年で消滅する。[23] なぜなら、それはまったく私的告発者の憤慨にもとづくものであって、政府によってあまり奨励されていないからである。反逆的な陰謀や類似のものは、その犯罪の実行から三年以内に告訴されなければならず、そうでなければ告訴は効果がない。ただし、その反逆が単一の行為ではなく、反逆的な陰謀の継続である場合は別であり、その場合は期間がかなり長くなる。[24] そして一般に立法府は、すべての犯罪が一定の期間で消滅するのを許し、その期間はその犯罪の個別の性質によって長短がある。ただし、それが何か非常に

172

（22）手稿第二巻89-93ページ［本書106-108ページ］を参照。グロティウスとプーフェンドルフの第三原理はここに述べられたとおりのもので、93ページにほのめかされたようなものではない。

（23）重罪私訴追 appeals of death : Hawkins, II. 23. 48.

（24）7 and 8 William III, c. 3 (1695).

凶悪な犯罪であって、どんなに時が経っても刑罰を科していいという場合は別である。しかしながら、われわれが言わなければならないのは、これは、犯人が裁判にかけられなかったか、彼に対して判決が何も下されなかった場合にのみ関係[173]するということである。なぜなら、もし判決が出ていて、そのあとで彼が逃走したのであれば、彼は処刑されうるし、そうでなくても、厳密な法律によるその判決にもとづいてその後四〇年にわたって処罰されうるからである。彼が逃走して、彼に対して正当に宣告された刑罰を逃れたこと自体が、ひとつの犯罪とみなされ、それが時効の期間に追加される。ただしこれは、厳密な法律による規制であって、実行されることはきわめて稀である。非常に不幸な紳士であった〈チャールズ・ラトクリフ〉(25)氏は、ずっと昔に彼に対して下された判決によって処刑された。彼は一七一五年の反乱[20]に参加して、裁判で有罪判決を受けていたのだが、フランスに逃走した。しかし彼は一七四〇年から四五年までのあいだ、妨害を受けることなくロンドンで暮らし、赦免を望んでいたのである。そのとき彼は、当時の反乱に参加して逮捕され、以前の判決にもとづいて処刑された。しかし、もし彼が静かなまま[174]でいたならば、四〇年がまもなく過ぎ去るというわけではなかったにしても、最小の妨げさえ受けることは、ほとんどありえなかったのである。キャメロン博士もまた、一七五〇年か五一年に、彼に対して一七四五年に下された判決によって処刑された(26)。政府はそのとき、次の反乱への恐怖から完全に自由ではなく、そのような警戒をすることが必要だと考えたのである。しかし、もし彼がさらに何年か目立たないでいたならば、彼はおそらくまったく安全であっただろう。――

　私は刑事裁判については、これ以上は次のことを述べるだけにしよう。すなわち、犯罪に対する刑罰には、いくつかの問題があって、それらは私が述べておいた刑罰の原則によって容易に説明できるので、その原則を確立する傾向が大きいということである。犯罪を行おうという企ては、その最後の[175]点に達したときは、グロティウスやその他が述べた刑罰原則によれば、結果はなくても［あったかのように］、その犯罪が実際に行われたかのように、すべての点について処罰されるべきである。犯人の罪には何の違いもないからである。それを規制するのは、企図であって結果ではない。社会の安全もまた、この場合も他の場合と同じく、危険な人物を除去することを必要とするだろう。彼は実際に相手を殺したかのように、ピストルを発射したり、剣を抜いて向かってきたりして、実際にそうした場合と同じ証拠を与えたのだからである。さらに明らかなのは、彼の実例が他の人々をためらわせるという理由も、同じだということである。そうではあるが、私が知る限り、犯罪を行おうと企てることが、実際にそれを行ったのと同じ厳しさで処罰される国はない。いずれにせよ被害者の憤慨はあまり大きくはないのであり、私が示そうと努めたように、犯罪人の処罰はその憤慨にもとづくのである。謀殺の企図をもって襲われて、逃げることができた人

の友人たちの憤慨は、彼が実際に謀殺された場合と同じ大きさではない。後の場合には、彼らの友人についての悲嘆が憤 176
慨を吹き飛ばし、処罰の最大の厳しさを要求させる。他方の場合では、彼らの友人の逃走についての喜びが、彼らの怒りをなだめて眠らせたままにする。同様に何かそれ自体で危険なことをしていて、偶然に誰かを殺すか傷つけるかした人は、何も悪い結果が継起しなかった場合よりも、はるかに厳しく処罰される。たとえば、人が路上で石を投げることによって人を殺したとすると、彼は謀殺者として処罰されるだろう。その行為自体が不適当で危険であれば、厳しい生活行政は処罰するだろうが、たいていの国では、悪い結果が継起しないなら、見逃されるだろう。(27) しかしこの場合に、前述の原則によれば、彼はそれらの悪い結果が継起した場合に劣らぬ厳しさで処罰されるべきである。その人物の罪は同じであり、同じ矯正を必要とするのだ。というのは、双方の場合に同一の危険が存在したのであって、結果は偶然であったにすぎないからである。社会の安全は一方に対して、むしろ他方に対する以上の処罰を必要とし、実際にはそれ以上の罰が科される。 177
なぜなら、その行為によって何も害悪が継起しないということは、当人と他の人々の双方に、将来その行為をするにあたって、害があった場合よりも抑制が弱くなるかもしれないからである。――人々を驚かすという自分の気晴らしのために、荒れ馬を路上や市場で乗りまわした人が、偶然に人を殺した場合についても、同じように言うことができる。これらの場合の双方について、われわれは犯人に対して、彼が大きな不幸を引き起こしたときよりも、はるかに少ない憤慨を感じる。――われわれが非理性的な動物に対して、さらには生命のない物体に対してさえ、それらがある人物の死を引き起こしてしまったときに、ある種の罰を科したがるのは同じ原則によるのである。これはまったく盲目的でばかげた憤慨から出るのであるが、〈読めない一語〉のようなことを、立法者たちは無視しなかった。

さらにまた、どのような行為によっても、罰を受けるべきだとは決してみなされない人々もいる。それは子どもたち、白痴たち、狂人たちである。もしある子どもが誰かを射るか刺すかしたいと言って、実際にそうするならば、このことが 178

---

(25) 手稿の空白。Charles Ratcliffe, brother of the Earl of Derwentwater: Foster's Reports. 40 ; Howell's *State Tirials*. XVIII. 430.

[20] 名誉革命のあと、スコットランドでステュアート王朝復興運動が起こって、一七一五年と四五年に武装蜂起をしたが、敗北に終わった。ステュアート王朝の最後の国王であったジェームズのラテン名 Jacobus から、この運動をジャコバイトとよぶ。

(26) アーチボルド・キャメロン博士は、一七四六年に通過した私権剥奪法によって、一七五三年にロンドンで処刑された。Foster's Reports. 109 ; Howell's *State Trials*. XIX. 734.

(27) TMS II. iii. 2. 8 を参照。「だから、もしある人が大きな石を壁越しに公道に投げて、通りかかるかかるかもしれない人々に警告を与えず、それがどこに落ちそうであるかを顧慮しないとすれば、彼は疑いなく、ある懲らしめに値するだろう。非常に注意深い警察は、そのように道理に合わない行為を、たとえそれが何の危害も起こさなかったとしても、処罰するだろう」。

怒りや情念から出たものであっても、彼は処罰されるべきだとはみなされないだろう。それでもあの諸原則によれば、彼らは他の人々と同じく処罰されるべきなのである。共同体にとっての危険は同様に大きく、それが行われうる機会は同様に頻出し、むしろ多く起こる。なぜなら彼らは、それを抑制する理性が少ないからである。しかし、その年齢では心身ともに薄弱なので、彼らは憤慨の適切な対象ではないように思われる。同じように、最も凶悪な罪を犯した狂人も、憤慨と処罰の対象ではないように思われる。全面的な堕落と彼らの道徳的能力の欠除を示す際立った外観は、彼らを他の人々とまったく違う立場に置く。彼らは、われわれが人々について形成する通常の観念とは非常に違っているように見えるので、彼らの行為はわれわれに少しも衝撃を与えない。狂人とは、人がどのように倒れるかを見るために、その頭を殴る人であり、最もばかばかしく瑣末な動機から、ほかにもそのような行為をする人である。最も極悪な犯罪を行う人々を、われわれが憎悪と嫌悪をもって見るようになるのは、人としての一般的な行動様式による。犯罪が上述のような瑣末な動機からではなく、ある理性的な人間にとってかなりの重みをもつであろう動機から行われる場合には、それらは善良な人々に影響を与えてそのような恐るべき行為を行わせはしないだろうが、その場合にこそ、そのような人々が他の人々に対してもつ類似性から、われわれは彼らの行為に衝撃を受けるのである。こうして、他人の貨幣を奪うために、彼を謀殺する

179

人物がわれわれの憎悪と憤慨の対象になるのは、それが非常に強い動機だからであり、そのことは善良な人々に影響してその犯罪を行わせはしないとはいえ、いくらかでも理性的な〈人?〉にとっては、やはりかなり重い動機だからである。そのような人々の動機と他の人々の動機との類似が、彼らによってそのような合理的な動機から犯罪的なやり方で行われる諸行為に対する、憎悪と憤慨を作り出すのである。

180

[手稿第二巻の終わり]

第三巻

一七六三年二月七日　月曜日

1

私は、正義を取り扱うにあたって、正義にもとづく人間の諸権利を、三つの項目について考察することを提案した。第一は一人の人間としての人に属する諸権利であり、第二は家族の一員としての人に属する諸権利であり、そして第三に、社会の一員としての人に属する諸権利である。いま私は、諸権利の第一の部門に関して私が必要と思うすべてのことを、三つの違った種類の権利について述べ終わった。すなわち人がその身柄について、評判について、所有についてもつ権利と、これらのそれぞれに対してなされうる侵害についてである。

そこで私は

家族の一員

としての人に属する諸権利と、彼に対してなされうる、それらに対応する諸侵害について考察するところに到達したのである。

家族の構成員たちが相互にもつ関係には、三つの異なったものがある。それは夫と妻の関係、父と息子の関係、主人と召使の関係のいずれかである。[28] したがって、家族の一員として考察された（人）または人格は、多様なやり方で侵害されうる。ある人は夫または妻として、父または息子として、主人または召使として侵害されうる。より整然と進行するために、夫と妻の関係から始めよう。それが他のすべての基礎だからである。このことを考察するにあたって、主として注意すべき三つのことがある。第一に、この結合に入るやり方と

2

（28）Hutcheson, *M. P.*, III, 1–3 ; *System*, II. 149 ff.

その起源、第二に、そうすることによって取得される責務ま
たは諸権利、およびこれらに対応する諸侵害、第三に、それ
が解消されるやり方である。これらについて順を追って。わ
れわれは、動物のすべての種において、両性相互の愛好が、
子の諸要求と彼らの生存の困難さとに正確に比例しているの
を見ることができる。すべての四足獣において、性的愛好は
雌が妊娠するや否や消滅する。彼らのあいだでは、雌が自分
だけで、子の生存に配慮するのに十分な能力をもっているか
らである。すなわち、子が生まれた後とそのいくらか前に、
母の食物の最大部分は、子に適した食料であるミルクに変化
3 する。だからこの場合、雌が自分自身のために食料を調達す
る通常の労働が、子を維持するのに十分なのである。また、
ミルクをもたない鳥については、子の安全と生存に配慮する
ために必要な労働の全体が、親たちがそれまでに必要とした
労働に対する追加であるため、雌が引き受けることはまった
く不可能であり、その能力もないだろう。したがって、結合
がなお継続するように、性的愛好が依然として継続すること
が賢明に決められているのである。[29] 彼らの結合の絆はこの愛
好であって、彼らはおそらく、子を扶養し支えることを考え
てはいないだろう。四足獣においては、雌が妊娠するとす
ぐ、雄は雌の欲求の対象でなくなり、雄から雌へもそうであ
る。しかしこの場合は反対に、子が彼らの援助を必要とする
4 限り、結合がなお継続する。人類においては、子の扶養が同
じやり方で配慮されている。雌は確かにミルクを賦与されて
いて、それは彼女がその子を、幼若期のある期間支えること
を可能にするだろう。しかし長子が乳離れするときには、そ
の女性が次子をもつということが、しばしば繰り返される。
その結果、長子がとにかく自立する能力をもつようになるよ
りずっと前に、第二、第三、第四子が生まれる。このことは
必然的に、女性に求められる労働の程度を等しくないものと
する。したがって、この追加の労働が継続されて、無援の状
態にある子どもたちが維持されうるためには、両親の結合が
非常に長く継続することが必要である。だから両性間の愛着
は恒常的であり、何か特定の場合に終了することはない。そ
して、子どもたちが、少なくともそのうちの誰かが、その生
涯のかなりあとまで両親を必要とするので、彼らの結合の基
礎である彼らのあいだのこの愛着と愛情は一般に、彼らの生
涯の最大部分にわたって継続する（そして、スミス氏が別のと
ころで述べているように、[30] 生涯の後半では、そのとき継続してい
る慣習的な愛着と尊敬によって補われる）のである。子たちが
5 その両親に依存し、自立できないでいる期間は、他のどの種
の動物よりもはるかに長いのだが、これは同様に最も有利な
諸結果を生む。この期間の全体にわたって、子は両親に依存
しているので、多くの場合に彼の意思を両親の意思に譲らざ
るをえず、その諸情念を彼らがついてくることができる程度
に引き下げ、その諸意欲をその程度に抑制するため、[31] この手
段によって彼は非常に幼い頃に、教育の主要で最も基本的な
部分を学ぶのである。もしそれがはじめに植えつけられてい

なければ、他の何かを注ぎ込もうとしても無駄だろう。これは人が取得することができる限りで、最も必要な教訓のひとつである。人がその諸情念を引き下げ、その意思を抑制して、他の人々の諸情念と意思とおりあいをつけ、彼らがついてこられるようにしない限り、彼が社会のなかで平和を手にすることはありえない。この教訓は、すべての子によって、最も放埒邪悪な両親の子によってさえ学ばれるのである。[32]

［一ページの空白］

6

一七六三年二月八日　火曜日

昨日の講義で私は諸君に、結婚の永続性の起源について、さらにまた一般に夫がもっていると想定される離婚の権力について、いくらかの説明を与えた[33]。共和国の初期のローマ人たちのあいだでは、妻は夫の絶対権力の下にあった。結婚は神前結婚の宗教的儀式によって行われるか、仮装売買婚すなわち市民婚［行政婚］によって行われて、それによれば夫が妻を奴隷として買った。あるいは最後に、夫が女性を一年と一日のあいだ占有することによって、どのような動産とも同じく時効取得したのである。このことが行われたのは、ローマ人のあいだで動産が時効取得された時代でもあり、不動産がはじめてそうなった時代でもあった[34]。これらの手段によって、妻は娘か奴隷の地位に置かれたのだが、どちらにしても事実上は同じであった。したがって、家長は子どもたちあるいは奴隷たちを厳しく罰する権力をもっており、あとで示すように、彼らにある罰を科したり追い払ったりする[35]という致命的なやり方でそうすることができた。したがって、彼は同 7
じ権力を自分の妻に対してももっていたのである。しかし、娘または子は、その父の家族から出て自由になろうとして

(29) Locke, *Civil Government*, § 79.

(30) 言及されているのはおそらくTMS I. ii. 4. 2：「なんという快楽をもって、われわれは次のような一家族を見ることであろうか。すなわち、その家族の全体にわたって、相互の愛情と尊敬が支配し、そのなかでは両親と子どもたちが相互に仲間であって、一方における尊敬に満ちた愛着と、他方における思いやりにある甘やかしのほかには何の違いもないのである」。しかし、スミスは『道徳感情論』のこの箇所でも他の箇所でも、性的魅力が慣習的な愛着と敬意によって継承されると、直接に言ってはいない。TMS VI. ii. 1. 7でスミスは家族の愛着について一般的に書きながら、「愛着とよばれるものは、実際には、慣行的な同感にほかならない」と書いている。ただしこれは、一七九〇年に発行された第六版のために書かれた。

(31) Cf. TMS I. i. 4. 7：「主要当事者が……（同感的な愛着）を獲得することを望みうるのはただ、彼の情念を、観察者たちがついていける程度に低めることによってなのだ」。

(32) 手稿5ページの最終行のはじめにparentsと書かれ、そのあとにはピリオドがなく、その行には何も書かれていない。明らかに手稿に脱落がある。

(33) おそらくその大部分は、手稿6ページの前の逸失章句のなかにあったのだろう。

(34) 手稿第一巻80-81ページ［本書31-32ページ］を参照。

(35) burning away は turning away の誤記だろう。

も、そうする力をもたなかったし、奴隷も主人の家からその同意なしに逃亡したり立ち去ったりする力をもたなかった。同様に妻も、その夫から立ち去ったり別れたりする力をもたなかった。そのうえ私が前に述べたように[36]、すべての国民において初期の統治は弱かったので、さまざまな家族のさまざまな人に介入するのにきわめて慎重であった。彼らは、同一家族のなかの人々のあいだの対立に介入することには、さらに乗り気ではなかった。他方である種の統治は、自らを保持するために、家族の父の権利を強化して、彼にその家族の全体を適当と思うとおりに処理する権力、彼らの生命にかかわることでも決定する権力を与えた。このやり方によって父はその家族の全体、妻と子と奴隷に対して、ほとんど最高の権力を手にしたのである。

〔ローマの繁栄と女性の自由〕

しかしながら、これが変更されるときがきた。その理由は私は前にほのめかしたものである。ローマの初期に、国民のあいだに富がわずかしかなかった頃、女性の財産がその夫に与えたもの、すなわち夫の所有にすることができたものは大きくなかったため、協議したり、夫との協定に入ったりする権利を妻に与えることはなかった。彼女は夫の権力に服従することで満足していたのである。しかし、国家がきわめて富裕になったときには、非常に富裕な女性相続人たちがいて、今日どの国でも起こっているように、大財産を継承して

8

いた。ローマはこの国よりはるかに富裕であったから、女性相続人たちの富もそれに比例して大きかった。新しい結婚が導入されたのは、もとはそのような上流の女性たちのためだったように思われる。親族たちは、そのような大財産が家族から出て行って夫に委譲され、さらにその夫が妻に対して非常に大きな権威を取得するということを、過酷だと思った。〔しかし、女性相続人たちは他の女性たちと同じく、夫をもつことを望んだので〕〔8裏〕したがって彼らは新しい種類の結婚を案出したのであり、それには宗教的行政的を問わず古い諸形式は何も使用されなかった。われわれが結婚契約とよぶものに対応する持参金証書には、夫が妻の貨幣の、少なくともその利息の運営権をもつことが特記された。というのは、貨幣がしばしば誰かほかの人々の手に委ねられていたからである。〔夫はそのあとで妻の家に来て、迎妻式 domum deductio と呼ばれた儀式によって彼女を連れ去った。〕〔8裏〕それでも妻はその夫の権力の下に置かれたのでも、彼に分かちがたく結ばれたのでもなかった。そして少なくとも彼女が時効取得の対象とされれば、その手段によって彼女自身とその財産は、完全に夫に所属したのであり（奴隷のものがすべてそうなったように）、またこのようにして契約の全効果は失われた。そうならないために彼女は、毎年三、四夜を夫から離れているようにと忠告された。この種の結婚は、古い儀式を何も含まないとはいえ、上流女性たちの名誉を救済し、子どもたちを合法化するために法律家たちによって案出された

9

のである。――この時代以降、夫と妻はその権力においてはるかに平等になった。というのは、結婚が当事者たちの同意だけで開始されるので、以前の契約による結婚の場合ほどの大きな困難なしに解消されたからである。両当事者の同意、あるいは一方の意思だけでも、結婚を解消するのに〈十
分であった〉。もし夫が妻を残して他の女性と同衾したとする 10
と、妻は結婚前と同じく自由になった。最小の理由によってさえ可能な、離婚についてのこの大きな自由は、共和国の後期からユスティニアヌスの少し前まで継続した。そのとき皇帝ウァレンティニアヌスとテオドシウスの布告によって、離婚は一定の条件によってしか許されなくなった(37)。しかしユスティニアヌスは、以前の無制限の自由を復活させた(38)。この自由は、結婚の新しい形式の結果であったから、古い諸形式はほとんどまったく無視された。のちの形式のほうがはるかに好都合で、当時の放縦によく適していると思われたのである。{女性の名誉が救われ、子どもたちが合法化されることについて、それはこの国の男性とその愛人の状態に正確に類似していた。同居と結合 connexion はそれが継続する限り随意であった。}［9裏］したがって、この形式だけが使用されたのであり、タキトゥス(39)が次のように語っているのはそのためである。彼によれば、主祭の一定の職務が補充されなければならなくなったとき、受け入れられる人物が旧形式で結婚した両親から生まれた者であることが必要だったのに、その都市にはそういう人物が一人もいなかったというのである。

この離婚の自由は、最悪の諸帰結を生んだ。それは明らかに、女性たちの風習を腐敗させる傾向があったのである。妻
たちはしばしば、四人か五人の夫を次々にめぐり、このこと 11
から彼女らは、貞節と善良な態度についての非常にいいかげんな見解しかもたなかった。そしてこのことがしばしば、国家全体のなかで最高の地位と傑出した身分にある女性たちによって実行されたので、腐敗に対する反対が起こりようがなかった。キケロの娘のテュリアは、父によって最も優しい物腰と最大の徳と貞潔を備えた女性として賞賛されたのだが、まずピソ[1]と結婚し、次にクラシペス、それからドラベラ[2]と結婚して、そのあとで別のピソと結婚した(40)。ローマ史のなかには、このような例は多く、女性の貞節はきわめて稀なのである。当時のローマ人たちの私生活についての逸話や年代記

(36) 手稿第二巻95、152ページ［本書109、133ページ］。
(37) C. 5. 17. 8.
(38) 実際には、彼は理由のない離婚を有罪としたが、離婚そのものは有効であった。Cf. Montesquieu, XXVI. 9.
(39) *Annals*, IV. 16.
［1］ピソ（Lucius Calpurnius Piso）は古代ローマの歴史家で、前一三三年に執政官、前一二〇年に検閲官を務めた。ローマの歴史を書き、同時代の頽廃を批判した。
［2］ドラベラ（Publius Cornelius Dollabella）は前八〇年頃に生まれたとされ、カエサルの艦隊を任されていたが、その暗殺後は暗殺者たちに加わった。キケロにとっては不愉快な婿であっただろうとされる。
(40) テュリアは前四六年にドラベラと離婚し、その後、結婚せずに翌年死亡した。

は、われわれのところに非常に不完全なやり方で伝えられてきたが、それでも共和国末期の名士たちのうち、一人として妻を寝取られた記録をもたない者はいないのである。キケロ、カエサル、ポンペイウス〔3〕、マルクス・アントニウス〔4〕、[ポンペイウス]〔5〕、ドラベラなどは、すべて寝取られた評判をもつ者として記録されている。ミロは大変厳しい種類の人であったが、スッラの娘と結婚して、その結婚が祝福された翌日には、歴史家のサッルスティウス〔6〕が彼女とともにベッドに 12 いることが分かった(41)。このような放縦な離婚は、皇帝たちの時代にも妨げられることなく、前述のテオドシウスとウァレンティアヌスの立法まで続いたが、これもまたユスティニアヌスによって廃棄された。それはおそらく、東ローマ帝国においては、彼の時代以降も継続したであろう。というのは、ユスティニアヌスは西ローマ帝国を征服してしばらくそれを保持したのだが、本来は東ローマ帝国の皇帝であり、その後はその帝国が存続した限り、完全にそうであったからである。西ローマ帝国では、それははるかに早く廃止された。スカンディナヴィアとその他の北方諸国から出てきてヨーロッパ全土を蹂躙した未開諸民族においては、妻が夫にはるかに低く従属するという状態にあった。それらの民族の法律のうち、わずかに残ってわれわれの手に到達したものによれば、これが事実であったように思われる。そこでは、夫は妻に対して非常に大きな権威をもち、以前のローマ人と同じやり方で離婚することを許されたが、妻は夫を離婚する力をもたな 13 かった。キリスト教の導入によって、これが大いに強化された。キリスト教が彼らに受け入れられたのは、非常に早かったのである。彼らはそのとき、彼らの司祭たちを、尊敬をもって遇しただけでなく、迷信的な敬意をもって遇した。

――たいていの国の法律は、一般に女性に対して非情に厳しい人々によって作られたのであり、彼らはこの抑圧に対して何の矯正策ももちえなかった。しかしながら、教会人によって導入されて、まもなくこれらの野蛮で無知で、したがって迷信的な人々に受け入れられた法律は、彼女らの状態をはるかに平等にする傾向があった。最初の第一歩は、われわれが見てきたように大変なものであった放縦な離婚を、抑制するためのものであった。それはまず特定の場合に限定されたが、それは当事者のどちらかの不誠実か、夫の非常な残酷さであった。それが最も一般的なことだったからだろう（残酷さと死の恐れによる ob saevitiam et mortius metus）。離婚の効果は、当事者たちがまったく結婚しなかったものとみなされて、離婚後は自由に夫または妻をとることができるということであった。しかし、さらに時が経つと、いかなる離婚も許されなくなった。14 結婚していた人々が、離婚後に結婚することを許されるのは、その結婚がはじめから無効であった場合だけであった。それは第一に、その結婚が血統的に禁止されていた場合である。禁止は教会人によって、これまでの限界をはるかに超えて拡張されたので、人々が知らずに禁止親等で結婚することが、たびたび起こりえたのである。これらの結婚は、まったく無効であるか、あるいは法王かその他の教会人の特別の許可によって許された。第二は夫の性的無能力、生殖不能によるもので、妻の不妊によるものではない。この場合にもまた、結婚ははじめから無効であった。{あるいはまた、別の女性との現在または将来についての先行する契約が存在することが、あとから明らかになった場合もそうである。}［13裏］しかし、分離は二つの理由で許された。当事者たちの不誠実または残酷と死の恐れによるもので、これらの場合には、同居を強制するのは明らかに困難だろう。しかしながら、この理由による分離のあとの結婚は許されなかった。そして、彼女らと結婚するものは誰でも、また彼女ら自 15
身も、姦淫の罪を犯したと想定された。教会人の制度によって導入された大きな変化は、もうひとつあった。これより前には、妻の不誠実は結婚義務の重大な違反とみなされて、彼によって死をもってさえ処罰されることが許され、それには姦淫という名称が与えられた。他方で夫の不誠実は姦淫とはみなされず、それは失敗 peccatum[42]とよばれて、これについては彼は完全に自由を有しており、責任を問われることはなかった。{確かにのちの時代の結婚においては、彼らはこれらの逸脱を隠すのに、もっと注意深かっただろう。というのは、妻も夫と同じく離婚の権力をもっていたからである。}［14裏］姦淫の罪について一般的に与えられる説明、すなわち私生児の子孫を阻止するためにこれが夫に科せられたのだというのは[43]、いくらか合理的だと思われるかもしれない。しかし私が示そうと努めたように[44]、社会がわずかしか洗練されておらず、公共が被害者についていく時代には、つねに当事者の嫉妬が愛の情念に付きまとうのである。そしてこれは、一方からも他方からも同じように愛情がなくなったことを示 16
すのであるから、夫にとっても妻にとっても事情は同じである。本当の理由は、このことに関して法律を作るのは男たちだということであって、彼らは一般にできる限り女性を抑圧し、自分たちにはより多くの自由を与えたいと思うだろう。教会人たちは、彼らよりはるかに中立的な裁判官であった。以前の立法者たちは夫であり、したがって当事者たちであったが、司祭は結婚を許されなかったから、夫ではなかったの

［3］ポンペイウス（Gnaeus Pompeius Mgnus, 106–48BC）はローマの将軍・政治家で、カエサル、クラックスとともに第一回三頭政治（前六〇―五三）に参加した。

［4］マルクス・アントニウス（Marcus Antonius 83–30BC）はローマの将軍で、オクタウィアヌス、レピドゥスとともに第二回三頭政治（前四三）に参加した。彼が結婚したエジプト女王クレオパトラは、カエサルの愛人であっただけでなく、彼にとって三人目の妻であった。

［5］手稿の重複。

［6］サッルスティウス（Gaius Sallustius, 86–35BC）はローマの政治家・歴史家。
（41）Aulus Gellius, XVII. 18 ; Scholiast to Horace, *Satires*, I. 2. 41–8.
（42）petticatus はおそらく peccatum (or peccatus)、すなわち罪または失敗とするつもりだっただろう。
（43）Montesquieu, XXVI. 8.
（44）おそらく手稿第三巻6ページの逸失部分にあったのだろう。Cf. LJB 103.

で、彼らはこの問題についての裁判官の職務に可能な限り最適な資格をもっていた。したがって彼らは、この点に関して男女を完全に平等の立場に置いた。夫の不誠実は妻の不誠実と同じく姦淫とみなされ、分離を生みえたのである。〔そしてそれはしばらくのあいだ、姦淫としてではなく偽証として処罰された。〕［15裏］離婚の許可は、われわれが述べたように大いに抑制され、同時に双方について平等な立場で行われた。〔夫と妻は、ほとんどあらゆる点で、まったく対等の立場に置かれた。このことは私が説明に努めてきた原則にもとづいていて、非常に公正なものであるだろう。女性の愛情に対する侵害は、悲痛の程度において、男性のそれに劣るものではないからである。しかしそれでも、すべての結婚契約において、夫は妻に対してかなりの優越性をもつので、彼の名誉と愛情に対してなされた侵害のほうが重大であろう。なぜなら、劣位者によって優位者に対してなされたすべての侵害は、優位者によって劣位者に対してなされる侵害よりも、敏感に受け取られるからである。〕［15裏・16裏］離婚に関するイングランドの法律は、大部分の点に関してカノン法の諸法と非常に同一の立場をとっている。議会法による以外の手段では、誰も離婚を達成することはできない。議会法は絶対であり、あるゆることを行うことができるのである。しかし、教会裁判所の代わりにできたローマ法博士会 Civilians of Doctors' Commons での訴訟によって〔スコットランドでは不誠実を理由とする離婚は、教会裁判所に取って代わった主

17

教代理 commissaries によって、女性たち[45]に許されている。宗教改革以後の教会人たちは独身とは限らず、彼ら自身が夫となることを許されているので、より寛大であった。法王派の教会人は、以前には次のような理由による分離を許した。――〕［16裏］獲得できるのはせいぜい分離だけであって[46]、この項目について法律をできるだけ厳しく作った教会人たちは、それを許すのが必要であることを認めたが、違反者たちへの罰として、あとで結婚する自由を認めようとはしなかったのである。――

［結婚儀礼］

結婚に関するこれらの規制が行われてからしばらくの間は、結婚の開始にあたって、大きな儀式が必要とされることはなかった。法王インノケンティウス三世［7］の時代までは、宗教的伝承[47]は必要とされなかった。それ以前は、神前結婚と仮装売買婚の古い諸形態は無視されたので、彼らが使用した形式は、キリスト教以前のローマ人の新しい結婚の形式と、ほぼ同一であった。そこでは、当事者間の相互の同意のほかは何も必要とされず、証人の前であってもそうではなくてもよかった。一方の男が他方の女に自分の妻になりたいかと尋ね、その女が「はい、私はあなたを夫とします」と答える。その後、夫は出かけて、妻を自分の家に連れてきたのであり、その他の形式は何も必要ではなかった。のちにインノケンティウスは、これらの宣言が教会の面前でなされることが

18

必要だとしたが、そのやり方は、ある人とある人とのあいだの結婚の約束を厳粛に宣言するというもので、ほとんど現在使用されているものと同じである。しかしながら、今日すべてのキリスト教国でそうであるように、唯一の正規の種類の結婚として、このことが必要とされたあとでも、その他の同意の方法がまったく効果がなかったのではない。契約だけによる前のやり方、すなわち前の非正規方式が、教会の面前でなされたものを破棄したほどであった。しかし、ここにはひとつの区分があった。もし結婚あるいは同意が現在のもの in praesenti であったとすれば、すなわち、もし当事者たちが、「私はあなたを私の妻とする、あるいは私はあなたと結婚する」という同意の時点から夫であり妻であることに同意したとすれば、このことは、その後の結婚が教会の面前でなされたものであっても、それを無効にした。当事者たちはそれでも、すべての不正規結婚について、不貞の場合と同じく教会の処罰を〈受ける〉のである。――しかし、もしそれがたんなる結婚の約束あるいは将来に関する契約 contract in futuro であっても、そのことを証人たちによって、あるいは追求されている当事者 party pursued の誓約によって証明することができたならば、それは結婚を達成し、教会の前でのあとの結婚を（特に断続性交を）阻止することができた。ただしそれが完了されたものであれば、解消することはできなかった。このことは、近頃の結婚法まで、イングランドでは事実であり(48)、その結婚法は、結婚の約束であれどのような不正

19

規の約束であれ、すべてを無効としている。スコットランドでは、どのような種類であれ現在の結婚は、相互の同意が治安判事か主教代理の前で、あるいは他のやり方で宣告されたものは、有効なものとして認められる。もしそれらが将来に関するものであれば、すなわちそれらが一方の当事者によって言われていて、他方が宣誓によって拒否しないならば、断続性交であっても si copula intervenerit 有効であり、このことは通常のやり方すなわち子どもの出生によって証明される。しかし、当事者たちは依然として、教会の非難を免れることはできない。

この手段によって、結婚はほとんど解消不能になった。またこの手段によって、愛の情念に対してこれまでもたれてきた評判や関心に非常に大きな変化が導入された。前にはこの情念は、非常に滑稽でばかげた情念とみなされ、決してまじめに語られるようなものではなかった[8]。ギリシャ人のあいだ

20

(45) dalys はおそらく音位転換による ladys の誤記。

(46) a mensa et thoro の分離は、監督法院によって認可された。それはしばしば Doctors Commons, the college of Doctors of Civil Law で開催された。

[7] インノケンティウス三世（Innocentius III, 1160?–1216）は、帝権に対する教権の優位と十字軍を強力に推進し、マグナ・カルタを無効とした。結婚についての著作もある。

(47) 教会内の布告：*Decretals* 4. 3. c. 3 (1215). 実際には、結婚の有効性にとって不可欠ではない。

(48) 26 George II. c. 33 (1753) は、以後、結婚契約が教会裁判所では強制力をもたないと定めた。

でもローマ人のあいだでも、この主題についてのまじめな性質の詩が存在しないことを、われわれは知っている。古代悲劇には、その他のすべての情念については、怒り、憎しみ、復讐、野心などについての作品が数多くあるのに、『フェードラ』[49]を除けば、恋物語を盛り上げるような筋のものはない。叙事詩においても、それは目立つ姿を現さない。ディードーの物語[50]は恋物語と言えるかもしれないが、しかしそれは、大事件の進行に何の効果ももたないし、それらとどのようなつながりももたない。その詩は実に、ラヴィニアとトゥルヌスのあいだの愛[51]をむしろ妨害しているのであり、われわれは彼女とアエネイスとのあいだに、愛があったとは言えないからである。なぜなら彼らは決して知り合うことがなかったのだから。――『イリアス』は恋物語を主題としていると言っていいだろう。トロイア戦争の原因は、ヘレナのレイプその他であったが、しかしそれはどのような種類の恋物語であるのか。なぜギリシャの首長たちは、ヘレナをその夫に取り戻すために団結するのか。しかし、夫は彼女に対して、その不誠実についての怒りを少しでも示そうとは決してしないのだ。すべては、自分の妻を自分の所有物とともにもち去ったパリスに向けられる。当時はこの情念が、今日に比べて、このようにわずかな役割しか演じない理由は、明らかに次のことである。つまりこの情念自体が、私が前に言ったように[52]むしろ滑稽な性質のものであり、度重なる安易な離婚は、それを充足することを何も意味のないものとしたのである。離

21

婚は今日でもありうるだろうし、明日起こるかもしれない。今年でなければ、来年かもしれない。人は前回と同じように好ましい対象を、再び見つけることができるだろう。結婚はいつでも解消できるため、人物の選択には大きな重要性がない。これがギリシャ人とローマ人のあいだでの事情であった。しかし、結婚が解消できなくなったときには、事情は大きく変わった。この情念の対象の選択は、結婚への前触れであるのが普通で、最大の重要性をもつ事柄になった。――結合は永久的であり、したがってその人物の選定は、当事者たちの将来の幸福につねに大きな影響を与える事柄であった。したがってわれわれは、これ以降、愛情がわれわれのすべての悲劇と物語の主題をなしていて、今日に至るまで一種の叙事詩になっているのを見るのである。以前には、それはまったく瑣末なことであり、それらの著作の主題ではないとみなされていたのだ。――重要性が変化すれば、著作のなかでのその役割も変わる。それは軽蔑すべき情念から、そのように重要な結合へと導く尊敬すべき情念になったのであり、したがって、われわれのすべての公共的な娯楽、演劇、歌劇などの主題になったのである。ギリシャやローマの作品のなかには、それらは決して一度も表れたことがなかった。

22

　これがローマとヨーロッパ諸国民における結婚についての、一般的な説明である。すべての未開民族における離婚は、夫の権力のなかにあって、妻のほうにはないとみなされてきた。のちにローマ人がそれを拡大して、両当事者に平等

23

にした。そして最後に教会人が、それをすべての場合から取り上げた。ただし、その結婚がはじめから無効であった場合は別である。

［多妻制］

私はいま、多くの点で前に述べたのとは非常に異なる、別の種類の結婚の考察に進むであろう。すなわち、一人の男がかなりの数の妻をもつことを許されている場合である。ローマやギリシャと同様に、すべてのヨーロッパの近代国民においては、一人の男は一人の妻に限定されていて、離婚の自由があってもなくても、複数の妻をもつことは許されていない。しかし古代においても近代においても、多くのところで多妻制が許されていた。すべての東方諸国、特に東インド諸島、ペルシャ、トルコとエジプト、およびその他の国々では、以前は多妻制が、男性が望み、扶養できる限り許容されていた。われわれはまず、グロティウス(53)によってそれが非常に正当に、次のように注目されたと言っていいだろう。すなわち、それぞれの国の法律によって自由離婚も多妻制も許されているところでは、そのどちらにも何も不正義は存在しないのだが、私が次第に示すように、それらは、よく規制された生活行政とは非常に一致しにくいのである。自由離婚に関して言えば、このようにして追い出される人に対して、何かの不正義がなされたとは言うことができない。この慣行は法律で許されているのであり、したがってこの協定に入る妻た

24

ちは、夫がそうしたいと思っている限り妻であるにすぎない。彼女らは、彼がそれを都合がいいと思うあいだだけ、一緒に生活する。彼らが一緒に生活するのは、彼らがそうし続ける限り、自由意志によるのであり、彼らが離散するのは、彼らが一緒になったときの条件によるのである。同じようにして、これまでも現在でも多妻制が許されている多くの国々では、このやり方で妻をとることに何の不正義もありえない。自由離婚が許されているところでは、妻は、夫がそうしたいと思えば追い出すことができるという条件で受け入れられ、このことは妻も知っている。同じようにして、多妻制が許されているところでは、妻は四人か五人、一〇人か二〇人、あるいは一〇〇人の妻たちの一人として受け入れられるのである。これがその条件であって、彼女が自分はこの境遇にあると知ったときに、彼女に対して何かの侵害がなされたと言うことはできない。しかし、多妻制の慣行には、法律が

25

［8］これはスミス自身の意見でもあった。TMS I. iii. 2.

(49) スミスはEuripides' *Hippolytus* とSeneca's *Phaedra* のどちらか、あるいは双方を考えていただろう。

(50) Virgil, *Aeneid*, iv.

(51) *Aeneid*, vii.

(52) スミスは手稿20ページ［本書153ページ］で、以前は愛の情念がばかげて滑稽なものとみなされていたと書いていた。しかし、ここで言及されているのはおそらく手稿6ページの前の逸失稿であろう。Cf. LJB 103. スミスはTMS I. ii. 2. 1で、性的情念は自然のものではあるが、つねにいくらか滑稽であるといっている。

(53) Grotius, II. 5. 9.

それを許しているところでは何も不正義はないものの、それ
でもそれは多くの不都合を生むのである。
　われわれは第一に、これが実行されている家族で女性の状
態がどうなっているかを考察しよう。彼女らが互いに最大の
嫉妬をもって他人を見るということは、明らかである。彼女
らは自分たちのあいだで彼の愛情を分け合い、ライヴァルた
ちを押しのけるためにできる限りのことをしなければならな
い。ライヴァル間の自然の帰結として、終わりのない不和と
敵意が彼女らのあいだに広がるに違いない。彼女らは互いに
ライヴァル同士であり、したがって互いに敵であって、この
ライヴァル関係は一般に最大の敵意と耐え難い不和を生む性
質のものである。したがってこれらは、妻たちがその夫の愛
について互いにもつ嫉妬から、多妻制に最大限に付きまとわ
ざるをえない。これに加えて、彼女らのあいだの絶えざる不 26
和と嫉妬にはもうひとつの原因がある。ここでは、夫の愛着
が大きく分割されざるをえない。彼の妻たちのあいだだけで
なく、彼らの子どもたちのあいだにもである。一〇人か二〇
人の妻をもつ男は、五〇人あるいは一〇〇人の子どもをもつ
かもしれず、彼の愛情は子どもたちのあいだに分割され、し
たがって、そのうちのどの特定の一人に対しても、非常に強
いものではありえない。妻たちの愛着もまた、彼女自身の子
どもたちにまったく限定されるだろう。彼女はおそらく五人
か六人の母であって、彼女のすべての愛着、すべての注意と
関心は、彼らに対して投じられる。彼女は彼らの利害と昇進
だけに関心がある。したがって、自分の子どもたちに対する
彼女の愛着は、夫が誰かの子どもたちに対して感じうる分
割された弱い愛着に比べて、途方もなく強いに違いない[54]。
——われわれの愛着の対象に対して、われわれと等しい関
係をもっているもう一人の人がいるというすべての場合に、
われわれは彼の愛着を、われわれが感じるものによって測定
する。したがって、母が自分の子どもたちに対して感じる愛
着を、彼らに対して自分と同じ関係にある彼らの父の愛着と 27
比較した場合、両者のあいだの大きな不釣り合いは、彼女の
嫉妬を最大限に高める。彼女は自分の子どもたちの利益と昇
進にしか関心がなく、したがって、彼らの父の愛着をすべて
彼らに引き寄せるために苦労して、他のすべての妻たちとそ
の子どもたちを、自分のライヴァルであり敵対者であると見
るのである。他方の人々もやはり彼女を同じ見方で見ること
になる。愛の嫉妬と利害の嫉妬は、双方が合流して、そのよ
うな家族のなかの不和、敵意、混乱、無秩序を最大限に高め
る。確かにわれわれは、トルコ人、ペルシャ人、モンゴル人
の有力者たちの後宮では、女性たちのあいだに最大の静寂、
最大の諦念があると聞かされている。しかし、この見かけ上
の静寂は見かけにすぎないのだから、苛酷さと厳しい慣習か
らきたものなのである。反乱的な臣民たちが秩序のなかに服 28
従させられたときは、何にもまして最も惨めで卑しい。反乱
行為そのものでない限り、彼らは最大の静寂を保ち、主人の
意思に最大の従順さをもって従っているように見える。この

ことは、これらの国々のすべてに完全にあてはまる。大勢の妻を扶養する能力をもつ者は少数でしかありえないから、そこでは、公娼以外の異性とのあらゆる交渉を完全に妨げられている多数の人々がいるに違いない。彼らの多くは、彼らに定められた職務に適した者になるために、人間の身分から引き下げられて、宦官にさえならされるかもしれない。彼らの職務は、これらの後宮の世話であり、その女性たちをまともな秩序のなかに置くことである。この目的のために彼らは、女性たちを最大の厳しさをもって取り扱い、自分が適当と思う限りのあらゆる専制を彼女らに課すことを許されている。この惨めな従属だけが、有力者たちのすべての後宮で見られるはずの見かけ上の静寂を生むのである。したがってわれわれは、この静寂が見られるのは、この目的のために一組の宦官を維持できる富をもつ人々の場合だけであることを知るのである。トルコでは、スミルナ[9]、コンスタンティノポリス、カイロのような主要な町すべてに、多数のこの種の人々が住んでいるに違いない。そして、東方では富はさらに大きいので、イスファハンとデリー(55)およびアグラでは、彼らのあいだの混乱がさらに少ない。それに、ムガールはペルシャよりさらに富裕なので、彼らはさらに容易にこれらの妻たちの主人を維持できるのである。シナ人はさらにそうである。われわれは確かにこれらの国々において、きわめてわずかな無秩序と大きな見かけ上の静寂をみる。しかし他方で、人々の富がこれらの召使を維持しうるほどでない地中海沿岸のすべての

29

国において、またトルコの多くの場所においては、最大の混乱、無秩序、不満、不幸がまったく明白なのである。——

30

　これらの女性の悲惨は、他の事情によって大いに増大させられるに違いない。彼女らがもつことを許される唯一の仲間は、あらゆるもののなかで最も不愉快な人々である。これらの国々においては、その女性たちを見ることを許されるのは、彼女らを監督する宦官だけである。夫の嫉妬が、その他のすべての交渉を阻止している。それで、彼女らが見ることができる人々としては、まったく快適ではありえない専制的な主人たちか、あるいは、彼女らのあいだの平和を維持するために次々に渡り歩かなければならないので、誰か一人にかかりきりになれず、もっと不愉快であるかもしれない他の仲間たちしかいないのである。これらのほかには、彼女らは会話の相手として、その後宮のなかの他の妻たちすなわち妾たちしかおらず、彼女らと一緒にいることはつねに、そうでない場合よりもむしろ不快であるに違いない。なぜなら、互いに嫉妬し、最も面倒なところでライヴァル同士である人々のあいだに、何の調和、友情、享受が〈ありえようか〉。——そこでは、これらの家族における女性の状態が、疑問の余地なくきわめてみじめであり、想像できる限り最大の羨望、悪

31

(54) Montesquieu, XVI. 6.

[9] スミルナ（Smyrna）はイズミル（トルコ西部、エーゲ海のイズミル湾に臨む港町）の古名。

(55) Bdelli は Delhi の誤記。

意、憎悪、混乱などにさらされているのである。われわれは、男性の側がそれよりはるかに望ましいものではないことを知るだろう。われわれが考察しようとしている人物は、人間の階層から落とされて、幸福のすべての機会を奪われている人々ではない。しかしわれわれは、この後宮の主人、この幸福であるように見える人物が、はるかに快適な境遇にあるのではないことを知るだろう。というのは、第一に彼は、最も激しい嫉妬によって苦しめられているからである。すなわちこれらの国では、一人の妻しかもたない人は、彼女について最小の疑惑、最小の嫉妬さえもたないとはいえ、妻が多数である場合、女性たちが彼らに対して誠実であろうとする大きな理由をもちえないことを、彼らは敏感に知っているからである。彼らは、多くの人々のあいだに分割せざるをえない自分たちの愛情の、非常に小さい部分しか享受しない。
32
あるいは、もしそれがとにかく不公平に与えられるとすると、他方はさらにいっそう不満をもつだろうし、彼の嫉妬はその結果として高まるだろう。子どもたちに対する彼の愛着は、それだけ多数のあいだに分割されるので、非常にわずかでしかありえない。このこともまた最大の不満を生む。なぜなら彼は、自分の子どもたちに与える愛情の分け前について、妻たちを満足させることは決してできないからである。それは私が述べたとおり、彼らが期待するところに比べて、つねに非常に不釣り合いであるに違いないのである。このやり方で彼は、親としての愛情の行使に何の楽しみもなく、大量の懸念、嫉妬、苦痛をもつことになる。彼はまた、夫婦間の愛情を非常にわずかしかもつことができず、他のどの男性よりも大きな嫉妬の分け前をもつ。彼らが自分たちの妻に対して抱く嫉妬はまた、この国およびその他のたいていの多妻制が許されていない国々で享受されている自由な交流と付き合いを、彼らから奪っている。それは彼らが、自分たちの女性を見られたり腐敗させられたりすることの恐れから、互いに家を訪問することをまったく妨げている。彼らは想像についてさえ恐れていて、もしあなたがトルコ人に彼の妻のことを尋ねたり、あるいは彼女が何らかの姿形をとっていることを話したりした場合、彼は非常に不機嫌になるだろう。彼らは、まるでこの世にそういう人物がいないかのように、ふるまわなければならないのである。〔医者たち自身でさえ、彼らの患者である女性たちに会うことを許されない。トゥルヌフォ[10]ール氏は、人々がなおこの点についてトルコより注意深く慎重なイスファハンにいたとき、ある有力者の妻たちを訪問することを求められたと語っている[56]。彼は一室に連れ込まれたが、そこには壁に多数の掛け軸がかけられていて、人物その他の存在を示していた。彼はそこで、壁の穴をとおして彼女らの脈をとることを許されたが、彼女らのうちの一人の姿も見なかった。〕［32裏］このやり方のために、これらの国では家長たちのあいだに友情や信頼はありえないのである。このやり方のせいで、彼らは組合や同盟を作ることができず、その結果、彼らの抑圧者に復讐したり、統治の過大な力を抑制
33

したりすることによって自分たちの自由を支えることができ
なくなっている。したがってわれわれは、多妻制が受容され
ているすべての国が、最も専制的で恣意的な統治の下にある
のを知るのである。ペルシャ、トルコ、ムガール国、それに
シナもそうである。彼らはどのような反抗もできず、したが
34 って政府はすぐ彼らを抑圧し、彼らは決して復活することが
できない。政治が恣意的であるように、家長たちは可能な限
り最も絶対的で恣意的な権威を信託されている。家族全体、
すなわち彼らの妻たちも宦官たちも、ともに彼らの意のまま
になる。そうでなければ、国の秩序を維持することができな
いからである。——この生活方法によれば必然的に、大多
数の人々がまったく妻子をもつことができないということが
起こる。というのは、この種のすべての国々では、彼らは持
参金を受け取るのではなく、妻たちに対してその価格を支払
うのであり、また彼らのうちの多くはその代わりに、他の
人々の妻たちの世話をするための宦官になるからである。し
かし、彼らが妻たちを維持するための十分な貯えをもってい
たとしても、それでもやはり、女性の数が少なすぎるという
ことが起こるだろう。そして、富裕な人々が他の人々からす
べてを奪うだろう。

　確かにモンテスキュウによって、〈　　〉(57)を典拠として、
多妻制の利点が次のように述べられている。すなわち、ジャ
ワ島の首都であるバンタム[11]では、男一人に対して女一〇人が
生まれるのであり、あるオランダ人著者(58)はわれわれに、ギニ
35 ア海岸では女性五〇対男性一であると語っている。ヨーロッ
パではこの比率は非常に違っていると、われわれは確信して
いる。一般には男性一三に対して女性一二ぐらいだと考えら
れていて、別に一七に対して一六ぐらいだという人々があ
り、この比率は、ヨーロッパのさまざまな地点で記録されて
いる死亡表による大体のところと一致するように思われる。
それゆえここでは、一三人または一七人の男性のなかから一
人が戦争や危険な労働によって失われて、彼らすべてが一人
の妻をもつことができるようになるのである。自然法則が他
の国々で非常に大きく違うということはなさそうだし、確か
な根拠がないからそれは信じるべきではない。われわれは引
力、脈拍などに関する自然法則が、地球のすべての場所で同
じであることを知っている。他の諸動物の出生の法則もま
た、すべての国で同一であり、人間の出生の法則に関して、

[10] トゥルヌフォール（Joseph Pitton de Tournefort, 1656–1708）はフランスの植物学者で、パリ植物園の教授。一七〇〇—〇二年にコンスタンチノープル、アルメニア、グルジアを旅行した。

(56) Tournefort, *Relation d'un voyage du Levant* (1717), II. 27-8. これは Hume, *Essays* ('Of Polygamy and Divorces'), I. 235 で言及されている。

(57) XVI. 4 and XXIII. 12, *Recueil des voyages qui ont servi à l'établissement de la Compagnie des Indes Orientales* (2nd edn., 1725), I. 347 を引用。

[11] ジャワ島西部の最初のオランダ植民地。

(58) W. Bosman, *New and Accurate Description of the Coast of Guinea* (1705) は次のように言う。女性が未婚で残るのは、彼女らの数が男性の数をはるかに超えるからであり（p. 211）、そしてまた、男たちは四〇人か五〇人の妻をもつのが普通なのである（p. 344）。

東と西でそれほど大きな違いがあるというのは到底ありえないことである。日本の首都であるマカオで住民数の集計が行
36
われたとき、男九人に対して女一一人であったと、われわれは聞いている。(59) それは確かに女性にとって不利な割合であるが、多妻制を確立するには十分ではないだろう。なぜなら、多数の人々を除外しなければ、男一人に対して、三〇や四〇よりはるかに少ない二人の妻をもつことになるからである。公式の人口調査でもそうなっているため、この事実についてわれわれは、まったく見事に保証されている。しかし、そうなるとそれは、見かけのように大きな不均衡が確証されないのではないか。そこでわれわれは、これがその国の首都の数字だということを考慮しなければならない。そこには彼らの宗教の頭目が住んでいて、彼だけで五〇〇か六〇〇の妻をもち、そのほかに多数の富裕な人々が、疑いもなくかなり多数の妻をもっていただろう。したがって、ここには多数の女性が集められ、それはこの不均衡を生み出すのに十分であると想定されるかもしれない。それでも、その国の他の部分では、彼らがヨーロッパにおいてと同じ割合で生まれていたということは、きわめてありうるのである。このことは、よく
37
立証された唯一の事実である。というのは、このことが語られている国で何らかの死亡表が作られているのを、われわれは決して聞いたことがないからである。モンテスキュウがこの主張の基礎としている上述の二つの事実は、決して十分に確かめられてはいない。それは二人のオランダ人船長の典拠にもとづいていて、そのうちの一人はギニア海岸のあちこちで、一年ばかり交易をしていた。このようにして彼は、自分にそう見えたために、女性対男性が五〇対一であると信じてしまったのかもしれない。もう一人は、二カ月か三カ月のあいだバンタムにいて、その期間の最大部分は船上にいた人物であるため、その首都では一〇対一であるように見えたのかもしれない。｛もしこれが真実であれば、多妻制が生じるのはまったく当然であるだろう。上述の不都合が続いて起こっただろうが、しかしそこには、それについての矯正手段は何もなかっただろう。そのような自然法則が生じたところでは、それは必然的なことだからである。｝［36裏］

多妻制を支持する議論としては、次のようなことも主張されている。(60) すなわち、温暖な風土では、女性はその美しさをこの国におけるよりもはるかに早く失うのであり、彼女らの美しさが彼女らを愛情の対象に適したものとするときには、
38
彼女らの弱さと若さが、彼女らを彼の信頼の対象かつ平等〈の立場〉とするにはまったく不適当にする、そして後のときが来る前に、前のときは過ぎている、と。他方では、彼女らの感覚と経験が〈彼女らを〉このことに適したものとするときには、美の喪失と不妊がそれを相殺するのだというのである。彼らがわれわれに語るのは、これらの国々では、女性は北方の国々よりもずっと早く成熟するということ、七歳か八歳で結婚に適し、二〇歳ぐらいで子どもを生むのをやめるということである。ところでこの事実は、前述のものと同じ

く確かめられていない。確かにわれわれは、彼女らが一一歳か一二歳で子どもを生むことを聞いているが、この国の多くの女性の場合も南方の国々においてと同様だろう。ムハンマドは五歳の妻〈　〉[61]と結婚し、八歳まで彼女とともに暮らしたと言われる。しかしこのことは、おそらく、幼児姦以上のものではなかっただろう。それは、もっと北方の国々では、あまりにも普通のことにすぎない。他方で、ここで主張されているように、彼女らがそれほど早く妊娠しなくなると 39 いうことは確かではない。われわれはエジプト人クレオパトラが、この国でさえ女性たちが美の頂上を過ぎる三六歳で、なおアントニウスを捕らえて離さない魅力をもっていたことを知っている。アントニウスは、非常に気まぐれで、そのためにオクタウィアヌスとの離別と自分の破滅を招いたが、その約一年前に、彼女は子どもを生んでいた。ナポリの女王〈コンスタンティア〉[62]は五六歳のときに子どもを宿し、このことは、確かにそこでは奇跡とみなされた。ここでもそうみなされただろう。そして、そのことは大変異常だったので、その子に王位を継承させるために、彼女は町のなかに幕屋を建てさせ、国民が見ているところでお産の床につき、詐欺が疑われることがないようにした。しかし、女性が子どもを生むことができ、男性にとって適切な仲間でありうる期間は、一二歳から二〇歳に限られていたのは確かであるが、このことは、多妻制の樹立を求めるものではまったくないだろう。確 40 かにそれは、自由離婚を必要とするかもしれない。すなわち、女性が適当な伴侶でありえなくなったとき、夫は彼女を追い出して、別の妻を得る権力をもつということである。しかし、これは決して彼が妻に適した女性を、一人以上同時にとることを必要とするものではありえない。ところが、東方諸国では女性が男性より多く生まれるという前にあげた意見に対する最強の反論がある。それはグルジア、コーカサス、および多妻制が許されていないか、それほど実行されていないその他のアジア諸国からコンスタンティノポリス、スミルナ、アグラ、およびその他の町への絶え間ない女性の流入である。そして、これが引き続き進行していることは、大変な数の男性が彼らの妻を奪われているにもかかわらず、これによってもなお、後宮への供給が十分ではないことを示すのである。野蛮未開の諸民族の征服が、現在多妻制が行われてい 41 るすべての国民にそれを生み出した。たいていの未開民族では、首領と主要人物であれば二人か三人の妻をもつことが、

(59) Montesquieu, XVI. 4 and XXIII. 12, E. Kaempfer［*History of Japan*, tr. J. G. Scheuchzer, I (1727), 199］を引用している。それは一六七五年頃の（ミヤコまたはメアコとして知られていた）皇帝の首都で、男性一八万二〇七二人に対して女性二二万三五七三人という数字があげられている。

(60) Montesquieu, XVI. 2による。

(61) 手稿の空白。Montesquieu (XVI. 2) によれば、これはハディージャ (Cadhisja) のことだが、実際にはアーイシャ（Ayesha）である。ムハンマドは彼女が六歳のときに結婚した。

(62) 手稿の空白。Constantia : Villani, in Muratori, *Rer. Ital. Scriptores*, XIII. 140B.

きわめて普通である。そういう民族が、他の未開諸民族を征服したときには、彼らは自分たちの野獣的な欲望に非常におぼれがちになるだろうし、この場合、首領や主要人物たちは、二人ではなく一〇人または二〇人の妻をもつ力を、自分たちの権力のなかに置くのである。こうすることによって、多妻制が、現在それが見られるすべての国に、未開諸民族によって導入されてきたのだ。未開諸民族のひとつであるタタール人は、何度もアジア全土を侵略し、ペルシャを一二回侵略した。本来はタタール人であるトルコ人は、若干のムーア人を伴ってギリシャを征服して、これを持ち込んだ。――

［多妻制と臣民の自由］

多妻制は、その臣民の自由にとって有害である。それはそれ自体が引き起こす嫉妬で諸家長間のすべての連合と友好を妨げることによって有害であるだけでなく、さらにまた、世襲貴族の存在を絶対的に阻止することによっても有害である。高い地位に着いた人々が三人か四人の子どもを残した場

42

合、彼らのすべてが父の尊厳を維持する能力をもっているかもしれず、長子相続制が行われているところでは、少なくとも一人は、たいていの点で父の地位を占めることができよう。父と結びついている人々は、容易に自然に、息子に対しても彼らの愛情をもち続けることができる。われわれが尊敬する人と結びついている人々は、われわれの愛情のなかでそれぞれの地位に着くのであり、彼らが少数であればこれは全体に広がるであろうし、あるいは彼の地位に着いたものには大いに定着するだろう。しかし、多妻制が行われているところでは、子どもの数が非常に多くて、そのために父との関係についてわれわれにわずかな印象しか与えないので、われわれの愛情はそれだけ多数に分割されて、到底何かの効果も生みにくい。あるいはまた、さまざまな妻による子どもたちのあいだに、大変な数のなかに誰か一人、ほかからぬきんでて目立つ者がいるわけではない。したがって、その有力者が死ぬと彼の子どもたちは、最も下層の人物の子どもたちと同じようにしか顧みられず、彼ら自身もしばしば最低の地位に戻るのである。あの尊厳を所有したことのある人の子どもだと

43

いうだけでは、彼に最低の顧慮さえ払われない。もし彼らのうちの一人が国家の職務へと昇進したならば、彼に対して与えられる敬意はまったくその新しい地位によるものとなる。したがって、王家を除けば、高貴であるとか何かの理由で他と区別される家族はひとつもなく、彼らのあいだで世襲貴族が話題になることは決してない。そこでわれわれは、国民の自由を主として支えるのは貴族であることを知るだろう。若干の人々が何らかのやり方でその他の人々から区別されていることが絶対に必要であって、彼らは国王の抑圧に抵抗することができ、あるいは国民が外来の侵略者によって抑圧される危険があるとき、彼らの先頭に立つことができるのである。この双方の目標が、フランスとイングランドで貴族によって達成されてきたのを、われわれは知っている。しかし貴

44

族をもたない国々では、民衆はつき従うべき頭をもたないのである。そういう国を外来の侵略者から守る防衛の全体は、常備軍によってなされなければならないのだが、それがひとたび打破されるとその後は、民衆はまったく何の反抗もできない。だからわれわれは、アレクサンドロスが二度の勝利で、自分を当時のアジアの最大部分の主人にしたことを知るのである。同じことはキュロス[12]によって、彼より前になされていた。二大征服者ティムールとチンギス・カンは、彼らの帝国を二度か三度の勝利によって獲得した。ここでは民衆は、最初の敗北のあと、彼らの指導者として選ぶことができる人々をもたなかった。その後の分割や無秩序は、征服者たちから出てきたのであって、征服された側の何らかの闘争から生じたものではない。ティムールとチンギス・カンの諸帝国は、彼らの死の直後に分裂したが、それは彼らに同伴していたタタールの首長〈たち〉のあいだでのことであった。アレクサンドロスの帝国も、同じようにまもなく分割されたが、それは彼が征服したペルシャ人やその他の諸民族の不和や不満によってではなく、彼の主将たちのあいだのライヴァル意識によってであった。カリフたちの帝国も、ムハンマドの死後少し経って、同じように分裂したが、それは彼が征服してしまった柔弱卑劣な民衆によってではなく、未開のアラビア人たちの対抗意識によってであった。彼らは最初の敗北のあと、侵略者に抵抗する力もなく、あるいは、これらの民衆を統治した君主たちが一般にそうであったような、絶対的

45

な君主の支配にひとたび屈従してしまうと、どうしても軛を振り払うことができなかったのである。他方で、貴族層がいたところでは、外国軍によってその国が征服され占領されても、それでもなお彼らは、自分たちの自由を回復するための企てを繰り返すことができた。したがってわれわれはそれを、フランスが何度かイングランド人に占領されながら、同じく何度かその軛を振り払ったことに見るのである。ゲルマニアは一〇年か二〇年ごとに、諸外国の軍隊によって完全に占領されている。しかしどの都市も、征服者に屈したままでいることは決してない。ハンガリーはしばしばトルコ人によって征服されたが、長く彼らに占有されていたことは決してなかった。彼らは自分たちの自由のための企てに、そのもとで加わるべき首領たちをもっていたからである。――これらすべての不都合に加えて、多妻制はその国の人口にとっても有害であるに違いない。というのは、そこには妻をもたない多数の者がいるに違いないからである。それゆえ、女性たちが少数者に限定されないで、平等に分けられたほうが、多数の子どもが生まれる蓋然性がはるかに大きいということは、確かだろう。同数の男性と結婚した一〇〇人の女性が、その全員が一人の男性に所属した場合よりも、はるかに多くの子どもをもつということは、完全に確実である。このこと

[12] キュロスという名の有名人は、古代ペルシャの王子として二人いたが、スミスがあげているのは、前六世紀に小アジア諸民族を支配したキュロスであろう。

46

がおそらく、ペルシャとギリシャ諸国、アフリカ沿岸諸国が、かつては大変人口が多かったのに、現在はきわめて希薄であることの理由でありうるだろう。確かに、多妻制が認められてきたいくつかの国では、依然としていちじるしく人口 47 が多い。ナイル川とガンジス川の川岸の国々と、それらのほかにシナは、すべてその実例である。しかしその場合でも、一国の人口の大きさは、すべての規制がそういう結果を生む傾向があったことを示すしるしではない。というのは、何かほかの事情があって、阻止する力を相殺する以上であるかもしれないからである。これらの国はすべて、いちじるしく肥沃である。ナイル川とガンジス川の川岸はこれらの川に洗われて、年に三回か四回、大量の収穫を生む。そこでは人の食料と生活資料が豊かであるに違いないから、私があとで説明しようとする理由によって、これは人口増加を促進するに違いない。人間の数は生活資料の量に比例するものだからである。このことはまたシナについても事実であり、そこにはまたわれわれが知らない諸理由があるのかもしれない。他方で、人口を増加させる傾向のある諸規制が、必ずしもつねにそういう効果を生まないことを、われわれは知っている。たとえば、スコットランドにおける結婚についての法律は、すでに述べた理由によって、明らかに人口増加への傾向をもっ 48 ているように見えるのだが、それでもその効果を生まない。なぜなら、国土の不毛さや生活の困難のようなその他の障害が、反作用を与えているからである。

一七六三年二月一〇日　木曜日

〔**四種類の結婚**〕

これまでの講義の二つか三つで私は諸君に、世界のさまざまな部分で現在行われているか、これまで行われてきた、結婚のさまざまな種類についていくらか説明した。一般的に言って、結婚には四つの種類がある。第一は、多妻制が許されていて、男性各人が維持したいと思うだけか、維持できるだけの数の妻をもつものである。または、男性一人が一人の妻に限定されるもので、これをわれわれは単妻制とよぶことができるが、これには三つの種類がある。夫が離婚権力をもつもの、第二に、夫と妻の双方がその権力をもつもの、第三に、離婚の権力が両当事者のどちらにも与えられておらず、為政者の手に保持されているものである。為政者は、事情を聴いた上で、離婚を許可することができる。私はまた諸君に、多妻制は多くの点で、単妻制のどの種類にもはるかに劣るということも示した。妻たちに関しては、それは最大の悲 49 惨を生み出す。あらゆる種類の嫉妬、不和、敵意が、不可避的にそれに伴うに違いないからである。子どもたちもまた、あらゆる形態で放置され、非常に堕落した生活を送らざるをえなくなる。召使たちはすべて奴隷であって、完全にその主人の権力の下に置かれているに違いない。その男性自身について言えば、彼の幸福というよりもむしろ快楽のために、他のすべてのものの利益が犠牲にされているのだが、彼もまた、大いに楽しみを享受しているわけではないのである。彼は最も拷問的な嫉妬に苦しめられ、自分の家族の愛着も、他の男性たちとの交際も、ほとんど享受しない。それはまた、人口増加にとっても有害であり、そのうえ、民衆の自由にとっても非常に有害である。われわれはまた、上述のすべての種類の単妻制のなかで、この国で確立されているものが、はるかに好ましいものであることを知るであろう。夫と妻のどちらかの気持ちによって別れることができる第二の種類に付随する諸不便が、最悪の諸結果を生むに違いないことは明らかである。私はすでに、共和国後期とその後のローマで、これが風習の大変な放縦と弛緩を生んだことを示した。それは当事者間の信頼を、きわめてわずかなものにするに違いない。なぜなら、彼らは自分たちが分離する権力をもっていながら、相手側によって見放されるのではないかと、絶えず恐れているからである。子どもたちはこの場合、非常に大きな不利益の下に置かれるに違いない。継母が子どもたちの世話をするのに適切な人物ではないことは、つねに明らかである。継母は母親に比べてはるかに少ない愛着しかもたないだけでなく、母親とその子孫に対して、ライヴァルとして嫉妬と悪意をもつのが普通である。このことは、現在の結婚の状態においては、母親が死亡したか離婚したかの場合を除いて決して起こりえず、そういうこと自体が稀にしか起こりえな

50

いのであるが、反対に離婚の自由は、母親の生存中にもしばしばそのことを引き起こす。共和制後期以降のローマの有力者たちが、二人か三人の妻を順次にもたなかったことは稀であり、この状態においては、子どもたちは非常に不快な生涯を送ったに違いないということを、われわれは知っている。夫だけが離婚権力をもつという第一の種類のほうが、はるかに望ましいものでありうる。というのは、分離の予想が両当事者にかなりの影響をもつに違いないにしても、双方の行動に対して、双方がその権力をもつ場合ほどには、不確実性、不安定性を与えないだろうからである。現在行われている結婚の方法は、これらの不都合をすべて除去している。というのは、ここでは結合が分解不可能であって、したがって上述の諸害悪のうちの、どれも引き起こさないに違いないからである。確かにある場合には、結び目がおそらく厳しすぎるかもしれない。不誠実（少なくとも妻の）が離婚を引き起こすことは適切であると、正当に考えられてきた。その弊害というのは、当事者間には調和も同意もありえず、不断の不信と敵意があるだけだということである。同じ理由で、同一の憤慨と憎悪をかきたて、結合を等しく不快にするすべての弊害は、同様に離婚を引き起こさずにはおかない。そうではあるが、結び目は緩すぎるよりも、固すぎるほうがいいのである。

　これら四種類の結婚は、私が知る限り、これまで仮にも行われたことのあるすべての結婚を包括している。離婚権が、

51

女性の手だけに置かれたことは決してなかった。なぜなら女性は、この点では平等に扱われてきたにもかかわらず、劣ったものとみなされているからである。多妻制が行われているところでは、離婚権力はつねに夫の手中に置かれている。妻たちはまったく夫の奴隷であって、奴隷と同じように一定の金額で購入される。したがって、彼女らは完全に彼の意のままになり、彼がその気になりさえすればすぐ追い出されることがありえた。このことは、多妻制が行われているすべての国で事実であり、それは、私が知りえた限り、多妻制が受け入れられているいくつかの国では、結婚に関する法律が相互にあまり違わないからである。

　これらのさまざまな種類の結婚によって、夫と妻のそれぞれが、相手について実際にどのような関心と利害関係をもつかを、ここで考察するのが適当であるかもしれない。多妻制が行われているところでは、妻はその夫の事柄やその家族の運営について、最小の関心ももたない。それら全部が宦官たちに任されていて、彼らはこの結婚が行われているところでは、絶対的に必要なのである。妻はまったく夫の奴隷であって、彼の事柄について、他の奴隷以上には何の関心ももたない。——ローマの最初の時代とキリスト教の導入以前に、ヨーロッパ諸民族のすべてにおいて行われていたように、夫が離婚権力をもつ種類の結婚においては、妻のすべての資産は、不動産であれ動産であれ、完全に夫の所有になったのであり、妻は生前であれ死に際してであれ、その後はそれに対

52

して何の力ももたないのである。彼女は娘すなわち家の娘 filia familias と同じように扱われ、夫の資産に対しては、彼の死[63]に際して、自分がもってきた財産をまったく顧慮されずに、父の財産から前と同じ分け前を受け取るということのほかには、何の関係ももたなかった。私が前にあげた[63a]ローマ人の新しい結婚は、女性相続人に有利になるように導入されたのであって、そこでは事情がまったく違っていた。ここでは、夫は妻の財貨に対して所有権をもたなかった。彼女の資産の全部が夫の死に際して彼女に返還されるか、あるいはもし彼女が夫より前か離婚の前に死ぬならば、彼女の親戚に返還されるのであった。夫は寡婦産権 dominium dotis をもっていたが、これは資産の運営についてしか効果がなかった。すなわち、もしそれが土地資産であれば、彼は地代をとったし、それがある額の貨幣または動産であれば、彼は利子をとった。もしそれが誰か他人の手中に預けられているか、彼が使用していれば、その人は元本返済の保証を与えた。寡婦産は、夫の死亡か離婚に際して妻に返却され、夫が死ねば彼女はそれに加えて、彼が前に彼女に対して決めておいた財産分与を受け取った。もしそういうものがなければ、彼女は自分のものを持ち去るほかに、娘として［相続に］参加した[64]。この種の結婚からしばしば発生する利害関心の分離は、当事者たちの結合を非常に不確実にし、この国で行われている種類の結婚ではほとんどつねにそうであるように、彼らがひとつの共通の利害関心をもっているときより、はるかにその社会

53

54

の快適さを減少させただろう。ここでは妻は家族のなかで、ローマ人のあいだでの古い方法の結婚でもった地位と、新しい方法でもった地位との、中間の地位をもっている。ヨーロッパのたいていの国の法律は、この項目についてはほとんど同じであるが、スコットランド法とイングランド法に関しては、いくつかの重要な違いがある。土地資産に関する法律は、イングランドでは、夫が生存中はその地代のすべてをとり［抹消：もしそれらが妻の存命中に処分されるならば、その額は完全に夫のものになるが、もし彼がそれらを売らなければ］、彼の死後は、彼に子どもがなければ、それらは妻の親戚に返却される。――しかし、イングランド法によってもスコットランド法によっても、イングランドとスコットランドの礼儀とよばれるものが許されていて、それによれば、妻によって生存する子どもを得た夫は、その資産の生涯地代を得るのである。もしその子が生き長らえたなら、その父は普通法によって後見人となったであろうし、このことは父の生涯にわたって継続するということが、考慮されている。こういうことは、泣き声を聞かれた子が生まれていさえすれば、スコットランドとイングランドの礼儀によって許容されているのであって、それはその子がその資産を相続するだろうからであった。［抹消：そしてこれは、すべてについて事実である。］不動産的動産 chattel real[13] とよばれるものは、土地保有だけでなくすべての抵当、役務、あるいは土地資産から正当に得られるものをすべて含んでいるのだが、｛それは夫の所有であって、

彼は自分の権限で処分することができ、この場合に、それらによって彼が得る貨幣はすべて、彼のものである。もし彼がそれらを処分しないならば、それらは妻の相続人たちに渡る。｝［54裏］人的動産 chattles personall はすべての証書その他の債務、妻のすべての動産、宝石、食器などであって、これらはすべて夫のものである。

［二行分の空白］

しかし正当に債務証書とよばれるものは、不動産的動産と同じ立場に置かれる。すなわち、もし夫がそれを取り立てれば、貨幣はすべて彼のものになるが、そうしなければそれらは、契約がほかの方法を特定していない限り、女性の相続人に渡る。［抹消：他方で、男性的なものはすべて夫に属し、この項目には妻のすべての動産、宝石、食器などが含まれる。］また、妻がもし契約によって規定されていなかったならば、彼女は[14]夫の人的資産の三分の一を得るべきであるということも、定められている。｛それはイングランドでは、動産とともに、あらゆる種類のすべての債務、証書などを含む。そのほかに

(63) her death ではなく his death.
(63a) 手稿第三巻8-9ページ［本書148ページ］。
(64) すなわち、彼女の父の死にあたって。
［13］不動産に対する人的財産 freehold 以外の権利を指す。
［14］彼女の寡婦産と書かれて、寡婦産が消されている。

彼女は寡婦産とよばれるものをもっていて、それは彼女の生涯のあいだ、土地資産の三分の一である。}［55裏］このことは、たいていの国の法律に定められている。スコットランド法は夫に、妻の財産に対するそのような権力を与えないし、妻にも夫の財産に対するそのような権力を与えない。すなわちここでは、夫は不動産的動産を売ったり、証書の支払いを受けたりすることができるが、妻またはその遺言執行人は、彼がそのようにして得た貨幣を、彼に放棄させることができる。ただしこれは、彼らの相続人たちには渡らない。彼女が取得する動産あるいは個人資産は、イングランドと同じく三分の一であるが、債務や証書を含まず、彼の資産の過去の地代だけである。

［約八行の空白］

　これは当事者たちの死後の、資産に関する諸規定である。その生存期間については、妻は家屋に家具を設置するのに必要な場合を除いて、彼女自身の財産に関してであれ、その夫の財産に関してであれ、いかなる契約に参加することも、いかなる責務を負うことも、できるとはみなされなかった。なぜなら、彼女は夫の下で彼の召使として、家庭の管理をするものとみなされているからである。もし誰かが自分の召使を市場に送り、あるいはある特定の人の店に送って、一度か二度、召使がその人の名で買った財貨について支払うとする

57

と、その後、彼は召使が買うものについて、自分の意図はそうではないことを示さない限り、支払う義務を負うものと結論される。妻についても同じである。彼女はその家族の家具を調えるという仕事をもっているものとみなされ、彼女がそれに関して契約する債務については、彼は支払うように拘束されているとみなされている。しかしスコットランドでは、もし彼が彼女の浪費を知ったならば、彼は通知の公表によって、彼女が契約した負債については支払わないと宣言し、こうすることによって彼女が彼の事柄に介入するのを阻止することができる。イングランドでは、何かの公的行為によるそのような阻止は存在しないが、ある特定の人々に対しては、手紙かその他のやり方で、このことをほのめかすことができる。彼女はその夫の影響力の下にあると考えられているので、彼女の資産の売却は、彼女が法廷に来て、そうすることが彼女の意図であると宣言しなければ、有効ではない。このことがなされないと、彼女は取り戻しを請求することができないのである。

［約七行の空白］

［**近親婚**］

結婚についてのこの項目に、私はこれ以上はただ、相互に結婚を禁止されている人々、結婚を近親婚とみなされている人々について、いくつかのことを述べるにとどめたい。〔こ

58

れらは、ある程度の同族および血族の関係にある人々のあい
だでのことである。}［57裏］第一に尊属と卑属に関しては、
彼らのあいだの結婚は市民法によってもカノン法によって
も、つねに禁止されている。すなわち、男は彼の娘、孫娘な 59
どとも、彼の母、祖母などとも、どこまでいっても結婚する
ことはできない。母とその息子との結婚に関していえば、そ
れは他のすべてのことにまさって、最も自然に反し、最も衝
撃的で、最も忌まわしいことである。なぜなら、子の場合、
息子がその母に対してもつに違いない愛着は、夫たるものが
母［妻］[65]たるものに対してもつべき愛着と、まったく違って
いるからである。息子はその母より下位にあって、彼女の命
令の下にあるものとみなされていて、そういう観念は夫と妻
という観念とまったく両立しない。後者においては、夫が優
位となると考えられている。父がその娘と結婚するというこ
ともまた、非常に衝撃的であり自然に反しているのだが、息
子が母と結婚することとまったく同じ程度にそうなのではな
い。父の愛着は、疑いなく夫の愛着とは非常に違っている
し、娘の愛着も妻のそれとは非常に違っている。父は彼の娘
の後見人であり教師であると考えられていて、彼は彼女を
あらゆる種類の徳について教育し、彼女に最も純粋な良識
moralls と最も貞節な愛着を吹き込むものとされる。ところ
でこの見解は、愛人、誘惑者という見解とはまったく一致し
ない。なぜなら、人を妻にしようと説得するには、つねにあ 60
る誘惑が必要だからである。{このことに加えて、このよう
な結婚を許すことにもまして、家族の静寂と平和を妨害する
ものはない。母は、娘が結婚のベッドで自分の場所を占める
ときが、いつか来るかもしれないという最小の予期でもあれ
ば、娘を非常に不快な、嫉妬深くさえある見方で見るだろう
し、父も同じようにして、息子が自分の妻の夫として、自分
の場所を奪う可能性があったと考えたときには、息子を楽し
く眺めることができなかっただろう。}［59裏］しかしその場
合、他の点では、彼らの状態の相反が同一ではない。父は上
位者であり娘は下位者であって、このことは夫と妻において
も継続する。それに対して、母は上位で息子は下位だという
ことは、夫と妻という観念の反対である。夫はつねに上位と
考えられているからである。このことに加えて、息子が結婚
に適するようになる前に、母はしばしば妊娠期を過ぎてい
る。これに反して父と娘については、必ずしもそうではな
い。したがってわれわれは、母と息子の結婚はどこの国でも
禁止されてきたのだが{迷信による狂乱から、魔術師がセミ
ラミス[15]崇拝によって、この慣習を許容した場合を除いて}[66]
［59裏］、それでも父と娘の結婚は、いくつかの野蛮民族のな
かでは許容されてきたことを知るのである。ローマ人を征
服した有名なアッティラ[16]は、自分の娘〈 〉[67]と結婚してお

（65）mother は wife の誤記だろう。
［15］セミラミスはギリシャ神話に登場するシリアの女神デルケトの娘。
（66）Montesquieu, XXVI. 14.

り、ほかにも同様な例がある。〔最も遠い尊属に関しても、
すべての点で事情は同一である。〕［59裏］兄弟姉妹の結婚
は、たいていの国で禁止されている。一緒に育てられるのが
普通の彼らのあいだの日常的な交流と、この関係が彼らに与
えがちな多くの機会と大きな刺激は、彼らの結合に対して越 61
えられない障壁を作ることを、絶対に必要としたのである。
そのように近接かつ密接な関係において彼らの堕落を阻止す
るには、ほかに方法がありえなかった。――そのうえ、も
しこの障壁がなかったならば、結婚が家族の外で行われるこ
とは、決してなかったであろう。男は［娘に］兄弟がいる家
族から妻をとろうという気には、決してならなかっただろ
う。彼は彼女がすでに堕落させられていることを、強く確信
できたかもしれないからである。〈このことが〉兄弟姉妹間の
結婚を禁止する本当の理由だということは、以下の考察によ
って大いに確かめられるだろう。というのは、同じ堕落の危
険があるところでは、禁止はさらに拡大されて、結婚が近親
婚とみなされるからである。初期のローマでは、息子たちは
結婚後も父の家に住んでいた。したがって彼らの子どもた
ち、すなわちいとこたちやまたいとこたちが、他の国で兄弟
姉妹が暮らすのと同じく、親しく家族的に暮らしていた。そ
れゆえ、彼らは兄弟〈および姉妹〉と呼ばれたのである。こ
の理由から、同じく堕落の危険があったので、またいとこ同 62
士の結婚も近親婚とみなされて禁止された。他方、アテナイ
では、同父異母の兄弟姉妹の同族結婚が同母異父の場合を除
いて許され、しばしば実行された[68]。そこでは女性たちと男性
たちの部屋は、完全に分離されていて、両者のあいだの交流
は許されなかった。嫉妬が大変大きかったため、彼らは、息
子が彼の母たちの部屋に行くことを許したが、継子がその義
母のところに行くことは許さなかった。彼らは、この場合に
は、前の場合と同じ信頼を置かなかったのである。したがっ
て、兄弟たちは、同父異母の姉妹たちの姿を決して見なかっ
たし、彼女らの部屋に決して行かなかった。彼女たちはつね
に彼らの母とともにいたからである。したがって、彼女らを
堕落させる機会がなかったので、アテナイではつねに、これ
らの姉妹と結婚することが許されたのである。しかし、彼ら
は自由に彼らの母たちの部屋に入ることを許されていて、そ
れによって彼らの姉妹[69]を見たので、彼らの堕落を防止するこ
とは、他の国々と同じく必要であった。

叔父・伯父と姪、甥と叔母・伯母との結婚については、父 63
と娘、息子と母親との結婚についてと同じく禁止の理由があ
る。叔父・伯父と叔母・伯母は、彼らの甥や姪に対して、親
の一種として、優越と権威をもつものと考えられた。彼ら相
互間の愛着は、夫婦間のものとは非常に違っている。しか
し、母と息子との結婚が、父と娘との結婚よりも衝撃的であ
るのと同様、叔母・伯母は自然に甥より優越すると考えられ
ているのに、彼女が甥と結婚すれば劣位になり、他方で伯
父・叔父は彼の姪に対して、絶えず優位にあると考えられる
のである。〔さらに親と子どもの場合と同様に、年齢の不釣

り合いは、前者［叔母・伯母と甥の場合］よりも後者［叔母・伯母の場合］のほうが影響が少ない。｝［62裏］甥と叔母との結婚は決して許されなかったが、姪と叔父との結婚が多くの国で許されていたのは、この理由によることをわれわれは知るのである。アテナイでは、叔父たちは彼らの兄弟の家には決して入らなかったし、少なくとも女性たちの部屋には入らなかったから、彼らは自分たちの姪たちを決して見ることはなく、彼らが姪たちを堕落させる危険はなかった。したがって彼ら［の結婚］は、そこではきわめて普通のことであった。私が別の講義(70)で話すつもりのリュシアス弁論のひとつの基礎になっている話(71)は、おそらくこの種の結婚の話からきている。われわれはまた、ローマ・カソリック教徒たちがしばしば、彼らの姪たちとの結婚を（法王から）容認されていることを知っている。ただし彼らは、決して叔母たちとは結婚しない。こうした結婚は、プロテスタント諸国では決して許されないのである。

それより遠い傍系者との結婚については、四親等を超えれば、彼らが親と子の地位 parentum et liberorum loco すなわち叔父と姪、大叔父と大姪などのように直接尊属の兄弟または姉妹でない限り、いかなる場合にも禁止されなかった。この禁止については、カノン法は市民法と一致している。(72) しかし、このことのほかに彼らは禁止を、彼らの計算における七親等にまで広げている。それはわれわれの親等では七親等のいとこである。このことによって彼らは、かなりの赦免料を

64

得た。というのは、人々はしばしば、急いで知らないうちにそのような遠い親戚と結婚し、その後、別れるか赦免を引き出すかしなければならなかったからである。この国ではそれは除去され、すべての新教国では宗教改革で除去されたのであり、われわれはいま、この規制の大部分がレビ記の第一八章と第二〇章に伝えられているのを見るのである。市民法や他の諸法でも、同じ程度の親近性が同族として禁止されていることも言っておかなければならない。これらの人々もいくぶん同じ血族関係にあるからである。私の妻の姉妹はいわば私の姉妹であり、その他の場合も同様である。

65

［16］アッティラ（Attila, 434-453）はフン族の王。四五二年にイタリアに侵入して諸都市を略奪したが、東ローマ侵略を前に急死した。

(67) 手稿の空白。娘の名前はエスカ（Esca）。Montesquieu, loc. cit.

(68) Montesquieu, V. 5.

(69) この姉妹 sisters というスコットランド的表現は、スコットランド語では異父姉妹 uterine のこと。

(70) 修辞学講義を指す。

(71) 弁論 XXXII (*Against Diogeiton*).

(72) 手稿64ページの下部にここに対する注があり、「カノン法および市民法の計算は、ハイネッキウスによって説明されているので、ここで繰り返す必要はない」と書かれている。Cf. Heineccius, *Elementa juris civilis secundum ordinem Institutionum*, §§ 153 ff. 手稿第一巻102ページ［本書42ページ］。カノン法の計算は共通の先祖への段階の数にもとづき、六番目のいとこが七親等となる。

一七六三年二月一一日　金曜日

私はいま、前の四つの講義で、結婚の永続性の起源と、いずれかの当事者の不誠実によってなされると考えられる侵害、そしてなぜこの侵害が、妻によって夫に対してなされる場合のほうが反対の場合よりも苦痛を与えるのかを、説明し終わったところである。私はまた、四種類の結婚と多妻制の大きな不都合を説明し、さらに他の三種類との比較を行った。そのうえで、これらの種類のそれぞれにおいて、妻が夫の所有物についてもつ利害関係を示した。すなわち、彼女が夫の手 manu mariti のなかにあった古い結婚では、彼女は彼の召使にすぎないと考えられ、彼の生存期間中はその資格において考えられる以上の管理能力をもたなかったし、離婚する力が双方にある新しい結婚では、彼女は自分の財産についてきわめてわずかな力しかもたなかった。現在の結婚では、妻は両者の中間にある。イングランド法とスコットランド法の違いに関しても同様である。そして最後に、結婚が近親相姦とみなされて禁止されている親等と親族関係を示した。

ここでわれわれは、この国で近親相姦に関して行われていて、モーゼの法[17]から借りられた諸禁止が、まったく自然と理性に合致していると述べることができる。母と息子の結婚を禁止するのは完全に必要なことであり、その許容は衝撃的で

66

あり不快きわまることである。娘と父、叔父と姪、叔母と甥の結婚もまた、当然衝撃的であり理性に反するものであるから禁止されている。兄弟と姉妹との結婚もまた明白な理由により、自然〈法〉[73]にしたがって禁止されている。しかしこれらの禁止のうちで、親族関係にある人々の結婚に関するものは、自然的かつ本源的に不適当であるため取り上げられたというより、むしろよく規制された生活行政の命令であるように思われる。これについては次の三つのことを言うことができる。第一に、この禁止が引き出されたレビ記の文章[74]が、むしろ拡大されすぎていることである。第二に、これが許容されている、よく規制された生活行政がいくつかあり、それには理由があるということである。第三に、そうではあるが、それを禁止するほうが、すぐれた生活行政の規制だということである。――第一に、このことが引き出されたレビ記の文章は「あなたは妻の姉妹と結婚してはならない。それが彼女を困惑させないために」である。さて、ここで理由とされている「それが彼女を困惑させないために」は、複数の妻をもつことを許されているユダヤ人の慣習から生じていること、そしてここで禁止されたのは、姉妹二人と同時に結婚することだということを明らかに示している。後者は、彼女らが相互に嫉妬深く悪意をもたないようにするためである。この禁止を、同時に二人の妻をもつことを許されず、一人ずつの妻帯しか許されていない国々での規制とするのは、かなり大きな拡大であるに違いない。第二に、悪い規制の下になく

67

ても、これらの結婚に対して何の障害もない国々が存在する
のである。特に東インド諸島では、それらは許されているだ
けでなく、最も適切とみなされ、したがってきわめて一般的
である。彼らは、子どもたちの母の姉妹は他のどういう人よ 68
りもいい母になりそうであり、彼女は彼らに他人より近く結
びついていて、すでに親の愛着のようなものをもっていると
考えるのである。(75) このことには確かにある程度の正当さがあ
る。しかし第三に、おそらくわれわれは、それらが禁止され
るほうがむしろ適切であり、よりよく規制された生活行政の
しるしであることを知るであろう。というのは、結婚以前に
妻の姉妹が夫の姉妹のように夫の家に住むことはないのだか
ら、同じような堕落の危険はないが、しかしこの禁止は、姉
妹たちがその姉か妹とともにその夫の家で住むことを非常に
容易にするからである。これらの人々の結合に対してその国
の法律が置く障害は、この種のすべての結びつきを忌まわし
く衝撃的なものと見られるようにする。彼らは兄弟姉妹とみ
なされ、したがって法律上も兄弟姉妹となるのである。この
方法によって既婚の姉妹の家は、未婚の姉妹にとって確実な
避難所とされるのである。狂人でない限り、自分の妻の兄弟
に嫉妬をもつことはないのと同じく、この制度によって、狂 69
女でない限り、また彼が非常に野獣的な男性でない限り、
（この種のすべての交わりは衝撃的と見られているので）誰も自
分の夫が自分の姉妹といることに嫉妬することはないからで
ある。姉妹が、子どもたちにとってよりよい義母になるだろ
うということは、おそらく真実であるかもしれない。それで
も彼らは、母の姉妹が妻としてではなく自分たちの父の家に
住むことができて、スキャンダルにならない場合のほうが、
よく世話してもらえるだろうというのが、おそらく真実であ
るかもしれない。彼女はこれを、上述の制度によって非常に
よく行うことができるし、その場合、彼らはおそらく非常に
よく世話してもらえるだろう。なぜなら彼女は彼らを、自分
の姉妹の子どもたちとして考えて、彼女の子のライヴァルと
して見ることはないからである。

〔結婚と相続〕

結婚について私は、これ以上は、それがなかった場合の諸
結果を述べるだけにしよう。結婚の大きな効果は、子どもた
ちが嫡出と認められて、彼らの父を相続するということであ
る。——他方で、合法的な婚姻によって生まれたのではな
い子どもたちは、相続することができない。彼らは、私生児
spurii、庶子 **nothi**、父のない出生 **sine patre nati** などとよばれ
る。これらおよび他のすべての非嫡出の子どもたちは、父方 70

〔17〕モーゼの法とは、預言者モーゼが制定したと伝えられているもので、旧約聖書で述べられている。

(73) 手稿の空白。law を入れるつもりだったのだろう。

(74) 18 : 18 :「汝は妻の姉妹にあたる者を妻として、妻を苦しめてはならないし、彼女の生存中に他人の前で彼女の裸体を見せてはならない」。

(75) Montesquieu, XXVI. 14 fin.

にも母方にも関係がないものと考えられている。父親が彼らを認知したときでさえ、彼らの父は確かでないと考えられ、母は確かであっても、彼らは彼女を相続することを許されなかった。他方で、彼らは、相続によって何かを受け取ることができると想定されていないのと同じく、少なくともいくつかの国では、遺言を作成することを許されない。非嫡出であることから生じるこれらの不利益は、スコットランドでは国王が出す嫡出状によって、若干の点で除去される[76]。しかしながらその効果は、その人物が遺言を残すことができるようにするだけであり、イングランドではこのことすら行われていない。両国において私生児は、親族をもたないとみなされていたため、彼の財貨は共同体に戻り、スコットランドとイングランドの国王は、これらの事柄における共同体の代表者であって各人の究極の相続人であるから、非嫡出の子どもたちが取得したかもしれない財産は国王が相続したのである[77]。スコットランドでは、国王が相続人であった場合、遺言によって彼の権利を奪う権力は存在しないと考えられたように思われる。〈このこと、すなわち国王による相続は、すべての国で当人が子をもたない場合にのみ問題となる。なぜなら、もし彼が結婚していて子どもがいれば、他の場合のように相続するし、〈そして彼の寡婦〉は動産の三分の一と、もし彼がいくらかでも土地をもっていれば、彼の土地資産の三分の一を得る。もし彼が妻しかもたなかったならば彼女は、前と同じく自分の寡婦産の終身地代と動産の半分を得るだろう[78]。{そして、もし子が生まれたが死

71

んだとすると、そこには結婚によって相続しうる血が存在したということで、資産は直近の血族にわたるが、子がもし両親の死の際に生まれていなかったならば、このことは許されない。それは市民法の慣行と反対に、存在しないもの res non existens とみなされる。市民法は生まれない子に、父の生存時に生まれた子どもたちと同じ諸権利を与えるのである。〉}〔70裏〕他方で、イングランドではこういう見解は決して受け入れられなかった。したがってそこでは、そのような文書の必要はまったくない。もしそれらが出されるべきであったとしても、それらはその人に、彼が前にもっていなかった権利を与えはしないだろう。しかしスコットランドでは、そういう文書は非嫡出の人々に遺言能力を与えるのに必要である。相続権は国王に帰属すると想定されていて、したがって、国王がその権利を放棄しないならば、当人はそれを他の誰にも与えることはできない。そして国王の手紙が、このことをするのに完全に十分であるだろう。しかしそれは彼を、遺言によって遺産を残せるようにするが、親戚の誰かを遺言なしで相続できるようにはしないだろう。国王は彼自身のものを処分することはできるとはいえ、それでも彼はある人に、誰か他人の権利を奪う力を与えることはできない。この場合には、法律上の相続人すなわち嫡出関係で最も近いものが侵害されるだろうし、この国では国王はこのことを行う力をもたない。しかしたいていの国では、私生児を相続権力に関してさえ嫡出化しうる〈手段〉がある。すなわちあとから結婚することである。というの

72

は、彼がそれまで内縁関係でともに暮らしていた女性と結婚すると、結婚〈前〉に生まれた子どもたちは嫡出と認定され、彼らの血の汚点は拭い去られたと考えられるからである。これは確かに擬制にすぎない。なぜなら、事後の行為が子どもたちの出生の様式を変えることはできないからである。この合法化の方式は後期の皇帝たちによって導入されて、彼らからカノン法学者によって借用され、そしてヨーロッパの最大部分に広がった。ローマ人たちは、このほかにいくつかの合法化の方法をもっていた(79)。彼らは、父が存命中の息子を養子にすることを許したので、それによって行為能力所有者［自権者］sui juris が養子化 adrogation された(80)。したがって、ある非嫡出の息子で、父をもたないとみなされたため行為能力所有者である人物が、彼の実父の父権に服するとすれば、彼は父に対して、養子化された他の誰とも同じ諸権利をもつとみなされた。君主 prince(81) の布告もまた、彼らを嫡出化した。――第四に、父が息子を教区裁判所または領主裁判所に連れてきて、その息子が、非常に面倒な事柄を扱う十人隊長の職務に服するならば、彼は「裁判所のおかげで(82)」嫡出化されたと言われた。しかしこのことは、養子化によるものと同じく、彼をその父から相続できるようにし、また、それまで不可能だった若干の職務につけるようにするだけであった。そしてこのことはまた、もうひとつの方法の効果でもあった。というのは、のちの皇帝たちによって、父が遺言によって子どもたちを嫡出化することが許されたからである。

73

事後の結婚による嫡出化は、のちの皇帝たち、すなわちアナスタシウス[18]、ゼノン(83)などによって導入されたのだが、それが永久化されるべきだとは企図されていなかった。彼らが制定したのは、ある時点までに妾と結婚する者はすべて、それによって子どもたちを嫡出化することになる、ということであり、妾を抱えるよりも結婚するようにと歓めるつもりだったので、永久化しようという企てからはるかに遠いものであっ

(76) Erskine, III. 10. 3.
(77) ここの欄外に If they have no ch と縦書きされているが、消されたものかもしれない。国王が取得したのは、私生児が子どもをもたずに死んだ場合だけであった。
(78) タース terce は夫の遺産（土地）の三分の一の生涯地代であった。私生児の寡婦はタースとともに彼女の寡婦権 ius relictae を得たが、それは彼の動産の三分の一または半分であって、子どもがいたかどうかによった。tierce は third とするべきであり、dower は terce とするべきである。
(79) Heineccius, I. 10. 23 ff.
(80) 嫡出の息子はその父が死んでしまったため、あるいは彼自身が父権を解除されていたために父権に臣従しなくなった（sui iuris）。養子は息子を一人の父親から別の父親に移すことであるから、純粋に私的な処理であった。養子化 adrogation は独立の人物が別の人物の力に臣従することを含むため、民衆集会の承認に依存する。手稿第一巻152ページ［本書64ページ］を参照。
(81) prince は emperor のことを指す。
(82) per oblationem curiae.
[18] アナスタシウス（Anasutasius, 431-518）は第七代東ローマ皇帝（在位四九一―五一八）。
(83) 実際にはコンスタンティヌス。Zeno, C. 5. 27. 5; Anastasius, C. 5. 27. 6 に記録されている。

た。しかしながら、ユスティニアヌスがそれを永久化し、カノン法学者たちが一般に結婚に関して守っていた彼の新法[84]から、彼らの法律に転記したのである。〔しかしカノン法学者たちは、これについて若干の制限を導入した。それは、不義の私生児のように市民法で認められていなかったと思われることに関してである。すなわち、当事者の一方か双方が結婚していた場合、婚外に生まれた不義の私生児は、前の妻または夫が死亡したとしても結婚によって嫡出化されえなかったのである。〕［73裏］カノン法は、ヨーロッパのすべての国でいつかは導入され、この習慣を全体に広めたため、それはイングランドを除いて、普遍的に受容された。それが他の国々に導入されたとき、教会人はジョン王および〈ヘンリ三世[85]〉と、彼らの民衆に対する企みにおいて連帯し、貴族から憎まれる存在になっていた。それゆえ、この法律が提案されたとき、彼らは「われわれは古いイングランド法が変えられることを望まない nolumus veteres leges Angliae mutari」と答えた[86]。それは、スコットランドでは完全に受容されてきた。しかし、教会裁判所はこの慣習を受け入れ、両親が一緒に結婚したすべての人々をそのように認めたのではあるが、民事裁判所はそれを認めなかったので、他の国々では知られていない微妙な問題が発生した。ある人が前に自分の子どもを生んでいた女性と結婚した場合、その後に生まれた子どもたちは〈疑い？〉なく合法的であり、彼を相続することができるが、それ以前に生まれた子どもたちは、市民法または普通法によ

74

って嫡出化されたとはみなされないのである。彼らは特別私生児とよばれ、それ以外は普通の私生児とよばれる。しかし、彼らはイングランド法では、結婚後に生まれる年下の息子たちに優先して相続するのではない。したがって彼は、フランス語〈puisne〉[87]から崩れた mulier〈puisne〉[87]とよばれる。〔ロバート三世はロバート二世を継承したが、彼は法王の赦免が出る前に、禁止親等のエレナ・モアから生まれたのであった[88]。〕［74裏］しかし、年長の特別私生児すなわち bastard enné が資産を占有し、彼の兄弟たちによって妨げられず、彼の子どもたちが相続を認められるとすると、彼らが〈年下の摘出子[87]〉の継承者によって追い出されることはありえない。特別私生児はまた、教会人になることも許される。なぜなら彼らは、教会法によれば私生児ではないとされるからである。普通の私生児は、両法によってそうなのだから許されない。しかし、議会法は誰でも嫡出とすることができる。ヘンリ〈　〉を王位につけたその前任者は、嫡出化された私生児であった[89]。いくつかの国では、公職につくことができないなど、いくつかの不利益が私生児に付きまとう。

75

一七六三年二月一四日　月曜日

結婚の四つの種類と、それに伴うさまざまな帰結に注目したあとで、私は結婚の諸効果について述べた。そのうち主要

76

なものは子どもにかかわるものである。というのは、子どもに相続する権力などを与えるのは、両親の結婚であり、その欠如は婚外子を相続不可能にするからである。ここでわれわれは、結婚の欠如に伴うこれらの法的無能力だけが、どこの国でも単妻制を維持しているのだと言っていいだろう。われわれは、多妻制が行われているすべての国で、婚外子たちにそのような法的無能力がないことを知っている。一人の男性が身辺に多数の女性をもっているところでは、彼が彼女らに妻という名誉ある称号を与えるかどうかは、たいした問題ではなく、彼の女性たちのうちの誰の境遇にも、ほとんど変化はありえない。非嫡出であることに伴う法的無能力だけが、どこの国でも多妻制の導入を阻止する唯一の事柄である。というのは、もし子どもたちが相続を許されたならば、結婚の欠如に少なくとも伴うように見える諸便宜が、まもなく結婚を放棄させるだろうからである。その第一は分離の自由であり、第二は、次の妻をとることを自分の権力内に置くことであり、第三は、妻を絶対的に自分の権力の下に置くことである。一般に人が結婚に伴う諸制限に自ら服するのは、女性の財産を占有しようという意欲によるのではない。それらはそういう諸制限なしにも取得できたからである。あるいはまた、彼の財産のなかに彼女の分け前を残すことができるようにするためでもない。その目的は任意の証書 voluntary deed によって達成することができたからである。あるいはまた、一緒に生活できるようにするためでもない。彼らは結婚しな

77

くてもそうすることができたからである。そうではなくて、彼の財産を相続し、彼を国家のなかで代表する子どもたちをもつことができるようにするためである。もし結婚によらない子どもたちが、同じようにそうすることができたならば、男性たちは結婚によって自ら拘束されようとはせず、自分の女性たちと快楽が続く限り暮らして、誰か一人に限定されようとはしなかっただろう。こうしてまもなく、多妻制が導入されただろう。

［父権］

われわれはいま、家族のなかの諸関係から生じてくる第二

78

(84) 新法八九条。
(85) 手稿の空白。ヘンリ三世を入れるつもりだったのだろう。
(86) Statute of Merton, 20 Henry III, c. 9 (1236).
(87) 手稿の空白。mulier puisne は嫡出の兄に優先した年下の嫡出子で、bastard eigne（庶子）として知られる。
(88) スコットランド王ロバート二世の愛人であったエリザベス・ミュアが、一三四七年頃に法王の特別免許によって結婚し、そのことによって、一三四〇年頃に生まれた将来の国王ロバート三世を含む、彼らの子どもたちが嫡出化された。カノン法は禁止の親等を拡大して、レビ記をはるかに超えた。手稿第三巻64ページ［本書171ページ］を見よ。
(89) ヘンリ七世は王位への彼の請求を、彼の母の大曽祖父であるゴーントのジョンから引き出した。先駆者（祖先）である私生児とは、ゴーントのジョンとキャサリン・スウィンフォードの子のジョン・ボーフォートである。彼らの結婚前の子どもたちは、議会法によって嫡出化された。

の関係、すなわち父のその子どもたちに対する権威を考察するところにきた。われわれはこれが初期のすべての社会で、絶対的であることを知っている。これをきわめて自然なこととする多くの理由があるが、それらについては結婚を取り扱ったときに、すでに示唆されていた。早期の未開の時代には、男たちは彼らの子どもたちを扶養する（すなわち彼らを維持する）ように拘束されているとは考えられなかったと、われわれは言うことができる。当時は誰も、自分たち自身の生存を維持するために必要なことをしない人々のために、何かをしてやらなければならないように自分が拘束されているとは、想定しなかった。現在、人々は互いに傷つけないように、また交際において公正に正当に行為するように拘束されているだけで、何か慈恵の行為をすることを強制されず、それは完全に彼の善意に任されているが、同様に未開の時代には、このことは最も近い親族だけにかかわるものとされ、彼らが相互に負っている責務の遂行は彼らの意向だけに拘束されるものと、想定されていた。そして彼らのあいだのすべての親切は、彼らの慈恵の行為とみなされ、彼らが正義によって遂行するよう拘束されたものとはみなされなかった。もし息子が海賊、あるいはその他の地中海沿岸の野蛮民族のような人間集団に捕らえられて、彼らはほとんど確実に彼を殺すか奴隷にするだろうという場合、われわれはその父を、正義の規則によって身代金を支払うよう拘束されているものとは見ないが、情け知らずと頑固さの大きなしるしにすぎないと

79

見るのである。このことは、はじめは大いに拡大されていて、親が子どもを扶養し教育するか、気候と野獣のなすままに任せるかは、親の自由であるとみなされていた。したがって彼が、放置しても不正義を犯すことになりえない人物を扶養するのに、労力と費用を投じた場合は、その人は彼に対して最大の感謝の念をもつと思われただろう。このことは、前に述べたほかの諸原因と結びついて、初期の時代にはたいてい、家族の父の巨大な最高の権威を生んだのである。たいていの初期民族において、子どもを放置するという慣行が行われていたことを、われわれは知っている。[90] 確かにローマ法は、かなり早くそれを禁止したし、それらの禁止はのちに繰り返されたが、しかしかなりの効果があったようには見えない。というのは、最初の禁止から長い年月が経ったあとで、子どもを放置することがきわめて普通となり、子どもたちがしばしばそこに捨てられた都市の柱が、乳柱と呼ばれたほどだったからである。[91] そして確かに、ローマ帝国内にキリスト教が確立されるまでは、それが完全かつ効果的に禁止されることは決してなかったと思われる。われわれはまたそれが、アテナイとその他多くのギリシャの都市、特にラケダエモンで、法律によって許されていたことを知っている。宣教師たちによれば、[92] それはシナで非常にしばしば実行されていて、実に多妻制が行われているたいていの国でもそうであるという。そこでは女性たちもまた、著しく多産である。彼女らはひとつの意見をもっていて、子どもたちを溺死させるのは、

80

最大の危険にさらしたままにしておくよりも、はるかに情け深いことのように思われる、というのである。したがってそこには、毎朝家から家へ訪ね歩いて、子どもたちを受け取ることを習慣としている女性たちがいて、彼女らはその子どもたちを川に運んでいって投げ込む。それは、われわれが子犬や子猫を包みに入れて溺れさせるのと同じである。神父たち 81
は、彼女らの行為を大いに評価している。彼らはこういう女性たちのうちの二人をキリスト教に改宗させ、彼女らが子どもたちを溺死させる前に連れてきて、洗礼を受けさせることを約束させたのである。そしてこうすることによって、彼らは膨大な数の魂を救ったことを誇っている。これらの神父たちは、子どもを殺すのが洗礼のあとであろうとなかろうと、キリスト教の諸原理に反するとは考えなかったようである。

父が自分の子どもたちに対してもつ権力は、ローマではじめは絶対的であった。彼の権威は三つの異なる項目に及んだ。第一に彼は、自分の子どもたちに対する生殺の権利をもっていた。第二に子を売る権力をもち、そして第三に彼によって取得されるものはすべて、その父に属するべきとされた。子は所有の能力がないとみなされていたからである。しかしこれらの権力は、夫が妻に対してもっていた権力と同じようにして、かなり早くから緩和されていたように見える。ロムルス[19]の法律は父に、その子どもたちに対する無限の権力を与えたが、これはまもなく廃止された。ヌマ[20]は、父がその 82
子どもたちを、彼らの結婚後に売ることを禁止する法律を作った[93]。そして十二表法はロムルスの法律を、何も制限をつけずに復活させて、明言的に三度、父にその息子を売る権利を与えたが、それはおそらく、まだ結婚していない者たちについてのみだっただろう。というのは、男が他の家族から妻をとると、彼は自分の労働と仕事について彼女に結びつけられることになるからである。彼女は彼に対して、彼の父の家族に対してと同じく、請求権をもつ。彼女と子どもたちは、彼の配慮を請求する権利をもち、したがって、その息子が彼女から離されて、別の男の奴隷として売られるというのは、きわめて苛酷なことであっただろう。一見非常に過大な、父がその息子の生命に対してもつ権威は、きわめてまもなく、穏やかで適切なものに変えられたように見える。同じようにして、男性が女性と結婚すると、彼女の親族は彼女が受ける扱いに関心を抱きがちであり、彼女の過失に対して彼が正当と考えられるよりも厳しくすることを許さないのだが、それと同様にして、父が子どもたちに対する権威の行使を正当な範

（90）Cf. TMS V. 2. 15. ローマ法については、C. 8. 51. 2 (A.D. 374)。
（91）Paulus Diaconus, *Epitoma Festi* (Lindsay, 118M).
（92）Montesquieu, XXIII. 16.
［19］ロムルス（Romulus）はレムス（Remus）とともに、ローマの神話的な建国者。
［20］ヌマ・ポンピリウス（Numa Pompilius, 750–673BC）は王政ローマの第二代国王（在位、前七一五―六七三）。彼の改革と伝えられているものは長期にわたる変遷をまとめたものである。
（93）Heineccius, I. 9. 6 に引用された Dionysius of Halicarnassus, *Roman Antiquities*, II. 27.

囲内に抑えて、適切さを大いに超えた厳しさを許さない人々 83
がいた。その他の関係者たち、たとえば伯叔父には、自分の相続人に指名しようと意図していた甥がいたかもしれない。このことによって、父の権威は、われわれがそう考えがちな程度よりも、はるかに恣意的でなくなり、実際には、法律上で有罪となる犯罪の処罰において、為政者を阻止することができる程度であった。しかも彼はこのことを、彼自身の私的権威によってではなく、他の関係者の同意を得て行ったのである。われわれは、ウァレリウス・コルウスの時代(94)のような初期に、父の子どもたちに対する行動に公共が介入したことを知っている。キケロの職務論で語られている話によれば、父は息子を奴隷とともに働かせるために田舎に送って、適切な教育を与えなかったことについて、プラエトルに呼び出されたのである。したがって、公共が親の義務に対するそのような小さな違反にまで注目している場合には、公的矯正を受けるまでもない諸犯罪の恣意的な処罰を見過ごすことは、おそらくなかっただろう。息子はまた、いかなる所有ももつこ 84
とができないと想定されていた。彼が父から取得したものは、何でも思うままに取り戻されうると想定されたし、他の人々から彼が取得したものはすべて、父のものになった。このことについても父たちの権力は、かなり早く制限されたように見える。初期には、これは結婚していない息子たちだけに及んだらしい。人が妻をとった場合には、彼は彼女と自分の家族を養わなければならない。子どもたちは実際に父の父権の下にではなく、彼らの祖父の父権の下にあるのだが、妻と子どもたちは父によって維持されるべきなのである。共和国の早期においてさえ、父は子どもたちを、一定の理由なしには廃嫡できなかったことを、われわれは知っている。というのは、十二表法は「家長が自らの財産あるいは自らの財産の後見について遺言したとおりに、法はあるべきである pater familias uti legassit de re sua tutelave suae rei ita jus esto(95)」と宣言しているが、それでも多くの場合に子どもたちを無視したり廃嫡したりして、遺言を無効にされているからである。そして、父が息子からその相続財産を奪うことができなかったときには、彼らはおそらく、父が息子をその生存中に貧窮状態(96)に置くことを許さなかっただろう。また、マルキアヌスの 85
時代のような早い時代に、適当な提案があるのに親たちが子どもたちの結婚を許さない場合、プラエトルがそれを許すように強制するだけでなく、彼らの身分にふさわしい分け前を与える権限をプラエトルに与えよという命令が出されたことを、われわれは知っている。親がその気になればそれを取り戻す権力をもっていたときに、このことが何の役に立っただろうか。よく知られているのはユリウス・カエサルが彼らに軍務財産 peculium castrense を与え、そのしばらくのちに皇帝たちが準軍務財産 pecu. quasi castrense を与え、さらにいくらかのちに彼らは、外部者から来たものと母によるものすべてを、父への用益を除いて所有することを許された、ということである。全体として、父の権力は非常に重大であったが、われわれが想像しがちなほどに無制限であったようには見えない。

ヨーロッパの西部でローマ帝国を崩壊させたわれわれの野蛮な先祖たちのあいだにおいて、父の力ははじめはやはり非 86 常に大きかったが、次第に緩和されて現在の形態になった。——父親の状態が、ローマとこの国および他のすべてのキリスト教国とのあいだで、大きく違っていることのひとつは、父がその子どもたちを世話して扶養するように拘束されていることである。子どもの放置はこの国では謀殺と同じだと考えられていて、他のどのような謀殺とも同じやり方で処罰される。子どもたちは同じように、もし両親が貧しくて生活を維持できなかったならば、彼らを扶養するように拘束される。父の子どもたちに対する権力もまた、大いに削減されている。それはいまでは、親としての懲戒 parentalis castigatio 以上には及ばない。彼らは穏やかな矯正権力を、その家族のなかで生活している若い子どもたちに対してもっているが、もし彼らが自分たちの家族を立ち上げたとすれば、彼は彼らに対してまったく権力をもたない。もちろん彼らは疑いなくつねに、父たちに対してすべての正当な敬意と、子とし 87 ての敬愛を払うように拘束されている。父が他の親戚と違う唯一のことは、彼が他のすべての人に優先するということである。もし彼の息子が幼少時に、親戚の誰かを相続することになったり、財産を残されたりすれば、父が指名されずに、また他のすべての人々のように、誠実な職務の遂行に対する保証や担保を提供するよう拘束されることなく、彼の後見人、管財人となるのである。彼が自分の子どもたちに対してもつ自然の愛着が、ほかに何もなくても十分に強い結合を生むと考えられているのだ。

一七六三年二月一五日　火曜日

〔主人と召使〕

家族のなかに存在しうる諸関係から生じる諸権利は、私が前に述べたとおり三種類ある。それらは、夫または妻として 88 のある人格に帰属するか、第二に父または息子として、最後に主人か召使としての人格に帰属する。私はすでに前の二つを考察したので、いまや家族のなかに存在する第三の関係を考察するところに達した。すなわち主人と召使の関係である。

家族の父のその他の成員に対する権威を確立したのと同一

（94）実際には Lucius Manlius : Cicero, *De Officiis*, III. 112 ; cf. Valerius Maximus, V. 4. 3 and VI. 9. 1.

（95）表 V. 3 : uti legassit super pecunia tutelave suae rei, ita ius esto (*Epitome Ulpiani*, XI. 14)「人は彼の所有もしくは彼の資産の後見について遺贈をしているだろうから、そういう法律があるべきである」。

（96）*D*. 23. 2. 19 では法律家のマルキアヌスが、アウグストゥス時代のユリア法やセルヴェルスとカラカラの立法を引用している。

の諸理由が、大いに召使についてもあてはまる。家族の長は、他の成員のすべてが自然に、自分たちの扶養と防衛について大いに依存する人物である。社会の初期のたいていの時代においては、統治が非常に薄弱な状態にあったので、その国のさまざまな地方に司法権を樹立する必要に迫られた。臣民たちを正当な服従と許容できる秩序に維持しておく十分な方法を、それ以外に見つけられなかったのである。同じことが彼らを促して、家族の長の手中に他の成員に対する大きな権威を委ね、彼らに対する彼の権力を強化しようという気持ちにさせるだろう。人々を何らかの種類の統治の権威の下に引き入れるのに、彼らはこのほかの方法を発見できなかったのである。すべての初期の時代において、つねにこのことが、家族の長にほかの成員に対する非常に大きな権力を与える。しかしながらほかの家族員は、この権威をかなり緩和したある関係をもつ。人が妻をもつと彼女はたいてい、父か兄、あるいは誰かほかの国家内で同等の権力と権威をもつ近親者と結びついていて、彼女が夫によって厳しく扱われるならば、彼女はこれらの人々を不満を述べる相手とするのであり、彼らは、夫が彼女に対して当然であるより大きな処罰を与えないように配慮するのである。したがって夫は、妻に判決を下すときにも彼女の親戚に相談し、科せられる罰は全体によって同意されたものとなる。子どもたちは同じようにして、父の過大な厳しさから、彼らの安全と名誉に関心があると思っている別の親戚の介入によって保護されたのである。

89

しかし召使たちは、彼らの主人に対してその処罰を穏やかにさせるような影響力を及ぼすことができるか、それを及ぼそうとする人物をもたなかった。彼らは近くに親戚がいなかったか、主人とともにかく対等な権力または影響力をもつ者がいなかった。したがって、主人がその召使に対してもつ権威には、いかなる規制が科せられることも決してなく、そのために彼らは、主人の絶対的で恣意的な権力の下で奴隷になったのである。——彼らの状態は、それゆえ非常に悲惨なものであった。

［奴隷］

第一に、自分の生命に関して、彼らは主人の情け次第であり、主人は彼らを思いのままにすることができた。主人の権威は、子どもたちに対する父の権威のようなものではなかった。父の権威は、彼の私的な意思と国の法律が与えた判決によって実行されるにすぎないが、奴隷たちに対する主人の権威はまったく恣意的であった。彼は奴隷を、自分の命令の最小の違反または軽視によっても殺すことができたし、彼に過誤があるとはされなかった。第二に奴隷の生命と同じく彼の自由もまた、まったく主人の意のままであったし、実を言えば彼は自由をまったくもっていなかったのである。なぜなら、彼の主人は、彼が何の手段ももたないのに、最もつらくて耐え難い仕事に彼を使用することができたからである。しかも主人は、彼の仕事と労働に対して全権をもっていたのと

90

同様に、それを処分し、彼をおそらく自分よりさらに厳しい別の主人に移す権力をもっていた。このようにして彼は、想像できる限り最もつらく悲惨な仕事を経験しながら、それから自由になる展望、あるいは可能性さえ、主人の大変な善意または気まぐれによってしかもつことができないのである。

91

第三に、彼はどのような財産ももつ資格がなかった。最も厳しいやり方で搾り取られた彼のすべての労働の果実は、彼の主人にわたった。彼は馬やその他の役畜のように、彼の生存の維持に最低限必要なもの以外は、何も与えられなかった。それに、もし彼がこのわずかな給与のなかから、最大限に切り詰めた生活によっていくらかを節約したとしても、それは主人の意のままに回収されえた。彼の労働の果実だけではなく、とにかく彼のところにくるあらゆるものは、ただちに彼の主人の所有となったのである。確かに彼は何か有益な約定を交わして、そういう日には一定額の貨幣が彼に支払われるようにすることができたかもしれない。しかし、この貨幣は彼にではなく彼の主人に帰属するのである。遺産として彼に残された貨幣は、どんなものでもすべて彼の主人によって請求された。彼は主人の明言または暗黙の同意なしには、どのような契約にも入ることができなかった。もし彼が、ある人に対して、一定の役務を行うかいくらかの貨幣を支払うことを約束するとしても、それらはそのときから、彼の主人に〈　〉が生じるという拘束力をもつことはできない。し

92

かし主人の同意があれば、彼はどのような契約でも結ぶことができ、そうすることによってそれは主人に対して拘束的になる。あるいはもし、彼が明言しなかったとしても、彼が以前に同意があったと想定されるようなやり方で行為したならば、そうなるのである。たとえば、もし主人がその奴隷に店をもたせたとすると、その事業の運営に関する販売その他のすべての契約は、彼が委任しておいた特有財産の額まで彼に対して拘束的であった[97]。したがってあらゆる点で、奴隷たちの状態は最も悲惨であった。彼らの主人たちは、彼らの残酷さに何の制限も課さなかったし、最も厳しいあしらいが彼らに対して慣用されるのが普通のことだった。彼らの生命は、最も軽少な理由で奪われたのである。われわれは、アウグストゥスがかつて、夕食をともにしていたウ〈エディウス・〉[98]ポッリオの全奴隷を解放したということを聞いている。皿を運んできた奴隷が偶然にそれを割ってしまった。奴隷は彼の足元に伏して懇願した。死を免れることはできないと思ったので、主人の許しを得るためではなく、奴隷に対する通常の処罰として殺されたあとに、主人がいつも彼らをそうしていたように、切り刻んで池の魚の餌にしないようにと、とりなしを懇願したのである。アウグストゥスはこの話に大変な衝

93

（97）*Inst.* 4. 7. 1-4.

（98）手稿の空白。ウェディウス・ポッリオのこと。Seneca, *De Ira*, III. 40 と Dio Cassius, *History*, LIV. 23 はともにこの物語を伝えているが、すべての奴隷が解放されたとは、どちらも言っていない。

撃を受けて、その奴隷だけでなく、その家のまわりの全奴隷を解放することを彼に命じたのである。それはおそらく、その罪に対する適切な処罰ではなかったとはいえ、非常に大きな罰金であっただろう。しばしばアウグストゥスをもてなしたらしいこの人物は、そのとき少なくとも八千人(99)か千人の奴隷をもっていただろう。そして、もしわれわれが、これらをアメリカ植民地かアフリカ海岸の奴隷一人の通常の価格で評価するならば、一人が四〇か五〇ポンドだから、四万か五万ポンドの罰金になる。——彼らは、主人に対して何かの愛着をもつよう彼らを拘束するものを何ももたなかったし、彼らに仕事を続けさせるには、最も厳しい規律が必要であった。

このことによってわれわれは、奴隷たちがどのように惨めな生活を送っているかを知ることができる。彼らの生命も彼らの所有もまったく他人の意のままであり、彼らの自由は——彼らがそれをもっていると言えるとしても——やはり彼の意のままであった。しかし彼らは、著者たちによって一般に注目されるこれらの苦難のほかに、いくつかのたいていは注目されない苦難の下で苦労しているのである。第一に彼らは、結婚することができないとされた。われわれは、男女の奴隷が一緒に同じ屋根の下 contubernium に暮らしていたことを聞く。それは、奴隷たちにおける自由人の結婚のようなものだと、一般に想定されている。しかし、そこには大きな相違があったに違いないことは、非常に明らかである。と

いうのは、彼らの状態の性質そのものからいって、彼らのあいだの結合は永続するものではありえなかったからである。——何よりもまず、男女の奴隷が同居している場合には、妻に誠実義務を作り出すものがまったく欠如していた。男が妻をとるときは、彼女はまったく彼の保護下に入るのであり、彼女は自分の安全と扶養について〔特に低い身分では〕［93裏］まったく夫に依存し、この依存によって彼女は、彼に対して誠実かつ忠実であるよう拘束されると考えられている。しかし、男奴隷と同居する女奴隷は、そのような恩恵を受けていない。彼女は彼によって扶養されているのでも守られているのでもなく、何かによって支えられているのでもない。これらはすべて、彼女が享受している限り、彼女が自分の主人から得ているのである。主人は彼女に、その仕事をよりよく実行させうるすべてのものを与えるように、注意するだろう。したがって彼女は、男奴隷から何も特別の恩恵を受けていないから、彼に対して誠実であるように拘束されているとは、考えられていなかった。この理由でわれわれは、男奴隷と同じ屋根の下で暮らしていた女奴隷を堕落させることが、非難されるべきであり有害であるとは、決して見られなかったことを知るのである。それは主人にとって有害ではなかったし、奴隷にとっても少しも有害ではなかった。彼は彼女に誠実さを求めたことがなかったからである。したがって、女奴隷はつねに売春婦の状態で生活するだろう。それはわれわれが、西インド諸島植民地で事実として見るとおりで

あり、このことだけでも、それが人口にとって破壊的であることを示しうるだろう。というのは、売春の生活状態はつねに人口に損失を与えるからである。ほかにも多くのことが、彼らの共同生活を不安定にする。その状態の継続は、彼らに依存するのではなく、彼らの主人に依存する。もし彼が、彼らは一緒ではあまりよく働かないと考えれば、〈彼らを〉彼の農園の違った場所に送るかもしれない。あるいは、彼らのうちの誰かを好きなように売るかもしれない。あるいは、もし彼が奴隷たちによって得たかもしれない利潤を、女奴隷がもたらすはずなのに得ていないと思えば、彼女を現在の相手から切り離して別人に与えるかもしれない。奴隷はこのようにして、あらゆる安らぎを奪われているのであり、一人の親としての愛着もきわめてわずかしかもつことができないのである。彼ら［子どもたち］が彼によって生まれたということに満足しているとしても、彼は彼らが、自分によって支えられも扶養されもしなかったし、まったく保護されなかったことも知っている。私が前に述べたように[1]、そのことだけが親としての愛着や子としての愛着を形成するのである。ローマの奴隷たちは同じように、われわれの現代の合法奴隷には知られていない、別の困難の下にあった。確かに彼らは、その他の点ではほとんど同じ状態にあった。その当時、奴隷は、生命と所有について完全に他人に依存し、自由を奪われ、われわれが彼らは妻をもたないといっても正当でありうるように、結婚の慰めから切り離されているだけでなく、神

96

をもたないと言ってもいいかもしれない。奴隷たちは、どの宗教団体にも受容されず、涜神的であるとみなされた。私は前に迷信的な不安と恐怖は、人々が従事している生活様式の不安定や不確実さとともに増大するのであり、それは彼らの宗教とは何も関係がないと述べた[2]。ばくち打ちは一般に放蕩で反宗教的で世俗的な人間類型であり、ほとんどまったく宗教をもたないのだが、一般に著しく迷信的である。彼らは、運命の変動などを大変重視する。道化師たちは一般に最も宗教的ではないが、どのような型の人々よりも迷信的であり、彼らが置かれている継続的な不確定性が必然的にこれを生むのである。奴隷たちは、他のすべての人々のなかで、自分たちの生存について最も依存的で不確実であった。彼らの生命、彼らの自由と所有はまったく他人の気まぐれや移り気に左右される。――したがって、このようにして何かの慰めを最も必要としている彼らが、すべての宗教団体からまったく隔てられているのは、非常に厳しいことであった。｛それは少なくとも、彼らの迷信的な恐怖を和らげたかもしれないのである。｝［96裏］その頃の神々は、まったく地方的であるか守護神であって、彼らは、すべての人の祈りに等しく好意

97

(99) 八千は八〇〇〇の誤記。
(1) 手稿第三巻4ページ［本書146ページ］。
(2) 明らかに、法学講義においてではない。手稿第三巻13ページ［本書150ページ］では無知の結果としての迷信があげられている。LJB 133を見よ。

的な神というものを考えなかった。それぞれの都市はそれぞれ特有の神々をもっていた。ミネルヴァがアテナイを支配し、ローマはカピトルに住むマルスとユピテルの保護下にあった。
98
これらの神々は、特定の人々にだけ好意的だと想定された。カピトルに住むユピテルが、シリアやカッパドキアから来た奴隷と何の関係があろうか。そのうえ神々は、当時は徒手でよびかけることができなかった。彼から何かを求めようという要求をもつ者は、贈物を添えてそれを示さなければならなかったのである。このこともまた、奴隷たちを宗教的職務から完全に隔離した。なぜなら、彼らは捧げるべき自分のものを何ももたなかったからである。彼らが所有したものはすべて、彼らの主人たちのものであった。――彼らの主人たちは、家畜のために祈るのと同じようにして、彼らの繁栄と増殖のために祈った。〈　〉そのように大事な幼子を見てくださいteneris sic aequies alumnis(3)。どれかの神の保護下にあると想定された奴隷たちは、祭司たちに属して神殿で奉仕した者たちだけであった。彼らは、彼らがこうして奉仕している神の支持と好意の下にあるとみなされていた。このことによって、万物を支配する唯一最高の普遍的な神の存在を教えるすべての宗教は、この層の人々によって強く求められるのである。他のすべての宗教に比べて最も征服に適していないユ
99
ダヤの宗教でさえ、彼らによって貪欲に求められる。この宗教は、決して征服を目指して作られたのではないのだが、まさにこれらの理由によって、驚異的に防衛のために適合させられている。改宗者たちは、救世主がそれから生まれたと彼らが言うアブラハムの子孫ではないのだから、彼らもその子孫もともに、決してアブラハム［に与えられたもの］と同様の約束を受けることはできない。彼らはそのほかにも、絞め殺されたもの(4)や豚など人々が一般に食べる動物(5)の食事制限のように、多くの障害をもつ。これらの不便のために、われわれは、この国ではユダヤ教に改宗した人に会うことが決してないのである。――しかし同時に、ユダヤの信仰から離れる者も非常に少ない。これらの障害にもかかわらず、門あるいは神殿などの改宗者[21]は、宗教的礼拝のある部分に受け入れられ、その宗教は、奴隷にも自由人にも共通の唯一最高神をもつ宗教だったので、ローマで非常に急速に発展した。タキトゥスと〈　〉は、奴隷 hominum servilis と解放奴隷 libertinae conditionis の大部分が、深くユダヤ教に熱中していたと語っている(6)。すべての人を平等として、食事についてのばかげた制限のようなものは何もなかったため、キリスト教が国外に広がったとき、それはこのような人々のあいだできわめて驚異的に普及した。ゾロアスターやムハンマドのように、唯一の最高神の存在を教えた者たちと事情はすべて同じであ
100
った。奴隷たちはこのようにして従属状態にあったので、われわれは彼らが最も苛酷に取り扱われ、彼らの労働が最大の厳しさで搾り取られたことを知るのである。そしてこのことは、善良の風俗に反するものとみなされなかった。――門番として使用された奴隷は、われわれが大きな犬を鎖でつな

ぐように、扉に近い小部屋に鎖でつながれていた。カトゥッルス(7)は彼の哀歌のいくつかのなかで、彼の愛人の家にいる門番の鎖の音を聴くときの幸福を述べている。もしその奴隷が逃亡奴隷であったが、彼の仕事が動き回ることを必要とすれば、彼には大きな木材がつながれていた。農村で働く奴隷は、逃走することがないように、夜中に地下の小室に各室に数人が閉じこめられた。彼らは、仕事に従事するときには二人組を作らされて、そのやり方で働いた。年老いた奴隷、あるいは働けなくなった奴隷を、われわれが死にかけている馬に対してするように、追い出して死ぬに任せるということは、当時にあってはきわめて普通のことであった。カトーは最も厳しい有徳者であり、当時流行の良俗規則についての最も厳格な観察者であったが、彼はしばしばこのことを実行し、何も恥じることなくそれを公言した。このことが当時の慣行に反していたならば、彼はそれをしようと思わなかっただろう(8)。同じようにして、大都市の近くには死に瀕した家畜を置く場所があるのが普通であったから、テヴェレ川のひとつの島は、人々が死にかけている奴隷を追い出しておくのに使用されるのが常であって、そこでは島全体が彼らの骨で白かったと、われわれは聞いている。

　われわれは、奴隷制が現在では完全に廃止されたと想像しがちであるが、それが事実であるのはヨーロッパの一小部分にすぎないことを顧慮していないし、モスクワ大公国全体、東ヨーロッパ地方全体、全アジアすなわちボヘミアからイン
101
ド洋まで、アフリカ全土、アメリカの最大部分で、それがいまなお使用されていることを忘れているのである。それが仮にも全面的あるいは一般的に廃止されることは、まったくほとんど不可能である。共和制統治においては、それが何かの拍子にでも廃止されることは到底起こらないだろう。その国では、すべての法律を作る人々自身が奴隷所有者なのである。こういう人々は、彼らの慣行を緩和するような法律を決して作らないだろうし、奴隷に関して作られる法律はすべて、主人たちの権威を強化し、奴隷たちをいっそう絶対的な従属に陥れるのである。主人たちが彼らの奴隷たちに対してより大きな権力をもてば、彼らの利潤は増大した。すべての共和制統治では、主人の奴隷に対する権威は限りがない。そして、彼らから絞り取られる役務はそれほど大きく、彼らの
102

(3) おそらく、Horace, *Odes*, III. 18. 3, 4 : abeasque parvis aequus alumnis（別れにあたって私の大事な幼子を見てください）。
(4) 絞殺された動物の肉のことだろう。Cf. Acts 15 : 20.
(5) do it は eat のつもりだったのだろう。
[21] 門の改宗者とは、割礼などの義務を免除されたユダヤ教改宗者のこと。ほかに正義の改宗者、信約の改宗者などがあるが、神殿の改宗者は、DNB にはあげられていない。
(6) おそらく *Annals*, II. 85. そこでは四千人の原住民が、迷信に犯されていると言われている。
(7) 実際には Ovid, *Amores*, I. 6. Hume, 'Of the Populousness of Ancient Nations', *Essays*, I. 386 に引用されている。ヒュームはまた「古代詩人 Janitoris tintinnire impedimenta audio」（Afranius, *Comicorum Romanorum fragm*. 392）を引用した。
(8) Plutarch, *Life of Cato*. 4. Hume, *Essays*, I. 386 に引用されている。

主人たちはそれほど厳しいので、奴隷たちに秩序を守らせるためには、主人たちは最も厳格な規律を必要とする。奴隷制が行われているすべての国で、自由人の数は奴隷の数に比べて、まったく取るに足りない〈ことをわれわれは知っている〉。中程度の財産をもつローマ人は、彼のまわりの家のなかに五〇〇、六〇〇人の奴隷を、農村では五、六人の自由人の支配下に数千人の奴隷をもっていただろう。この自由人は、砂糖植民地の黒人奴隷がそうされているのと同じように、最も専制的な権威を彼らに対して行使した。彼らが安全であるためには、最大の厳しさが必要であった。したがって彼らは、極

103

度の厳格さをもって酷使された。今日、西インド諸島で朝に行われているように、主人が奴隷たちを毎晩鞭で打つことは、慣習的な事柄であった。セネカが（『善行について』のなかで）[9]時代の悪習を拒否したとき、彼は深夜に奴隷たちの悲鳴によって目覚めさせられることに不満を述べているとおり、彼らは夕暮れではなく深夜に懲罰を受けていたのであるが、セネカが不満としているのは、このことが行われる時間が悪いということであって、その事柄自体ではない。国家は彼らの反乱によって、絶えず危険にさらされていた。奴隷戦争は主として彼らによるものであり、それを鎮めるには最も有能な将軍たちの手腕が必要であった。このことは、さらにいっそうの厳しさを必要とした。自由人の自由は、奴隷に対する大抑圧の原因であった。どの国も自由人に、ローマ以上に大きな自由を与えたことは決してなかった。自由人はどのような犯罪によっても死刑に処せられえなかったのに対して、奴隷は最小の犯罪によっても処刑された。家屋内であれ路上であれ、主人が殺されたところにいた奴隷たちは、逃亡してもしなくても、しばしば全員が死刑に処せられた[10]。〈タキトゥス[11]〉が語っているところによると、ある人が自宅で謀殺されたとき、四〇〇人に達する彼のすべての奴隷が処刑場

104

に送られ、このことが暴動を引き起こしたという。元老院が召集され、古い原則に固執する厳格派の議員の一人が立ち上がって、「この実例が実現されなかったならば、誰にとっても安全はありえないであろう、そして、奴隷たちは彼らの主人に対して最大の注意を払うべきであることを知ることができるだろう」などと、全員に告げた。同じようにして、カルタゴ、テュロス、ラケダイモンなどが、自らの奴隷たちに脅かされていたのである。君主制統治においては、困難が回避される可能性のほうがいくらか大きかった。国王はこれによって侵害されえず、臣民たちは何が起ころうとも彼の奴隷であった。反対にそれは、貴族たちの権威を弱くすることによって、王の権威を強化するかもしれない。彼はいわば中立的な裁判官にいくらか近いため、このことによって、彼の同情が彼を動かして、奴隷所有者たちの権威の厳しさを緩めさせるかもしれない。それゆえわれわれは、専制君主政治が、ムガール国、近代古代のペルシャ、トルコなどのどこにおいても、〈奴隷たち〉による危機に陥ったことが決してないことを知っているのである。

105

一七六三年二月一六日　水曜日

［**貧困国の奴隷状態**］

われわれはここで、富裕で洗練された国民のあいだよりも貧困野蛮な国民においてのほうが、奴隷制の状態がはるかに我慢できるものだと言うことができる。自然にこの結果を生むいくつかのことがある。第一に、富があって豊かな国で奴隷制が維持されているところでは、奴隷の人数はつねに自由人の数をはるかに超える。彼らの富が膨大な数を維持することを可能にするのである。一人の富裕な貴族は千人、あるいはおそらく数千人の奴隷をもっていただろう。当時最もまじめで最も質素な人々の一人とされたトレベリウス［ティゲリウス］[12]が、自分の仕事の必要に応じて、ときには二〇〇人、ときにはわずか一〇人の奴隷を所有していたと、われわれは聞いている。このことが語られるやり方によって、われわれが知りうるのは、当時郷士としての世評を持続しようとするものがもつものとしては、一〇人の奴隷は少なすぎるということである。こうした奴隷は一般に、少なくとも自由人の数の一〇倍であった。したがって、彼らはきわめて恐るべき集団であり、国家を絶えざる恐怖状態に陥れただろう。他方で、貧しい国では、住民の富は彼らに多数の奴隷を維持する力を与えることができなかった。そこでは［所有奴隷が］一

〇人か一二人に達しうるものはわずかしかなく、多くは二人か三人しかもたないだろうし、圧倒的大部分はまったくもたないのである。したがってこの国では、奴隷の数は自由人の数より少ないか、きわめてわずかに多かったにすぎず、その結果、彼らを恐怖に陥れはしなかっただろう。こうして富国においては、人々はつねに奴隷を恐れていたので、最大の厳しさで奴隷を取り扱い、彼らを押さえつけておくためにあらゆる方法を採用するだろう。したがって、計り知れぬ富があり、自由人の数をはるかに超えた膨大な数の奴隷を国民がつねに恐れていたローマでは、奴隷は最大の厳しさで取り扱われ、最小の逸脱によっても殺されたことをわれわれは知るのである。タキトゥスが語るように[13]、古代ゲルマニア人やその他の人々のあいだにおいては、彼らは最大の人間らしさをもって使用された。彼が言うには、そこである人が自分の奴隷を殺す場合、敵を殺す場合と同様に激情の発作によって殺すことはあるだろうが、気まぐれやあるいは何か小さな逸脱のために殺しはしなかっただろう。同じようにしてわれわれ

（9）実際は Seneca, *Epistles*, 122. Hume, *Essays*, I. 387 に引用されている。
（10）Montesquieu, XV. 15 に引用された Senatusconsultum Silanianum.
（11）手稿の空白。Hume, *Essays*, I. 392 は Tacitus, *Annals*, XIV. 43 を引用している。
（12）Trebellius は Tigellius が正しい。Horace, *Satires*, I. 2. 3 ff and I. 3. 11-12 を見よ。
（13）*Germania*, XXV.

は、大陸のアメリカ植民地の奴隷たちが、きわめて人道的に取り扱われ、非常に穏やかなやり方で使用されていることを知っている。彼らの主人たちは決して富裕ではなく、したがって奴隷を多数と言えるほど抱える余裕はなく、〈彼らに〉関して恐怖にせまられることもない。彼らが厳しく使用される西インドの砂糖諸島では、彼らの数は非常に多い。砂糖貿易は、誰でも知っているように、北アメリカの入植者たちが主として従事する麦の栽培より、はるかに多くの利潤を生む。後者に従事する人々はそれによってきわめて控えめな財産しかもたず、少数の奴隷しかもたない。だが砂糖貿易は、何にも増して最も利潤を生むものであり、しばしば多くの人が非常に短い期間に測りきれない富を作り出すので、彼らには奴隷の大群を抱えておく十分な余裕があり、その数は自由人をはるかに超えるのである。そのことが自由人を、奴隷たちに対する絶え間ない恐怖のなかに置き、したがって彼らに対して最大の厳格さと苛酷さが用いられるのである。反乱の最小の気配にもとづいて、途方もない数の奴隷が殺される。最小の混乱を引き起こすように見えるだけで、誰でもただちに絞首刑に処せられる。これは綱による普通のやり方ではなく、人々が犬に用いるような鉄の首かせを使って行われ、六日か七日、餓死にいたるまで吊るされることになる。富国における自由人たちの奴隷に対する恐怖のほかに、奴隷たちがはるかに大きな厳しさで取り扱われるようになる諸事情があるだろう。貧国では、どのような点でも主人と奴隷とのあい

108

だに大きな差異はありえない。彼らは同じ食卓で食べ、一緒に働き、同じような衣服を着て、他のどの個別のことでも互いに類似しているだろう。富国では、彼らのあいだの不釣り合いはすべての点で巨大なものだろう。この不釣り合いによって、裕福な人々は彼らの奴隷に対して、彼らより貧しい人々よりもはるかに厳しくなるだろう。[14] 大財産をもつ人物すなわち貴族は、召使の生活状態から、農業者の場合よりもはるかに離れている。農業者は一般に、彼の使用人と一緒に働く。彼らは一緒に食べ、両者の違いはわずかしかない。彼らのあいだのこの不釣り合い、貴族とその召使との生活状態の不釣り合いは非常に大きいため、彼が召使を同一種類の存在として見ることはめったにないだろう。彼は、召使が生活における通常の楽しみに対する権利さえほとんどもたないと考え、その不幸についてはほとんど何も感じない。他方で農業者は彼の使用人を、彼自身とほとんど同等とみなし、したがって、使用人と同じように感じることができる。われわれの同情を大いにかきたて、われわれの同感に大いに作用しがちなのは、われわれ自身と大変よく似た人々であって、違いが大きくなればなるほど、われわれが彼らから影響を受けることは少なくなる。〔このことは、奴隷に関しても同じであろう。〕［108裏］古代ローマの人々が単純粗野な状態にあったとき、彼らは奴隷を取り扱うのに、富と洗練において進歩したときとは非常に違うやり方をした。一般にローマの単純かつ有徳な時代とみなされているこれらの早期には、奴隷は多数

109

ではなく、彼らは最大の人間愛をもって取り扱われた(15)。彼らの数は、主人たちを警戒させるほど多数ではなかったし、そこでは(16)生活様式においてもまた不釣り合いが少なくなかった。彼らは働き、一緒に食事をした。主人たちは彼らを、価値の低い被造物で自分たちの関心に値しないと考えることはせず、彼らに最大の信頼を与えた。主人たちは彼らを誠実な友人とみなし、彼らのなかに心からの愛着を見たであろう。〔奴隷たちは、その家族のなかの子どもたちとほとんど同じように取り扱われた。〕［108裏］彼らの子孫は、奴隷たちの肉体を飼っている魚の餌にしたというが、その残酷さから彼らはそれだけ離れていたのである。ゲルマン人たちは彼らの奴隷たちに対して、ほとんど差別をしなかった。カッティ人(17)と同じく、人間と同じく idem Cattus, idem victus ということである。彼らは衣服や生活様式が同じであり、したがって奴隷たちに対して非常に人道的であった。同様に北アメリカの入植者は、しばしば自分の奴隷たちと同じ仕事、同じ労働に従事するので、彼らを友人や同僚のように見て、最大の親切さで取り扱う。他方で、奴隷の仕事のはるか上位にいる富裕で高慢な西インド入植者は、あらゆる点で彼らにつらい仕打ちをする。北アメリカ人たちをこのように家族的にするのは、彼らの野蛮さではなくたんなる貧しさであり、その結果、私が示したように彼らは人道的なのである。社会が改良されるにつれて、奴隷状態の惨めさは増大するため、彼らは人類の粗野な時代のほうが、改良された時代よりも、はるかによく

110

取り扱われる。富裕と洗練は、彼らの惨めさを増大させる傾向が大きい。同じようにして、統治が恣意的であればあるほど、奴隷たちは良好な状態に置かれ、国民が自由であればあるほど、奴隷たちはますます惨めである。民主政治においては、彼らは、それ以外のどの場合よりも惨めである。自由人の自由が大きければ大きいほど、奴隷たちの奴隷状態は耐え難いものになるのだ。人間が所有しうる二大祝福である富裕と自由は、奴隷制が許されているたいていの国で最大部分をなすこの人間集団の惨めさを、大いに促進する。人道的な人は、もし奴隷制が例外なく樹立されなければならないならば、この二大祝福が決して実現しないことを願ったであろう。富裕と自由は、人類の最大部分の幸福と両立しないからである。

　奴隷という状態が、奴隷自身にとって非常に不幸なものであることは明白である。このことを何人かの筆者は疑問としたが、私は証明する必要はほとんどないと思う。しかし、奴隷所有者にとってもそれが事実であることを示すのは、困難ではないだろう。というのは、奴隷たちによる土地耕作は、

111

(14) sevr は severe の誤記。
(15) Montesquieu, XV. 15.
(16) they was は there was の誤記。
(17) Cattus はゲルマン人のこと。タキトゥスにしばしば出てくる Catti または Chatti はゲルマン族の中の最重要部族のひとつで、言葉の意味は「似たもの同士の主人と家僕」である。

自由土地保有者 free tenant たちによる耕作よりも有利ではないからであり、奴隷たちの労働によって得られる諸成果は、もしわれわれが彼らの原価と彼らの維持費を差し引くならば、自由土地保有者によって得られる大きさに及ばないからである。奴隷だけが土地の耕作者であった古代の諸統治においてとられた方法は、彼らに一片の土地を与えて耕作させ、その生産物を、奴隷たち自身の維持のために許されるものを除いて、彼らの主人のものにするというものであった。耕作者たちの維持に必要なところを超えたこの部分が、ギリシャとイタリアの肥沃な国々では、生産の約六分の一であったことをわれわれは知っているが、地代が高いスコットランドとイングランドでは、土地保有者は生産の三分の一を地代として支払うのである。ギリシャとイタリアの土地の耕作は、土壌がきわめて肥沃で気候も非常に有利であったのに、耕作者たちの維持に必要なところを超えた部分をわずか六分の一しか生産しなかったので、それ以来ずっと非常に悪かったことが明らかである。それに対して、スコットランドやイングランドの不毛寒冷諸国では地主に二倍を与えるため、したがってその土地は以前の約〈　〉倍を生産するに違いない。自由土地保有者によらないこのようなやり方の土地耕作が不利である理由は、非常に明白であろう。土地を耕作する奴隷または農奴は、まったく彼の主人のために耕作したのであり、土地が彼の生活のための分を超えて生産したものは、すべて地主に帰属した。したがって彼は、その土地の施肥や耕作に

112

ついて、何か特別の出費や苦労をしようという動機をもたなかったのである。もし彼がその土地に、彼自身の維持に十分な量を生産させたならば、彼が気を使ったのはそれだけであった。監督者はおそらく、激しく棍棒で殴るとか、その他の激しい取り扱いによって、彼を精励へと促し、地主のためにその農地から小部分を生産させることができたかもしれない。しかし、それは非常に大きいものではなかっただろう。だからわれわれは、主人に収穫の六分の一を与える農地は、一応よく耕作されているとみなされたことを知るのである。他方で、自由保有者は決められた地代を主人に払うのだから、彼がその農地によってその地代以上に生産したものは、完全に彼自身の所有になる。主人はかつて農奴や奴隷から、彼らが自分の維持のために与えられた部分から節約したものを絞り取ることができたが、彼はこのようなやり方で自由保有者が地代を超えて節約した部分を搾取することはできない。このことは彼らに、自分の仕事に対するはるかに大きなやる気と活気を与える。そこで彼らは自費で彼らの土地に肥料をやり、改良を加えるだろうし、まもなくその土地の耕作の程度を引き上げて、主人たちに三分の一を支払えるようにし、しかも残りの三分の二から、はるかに良好であるとともにはるかに確実な生活資料を得るであろう。そして彼らがそれ以上に生産するものは、全生産物の三分の一と想定されるのだが、すべて彼らのものとなるのである。したがって、この種の生産様式は奴隷によるやり方に比べて、使用人にとっ

113

てだけでなく主人にとっても、はるかに望ましい。――こ 114
れらの優位な利点にもかかわらず、奴隷制が廃止されること
はありそうもない。それが現在廃止されている世界の一角で
は、いくつかの特殊な事情によってそうなったのである。民
主制統治においては、立法者たちがそれぞれ奴隷たちの主人
であるために、奴隷制が廃止されることはまずありえないの
であり、したがって彼らは、自分たちの所有のうちのこれほ
ど価値のある部分を手放す気には決してならないだろう。私
はここで、彼らの真の利益は彼らを導いて奴隷たちを自由に
して、土地を自由使用人または自由保有者に耕作させるよう
になるだろう、ということを示したのだが、支配と権威への
愛と、自分たちより下級と見て傲慢なやり方で使おうとして
いる人々と契約・交渉するためにへりくだるよりも、すべて
のことが自分の明白な命令によってなされることとの快楽が、
すなわちこの支配と専制への愛が、自由国において奴隷たち
が彼らの自由を回復することを到底不可能にするであろう
と、私は言いたいのである。――君主政治的な専制的統治
においては、奴隷たちの状態は、それよりかなり良好であり
うるだろう。ここでは君主が唯一の裁判官であり支配者であ 115
り、奴隷たちの状態をよくしようという気持ちからではない
ものの、おそらくその状態を緩和しようとするだろう。われ
われは、このことがかなりの程度、すべての恣意的な統治に
おいてなされてきたのを知っている。奴隷たちの状態は皇帝
たちの専制的統治の下では、共和国の自由な統治の下より
も、はるかに我慢できるものであった。しかし主権者の権威
は、奴隷たちの状態を緩和する方向へとかなり進むことがで
きたとしても、奴隷制を完全に廃止するまでに至ることは決
してなかったし、それは決してありえないのである。奴隷制
が行われているすべての国で、臣民たちの富の最大部分は、
奴隷たちからなっている。もし彼が土地資産を所有していれ
ば、その管理運営の全体は奴隷たちによって行われ、彼らな
しには何事もなされえない。彼らは仕事をし、土地を耕し、
その土地の耕作のために必要な、あるいは彼らの主人を支え
るために必要な、他のすべてのことを実行するのである。か
なり大きな資産をもっている人は、そこに数千の奴隷をも
ち、それに比例した下層民をもつだろう。それだけでなく、
その国が一応富裕であれば、各人が何人かの奴隷をもつだろ
う。こうしてわれわれは、彼らのなかに彼らの富の最大部分
があるのを知るのである。同じようにしてわれわれは、現 116
在、西インド諸島入植者の大きな蓄えは、彼が自分の植民農
園のなかにもつ奴隷たちのなかにあることを知るのである。
したがって、奴隷制を廃止するということは、臣民の半数を
はるかに超えた人々と、特に貴族たちから、彼らの財産の主
要で最も価値のある部分を奪うことになるだろう。このこと
を彼らは決して許さなかっただろうし、総反乱が起こっただ
ろう。すなわち、彼の臣民たちをこのようにして剥ぎ取るだ
けの権力をもつ者は一人もいなかったし、それを実行しよう
としてもできなかったであろう。もし彼が奴隷を自由にすれ

ば、それはその主人から彼の全価値を強奪することであった。だからこのことは、決して起こりえなかったのだ。したがって、あらゆる社会の初期に起こったこの奴隷制という制度は、廃止される可能性がほとんどなかったのである。社会の最初の段階において、統治は私が前に述べたように[18]非常に弱体であって、個々人の事柄にあまり介入することができなかった。立法権力が思いどおりに裁判官を任命できるのは、統治がかなり進歩してからであり、それは現在のブリテンで国王が、職業的法律家であれば誰でも思いどおりに裁判官に任命することができ、下級司法官吏には誰でも任命できるような場合である。このことは、早期の社会ではなされえなかった。民衆はこのやり方に服従しなかっただろう。したがって統治は、その国で尊敬されている一定の人々の優位と権威を利用して、彼らの手中に司法権を委ねることが必要であることを知ったのである。管轄権がこのようにして確立され、それと同じ原因が、あらゆる家族における私的な家長の権力を強化することを必要とした。したがって、奴隷制は社会の始まりにおいては普遍的だったのであり、他人に対する支配と権威への愛が、おそらくそれを永久化するであろう。いまでは奴隷制が特別に廃止されているヨーロッパの一隅では、奴隷制を廃止に至らせた諸事情が競合発生して、その変化をもたらしたのであった。

117

［封建的統治と奴隷］

その頃、ヨーロッパの統治は封建的であった。大領主たちの力は彼らの従士、彼らの農奴にあった。当時、土地はすべて（前に述べたとおり）農奴または奴隷によって耕作されていて、それは古代ギリシャ、ローマの統治において耕作が奴隷によって行われていたのと同様であった。そこでは、二つの事情が彼らの自由を成立させた。第一に、教会と教会人が当時の西ヨーロッパのすべての国では非常に強力な人間集団であった。教会人たちはつねに、人類のうちの下層の勤労部分に対して、富裕で有力な部分に対してよりも重みをもっていた。したがって、彼らの権威は、この時代には主としてこれらの農奴や奴隷に対するものであった。そこで彼らが見たり考えたりしたのは、自分たちが最大の影響力をもっているこれらの人々を自由にし、彼らの主人から独立させることが、教会の権力を増大させるのに大いに役立つだろうということであった。したがって彼らは、農奴の解放を大いに促進し、彼らに対する有力者の権威を、自分たちの権力の及ぶ限り無力化した。——国王たちの利害関心もまた、同じことを促進する傾向をもった。彼らの権威にとってしばしば危険であった貴族たちの権力は、その従士たちの従属にあり、さらに従士たちの権威は、彼らの従士または農奴の従属にあった。奴隷たちが富裕で自由な国で大多数であるとき、彼らは国民全体の戦慄や恐怖の対象になるので、決して武器を任されなかった。彼らはそこでは、おのずから統治者側の敵だか

118

らである。しかし、貧しく、恣意的な統治の下にある国で
は、特に粗野な時代には、彼らは統治にとっても有力者にと
っても恐怖の対象ではない。したがってこれらの時代には、
彼らが兵士たちの主力をなしていたし、彼らの支配者たちの
権力は彼らのなかにあった。国王たちの利害関心もまたこの
理由で、貴族たちとその従士たちがもつ彼らの農奴たちに対
する権威を、減少させる方向に彼らを向かわせた。国王裁判
所はこのことについて、農奴たちのすべての要求に非常に好
意的であり、あらゆる機会に、彼らに対する領主の権威を縮
小するように努力した。彼らはいわゆる特別農奴に対して、
特に好意的にはからった。特別農奴とは、いくつかの手段で
いくらかの財産を取得したので、マナー領主の一片の土地を
保持し、彼らの主人が許す限り他の農奴と同じやり方で彼
に支払う者である。この取引に使用される言葉は、彼らは 120
「マナーの慣習に従って」保持すべきであるというものだっ
た。裁判所はこの表現を従属者たちに有利に利用して、次の
ように解釈した。すなわち、領主は一般に、あるいは慣習的
に、何か大きな違反がない限り彼らを追い出さなかったのだ
から、彼らはこの協定を、法律によって処罰されるような侵
犯または違反がない限り、占有を永遠に続けるものとして結
んだのだ、ということである。このようにして彼らは、特別
農奴から証書保有者になった。土地保有者たちはこうして、
彼らの農奴たちに対する権威を、国家の最も強力な構成員の
うちの二つによって制限されたのである。教会人たちは当時
の非常に強力な集団であって、彼らは農奴を支持することが
自分たちの利害関心に合うと考えたのであり、国家の首長で
あった国王の権威は彼らと一致した。こうして彼らは、農奴
の主人たちに権威を与えることには同意したが、それは少し
前とはまったく比較にならないほどのものであった。彼らは 121
おそらくまた、彼らの土地がこれらの農奴の管理下にあった
ときは、きわめて劣悪な耕作しかされなかったことを知って
いただろう。それゆえ彼らは農奴を解放して、自分たちの土
地の耕作について彼らと協定を結ぶほうが、自分たちにとっ
て有利になるだろうと考えた。このようにして、奴隷制は廃
止されることになったのである。というのは、その時代に
は、農奴は奴隷の唯一の種類であったからである。当時、わ
れわれの先祖は粗野で大胆な人々であり、家庭内の奢侈や女
性らしさはまったくなかった。彼らの奴隷たちは、当時はす
べて土地の耕作に使用されていた。したがって、農奴制が廃
止されたときは、奴隷制も廃止された。教会人の大きな力
は、こうして国王の力と一緒になって奴隷たちを自由にし
た。しかし、国王の権威と教会人の権威がともに大きいこと
が絶対的に必要であった。仮にもこれらの一方が欠如したと
ころでは、奴隷制はなお存続している。スコットランドとイ
ングランドでは、国王の権威と教会の権威がともに非常に大 122

（18）手稿第二巻95、152ページ［本書109、133ページ］、第三巻7ページ［本書147-148ページ］。

きかったので、その結果、奴隷制は廃止されたのであり、〈同じことが〉フランス、スペインなどでも起こった。しかし、ポーランド選挙王国、ドイツ選挙帝国、オーストリア王室が所有するまでは選挙制であったボヘミア王国では、奴隷制がいまなお続いている。彼らは、彼らが土地被拘束農奴(19)とよぶものをもち、それはこの国の古い農奴と同じ立場に置かれている。すなわち、これらの国ではすべて、国王の権威が非常に大きなものになることは、決してありえなかったのであり、すべての選挙王たちは私があとでもっと詳しく示すとおり、世襲の国王たちよりはるかに小さい権利しかもたないのである。他方で、モスクワ大公国の皇帝は非常に大きな権力をもっているが、奴隷制は依然として行われている。それはギリシャ教会の権威が、相当に大きなものではあるが、ヨーロッパの他の国々におけるローマ教会のそれに近いほどには決してならなかったからであって、そのことはわれわれが、ピョートル大帝以前についてさえ、その国についての説明によって知るとおりである。

〔解放農奴による耕作〕

このようにして解放された農奴たちは、農場の耕作にとりかかれるような蓄えをもたなかった。——スティール・ボウによる土地保有者、(22)あるいはフランスで彼らがよばれるところのメティエレ〔métayers の誤記?〕は、農奴制の廃止以後に現れた自由土地保有者の最初の種類である。地主は彼ら
123
に、その仕事に必要なすべてのものを提供することに同意した。彼らは彼ら自身のものを何ももたなかったからである。彼は彼らに牡牛を与え、彼らはそれを、通常はその年の終わりである借用期間の終わりに、自分たちが受け取ったものと同等の数と価値で返還することになっていた。彼は彼らに必要なすべてを与え、彼らはそれによってその土地を耕作し、彼らの労働に対して生産物の一部分を受け取った。その協定は次のようなものだった。すなわち、彼らは毎年の終わりに生産物を分割して、農業者が一束をとり、地主が他の一束をとり、このようにして全生産物を等分するのである。こうしてスティール・ボウによる土地保有者たちが、農奴たちのすぐあとを継いだのである。この様式は確かに、私があとで示すように、自由保有の様式のなかで最悪のものであるが、それでも奴隷たちによるものに比べれば大変すぐれていた。奴隷が耕作によってその農地に、彼自身の維持に必要な量よりも多くを生産させたとすると、それは主人に帰属し、もし奴隷が自分の分け前からわずかな節約をすると、主人はそれを意のままに請求することができた。このやり方では、奴隷は、いくらかでも余計に労働に励もうという気にはなれなかった。しかし、スティール・ボウによる農業者は生産の増加によって地主と等しい利益を得るのであり、収穫に変化がない場合に比べて、彼は地主と同じだけ多くを得たのである。したがって、彼の利害関心は地主のそれと同じであった。しかし、それでもなお大きな失望があって、彼がその農地に特
124

別の費用や労働を投下しても、例年どおりのこととしかしなかった地主が利益の半分を取り去るのである。勤労による生産物からのこのようなすべての搾取は、農業者のすべての努力を大いに控えさせるに違いない。のちにいっそう詳しく説明されるように、十分の一税はこの理由で、農業者の勤労にとって非常に有害である。自分では何もしない人物が、農業者の追加的労働によって生産されたその農地の全生産物の、十分の一をとるのだからである。――スティール・ボウによるこれらの農業者が、過酷な労働と大変な節約によって、一〇年か二〇年をかけて全体で、ひとつの農場に家畜を配備で 125
きるだけのものを得たとすると、そのとき彼らは、主人に対して次のように提案しただろう。すなわち、自分たちは自力で農場に配備してそれを維持し、気候によって変動する収穫の生産量は不確定であるが、次の条件が満たされれば、年々の贈物をするだろう、と。その条件というのは、自分が〈地主の〉意のままに排除されず、その農場を何年かの期間のあいだ保持することである。この提案は、農業者にとってだけでなく、地主にとっても同意できるものであっただろう。彼は非常に積極的に、気候によって変動しやすい農場の生産物を、彼が毎年取得するものに比例した一定の金額(20)に変更するだろう。そしてこのことから、生産物の半分が一般に地代の割合とみなされたのである。農地経営のこのやり方は、その前のやり方よりも、一般に勤労をはるかによく促進しただろう。ここでは農業者は、確定された地代を超えて彼がその農場から生産しうるすべてが、確実に自分のものになることを 126
確信しており、したがってそれに向かう活動を強化するように、大いに励まされるのである。この確定地代は、土地が高く評価されているところでは生産の約三分の一であった。これは、私が前に言ったように、(21)奴隷たちによって耕作されていたときに農場から引き出されたものよりはるかに多かったのであり、農業者が得た部分もやはり多かったのである。

　われわれが非常によく知っているひとつの例があって、それはどのような種類の耕作でも仕事でも、奴隷によって遂行されると、自由人や雇い人によって行われる場合に比べて不利であることを、非常に平明に示すものである。それは炭田または塩田の労働者の場合であるが、彼らは、われわれのあいだに残っている奴隷制の唯一の遺産である。彼らは以前の徒弟 servi や隷農[23] villani よりはるかによい状態にあるとはいえ、彼らによって行われる労働は非常に高くつく。――彼らは多くの点で、古代の奴隷たちに比べてはるかに楽である。第一に彼らの生命は、その他の臣民たちの生命と同じく、その土地の法の保護の下にある。炭田または塩田の所有

(19) adscripti glebae solo advincti は「土地とともに登記され、土壌に拘束された」の意。
[22]『国富論』第三篇第二章に説明がある。
(20) certain some は certain sum の誤記。
(21) 手稿第三巻112ページ［本書192ページ］。
[23] 農奴のなかには、土地にしばりつけられた身分と領主に人身的に隷属する身分があった。

者は彼らの奴隷を、ローマ人のように勝手に殺すことができないし、そのような謀殺に対しては、その他の謀殺に対してと同じく責任を負わなければならない。――彼らの所有もやはり安全である。なぜなら彼らは、完全に主人のために働 127 いて自分の生存に必要なものを差し引くというのではなく、行った仕事に対しては他の労働者たちと同じように支払いを受けるのだからである。このようにして彼らが獲得したものは、まったく彼らのものとなり、主人が奪い取ることはできないのである。彼らが売られるというのは事実であるが、それは一定の場合だけである。仕事場が売却されるときは、それに属する炭鉱夫や塩業夫が、それと一緒に売却される。彼らはこの点では、ドイツの農奴または土地被拘束民に似ている。彼らはつねに、自分が耕作する土地とともに移動し、土地と別々に売られることはない。炭鉱夫は同じようにして職場拘束的である。彼らはつねに仕事場とともに売られるのであり、彼らだけを切り離して売ることはできない[22]。彼らは結婚の自由をもっていた。彼らは相互に切り離されないので、他の労働者と同じく、結婚して一緒に生活ができるのである。さらに彼らは、宗教的礼拝の自由をもち、それは事柄の性質上、全員にとって自由であった。しかしわれわれは、キリスト教の傾向が必然的に、奴隷制に反対であったと想像するべきではない。われわれの植民地の主人たちはキリスト教 128 徒であるが、それでも彼らのあいだでは奴隷制が認められている。コンスタンティノポリスの皇帝たちは非常に熱心なキリスト教徒であったが、それでも奴隷制を廃止しようとは決して考えなかった。現在でも、多くのキリスト教国において奴隷制が寛容されている。――同様に炭坑夫は、自由人の諸特徴のうちの非常に多くをもっている。彼らの生命は他の人々の生命と同じく法律の保護の下にあり、彼らの所有もまた彼らに対して保証され、彼らの自由はまったく奪われてはいない。彼らは結婚の便宜と宗教の礼拝をもっている。だから彼らは、どう見ても他人以上に制限されてはいない。彼らは、一定の業務を一定の場所で実行するように拘束されているだけである。しかもこのことは、自分は自由だと思っている他の多くの人々についても事実なのである。自分たちはまったく自由だと考えている東インド諸島の多くの民族は、自分たちの父の職業を実行するように拘束されている。古代エジプト人たちは、自分たちが何らかの点で奴隷だとは決して考えなかったが、セソストリス[23]時代以降は、同じようにして彼らの祖先の業務の実行に固執するように義務づけられたのである。彼らはこのようにわずかな程度しか自由人と違わないのだが、それでも彼らの労働ははるかに高度なものであ 129 る。日雇い労働者によってなされる仕事の価格は、平時で職人が不足していないときは、この国ではきわめてささやかなものである。私が言うのは、単純な労働のほかに何も技術を必要としない仕事[24]のことである。ある程度の技術を必要とするものであっても、その価格はきわめて低い。たとえば、織布工は一日に八ペンスか九ペンスを要求するだろう。その他の、何の技術も必要としないもの、すなわち何もたいした指導なしに短期で取得できるもの、たとえば鋤工、溝工など、田舎に住むどの強健な男性でも徒弟年季を勤めないで取得するもの、これらは一日に八ペンスか五ペンスを稼ぎ、六ペンスが平均だろう。他方で、炭坑夫の仕事は、つるはしを使える人なら誰でも、非常に短期の実地で習得できるような労働であるのに、一日に二シリング、二シリング半、あるいは三シリングを取得する。これらの仕事におけるこの法外な労働の価格は、主人たちがその坑夫や塩業夫を自由にして、彼らの仕事をすべての自由人に開放するならば、まもなく下落するだろう。自由人は現在、仮にもそこに入ることを阻止されていて、炭坑で一年と一日働いた者は残りの者と同じく奴隷となって、炭坑所有者によって奴隷所有権を主張されるだろう。ただし、この立場を利用しないという特約があれば別だが、このことに炭鉱業の主人たちは決して同意しないだろう。残念ながら人類にとって自然な他の人々に対する支配と権威への愛と、他の人々を自分の下に置きたいという明確な欲求と、自分の仕事をしてもらうための取引に他人を説得するよりも、命令できる誰かをもつことの快楽とが、このことが起こるのを永久に妨げるだろう。この仕事は確かに、同種の他の仕事よりもいくらか不愉快であり危険であるから、彼らはいくらか高い賃金を要求してもよかったかもしれない。しかしこれは、八ペンスか九ペンスを超えないだろう。それゆえ炭坑夫は現在、その仕事がすべての人に解放された場合

130

に得られるものの約四倍を得ていることになる。だが、この高賃金にもかかわらず、われわれは、炭坑夫がしばしば、この国の仕事場からニューカッスル[24]付近の仕事場へ逃走するのを見るのである。そこでは仕事場が開放されているので、一日に一三ペンスか一四ペンスしか稼がないであろう。だがわれわれは、ニューカッスルから誰かがここに来たという例を決して見ないのである。――

［奴隷制の害悪］

奴隷制という制度から生じる不都合は、ほかにもいくつかある。私はそれらを、生活行政を取り扱うときに指摘するだろう。(25) 私は一つか二つの目立った不都合について述べるだけにしよう。第一にそれは、人口にとって非常に有害である。主人たちが奴隷をもとうとするのは、彼らの労働のためであり、したがって主人が手に入れるのは主として、高度の重労働に耐えることが最も容易な男奴隷である。女性はそのよう

131

(22) Erskine, I. 7. 39.
(23) Dicaearchus, fragm. 7 (Müller, *Fr. Hist. Gr.*, 2. 235) は、セソストリスが法律によってすべての職業を世襲としたと述べている。Aristotle, *Politics* 1329b2-4 は、セソストリスが軍事階級と農耕階級の分離を法律で定めたという言い伝えを報告している。
(24) art ではなく exercise とするつもりだったのだろう。
[24] ニューカッスルは、イングランドの港湾都市で背後に炭坑をもち、ロンドンへの石炭供給基地である。
(25) Cf. LJB 290-1, 299-300.

な強さをもたず、したがって、あまり求められない。彼らが、増殖のために求められることは決してない。というのも、牡牛や馬を買う場合、富国で飼育するよりも、維持が安上がりの貧国で買うほうがはるかに安いのと同様に、奴隷も自国で育てるよりも、貧しい国から買うほうがつねにはるかに安いのである。したがってわれわれは、ローマではいわゆる vernae[26] すなわち彼らの主人の家で生まれた奴隷がきわめて少なく、半数をはるかに超えてシリア、スキティア、カッパドキア、あるいはその他の貧しい国々から連れて来られたのだということを知るのである。われわれが聞いているのは、ローマとこれらの国々との途上にあるデロス島では、一日の市場時間に、ローマ人たちのために一万人の奴隷が売られたということである[27]。このことからわれわれは、当時は、年々膨大な数の奴隷が輸入されていたに違いないと見ていいであろう。そのほかにも、いま述べたほどではないが膨大な数の奴隷が年々、アフリカの海岸からアメリカと西インド諸島のいくつかのヨーロッパ人植民地へ輸送されている。これらの奴隷のなかで、女性は非常に小さい部分にすぎない。デモステネスは彼の弁論のひとつで、彼の父が彼に残した財産の目録を示しながら、父は彼に五〇人の男奴隷と二人の女奴隷を残したと語っている[28]。したがって、この場合の比率は一対二五である。西インドの砂糖諸島にも、これよりかなり多くの奴隷がいるわけではない。ものごとの性質から必然的に起こるに違いないことは、これらの女性は売春婦の状態で生

132

きているのだろうということであり、それは他のどのような状態よりも最も増殖に不適当である。したがってそこには、彼女らから多くの子どもが生まれるという大きな可能性はない。しかし、いつかは必然的に起こるに違いないように、何人かが生まれることがあるとしても、彼らが成年まで育てられる展望は大きくない。——子どもは、非常に繊細な植物であって、育て上げるには多くの保護と介護と注意を必要とする。——一般に、人類の半分は五歳になる前に死ぬと計算されている。

133

しかしこれは、下層の貧しい人々の場合であって、彼らの子どもたちは放置され、気候の厳しさやその他の危険にさらされている。自分の子どもたちを介護し配慮する余裕がある上流階層は、それほど多く失うことは稀である。中流層の女性で、八人を産み、五歳になるまでに四人を失うというのはめったになく、彼らのうちの誰も欠けないことがしばしばである。したがって放置だけが、この高い死亡率の原因なのである。すべての人から軽蔑され無視されている奴隷の子どもたちほどに、放置されがちな子どもたちがいるだろうか。したがって、何人かの子どもたちは、生まれはするのだが、育つのはそのうちのわずかである。これらすべての競合する理由によって、西インド諸島の奴隷の血統は、五年か六年でまったく消滅することが多く、したがって彼らは毎年、全体の五分の一か六分の一を輸入しなければならないことが分かった[29]。この比率は、人間の他の状態では見られないものである。

134

私がこの項目についてさらに言いたいのは、奴隷制が自由人の数を著しく減少させるということだけである。自由人のかなりの部分が奴隷になるため、それが自由人の数を減少させるに違いないということは、まったく明らかである。しかしこのことは、到底考えられないほどの、非常に驚くべき割合で行われるのだ。

通常の計算によれば、一人の男は年間一〇ポンドで、自分自身と妻と家族を支えるために、やりくりをすることができる。だからわれわれは、過大なあるいは大きな資産をもつ人を目にすると、見たとたんに、彼を膨大な数の人々に生活資料を提供しえたものを台無しにする怪物だと思いやすい。われわれの先祖たちは、彼をこのような見方で見て、彼の興隆を阻止するためにあらゆる方法をとった。――年収一万ポンドの資産をもっている男は、千人の男とその家族をまかないうるものをもっている。しかし、彼を倹約家で、何も無駄に使わず、慈善家でもないと想定すれば、彼はこれを彼自身と四、五人の召使のために消費するのである。(30) われわれはこの男を、社会のペスト、怪物、すべての小魚を呑み込む大魚であるかのように見るのだが、彼が人々そのものを滅ぼそうが、彼らの扶養に当てるべきものを台無しにしようが、同じことである。一万ポンドを消費する男は、千人を養うために与えられるべきものを破壊するように思われる。したがって彼は、われわれが考えうる限りでの、最も破壊的な社会構成員であるように思われるのである。――しかし、われわれ

はこの男を観察して、彼が社会にとってどのようにも有害ではなく、むしろ有益であることが分かるだろう。第一に彼は、他のどのようなものであれ一人の男が食べるよりも多くを食べるのではなく、普通の耕夫の誰よりも大きな胃をもっているわけでもない。(31) すべての不平等は、彼がうまく選ばれ、全体のなかから引き出されたということである。衣服については、確かに彼はそれを他人より多く消費するように見えるかもしれない。まったく彼はとても多くのスーツをもっているし、衣料に多くの出費をしているが、といってそれらをすべて一度に消費するのではない。実際のところ、彼は普通の耕夫より多くを消費するわけではないのである。彼の衣服が耕夫に比べて非常に多様であることは確かだが、しかし彼は、それをきわめてわずかしか着用しない。彼がその椅子から離れるということは、ある快適な日に徒歩で外出するのでなければ、ほとんど起こらない。彼はそれらの衣服を風雨

(26) Hume, *Essays*, I. 389. Vernae は主人の家のなかで生まれた奴隷。

(27) Strabo, XIV. 668, Hume, *Essays*, I. 389 に引用されている。

(28) Demosthenes, *Against Aphobus* I. 9-10. Hume, *Essays*, I. 391 に引用されている。五二人の奴隷はすべて男性であった。

(29) Hume, *Essays*, I. 390, note：「西インド諸島における奴隷の数は、新しい奴隷を買って補給しない限り、毎年五％ずつ悪くなると計算されている」。

(30) 手稿第一巻116-117ページ［本書48ページ］を参照。

(31) Cf. TMS IV. 1. 10：「彼の胃の能力は、彼の欲求の無限性に釣り合うものではなく、最も卑賤な農民の胃が受け入れるよりも多くは受け入れないであろう」。

にさらして痛めたり、激しい労働によって擦ったり切ったりすることは決してない。彼が使用済みとしたあとでは、それらは多くのさまざまな目的に適している。他方で耕夫はその衣服を、あらゆる種類の損耗にさらしながら、着古していく。彼が使用済みにした彼の衣服は、肥やしの山に積み上げて、土地の肥料にするほかには使い道がない。だから、この［一万ポンドを消費する］男はほとんど他人以上には消費しないし、それどころかおそらく他人ほどにも消費せず、すべての違いは、彼が消費するものは上品に注意深くより分けられたものだということである。そして花というものは、その最も見事な部分を取り去っても、ほとんど前に劣らず立派であるが、そのようにこの男が残すものが、人々を維持するのに前よりはるかに適しないことはない。彼がこの地代を現物で受け取る（これについては不平等はありえないから）ものと想定し、ある人は彼に千袋の小麦を支払い、もう一人は彼に同量の大麦を、別の人が同量の牡牛、同量の羊を、別の人が同量のワインを、別の人が同量の油を支払うものと想定しよう。さて、これらすべてについて、彼はごくわずかな部分しか消費しない。その部分は確かに、大変な繊細さと注意によって選ばれたのであり、残りを彼は、彼のためにこの部分を選び出した人々に与えるのである。彼が消費するこの部分は労働によって仕上げられて、以前よりも、すなわちその部分が一人を支えるときに自然にもった価値よりも、はるかに大きな価値をもつようになる。ここでこの部分は、一〇ポンド

137

の価値から一万ポンドの価値に変化させられる。こうしてそれは、価値が千倍に仕上げられるのである。同じようにして、彼の財貨の残りの部分を受け取った人々も、おそらく五、六〇〇ポンドを支払うだろう。それゆえ彼らによって消費されるものは、その価値が一〇〇倍以上になるように仕上げられる。さらにこれらより下の人々もまた二〇〇ポンドか三〇〇ポンドを消費し、その下もまた五〇ポンドか六〇ポンドを消費して、さらに下って年に一〇ポンドかそれ以下を消費する人々に及ぶのである。このようにして、彼の資産の生産物は、全体でもとの価値の千倍に仕上げられる。しかしそれは、以前より多くの人を支えはしないだろう。富裕な人はそういう効果をもたないのである。それでも彼は、仕事と製造業を、その価値が大いに増大するのに必要なだけ振興する。したがって、ものごとの現状において、そのような大財産の成長を阻止することは、国家にとって何の利益にもならないだろう。というのは、農地法はすべてを平等にするであろうし、それには確かに大変快適な何かがあるのだが、すべてが平等である国民は、間違いなく非常に貧乏で、何か緊急の場合に自分たちを守ることができないからである。彼らは、差し迫ったときに自分たちを救うことができるものを蓄えておくことができない。だが、財貨が製造されると、その非常にわずかな量でも、他国から製造されていない生産物を大量に入手するだろう。船の半分の量のケンブリック[25]と広幅木綿は、ロシアで未加工の亜麻を全船団に満載するほど入手

138

郵便はがき

料金受取人払郵便

千種局承認

122

差出有効期間
平成29年7月
31日まで

464-879

092

名古屋市千種区不老町名古屋大学構内

一般財団法人
名古屋大学出版会 行

ご注文書

書名	冊数

ご購入方法は下記の二つの方法からお選び下さい

A. 直送	B. 書店
「代金引換えの宅急便」でお届けいたします 代金＝定価（税込）＋手数料230円 ※手数料は何冊ご注文いただいても230円です	書店経由をご希望の場合は下記にご記入下さい ＿＿＿＿＿市区町村 ＿＿＿＿＿書店

読者カード

（本書をお買い上げいただきまして誠にありがとうございました。
このハガキをお返しいただいた方には図書目録をお送りします。）

書のタイトル

住所　〒

TEL（　　）　—

名前（フリガナ）　年齢

歳

務先または在学学校名

関心のある分野　所属学会など

Eメールアドレス　@

※Eメールアドレスをご記入いただいた方には、「新刊案内」をメールで配信いたします。

本書ご購入の契機（いくつでも○印をおつけ下さい）

A 店頭で　B 新聞・雑誌広告（　　　　）　C 小会目録

D 書評（　　　）　E 人にすすめられた　F テキスト・参考書

G 小会ホームページ　H メール配信　I その他（　　　　）

ご購入書店名　都道府県　市区町村　書店

本書並びに小会の刊行物に関するご意見・ご感想

するだろう。人はブリュッセルの高級レースをポケットに入れていけば、リガやペテルスブルグで、船がいっぱいになるほどの亜麻や大麻を入手するだろう。このような貧しい国は、飢饉によって完全に破滅するだろう。彼らは自分たちのなかに、他方から調達する手段をもたないからである。もし彼らが、たとえ豊年であっても、軍隊を国外に送らなければならなくなると、その生活資料の調達には大きな困難があるだろう。しかし、製造業が行われている国では、その製造された生産物の小部分が製造されない生産物を大量にもたらし、それは彼らの現在の必要を満たしうるだろうし、あるいは将来、より多くを入手するために彼らの勤労を使用することができるだろう。したがって、ものごとの現状において は、これらの大財産とその他の最小最低の財産とのあいだの財産のゆるやかな下降があるとすれば、大財産家は国家にとって不利益ではなく有益なのである。そして、このあとで、自分の国のすべての人々から突出した一人の人物が、その共同体にとって本当に有害であるということが示されるだろう(32)。それは、われわれが、四万ポンドから二〇〇か三〇〇ポンドに次第に分散する財産をもっているイングランドの場合ではない。

139

だが、現状においては、このように過大化したすべての財産を粉砕することは、非常に不必要であり有害でさえあるだろうが、古代においては事情が大きく違っていた。最も賢い人々はつねに、これらの過大化した財産は、共同体の利害関係にとって非常に有害だという意見であった。彼らはこれらの富裕な人々を、多数の自由市民を支えるべきであったものを消費する怪物であるかのように、恐怖と嫌悪の対象として見た。われわれは、彼らの恐怖に十分な根拠があったことを理解するだろう。たとえば年収一万ポンドの資産を保有する人は、その場合、実際に一万人(33)だけではなく、六千人の自由市民の生活費を破壊したのである。すなわちわれわれは、それらの土地が当時完全に奴隷によって耕作されていたことを考慮するべきであって、自由土地保有者のようなものは存在しなかったのである。一万［ポンド］（の土地）を保有していた人は、事柄の現状においてならば三万ポンドの価値を生産した土地を占拠しただけでなく、六万ポンドの価値を生む土地を占拠したのである。この生産物の六分の五は、それを耕作した奴隷たちによって消費されたのだから、ここでは生産物の最大部分は奴隷に投入されたのである。残りの部分もまた、現在のように、富裕な人のために仕事をして、自分が消費した価値をその投下した価値で回復する自由市民のあいだに分配されるのではなく、地主自身の奴隷たちか、他の富裕な人々の奴隷たちに投下された。富裕な人々は当時、彼らの奴隷たちを、彼らが必要としたあらゆる仕事に従事させた。一人は石工、他の一人は大工、別の一人は商店主、もう一人

140

［25］ケンブリックは北フランス、カンブレー原産の薄地麻布。
（32）手稿第三巻144ページ［本書205ページ］。
（33）一万は千の誤記。

141 は酒屋かパン屋などである。これらの奴隷はつねに、それぞれの仕事に使われたのであり、もしあるときにある富裕な人が、これまで彼の奴隷の誰によっても行われなかった仕事の職人を必要としたとすると、彼は貧しい市民を使用するよりも、富裕な友人に頼んでその奴隷を使用させてもらった。キケロが富裕な友人の奴隷であったキュロスを建築家として使用したことを、われわれが知っているようにである(34)。だから、富裕な人の資産の全生産物は、主人と彼の奴隷たちによって消費された。われわれはこのことから、事情の違いを理解する。それがわれわれの時代の慣習とまったく違うので、われわれにはほとんど理解できないように思われるのである。アリストテレス(35)とキケロ(36)によれば、アテナイとローマのすべての反乱の二つの原因は、農地法または債務破棄への民衆の要求であったという。これは疑いもなく、ある人々の所有から一定のものを奪い、それが帰属していない人々に与えよという要求である。われわれは現在では、何かこのような要求を決して聞かない。その理由は何だろうか。現代のわれわれの国の民衆が現在、以前にそうであったよりも正直な気持ちをもっているのだろうか。われわれは、彼らがそうである、と無理な主張をすることはできない。しかし、彼らの生 142 活事情は非常に違っているのである。いまでは誰も貧民を信任しないだろうから、彼らが誰かから何かの債務を負うことも決してない。しかしローマでは、すべての貧しい市民は債務を負っていたし、アテナイでも事情は同じであった。いまでは、土地資産も何かの貨幣財産ももたない貧しい民衆は、農村の農業者の使用人として働くことによって、あるいは彼らがその業務に通じた何かの業者のために働くことによって、生計を得ることができる。しかしローマでは、すべての業務が奴隷たちによって独占されていて、貧しい市民たちは、土地財産か貨幣財産をもたなければ、非常に惨めな状態にあった。いくらかの成功の望みをもって彼らが従事できるような業務は何もなかった。彼らが生存するための唯一の手段としては、彼らに対する一般贈与か、選挙における彼らの票によって得る貨幣しかなかった。だが候補者たちは、選挙のたびごとに全民衆の票を買うことによって破滅するのがつ 143 ねであったから、それを阻止する手段を思いついた。彼らは民衆に、票に対して与えるものよりもかなりの高額を、非常に高い利子で貸しつけた。利子は普通一二%で、しばしばそれ以上になり、三〇%、四〇%でさえあった。これはまもなく、彼らが返済できる希望をもたないほどの非常に大きな額になった。このやり方で、債権者は新しい贈与をすることなく彼らの票を確保したのであり、民衆はすでに返済できない債務を負っていて、他の誰も高値で彼らを請け出すことはできなかった。なぜなら、彼らの票を得るには彼らの借金を返済しなければならなかったし、これは利子によって、誰もそれを完済して消すことができないほどの大きな額になってしまっていたからである。この手段によって、貧しい市民たちは、彼らの唯一の生存の手段を奪われたのである。誰でも自分の財貨を、意思なしに売ることを義務づけられえないというのは、一般的に言われた規則である。だが[37]民衆は、必要にせまられたときには、すべての法を破るであろう。飢饉にあたってたびたび起こるのは、彼らが穀倉を破り[38]所有者にせま

144

って、彼らが妥当と思う価格で売らせることである。同じようにして、一般に正義の規則として守られているのは、何であれ所持者の手からもぎとることはできず、債権者の意向に反して債務を破棄することはできないということである。しかしローマの民衆が、所有のすべてが彼らから少数市民によって奪われ、帝国の貨幣のすべてもまた奪われて、このやり方で自分たちが極貧に追い込まれたことを知ったとき、これらの不都合を阻止する法律を求めたことについては、疑問とする必要はまったくない。——このことからわれわれは、奴隷制がそのさまざまな不都合のなかでも、このような悪い結果をもっていること、そしてそれが大財産をもつ富裕な人々を、大きな真の害悪に転化させるということを知るのである。さもなければ彼らは交通と商業を促進するので、むしろ有益であるだろう。

　私はここで、奴隷制が行われてきた国々で、奴隷たちを獲

145

得することができたさまざまな方法を述べることにする。——第一に、戦争における捕虜。彼らは奴隷制が行われているすべての国で、完全に捕獲者に属するものとみなされる。征服者がその敵を自分の力のなかに獲得したとき、そこには、彼を保護する者は誰もいない。彼の生命と彼が所持しているすべてのものについて、征服者が彼を生かしておこうとする限り、その慈悲の恩恵を受けている。彼は生存捕獲の代償として、しかも彼を保護する者がいないので、完全に征服者に属するものとみなされる。このことは、奴隷制のそもそもの始まりであるように思われ、初期のすべての民族に普遍的に受容され、多くの国でなお存続している。タキトゥスが語るところによると、ガルバ軍対ウィテリウス軍と後者対ウェスパシアン軍の、〈ベドリアクム〉[39]での二度の戦闘においては、どちらの側も捕虜を発生させることができなかった。というのは、彼らは相互に同国人であったから、奴隷になることはできず、その理由で、助命が与えられなかったからである。[40]——捕虜は彼らを保護し防衛しうる人物をもたなか

（34）キケロの建築家キュロス（*Ad Atticum*, II. 3. 2 ; *Ad Quintum Fratrem*, II. 2. 2）は、奴隷ではなかっただろう。スミスは彼とエロスとを混同しているらしい。エロスは、キケロの富裕な友人アッティクスの会計係の奴隷で、キケロは自分の財政問題（たとえば *Ad Att.*, XII. 7. 1 ; XII. 21. 4 ; XIII. 2a. 1）を処理してもらうために彼を雇ったことがある。

（35）実際には、以下の記述はアリストテレスにはない（W. L. Newman, *Politics of Aristotle*, IV. 335）。Cf. Plato, *Republic*, VIII. 565E ; Demosthenes, *Against Timocrates*, 149, and *On the Treaty with Alexander*, 15.

（36）*De Officiis*, II. 78.

（37）Bun は But の誤記。

（38）Cf. Hume, *Enquiry concerning the Principles of Morals*, III. i (ed. Selby-Bigge, § 147).

（39）手稿の空白。欠落している語は Bedriacum である。次注を見よ。

ったので、彼らの子どもたちも同じく無援の状態にあった。
したがって彼らもまた、その父たちと同様に奴隷になったの
である。これが奴隷取得の第二の方法となり、奴隷から生ま 146
れるものはすべて含まれる。——第三の方法は、犯罪人が
奴隷になるように判決された場合である。奴隷身分はそれら
の国で、他国とも同じく、しばしば犯罪者に科せられる処罰
であり、そのように判決された人々は、被害者に引き渡され
るか、公共に属するものとみなされた。第四は、返済不能の
債務者がそう判決されたり、債権者に引き渡されたりした場
合である。これらの四種類の方法は第五の方法とともに、今
日奴隷制が行われているすべての国で、トルコやペルシャ
で、完全に許容されている。ロシアでは、ローマ人が彼らの
捕虜を奴隷にしたように、トルコとの戦争で得たすべての捕
虜を奴隷にしている。ただし彼らは、同宗のキリスト教徒か
ら得たものは奴隷にしない。彼らはまた、他のすべての方法
を許容している。第五の方法というのは、自由市民が自分を
主人に売って奴隷になることである。しかし、その人格と彼 147
がもつすべてのものが、契約が始まる瞬間に主人のものにな
るというのだから、そういう契約はまったく欺瞞であっただ
ろう。奴隷は〈読めない一語〉から何も便益を得なかっただ
ろう。しかし、このことが広く起こるのは、返済不能になっ
た債務者が、彼の債権者の奴隷になることを好まず、誰か他
人のものになることを選ぶ場合である。この他人は、彼の債
務を払って、彼を自分の奴隷にするのである。——これら
が、その方法のすべてである。——私は奴隷制についてこ
れ以上は、私が主張したことの確認を述べるにとどめる。す
なわち、それを成立させたのは、統治の弱さであったこと
と、このことが西インド諸島と〈　〉に関しては、まった
く事実であったことである。

［手稿第三巻の終わり］

(40) *Histories*, II. 44 はベドリアクムの戦闘について述べている。それは最初はオトとヴィテリウスのあいだで、次にヴィテリウスとヴェスパシアヌスの諸部隊とのあいだで行われた。Cf. Plutarch, *Life of Otho*, 14.

第四巻

一七六二年[1]二月二一日　月曜日

1 この講義のはじめの部分で、私は司法［正義］を三部門に分割した。第一に、人間をたんに一人の人として考慮する部門、第二に、人間を家族の一員とみなす部門、そして第三に、人間の共同体もしくは社会の一員としての人間に属する諸権利である。これら三部門のうち、最初の二部門はすでに考察したので、これから第三部門を取り上げることにする。

［統治の諸形態］

社会、共同体、もしくは国家の一員としての人間に属する諸権利をより詳しく考察するためには、さまざまな社会において行われている若干の統治形態と、それらがどのようにして生じたかを考察することが必要であろう。統治の諸形態は、無限に多様でありうるけれども、三つの一般的部類、もしくは別個の形態にまとめることができる。第一のものは、法律と規則の作成、訴訟事件の審理、裁判官の任命、また和戦の決定に関する諸権力がすべて、一人の人物に与えられているような統治形態である。これは君主制統治とよばれる。

2 国家の主権は三つの部分からなる。第一のものは、立法権、すなわち法律を作る権力である。第二のものは、司法権で、これはその言葉からも明らかなように、訴訟事件を審理して判決を下したり、他の裁判官を指名したりする権力である。第三のものは、和戦を決定する権力で、ロック氏[41]によって連合権、そしてモンテスキュウ男爵[42]によって執行権とよばれているが、私はこれをそのまま、和戦決定権とよぶことにする。君主制統治では、これらの権力はすべて君主が保持している。彼は自分が作りたいと思う法律を作り、自分自身でまたは他の者によって、自分が適当だと思う判決を下し、随意に和戦の決定をすることができる。——その他の統治形

［1］一七六三年の間違い。

(41) Locke, *Civil Government*, ch. XII: 'Of the Legislative, Executive, and Federative Power of the Commonwealth'.

(42) *De l'esprit des lois*, XI. 6.

態はすべて共和制統治だと言ってよく、そこでは政府に属する上述の若干の権力は、一人の人物にではなく、多数の人々に委ねられる。――これには二種類のものがあって、そのひとつは貴族政治である。この統治形態では、主権は、その [3] 諸部門を問わずすべて、一人の人物によってではなく、国民の総体とは区別された一定の階層の人々、すなわち貴族または身分の高い人々によって保持されている。これらの人々は、君主制統治における君主と同様に、好きなように法律を作り、訴訟事件を審理し、和戦を決定することができる。共和制統治のもうひとつのものが、民主政治である。ここでは主権のそれぞれの部分が、国家のどの特定の一人物によってでも、どの階層の貴族によってでもなく、国民の総体によって行使される。以上のすべての統治形態は、多くの異なったやり方で多様に分類しうるけれども、すべてのさまざまな統治形態は、以上の諸形態のうちのいずれかに還元できる。――しかし、これらの諸形態に個別に言及する前に、統治の起源について、すなわち統治の最初の形態と考えられるものについて、および、この最初の統治がどのようにして、また社会のどのような時期に生じたのかについて、説明するのが適当なように思われる。――狩猟民の時代には、どのよ [4] うな統治もほとんど存在しえないが、存在するとすれば、民主的な種類のものであろう。この種の民族は、いくつかの独立した家族によって構成され、同じ町か村で一緒に住んで、同じ言語を話すということ以外には相互関係をもっていない。司法権に関して言えば、その権力が及びうる限りのこれらの民族において、共同体全体がそれを担うことになる。私的な家族の事件は、それが一家族の構成員だけにかかわる限り、その家族の構成員の決定に委ねられる。他の家族とのあいだの紛争は、この社会状態では稀にしか生じないが、もしそれが生じて、共同体の秩序を乱しかねないようなものであれば、そのときには共同体全体が、その紛争を仲裁するために介入する。しかし通常は、これが限度であって、厳密な意味での処罰をあえて加えるようなことは決してない。彼らが干渉する目的は、公共の平穏と諸個人の安全を維持することである。したがって、彼らは敵対する当事者を和解させよう [5] と努力するのである。これがアメリカの未開諸民族のあいだで行われている事柄であり、このことに関しては、これらの民族の生活様式について最も明確な説明を与えているシャルルヴォワ神父[43]とラフィトー氏[44]によって、知らされているとおりである。彼らは次のようにも述べている。もし誰かが、他人に対して非常に凶悪な犯罪を犯した場合には、共同体は彼を殺すことがあるが、これは司法的なやり方によってではなく、その犯罪がどの個人においても引き起こす憤慨と義憤にもとづくものである。そのような場合には、国民の総体が、敵に対して行うのと同様に、彼を待ち伏せして暗殺する。このような場合に通常よく見られるのは、彼を宴会に招待して、あらかじめ指名しておいた三、四名の人物によって、彼を殺させるというやり方である。そのような民族において

は、和戦を決定する権力は国民全体に属している。彼らのあ
いだにおける平和条約は、互いに戦闘行為を中止するという
協定にほかならず、そのような協定を完全なものにするため 6
には、社会のあらゆる個人の同意が得られるということが必
要である。なぜなら、どの個人も十分に本懐が果たせるまで
は、戦闘行為を続ける資格があると考えているからである。
それと同様に、誰か個人に危害が加えられると、それだけ
で、彼が加害者に対して戦闘行為を開始するのに十分なもの
となり、これが通常、全面的な争いを引き起こすことにな
る。そのような状態においては、立法権はほとんど存在しえ
ない。規制を行う必要がほとんどありえず、またどの個人
も、たとえ全共同体にかかわるような場合であっても、他人
によって作られたような規制に従わねばならないとは考えな
いであろう。――このような状態における統治の総体は、
そもそも統治が存在するとすれば、民主制統治である。なる
ほど、このような状態においては、国民の残りの者に比べて
優越した影響力をもつ若干の人物がいるかもしれない。しか
し、このことは民主的形態を損じることにはならない。とい
うのも、そのような人物は、彼らの優越した知恵、勇気、お 7
よびそれに類似した能力によってこの影響力をもっているだ
けであって、しかもその影響力は、このような人物によって
指導されたいと思っている人々だけに及ぼされるからであ
る。全会員が平等な資格をもつすべてのクラブや集会の場合
と同様に、どこでも、ある人物の論議が他の誰のものよりも
容易に追随されることになり、一般にあらゆる議論において
相当な影響力を及ぼし、いわばその集まりの王ともなる人物
が存在するのである。

牧畜民の時代は、正確には統治が最初に始まる時代であ
る。またこの時代は、どの程度であれ、人々が他人に依存す
るようになる時代でもある。羊や牛の群が占有されることに
よって、狩猟による生計は非常に不確かで不安定なものとな
る。牛、羊、馬、ラクダなどのような、人間の使用に最もふ
さわしい、それゆえ最も数の多い動物は、もはや共有のもの
ではなく、ある諸個人の所有物となる。したがって、富者と
貧者の区別が生じる。羊や牛の群れを少しももたない者は、
それを富者から手に入れる以外には、自分自身を養う手段を 8
見出しえない。したがって、富者は、自分たちがもっている
多くの所有物のなかから、より貧しい人々を養い支えるの
で、それらの貧者の奉仕と依存を要求する。このようにし
て、どの富者も、自分に依存し仕える相当数のより貧しい
人々をもつようになる。この時期の社会において、財産の不
平等は、他のどの時期の社会においてよりも、貧者に対する
富者の力と影響力を高めることになる。というのは、ある国

(43) P.-F.-X. de Charlevoix, *Histoire et description générale de la Nouvelle-France, avec le Journal historique d'un voyage … dans l'Amérique septentrionale* (1744), III. 271 ff.
(44) J. F. Lafitau, *Mœurs des sauvages amériquains, comparées aux mœurs des premiers temps* (1724), I. 490 ff.

で奢侈と柔弱さが浸透してしまうと、人々は一人の食客をも抱えることなしに、非常に大きな財産をさまざまな方法で使い切ることができるからである。彼の仕立て人、彼の〈読めない一語〉、彼の料理人などは、それぞれ彼の財産の分け前にあずかるのだが、彼らはすべて、彼が自分たちに与えたものと引き換えに自分たちの仕事を提供するのだから、自分たちが彼に従属するしかないとは少しも考えない。彼らは、彼に対してありがたく思うかもしれないが、誰も彼のために戦おうとはしないであろう。しかし、技術と製造業が知られず、人類のあいだで奢侈がほとんど存在しない初期の時代には、富者は自分の領地の生産物を他の人々に与える以外にはそれを消費する手段をもたず、したがってこれらの人々はこのようにして彼に依存するようになるのである。われわれが知っている族長たちは、自分に仕える食客と家来を抱える一種の王侯であって、これらの食客たちは、自分たちの世話に委ねられている牛や羊の群の生産物によって扶養されるのである。彼らに対して、族長たちは自然に相当の力をもつようになり、自分たちのまわりの人々のあいだで唯一の裁判官となるであろう。――――

［権威の進展過程］

｛富者の権威は、このようにしてやがて非常に大きくなる。では、その権威の進展過程を考察してみよう。｝［8裏］この生活様式においては、狩猟民族の場合よりも、一部族や一民

9

族のさまざまな人々のあいだでの争論の機会が多くなる。ここでは所有が導入されるので、この問題についての多くの争論が必然的に生じるに違いない。それゆえ、村や町で一緒に生活している牧畜民族を想定してみよう。｛ここで生じる統治形態もまた民主的なものであることが分かるだろう。したがって、主権の若干の部分について考察しよう。そうすればそれらはすべて、国民の総体に属することが分かるだろう。第一に、司法権に関しては｝［8裏］生じてくると思われる紛争の調停について、彼らが最も容易に思いつき、したがってそれぞれの個人が最も容易に同意する方法は、それらの紛争を国民全体の集会に委ねることであろう。なるほど、この段階の社会には、すでに述べたように、狩猟民の社会の場合よりも多くの争論が見られるであろうが、その数は、のちにさらにいっそう進んだ諸段階の社会において見られるほどに多くはないであろう。というのも、争論の大きな原因、しかもはるかに大部分の訴訟を引き起こすような原因は、より初期の社会段階では知られていなかったからである。これらの原因で、現在裁判所を煩わせているようなものの大半は、第一に、故人の遺言の意味にかかわる何らかの問題に由来するが、このような問題は当時の彼らには生じなかった。なぜなら、すでに述べたように、(45) 初期段階の社会においては、遺言は認められていなかったし、思いつきもされなかったからである。それらの原因の第二のものは、結婚継承的不動産処分[2]に由来するが、これも初期段階の社会では知られていなかっ

10

た。第三のものは任意の契約に由来するが、これは当時にお
いては、訴訟を維持せず、また社会からも支持されなかっ
た。したがって、当時の社会では争論の調停にかかわる仕事
はそれほど多くはなかったであろうし、住民たちも、これら
の集会に参加する余裕がないほど忙しいというわけでもなか
っただろう。——しかしながら、どの社会でも先頭に立っ 11
て他の人々に影響を及ぼす人物がいるように、他人について
の協議に影響を及ぼす卓越した人物がいることは疑いえな
い。牛や羊の群れを多量に占有する富者たちは、すでに述べ
たように、(46)自分たちの助言と命令に従おうとする多くの従属
者をもっているので、国民に対して最大の影響力を及ぼすだ
ろう。——これらの人物が老人たちのあいだで最も著名に
なるように、彼らの息子たちは、父親の名声によって自分た
ちも高く評価されるので、青年たちのあいだで最も著名にな
るであろう。そしてこれらの息子は、父親の生前にこのよう
な敬意が払われるので、父親の死後、自然にその地位を引き
継ぐであろう。もし二人の息子がいた場合には、資産と同様
に権威も、彼らのあいだで分割されるであろう。国王や君主
が相当な権威をもつようになったときには、このように分断
された統治ほど不都合なものはないけれども、当時の社会で
は、このような分断に同様な不都合が伴うわけではない。ト
ロイア戦争のときには、いくつもの民族がさまざまな首長に
よって率いられたということが分かっている。サルペドンと
グラウコスがクレタ勢を率い、ディオメデスとイドメネウス
がボイオティアの軍勢を、メネステウスほか五名がアッティ
カの民族を率いた。(47)これらのギリシャの指揮官たちは、ここ
で言及された各国の指揮者たちと同じ身分であったので、実 12
際のところ、彼らのうちのある者が他の者よりも尊敬される
という事態が一般に生じた。したがって、この状態の首長た
ちの権威はまもなく世襲的になり、さらに発展した社会段階
で彼らが権威の分割に伴う不都合に気づいたとき、長子相続
権その他の相続に関する規制が、その主題について私が述べ
たような仕方(48)で導入されたのである。しかし、これは民主制
統治形態の侵害ではなかった。というのも、これらの人物
は、自分たちの私的な影響力によって獲得したもの以外の権
威は、何ももたなかったからである。共同体もまた、凶悪犯
罪人を何らかの仕方で処罰する権限をもつであろう。彼ら
は、私が以前に北アメリカ人に関して述べたやり方で、(49)おそ

(45) 手稿第一巻91-92ページ［本書36ページ］を参照。
［2］結婚継承的不動産処分 marriage settlement は、不動産譲渡の性質をもった継承的不動産処分で、結婚することを条件として結婚の前に結婚当事者の双方または一方、あるいは両親や親族が設定するもの。
(46) 手稿第四巻8ページ［本書209ページ］を参照。
(47) サルペドンとグラウコスは、トロイア戦争以前のリュキエ軍勢の指揮官であった（*Iliad*, ii. 876）。イドメネウスはクレタ勢を指揮した（*Iliad*, ii. 645）。ディオメデスとステネロスはアルゴスの軍勢を指揮し（*Iliad*, ii. 564）、メネステウスはアテナイ勢を指揮した（*Iliad*, ii. 552）。ボイオティアの軍勢は五名の首長を含んでいた（*Iliad*, ii. 494）。
(48) 手稿第一巻116ページ［本書48ページ］以下を参照。

らくこのような犯罪人を暗殺することがあるかもしれないし、また彼らをその社会から追い払うことで処罰する権限をももつであろう。どのクラブの会員でも、他の会員を追い出す権限をもっているのだから、そのような共同体の成員も、同様な権限をもっているのである。社会が最初に形成された 13
ときには、成員たちのあいだには相互にどんな関係や友情も芽ばえなかったのだから、このことはそれほど大きな不満の種ではなかったけれども、彼らがその社会のなかでしばらく一緒に生活し、おそらくそこで生まれたり教育を受けたりした場合には、非常に大きな不満となるであろう。彼らが追放された場合には、他の場所では友人も知人も見出しえないであろう。それゆえ、交際《コマース》が起こりえず、したがって、他人とのコミュニケーションを行う機会もなくなるであろう。彼らはすべての友人と親類縁者から追放されるのである。したがってこれは、科せられうる処罰のなかで最も過酷なもののうちの一つであろう。

執行権、すなわち和戦を決定する権力に関して言えば、これもまたその全範囲が、前の場合と同じ手中に［すなわち国民の総体に］属するであろう。この種の諸国民間の戦争は、一般に突然開始され、一つか二つの型どおりの小競り合いで決着がつく。攻撃が加えられた場合には、国民全体が敵に向かって突撃するか、一団となって隣国人に襲撃を加えるであ 14
ろう。彼らの指導者たちは正規の指揮官ではないだろうし、彼らの軍隊は規律ある一団というよりも、気ままな集団だろう。最も勇敢で度胸があると思われた者が、他の人々を率いるであろう。タキトゥスはゲルマン人について次のように語っている。「彼らは王を立てる際にその門地を重視し、軍事的指揮官を選ぶ際にその勇気を重視する。王には決して無限の、あるいは恣意的な権力はなく、指揮官もまた、権威によるよりはむしろ自ら人の模範となることにより、勇敢に衆に抜きんでて、第一線に立って戦ってこそ、はじめて人々に感嘆の念を起こさせて、皆を率いることができる」[50]。これらの指導者たちの権力は彼らが戦争に従事しているあいだしか続かず、それは実際に戦闘に導く権力にすぎなかった。この時期の社会の部族や民族はきわめて小規模なものにすぎず、したがって、彼らの戦争は少しも長続きしえないのである。社会の少数の成員がどれほど重要だとみなされていたかは、次のような記述からも理解できる。すなわち、シケムの従者たちがイサクと少数の随員たちを受け入れることを非常に望んだので、国民全体が非常な苦痛を伴う手術を受けることに同意したというのである[51]。この社会状態の国民のあいだでは、立法府は決して存在しない。諸法と諸規制とは、さらに洗練された生活様式とさらに改良された統治の産物であって、社 15
会が相当に進歩してはじめて見出されるのである。

［司法の起源と進展］

人類がさらにいっそうの進歩を遂げたとき、訴訟事件の裁決は、より困難で苦労の多い問題となる。この時期には学芸と製造業が洗練され、国民はこれによって裁判に出かけるための時間を割くのが難しくなる。これに加えて、争論をめぐる訴訟事件も増えてくる。遺言が使用され始め、結婚継承的不動産処分などが次第に導入されてくるので、一方ではビジネスが増加し、他方ではその他のことに割く時間が少なくなる。したがって、次の二つの事態のいずれかが生じるに違いない。すなわち、訴訟事件や争論が裁決されずに放置されるか、ある人物たちが任命されて、彼らがこれらの事件を審理するかである。この選択肢のうち前者は、混乱と喧嘩が必然的に伴うことになるので決して容認されえない。それゆえ、つねに後者が取り入れられることになる。一定数の人々が多数の国民のなかから選ばれて、裁判に出席してすべての紛争を解決するというビジネスを行うことになる。国民の首長と指導的人物たちが、必然的にこの会議の構成員の一部を占めるだろう。彼らの権威は依然として存続しているので、彼らは法廷での一種の長官もしくは議長となるだろう。この地位における彼の権威は非常な速度で増大し、それは社会が進歩する速度よりもずっと速いだろう。というのも、これらの初期のすべての国においては、現在行われているものとは正反対の慣習が見られるからである。現在では富者が貧者に贈物を送るが、初期の社会では富者が彼らの従属者から贈物を受け取るのである。彼らは心づけなしには、決して訴訟事件の考慮に入ることはないであろう。誰でも贈物をもって行かなければ、ムガール皇帝に面会することはできず、このことは

16

他のすべての粗野で野蛮な国民においても当然なのである。タタールの王侯は、贈物によってその耳を開かれなければ、そもそも聞く耳をもちえないのである。彼らの富がこのようにしてまもなく増加していくように、彼らの従属者の数と彼らの権力もこれに比例して増加するに違いなく、また訴訟会議での彼らの影響力も増大するであろう。この会議の人数［裁判員数］は、すべての国において最初はかなり多数のものであった。彼らは自分たちとその財産を少数の人物の手に委ねることを安全だとはみなさず、自分たちが非常に多数の人々の管理下にあるほうがずっと安全だと考えたのである。アテナイの最高裁判所(52)［の裁判員数］は五〇〇人からなっていた。和戦にかかわる対処と討論は、最初は非常に単純で速やかに決定されたが、国家の業務が増加し、不測の事態に備えなければならなくなると、和戦の問題は、国民全体で決定するにはあまりにも面倒な事柄となる。というのも彼らは、これらの事柄が要求する長い時間にわたって、自分たちの仕

17

(49) 手稿第四巻5ページ［本書208ページ］を参照。
(50) Tacitus, *Germania*, vii: "Reges ex nobilitate duces ex virtute sumant. Nec regibus infinitas et libera potestas, et duces exemplo potius quam imperio si prompti, si conspicui; si ante aciem agant, admiratione praesunt, etc.". sumant は sumunt の誤り。infinitas et は infinita aut の誤り。
(51) 創世記34。［創世記第三四章のこの話は、ヒビ人のシケムがヤコブの娘のディナを妻に迎えるために、ヤコブの息子たちの条件をのんで、ヒビ人の町の全男子が割礼をしたというものだが、スミスの指摘には若干の混同がある］
(52) ブーリ Boule のこと。

事から離れることができないからである。ここでもまた、国家の安全のために、国事にかかわる問題の管理を、私的な訴訟事件の判決が委ねられた裁判所に任せるのか、それとも新たな裁判所を設けるのかの選択が、絶対に必要になってくる。彼らが後者を思いつくことは決してない。したがって、国家の安全とそのために必要なすべての便宜に備えるための権限は、一般に前者に伴うことになる。ローマの元老院の権力は、これらの事柄に及んでいた。それは公収入や都市の城壁などの管理を行った。それは、国王の司法権と執行権にかかわる能力を補佐する会議であったように思われる。なるほどローマでは、早くもトゥッルス[3]の時代に司法権が国王の権力から分離されており、彼の治世にはその下に死刑執行二人委員会 duumviri rerum capitalium[53]があったことが知られている。タキトゥスは「諮問と権威が伴うもの」、国王の会議 consillium simul et auctoritas adsunt について語っている[54]。しかしながらほとんどの国において、国民はすべての重要な事柄に関しては自ら訴える権力を依然として保持していたのである。これはローマにおける事例であって、この権力は一度放棄されたあとで再び回復されたのである。タキトゥスはまた次のようにも述べている。「小事には首長たちが、大事には部族民すべてが審議に参加する。しかし、その決定権が人民にあるような問題も、あらかじめ首長たちの手許において精査されるという仕組みである[55]」。〔したがって、このことも支配者たちの権力を大いに高めるに違いない。〕［17裏］執行権

18

と司法権は、このようにして国民の手中に委ねられ、国民はこれらの権利をある程度、少数の人物からなる裁判所に信託するのである。立法権は社会のこのような時期のすべてを通じて、ほんのわずかにその姿を現すにすぎない。次に、その立法権の進歩を考察しよう。

［三行の空白］

一七六三年二月二二日　火曜日

前回の講義では、統治の起源とその進歩について、いくらかを諸君に説明するよう努力した。統治が、ある著作家たち[56]が想像したように、種々の規制に服従するために多くの人々が取り結ぶ契約や同意にではなく、人々が社会においてたどる自然的進歩に由来する次第が明らかにされた。――私は、狩猟民の時代には統治の名前に値するようなものは存在しなかったことを示した。この場合、当時の所有は占有を超えなかったので、どんな法や規制も必要ではなかった。この状態における人々のあいだで維持されるわずかな秩序は、社会の平和を乱す恐れのあるような争論を、全共同体の介入によって和解させることにほかならない。しかしこれは、裁判官として行われるのではなく、意見の一致しない当事者たちのあいだに和解と同意をもたらすにすぎないのである。執行権す

19

なわち和戦を決する権力も、これと等しく国民の総体の手中にあって、各個人が他人と同じ権力をもっていた。国民は、思うままに誰か特定の人を戦争に赴かせるだけの力をもっているなどとは考えないのである。二家族か三家族が、隣国と 20
交戦するために戦争に出かける気にならなかったとしても、他の人々は、彼らを強制的に戦争に行かせる何かの権利をもっているとは考えなかった。また同様に、ある共同体がその隣国と和平を結んだあと、二、三の家族が依然として敵対関係を続け、自分たちの凶暴な仲間とともに隣国に襲撃を加えたとしても、その共同体は、彼らを処罰したり、むりやり全体の同意に服させる権威をもっているとは主張しない。しかしながら、この場合にはひとつの違いがある。人々は一般に、和平を結ぶときよりも戦争に行くときのほうが、ずっと興奮し熱心になる。彼らはこの理由によって、全般的な講和以後も依然として交戦状態を続けたり、他の人々の同意なしに襲撃を加えたりする者よりも、その国全体の戦争に参加しない者に対して激しい怒りを覚えるのである。この理由によって、国民のなかの集団が、共通の大義への参加をこのように拒否する者を待ち伏せして、暗殺するということがしばし 21
ば生じるのである。講和後に襲撃を加える者のほうが疑いなく国家にとって危険であり、しばしば国民全体を滅ぼすことがあるけれども、〈彼〉は国民の憤慨を引き起こすほどではない。しかし、ある人が共同体に危害を加えたことにより殺された場合には、それは国民が個々人に対してもつ権威によるものではなく、国民が憤慨によって敵を殺す場合と同様の理由によるのである。——牧畜民の時代にはじめて統治が始まるということもまた〈述べて〉おいた。所有が統治を絶対に必要なものにする。牛や羊が、ある特定の人物に占有されているときだけでなく、それがどこに迷い込んで行ったときでも、彼に所属するということがひとたび同意されてしまうと、統治の手が絶えず振り上げられていて、国民全体が個々人の所有を保護する自分たちの権力を主張することが、絶対に必要になる。生活を支えるために、もはや狩猟に頼ることはできない。人の生活を支えるのに適したすべての動物が、大規模に占有される。特定の諸個人が家畜を豊富に抱

---

［3］トゥッルス（Tullus Hostililus, 673-642BC）は、伝承によればローマ第三代の王（在位、前六七三—四二）。建国の王ロムルスの出身地アルバ・ロンガを破壊し、元老会議事堂 Curia Hostilia を建造したと伝えられている。

（53）おそらく、反逆罪を扱うためにトゥッルス・ホスティーリウスによって任命された「反逆罪関連二人委員会 duoviri perduellionis」のことを指しているのだろう。Livy, I. 26.

（54）*Germania*, xii.［「これらの集会においては、また郷や村に法を行う長老（首領）たちの選立も行われ、各長老には、人民のなかから選ばれた百人の小姓が、その諮問（にあずかるもの）、その（存在に）権威（を付与するもの）として付随する」］

（55）*Germania*, xi : "De minoribus rebus, principes consultant, de majoribus omnes. Ita tamen ut ea quoque quorum penes plebem arbitrium est, apud principes pertractentur".

（56）歴史上の社会契約の存在を信じる理論家たち。手稿第五巻114ページ［本書337ページ］を参照。

え、牛や羊の群れを占有するのに対して、他の人々は一匹の動物ももたないようになる。ある者は、自分自身と自分自身

22

以外に五〇人か六〇人を養うのに十分な家畜をもち、他の者は自分自身を養う手段を何ももたないだろう。狩猟民の時代には、共同体の権威を一時的にわずかに発動させるだけで、発生しうるわずかな機会の争論を収めるのに十分であった。争論の大きな源泉である所有は、当時は知られていなかった。諸個人は当事者の利害関係が何も見られない場合であっても、学校の生徒たちがよくやるように争論することがあり、互いに相手を殺すことがあるかもしれない。しかし、こういうことはめったに生じないであろうし、生じたときでも、すでに述べたように[57]、共同体の介入によって、被害者の友人たちと仲直りをすることができるであろう。しかし、上述のようにある者が多くの富をもち、他の者が何ももたないという場合には、権威の腕が絶えず差し伸べられ、恒久的な法律と規制が作られることによって、それらの法がなければ富者の所有を絶えず侵害しようとする貧者から所有を確保[58]できるようにして、どういう場合にこの所有の侵害が発生し、どういう場合に侵害者が処罰されるのかということを確定す

23

ることが必要になる[59]。法と統治は、この場合だけでなく実際にすべての場合において、貧者を抑圧し、そうでなければ彼らの攻撃によって速やかに破壊されるであろう財貨の不平等を確保するための、富者の団結とみなされうる。貧者は統治によって妨げられなければ、やがて公然の暴力によって他の人々を彼らと平等の地位にまで引き下げるであろう。統治と法は、貧者が富者に行使するであろう暴力によって富を獲得するのを妨げるのであって、富者は貧者に向かって、彼らが貧困のままにとどまるか、それとも自分たち富者がしてきたのと同様な仕方で富を獲得しなければならないのだと告げるのである。――したがって、所有に関する確定した法律もしくは協定は、牧畜民の時代の開始後すぐに導入されるだろう。これらの規則の執行とすべての争論の解決の全体は当然、前回の講義で述べたように[60]、国民全体の総会に委ねられ

24

るだろう。人々の目には、この総会だけが、あらゆる争論の裁決を宣告するのに十分な権威と重要性、もしくは人数を有しているように思われる。したがって、この統治は完全に民主的である。共同体はまたこの場合、諸個人に対して権威と影響力を及ぼす多くの機会をもつ。どのクラブや協会もその個々のメンバーに対して、その会の規則に従うか、さもなければ立ち去るようにと言う資格があるように、共同体もまたその成員である個々人に対して、その共同体の法と規則に従って行動するか、さもなければわれわれのなかから出ていけと言うことができるのである。共同体がある期間にわたって形成され、その成員がそこで生まれ育ったあとでは、この種の追放は非常に耐え難い処罰となるだろう。追われた者はほかに知人もなく、立ち去る場所もない[4]からである。彼らはこの権限を非常に容易に行使することができるけれども、相当に長い期間にわたって、あえてこれを発動することはなかっ

た。――執行権、すなわち和戦を決する権力もまた、完全に国民の総体の手中にあったであろう。国民は、国防の準備やいかなる場合に開戦すべきかの決定に関する規則をもって 25
あろう。しかしながら、争論中の諸個人の私的な事柄に関する統治の権力は、しばらくのあいだ相当に制限されていたけれども、公的な事柄に関する統治の権威は、牧畜民が定着するとまもなく、どの国においてもかなり絶対的なものとなった。私人にかかわる事柄は、国家とはそれほど関係がない。それらが国家にかかわるのは、私人の争論が非常に激しくなるのを妨げることが彼らの利益になる限りにおいてであるが、その場合でもこれが直接に共同体に衝撃を与えるのではない。しかし、国家と直接にかつ即座に関係する事柄はすべて、さらに厳密に統治の検討に付されるであろうし、統治の権威は、前の場合よりも、共同体に損害を与えそうなものをすべて阻止する場合のほうが強く発動されるであろう。それゆえ、統治の権威はこれらを予防する際のほうが厳重なものとなる。前に述べたことだが[61]、賠償が放棄され始めたあと、 26
適正に処罰とよばれるものに最初に付されたのは、諸個人にとって最も凶悪と思われるような犯罪ではなく、共同体の福祉に直接衝撃を与える犯罪であった。これらの犯罪は二つあって、反逆と臆病である。反逆行為すなわち敵への寝返りは、国家の破滅に直接つながるので、疑いもなく非常に凶悪に思われるに違いなく、それゆえ最も厳しく処罰されるのである。普通の兵士の臆病もやはり処罰の対象であるが、一兵士の逃亡は戦闘にはほとんど影響を及ぼさないので、反逆とはみなされない。しかし、しばしば一二名のみからなる狩猟民や牧畜民の一団においては、一人の脱走は全体の破滅になるかもしれず、それゆえ反逆のすべての効果をもっているのである。したがってこれは、すべての初期の国民によって反逆として処罰された。ゲルマン人たちはこれらの犯罪を、タキトゥスが第一二章で述べているやり方によって極刑に処し 27
た[62]。しかしながら彼らは、このほかの犯罪としては窃盗と強盗以外は処罰しなかったのであり、これらは罰金によって処罰された。タタール人も同様に、これら二つと窃盗および殺人以外の犯罪は処罰せず、後者は罰金もしくは賠償金で処罰され、前者は死刑に処した。彼らは自分たちの生活様式のために窃盗行為に走りやすかったので、厳しい処罰が絶対に必要であった。もっとも、当人が補償を与えることができる場

---

(57) 手稿第四巻4ページ［本書208ページ］を参照。
(58)「確保」の原語は ascertain だが、この語は、いまでは廃れた用法として、secure（安全に保証する）という意味で用いられていることは明らかである。
(59) Locke, *Civil Government*, § 94：「統治（政府）の目的はプロパティ（財産）の保全だけである」。
(60) 手稿第四巻9－10ページ［本書210ページ］を参照。
［4］手稿では know where to retire to となっているが、これは nowhere to retire to の間違いだろう。
(61) 手稿第二巻152－153ページ［本書133ページ］。
(62) Tacitus, *Germania*, xii. 裏切り者と逃亡犯は絞首刑用の木に吊るされ、臆病者は頭からむしろをかぶせて泥沼に埋め込まれた。Cf. Montesquieu, VI. 18.

合には、それが受け取られたであろうが、当時は貧民たちが
この犯罪を最も普通に犯しやすかったのである。近代の統治
において、私的な訴訟事件に関しては、統治がしばしば非常
に弱い状態に置かれていたことを示す多くの事例がある。
――この国では、裁判所に出頭した者は、どのように裁か
れたいかと問われる。この質問に対して、現在では彼はひと
つの答えしか与えることができない。すなわち、「神とわが
祖国によって」である。しかし以前には、彼は多くの他の事
28 柄を挙げることができたであろう。彼は裁判を司法決闘に付
託して、自分の腕力によって決定するよう要求することもで
きたであろう。これは明らかに、自分の訴訟事件を自分の国
に付託するのを避けているのであって、統治が確立される前
の最初の時代においては、誰でも自分が信頼する方法によっ
て決定されるべきだという要求でもあった。しかしながら、
統治にかかわる者たちはこの場合、所期の目的をかなり達成
したのである。彼らは、司法決闘とよばれるものを提供され
る者たち、しかも自分たちの訴訟事件を神に委ねると称する
者たちに、次のように告げるのである。すなわち、諸君は従
者たちを集めて集団で戦うことによって国を混乱に陥れては
ならず、諸君自身の個人的な力によって決着をつけなければ
ならない、と。こうして、彼らが念頭に置いていた大きな目
的が相当にかなえられることになる。そうでなければ一種の
反乱になった訴訟事件が、単身の決闘によって決められる。
熱湯裁判その他の試罪法もすべて同様に、裁判所の権威が非
常に弱かったことを示すものであって、裁判所に出頭した者
をその判決に服させることができなかったのである。しかし
ながらこのような試罪法は、争論を速やかに終わらせるとい
う一大目的に貢献した。われわれは、熱湯による試罪法では
29 誰もが有罪になるであろうと想像しがちである。この方法で
は、被疑者が沸騰した湯沸かしに手を浸してその底から何か
を拾い上げるのである。〔そのあと手は布で巻かれて封印さ
れ、三日後にほどかれたときに火傷の痕跡が見つからなけれ
ば、その者は放免される。〕［28裏］しかし、われわれの祖先
がそうであったように、絶えず屋外にいて頻繁に水に浸かっ
ている人々の皮膚は、硬く無感覚になり、熱湯によっても火
傷をしないであろう。[63]〔人は灼熱の牡蠣を手で開いた。〕［28
裏］したがって、有罪とされた者はごくわずかであった。ま
た彼らが高温の鉄片を手で握る場合のような試罪法でも、同
じことが生じた。これらすべては、訴訟の問題を国の判決よ
りも偶然に、いわばさいころの一投に委ねることにほかなら
ない。――しかしながら、これらは非常に長期間にわたっ
て行われてきたのであって、これらの事柄に関する統治の弱
さを証明するものである。司法決闘は、一方の当事者が他方
の当事者を殴ったり、傷つけたり、侮辱したりした場合のよ
うな刑事訴訟だけでなく、民事訴訟にも適用された。領地の
権利にかかわる争論も、しばしばこれによって決定された。
これはイングランドではいまでは行われなくなった。しかし
30 ながら、エリザベス女王[5]の時代になっても刑事訴訟事件に関

してひとつの司法決闘(64)が、またチャールズ一世の時代にも刑事訴訟事件を解決するために司法決闘(65)が要求されたが、これらは差し止められた。しかし、司法決闘を禁止するどんな明確な議会法や法廷規則（わがスコットランドにおける教会会則のようなもの）もないのである。それは農奴制と同様に徐々に廃れてきたのであり、両者はともに放棄されたが、その正確な時期を誰も言うことができない。――しかし、私的な訴訟事件において統治がその最大の権威を発揮するのは遅かったけれども、共同体に直接かかわる訴訟事件においては国民総会の権威は速やかに非常に強力になった。そして和戦にかかわるすべての事柄、たとえば軍隊のための食料提供などは非常に重要なので、これらはすべてこの総会によって決定され、しかもどの個々人も異議を申し立てる大きな自由がなく、したがって国民総体の決定に従わなければならなかった。――私はまた、この社会状態においてどのようにして首長たちが自然に誕生してきたかということも説明した(66)。これらすべての総会では、公私にわたる訴訟事件での判決や行政的な部門において、〈誰か?〉が自分の卓越した力と影響力によって、またはこの大衆会議において他人にまさる他の手段によって、先頭に立つであろう。昨日説明した理由(67)によって、訴訟事件の判決のための裁判所を樹立するのが必要だと分かったときには、国民からこの種の負担を軽減するために、この指導的な人物が自然にその裁判所の一員となり、そこで自分の卓越した影響力をもち続けるであろう。同様な事

31

態は、国民の手から執行権のより重要性の劣った部門を取り上げるために裁判所が樹立されるとき、すなわちその裁判所に一種の元老院的な権力を付与して、そこの議員に一定期間、都市の安全と隣国との和戦に必要なあらゆる事柄を決定させるときにも生じるであろう。この議員たちは、兵隊を招集し、兵隊に食料を調達し、城壁がある場合にはこれを管理し、使節団を迎え入れ、こうしてあらゆる種類の審議を行う権力をもったのである。これらの裁判所において、一人の指導的な人物がまもなく一種の長官となるであろう。彼はどの問題についても最初に自分の意見を述べ、また他人に意見を尋ね、こうして彼が他の者よりも好むようになる人物が、他の者よりもいくらか重要性をもつ人物とみなされるようになる。タキトゥスによれば、これがゲルマン人の集会で用いられていた方法(68)そのものである。私はまた、いかにしてこの首

32

(63) Montesquieu, XXVIII. 17.
[5] エリザベス女王（Queen Elizabeth, 1533–1603）はヘンリ八世とアン・ブリンの娘で、テューダー朝最後の君主（在位一五五八―一六〇三）。
(64) *Lowe v. Paramour*（1751）の刑事訴訟事件（Dyer's Reports, 301）。
(65) *Claxton v. Lilburn*（1638）の民事訴訟事件。Cf. H. C. Lea, *Superstition and Force. Essays on the wager of Law, the wager of battle, the ordeal, torture* (1866; 3rd ed., 1878), 213–14. 決闘による裁判は59 George III, c. 46 (1819) によって廃止された。
(66) 手稿第四巻7ページ［本書209ページ］以降を参照。
(67) 手稿第四巻15–16ページ［本書212–213ページ］を参照。
(68) Tacitus, *Germania*, xi.

長の権威が自然に世襲的になっていったか〔そして、まず子どもたち全員に相続され、彼らが一種の連合首長制をうち立て、次いでこの制度が長子相続に、もしくは最長老親族相続の制度に変更されていった次第〕〔32裏〕についても述べた[69]。すべての野蛮民族においては、何人も贈物をもっていかなければ首長に謁見することができない。これはムガール人、タタール人、およびアフリカとアメリカのすべての民族のあいだでの習慣である。われわれのサクスンの国王たち、およびノルマンの初期の国王でさえも、前もって贈物を受け取ってからでなければ、人間性にかなったどんな世話をも決してしようとしなかった。この当時は、すべての権力者が、自分たちへの服従の証として、貧者から贈物を受け取ったのである。これは現在の慣行とは正反対であって、現在では、贈物を受け取ることは受領者が寄贈者の恩義を受けることになるので、従属と劣等のしるしとされる。しかし初期の時代には、彼らは贈物の受領から恩義が発生するなどとは考えず、むしろそれを権威と服従を認めることにすぎないとみなしたのである。すべての初期の統治において、この贈物が国王たちの収入の相当な部分を占めた。首長もしくは長官はこれらの心づけを、すでに大きな彼の貯え、それも他の人々と同様にして形成した貯えへの付加物として受け取るので、やがて非常な有力者となり、すべての裁判所において並外れた影響力をもつようになるだろう。これらの裁判所は彼の諮問議会のように思われるだろう。〔彼の権威は、人々の生まれつき

33

の性向によって自然に非常に大きく増大するだろう。われわれが服従し慣れてきた人物は、いくつかの事例においてわれわれの服従を期待するようになり、われわれもまた彼に対して敬意と従順を示そうという気になる。〕〔32裏〕そして、この種の状態は不注意な観察者には君主制のように見えるだろう。〔しかし、彼らがそう呼んでいる国王は、正式にはどんな権力をももたず、ただ重みと権威があるにすぎないのである。〕〔32裏〕しかし、私的な訴訟事件や戦争の準備と討議のような、重要性のより少ない事柄はすべて、裁判所とその長官に付託されるが、これらは最終的には総会に持ち込まれるであろう。犯罪者への有罪判決や最終的な宣戦布告や和平条約の最終的締結などは、タタールにおいてそうであるように、また古代のゲルマン人のあいだでそうであったように、そして喜望峰においてそうであるように、国民の総体に付託されるであろう。

国民の一団はこのようにして、司法権と執行権の一部すなわち元老院的権力とよばれるものを、裁判所に譲渡するのである。司法権は最初に、どんな法的権限もない一友人としてのたんなる介入から漸次的に発生するのだが、この介入は、この第三者が両当事者に大きな影響力を及ぼす場合には、相当な効果を発揮するだろう。第二に司法権は、自らに付託された訴訟事件に判決を下し、何らかの穏やかな刑罰を科す調停者がもっているような権力に似た権限をもつようになり、次いである場合には思い切って極悪犯罪として処罰を加えた

34

り、社会から当事者を追放したりするようになる。そして最後にそれは、為政者に付与される自由な司法権力となるのであり、それが調停に由来することについてはすでに説明し 35
た。法と立法権に関しては、この時期の社会にはそのようなものは正式には何も存在していなかった。なるほど家畜の所有が出現し始めるや否や、ある種の法が存在するに違いない。けれどもこれは非常に簡潔なものにすぎず、文節もごくわずかなので、成文の法もしくは正規の法がなくても誰でも理解できただろう。それは、その社会状態の必然性が要求するものにほかならないだろう。正式の成文法は非常に洗練された統治の産物であり、最も新しい時期の統治においてしか見られないのである。現在の住民と後世の人々だけでなく、従う気にならない人々をさえ規制することができるというのは、統治に大きな権威があるという証拠である。狩猟民の時代から牧畜民の時代まですべてを通じて、また何らかの農業が行われている時代においてさえ、すなわち土地が占有されている時代に至るまで、統治の状態は正規の法を必要としないのである。――さらにこの点については、統治がこのような状態にある国々について若干の事柄を述べるだけにして
おこう。とりわけ、われわれがたどりうる非常に古い時代か 36
ら現在に至るまで、たんなる牧畜民にすぎず、農業が少しも行われていない二つの大きな国民を取り上げることにする。

これらはコーカサス山脈の北方からアジア全域におよぶ住民、すなわちタタールの全民族と、第二にアラブの全民族である。

［狩猟民と牧畜民］

狩猟民の時代には、非常に多数の人々が一緒に生活することは不可能である。猟の獲物が彼らの唯一の生活資料なので、手の届く範囲の動物はやがてすべて取り尽くしてしまうだろう。三〇から四〇の家族、すなわち一四〇人から一五〇人がせいぜい一緒に生活できる人数だろう。これらの人々は、自分たちのまわりの土地で狩猟によって生活していくことができる。彼らはまた自然に村落を形成して、自分たちの相互の安全のために一緒に近くに住むことに同意するだろう。同様に、彼らは自分たちの村落を都合よく拡大できないけれども、この種のいくつかの集団もしくは部族が、自分たちの村落をできるだけ都合よく近くに設定することに同意し
て、共通の敵に対して、いつでも相互に援助し防衛しようと 37
するであろう。同様に、各村落にはこれらの事柄を取りしきる何人かの人物がいるように、他の首長たちに対してより大きな影響力を及ぼすようになる人物が登場し、彼が首長たちのあいだの首長、もしくは国王たちのあいだの国王となるであろう。各家族の事柄がその家族の成員によって、また村落の事柄がその村落の成員によって決められるように、共同体すなわち村落連合の事柄は彼らの長官によって指揮されたそ

（69）手稿第四巻11-12ページ［本書211ページ］を参照。

の共同体全体の成員によって決められるであろう。そしてこれらすべての事柄を率いる最高の長官が、一種の主権者として現れるであろう。これがアフリカ、アジア、およびアメリカにおける事例であって、そこではどの国民もさまざまな部族や村落の連合体からなっているのである。牧畜民の時代には、これらの集団や村落は狩猟民のものよりも幾分か大きいであろう。しかしそれでも、まわりの土地がまもなく彼らの牛や羊の群れによって食い尽くされてしまうので、それらはあまり大きくはなりえない。したがって、周囲四マイルか五マイルの土地でさえも、千を超える人間集団を扶養することができないであろうし、どの牧畜民の国家においても、それ以上の人数を抱える村落を決して目にすることができないのである。同様に、これらの村落は自分たちのそれぞれの首長の下に互いに結束して、敵の攻撃に対する相互の防衛に努めるだろう。ギリシャの諸民族がこのようにしてアガメムノン[6]によって率いられたことを、われわれは知っている。――しかしながら、一方の状態と他方の状態とのあいだには、ひとつの大きな違いがある。狩猟民は何か大きな作戦を立てることができず、彼らの遠征もそれほど恐るべきものではない。二〇〇人の狩猟民が二週間一緒に生活することは不可能である。集団がそのように大きくなると狩りによって生計を立てることができないだろうし、携帯すべき食料をもつこともできないだろう。たとえ彼らが何らかの手段によって自分たちを養えるだけのものを準備できたとしても、彼らには運

38

送用の車がないので、それを運ぶことができないであろう。したがって、一行はその食料を携帯するか、遠征期間のあいだ狩猟によって生計を維持しなければならないので、相当数の人々が遠征をすることは不可能であろう。遠征隊が一〇人か一二人以上になることはめったにない。したがって、そのような民族から非常に大きな危険が生じることはありえない。われわれのアメリカ植民地が、これらの遠征について陥っている大きな驚愕は、まったく彼らが武器というものを知らないことからきている。というのも、これらの一行は植民地を悩まし、いくつかの辺鄙な開拓地を荒らすかもしれないが、植民地全体に危害を加えることは決してないからである。[70]牧畜民に関しても、彼らが定住生活をすると仮定する限り、事情は同じである。しかし、彼らがある場所から他の場所へ毎日四マイルから五マイルも移動すると仮定すれば、そのような遠征に参加しうる人数に限界を設定することができない。そのような場合、(たとえば)タタールの一部族が遠征に出発し、別の部族を打破したとすると、彼らは必然的に、それまでに打破された部族に所属していたすべてのものを手に入れることになるであろう。なぜならこの状態において、彼らがこの種の遠征に出る場合には、妻、子ども、家畜その他あらゆるものが彼らと一緒についていくので、彼らが打破されたときには彼らはそれらをすべて失うからである。それゆえ、はるかに大部分の者たちが彼らに従って、勝利者の仲間に加わるであろう。もっとも、依然として敗軍の首長

39

40

に忠誠を誓う者もおそらくいるだろう。もしこの連合軍が同様にして、第二、第三、第四の部族に対して勝利を得たとすれば、彼らはまもなく非常に強力になり、やがて彼らの国のすべての近隣の民族を征服し、こうして途方もなく強力になるであろう。したがって、牧畜民によって占拠された国土は決してそれほど人口稠密ではないが、莫大な数の軍隊が集結されることになり、それらが近隣諸国のどの軍隊にも劣らないものとなるのである。タタール地方に関しては、このことが二度か三度生じた。ティムールはタタール地方すべてを征服したあと、アジア全域を侵略し荒廃させたが、その兵士は一〇〇万人を超え、それはまったくの無敵集団であった。チンギス・カンはさらにずっと多くの人数で、インダス川の水源地周辺のすべての野蛮な民族を征服したあと、近隣諸国家すべてを蹂躙した。アラブ人たちも同様にムハンマドの下に団結し、その後継者である〈　　　〉(71)とウマルが、彼らの巨大な力に抵抗しえなかった近隣諸国を蹂躙したのである。

一七六三年二月二三日　水曜日

前回の講義では、人類が社会を進歩させるにつれて自然に生じてくる統治形態と、それが徐々に発展していく次第についてさらに詳しく説明しようと努めた。

〔統治の進展〕

そのような状態［牧畜民］における国内の生活行政について言えば、これ以上に単純で容易に理解できるものはほかにない。その頂点には首長や族長がいて、彼があらゆる事柄において他の誰よりもまさった影響力をもつ。この首長は二つの理由によって他の者から区別される。第一に富の優越によって、第二に家系によって、すなわち通常は亡き首長の息子か近縁であることによってである。この時代には富の優越が、同種の格差が他のどの時代においてもたらすものよりも、大きな影響力と権威を与える。その産物によって一〇〇人を扶養しうる羊や牛の群れを占有する者は、それによって一〇〇人を扶養する以外には、それを処分する手段をもたない。土地の生産物の加工は当時は知られていなかった。それらは、自然が産出したままの状態で消費されたのである。技

［6］トロイア戦争でギリシャ軍の総大将となった伝説上のミュケーナイの王。

(70) Cf. William Douglass, *A Summary, Historical and Political, of the First Planting, Progressive Improvements, and Present State of the British Settlements in North America* (London, 1755, 2nd ed. 1760), I. 191.「十分に調べてみれば分かることだが、いわゆるインディアンの戦争とよばれているものは、通常誇張されて紹介されているのとは違って、それほど頻繁でも、長引くものでも、荒廃をもたらすものでもない。……インディアンたちはタタール人のような放浪民ではなく、たんにぶらつき歩く民である」。

(71) 手稿の空白。ムハンマドの最初の二人のカリフはアブー・バクルとウマルである。

術が少し改良されたときには、おそらく彼らの領地の一部を消費したかもしれないが、現在行われている程度には及ばなかった。――その状態においてこの主要な威厳を保持してきた名家の出身であることもまた、権威のもうひとつの源泉である。狩猟民の時代には、世襲貴族も家柄への敬意もありえない。家柄は、当時は決して尊敬の対象ではありえないのである。戦争での手柄によって有名になり、指導者として際立った者は、相当な敬意と名誉を獲得するだろう。彼の息子は父親との関係によって、ある程度これらを受け継ぐだろう。しかし、その息子が指導者として決して顕著でも有名でもないならば、彼はかくかくの偉人の子孫だという理由だけでいくらかでも尊敬されることは決してないだろう。という
43
のも、この種の国では、軍事的栄光と有名な業績だけが、ある者に重みを与える唯一の事情だからである。しかし牧畜民の時代には、家柄はおそらく社会のその他のどの段階においてよりも、多くの敬意と権威をもたらす。この段階では所有が導入されるので、人は自分の秀でた能力と高名な手柄によってだけでなく、祖先から受け継いだ富と資産によっても著名になりうる。このことによって父親に払われる敬意が、息子や孫に、そしておそらく永遠の子孫にまで伝えられるのである。タタール人やアラブ人のあいだでは、家柄に対して非常に大きな敬意が払われる事例が多く見られる。これらの家柄のどれもが、ともかくも彼らの主張するところでは、アブラハムにまでたどることができるのである。しばらく前に英語で出版されたタタール人の歴史は、スウェーデンのカルル一二世の遠征に随行しているときに捕虜となり、シベリアに連れて行かれてこの著作に接し、これに分かりやすい注を付してアラビア語に翻訳したスウェーデン人の〈　〉によって翻訳されたフランス語にもとづくものであるが[72]、この歴史書は家柄の重要性についての十分な例証を提供する。この著
44
作は著名な作家であると同時に非常に偉大な征服者でもある〈　〉によって書かれたものだが、この書物全体が家系図によって満たされている。それはこの国のかなり辺鄙な地方の一氏族の歴史のなかで出会うことを予期してもいい記述である。それは一族の偉人たちの系図を、以前の系図においてなされた間違いを訂正しつつ、また彼らの成し遂げたいくつかの功績とともに、非常に簡潔に記述している。有名なチンギス・カン自身の子孫であるこの王侯は、幼少時にペルシャ人たちによって捕虜にされたが、ペルシャのスルタン〈　〉によって教育を授けられ、諸科学の知識を十分に与えられたあと、同郷人のもとに逃げ帰り、大歓迎を受けた。彼の不在中に民衆の統治を引き受けていた彼の近親者は、即座にその地位を退いたのである。家柄に対する敬意をこれ以上に例証するものはありえない。もともとアラブ民族の一部族であったユダヤ人たちは、系図を非常に尊重し、大変な苦労をしてそれを保存したということが分かっている。他のど
45
の段階においてよりも社会のこの段階において、家柄への敬意を非常に増大させがちなひとつの事情があるのだが、〈そ

れは〉家柄がすべて非常に古いということである。ひとたび威厳と富を獲得してしまった一族は、国が征服されない限りそれらを奪われることはめったにありえない。そのときはすべてが失われるだろう。しかし、こういうことが起こらない限り、首長が自分の財産を減らすような方法がそもそもほとんどないのである。彼は、自分の牛や羊がその群れの基幹にくいこまずに何人の食客を扶養しうるか、十分に理解しているのである。彼には、のちにそうなるように、それらを奢侈品に費やすというやり方はないのである。当時おそらく一人の人間は、三〇人を扶養する量を自分自身につぎこむことができたかもしれない。したがって、一〇〇人を扶養しえた者は七〇人しか扶養しないことになるであろう。しかし彼は、現在のように、奢侈品や珍奇な品々を目当てに、千人を扶養する財産を自分自身のために費やすことはできなかったのである。当時彼らは、ある種の粗生産物をより少量の他の粗生産物と交換できたかもしれないが、千ポンドの未加工の粗生産物を、現在牛肉やパンなどを材料にして行っているように、見事に飾り立てられた少量のオンスの素材と交換することはできなかった。したがって彼らには、現在の段階で人々が非常にたやすく行っているように、広大な資産を消尽することは不可能だったのである。それゆえ、そこでは栄誉は不変のまま継続し、ほとんどの場合増大したのであるから、旧家は非常な尊敬の的となったに違いない。この理由によって、ここでは長期にわたる古い家柄は、他のどの社会状態に

46

おいてより非常に尊敬されたのである。他の社会状態では、成り上がり家族すなわち最近になって威厳を手にしたにすぎない者も、しばしば同様に大きな権力をもつことがあるが、ここでは彼らはめったに見られないからである。人間には、以前にわれわれが尊敬していた人物と近い関係にある人々に対して敬意を払い続けるという、強い性向があることが分かっている。その人物の息子たち、とりわけ長男が、最も自然に父親を継ぐように思われるので、普通この敬意を引き寄せる。したがってほとんどの国民において、彼らが父親の威厳を継続してきたのである。のちに説明するように[73]、最初はすべての王国がそうであった選挙制王国においては、ほとんどの場合、一般に他の誰よりも息子が選ばれたことが分かっている。なるほど、ある国ではこの世襲が明確に禁じられてきた。たとえばヴェネツィアでは、亡き総督の息子がその父親を継承することを禁じる法律がある。しかしこれは、人間にはそのような強い自然的傾向があるということを十分に示す

47

(72) 一六四三年から一六六三年までヒバの汗《カン》であり、チンギス・カンの子孫でもあるアブル＝ガジ・バハドゥル・カンによってチャガタイ・トルコ語で書かれた『タタール人の歴史』(*Shajarat al Atrak*)のこと。これは、一三年間タタール人のあいだで戦争捕虜になっていたスウェーデン人の将校フィリップ・ヨーン・フォン・シュトラーレンベルイによって、おそらくドイツ語に翻訳されたものであろう。フランス語訳（*Histoire généalogique des Tartares*）は一七二六年にレイデンで刊行され、英語版は一七三〇年に出版された。「アラビア語に」は「トルコ語から」の間違い。

(73) 手稿第四巻67-68ページ［本書234-235ページ］を参照。

ものであって、もしそうでなければ、そのような法律が必要とは考えられなかったであろう。――集会において統率役を務めるこの首長を除いては、統治の全権力は国民の総体に属している。彼らには司法権と執行権のすべてが委ねられている。――このような国民と他のすべての社会状態の国民とのあいだにはひとつの大きな差異があって、それは和戦を決定する仕方の相違である。これらの国民は一般に定住地をもたない。タタール人は、一種の荷馬車というよりも車輪の上に設定された家屋に住んでおり、彼らの国土はまったく平坦で、自分たちをさえぎる森や岩もなく、国土全体にわたって一本の樹木も一山の丘もないので、自分たちの行進が妨げられることがないのである。この状態の国民は、自分たちが住み着いた特定の居住地には、何の愛着も示さない。それゆえ彼らの全所有は彼らとともに容易に運ばれていく。しかし、社会がその改良の度合いをさらに進めていくと、アモール・パトリアエ amor patriae、すなわち郷土愛が自然に生じてくる。土地を所有する者は、その土地をもって移動することはどうしてもできないので、それを見捨てることを決して思いつかない。同様に他の人々も、土地を所有していなくても、家から家へと運ぶのさえ非常に面倒な貴重な所有物を財貨や家具としてもっているため、国の一地方から他の地方へ移動するには一連隊の装備を必要とするであろう。スコットランドは豊かな国でもなく、土地も十分に耕作されていないけれども、その住民は、そこを去って新たな場所を探しに行

48

くことを決して考えはしない。他方、タタール人は彼らのすべての所有物を、動産とよんでいいもの、すなわち牛や羊の群の形でもっている。これらは多くの不都合を伴わずに運送することができ、彼らの家族も、これらの国で用いられている一種のフェルトで覆われた荷馬車によって運ばれるのである。したがって彼らは、どの特定の場所にもほとんど愛着をもたず、自分たちの家畜のための牧草地が見出されるところではどこでも、しばらくそこで自分たちの居住地を定めるであろう。この種の国民はしばしば自分たちの国を去って、よりよい牧草地が見出される新たな場所を探しに行き、国民全体または大植民団として移動するのである。こうして、現在スイス人によって保持されている国土に住み、ガリアで最も好戦的な部族であったヘルウェティア族は（カエサルの言うところによれば[74]）、その国で最良の戦士で最も好戦的な部族である自分たちが、最悪の領土しかもっていないというのは耐え難いことだと考えた。したがって、彼らは自分たちの土地を離れたのであって、カエサル軍によって止められなければおそらくガリア全域を侵略したであろう。同様に、キンブリ族[7]とテュートン族[8]は、さまざまな時期にギリシャ、イタリア、およびガリアを攻撃した。なるほど彼らはそれらすべてにおいて撃退されたが、しばしばこの種の攻撃を試みたのである。ゲルマンのいくつかの民族はすべてこのような状態にあったけれども、現在ではそのような状態から脱している。しかしながら、彼らによって引き起こされた諸革命と、そこ

49

50

から生じた若干の王国の設立についての説明は、別の講義に委ねたい。(75)〔同様に、元来はパルス・マエオティス(76)周辺出身のランゴバルド人は、まずドナウ川北方に集団で定住し、その地をローマ人によって領土としてあてがわれた。しかしながら、彼らがその快適な国土を利用し尽くすと、その川の南方に向けて移動した。そこでも彼らはその地を領土として与えられた。しかしそのあとしばらくして、不満を感じた〈　〉が彼らをイタリアに呼び寄せ、その国の産物を贈物として与えたので、彼らはやがて自分たちの祖国を去る決心をし、(77)したがって、その国［イタリア］に四〇〇年もしくは五〇〇年にわたって住みつくようになったのである。〕［50裏］彼らは現代のタタール人とまさに同じ状態であって、少しだけ農業を行っている点が違うだけである。昨日の講義で述べたことだが、(78)この種の国民が一人の指導者の下に団結したときには非常に恐るべきものとなり、しばしば大きな革命を引き起こしたのであって、その例として、二大狩猟民族、すなわちタタール人とアラブ人を取り上げた。ところで、タタール人はこのことをアラブ人よりもずっと頻繁に行ったようである。前者の国においてはどのような障害物もなく、山も荒れた土地も、森林の障壁もなかった。なるほど、そこには世界でも有数の大きな川がいくつかあったけれども、タタールの一行は、すべて優秀な騎手であったので、幅が半マイルもあった川も泳いで渡ったのである。〔彼らには要塞を築くどんな石もなく、木さえもなかったので、長く厳しい冬季

51

には牛糞を燃やして暖をとらざるをえなかったほどである。〕［50裏］したがって、このような集団の首長は他の集団との戦闘で勝利を得ると、次の集団を攻撃するための行進を妨げるものは何もなく、ひとつの戦闘が争論を解決する。彼らは、自分たちの所有を突然に奪われてしまう最初の敗北によって滅亡させられるからである。それゆえ、タタール人は何度も一人の首長の下に団結したということをわれわれは知っているのである。チンギス・カンとティムールは、非常に小さな部族の長または指導者の地位から、青年時代の多くの困難と敗北を乗り越えて全タタール人の主権者となり、近隣諸国民のほとんど全領域を侵略した。ティムールはその帝国の範囲を、インダス川からスミルナまで、すなわちペルシャ全域とヒンドスタン、[9]小アジア、シナの一部にまで広げ、その

(74) Caesar, *Commentarii de Bello Gallico*, I. 2 ff.

［7］キンブリ族は、ユトランドに起こったと言われるゲルマン民族で、前二世紀の終わりにガリアおよびイタリアの北部に侵入したがローマ軍に滅ぼされた。

［8］テュートン族は、ゲルマン民族の一派でエルベ川の北に住み、前一一〇年頃にローマ共和国を攻撃した。

(75) 手稿第四巻114ページ［本書256ページ］以降を参照。

(76) パルス・マエオティス（Palus Maeotis）は、黒海北部の内海アゾフ海の古名。

(77) ランゴバルド人は五六八年にイタリアに入ったが、それは東ローマ皇帝ユスティヌス二世によって軽んじられたナルセス将軍が招き入れたと言われている。

(78) 手稿第四巻40ページ［本書223ページ］を参照。

［9］ヒンドスタンは、インド、特にデカン高原北部のペルシャ語名。

軍隊をシベリアにまで派遣した。アラブ人が住みついた国土もまた、山岳や岩や砦が多く存在していたので、そこには敵はほとんど近づくことができなかった。いくつかあった部族も相互に完全に分離されており、そのひとつでも征服するには、幾度もの戦闘と多量の流血を必要としたであろう。した 52
がって、多くの部族を征服し、彼らをその砦から追い出すには、最大級の忍耐が必要であった。したがって、彼らはムハンマドという一人の首長の下でなければ決して団結しなかったことをわれわれは知っているのであり、そこで彼らが近隣の諸国を侵略したときの狂暴さは、指導者に率いられたタタール人のそれと同様に抵抗しがたいものであった。新たな領土を求めて行われたこれらの襲撃以外に、彼らはしばしば略奪だけを目当てに襲撃し、その後、再び祖国に帰るということをも行ったが、この襲撃は彼らが全般的移動を行っているときには決してその実行を思いつかないものである。彼らはしばしば、数年後に祖国に帰ってくる略奪蹂躙団を送り出すであろう。アッティラに率いられたヴァンダル族のイタリア遠征(79)は、この種のものであったように思われる。彼らはその
地で約二〇年間滞在し、その国全体を略奪したあと、戦利品 53
をたずさえて祖国に帰った。洗練された国民は決してそのような遠征は企てない。その国の戦争は必ず、自国の領土を拡大するか防衛するという意図の下に行われる。ところがいま述べた人々の戦争は、よりよい居住地を求めて現在の居住地を離れるか、戦利品を奪うという目的で行われる。タタール人は、その国土の性質からしてつねに牧畜民であったし、今後もつねに牧畜民であろうし、乾燥していて海面より高く位置するその国土は、若干の大河を除いてはほとんど川がなく、その気候は穀物栽培には寒すぎ、また前述のような理由によって一人の首長の下に容易に団結しうるので、世界の大きな変革は、他のどの国においてよりも彼らのあいだで生じたということが分かるのである。われわれが何らかの明確な説明を手にしている異教の歴史の最初の時期に目を向けてみれば、ペルシャ人を率いたキュロスがメディアを蹂躙したことが見出されるが〔10〕、このペルシャの国民は間違いなくタタールの一国民であったと思われる。彼らは、タタール人がそうであったようにすべて騎手であり、どの点から見てもタター
ル人に似ていた。ペルシャ人に先立ってこれらの国土に住み 54
ついていたメディア人もまた、彼らについてのヘロドトス(80)とユスティヌス(81)の説明から判断して、もともとはタタール人であったように思われる。先に言及した著者(82)は、テッサリア人〔11〕とスキタイ人によるギリシャへの侵入について触れながらこう語っている。すなわち、彼らの団結の欠如という点を除いては、彼らがヨーロッパとアジア全域を蹂躙し征服するのを妨げるものは何もなかった、と。彼らが団結したとすれば、どのような人間の力をもってしても彼らに逆らうことはできなかったであろうと彼は述べている。キュロスの時期以降にペルシャに再び帝国をうち立てたキュアクサレス(83)は、タタール人の王侯であったと思われる。のちにその国土を蹂躙した

パルティア人は間違いなくタタール人であり、ローマの軍隊に対して勇敢に抵抗した。この時期以降に登場したチンギス・カンもまたタタールの一部族出身であり、彼の征服についてはすでに言及した。そしてその二、三〇〇年後に、同国のティムールがいっそう大きな革命を起こしたのである。しかしこれらタタール人に先立って、フン族が世界の出来事に非常に大きな混乱をもたらした。彼らはもともと万里の長城の東側(84)に住んでいた国民であるが、シナ人によって追い出されたので、その土地を横断して、パルス・マエオティス［現在のアゾフ海］とエウクセイノス海［黒海］にまでたどり着いた。彼らはこの地が世界の果てだと考えたので、そこを越えて移住しようとは試みなかった。しかし二、三〇〇年後に、これらの湖もしくは海の西側にはまだ土地があることが分かると、もともとこの社会状態の住民は非常に気まぐれであったので、彼らはまもなく自分たちが住んでいた土地を離れてそれを放棄することに同意した。それゆえ彼らはこのことを実行に移し、東ゴート族を追い出し、そして東ゴート族のほうは続いて西ゴート族を追い出した。すなわち、この種の国民はよりよい土地を求めて祖国を離れるように、敵に負けたときには、しばしば遭遇する全滅という事態を避けるために、祖国を立ち去ろうとするのである。他方で西ゴート族のほうは、テオドリック[12]とアラリック[13]のようなさまざまな指導者に率いられて、イタリア全域とガリアを蹂躙し、のちにシャルルマーニュによって撃退されるまでその地にとどまった。――

55

［ギリシャの統治形態の進展］

この種の国民が、自然の地形によって侵入から守られていて敵から自分を守ることができる国土に定着したと想定する 56

---

(79) アッティラに率いられたフン族の四五二年の遠征と、ガイセリックに率いられたヴァンダル族の四五五年の遠征とが混同されている。

［10］五五〇年にアケメネス朝ペルシャ王のキュロスが、カスピ海南西部の王国メディアを併合した。

(80) Herodotus, *History*, I. 96 ff.

(81) Justinus, *Epitoma Historiarum Philippicarum*, XLI-XLII.

(82) おそらくヘロドトスを指すものと思われるが、彼は（またユスティヌスも）ここに記されているような内容については何も述べていない。手稿の記録者はヘロドトスに関する二、三の言及を混同したのかもしれない。注83を参照。

［11］テッサリア（Thessalia）はギリシャ中部の穀倉地帯。ヘロドトスはテッサリアの騎兵隊に言及しているが、ギリシャへの侵入者としてではない。

(83) キュアクサレス（Cyaxaris）は、スキタイ人のアジア侵入時期のメディア王（在位、前六三四―五九四）であるが、ペルシャ帝国の建設者キュロスの時期以前のことである。したがってここでは、おそらくペルシャ王ダレイオス一世（在位、前五二一―四八五）のことを指しているものと思われる。

(84) 北側の誤り。

［12］テオドリック（Theodoric 456?-526）は東ゴート王（在位四七一―五二六）で、イタリアの支配者オドアケル（Odoacer 434?-493）を倒した。

［13］アラリック（Alarric 370?-410）は西ゴート王（在位三九五―四一〇）で、四〇八年にローマ市を攻囲し、四一〇年に劫掠した。

なら、そのような国土には正規の統治形態がまもなく生じただろう。しかし、タタール地方ではこのようなことは決して起こりえない。その国土は乾燥と寒冷のために農業に適さず、また砦もそれを建造する材料もないからである。同様にアラビアでもそのようなことは起こりえない。そこでは起伏が多く急な勾配のため農業が妨げられ、その国土は丘の連続で、そのあいだに谷間というものがなく、あったとしてもすべて砂で覆われているからである。しかしわれわれは、かなり早い時期にこのことが、他のより肥沃でより安全な国土において生じたということを知っている。ギリシャの最初の住民は、歴史家たちの説明によれば、タタール人とほぼ同じ種類の国民であった。それゆえ、ヘラクレスやテセウスのような古代の有名な戦士たちは、まさにタタールの首長の歴史を満たしている行動や遠征によって世に知られているのである。彼らがしばしば国外移住[14]を行ったという点でも、彼らはタタール人に似ていたということも分かっている。ヘラクレスの家臣たち、もしくはその一族であるヘラクレイダイ[15]は、まず最初にエウボイアという大きな島[16]に定住し、次いでそこを出て、ミュケナイ〈[85]〉とスパルタに定住した。これらの国はそれぞれ、絶えず隣国の侵入にさらされていたので、すぐには自分たちの生活様式を変更しなかった。トロイア戦争のときの遠征は、征服を目的としたものではなく、財貨が持ち去られたことに対する復讐として行われたということ、それゆえ、その町を占領したとき、各人はそれぞれの戦利品

57

の分け前を手にして故郷へ帰っていったということが分かっている。そのときに生じた争論として彼[86]が挙げているのは、すべて女性や、牛、羊、もしくは山羊にかかわるものであった。アッティカは、最初に文明化し始め、正規の統治形態を築き上げていった国であった。その国の逆三角形の国土の両辺を海が囲み、底辺部分は高い山の尾根になっていた。それゆえ、その国は陸から外敵に襲われる心配はなく、さらされやすかったのは海からの攻撃だけであった。それで彼らは、最初は海岸近くには村落を作らなかった。その国は他国に比べて非常に安全であったので、すべてのギリシャ諸国のなかで最も貧しい国であったにもかかわらず、人々が四方からその国に群がってきたのである。しかし、依然として海からの流れ者たちは、彼らに夜討ちをかけることができたであろう。彼らが自衛のためにとらざるをえなかった唯一の方法は、外敵の侵入の際に自分たちの家畜その他の財貨を囲い込んでおける、何らかの強力な場所を確保することであった。これはテセウスによって与えられた助言であった。彼は、全員が容易に互いに助け合うことができ、また自分たちの家畜をそのなかで保護しうるように、一箇所で共同生活するよう彼らに助言したのである。それゆえアテナイの町が、アクロポリスすなわち城砦にかためられて建設されたのである。このことがなされたとき、彼はそれぞれの村の指導者たちがもっていた管轄権を廃止し——彼らはたいていこの大きな町で住んでいたので——、こうして、自分自身の力を〈増

58

59

大?〉させると同時に民衆の力を弱めることにより、一種の君主政治、すなわちのちにそう言われたように僭主政治になったのである。しかし小国においては、首長の収入は、自分の権力を長期間存続させるほどに十分なだけ、他の有力者の収入を大幅に上回りうるはずはない。富と権威の点で多くの競争相手が〈彼に〉立ち向かって来たのであった。テセウス自身でさえ、メネステウスによって王のような地位から追い出された(87)。この地位をデーモフォーン［17］が回復し、それはしばらくその家族の手中にとどまったが、その後、アルコンたち(88)による統治によって置き換えられた。彼らの統治期間は最初は一〇年であった。しかし、人数が二人であったことがその権力を弱くした。その後、人数が五人に増え、最後にはそれぞれ毎年選ばれることになった。この制度はしばらく続いたが、最終的には廃止され、為政者の地位はそれを保持しうる力のある人々に開放された。以上が、ギリシャのすべての国家において生じた事柄である。すなわち、君主政治かそれに近い形態から、われわれのいわゆる民主政治へ移行したのである。立法権は全面的に、そして他の二つは結局、国民総会の決定に委ねられたからである。しかし、彼らはこの政治形態を非常に適正にも貴族政治（ユポ・トーン・アリストン *ὑπὸ τῶν ἀρίστων*）とよんだ。それは、自分たちが好むままに国民に影響力を及ぼすことのできる有力者や権威者が、つねに存在していたからである。

60

一七六三年二月二四日　木曜日

［アテナイ国家の形成］

前回の講義では、もともとタタール的なもの〈であった〉統治、もしくはタタール人と同様な首長の下にあった住民が、そういう状態から町に定住するようになり、そして共和制的になっていった次第［ギリシャの多くの地域でそうであり、イタリアやガリアなどでも同じであった］［59裏］について説明するよう努力した。容易に気づきうるように、この

［14］ demigration に編者は sic としているが、OED はスターンの用語例をあげる。
［15］ ヘラクレイダイはヘラクレスの子孫で、スパルタのドーリア人貴族となった。
［16］ エウボイアはエーゲ海西部にあるギリシャ最大の島。
(85) 手稿の空白。ミュケナイ［ペロポネソス半島の東部の古都］のあとの移住先は、メッシーナ、アルゴス、およびスパルタと言われている。
(86) ホメロスのこと。
(87) Plutarch, *Life of Theseus*, 32-3.
［17］ デーモフォーンはテセウスの息子。
(88) アルコンは古代アテナイの執政官で、最初は終生の役人として三名が選ばれた。彼らの在職期間はのちに一〇年に、最終的には一年に制限された。彼らの人数は三人から九人に増やされ、前四八七年には、単純選挙に代わって、選考された候補者のなかから抽選によってアルコンを選ぶという制度が導入された。

種の国民は、そこでかなり気楽かつ安全に生活ができ、肥沃で耕作に十分こたえる産物をもたらすことができる国土に定住したので、彼らが自分たちの労働の高価な産物と成果を輸出する機会に恵まれていれば、土地を改良するだけでなく、各種の技術、科学、製造業で相当な進歩をも遂げたであろ
61
う。この状態の国民のあいだにこの種の生活技術の改善をもたらすためには、以下の二つの事情が絶対に必要である。まず土壌が改善されなければならない。そうでなければ、加工し改良する材料自体がそこから引き出されえないであろう。このことが国民の労働と勤労の土台であるに違いない。同様に必要なのは、自分たちの高価な産物を諸外国や近隣諸国に容易に輸送しうる手段を手にしているということである。こういう機会に恵まれていれば、彼らはそれぞれの仕事で最大限の勤勉を発揮するであろう。しかし、もしそのような商業の機会がなく、それゆえ勤労によっていくらかでも富を増加させる機会がないのであれば、彼らが技術を大いに改良しようとしたり、国内で消費されるより多くの高価な生産物を生産しようとしたりする見込みはほとんどなく、この生産物も、勤労へのより大きな刺激が存在するときのように、完全な状態に仕上げられることは決してないであろう。タタール
62
地方とアラブ地方の労働は、この二つの困難の下にあった。というのは、まず彼らの土壌は非常にやせていて、一方ではその乾燥度と硬さゆえに、他方ではその急勾配のでこぼこの表面のゆえに、どのような作物の栽培もほとんど不可能であったため、したがってどちらの地方においても、土壌そのものが彼らを拒否したのである。また双方ともに、たまたま技術と科学を進歩させたとしても、どんな商業の機会もない。それらの地方のほとんどは、世界のどの国よりも、水運の便に恵まれていなかったし、水運の機会が得られたであろう場所では、水運に先立って必要となる陸運の状態が、他の場所と同様にその場所でも進歩を妨げている。したがってこれらの国では、進歩はほとんど、あるいはまったく期待されえないのであって、またこれまでもどんな進歩も見られなかったのである。しかしギリシャでは、技術の改良に必要な事情がすべて同時に生じたのである。そのそれぞれの地方は、アラビアの場合に劣らず、山やその他の障壁によって互いに引き離されていたが、耕作にははるかに適していた。それゆえそ
63
こでは、技術を開発し社会のなかでの進歩を促す多くの誘因があったであろう。土地は分割されて十分に改良され、その国は相当な富を獲得するであろう。それゆえ、この国民はこのようにして、隣国よりもはるかに富裕になり、ホメロスのいわゆるコイメーリア[89]すなわち貯えられた財貨をより多くもっていたので、近隣の諸国民によって攻撃され略奪されがちであった。これらの国民はしばしば自分たちの国から海賊的遠征に出かけたのである。トロイア戦争当時にはそのような遠征がしばしば企てられ、また海賊行為も決して不名誉なことだとはみなされなかった。『オデュッセイア』において、自分のことについて真実を明かさないオデュッセウスは、お

前は商人なのかまたは海賊なのかとしばしば尋ねられている。(90)彼が自分のことについて一般に与えている説明は、自分は海賊だということであった。当時、海賊は商人よりもずっと名誉ある性格であったということも分かっている。商人という性格は、彼らによってつねに非常に軽蔑すべきものだと 64
みなされていた。海賊が自らの生計を軍事的功績によって立てている軍人であるのに対して、商人は軍事的手腕を必要としない平和の人であって、主として戦士からなる国民においてはあまり重んじられなかった。〔わが国において氏族が行ったのと同様に、また氏族制度が樹立されている国ではどこでも行われたのと同様に、氏族ともよびうるそれぞれの集団は、互いに略奪しあった。そしてたとえ一氏族が首長の同意なしに襲撃を加えたとしても、彼らはつねに彼によって保護された。〕［63裏］したがって、彼らは自然に、陸と海の双方からやってくるこれらの強盗や海賊に対して、何らかの予防策を講じようとした。彼らは、海からの一団の海賊や陸からの強盗によって夜襲をかけられるかもしれなかったからである。彼らの村落はどれひとつとして海岸近くには作られず、そのようなことをすれば敵の攻撃を防ぐことはできないので、彼らはいくつかの要塞を作って、自分たち自身と自分たちの家畜その他の財貨を守らざるをえなかったことが分かっている。このことは、それぞれ個別の村落を要塞化することよりも、ひとつの大きな要塞を作ってそこに全員が一緒に住むことによって、ずっと容易に成し遂げられるであろう。それゆえ、このことが実行され、主要な人員すべてがそのなかに移住していった。ギリシャのすべての国家においてこのことがなされ、それぞれの国家にはいくつかの大きな都市があ 65
ることが分かっている。その都市のまわりの農村地帯は人口も少なく、そこでの家屋はごく貧弱なもので、邸宅とよべるものはひとつもなく、家畜のための小屋や物置の類のものであった。多くの資産をもった富裕な人々や、他人よりもいくらか安楽または優雅に暮らしたいと思っている富裕な人々はすべて、この都市に頼ってそこに移り住んだ。またその後、彼らが危険を感じたときには、自分たちの家畜をそこに追い込んだということは、トゥキュディデスがペロポネソス戦争の開始期や、その他の時期に関してわれわれに与えている情報(91)から明らかである。実際のところ、ギリシャの古代国家に関して入手しうる最良の説明は、彼の著作の冒頭箇所と、ホメロスの著作から得られるのである。前回の講義では、最初に首長の支配下に置かれ、氏族のように統治された政府が、

(89) コイメーリア（*κοιμηλια*）ではなくケイメーリア（*κειμηλια*）。*Iliad*, vi. 47 および *Odyssey*, iv. 613 を参照。

(90) このように尋ねられているのは一箇所、*Odyssey*, ix. 253-5 においてのみである。しかし同様の質問は、彼の息子のテレマコスに対してもなされている。*Odyssey*, iii. 72-4. 海賊行為が当時は不名誉なことだとはみなされなかったという、ホメロスに由来するスミスの言明は、トゥキュディデスの『歴史』の一箇所（Thucydides, *History of the Peloponnesian War*, I. 5. 1-2）と呼応している。

(91) Thucydides, *History*, II. 13 ff.

もともとそのような統治形態の下にあったすべての国におい
て、やがて共和制統治になった次第についても説明した。そ 66
の国の有力者たちは、すでに述べたように[92]、それまで住んで
いた村落を立ち去って都市で生活するようになるだろう。首
長の権威は、少しでも過剰になると彼らにとってまったく同
意できないものとなり、また彼らの力も、彼の権威にまった
く服しているというほどに小さなものでもないであろう。小
さな王国から得られる収入は、貴族やその他の有力者に比べ
てはるかに大きな力を国王や首長に与えるほどに十分なもの
ではないであろう。三人か四人の貴族たちが団結すれば、国
の権威と支配権を国王からもぎとることができたであろう。
今日、国王たちが宮廷に貴族たちを侍らせながらも依然とし
て自らの権威を維持しているのは、彼らの収入が貴族のそれ
をはるかに凌駕しているからにすぎず、また名誉と利益のあ
る地位がすべての者に解放されている場合に比べて、貴族た
ちが容易にそれらの地位を手に入れうるからである。という
のも、それがすべての者に解放されれば、有能な成り上がり
者が貴族たちのじゃまをするからである。また、すべての都
市の政府が共和主義的であり、市議会によって運営されてい 67
ることも分かっている。同様に、貴族たち、すなわち国家の
有力者たちは、国家を自分たちの力の下に置こうと努力する
であろう。したがって、彼らはほとんどの国において、国家
の権限を首長の手から奪って自分たちの手中に収めようとし
始めたのである。このことがアテナイにおいて徐々になさ
れ、その統治はゆっくりと民衆に解放されていった。〔そし
てトロイア戦争の約二〇〇年後に、すべてのギリシャがそれ
ぞれの指導者もしくは首領たちの支配下に置かれたとき、諸
国家はすべて貴族政治になった。〕［66裏］民衆に対して彼ら
の為政者を貴族から選ぶように強いる法律は、もともと存在
しなかったように思われるが、彼らはつねにそのような選択
を行ったのである。それは民衆には、自分たちを支持し保護
してくれた者、また自分たちがある程度服従するのに慣れて
いた者に、非常に好意を示す傾向があるからである。統治は
このようにして、君主的なものから貴族的なものになった。
しかし実際は、一般に君主政治とみなされている統治形態の
下においても、かなりの程度の民主的な形態の統治が行われ
ていたように思われる。なぜなら、法律を作る唯一の権限を
もっていたのは、また和戦に関する最終決定権をもってい 68
たのは、民衆であったことが分かっているからである。〔そ
して、彼らがすべての為政者を選ぶ権限をもっていたという
ことは、テセウスが民衆に都市に住むようよびかけることに
よって民主政治の基礎を築いた、と歴史家たちが述べている
ことからも分かるのである[93]。〕［67裏］国王とよばれたもの
は、民衆のあいだでの審議において卓越的な影響力をもって
いた一人の指導者にすぎなかった。彼に取って代わった貴族
たちも、同様にすべての事柄において指導的立場に立ち、そ
れゆえすべての為政者の役職に選ばれた。これが古代人たち
が貴族政治とよんだものであるが、民衆が保持している上述

の諸特権から判断して、民主政治と名づけていいものである。彼らは民主政治という名称を、民衆が貴族と同様に国家の行政職その他の官職を入手しうるような統治形態に与えたのである。しかし今日のヨーロッパでは、この種の統治形態は見られない。かつてのジェノヴァ、ミラノ、ヴェネツィアなどがこの種のものであった。これらすべての国の民衆は、自分たちの権限を自発的に貴族たちに譲り渡したので、それ以後、貴族たちだけが国家行政を担ったのである。古代の共和国のどこにおいても、この種の統治形態は見られない(94)。 69 奴隷制度がこの相違の原因であったように思われる。近代の共和国においては、誰もが自由で、やや貧しい方の人々はすべて何らかの必要な職業に従事している。それゆえ彼らは、一緒に集まって公の事柄について討議し、裁判に携わることを非常に不都合なことだとみなすであろう。彼らの損失は、何らかの手段によって埋め合わせられうるものよりもはるかに大きかっただろう。彼らには官職に就く見込みはほとんどなかったからである。しかし、古代の国家においては、手仕事は奴隷だけによって行われた。自由人はたいてい富裕であって、富裕でないとしても、専念すべき仕事がないため、とにかくも暇人であった。それゆえ、彼らは公の事柄のために招集されることを何も不都合とは思わなかっただろう。これに加えて、最下層の自由人と奴隷とのあいだの差異は非常に大きくて、これに比べれば自由人自身のあいだでの差異などは微々たるものであったのに対して、今日では、自由人のあい 70 だの差異は、自由人と奴隷とのあいだのかつての差異にそれほど劣らないものとなっている。リベラリタス Liberalitas、エレイテリア *ἐλευθερια*、スペキエス・リベラーリス Species liberalis、すなわち自由人らしい態度というのは、たんに紳士の行動や外見を意味するにすぎない。自由人と奴隷との区別は、庶民と上流人または紳士との区別と同じことになったからである。それゆえ、古代の自由人の数は少なく、ほかに何も職業をもっていなかったので、容易にすべての裁判に参加することができ、また何らかの昇進の機会にも恵まれるかもしれなかった。――しかし近代の共和国では、庶民にとって、このことは何らかの報酬の期待なしには負担となった。したがって、彼らはそれをすべて放棄してしまった。ヴェネツィア人たちはこの権限を、その目的のために最良の家族から選ばれた千人の議会に譲り渡したのであり、この議会はいまでもその権限をもっている。同様なことがジェノヴァでも、また［ネーデルラント］連合諸州でも生じた。後者では、はじめは国民全体がすべて平等に為政者の職に就いていたのだが、そのことがまったく面倒なことだと分かったので、その市議会に譲渡し、その市議会はいまでもその 71

(92) 手稿第四巻59-60ページ［本書230-231ページ］を参照。
(93) Thucydides, *History*, II. 15, Plutarch, *Life of Theseus*, 24-5.
(94) 手稿97ページ裏のこのあたりに、学生の生活にかかわるらしい短い計算が書かれている。この講義の本文のどこにも関係がないことは確かであり、明白に抹消されている。

権利を握っており、議員の空席が生じたときには自分たちの仲間を選ぶ権限をもっている。――一人の首長および彼の指揮下にある人々による統治が廃止されたあとに、それに代わる貴族制統治が上述のような仕方で導入され、貴族たちは彼の権力をねたむようになり、ついに彼からその権力を奪ったのである。この変化が生じる前には、首長がローマやコリントやその他の場所においてそうしたように、ときには貴族や国民を抑圧したことがあったかもしれないが、それらのすべてにおいて、最後には首長からその権限が奪われたのである。――ガリアでも同じことが生じたことが分かっており、そこでは、カエサルの時代の国民は貴族的な統治形態の下に置かれていた。またスペインにおいても同様で、そこでの統治は貴族政治的なもので、貴族たちだけが為政者の職に就くことができたのである。このような統治形態の変化をこうむったすべての国のなかで、われわれが最も明確に説明しうるのはローマであり、またその後の民主政治の漸進的進歩をたどることができるのは、アテナイとならんでこのローマなのである。両国における貴族たちは、彼らだけが為政者の職に選ばれる権限をもっていたので、最初は自分たちだけに委ねられた統治を享受していた。少なくとも、かつて選ばれたのは彼らだけであった。アテナイの行政職も最初は最上流階層に限定されていた。しかし、商業か奢侈が導入されると、貴族の権力は急速に低下したので、民衆は自由を求めて闘争した。この闘争は十大官[18]の時期においてさえ始まっていた。と

72

いうのは、それ以前に作られたひとつの明確な法律が十二表法に導入されて、貴族だけが選ばれる[19](95)ようにしていたからである。兵員会 Comitia Centuriata の基本法は、以前に事実上、(よく知られているように)最初の二階級[20]にすべての議論を決する唯一の権限を与えていたし、十二表法が多くの法律によって貴族の地位をさらにずっと強固にしていた。反乱に関してすでに述べた法律(96)は、とりわけ貴族的な統治形態に適していた。しかし、貴族の権力と彼らの民衆に対する影響力は、富と奢侈の導入によってまもなく低下した。それはおそらく、ローマの国家の場合には、今日見られるものよりもなお〈?〉であっただろう。一万ポンドを自分自身と家庭的な奢侈に費やす者は、なるほど従者を一人も抱えず、自分が反乱を起こす際に三人の追随者も見出せないだろうが、それでもやはり、自分がひいきにする人物を選ぶ投票権をもっているだろう。しかしローマでは、すべての奢侈は、国家で何の重要性ももたない奴隷によって支えられていたので、貴族の奢侈は彼らのすべての権力を破壊してしまった。それで民家は統治権力の分け前を強く要求し、ついに、あらゆる場合に彼らの利益を支持することになっている護民官の地位を獲得した(97)。これらの護民官は、民衆の利益はもちろん、自分自身の利益のために、為政者の職を確保しようと努力した(98)。彼らはついにこれらの職を手に入れたが、その後数年間は一人の平民も為政者に選ばれなかった。それは、内部分裂していたにもかかわらず、貴族たちが一致団結して平民たちに対抗し、

73

また平民たちも、貴族に服従し彼らを自分たちの優越者とみなすことに慣れていたので、貴族をさしおいて自分たちの同等者に投票するよりも、貴族に投票したからである。しかしながら、護民官制度は依然として保持されていたので、ついに民衆が即座に同意するようなある法律(99)によって、護民官たちの希望がかなえられた。すなわち、この法律によって、すべての為政者の半数、二人の執政官（コンスル）、六人の軍事護民官、八人の法務官（プラエトル）などが民衆から選ばれることになった。この時期以降、民衆たちは毎年このような方法で選ばれたのである。アテナイ人たちは、ソロンによって為政者たちを三つの最上層階級から選ぶように、そしてその後アリスティデスによってどの階級からも選ぶように決められた(1)。すでに述べたように、ギリシャ人たち(2)も、トロイア戦争の少しあとの時期のギリシャ人、またはペルシャ戦争以前の時期のスペイン人と、ほとんど同じ状態にあった。

一七六三年二月二八日　月曜日

［防衛的国家の運命］

以前のいくつかの講義において私は、統治の起源と、それが狩猟民と牧畜民の社会状態においてどのような進歩をたどるかということを説明した。それによれば、最初の社会状態 74 では固有の意味での統治はまったく存在せず、牧畜民のあい

---

[18] ローマの最古の成文法である十二表法（前四五一年）を作成した一〇人の立法官。

(95) 選挙で選ばれた執政官のこと。

[19] ローマの民会（市民の議会）のひとつで、百人組（ケントゥリア）を一単位とした。他の民会には貴族会、区民会、平民会があった。

[20] 騎士階級と第一級のこと。その他に第二級—第五級、および等外級があったが、最初の二階級で過半数を制することができたので、有産階級に有利であった。

(96) 手稿第二巻142-143ページ［本書128-129ページ］を参照。

(97) 平民の護民官は前四九四年に導入された。Livy, II. 33.

(98) とりわけ、貴族のためにとっておかれた執政官（コンスル）が念頭にあった。前四五五年にカヌレイア法 Lex Canuleia は、毎年元老院は二人の執政官を、（通常は六名からなる）執政官の権限をもつ軍事護民官に取り替えるよう規定したので、平民は軍事護民官として選ばれる資格ができた。Livy, IV. 1 ff.

(99) 前三六七年のリキニウス＝セクスティウス法は、執政官の権限をもつ軍事護民官を廃止し、二人の執政官のうち一人は平民でなければならず、また神託所の一〇人の管理人のうち半数は貴族、半数は平民でなければならないと規定した。最初の法務官（プラエトル）の職も同時に設定され、その数は前一九七年には六人にまで増えた。貴族と平民がともにその被選挙人資格を与えられた。Livy, VI. 34 ff.

(1) ソロン［前六三八—？五五九］はアルコン［九人からなるアテナイの最高の役職］を、最上層もしくは二つの最上層の財産所有階級に限定したが、アリスティデス［前五二〇以前—四六八頃］死後の前四五七年に、上位から三番目の階級にも解放された。Cf. Potter, *Archaeologia Graeca or the Antiquities of Greece* (1697, 7th edn., 1751), 14, 16.

(2) この原文の「ギリシャ人」はおそらく「ヴェネツィア人」の間違いであろう。手稿第四巻70-71ページ［本書235-236ページ］を参照。

だで最初の統治が発生したということ、そしてこの民族があ 75 る状況下で自然にまとまって都市を形成し、まず一人の首長の統治下に置かれたが、その後、ものごとの通常で自然な経路によって貴族政治に、次いで民主政治となったということが示された。本日の講義では、このような状態がどのようにして、またどのような原因によって終わりを迎えたのかについて述べることにする。これらの社会状態はまず、前述のように、またアテナイ、スパルタ、その他のすべてのギリシャ諸国がそうであったように、ひとつの大きな都市からなり、この都市はアテナイのようにおそらく一〇万人を擁し、周辺に非常に小さな領土を抱えていた。これが、これらすべての共和国の本来の形態であった。——ところでこの場合、次の二つの事態のうちいずれかが生じなければならない。すなわち第一に、この国家は小さな共和国のなかに大都市があるこの状態でつねに存続しなければならないのか、それとも第二に、この国家はすでに狭くなっているため、これ以上人口が増えると国の破滅に向かうことになるので、国土を拡大して隣接国家を征服しなければならないのか、ということである。私はまず前者、すなわち防衛的共和国とよびうるものの運命について考察しようと思うが、これについてはギリシャ 76 のいくつかの国がその例として役立つであろう。次に後者の征服的共和国の運命について考察するが、これについてはローマが、またカルタゴも、その例として役立つであろう。というのは、やがて説明するように、カルタゴはローマによって侵略されなければ、ローマと同様な運命をたどったであろうからである。

そこでわれわれはまず、自らの小さな領土を保持し続ける防衛的国家の運命について考察する。第一に、この種の国家がその社会の諸技術とさまざまな改良を増進させていくにつれて、その国力は大いに減少していくという事態が必然的に生じるに違いない。技術と改良、したがって生計確保の容易さが増進するにつれて、その国の人口はさらに増加するということ、すなわちその国の住民の数は増加していくであろうが、兵士の数は大いに減少するということは事実である。国民の数は増大するであろうが、戦士の数は非常に少数になるであろうから、この種のどの国家においても必然的に生じるに違いない技術と製造業の改良は——これについては今後、 77 これまでに行ってきたことよりもずっと詳しい説明を与えるつもりであるが——、その国力を大いに弱めるに違いない。もっとも、その程度が国によって異なる原因についてはやがて説明が与えられるだろう。——牧畜民のあいだでは、誰もが区別なく戦争に出かけた。これはユダヤ人のあいだで行われ、現在ではアラブ人とタタール人のあいだで見られることである。カルムイク人[21]その他のいくつかの民族では、男性と同様に女性も戦う。女性は男性よりも弱いので、男性のように良い兵士ではないが、男性と同様に自分たちの馬と弓矢をもっている。これよりも少し洗練された社会状態では、男性だけが戦争に出かけ、その場合、すべての男性は牧畜民か小規模の農業段階の民族であるが、後者の最も有力で富裕な男たち——したがって公務の長官の地位につく者たち——でさえ、一〇ないし一一エーカー以上の土地はもっていなかった。これはレグルス[22]やキンキナトゥス[23]その他の人物が、その栄光の頂点にあったときでもそうだったのである。このような人物は、牧畜民と同様に容易に戦争に出かけることができる。このような社会状態での戦闘は夏季にだけ行われる。戦闘は、春が終わって秋の収穫作業が始まる前の、真夏の三カ月ないし四カ月のあいだしか続けられなかった。この間、彼らは容易に故郷を留守にすることができた。天候に恵まれればこの間に、自分たちが故郷にとどまっている場合と同様に穀物が生長し作物が実るからである。羊の群は牧人がいなくても草を食べる。それゆえ、彼らにとっては何も問題ではなかった。これは、ペロポネソス戦争時のペロポネソス人の場合に言えることであって、またしばらく前のアテナイにおいてもそうであった。それは、リュシアスがその演説(3)のなかで、祖先の次のような勇敢な行為を見習うようにと強く勧めているからである。すなわち、戦役に適した者すべてがメガラ[24]に出かけ、城壁を守るために慣習どおり老人と少年たちが女性たちとともに残されたとき、彼らは、敵が国土を蹂躙しているときに集結して戦い、大勝利を得たということである。しかし、彼らがこの勧告に従ったとは思われない。この種の社会状態では、兵役年齢の者すべてを送り出すことができたであろう。それは一般に四人に一人、すなわち一〇〇人 78

のうち二五人の割合だろう。一〇〇人のうち五〇人は女性であり、残りの五〇人のうち半数は一六歳未満か四五歳もしくは五五歳以上で、最長の兵役年齢期間に属さない。——しかし、技術、製造業、および手作業が完成の域に達した社会状態では、こういうことはあてはまらなくなる。この状態の国民がこのように労働者を取り去られてしまうと、ビジネス全体が終焉し、国家の破滅を迎えるであろう。羊の群や農夫の場合と違って、鍛冶屋や織工がその鉄床や織機から一時間でも離れるごとに、彼の作業は中断されるのである。交易や商業が継続できなくなるので、彼らは戦争には出かけようとしないだろう。——以前には四人に一人が戦争に出かけることができたが、洗練された国民や技術を開発した国民の場合には、一〇〇人に一人も出かけることができないであろう。これがブリテンやホラントその他の国に関してなされる計算であるが、これでもおそらく多すぎるだろう。というのも、以前と同様に今日でも一〇〇人のうち五〇人は女性であ 79

[21] カルムイク人は、中国西部とロシアのヴォルガ川流域に住む西モンゴル族の住民。

[22] レグルス（Regulus）は、第一次ポエニ戦争（前二六四—二四一）当時のローマの将軍。

[23] キンキナトゥス（Cincinatus）は、ローマが危機に陥ったとき（前四五八と前四三九）、田園生活から呼び出されて独裁官となり、平和の回復とともに田園に帰ったという半伝説的人物。

(3) Lysias, *Orations* (Funeral Oration, 50).［リュシアス（前四五〇頃—三八〇頃）はアテナイの雄弁家］

[24] メガラはアテナイ西方の港町。

り、二五人は兵役年齢外の者なので、戦争に行くことができるのは二五人のうち一人に違いないが、これも現在の戦争[25]、エドワード一世の治世以来のどの戦争よりもわが国を疲弊させたこの戦争の場合でさえ、あてはまらなかったように思われる(4)。ドイツの大部分については、プロイセン駐在の大使〈ビーフェルド〉(5)男爵の計算が提出されているが、彼の断言するところによれば、二〇〇人のうち一人でも戦争に出かければ国に損害を与えることになるということである。その国の技術はブリテンに比べてそれほど改良されていないので、ブリテンの場合よりも多くの人員を戦争に割きうるであろう。しかしわが国に関しては、一〇〇人に一人という割合が多すぎるように、二〇〇人に一人というのは少なすぎるように思われる。このことから、アテナイのような小国は、最初は上首尾に自衛しえたかもしれないということが分かる。その国はおそらく一〇万人またはそれ以上の住民を擁していただろう。このうち二万五千人もしくは三万人が兵役年齢だと思われるので、その国は、マラトンやカイロネイアその他へ一万もしくは二万の戦士を実際に送り出したように、今日でさえ、より強国な国々のあいだで相当な威力をもつと考えられる軍隊を派遣したのである。しかし、国民全体が平和な労力を要する技術に従事するようになると、一〇〇人のうち一人、すなわちおよそ千人だけしか戦争に行くことができなくなる。これは貧弱な都市防衛軍にすぎず、その数を四千ないし五千人に増やしたとしても、敵には決して立ち向かうこと

80

81

ができないであろう。したがって、こういう状態が存続し、その間に自然に改良が進展し、誰もが有益な技術や商業に従事するようになると、これらすべてに付随する結果として、そのような国は必然的にその国力を弱め、活力を消滅させて、ついには隣国のどれかに飲み込まれてしまう。——ブリテンは技術と商業が高度に発展しているが、それでも大軍隊を提供することができる。ブリテン諸島はおよそ一五〇〇万人の人口を擁していると見積もられている。したがって、もし一〇〇人のうち一人が兵士として戦争に出かけるとすれば、一五万人の軍隊ができあがることになる。これは、戦時にこの国で集められる常備軍兵士の数にほぼ相当する。もっとも戦闘隊形[26]では約五〇万人の兵士がいたのだが。それゆえ、ヨーロッパの他の諸国の見積もりが高すぎるように、このわが国についての見積もりは低すぎるのではないかと思われる。というのは、その数字はチャールズ二世当時のものと同じであって、それ以来、わが国は大いに改良が進み、したがって人口も、のちに示すように同じ比率ではないけれども、増大したからである。——こうして、技術と商業の発展は、あらゆる場合に、共和国の軍事力を大いに低下させるに違いない。しかしこのことは、あらゆる場合に等しく妥当するわけではない。奴隷制が実施されている国とそうではない国とでは、前者のほうが有利だという違いがある。そして、これが奴隷制に伴うおそらく唯一の利点であろう。奴隷制が行われているすべての国では、（すでに述べたように(6)）

82

奴隷だけがあらゆる種類の作業と業務を行う。確かに奴隷の主人は仕事の指揮を行うが、自らが働くわけではないので、たんなる監督者にすぎない。したがって、製造業と商業を奨励し、すべての人に〈彼の〉息子を何らかの職業や、今日のいわゆる年季奉公に出すよう義務づけたソロンのような立法者たちは、自分たち自身が働くことがないようにと気づかったのである。彼らは、正当にも――と私は思うのだが――どんな種類のものであれ不断の労働は体つきをゆがめ、軍事演習に不向きにするとみなしたのであって、これが当時のあらゆる立法者の主要な見解でもあった。（仕立屋はその足どりで分かる。）スパルタでは製造業は皆無であり、アテナイでは自由人はどんな職業にも従事しなかった。それゆえ自由人は依然として戦闘に出かけることができ、また自分たちの奴隷の監督を老人や女性に委ねることができた。こうして、彼らはかなり以前から技術と科学において相当な進歩を遂げていたけれども、カイロネイアの戦い(7)では九千人もしくは一万人の兵士を出すことができたのである。しかしイタリアの諸共和国では、技術その他に改良が見られるや否や、すべての国で勇気の全面的な低下と喪失が見られた。このことが、フィレンツェやミラノやその他の国々の急激な衰退の原因だとみなされている。こういう事態は自然に生じるに違いない。というのも、洗練された国家はいずれも、軍役が要求するような非常に激しい耐え難い重労働を、国民に課すことができないからである。以前には、戦場での服役は難儀なことだと

83

は思われなかった。最上層階級の人々が戦争に参加したのである。現在ではナイト爵の人々が当時は竜騎兵であり、その他のジェントルマンもしくは郷士階級の人々が歩兵であった。そしてこれらの人々は、今日の同階級の人々の大部分の者たちよりも上層部を占めていたが、年間三カ月ないし四カ月を自費で軍役に服することを、まったく難儀なこととは考えなかった。ローマでも同様であったと思われる。当時の上層の人々は、戦場においても家庭にいるのと同様に気楽に過ごし、家庭での生活以上の贅沢にはふけらなかった。彼らの日常は一般に狩猟に費やされていたのである。彼らは外国においても祖国にいるのと同様にうまく過ごし、安らかに眠りについた。祖国では、彼らはどのような特定の職業にも就いていなかったのである。これに対して、今日のような状態、すなわち商業と技術に次いで奢侈が導入されているような状態ではどこでも、最も火急の必要性、すなわちただちに国が崩

84

［25］英仏間の七年戦争（一七五六―六三年）。
（4）LJB 38 を参照
（5）手稿の空白。ビーフェルド男爵のこと。Baron Biefeld, *Institutions politiques*, (1760), I. 16. 4.
［26］判読不能の二語を編者は battle ray とした。
（6）おそらく第四巻69ページ［本書235ページ］のことだと思われるが、そこでは「すべての国」ではなく、「古代の諸国家」にだけ言及されている。また、手稿第三巻140ページ［本書203ページ］以降も参照。
（7）カイロネイアの戦いは、マケドニアのフィリッポス二世が、この町でアテナイとテーベの連合軍を破った前三三八年の戦い。

壊する恐れがある事態のほかには、国民に自分の仕事を離れて一般兵士として従軍する気を起こさせることはできない。このような状態において、戦争に出かけることができる唯一の人々といえば、国民の最下層で最も無益な者たちであろう。そしてまたこのような者たちは、いわゆる常備軍に編成され、軍事規律の下に置かれることがなければ、決して信頼することもできず、意気込んで兵役に服することもできないのである。ジェントルマンであれば、名誉心と祖国愛によって戦うであろうが、それよりも下層の一般兵士を戦わせることができるのは、将校への恐れと敬意だけである。したがって、技術が改良されたときには、初期の社会状態において唯一信頼された人々は、戦争に出かけることはなく、ローマ時代の後期にプロレタリアート[27]、すなわち最下層階級がそうであったように、かつて戦争には出かけたことのない者たちが軍隊を構成する唯一の人員となった。軍隊の兵士の数は少なくなったが、その軍事力は増大した。こういう結果は、商業と技術によってギリシャのすべての国家にもたらされた。われわれはデモステネスが、当時の軍隊の構成員であった傭兵ではなく、市民自らが戦争に赴くよう力説しているのを知っている(8)。これらの傭兵も、それほど多数がいたわけではない。したがって、技術と商業の発展によって、市民が職人もしくは親方業者として職業に専念するようになるときにはいつも、その都市の実力は大いに低下するに違いない。

第二に、そのような国家の軍事力と安全性を大いに低下さ

85

せるもうひとつの改良がある。すなわち、軍事技術の改良である。都市の攻略は、はじめは非常に長期間を要する途方もない作戦であって、トロイア戦争の場合のように〈　〉戦略と封鎖によってしか成し遂げられなかった。強力な城壁を備えた小さな町は、敵に対して十分にもちこたえることができる。敵がその町を攻略する見込みがあるのは、封鎖によってだけであり、そのような長期にわたる退屈な作戦に従事するための、充分な数の兵士を集めるのは非常に困難であろう。したがって、アテナイ人はその海軍力を喪失したあとでさえ、二年間もちこたえたのである(9)。しかし、現在使用されている兵器による攻撃方法が用いられ、また敵陣地へのジグザク型接近の隊形が知られるようになると、都市の攻略はそれほど不確かなものではなくなった。熟練した工兵であれば、ある地域がいつ降伏するかを一週間か二週間以内に予測することができる。そして、もし軍隊の兵士の数がもう少し多く、また攻撃がうまく行われれば、攻略は確実となる。この場合、包囲軍のほうが有利となる。首長たちの追放時からペロポネソス戦争のときまで、すなわちギリシャの全盛期においては、どの都市も封鎖しなければ攻略できなかった。アテナイ、プラタイアイ[28]、およびシュラクサイ[29]はすべてこの方法だけによって攻撃されたのであり、また当時は、これ以外の包囲攻撃の方法は思いもよらないことだった。しかし、破城槌、弩砲、投石機、正規の侵入方法、およびその他すべての部門の軍事技術が、非常に偉大な技師であったフィリッポ

86

[30]スによってある程度にまで完成され、アレクサンドロスによって改良され、そして以前の誰よりもずっと短期間に多くの都市を攻略した「攻城者」（ポリオルケテス）の綽名をもつデメトリオス(10)によってさらにいっそう改良されたときには、この種の都市国家が自由を保有しうる期間は不安定なものとなった。八週間もしくは二、三カ月にわたる包囲攻撃が、都市を降伏させる一定の手段であった。もっとも、これらの包囲期間は、（〈　〉が主張しているように）現代のカノン砲のような効果をもったわけではないだろうが、それでも攻撃を非常に容易にしたので、現在、五週間か六週間はもちこたえるであろう地域は、当時はおそらく一〇週間か一二週間はもちこたえただろう。したがって、この種のすべての国家は、その軍事力が技術と商業の導入によって衰退しており、軍事技術がかなりの程度完成されたあとでは、その領土とその存在そのものを、非常に不十分な食糧でもちこたえねばならないので、ひとたび戦場で敗北したときには望みがすべてなくなるように、自然に滅亡するようになるであろう。 87

［征服的国家の運命］

われわれはいまや、ローマやカルタゴのような征服的な国家の運命がどのようなものであるかを考察するところに来た。カルタゴは、ローマ人によってなされたより迅速な破壊的攻撃によってついに大惨事を迎えることになったが、以前にはアフリカのすべての海岸とスペイン全土にわたってその征服地を拡大していた。これらの征服地の占有期間は非常に不安定なものであったに違いない。というのも、それらが外敵の侵入という危険にさらされているというよりも、彼らの自由が自分たちの臣民によって危険にさらされているからである。なぜなら、事物の自然的進歩によって技術と奢侈が国家に導入され、これらがかなりの程度に改良されると、富裕で上層階級に属する人々は戦役に従事しようとしなくなるであろうからだ。下層階級が軍隊を構成するのである。マリウス(11)の時代以前には、ローマの全軍隊は良質の人々によって、 88

---

[27] ラテン語の proletarii もしくは proletarius は、財産によってではなく子孫（proles）を産み出すことによって国家に貢献する、最下層のローマ市民。

（8） Demosthenes, *Third Olynthiac*, 36.

（9） おそらく前四〇四年のペロポネソス戦争の末期に言及したものであろうが、そのときの耐久期間は一年足らずであった。

[28] プラタイアイ（Plataiai）は、ペルシャ戦争中にギリシャ軍がペルシャ陸軍を破った戦い（前四七九年）が行われた町。手稿では Platea と書かれている。

[29] シュラクサイはシチリア島の東端にある町。現在のシラクーザの古代ギリシャ名。

[30] フィリッポスは、マケドニア王のフィリッポス二世（在位三五九―三三六）でアレクサンドロス大王の父。重装歩兵ファランクスを創設し、前三三八年にギリシャの反マケドニア連合軍をカイロネイアの戦いで破った。

（10）「攻城者」（ポリオルケテス）と言われたデメトリオス（前三三六―二八三）については、Plutarch, *Life of Demetrius* を参照。

（11） ローマの将軍マリウス（Gaius Marius, 157–86BC）は、ローマの軍隊を民兵から常備軍に変更させた。

すなわち上流で名誉を重んじる人々によって構成されていた。しかし、彼は解放奴隷その他すべての下層階級を受け入れ、一種の軍律を施して彼らをいわゆる常備軍に仕立て上げた。そしてこの時期以降のローマの軍隊は、カルタゴにおいてそうであったように、すべて常備軍であった。この軍隊は、解放奴隷すなわち自由民、逃亡奴隷、遺棄者すなわち最下層民から構成されていた。この種の軍隊は、数年間一人の指揮官に仕え、数年間戦役に従事するので、彼に対して非常に従属的になる。兵士たちは、軍隊内での地位を彼に負うだけでなく、実際のところこの世の価値あるものすべてを彼に負うことになるであろう。もしこの将軍が自国で侮辱されるか、何か不満を感じることがあれば、彼は自然に自分の軍隊に訴えて報復しようとするであろう。そしてこの軍隊の兵士たちは、こういう場合、節操のある人物ではないので、彼の企てのすべてを手助けすることにたやすく同意するであろう。もし彼が成功すると、すべてを自分の権力下に納めうるので、既存の統治に終止符が打たれることになる。この習慣が最初にうち立てられたときから、上述の事態が生じたときまでには、このことがつねに起こったのである。スッラ[31]は、この種の自分の軍隊の指揮官であったとき、マリウスの横柄で傲慢な行為に腹を立て、彼を追放した。しかし、キンナ[12]その他のマリウスの従者たちは、のちに彼のために暴動を引き起こし、ついにマリウスはミトリダテスと戦って勝利を得たあと、得意の絶頂で帰国した。自分に対してなされた仕打ち

89

90

に侮辱を感じたスッラは、自分の軍隊に訴えて帰国し、一〇回から一二回に及ぶ戦闘ののちに永久独裁官となり、統治を転覆させた。しかし、スッラは、生来の度量――この資質を彼は他の誰よりも多く身につけていた――と、その他の彼のすべての資質によって、この職を辞したので、ローマの共和制はその後三、四〇年存続した。このとき同様な事態がカエサルの下で生じたのである。ポンペイウスはマリウスと同じ状態にあった。彼はスペインでの対セルトリウス戦争[32]、および対海賊、対奴隷兵士、対ミトリダテス＝ティグラネス[33]戦争で勝利を得たあと、栄光と感嘆のなかで帰国し、疑いもなく国家の第一人者となった。しかし、彼はこの権威を、おそらくカエサルの場合と同様には利用しようとしなかったのであろう。カエサルは千万[34]以上の破産者であったが、自ら軍隊の長となり、その指揮をとっていた九年間に両ガリア[35]を征服した[13]。このことが彼に最高度の名声をもたらした。なにしろ、ローマにとってガリアというのは、われわれにとってのフランスのように、最古からの最強の敵であったからである。これがポンペイウスの栄光を奪い、その嫉妬をあおったので、ポンペイウスは、不在中に自分を執政官に選んでほしいというカエサルの要求を民衆が叶えないように仕向けた。これに侮辱を感じたカエサルは、自分の軍隊に訴え、彼に喜んで味方したその軍隊によって度重なる勝利を得た結果、永久独裁官となった。同じ軍隊の残兵たちは、その後、アントニウスとアウグストゥスを、そして最後にはアウグストゥス

91

ただ一人を帝位につけた。すべての征服的共和国において、将軍によって傭兵軍が用いられている場合にどこにおいても、同様な事態が生じるであろう。

一七六三年三月一日　火曜日

［富裕の進展と防衛問題］

前回の講義では、共和制統治が自然にその力を失って滅びるに至った次第を説明するよう努力し、最初に、防衛的共和国について論じた。ここでは、技術と耕作における改良によって、人々が戦争に行くのに不向きになり、その国力が大いに弱まって、いずれかの隣国の犠牲になったのである。これがギリシャの大部分の共和国の事例であった。アテナイはその後期には、以前の五分の一も兵士を送り出すことができなくなっていた。これに加えて、技術の改良は安全保障をも弱めたのである。というのは、これまで知りうる限り、包囲軍のほうが籠城軍よりも有利な地位を占めうるようになったからである。攻撃技術は、これまでに考えられる限りでは、防衛技術よりも高度な水準に高めることができる。われわれが知っているように、テーバイはこの理由によってアレクサンドロスの犠牲になったのであるが、(14)当時、それはまだ技術においてほとんど進んでいなかったし、住民の最大部分を戦争に送り出すことができたにもかかわらず、そうなのであった。このようにして、すべての防衛的な国家は、ついには隣国の犠牲になったのである。――征服的共和国の運命が自然にどのようになるに違いないかということについても言及した。これについては、ローマにその例がある。アテナイもまた、ローマと異なる特定の国制をもっていなかったならば、もうひとつの例をわれわれに提供したかもしれなかった。それは、アテナイ人が、自分たちの国の自由に誰かを参加させることに対して非常に慎重で用心深かったということであり、何らかの権力者や国王を参加させる場合でさえ、アテナイの港での関税を免除するというような、一市民の若干の特権のみに限定されていたのである。これに対してローマ

［31］スッラ（Lucius Cornelius Sulla, 138–78BC）は、閥族派のローマの将軍で、平民派のマリウスと争った。

（12）前八七年に執政官になったキンナ（Cinna）は、追放の身であったマリウスの帰国を強引に実現させた。

［32］セルトリウス（Quintus Sertorius, 127?–72BC）はローマの将軍。スッラが東方より帰還するやスペインに逃れて対抗した。

［33］ティグラネス（Tigranes, 145–55BC）は、アルメニアの王（在位、前九五―五五）で、ポントス王ミトリダテスと同盟したが、ポンペイウスがミトリダテスとの連絡を絶つに及んで降伏した。

［34］貨幣の単位は記されていないが、通常の文献では「セース」（セーステルティウス sestertius）（真鍮貨）が用いられる。

［35］アルプス山脈の南東部がシサルパイン・ガリア、北東部がトランサルパイン・ガリアと呼ばれていた。

（13）カエサルが西ガリアへの遠征を行ったのは紀元前五八年から四九年のあいだである。

（14）テーバイは、アレクサンドロスの父フィリッポス二世の死に乗じて反乱を企てたが、前三三六年に滅ぼされた。

人たちは、彼らの都市に絶えず新たな成員を追加し、他国から数千人ないし数万人を受け入れた。この理由は、アテナイの市民権には利点が伴い、若干の生計が確保され、それゆえ 93 残りの市民の財産からの充当となるので、市民たちは新たな成員の加入には同意しなかったのだが、ローマでは市民権にはどんな手当も伴わず、それゆえ市民たちは他の人々に同様な権利を与えることにそれほど慎重ではなかったからである。したがってアテナイは、その征服地を大いに拡大しうるほどに、国力を決して増大させなかった。しかし、ローマ人は急速に国力と富を増大させ、ついにこれがその共和国を破滅させたのである。軍隊が国外で戦っているときには、征服的国家は国内で平和と平安を享受する。この長い平和と静穏は、技術の洗練とそれに伴う富裕の増大の余地を大いに拡大する。商業もまた自然に導入されることになる。もっとも、現在のように特にそれについて研究されたり、理論がうち立てられたりすることはないが。諸個人の勤労が必然的に商業を引き起こす。この商業がもたらす富が、他国の征服によって導入された富とともに、防衛的共和国の場合と同様に、自然に国力の減退を引き起こす。国民の上層部はもはや戦役に従事せず、軍隊は傭兵軍となり、下層階級の者から構成され 94 ることになる。その将軍が何か不満を感じたときには、これらの兵士は自然に、これまで最も恩義をこうむってきた人物として彼に従う。そして、その軍隊は国民よりも将軍の支配に服するようになる。こういう事態はすべての共和国において恐れられてきた。グレート・ブリテン共和国と当時よばれていた国家において、議会はまもなく、自分たちの将軍であり指導者でもあるクロムウェルをねたむようになった。彼らはクロムウェルの支配があまりにも高圧的だとみなして、その権力を削減する諸手段を講じ、その軍隊を解散するようにも命じた。するとクロムウェルは自分の軍隊に訴えたのだが、そのやり方は、マリウスやスッラやカエサルのような将軍たちのように公然とではなく――彼はそれほど気前のいい性格ではなかったので――間接的で偽善的なものであった。軍隊は彼に援助の手を差し伸べ、議会を静まらせて、彼を共和国の護国卿、というよりは君主に仕立て上げたのである。われわれに知られているすべての共和国のうちで、ローマだけが広大な征服地を獲得し、したがって勝ち誇った指導者たちの配下の軍隊によって危険にさらされるようになった。しかし、もしハンニバルの計画が成功していたとすれば、カルタゴにおいても同様なことが恐れられ、かつ現実になったであろうし、彼がイタリアの支配者となったであろう。彼の弟はスペインの大軍隊の指揮官であり、ハンニバル 95 に仕えていたときにスペインを征服していた。もし彼が自分の軍隊に、イタリアで勝利を得たもうひとつの軍隊を付け加えていたならば、そしてもしハンノ[15]の党派がハンニバルを元老院で侮辱していたならば――彼らはおそらくそうしたことだろうが――、これらの二つの軍隊はおそらく彼らの国を奴隷状態にしたことであろう。ハンニバルがわずかの手当しかもらっていなかったということが、いかに彼らが彼をねたんでいたかということを明白に示しており、また彼らは、彼の計画を成功させようとはそもそも意図していなかったように思われるのである。貴族的な支配者は、国内での有名人に対しては誰よりも嫉妬深く、またおそらく自国の誰かの支配者に征服されるよりは、むしろ外敵によって征服されることのほうを選ぶだろう。彼らは後者に対しては、前者に対してほどの悪意をもたないのであって、自分たちと同等の者が自分たちよりも出世するのを見るのがつらいのである。アテナイ人は、彼らの将軍であるアルキビアデス[36]に対して、同様な警戒心を示した。なるほどトゥキュディデスは、アルキビアデスはそのような悪巧みをもっていなかったと弁明しており(16)、またわれわれもこれらの将軍に関して、彼らは最初は統治の転覆などは考えていなかったのだと言うことができるだろう。しかしながら、その誘惑は、差し出されたときにそれに抵抗しえた者がほとんどいなかったほどなのである。

　隣国に蹂躙された防衛的共和国の統治形態はどのようなものであろうかということについては、これをあえてはっきりと主張することはできない。これは征服者たちの気まぐれに依存し、彼らは自分たちの好きなように決めることができるのである。その統治形態は、通常は征服者たちのものと同様なものであろう。それゆえ、アテナイは征服した国々に民主制統治を樹立し、スパルタは、アテナイでの三〇人僭主のような貴族政治を――これらが彼らの慣習に最も適していた

ので――樹立した。前者の統治形態を好んだ者はアテナイ派で、後者の統治形態を好んだ者はスパルタ派だということも分かる。ローマ人たちは（のちに説明するように(17)）より政治的に、彼らの征服地を属州という形態にしてしまった。――しかし、自国の成員の一人によって征服された共和国において、生じうる統治形態はひとつしか存在しない。自国を征服する行為と、その行為が遂行される手段としての軍隊が、必然的にその国が軍事的君主国となることを決めてしまう。その国を征服した軍隊は、国民を畏怖させておくために必要なものとして、存続させられ続ける。共和国を継承したローマの君主たちはインペラトール imperatores という名称を与えられたが、この名称はもともとは勝利を得た将軍たちに軍隊が与えた称号であった。これ以降のローマの統治は完全に兵士による統治であった。軍隊が皇帝を生み出したのであり、軍隊が彼の権威を支え、彼の命令を執行したのである。諸個人の私的な事柄は、依然と同じやり方で、同じ裁判所で決定された。皇帝には、これらの裁判所の形態を変更することによって何も利益がなかったが、他方で国民たちは、

(15) ハンノ（Hanno）は、対ローマ和平策を唱えたカルタゴの政治家で、貴族の党派の首領の立場からハンニバル家に敵対していた。
[36] アルキビアデス（Alcibiades, 450?–404BC）はアテナイの政治家で軍人。ソクラテスの弟子。
(16) Thucydides, *History*, VI. 28–9, 61.
(17) 手稿第四巻99ページ［本書248ページ］以降を参照。

これらの形態がそのまま存続するのを許されたとき、より積極的に彼の権威に服するようになったであろう。しかし、すべての行政権と大部分の立法権は、皇帝が手中に収めたのである。元老院、プラエトル、および他のすべての為政者たちは自分たち自身の権威をもたなくなり、完全に皇帝の隷属者となった。戦争と平和、税、貢物などは、彼が自分の軍隊によって勝手放題に決定したが、正邪の決定は、以前になされていたのと同様に公正に決定された。これと同様にクロムウェルは、約一万人の軍隊によって全土を恐れさせ、すべての事柄を、以前になされた場合よりもずっと好き勝手に処置したが、人々のあいだの司法の過程は以前と同じままにしておくか、若干の改良さえも行ったのである。ここで言及した二つの統治形態はいずれも軍事的統治であるが、それらはトルコや東洋の軍事的統治とは非常に異なったものであり、法律体系が前もって導入されていた。これを変更することはクロムウェルの利益ではなかった。それゆえ彼は、私有財産に関する争論は従来の規則で解決するようにさせ、若干の改良を行いさえした。彼はまず、封建的土地保有を農役的土地保有(18)に変更し、航海法(19)を発布した。だからわれわれは、チャールズ二世の王政復古後になされたのは、第一二年度すなわち初年度の法令(20)によって、クロムウェルが発布した多くの規制を追認することであったことを知るのである。新しい統治がつねに良い法律を作るのは、国家がその私的な事柄において健全な諸規制の下に置かれるのが、統治者たちの利益でもある

からである。ユリウス・カエサルも、法律を変更しないで修正するという計画をもっていたことが知られている(21)。したがって、私的な事柄における司法は、皇帝たち、それもネロやドミティアヌス[37]のような最悪の皇帝たちの下においてほど、よく執行されることはない(22)。彼らはその残虐性によってしばしば非常に野蛮な行為に及んだが、自らの利害関心によって、法律を改善し、非常に厳格な規律を保つようになったのである。以前の共和政体では、属州の長官たちの圧制がこのように完全に予防されたことは決してなかった。それゆえ、軍事的統治は規制を受け入れ、また法律も受け入れるのだが、皇帝の選出に関してや、彼の権威に逆らった者への処罰においては、その執行手続きは非常に暴力的かつ恣意的であって、処罰に際しては何らの裁判も伴わず、裁判があったとしても、司法を笑いものにするようなごまかしの裁判という類の最悪のものであった。しかし他のすべての事柄においては、司法が十分に執行されることが彼の利害関心の的であった。したがって、ユリウス・カエサルの時代から帝国の崩壊時に至るまでのローマ帝国において、このことがそのまま妥当したのである。しかしこの統治は、他のすべての統治と同様に、自らを終結させる一定不変の局面をもっているように思われる。——技術の改良がここでも必然的に生じるからである。この改良は、多くの大きな利点が伴うにもかかわらず、国民が戦争に行く気を起こさせないようにしてしまうのである。すべてのそのような富裕で豊かな国においては外国

の傭兵が用いられてきたということが分かっている。オランダ人は外国の傭兵軍によってしか戦争をせず、その軍隊の将校もすべて外国人である。その国では誰もが、自分の仕事から手を引くことができないからである。これがローマ帝国の場合であった。諸属州はすべて富裕になり、かなりの程度に商業の発展が見られ、ローマ市は豊かで贅沢になり、そして国民全体が戦争に行く気をなくした。そのうえ、すべての商業国民において、公収入はさまざまな製造品への税もしくは消費税によって徴収されるので、［国民が戦争に出かけることになれば］この公収入も大きく減少することになるであろう。政府がその臣民たちに戦争に出かけるよう強要することは、そのときはもはや政府自身の利益にもならなかったのである。自分たちの軍隊を近隣の野蛮民族から募集するほうがずっと便利になるのだが、それは第一に、野蛮民族が貧困で、ローマ帝国の臣民のように贅沢な暮らしに慣れていないので、より少ない給料を受け入れるからであり、第二に、そのほうが産業活動にとって有害にはならないからである。それゆえこれが、この状態におけるすべての政府の政策になるのである。ローマ人は自分たちの軍隊をブリテン、スキタイ、およびヨーロッパのすべての北方の地域から募集した。この募集は、最初は文字通りの募集で、（オランダ人がスコットランドで行ったように[23]）部族の首長からこの目的のための権利を獲得することによって行われた。しかし、のちには、その首長と一括契約を行い、首長自身が一定数の兵士を誘導

し、自分に支払われた金額で彼らを養って、その指揮権をも確保するという取り決めをするほうがずっと容易だということが分かった。その首長のほうが、相当数の兵士を集めて彼らを戦場に赴かせる能力にすぐれているはずだからである。この首長がその政府に腹を立てた場合には、ローマ共和制の偉大な将軍たちが国家の支配権を手に入れ、その国を君主国に変えてしまったのと同様に、彼は自分の軍隊をその政府に向けて、そのときたまたま自分がいる属州を自分自身の所領としてしまうであろう。すべてのローマの属州が、さまざまな時代にその属州において指揮権を行使していた将軍たちによって占領されたのは、このようなやり方によってであっ

（18）一六四五／六年二月二四日の法令（*Acts and Ordinances of the Interregnum 1642-1660*, ed. C. H. Firth and R. S. Rait, London, 1911, I. 833）は、騎士軍役義務による土地保有権を通常の農役的土地保有権に転換した。この法令は一六五六年一一月二七日の法令（*Acts and Ordinances*, II. 1043）によって追認された。

（19）一六五一年一〇月九日の法令（*Acts and Ordinances*, II. 559）。

（20）12 Charles, II. c. 24 (1660). 一六六〇年は、一六四九年の彼の父（チャールズ一世）の死（およびスコットランドでの彼自身の王位宣言）から一二年目で、また王政復古の初年度にあたる。

（21）Suetonius, *Life of Julius Caesar*, 44.

［37］ネロ（Nero Claudius Caesar Drusus, 37-68）は母と妃を殺し、キリスト教徒を迫害した残虐・淫蕩の暴君（在位五四—六八）。ドミティアヌス（Titus Flavius Domitianus Augustus, 51-96）も残虐な行為を多く行い、最後には暗殺された（在位八一—九六）。

（22）Suetonius, *Life of Nero*, 15 ; *Life of Domitian*, 8.

（23）七年戦争（一七五六—六三）の勃発時までこの慣習が行われていた。29 George. II, c. 17(1756) を参照。

た。また、クローヴィス〔38〕がガリアを占領し、サクスン族がブリテンを占領したのもこのようなやり方によってであった。著作家たちは全般的にこの物語に関して誤った解説を与えている。――われわれが最良の著作家によって得ている情報によれば、事情は次のとおりだと言われている。すなわち、アエティウス(24)はガリアでゲルマン人と北方のスキタイ人によって厳しい攻撃を受けたので、ブリテン人に対して、スコット族とピクト族〔39〕の攻撃に備えて十分な防御態勢をとっておかねばならない、と述べたというのである。それはこの二つの部族が、オシアンの詩〔40〕から分かるように、アメリカ原住民とほとんど同じような状態にあったからである。もっとも、これらの部族は人間を生きたまま火あぶりにするようなことはしなかった。ローマの軍隊は、それ以前には自分たちが築いた防壁によって自らを守り、防壁内にはいつも守備隊が駐屯していた。しかし軍隊が撤退してからは、ブリテン人すなわちローマ植民地の住民は、自分たちが相当程度に改良を加えた耕作地から離れようとしなかったので、自分たちをうまく防衛することができなかった。著作家たちは全般的に、アエティウスが彼らに自由を与えたと述べている。しかし、これはありそうもないことである。なぜなら第一に、どの統治も、自ら維持しうると考えられる属州に自由を与えたりはしないだろうし、また第二に、その地域はローマの軍隊の保護の下に約四、五〇〇年ものあいだ属州であったのだから、自由を恩恵とみなしたりはしないはずだからである。それゆえ

彼らは、自分たちで防衛するようにと望まれることを何の恩恵とも考えなかったのであって、政府が彼らに援助を与えなかったのは、イングランドの州もしくはアメリカの植民地がブリテンによって見捨てられて、野蛮人の攻撃に対しては自分自身で身を守るようにさせられたのと同じである。これがアエティウスが実際に行ったことである。彼は自分たちで防衛するよう尽力しなければならない、と彼らに言ったのだが、それは、より重要な属州であるガリアに軍隊が必要であったからである(25)。彼らは自分たちの仕事を離れる気はなかったので、ヘンギスト〔41〕とホ〈ルサ〉(26)に率いられて最初にやって来たサクスン人を引き入れることに同意した。このサクスン族は、はるかに恐るべき部族であったので、(以前にはたびたび侵入と略奪をしていた)スコット族とピクト族をまもなく追い払ったが、全国土を自分たちの権力の下に置いたことが分かったので、他の諸部族をよびよせた。そしてこれらの部族〔42〕がブリテンを征服し、それぞれの首長の下にサクスン七王国を樹立した。同様にして他のすべての属州も、以前にはその防衛者であった者によって強奪された。ローマ帝国の中心部により近く位置していた他の属州は確かに彼らによってしばしば攻撃されたが、サクスン人は決して動揺しなかった。しかし、この地が若干の属州のうちで最初の定住地となった。以上が西の帝国の運命である。東ローマ帝国は、トルコ人とアラブ人の侵入によって崩壊した。

このようにして、いくらかの期間存続した軍事的統治にお

いて生じる大きな安全保障、富裕、および技術と商業の発展は、国民が自ら戦争に出かけることを困難にし、また国家にとって不利益をもたらすのである。(27) それゆえ彼らは、まず野蛮人のあいだから兵士を募り、その後、首長たちと契約を結び始めた。これがカラカラの時代からの、[43] そしてより本格的にはディオクレティアヌス、[44] アルカディウス、[45] およびホノリウス[46]の時代からのローマ皇帝の政策であった。そしてこの時代以降、すべての有力者は野蛮民族の首領であった。以前は旧家の貴族であったパトリシアンは、もはやこの種の有力者ではなかった。パトリシウスというのは、皇帝直属の首相にほかならず、これらの野蛮民族の首領たちの幾人かは、この職務において、また皇帝軍の将軍という職務において皇帝に仕えたのである。これらの人物はしばしば皇帝の命令に服従しようとせず、彼の権威に反逆して自立しようとした。スティリコ(28)、アエティウス、およびその他すべての帝国の有力な防衛者たちや裏切り者たちは、この種の人物である。スティリコが帝国を裏切ったことをわれわれは知っているし、アエティウスは確かにつねに忠実であったと言われているけれども、それにもかかわらず大いに疑われて〈ウァレンティニアヌス三世(29)〉の命令によって殺された。しかし、この命令を発した人物自身もその後、防衛者でありアエティウスの友人である人物によって殺害されたのである。

104

[38] クローヴィス（Clovis, 466?–511）は初代フランク国王（在位四八一―五一一）。

(24) アエティウス（Flavius Aetius, 390?–454）はローマ帝国末期の将軍で、皇帝直属の首相。

[39] スコット族は六世紀にアイルランドからブリテン北西部に移住したゲール人の一派。スコットランドの名はこの種族名による。ピクト族はスコットランドの北東部に三世紀末から九世紀頃まで定住し、八四五年にスコット族に征服された民族。

[40] オシアン（Ossian）はアイルランドおよびスコットランド高地における三世紀頃の伝説的人物で、彼の詩の訳と称する叙事詩がマクファースン（James Macpherson, 1736–1796）によって発表された。一七六二年（実際は六一年末）に『フィンガル』が、一七六三年に『テモラ』が出版され、一七七三年に両者が『オシアンの詩』と改題（総称）して出版された。

(25) Hume, *History*, I. 10.

[41] ヘンギスト（Hengist, ?–486）はジュート族の首長で、弟のホルサとともにブリテン島に侵入し、ケント王国を建てたと伝えられている。

(26) 手稿の空白。ヘンギストの弟のホルサ（Horsa, ?–455）のこと。

[42] サクスン七王国（Heptarchy）は、アングロ・サクスン人がブリテンに侵入したのち九世紀半ば頃までに建国された七王国。

(27) Hume, 'Of Commerce', *Essays*, I. 290.

[43] カラカラ帝（Marcus Aurelius Antoninus Bassianus, 188–217）はローマ皇帝（在位二一一―一七）。カラカラ（Caracala）は彼が愛用したガリア地方の長上衣の名に由来する異名。

[44] ディオクレティアヌス（Gaius Aurelius Diocletianus, 245–313）は皇帝礼拝を盛んにし、キリスト教徒の大迫害を行った（在位二八四―三〇五）。

[45] アルカディウス（Arcadius, 377–408）は東ローマ皇帝（在位三九五―四〇八）。父テオドシウス一世の没後、弟のホノリウスと帝国を共同統治し、アルカディウスで東ローマ帝国、ホノリウスで西ローマ帝国が始まった。

一七六三年三月二日　水曜日

［防衛手段としての傭兵］

前回の講義では、強大な共和国がそれ自身の臣民の一人によって征服されたときの統治について、若干の説明を行った。その具体例としてはローマ帝国の統治や、ローマの軍隊によって中断されなければやがてカルタゴで生じたであろう統治に言及した。カルタゴは、それ以前にはアフリカとスペインの海岸沿いに、非常に広大な領土をもっていたのである。この種の統治はシュラクサイの強大な共和国で実際に行 105 われ、その有力な将軍ディオニュシオス〈一世〉[30]がその国をも自分の支配下においたのであって、またブリテンの共和国でもクロムウェルの支配下で生じたのである。この統治形態は軍事的君主政治にほかならない。この形態に到達するやり方とこれを獲得する手段は、国民に対して軍事力を行使することをさらにいっそう余儀なくさせる。最高権力の最大の部分は皇帝の手中に属するようになる。行政権と和戦の権限は完全に皇帝に属し、立法権も事実上そうである。というのも、皇帝たちは法律を作る権利を、それがもともと属していた国民から取り上げて、それを元老院に与えたからである。この元老院は完全に君主の創造物なので、完全に彼の指揮下にあり、そこでの法律は事実上、彼が作ったものなのである。し 106 たがって、アウグストゥスの治世の終わり以降、すべての規定もしくは法規は、正しく法律と言われるものすなわち国民総体の法令ではなく、セナトゥス・コンスルタ senatus consulta（元老院決議）とよばれ、具体的にはセネトゥス・コンスルタ・オルフィティアヌムとかセネトゥス・コンスルタ・テルトゥリアヌム[31]という決議が出された。また、皇帝はすべての為政者と役人の任命権をもっていて、彼らはこれをいち早く国民から奪ったのである。司法権も最終的には皇帝の手中に収まった。国民は最初はすべての訴訟の裁判官であり、元老院はもともとどんな司法権ももっていなかった。そこにあったのはいわゆる元老院権限で、彼らはそこで和戦のために前もって必要な手段、たとえば徴兵、課税、および国家の安全と便宜のための諸準備を整えたのである。しかし、皇帝は国民から司法権も取り上げて、それを元老院に委ねたのだが、この元老院はすでに述べたように完全に皇帝の創造物なので、この司法権を立法権とともに皇帝の権力のなかに置いた。それゆえ、マルクス[47]またはホノリウスとアルカディウスの頃から、法律は皇帝自身によって作られ、勅令や勅書は法 107 律と同じ効果をもち、コーデックス（法典）[32]は主にこれらの勅令や勅書から構成された、ということが分かっている。軍事力によって、皇帝は自分のすべての命令を実行に移す。このような統治はなるほど軍事的であるが、トルコや東方に見られる統治と同種のものではない。ローマ帝国において、政府に嫌われた貴族や有力者たちがしばしば大量に虐殺されたということが、タキトゥスやスエトニウス[48]の記述によって知られているが、宮廷から離れたところに住んでいた人々は穏和な統治の下に置かれ、共和国の場合よりも平和で幸福に暮らしていた。それは総督たちが共和国の場合よりも頻繁に釈明を求められ、国民もつねに法に訴えることができたからであり、一言で言えば、民事訴訟に関する古代の統治形態が、依然として存続を許されていたからである。これに対して、トルコや東方においては、裁判［正義の執行］を管理する規則や法律はまったく存在しない。両者の相違は次の点に求められる。すなわち、前者の場合の君主政治は、昔の国家の法律の下で生活していた者によって形成されたので、彼らが新たな統治形態を樹立したときには、その健全な効果を自分たち自身が十分に感じていた法律を廃止することは、自分たちの利益にはならなかったのだが、東方諸国における君主政治はすべてタタールやアラブの首長たちによって樹立されたということである。現在のスルタン、グラン・セニョール、ムガール[49]、およびシナの皇帝は、すべてタタール人の子孫である。彼らは法律の恩恵については無知であり、それゆえ古い法律を継続させたり、新しい法律を制定することなどは考えも及ばなかった。彼ら自身の権威は完全に絶対的であって、また彼らに任命された為政者もしくはパシャ[50]たちも、自分たちの管轄下にある者に対して自然に同様な権力を獲得した。彼らは自分自身に拘束が課せられることに慣れておらず、また自分自身が拘束を課すことなど思いもよらなかった。パシャおよびその他の下級為政者はすべて、帝国の自分自身の管轄領域において絶対的な権力をもっていた。国民は非常に悲惨な状態で生活し、その生命と財産は、浅ましい治安判事か州長官にすぎない最下層の裁判官の手中に置かれていた。彼らが皇帝によって釈明を求められうることは確かだが、国民

［46］ホノリウス（Flavius Honorius, 384-423）は西ローマ帝国最初の皇帝（在位三九五―四二三）。

（28）スティリコ（Flavius Stilicho, 359?-408）は西ローマ帝国の将軍・政治家となったヴァンダル人。ホノリウスに処刑された。

（29）手稿の空白。ウァレンティニアヌス三世（Flavius Placidius, 419?-55, 西ローマ皇帝四二五―五五）のこと。フン族の王アッティラを破った名将アエティウスを廷臣に唆されて殺した（四五四年）が、翌年その部下に殺された。

（30）手稿の空白。The elder のこと。［Dionysius the elder（前四三〇頃―三六七）すなわちディオニュシオス一世（Dicnysius I, 430?-367）はシチリア島の僭主（在位、前四〇五―三六七）］

（31）オルフィティアヌム Orphitianum（一七八年発布）とテルトゥリアヌム Tertullianum（ハドリアヌス帝治世発布）は、いずれも母親と子どものあいだの相続を取り扱ったもの。

［47］マルクス・アウレリウス（Marcus Aurelius Antoninus, 121-180）はローマの皇帝（在位一六一―一八〇）でストア哲学者。

（32）Codex（法典）は、ユスティニアヌスの『ローマ法大全』（*Corpus Juris Civilis*）のうちで皇帝による立法を含んでいる部分のこと。勅令や勅書は、事実上二世紀以降、通常のものとなった。

［48］スエトニウス（Gaius Suetonius Tranquillus, c. 69-140?）は『ローマ皇帝伝』を著したローマの歴史家。

［49］スルタン Sultan、グラン・セニョール Grand Seinginor はイスラム教国、とりわけオスマン帝国の皇帝の称号。ムガールはムガール帝国皇帝の称号。

［50］パシャ（Pasha, Bashaw）はオスマン帝国の文武高官。

109
には不平を訴える手段がなかった。このように、裁判に関する法律も確立した方法もなかったのである。ムハンマドを継承したカリフたちが、裁判に関する若干のよりすぐれた規則をもっていたのは確かだが、彼らはそれゆえに平和な産業と商業を営むようになったので、自分たち自身が戦争に出かけることはせずに、常任の裁判官を置くという手段を採用し、自分たちの国を防衛するためにトルクメン人を呼び入れた。彼らが雇い入れたこのタタールその他の民族が、同様にして、短期間にカリフの帝国を打倒して、ヨーロッパへのオスマン・トルコ一族の侵入の道を開いたのである。前々回の講義[33]では、防衛的共和国が破滅するようになる次第に注目し、また奴隷制度が、それが行われている共和国を――そうでない共和国の場合ほど急速にではないが――衰えさせて、実際に統治の性質を完全に変更するということについても述べた。ヨーロッパのすべての共和国のなかには、本来の民主政治であるものはひとつもない。なるほど、より小さな若干の共和国では、国民が為政者を選ぶ力をもっていた。しか
110
し、国民の総体が和戦の決定を下し、為政者を選び、税を徴収し、最終的に法律を制定するような、固有の意味での民主政治とよびうるものは存在しない。確かに、これらの権利をしばらくのあいだ享受した国はあったが、その国民はつねに、それらの権利を有力者の手中に委ねたのである。ヴェネツィア人は自分たちの権利を当時の為政者の手中に永久的に委ねたのだが、これがヴェネツィアの貴族を生み出した。奴隷制が実施されている国では、すべての技術は奴隷によって用いられるので、自由人はみな仕事がなく、自由に公の集会に出席することができる。これに対して、そのような制度が認められていないところでは、自由人はみな何らかの仕事に従事しているので、国家と個人に大きな損失を与えることなしに彼らをその仕事から引き離すことができないのである。また以前の講義では、製造業と商業は、奴隷がいない場合のほうが、そうでない場合よりも、その国の軍事力を弱める程度がずっと大きいということも述べられた[34]。奴隷制は現代のどの共和国においても認められてこなかった。したがって、国民は公務を課せられることに不向きになり、自分たちの権
111
利を少数の者に譲渡したのである。商業と勤労がまもなく彼らを非常に豊かにした。そのイタリアの共和国は当時、製造業のなかで最も利益のある部門を手中に収めていた。彼らは非常に利益の多い絹製造業を全面的に、そして麻織物業を大部分支配していたのである。ヴェネツィアはその地理的な位置によって、自分たちの手を通してヨーロッパに伝えられる東インド貿易全体を支配する機会を与えられた。当時、喜望峰はまだ発見されていなかった。東インドからもたらされた財貨は、紅海に沿ってナイル川にまで運ばれ、その河川によってアレクサンドリアへ運搬されて、そこで主としてヴェネツィアとジェノヴァの商人によって荷揚げされ、彼らによってヨーロッパに分配された。ミラノもまた、海港都市ではなかったが、大規模な商業を営んでいた。それは他の町のあい

だの取引の中心地であり、とりわけその都市に集中する絹織物取引の最大量を受けもっていた。これらの都市国家の国民は、やがて製造業と商業活動に完全に没頭するようになり、戦争に出かける余裕がなくなり、出かけたとしても自分たちの仕事が破産するだけなので、他の諸都市と同様に傭兵に頼るようになった。これらの傭兵はあまり強くはなく、征服をしたこともなかったけれども、他国の侵入に対する防衛手段として必要とされたのである。したがってそれらの都市国家は、自分たちの国を守るために、ゲルマン人、スイス人、およびその他のイタリア北部の野蛮民族の首長たちを雇い入れ、彼らに非常に高額の上納金を支払ったのである。ミラノの公爵たち、とりわけ〈　〉は、ヨーロッパのほとんどすべての王侯たちに上納金を支払った。戦争が勃発したとき、どちらの国が豊かであるかは、どちらの国がその同盟国に上納金を支払っているかを調べることによって判断することができる。あの女帝(35)とあのプロイセン王[51]は上納金を支払わなかった。その広大な領土によって彼らは非常に強力になったが、それらの国は豊かではなかった。フランスはその同盟諸国に高額の上納金を支払い、ブリテンはその同盟諸国をほとんど養ったと言えるほどである。ホラントも戦争に突入するときには同様なことを行った。スペインとポルトガルは、商業活動が活発ではなかったけれども、それらの植民地の鉱山およびその他の豊かな産物から大きな富を得ていたので、少額の上納金を支払った。イタリアの諸共和国も同様に自国の

112

防衛のために、近隣の首長たちの幾人かに上納金を支払って、当時の主要なものとして求められていた騎兵を、一万人か五千人導入する契約を結んだ。どの小国もこれらの騎兵のいくらかを金銭を支払って雇い入れていたが、これがやがて自国の滅亡をもたらしたのである。これらの将軍は、その原因を問わず侮辱を感じるや否や自分の軍隊をその国の君主に向けたのであって、これらの君主たちは、自らを防衛する手段をもたず、その唯一の手段である軍隊は自分に敵対しているので、つねにその将軍の権力に屈したからである。このようにして、フェロ[52]の〈　〉は自らフェロの支配者となり、〈　〉の〈　〉はミラノの公爵となって(36)、その後、彼の後継者たちによって雇われた〈　〉は、彼の唯一の娘との結婚を彼に迫り、自ら公爵を名乗った。メディチ家[53]も同様にフィレンツェの支配権を手に入れたが、それほど直接で公然

113

(33) 手稿第四巻76-87ページ［本書238-243ページ］を参照。
(34) 手稿第四巻82ページ［本書240ページ］を参照。
(35) おそらくロシアの女帝（エカチェリーナ二世、在位一七六二―九六）であろうと思われる。
[51] フリードリヒ大王（在位一七四〇―八六）のこと。
[52] フェロ Fero は、おそらくイタリアの名門貴族エステ家によって支配されたフェラーラのことであろう。
(36) ジャン・ガレアッツォ・ヴィスコンティ（Gian Galeazzo Visconti, 1351-1402）が一三九五年にミラノの初代公爵となり、傭兵隊長のフランチェスコ・スフォルツァ（Francesco Sforza, 1401-1466）が最後のヴィスコンティ公爵であるフィリッポ・マリア（Filippo Maria, 1392-1447）の庶出の娘と結婚して、一四五〇年に自らミラノ公となった。

としたやり方によってではなかった。

以上、ヨーロッパで現在行われているものは除いて、これまでにその記録が残っている、世界で存在してきたすべての統治形態について検討してきた。すなわち、狩猟民の時代に生じるような統治——これを統治と言ってよければの話だが——、牧畜民のあいだで生じる不完全で粗野な形態の統治、これらの統治が一人の首長の下に国家を形成して、まず貴族的なものから、次いで民主的なものとなり、最後に共和制的なものとなる次第、これらのうち奴隷制が樹立されてい
114
る場合とそうでない場合という二種類の形態、共和国の征服に由来する軍事的統治、および野蛮諸民族の征服後に生じる統治形態についての説明である。それゆえこれからは、これらの若干の統治の起源と基本構造についての説明に進むことにする。これらの統治は他の統治と同様に、その起源は同じタタール的種類の統治に由来した。

〔ヨーロッパの自由保有地統治〕

ヨーロッパのローマ帝国の属州を蹂躙したゲルマンその他の北方の諸民族は、現在のタタールと同様の統治形態の下にあったが、タタールよりも若干進歩していた。彼らはタタール人が知らなかった農業と土地所有についての知識をもっていた。それゆえ、彼らがブリテンやフランスなどの王国を手に入れたのちに最初に取りかかったのは、土地を分割することであった。この土地分割に際して、国王もしくは指導者は非常に大きな分け前を手にしたであろうし、彼に従う貴族その他の首長たちも、各自の従属者を従えているので、国王のものよりはかなり小さなものではあるが、それでも相当に大
115
きな土地の分け前を入手したであろう。彼らはこれらの土地を、軍役か一定の地代、またはその両者と引き換えに他の者たちに与えたであろう。このようにして、封建的統治とは異なったヨーロッパの自由保有地統治が、ローマの諸属州の廃墟から生じた。封建的統治は約四〇〇年後の九世紀頃に生じたのである。自由保有地統治において支配者たちは、誰か他人のものとしてではなく、自分たち自身の所有物として土地を保有した。保有者の負担や相続上納金などは、当時はまだ知られておらず、ずっとあとになってから導入された。これに加えて、その国の従来の住民たちは、その土地のかなり大きな部分を所有していた。サクスン人は確かにイングランド[54]の住民を根絶した、すなわち斬り殺したように思われる(37)。彼らが、それらの住民が自分たちの社会に入ってくるのを許さなかったのは確かである。なぜなら、ノルマン人の征服者は旧来の住民を同様に根絶しなかったので、スコットランド語とイングランド語の方言にはサクスン語とノルマン語の相当
116
な混合が見られるが、それらの方言のいずれにもアース語[55]もしくはウェールズ語は混じっていないからである。他の国々における征服者は、それほど厳しい仕打ちはしなかった。ガリアのフランク人たちが旧来の住民を存続させたことを、われわれは知っている。彼らの法律には、フランク人とガリア

人双方への言及が見られるのである。一人のガリア人、すなわち彼らのいわゆるローマ人を殺した者は、示談金として一〇〇シリングを支払わなければならなかったが、フランク人を殺した場合には三〇〇シリングを支払わねばならなかったのであって、この場合、一般的に示談金は三倍であった(38)。これらの自由保有地領主は、大きな領地をもち、生産物地代としての大きな富を所有しているので、王国の土地の全体または最大部分を占有するようになるにつれて、非常に多数の従属者を抱えるようになった。所有のこの不平等は、技術は未発達だが農業と土地の分割が導入されている国においては、牧畜民の場合よりもいっそう大きな依存関係を導入する。もっとも、牧畜民でも依存関係は非常に大きかった。というのも、牧畜民のあいだでは、牛や羊の群れを占有した者は、これらの群れを土地の生産物によって養ったが、その土地に対しては何の支払いもしなかったからである。しかし、土地がすべて占有された場合には、家畜の財産をもったとしても、これらの大土地所有者の誰かから、その家畜を放牧する許可を得なければ何の役にも立たないのである。ところで当時は、人々が日常的に行う技術というものがなかった。当時の国民は粗野で未開で、相互のあいだでの規律というものがなく、国中に泥棒や盗賊が横行していたので、諸都市はやがて見捨てられてしまった。なぜなら、農村と町とのあいだの自由な通商によって製造品を輸出し食糧を輸入するのでなければ、町は存続しえないからである。それゆえ住民は四散し、

117

それぞれ異なった支配者の下に定住した。――もうひとつの偶発事件が、封建的統治が樹立される少し前に生じて、ヨーロッパのほとんどの西方地域の商業を破滅させる傾向をもった。これがノルマン人とデーン人の略奪で、彼らはもともとバルト海の島々や半島に居住していた粗暴な民族であったのだが、しばしば海賊行為のために遠征し、すべての沿海諸国を強奪した。彼らはしばしばイングランドに侵入し、略奪し、ついにこれを征服した。わが国の歴史家たちは彼らに関して不完全な説明しか与えていないが、われわれの古いバラッドや詩からは彼らが頻繁に侵入してきたことが分かる。彼らはフランスのすべての海岸をも略奪して、ついにノルマンディを征服した。――それゆえ、領主たちは非常に多くの食客を抱え、これらの食客の幾人かは、土地保有者として自分たちの土地を保有し、他の食客たちは屋敷のまわりに召しかかえられて、領主によって扶養された。彼らは一団の遊休

118

[53] メディチ家はフィレンツェの大金融業者・大商人。一五世紀前半にコジモがフィレンツェ共和国の国家元首となり、その孫ロレンツォが専制君主として文芸の保護に努めた。

[54] 「ブリテン Britain」を消して書かれている。

(37) Hume, *History*, I. 401. 「イングランドを征服したサクスン人は、古来の住民を根絶させたので……」。

[55] アース語 Erse はケルト語のこと。

(38) 『サリ族の法律』(*Pactus legis Salicae*, 41) では、「ローマ人」に対する殺人行為には一〇〇ソリドゥスの罰金が、そしてフランク人に対する殺人行為には二〇〇ソリドゥスの罰金が、規定されている。Montesquieu, XXVIII. 3 and XXX. 25.

紳士であって、仕事はせずに領地の生産物を消費していた。一人の領主は、これらの〈　〉悪党とよばれた連中を、千人以上抱えていた。領地内のこれらの二つの異なった集団は、自分たちのあいだの秩序の維持を、領主の権限に委ねた。土地保有者たちは当然、自分たちの労働の成果を気楽に食い尽くすこれらの假人を憎み、これらの家臣団の横柄なふるまいを抑制する領主には、つねに進んで援助を与えた。家臣団のほうも同様に、土地保有者のあいだに適正な秩序を保とうとする領主に、進んで援助を与えたのである。国王もまた、これらの領主に管轄権を授与することが絶対に必要だと悟った。というのは、彼には常備軍がなかったので、臣民たちを規則に従わせる手段がほかにはありえなかったからである。その他のどういう方法によっても負債は完済されえず、犯罪者も処罰されえなかった。国王の役人であっても、無視されたり、虐殺されるだけであろう。この管轄権は、領主たちの直接の従士と食客たちだけでなく、ある限度内において誰の世話にもなっていない、すべての自由で独立した者たち（彼らは相当な数にのぼる）にも及んだ。国王は刑罰や罰金刑を科す権限のほかに、今日では大権とみなされる若干の権利をもっていた。彼は自分の管轄区内で貨幣を鋳造する権限と、条例や法令を制定する権限をもっていた。｛今日、イングランドのマナーとよばれているものは、以前は自由保有地領地であり、のちに男爵領となって、現在その名称でよばれているのである。これらの領地においては、依然として相続

119

や土地保有に関する若干の規制があり、完全にその土地だけに適用されている。｝〔118裏〕これらの条例や法令は彼の権威の及ぶ限り有効であって、当時は双方とも非常に必要であっただろう。したがって、国家の主要な成員は国王とこれらの領主であった。しかし、これらの国家の二部分のあいだには頻繁に利害の対立が生じたので、両者のあいだには何らかの中間勢力が必要であった。若干の規制〈によって〉、それぞれの州の他の自由人から、これを作り出すことが試みられた。どの州もいくつかの、当時のいわゆるタイジング[56]に分けられた。これらは約一〇家族を含んでいると想定された。誰でもどれかのタイジングの一員とならなければならず、それを構成する何人かは、他人の行動に対して責任を負い、犯罪を犯した成員を差し出すか、それができない場合には当人の示談金を支払わなければならなかった。これらのタイジングが一〇個集まってハンドレッド[57]を形成し、各タイジングがそれぞれの成員の行為に責任を負い、また権威をも振るったように、ハンドレッドもその成員に対して同様の責任と権威をもっていた。これらのほかに、州の三分の一を占めるトライヴィングもしくはトライフィング[58]というものもあったが、この裁判所における特定の職務はよく知られていない。――これらすべてのほかに、各州にはワイトノゲマ[59]とよばれる一種の最高裁判所があった。ここでの筆頭メンバーは、ここを統治し、ここでの事件を調整するために国王から派遣された州長官あるいは官吏である。その次に位置するのが州の主

120

121

教、大修道院長、および女子大修道院長である。というのは、すでに述べたようにすべての野蛮民族において、女性は彼女らの諸審議においてかなりの役割を担わされたからである。次に位置するのが自由保有地の大領主たちで、一つの州には三人か四人の大領主がいた。最後に位置するのが、ワイツすなわち賢人たち、および老人と長老たちで、これらの者は各トライジング[60]、ハンドレッド、およびタイジングから選ばれており、それゆえ彼らによってワイトノゲマ、すなわち賢人たちの評議会とよばれた。タイジングだけでなく、ハンドレッドやトライヴィングでさえ、この裁判所に責任を負っていたのである。――――

一七六三年三月三日　木曜日

［封建的統治の形成］

前回の講義では、ヨーロッパを蹂躙したいくつかの野蛮民族が、ローマ人を駆逐したあとでそこに樹立した統治の性質についての説明を始めた。これは、すでに述べたように、正確な意味での自由保有地統治であった。これに関しては、それは彼らが自分たち自身の国で生活していた統治形態に、できる限り似せて作られたものである、と述べることができよう。このような状態においては、各ハムレットすなわち小村落の事件は、その村落の若干の成員によって解決され、異な

122

った小村落間の争論は、より大きな地区の成員によって解決され、国民全体の事件、もしくは異なった大地区の成員のあいだの争論は、国民全体の会議と彼らの指導者もしくは首長によって解決された。ブリテンのサクスン人によって、またガリアのフランク人、および南フランスのブルグント族[61]と西ゴート族によって樹立された統治は、すべてこの種のものであった。――彼らが樹立した最初の裁判所がディセネリ[62]での裁判所であった。野蛮民族は諸個人のあいだで互いにねたみが激しく、各人をどれかのディセネリに参加させ、この裁判所がその地区の各成員の行動に対して責任を負うことを要

［56］タイジング tithing は「十人組」を意味し、近くに住む一〇人の自由土地保有者 freeholder とその家族を一組にして、その行動について連帯の責任を負わせた。

［57］ハンドレッド hundred は州 county の次位にあった行政区画。タイジングが一〇個集まった「百戸村」の意味で、独自の裁判所をもち一九世紀後半まで存続していた。

［58］トライヴィング triving, trifing, or trithing はライディング riding のことで、州を北・東・西に三分した行政区画。

［59］ワイトノゲマ Wightenogema は、正式にはウィタナゲモウト Witenagemout と言われ、アングロサクスン時代の国政審議会で、高位聖職者、高官、貴族などで構成し、国政に参与した。

［60］トライジング trithing はトライヴィング、すなわちライディング（三分の一行政区）のこと。

［61］ブルグント族 Burgundian はゲルマンの一部族で、五世紀はじめ、ローマの同盟者としてガリア東南部に移住し、建国した。今日、フランス東部地方にブルゴーニュの地名を残した。

［62］ディセネリ decennry, decenary は「十家組」で、前出の「十人組」にあたるもの。

求したので、これらの裁判所はその地区内のすべての事件について判決を下したのである。十家組が一〇個集まってハンドレッドを構成し、これが、十家組のいずれにおいても審理できなかった、異なる十家組の成員のあいだの事件を解決し、また、自分の属する十家組の判決に不満を抱く者が上訴すべき裁判所ともなったのである。一州内のこれらのすべての者が集まって州議会を構成し、これが異なるハンドレッド間の事件を解決し、また各ハンドレッドからの上告をも受けつけた。この州からも国王裁判所への上告がなされたが、この上告は次の二つの場合においてのみ許された。第一に、州裁判所が訴訟事件を取り上げずに、裁判を拒否した場合であり、第二に、州裁判所が裁判を行うことを完全には拒否しないが、それをのちに引き延ばして――結局は拒否と同じことになるように――裁判が長期かつ不必要に延期される場合である。この裁判所はウィタナゲモウト（賢人審議会）の裁判所と同じものであったように思われる。そこでは国王が議長を務め、次席は市参事会員もしくは伯爵で、彼らが州の議長を務めてそこでのすべての事件に判決を下した。その次には（すでに述べたように）[39]、主教、大修道院長、および女子大修道院長が、次いで、幾人かの自由保有地の大領主、そして最後に、ワイツすなわち賢人たちが席を占めた。この統治形態は非常に自然で整然としているように思われる。個人の事件がその隣人たちによって解決されるということ以上に自然なことはありえない。これがおよそ十家族からなるディセ

ネリを生み出したのであり、もし当事者がこの裁判所に満足しなければ、彼はより大きな集会に訴えることができるのである。そして、もし二つの異なったより小さな集会のメンバーのあいだで争論が生じれば、この事件は双方の集会によって解決することができるが、その双方のメンバー数を含む正規の集会が存在しないので、その事件は裁判を行う権限をもった上級のより大きな集会に委ねられた。さらにまた、この上級の集会からの上告はすべて、州裁判所で解決された。そしてもしある州の人物に、別の州の人物によって危害が加えられた場合には、その行為がなされた前者の州の平和のみが乱されたのだから、その事件は、加害者の州か被害者の州かを問わず、平和が乱された州の判決に委ねられた。そしてもしこの州の裁判所が判決を遅らせたり拒否したりする場合には、その事件は国王裁判所に差し出されうるのであり、それはウィタナゲモウト（賢人審議会）と同じものであった。

これがアングロ・サクスン人がブリテンで樹立しようとした統治である。しかし大領主たちの権力は、やがて国土のいくつかの地域の秩序と調和を破壊してしまった。――これらの民族は、すでに述べたように、自らの商業活動というものをもたなかった。彼らの無法で略奪的な生活様式は、以前の住民の商業と産業をすべて破壊したので、これらの住民は都市を離れて、幾人かの領主の土地において財産と保護とを求めざるをえなかった。これらの領主は、自分たちの土地の生産物の消費の仕方としては、それらを住民に分配するしか

なかったので、これらの住民はこの理由で領主の食客となったのである。彼らは依然として牧畜民の社会状態からほとん
125 ど前進していなかったが、土地財産は確立していたので、牛や羊の群れをもっている者は、これらの領主から土地を手に入れなければ、それらの家畜から利益を得ることはできなかったのである。このことによって、食客の数は社会の他のどの時期よりもいっそう多くなった。サクスン人がこのようにして自分たちの大領主に与えた大きな領土は、これらの領主に途方もない数の食客を確保させた。これらの食客は一般に、軍役を負うほかに、通常は現物での少額の地代を支払ったが、地代を貨幣で支払ったとすると、この貨幣と交換に手に入れられるものとしては、土地の粗生産物しかなかった。この粗生産物も、領主としてはこれを自分の従者と食客に分け与える以外に、その消費の仕方がなかったのである。このようにして、一人の領主は自分の屋敷のまわりに千人の食客を抱え、そして自分の地所内にはおそらく五千人の土地保有者を住まわせたであろう。彼らはすべて、いつでも武装して彼に従って戦いに出る用意があったのである。したがって彼は、そして彼だけが、これらの領土内において容易に平和を保つことができたのである。彼の権力はしばしば州裁判所の権威よりも大きかった。州の二分の一、もしくは三分の一が彼の指揮下に入っていたからである。ウィリアム征服王とと
126 もにやって来た（　　）は、自分の分け前としてチェスター州全体を手に入れた[40]。ある人物が正義を手に入れうる唯一の方法、すなわちこの領主の権限内の誰かから要求しうる負債の支払いが実現しうる唯一の方法は、この領主に問い合わせることであった。領主は容易にこの人物を満足させることができた。しかし、国王自身はどんな小さな事柄でも、自分自身が戦争に出かけなければ満足することができなかった。したがって、これらの領主はすべての裁判所から独立した大きな管轄権をもっていたのであって、それらの裁判所の命令は彼らによって完全に破棄されたのである。この無秩序は彼らの権力が大きくなるのに比例して増大し、ついに一般的な理解として、州の大領主はその州の世襲的地方長官、もしくは支配者とみなされるようになった。なにしろ、彼だけがその任務を容易に執行でき、他人がそうするのをすべて妨げえたからである。同じようにして、どのハンドレッドでも首長がやってきて、そこを統括するようになった。そしてこれらすべての支配者たちは、裁判官となって広大な領地を占有し、その土地を完全に自由に、すなわちこれからすぐに言及することになる封建的統治によって導入された諸負担を課せられ
127 ることなく占有したのである。彼らはつねに相互のあいだで、またしばしば国王とも戦争をしたので、彼らの勢力は自分たちの従者と土地保有者の軍役に依存していた。しかし、

（39）手稿第四巻121ページ［本書258ページ］を参照。Hume, *History*, I. 143-4.

（40）Hume, *History*, I. 405.「彼［征服王］は、たとえば、自分の姉妹の息子のヒュー・ドゥ・アブリンシスにチェスター州全体を与えた」。

その勢力の最大部分は土地保有者の側にあったのだが、土地保有者たちは最初は領主が望むあいだだけ自分の土地を保有していたのであり、この期間、その土地は恵地、すなわち贈物とよばれた。したがって、彼ら（領主たち、もしくは国王）がこれらの土地保有者の臨時の軍役を求める必要が生じたとき、彼らは土地保有者たちに、より長期間の土地保有を認める約束をした。このようにして、恵地はまず土地保有者が生涯保有するものとなり、恩貸地とよばれた。その後、時の経過とともに、それは土地保有者とその息子、および孫の生涯のあいだ、というように継続され、ついに完全に世襲的なものとなって、封土 feuda とよばれた[41]。しかし、こうしたさまざまな形態でそれらの土地が保有された理由は、軍役にもとづくものであった。それゆえ、もし相続人が年齢その他の理由でこの義務が果たしえないならば、領主は彼を自分の保護下に置き、その土地も自分の手中に置き、それを別人に貸し与えるか、その土地によって別人を確保して、その者に軍役や会議への出席などの必要な役務を務めさせるということが、慣行として受け入れられていた。このようにして後見人の役得が生じた。同様に、女性の相続が認められるや否や、結婚の役得も生じた。というのも、領主はこれらの役務を適切に果たしうるような夫を彼女にあてがう権利をもつということが、当時は必要だったからである。そしてある国では、男性に関してもこのようなことが行われた。それは、被後見者はあらゆる場合に、後見人としての領主に自分の結婚につ

いて説明する義務があるとみなされ、領主の同意なしに結婚した場合には罰金が科せられたからである。——第三に、誰でもこれらの土地を保有した者は軍役のために保有したとみなされたので、成年に達していたとしても、まず最初に領地を占有することは許されなかった。領主が〈それ〉を手に入れたのであり、これがプリマ・セイシン（第一占有）[42]の権利または利益とよばれた。そしてまた被後見人が成年に達した一四歳のとき、すなわち彼が軍役に従事できるときに、またその後、甲冑が重くなった一八歳のときと、それがさらに重くなった二一歳のときにも、領主のこの権利が発生した。いずれの場合でも、後見人はその地方の慣習に従って、自分の土地の保有が認められるのに先立って、領主に贈物として、半年分、一年分、もしくは二年分の地代を支払わなければならなかった。なぜなら、何事も、日常の正義の行為でさえも、贈物なしには行われなかったからである。以上の事柄が、封建的土地保有の大きな特徴となっていた。

領主たちはさらに、もうひとつのずっと付随的な権利、すなわち、転がり込むという意味のフランス語エシュテ[63]に由来するエスチート escheat、つまり没収財産取得権をもっていた。ある家系が断絶すると、その土地は領主の下に転がり込むのであって、また土地保有者が軍役や会議への出席を拒否したり、自分が領主の家臣であることを拒んで領主の権威をともかくも否定するような場合にも、同様なことが生じるのである。これらのことを考慮して、国王はそのすべての直領

地を、そして自由保有地の大貴族はその領地を、封土として渡したのであり、かつてはそれらの土地は恵地として保有されていたのである。土地保有者が封土を保有するのは、きわめて所有に近かった。彼はそれを永久に自分自身とその相続人のために保有した。領主は本来の所有権 dominium directum をもっていたが、土地保有者は準所有権 dominium utile をもっており、こちらのほうが所有権のうちで主要かつ最も有益な部分であった。したがって、土地保有者は以前の状況よりもかなり独立するようになったが、依然として従属的であり、自由保有地の場合よりも劣った状態にあった。——完全私有地 allodium というのは、すべての土地がどんな負担も免れていた当時の地所一般を最初は意味していた。しかし、別種の土地、すなわち封建的土地が導入されたあとでは、それは古い様式で保有され、自由地とよばれた土地を意味するようになり、他方、封土は封建的負担を伴って保有されている土地を意味するようになった。——ここで言及されたやり方によってすでに恩貸地となっていたすべての恵地と、これらすべてのより小さな所有地は、封建的様式によって保有されるようになったのである。

自由保有地の大地主たちのうちの誰かが、隣人たちによって抑圧される危険に瀕したとき、彼は彼らに対抗するために国王の保護を求めた。この保護は、彼が国王に何らかの対価を与えなければ得られなかった。遠い先のことまでを考慮に入れない未開で野蛮な国民は、一時的な利益のために非常に

130

容易に譲歩をするのである。したがって彼らは一般に、国王がそのすべての管轄権と全面的な権威を保持し、封建的な出費だけに服するという、国王の封建的な支配権に同意した。このようにして自由保有的所有地は、恵地や恩貸地とともに封建的保有地となったのである。下位あるいは自由保有地領主に関しては、この現象は以前に生じていた。この種の小領主は、二人の大領主のあいだに位置している場合には、保護を求め併呑されるのを防ぐ手段としては、封建的土地保有に服するよりも良い方法がなかった。彼は恵地の保有者になることに同意したくはなかっただろう。それは完全に独立であることによって彼の保有を不安定にするため、彼は封建的保有を受け入れるしか方法が〈なかった〉のである。だから、彼はこの種の保有には容易に同意するであろう。なぜなら、彼とその相続人たちは、土地保有が確保され、負担としては、タリッジや、[43] 捕虜になった領主の身代金を支払うための拠出や、自分の娘のために持参金を準備するための贈物や、自分の息子を騎士にする一助としての別の贈物のような、出

131

(41) Dalrymple, 161. 手稿第1巻122ページ［本書50ページ］を参照。
(42) プリマ・セイシン Prima seisin とは、ある家臣が死んだ場合に、彼の後継者による相続上納金の支払いが行われるまで、その土地を占有する権利のことである。
[63] エシュテ eschouter は現在の綴りでは échoir で、偶然に転がり込むという意味である。
(43) タリッジ tallage は、ノルマン朝や初期のアンジュー朝の王が国王の領地・都市に恣意的に課した税。

費を果たせばよかったからである。これらの義務が彼の保護を確保し、このようにして、下位の自由保有地領主は大領主の支配下に、大領主たちは国王の支配下に入り、こうして全体が間接的か直接的に国王の支配下に入って、国王が王国内のすべての土地の本来の所有権を手にしているとみなされた。――しかし、一五〇年ほど前までは若干の自由保有的土地がまだ存在しており、「領主なき土地はなし」という格言は最近作られたものにすぎないのである。――封建的統治についてのこの説明は、スペルマンの著作(44)によって強力な確認が与えられるであろうが、彼自身はその統治の本質を理解しなかったように思われ、それをサクスンその他のゲルマン民族の定住直後に生じたものと考えている。ブーケはそれについて非常にうまく説明した(45)。彼は、ウィリアム征服王による征服以前にはブリテンには封建的土地がほとんどなかったと述べている。近代的法律用語はすべてそのときに導入されたのであって、それ以前にはまったく知られていなかった。サクスンの法律は、自由保有的土地を意味するものとしてはポシデーレ possidere とハベーレ habere という単語を使用した。われわれが用いているテネーレ tenere その他の用語は、いわゆる封建法と適正によばれているものと並行してほぼこの時期に導入され、当時はすべての者が間接的か直接的に国王の支配下に属し、国王が全土の本来の所有権を有し、貴賤を問わずあらゆる種類の彼の土地保有者が準所有権を有していた。ここでもまたわれわれは、この主題についての著

132

作家が全般的に犯している、もうひとつの間違いを指摘することができる。彼らは、自由保有的土地から封建的土地へのこの変化を貴族たちの横領によるものだと考えたように思われる。それは彼らが、貴族たちが不安定な保有を確実な保有に変化させ、厄介な時代に自らの領地内に落ち着いてそこに定着する機会を見出そうとしたと考えたからである。しかし、これはまったくの間違いで、この変化は逆に国王の力が高まったことによる。なぜなら、その時期以前にはすべての負担を免れた多くの自由保有地領主がいたことが分かっているからである。ブーケによって示されているように(46)、これらの負担は世襲のもので、次のような多くの大権や管轄権を有していた。すなわち、第一に〈　〉、第二に〈　〉、第三に〈　〉(47)、第四に立法権、第五に硬貨鋳造権である。しかし最大の証拠は、非常に思慮深い君主で、自分の力を拡大する仕方を熟知していたウィリアム征服王が突然、自由保有地統治を封建的統治に変えてしまったということである。彼は軍事力によって、すべてのノルマン人と、存続を許されたサクスン人を、封建的なやり方で自分の支配下に置いたのである。マルコム・ケンモア[64]もまた賢明な国王であり、彼はスコットランドにおいて同様の改革を行った。このときから、国王の権力はわれわれが明白に理解しているように大きく増大し、統治は整然と行われるようになったのである。征服後の時代はサクスン族の時代に比べて、明らかに啓発されているように思われる。同じことをフランスについて言うことがで

133

134

きる。この国では、メロヴィング朝とカロリング朝[65]という最初の二つの王朝の時代には、いたるところで最大の無秩序と混乱が生じたが、ユーグ・カペー(48)の時代以降になってようやく、正義と秩序が樹立され始めたのである。

一七六三年三月四日　金曜日

［封建的統治の構成員］

前回の講義では、自由保有的統治形態が封建的統治形態に変化するようになった次第について、説明するよう努力した。この変化は、およそ九世紀、一〇世紀、および一一世紀にかけて、ヨーロッパ全土において生じたものである。土地は、最初は恵地にすぎなかったが、のちに恩貸地[66]として、そして最後には封土として保有された。コンラートによってイタリア遠征のために祖国から連れ出されたドイツ人たちは、祖国に帰らなければ自分たちの家族は滅びてしまうであろうと不平を述べたので、コンラートは彼らを、最大の誠意を尽くして自分に仕えさせるために、彼らの土地を子および孫に至るまで、また兄弟や親類たちによっても保有できるのだと約束した。こうして、彼らの土地は結局封土になったのである(49)。これは一一世紀末か一二世紀初頭のことであった。というのも、やがて説明するように、ドイツにおいては法と統治の進歩はヨーロッパの他のほとんどの地域に比べて遅れてい

たからである。この時期以前には、自由保有地領主が、国王か自分自身よりも強力な人の援助を得ようとするならば、彼は自分の土地をその人に譲渡して、それを恵地か恩貸地として保有することに同意しなければならなかった。しかし、土

(44) H. Spelman, 'The Original Growth, Propagation and Condition of Feuds and Tenures by Knight-Service in England', *English Works* (1723), II. 1 ff.

(45) Pierre Bouquet, *Le Droit public de France, éclairci par les monuments de l'antiquité* (Paris, 1756), 239 ff では一般的説明が与えられているが、ブリテンには言及されていない。

(46) *Le Droit public*, 258 ff は自由保有制 allodiality の諸特権として以下のものを挙げている。立法権、生殺与奪権、硬貨鋳造権、不正度量衡摘発権、安全通行権、徴兵権、徴税権、狩猟権。

(47) 手稿の空白。これら三つの権利の詳細は手稿第四巻136ページ［本書266ページ］に示されている。

[64] マルコム・ケンモア（Malcom [Malcolm] Keanmoir [Canmore], 1031–1093）は、スコットランド王のマルカム三世（在位一〇五八—九三）のことで、ケンモアはマルカムの渾名である。

[65] メロヴィング朝（Merovingians, 481–751）はクローヴィスが全フランクを統一して建てた、フランク王国最初の王朝。カロリング朝（Carolingians, 751–987）はピピンが始めたフランク王国の王朝。

(48) ユーグ・カペー（Hugues [Hugh] Capet, 939?–996）はパリ伯で、ノルマンの侵入を撃退する功績をあげ、カロリング朝の断絶によって国王に選ばれ、カペー朝初代の王（在位九八七—九九六）となった。

[66] コンラート（Konrad, 990?–1039）は神聖ローマ皇帝（在位一〇二四—三九）となったコンラート二世のこと。

(49) コンラート二世による一〇三七年の『恩貸地に関する布告』（*edictum de beneficiis*）。手稿第一巻122ページ［本書50ページ］を参照。

地が永久的な保有権の下に保持されるようになれば、彼らはむしろそのやり方での保有を望んだであろう。彼らは、危険が迫ったときや保護を求めるときには、自分の土地を封建的に保有したのであり、その取引は次のように行われた。すなわち、彼らは自分たちの土地を国王に全面的に譲渡し、国王はのちに、前回の講義で言及されたように[50]、彼らが身代金を払って領主を身請けするなどの、三種の税または〈　〉を伴う軍役に従うという証書によって、彼らにその土地を与えたのである。このようにして、すべての自由保有的土地は封土となり、やがてそれに伴うさまざまな負担が導入された。ときには、彼らは国王から贈物として受け取った小片の土地を、自分たちの他の土地とともに封建的に保有することに同意した。スコットランドの〈ケンモア〉[51]は自分の領地を封土として与えることによって、大領主の他のすべての土地も彼に対して封土として保有されるということを規定し、この際にも同様な形式が用いられた。彼らは自分の土地を彼に譲渡し、軍役その他の負担に従うという証書によってそれを返還してもらったのである。そして、この封建的諸義務のなかに、封建的形態と自由保有的形態の明白な相違が存在する。土地保有者が未成年のあいだは、その領地の地代は以前のように親類縁者の手に入らずに国王のものとなり、その他の場合も同様であった。他方、封建的領主たちは、自分たちが自由保有地領主であったときより直接的に、国王の保護下に入ることになった[52]。国王は彼らを保護しなければならなかった

が、彼らは国王の従士であり、彼はそれからかなりの利益を刈りとることができたので、保護を実行することは、彼の利害関心に一致した。封建的管轄権は依然として、自由保有地管轄権に含まれていたものをすべて含んでいた。すなわち、第一に男爵領、伯爵領、およびその他の管轄区内の所有権に関して、すべての事柄を決定しうる権利、第二に自由保有地もしくは〈　〉、および相続をめぐる争論を解決する権利、第三に生殺与奪権、第四に自分自身の領地内の条例を制定する権利、そして最後に硬貨鋳造権である。これらのほかに、主権の特徴とみなされるほとんどすべての大権も含まれていたが、ただしこれらは、ある程度、より上級の領主だけに服するものであった。封建制度の貴族主義的な部分は、これによって大いに弱められた。というのは、彼らはますます国王に依存するようになり、このとき以降、自分たちが国王から求めうる愛顧を、しばしば彼をおだててどうにか入手せざるをえなかったからである。したがってわれわれは、すべての国で国王が封建的保有を好んだということを理解するのである。

［国王・領主・従士］

前回の〈講義〉では、土地が自由保有として保有されていた時代に生じた統治形態について説明した。これから私は、土地が封建的に保有されていたときに生じた統治形態について考察する。第一に、封建的統治は自由保有地統治における

民衆的要素をすべて取り除いた、と言うことができよう。そ
の民衆的要素に関しては多くの痕跡が見られる。十家組は完
全に民衆的に営まれ、ハンドレッドと州の裁判所も民衆的で
あった。国王裁判所も非常に民衆的であった。というのは、 138
領主と伯爵たちが会議の席に着いていたけれども、民衆から
選ばれた賢人たちも判決に加わったからである。しかしすで
に述べたように、自由保有地の大領主たちの権力がこの種の
統治様式が自由に作用するのを大幅に〈妨げた〉結果、つい
には州の有力者たち presidents または長老たち aldermen は、
初期のようには国王裁判所によって選ばれなくなり、すなわ
ち国王によって任命されなくなり、大領主すなわち州の男爵
が、世襲的な伯爵すなわち州長官となったのである。――
しかしながら、封建的統治はこれらすべての裁判所に完全に
終止符を打ち、すべての土地は領主か国王の直接的管轄権に
服するようになり、国王は裁判にあたって、自ら、または自
分の代理人として送った裁判官によって、判決を下したので
ある。国王会議に出席を認められたのは、国王直属の大領主
たちだけであった。これらの人々はすべて国王との協議すな
わちコロキウム colloquium に召集された。パーラメントゥ
ム parliamentum［67］という言葉はまだしばらくは使用されなか
った。これらのコロキウムに召集されたのは国王直属の重臣(53)
だけであった。彼らは国王の仲間か友人、または国王の従者 139
とみなされ、相互に同等の同輩関係にあった。国家に関する
重要事項は、国王も彼らの助言と同意なしには執行されず、
彼らを無視した行為はいずれも効果がなかった。彼らはその
執行を容易に妨げうるほどの強い力をもっていたのである。
彼らの助言と同意がなければ、州にかかわる法律や規則は制
定されえなかった。国王裁判所の構成員は、このようにし
て、国王裁判所の同輩、国王の会食仲間・供人・同志 pares
curide regis, convii, comites, socii regis とよばれた。同様に、男
爵裁判所の構成員は、男爵裁判所の同輩、男爵の会食仲間・
同志・供人 pares curiae baronis, convii, socii, comites baronis と
よばれた。男爵は、これらの者と男爵領にかかわる事柄につ
いて協議した。――彼らはすべて自発的に国王の従士にな
った。彼らは、勅許状にある表現、すなわち自分たちが自由
であって、国王もしくは領主が無償の行為を行うという表現
を形式上のものとみなしたが、事実上それ以上のものではな
かった。なぜなら彼らは、保護されることと引き換えに奉仕
することを約束していたからである。彼らはすべて武装して
おり、自分たちの陪臣団 vavassores から構成される自分自身
の裁判所を〈もって〉いたので、彼らの同意なしには何事も

140

(50) 手稿第四巻131ページ［本書263ページ］を参照。
(51) 手稿の空白。マルコム・ケンモアのこと。Kames, *Essays*, 11 ff.
(52) Bouquet, op. cit., 296 ff.
［67］議会を意味する「パーラメント parliament」は古フランス語の parler（→ parlement）に由来し、-lia は英国中世ラテン語に由来する。コロキウムは対話を意味する。
(53) 国王直属の重臣（those who held in capita of the king）は、国王から直接に土地を保有している上位の領臣。

なしえなかった。彼らもまた、自分たちの陪臣団の同意がなければ何もできなかったのである。その国に関する規制や、和戦に関する決定は、これらの領主の助言と同意がなければ何ひとつなされえず、またおそらく何ひとつ実行されえなかったであろう。このことが統治形態を完全に貴族的にした。首長としての国王がその頂点に君臨し、次に領主たち、またその次に彼らの従士たちが続く。――国王への軍役によって保有するすべての者は、その形態が直接的なものか、最下層の従士から君主までときには五、六段階もの中間領主が介入する間接的なものかを問わず、軍役によって保有する限り、貴族的保有条件によって保有するとみなされ、彼らに共通の一定の特権をもっていた。第一に、彼らはすべての同輩貴族の同意がなければ、どんな理由によっても上位者によって自分たちの土地の占有から追い出されることはなかったし、ましてや命を奪われることはなかった。これらの各人は、他の者たちが完全な正義を手にすることが自分の利益にもなるということを知ったであろう。同じことがまもなく自分にも生じたかもしれないからである。国王裁判所で同輩の面前において、公正な裁判が行われ、正当な判決が下されなければ、領主に対して何事もなされえなかった。また同様に男爵の従士に対しても何事もなされえず、どんな訴訟手続きもとりえなかった。彼らは、男爵の裁判所で自分たちの同輩の面前で審理が行われるのでなければ、自分たちの領地から追い出されることも、自分たちの命を奪われることもなかっ

141

たのである。同輩の面前での審理がなければ、何人にも危害が加えられえない、というのが彼らの格言であって、これはある程度今日でも存続している。

〔**農奴と町民**〕

これらの、名誉で高貴な保有条件〔をもつ者〕のほかに、不名誉で軽蔑すべき二種類の者たちがいた[54]。その第一の種類は、土地をすいて耕した農奴または奴隷であった。これらの者は所有することができないとみなされ、土地とともに売買された。しかしながら彼らは、古代のギリシャやローマの奴隷に比べれば、はるかに良好な状態に置かれていた。なぜなら、もし主人が自分の農奴を殺したならば、彼は罰金刑に処せられ、また彼が自分の農奴を強打した結果、一日以内にその農奴が亡くなったならば、この場合も罰金刑に処せられたからである。これらは小さな特権ではあるが、無視できないものであり、古代の奴隷と比べた場合には境遇の大きな優越を示すものである。彼らはこれ以外にもいくつかの特権をもっていた。たとえば、彼らは領地と一緒でなければ売ることができなかったので、結婚という便益を得たのであって、夫が妻と離別させられないよう配慮した聖職者によって夫婦関係が保証された。また、もし主人が農奴を不当に使用したときに、告訴された主人が裁判所で自分の言い分を申し立てることも、出廷することもなければ、そしてその農奴がこの訴訟事件で無罪だと判明したときには、農奴は解放されたので

142

ある。彼らは多くの点で奴隷ではあったが、他の政体の奴隷の場合よりも大きな特権を有していた。というのは、君主制統治は共和制統治に比べて、この階層にとっては、つねに温和な態度をとったからである。

　第二の不名誉な階級は町民であった。これらの住民は最初は奴隷か農奴であって、一人の領主または主人に所属し、彼に一定の金額を支払うことによって営業の自由を手に入れたのである。彼らは営業の便宜のために小さな町か村に住んでいたが、その人口はごくわずかであった。ウィリアム征服王の時代のヨークはおよそ三〇〇家族を含んでいたが、それはおそらく二千人ぐらいだっただろう。商人たちが自然に町に住むようになるのは、そこに自分たちの財貨を販売する市場があり、必要とする財貨を購入する機会もあったからであり、もし農村にとどまっていれば、自分たちの道具その他を準備したり、商品を売りに行ったりするのに、時間が大いに浪費されるに違いないからである。しかし、当時は製造業の奨励はほとんどなかった。農村の無法と無秩序によって交通は危険なものとなり、そのうえ手仕事職人が作ったどんな製品に対しても、ほとんど需要がなかった。したがって、農村やきわめて小さな町には職人はほとんどいなかったのである。そういう状態の国における商人や職人は、まったく無力な存在だっただろう。彼らは一般にどれかの領主の奴隷であった。または貧しい自由民であれば、彼らは君主か大領主のいずれかに依存するようになったのであり、どちらに依存す

143

るかは、自分の土地がどちらのほうに近く保護と自由が得られやすいかによった。このようにして、彼らはこれらの有力者の農奴や奴隷たちの境遇とほとんど変わらなかったのである。――しかしながら、貴族たちの権力をねたんでいた国王は、彼らの権力を弱めることが自分の利益になると分かったので、彼らのすべての農奴、とりわけ彼らへの依存度が最も少なく、したがって彼らの権威から最も容易に自由になりやすい者たちを解放した。町民はそのような人々であって、彼らは国王から大きな支持を与えられた。したがってわれわれは、かつて村や町に住んでいたすべての町民と解放奴隷――主人の下を離れてそれらの町に一年間、請求されることなく生活した者――が、何も税を支払うことなく、結婚の自由や営業の自由などを手に入れたのを知るのである[55]。彼らはその後、国王直属の自治体を形成し、一定の地代を払って管轄権と領土を手に入れた。最初この地代はそれぞれの個人から徴収されていたが、のちには共同体がその取り立てを請け負ったので、それが国王の役人によって無差別に取り立てられた場合に比べて、負担がはるかに軽減されるようになった。このようにして、これらの小さな町は自由を手に入れ、自衛できるようになった。というのは、彼らは町の周りを頑強な石壁で囲み、つねに見張りを立ててこれを町民の義

144

（54）Hume, *History*, I. 404.
（55）Glanvill, *Tractatus de Legibus et Consuetudinibus Regni Angliae*, V. 5.

145

務の一部とし、領主たちの襲撃に対して自衛のためにいつでも武器をもって戦う用意があったからである。領主たちは頻繁に彼らを悩まし、しばしば彼らの町を略奪していたのである。――町が開放され、その状態が農奴制の場合に比べて相当に良くなっていったあいだに、もうひとつの大きな変化が進行しつつあった。しかしこの変化のあとでさえ、町民たちは非常に軽蔑すべき人間だとみなされ、国王や領主が自分の被後見人を町民の息子か娘と結婚させた場合でさえ、これは不名誉なことだとみなされて、彼らは当人たちの後見任務を免れると宣告されたほどである。

　同じ時期に封建的貴族制も衰退するようになった。封建的土地所有は、すでに述べたように、もともと自由土地保有に比べてその規模がそれほど劣っておらず、少数の有力者に限定されていた。しかしその所有は、他のすべての場合と同様に、さまざまな人手に渡っていった。彼ら（大領主か国王から保有するすべての者）が国王とともに議会で占める席は、最初は少数であり、彼らだけが王国で影響力をもっていたの

146

で、議会では彼らの同意と助言なしには何事もなされなかった。――ウィリアム征服王の時代には、イングランドの土地全体は、〈　〉から分かるように、国王直属の約七〇〇人の貴族たちによって保有され[56]、このうちおよそ三〇〇人ないし四〇〇人が裁判所に出席することができた。したがって、その会議は、現在の議会が約五〇〇人からなっているのに比べればそれほど人数が多いわけではない。――しかし、やがて土地が分割されるようになった。一部が次男その他の親類縁者に与えられ、また軍役によって国王から保有する騎士の数も多すぎた。このような場合、彼らすべてがミカエル祭、クリスマス、復活祭という三つの異なった時期に出席することは不可能であった[57]。そして、そのための旅行の費用そのものが、彼らのうちの何人かを破滅させたであろう。この時期までには、多くの人が騎士の職務によって国王から保有するようになっていた。こういう理由によって、イングランドのヘンリ三世、エドワード一世、およびスコットランドの

147

ジェームズ一世〔68〕は、これらの小領主たちがそれぞれの州から代表者を選んで全国評議会に出席させ、貴族会議の決定事項に対して助言と同意を与えることを望んだのである[58]。これらの小領主たちは王国の土地のおよそ半分を保有していた。したがって彼らの権力は、大領主たちの権力に比べれば小さかったが、それでも相当なものであったので、すべての法律、税、もしくは全般的な諸規制に対する彼らの同意は絶対に必要であった。彼らはすべて国王評議会での同輩仲間としての直臣でもあったので、他の者たちと並んで同様の裁判所や議会に席を占める資格があったのである。――町民たちも結婚や営業について自由になり、町は城壁で囲まれ、営業の自由のためにはほんの少しの賃料を払えばよくなったので、彼らは自由人とみなされた。一般にこの賃料は、永久に一定の賃料を払うことによって領主に対して請け負うことができるようになり、都市が非常に大きくなったあとでも、この賃料

148

は同額のままであった。この賃料の徴収はその後、つねに面倒なやり方だとみなされる人頭税によってではなく、市場の場代として行われるようになり、このやり方は若干の欠点が伴うにしても、人頭税よりもはるかに好まれたのである。町民たちもまた、他の者たちとの状態の類似性によって、裁判所に代理人を送る者は議会に代表を送ることが認められた。それは、国王に直属する者は議会に代表を送る資格があるというのが、当時の考え方であったからであり、町民たち自身は、単独では国王評議会の同輩仲間ではなかったけれども、自治体の総体としてはそうであったからである。町民たちは他の者たちと同じ裁判所には出席しなかったが、公的な諸義務にかかわるあらゆる事柄、とりわけ税の徴収には彼らの同意と助言が必要であった。税負担というのはすべての国で町民にとって非常に耐え難いものであって、一般に、それをほとんど負担しえない者に最も重くかかるのである。というのは、より有力で富裕な者はその負担を容赦なく投げ出すので、結局それは、容易には負担しえないがそれに服さざるをえない者たちにかかってくるからであり、これはそのような境遇のすべての人々にあてはまる。したがって彼らは、これらの事柄に大いに関心をもった。同様の進展はヨーロッパの残りの国々でも生じ、スペインではフィリップ端麗王[69]の時代に見られた。

一七六三年三月七日　月曜日

149

前回の講義では、封建的保有の導入後に生じた統治の本性について説明した。国民全体の業務は、即座にそして直接的に国王裁判所か彼の直臣たちの誰かの裁判所に差し出された。その政体の民主的部分はいまやまったく廃止され、民衆のすべての裁判所はいまや放棄され、かつては国民の最高裁判所に席を占めた下層の人々は、もはや国王の裁判所への参加を認められなくなった。その裁判所の構成員として出席を認められたのは、国王から直接に保有する人々だけであった。——最初はギリシャの諸国家において、統治は共和主義的君主制、すなわち頂点に国王をいただく貴族政治であったのと同様に、ヨーロッパの統治は頂点に国王をいただく民

（56）Dalrymple, 262. Hume, *History*, I. 407.

（57）Hume, *History*, I. 410.

［68］ジェームズ一世（James I, 1394-1437）は、フランスに抑留中に本人が不在のままスコットランド国王（在位一四〇六―三七）となり、一八年間の捕虜生活ののち故郷に帰って、政治改革に着手した。

（58）Hume, *Histroy*, II. 88.

［69］フィリップ端麗王（Philip the Handsome, 1268-1314）はフランス王（在位一二八五―一三一四）で、結婚によりスペイン東北部のナバラの国王を兼ねた。彼の治世中には王政が組織的に行われて、封建貴族や教会貴族に対して王権の至上性が強調された。

主政治であったが、この政体は自由保有地統治の下においてさえ貴族たちによって大いにかき乱され、封建的統治がイングランド以外のすべてのヨーロッパに導入されるや否や、完全に転覆させられてしまった。ヨーロッパにおいて貴族たちが、ギリシャのように国王の権力を完全には打ち砕かなかっ 150 た唯一の理由は、両国民が保有していた領土の違いにあった。ギリシャ諸国では州程度の規模の小さな領土の中央に大きな都市があって、そこにすべての有力者たちが集められていたのに対して、ヨーロッパの諸国は大国であり、そこに有力者たちが散在していたので、彼らには、一箇所に集まって自分たちの力を結集して国王に立ち向かう機会がなかったからである。彼らがなしえたのは、政体の民主的部分を廃止し貴族的君主制を樹立することだけであった。これはあらゆる国で行われたが、例外はイングランドであった。そこでは民主的裁判所がずっとあとまで存続し、通常どおりその任務を果たしていた。そして今日でも州裁判所は、長期間開廷されてこなかったけれども、依然として法律によって存続が認められているのである。マグナ・カルタ[70]〔貴族制統治の偉大な土台〕［149裏］によって、重罪や反逆罪などのより大きな事件はそこでは取り上げられないようになっていたので、その州裁判所はすべてのより小さな訴訟事件を扱っていたが、治安判事の制度が設けられると[59]、彼らがはるかに迅速かつ器用にこれらの事件を処理するようになった。国王の大裁判所は直接に彼から保有する者から構成されていた。——王国は 151 一大封土とみなされ、その業務はその封土を保有する者たちによって運営され、彼らすべての所有や生命にかかわる事柄はいずれも、彼の首長か同輩である領主たちによって検討され、同様に男爵裁判所の業務は、彼の封土を占有する者によって運営されることになった。

私は諸君に対して、現在下院を構成している代議士が最初に召集されるようになった次第についても説明した。国王は貴族たちの力を非常にねたんでいた。彼らはしばしば騒動を起こし、ジョン、ヘンリ〈三世〉[60]などの多くの国王を追い出し、また他の国王から、しばらくのあいだ権力を奪ったからである。したがって、国王は彼らの力を削減するあらゆる方法をとった。この目的のために、すでに述べたように、彼らの農奴ならびに従士の影響力を強め、これらの者の独立性を高めるあらゆる方法をとったのであり、次のように町民を支持し力づけることによってもそうした。すなわち彼は、彼ら 152 が自治体を形成し、城壁と守備隊によって防衛し、彼らがもつ相当な管轄権の範囲内で、ある種の小さな訴訟事件について裁判を行うことをも許したのである。このようにして、彼らは無視できない存在となり、おそらく二〇〇から三〇〇人の兵力をもち、これらはすべて武器の訓練がされていたので、当時としては恐るべき集団であった。——国王が領主たちを召集するようになった理由は、統治にかかわるあらゆる手段への彼らの同意が絶対に必要であったからである。そうしなければ、彼らは力ずくでその執行を妨げたであろう。

町民に関しても同じ理由があてはまった。彼らの同意がなければ、彼が統治の費用を負担させようとした上納金を集めることができなかったからである。はじめ彼らは国王から派遣された使者によって、一定の上納金を支払うようにせがまれた。しかしながら、やがてこれは非常に面倒なことだと分かった。それゆえ彼らは、裁判所に代理人を送り、男爵たちとともに上納金その他の統治費用にかかわる必要な諸規制に助
153 言と同意を与えることを求められた。――国王と貴族たちは、国王の直領地の保有者に義務としてかかる騎士奉仕を、彼らがエスキュイジ escuage もしくはスキュテージ scutage（軍役代納金）とよぶものに代えた。自分が戦争に出かける気にならなかった場合、彼は軍隊における彼の代役もしくは彼の従者の代役となる人物を採用するのに十分な金額を、支払わねばならなかった。これは一般的に騎士奉仕よりも好まれた。なぜなら、有力で影響力のある人物は、一般に非常に気ままで手に負えなかったからである。これに対して彼らが金納した場合には、これによって彼らと同等な兵士を調達することができ、しかもこの兵士は傭兵であるから、彼らより従順に規律と命令に服しただろう。この軍役代納金は国王の収入の相当な部分を供給した。残りの部分はもっぱら次のものからなっていた。すなわち、第一にすでに列挙した封建的報酬、第二に犯罪の示談金や罰金、第三にさまよった動物、迷
154 いでた家畜、および埋蔵物のようなすべての無主物、第四に白鳥、ロイヤル・フィッシュ（御料魚）[71]、および大きな猟獣である。――これらすべてのものが、統治の費用と要求が増大したのと同時に必然的に減少したので、歳出、上納金［臨時税］、および補助金が絶対に必要となったのだと言わなければならない。国民が諸負担から最も自由であったのはつねに、自分たちに由来し国にまで及ぶ利益が、その国の支持にとって最も必要であったときだということが分かる。したがって、自由にとって最も好意的な人物は、好戦的、征服的、軍事的な国王だということが分かる。イングランドの国王のなかで最も好戦的な二人の国王であるエドワード一世とヘンリ四世[72]は、他のどの国王の場合よりも大きな特典を国民に与えたのである。これにはいくつかの理由がある。第一に、彼らは他の誰よりも国民の好意と支持に強く依存したの

［70］マグナ・カルタ（Magna Charta 大憲章）はイングランド王ジョン（在位一一九九―一二一六）がラニミードで諸侯に強制されて署名した特許状。一二一五年六月一五日調印。全文六五カ条で、その多くは王による封建的義務の過酷な要求に対する諸侯の不満を成文化したもの。

（59）34 Edward III, *c.* 1 (1361).

（60）手稿の空白。ヘンリ三世のこと。Cf. Kames, 'Constitution of Parliament', *Essays*, 28 ff.

［71］ロイヤル・フィッシュ royal fishes は、クジラ、チョウザメ、ネズミイルカの三大海産動物で、岸に打ち上げられた場合や海浜近くで捕らえられた場合は、王または王から勅許を得た者の所有となる。

［72］ヘンリ四世（Henry IV, 1367–1413, 在位一三九九―一四一三）は、王権の強化に努めると同時に議会の力をも伸張させたので、その治世は中世立憲主義の盛期とされる。

で、自分たちの企てに参加しようという気を起こさせるよう
なあらゆる類の利権を与えることによって、その支持を得よ
うと努めた。平和的な国王は、そのような大きな奉仕や高価
な遠征を必要としなかったので、国民の愛情と支持を求める
ことが少なかった。第二に、国民にとっては、自分たちの要
求が認められるまでは上納金を与えないというのが、まもな
く原則となったのである。したがって、何らかの特権や特典
155 を国民のなかの一定数または集団に与えなければ、どのよう
な上納金も得られなかった。国王の必要性はこれらの特権を
与えざるをえなくしたのであり、好戦的な国王たちがこのよ
うな状況に最も追い込まれやすかった。これらの二つの〈理
由?〉によって、好戦的な国王はつねに自分の臣民たちに大
きな特権を与えたのである。フランスのフィリップ・オーギ
ュスト[73]は国民に大きな特権を与えた。議会における代表者た
ちは、エドワード一世によって最初に認められ、諸特権はエ
ドワード三世の下で大いに増加した。ヨーク家は、王冠への
資格をつねに疑われていたのだが、前もってわいろとして何
らかの特権を与えることなしには、どのような上納金その他
の特許料も決して国民に要求しないことを原則としていたよ
うに思われる。

町民の代表者たちは、すでに述べたように、他の者たちと
は別の裁判所に着席し、主に公収入にかかわる事柄について
諮問された。州の騎士の代表者たちは、彼らの本人たちがか
つてそうしたように、貴族たちと同じ裁判所に席を占めた。
156 しかし、彼らはその数が増えてくると、やがて非常に取るに
足りない存在となったので、貴族と同じ裁判所に席を占める
ことが適当とは考えられなくなった。したがって、彼らは貴
族たちから離されて、町民代表者たちの裁判所に参加するよ
うになった。しかしながらこの時期から、まず下院で手続き
がなされなければ、どのような援助金も上納金も与えられな
いことが規則になった。彼らは一般に、彼らを代表として選
出した本人たちから、当該州の特定の不満その他が是正され
なければどういう上納金も与えてはならないという指示を受
けていたのである。そのうえ、忘れてならないことは、すべ
ての上納金のうち下院が最大の割合を、すなわち、もし貴族
たちが一五ポンドを支払えば彼らは一〇ポンド[61]を、八ポンド
であれば六ポンドを支払ったということである。この頃には
貴族たちの数も相当に増え、財産がまったく取るに足りない
者も多くなった。その数が増え、その財産が小さくなったの
で、彼らはすべて一度に集合することができなくなった。し
たがって国王は、自分が適当と考えるのに応じて、あるとき
には書状によって彼らを議会に召集し、あるときにはそうし
なかった。これらの貴族は勅令による男爵として、残りの者
から区別された。いまや国王によって召集されなければ、誰
も議会に行こうとはしなくなり、この勅令か特許状がやがて
157 貴族のしるしとなった。もともと貴族になれるのは、自分の
土地保有によってだけであって、国王から直接に土地を保有
する場合には、誰でも貴族とみなされた。しかしその後は、

国王によって選ばれるか指名されて、これらの特許状によって宮廷によばれた者だけが貴族とみなされた。しだいにこのことが貴族のしるしとみなされるようになった。土地保有による他の貴族たちはいまや完全に無視された。ある者がもっている貴族の身分というのは、かつてはそれをもっている者に領主としての威厳を与えた。これに対して今日では、自分がそこからその称号を受け取っている地域を保有していなくても、またどのような土地所有をもまったくもっていなくても、貴族になることができるのである。(62)

［商業の導入と封建貴族の衰退］

しかしながら、封建的統治における貴族の権力は、他のすべての地域におけるものと同様の原因によって、すなわち技術と商業と奢侈の導入によって衰退した。——彼らの権力はその従者と土地保有者の数にあった。彼らの従者の数は、また彼らの食客の数でさえも、彼らの飾らずもてなし好きの生活様式に依存していた。リチャード・ネヴィルは、当時の騒乱期に、〈　〉と〈　〉を支持するのに大きな役割を果たしたので、国王〈つくり〉とよばれたが、彼はウォリック伯でもあって、自分のさまざまなマナーで毎日およそ三万人を自分の食卓に招いたと言われている。(63)なるほど彼は、ウィリアム征服王の時代以降にイングランドに現れた飛び抜けて最大の直臣《バロン》であったように思われる。——しかし、衣服、建築、造園、料理その他において優雅さが導入されたときに

158

は、ウォリックの財産ほどの大きな財産でも消費するのは困難ではなく、この方法によって彼は自分のすべての家臣を失い、残ったのは彼に何の影響力も及ぼしえない少数の使用人だけであった。彼の土地保有者に対する影響力も大いに減少するようになった。土地保有者は本来（ハイランドでごく最近までそうであったように〈　〉）すべて任意解約の土地保有者であって、彼らは非常に有利な借地契約を結んでいた。地主はある区画の土地をある友人もしくは親類縁者に一〇〇ポンドの地代で提供し、これが後者におそらく二〇〇ポンドの収益をもたらしたであろう。後者は再びこれを一〇〇人に各々四〇シリングの地代で賃貸し、彼らは四ポンド［八〇シリング］ないし五ポンドの価値までその土地を保有した。こうして一般的に地代は収益の約半分にすぎなかった。これらの者の生存は従者と同じく完全に彼に依存していたので、彼らは

---

［73］フィリップ・オーギュスト（Philippe Auguste, 1165–1223）はフランスの国王フィリップ二世（在位一一八〇—一二二三）で、横領の司法行政機構に画期的な改革を行い、都市コミューンとも提携して王の保護権を伸張させ、フランス封建王政の基礎を固めた。

(61) おそらく「もし上納金が一五ポンドであれば下院は一〇ポンドを」の間違いであろう。

(62) Kames, 'Honour : Dignity', *Essays*, 86 ff.

(63) リチャード・ネヴィル（Richard Nevil, 1428–1471）は、バラ戦争当時［ヨーク家のエドワード四世とランカスター家のヘンリ六世を交互に擁立して王位につけたため］キング・メーカーと呼ばれ、一四四九年にウォリック伯爵となった。Hume, *History*, II. 361–2. 手稿第一巻120ページ［本書50ページ］を参照。

彼を主人《マスター》とよび、この言葉はいまでもわが国では用いられて 159
いる。そして彼らはすべて彼に依存していたのだから、いつ
でも彼の下に駆けつけて戦争に出かける用意があった。奢侈
が導入されると、彼は巨額の支出をする機会が得られるの
で、高額の地代を強要して彼らから搾り取ろうと努力した。
このことが、彼らに対する彼の権力を破滅させたのである。
彼らは彼に向かって次のように言った。自分たちは不安定な
保有条件の下ではそのように高額の地代は支払えないが、長
期の保有条件が得られるならばそれに同意しよう、と。この
提案は両当事者にとって好都合であったので容易に受け入れ
られ、ヘンリ二世の時代に、これらの借地権がどのような土
地保有に対しても訴訟を維持するものとして確認されるよう
になったとき、彼らはいっそう独立するようになった。こう
して領主たちは道楽や奢侈に費やした一〇シリングか五シリ
ング毎に一人の家臣を失った。領主の権力はこうして衰退
し、そしてこれは一般に下院議員の力がいくらかでも大きく
なる以前に生じたので、このあと全般的に専制的統治が出現
したのである。これがテューダー家の時代のイングランドの
場合であり、そのとき貴族たちは壊滅させられたのである。
160 彼らはエドワード四世[74]がヘンリ六世と戦っているあいだに虐
殺され、その後も王位をめぐるさまざまな反乱や抗争によっ
て滅びたのである。——同じことがスコットランドでも生
じたが、ここではカミンズ家[64]の没落がダグラス家に道を譲っ
たというように、ある一族の衰退は別の一族に道を譲ったに
すぎなかったという違いがあった。というのも、ここではイ
ングランドの場合のように、自分の領地の生産物のすべてを
自分だけのために消費する機会を提供した奢侈が見られなか
ったからである。したがって、テューダー家は絶対主義的で
あった。彼らは誰でも意のままに投獄した。このような身勝
手は、国民全体の自由を完全に打ち砕く。投獄は誰でも無理
矢理に同意させることができるからである。当時の議会は力
をもたず、テューダー家によって、すなわちヘンリ八世とエ
リザベス女王によって完全に支配されていた。言論の自由
は、当時は犯罪であった。ヘンリが議会で通過させようと思
っていた法案に、ある議員がたまたま反対したことがある。
ヘンリは彼をわきに呼び寄せ、彼の頭に手を置いて次のよう
に言った。「そちは例の法案に反対だそうだが、もし反対す
るなら余はこの首を切断することになる」。この種の約束は、
彼がたいていこれを守ったので、その議員の計画を変更させ
161 た[65]。このようにして貴族の没落は、国王の権力に対抗しうる
どのような力をもその背後に残さなかったので、専制的統治
を樹立したのである。——財産の不平等がすでに述べたよ
うな効果をもたらすためには、富の漸次的減少ならびに逓減
的度合いがなければならない。現在であれば三万ポンドでも
家庭内の奢侈に使うことができる。この金額と最少の金額と
のあいだには、二万五千、二万、一万五千、一万、千、およ
び一〇〇ポンドというように多くの中間段階があって、技術
と製造業と勤労の進歩はこれらすべての段階を容易に通過す

ることができるからである。しかし財産の進行に一挙に飛躍的な増大があれば、技術と商業と奢侈はそれに追いつくことができない。この財産の不平等がゆっくりと進んでいく場合には、技術はそれに追いつくので、五〇ポンドを費やした者は一〇〇ポンドを費やすことができ、さらにまたより多くの金額を費やしうる。奢侈はこうして財産がたどるのと同じ道筋を容易にたどりうる。これに対して財産の飛躍的な増大がある場合には、奢侈が一定の速度を保ってその間隔を満たしていけるような諸段階がないので、こうしたことは言えないのである。この事例はほとんどの国の君主に見られ、たとえばブリテンではその王室費は約三〇万ポンドで、これは公租公課を除いたどんな領地の生み出す自由な貨幣の三〇倍も多い金額なので、〈　〉に費やされた奢侈的技術でさえも、君主が多くの食客や年金受給者ならびに消費税や関税などに携わるさまざまな官吏たちを、抱えることができなくなるほどの影響をもたらすことはありえないのである。これに加えて、彼は統治の通常請求額として約三〇〇万ポンドを自由に処分しうるのである。彼はおそらくこれをすべて使い切ることはできないので、自分の食客や随員となるさまざまな官吏に配分するであろう。これらの理由によって君主たちは専制的になったのであり、それはイングランドではテューダー王朝期、フランスではアンリ四世[75]以降、さらにスペインでも見られるとおりである。――他の諸国では技術と奢侈はまさに正反対の結果をもたらし、貴族政治をより強固に樹立し

た。シャルルマーニュの時代以降、ヨーロッパに整然とした秩序を最初にもたらした封建的統治が開始される前に、ドイツの皇帝たちは選挙で選ばれるようになり、したがって彼らの権威は世襲的な皇帝の場合よりもずっと小さかった。彼は、同等な肩書きをもっていた他の者たちからすれば成り上がり者であって、彼の昇進は、以前には彼と同等もしくはそれに近い地位にあった者たちにとっては、苦々しく不快であった。したがって、彼らは彼に対して非常に横柄な態度をとり、彼の子どもたちの憤慨をも気にかけなかった。その子どもたちというのも他の者よりも別段大きな力をもっているわけではないからである。したがって貴族たちは皇帝に敵対し、ついに彼の権力を奪った。ドイツは大国であり、人口はそんなに多くはないが、ブリテンよりもはるかに大きく、フランスよりも相当に大きい国である。――それゆえ、広大な領地が一人の手に落ちるに違いない。人間社会の大競争においては、誰もができるだけ多く獲得し、手に入れたものを確保しようと競い合う。群衆のなかにおいては、一〇〇ポン

[74] エドワード四世（Edward IV, 1442–1483）はヨーク朝初代の王（在位一四六一―七〇、一四七一―八三）で、バラ戦争に際し、ヘンリ六世を廃して即位した。一時彼の復位を許したが、翌年王位を奪回し、ヘンリを殺害した。

(64) カミンズ家 Comyns は手稿では Cummin,S となっている。

(65) Hume, *History*, III. 128 note.

[75] アンリ四世（Henri IV, 1553–1610）はブルボン王朝の始祖で、フランス絶対王政の基礎を固めた（在位一五八九―一六一〇）。

ドがシリング単位で投げ込まれているので、そこから二〇シリングを獲得できれば彼は運がよいことになろう。しかし千ポンドが投げ込まれていれば、同じ人物は自分のまわりにいる人物から入手できる機会が増えるので、おそらく自分の力で一〇〇シリングを集めることができるであろう。同様にドイツにおいては、国が広大であり争奪戦からより多くのものが得られるので、スコットランドやイングランドから得られるものよりもずっと多くのものが得られるであろう。わが国の最大の領地といっても、プファルツ伯[76]やブランデンブルク侯[77]すなわち現在のプロイセン王の領地と比べればまったく取るに足りない。ドイツのこれらおよびその他の侯国は、いまやまったく専制的である。奢侈と技術の導入は、下層の国民に影響を与えたが、彼らには影響を及ぼしえなかった。彼らの領地は年間数十万ポンドの収入をもたらしたからである。したがって彼らは、自分たちに従って戦場に赴く食客をいまだに多く抱えているのであり、彼らの権威はしばしば、その領土内においてはまったく専制的である。

一七六三年三月八日　火曜日

［専制君主の登場］

前回の講義では、奢侈と技術が導入されるや否や、貴族階級が必然的に没落した次第について説明した。彼らの没落

は、どこでも国王の専制的権力をもたらした。このことはイングランドの場合にさえあてはまった。テューダー家の支配者たちが専制君主であったことは、いまでは普遍的に認められている。当時の議会は、彼らが自分たちの権力を拡大し維持するために採用した手段に反対してそれらを抑制するどころか、逆にそれらを権威づけ支持したのである。ヘンリ七世はまったく専制君主であり、ヘンリ八世はなおいっそうそうであった。エドワード六世[78]も同様な権力をもち、その権力はエリザベスの下でも、可能ならばさらにいっそう増大したであろう。実際のところ彼女は、その行動において姉のメアリ[79]よりもずっと穏やかで温和であったが、このメアリはイングランドのすべての君主のなかで最も専制的であった。フランスでは貴族階級の没落が、今日まで続いている国王の専制的権力を引き起こした。——自由の体系がどのようなものであれ樹立される以前に、貴族階級は崩壊するに至ったのである。技術のあとに続いた奢侈が彼らの権力を滅ぼしたのだが、以前は彼らだけが、国王が国民のあいだに及ぼしていた大きな影響力に抵抗したり、それを阻止したりすることができたのである。したがって彼らがいなくなってしまうと、国王に反対する勢力は何も残らなくなった。われわれは、以上のことがつねに見られた現象であったということも知っている。貴族の権力は、つねに自由の体系が樹立される以前に崩壊したのであって、このことは実際にそうであるに違いない。貴族というのは、われわれが想像しうる限り最大の自由

の妨害者であり抑圧者でもあるからである。彼らは専制君主よりもずっと国民の自由を損なうのである。テューダー家に見られた専制的統治においては、国民の最大部分は王国の遠方の地方に住んでいたので、彼らは何も恐れるものはなかったし、また主権者によって抑圧されるというどんな大きな危険もなく、彼が恐ろしい存在であったのは彼の宮廷所在地の

166

近くに住む者に対してだけであった。これに対して、王国全体にわたって主要な力を及ぼしている小貴族たちからは、誰でも危険にさらされる。したがって国民は、貴族が壊滅させられるまでは、身体と財産の安全を保障されえない。このようにして、フランス、スペイン、ポルトガル、およびイングランドにおいては、大貴族の没落以降、統治が専制的になったのである。

技術と奢侈に引き続いて生じた封建的統治の滅亡は、ドイツにおいては非常に異なる結果をもたらした。それは帝国の大貴族たち、もしくは諸侯の権力と専制的権威を増大させたが、皇帝の権力を増大させたのではなかった。彼らの領地は、すでに説明した理由によって、彼らの下位の者たちの領地よりもはるかに大きかったので、奢侈はその大きな領地が生み出す収入に対応するのに必要な大飛躍を超えることができなかったのである。彼らはおそらく、どのような個人的奢侈によっても、彼らのすべての収入を消費することはできなかった。したがって、彼らは首尾よく多数の従者と食客を抱えることができたのであり、それゆえ専制的になったのであ

167

る。また以前のしばらくのあいだ、彼らの政策は、皇帝の選挙にあたっては自分自身の領地を少しも、またはほんの少ししかもたないような者を選んで、その権力がそのように大きくならないか、恐れるに足りないようにする、ということであった。しかし彼らがカール五世[80]を皇帝に選んだとき、彼は当時、スペインの全領土、ドイツの非常に大きな領地とイタリアの大きな占有地をもっていたので、彼らはザクセン選帝侯からの警戒するようにとの助言にもとづき、カール五世と協議し、彼の行動の範囲を限定し、皇帝としての権威の相当

[76] プファルツ（Palatine, ドイツ語名 Pfalz）はドイツ帝国内のライン川沿岸の選帝侯国。

[77] ブランデンブルク（Brandenburg）はドイツ北東部、エルベ川とオーデル川の中間地域。一七〇一年、この侯国の選帝侯フリードリヒ三世はプロイセン王（フリードリヒ一世）となり、ブランデンブルクはプロイセン王国の一州として国号を失う。

[78] エドワード六世（Edward VI, 1537–1553）はヘンリ八世とその第三妃ジェイン・シーモアの子で、イングランドの新教化に努めたが一六歳で病没した（在位一五四七—五三）。

[79] メアリ一世（Mary I, 1516–1558）は、ヘンリ八世とその第一妃キャサリン・オブ・アラゴンの子。スペインのフェリペ二世と結婚し、多数の新教徒を迫害・処刑したので「血のメアリ Bloody Mary」と呼ばれた（在位一五五三—五八）。

[80] カール五世（Karl V, 1500–1558）は神聖ローマ皇帝（在位一五一九—五六）で、スペイン王としてはカルロス一世（在位一五一六—五六）。皇帝マクシミリアン一世の子フィリップ（オーストリア大公）とスペイン王女ファナの子。一五一六年に母方の祖父フェルナンド五世のあとを受けてスペイン王となり、一五一九年に対立候補フランスのフランソワ一世との争いに勝って神聖ローマ皇帝に選ばれた。

な部分を放棄するよう談判した。この条件協議は以前には必要ではなかったが、現在も皇帝を輩出し続けているその家系〔81〕出身の皇帝が亡くなるごとに継続して行われているので、この談判は一般に皇帝たちから、皇帝としての彼らの性格だけに由来する、ほとんどどんな影響力をも奪ったのである。このようにして諸侯は、自分たち自身の領土においては非常に専制的になったのである。

〔イングランドの事例〕

君主たちの専制的権力は、フランス、スペインその他でそれが樹立されて以来ずっと続いている。イングランドにおいてだけ、事物の自然な成り行きによって異なる統治が樹立された。――イングランドの状況と環境はまったく異なっていた。イングランドはついにスコットランドと合邦した。したがって、その領土は完全に海によって囲まれ、これが四方八方の隣国からの防衛線となった。それゆえ、外敵の侵入の恐れはそれほど大きくはなかったのである。(反乱の際に、王国の防衛のために非常に拙劣に呼び寄せられた若干の部隊を例外として)ヘンリ三世の時代以来、外敵の侵入はなかったと考えていい。そして〈　〉自身は、ヘンリとの彼の抗争で彼を支持するために〈　〉によって呼び寄せられた[66]。しかしながら、スコットランド人はしばしばイングランドに侵入したので、もしスコットランドがいまなお分離されていれば、おそらくイングランドはその自由を回復しえなかったであろ

168

う。しかし合邦によって、彼らは侵入の危険を脱することができた。それゆえ彼らは常備軍を保持する必要がなかった。彼らはその必要性も有益性も認めなかった。――他の諸国では、封建的民兵とそれに続いた正規の民兵がすたれてしまったので、隣国から自国を防衛するために常備軍を設立する必要に迫られたのである。技術と諸科学の改良によって、上層階級の人々は戦役に従事しようという気持ちがなくなるような状態に追いやられる。奢侈はある人々の、必要な仕事は他の人々の、従軍意欲を妨げる。したがって、非常に卑賤な者だけが戦争に出かけることになる。上層の職人は、自分たちが失った時間に対して十分な補償を得ることができない。また、紳士たちで構成される軍隊はほとんど規律を必要としない。彼らは自分たちの名誉心と気質によって、自らの義務を果たすであろう。しかし、軍隊が非常に卑賤な者たちで構成されるようになると、彼らは常備軍に編成されなければならず、軍律が樹立されねばならない。すなわち兵士は、依然として紳士である自分たちの将校を、敵以上に恐れるような状態に置かれなければならないのであって、彼らはこういう場合にはじめて戦おうとするのだ。彼らは敵から逃げるよりも将校に従うであろう。それゆえこの制度は、技術と奢侈が確立したすべての国で行われたのである。われわれは、フランスではアンリ四世が通常二万人から三万人の兵士からなる常備軍を維持したということを知っている。これは、今日の彼らの常備軍と比べれば小規模なものにすぎないが、当時は

169

170

一大軍事力だとみなされていた。また、もしフランスが平時においてそれだけの人員の兵士を維持しうるならば、その国はヨーロッパの治安を維持しうるであろうと考えられた。それゆえわれわれは、それが実際に非常に強力であったことが理解できるのである。しかしながらブリテンは、恐れるに足る隣国をもたず、そのうえ当時はヨーロッパのすべての国に優越すると考えられていた。国王の収入は非常に乏しく、国王の主要な支持地でもある直領地は売却されていたので、彼は宮廷の威厳と威光を維持するのに必要な貨幣しかもっていなかった。これらすべての理由から、常備軍を確立するのは不必要であり、かつ不都合で無用なことだと考えられた。フランスの三部議会、スウェーデンとポーランドの国会、およびイングランドの上院と下院は、どのような法律や規制でも制定することができ、どのような税でも課すことができた。テューダー家の君主たちは、すでに見たように、これらすべての議論を覆したが、もし彼らが常備軍をもっていたならば、彼らは自分たちの好きなように行動できたであろう。しかし、君主は常備軍をもっていなかったので、彼は議会を招集することを余儀なくされたのである。これがステュアート王朝統治下の状況であった。国王の権威を縮小し、彼をさらにいっそう弱体化したことにも貢献したもうひとつの要因は、エリザベスがその治世の末期に、自分自身の家系の後継者をもつことはないことを見越して、国民の愛情を得ることに非常に骨を折り——事実そのことには一般に成功したの

だが——、苦情の種になることが分かっている課税を行おうとせずに、むしろ直領地の売却を決意したことにより、直領地が彼女の治世において完全に譲渡されたということである。[67] ジェームズ一世とチャールズ[82]には、このようにして収入がなく、また貨幣を強要したり、国民にその他の影響を及ぼしうる常備軍がなかった。したがって、彼らは議会を招集し、その同意を得ることを余儀なくされたのである。下院議員はいまや、初期の頃のような取るに足りない存在であるどころか、おそらく貴族の財産と同等もしくはそれ以上の財産をもち、自らを、貴族と同等の非常に強力な団体を代表するものとみなした。下院議員が王国の状態を、その支出にあたって非常に節約的で、実際に出し惜しみしなければならないものとみなしていたことは、もっともであったと考えられる。彼らはまた、このように切り詰められた割り当て額でさ

[81] ハプスブルク家のこと。

(66) のちのフランス国王ルイ八世（在位一二二三—二六）は、ジョン王（欠地王）の治世末期（一二一六年）にイングランドに侵入したので、ヘンリ三世が国王になったときにはイングランドにいた。この箇所はフランス王ルイ九世（聖ルイ、在位一二二六—七〇）との混同が見られる。ルイ九世はイングランドには来たことがなかったが、シモン・ド・モンフォールの貴族派とヘンリ三世とのあいだの抗争の調停者となるよう要請された。

(67) Hume, *History*, IV. 729.

[82] チャールズ一世（Charles I, 1600–1649, 在位一六二五—四九）はジェームズ一世の子で、その専制政治により議会と対立し、ピューリタン革命中に処刑された。

え、国王大権の一部を取り除くことなしに与えることは決してなかった。このようにして彼らは、チャールズ一世の初期時代はもちろん、ジェームズ一世の時代においても、議会の同意なしに公債を募集したり、どのような類のものであれ課税したりする自由を、主権者から取り上げた。彼らは、以前には決して保証されなかった自分たち自身の言論の自由を確保し、和戦に関するすべての議論と国事に関するすべての内容を、自分たちに伝達するように彼を義務づけたのである。この時期には、国王権力へのこのような侵害がほかにも多くなされたが、国王は自分の状況の必然性から、少額の上納金を得るためにも、議会が要求するどのような条件をも受け入れざるをえなかった。ついに、スコットランドでの礼拝形式を変更しようとする［チャールズ一世の］試み（非常に思慮に欠けた手段）が、この国に反乱を引き起こした。スコットランドの軍隊がイングランドに進軍した。国王にはこれに抵抗する軍隊がなく、軍隊を調達する資金もなかった。彼は議会に資金援助を申し入れたが、議員たちがスコットランド人と同じ意見であることが分かった。彼らは根はスコットランド人と同様にピューリタンであったので、国王にどのような援助をも与えようとはしなかったのである。それゆえ、彼は議会と交渉せざるをえなかったのだが、ついに議会の要求に同意しなかったので、議員たちは彼の首を切断したのである。王政復古において、ある手段が講じられたが、それは、より精力的な君主の手中に置かれたならば、国民に対する絶対的

権威を樹立したかもしれないものであった。つまり、一二〇万ポンドの収入が国王のためにあてがわれたのであり、この額は、もし軍隊の維持に用いられていたならば、王国全土を畏怖させるような軍隊を保持したことであろう。プロイセンの国王は、それほど多くない資金で強大な軍隊を保持し、クロムウェルはつい先頃、より少ない資金で王国全土を服従させたのである。しかし、浪費癖があり派手好みのチャールズ［二世］は、それを自分の快楽の追求のほうにあてたので、彼は以前のどの国王の場合とも同様に困窮し、議会に依存するようになった。ジェームズ［二世］は、その支出と所行においてさらにいっそう浪費癖が強かったので、自分の王国から追い出されて、新しい王家が連れてこられた。彼らはこの王国ではまったくの新参者で成り上がり者でもあるので、これまでよりも頻繁に議会の意向をうかがい、議会が課すどのような条件にも服さざるをえなくなった。そして実際に、ステュアート家の最も気の弱い君主でさえも同意しなかったであろうような多くの条件が課せられたのである。彼らがこれらすべてに服さざるをえなかったのは、わずかな援助を得るためであった。国王の収入は王室費、すなわち毎年課せられる一定の税、および年々与えられる臨時の税からなっていた。現国王［ジョージ三世］の統治下での王室費は八〇万ポンドに達し、前王［ジョージ二世］の統治下ではそれより若干多く、前々王［ジョージ一世］の統治下では約七〇万ポンドに達していた。この七〇万ポンドという額は、それに先立

つ二人［メアリ二世とアン女王］の統治下の王室費よりもいくらか大きかった。この額は王家の維持と王位の威厳のためにあてられているものだが、より精力的もしくはより野心的な君主の手に入れば、国王の権威を王国の国制が意図したものよりもずっと高めることになるかもしれない。収入の他の部分は、国民に課せられる大きな税、すなわち塩税と地租に由来するが、これらの税率は一割から二割であった。これらの額は通常三〇万ポンド強に達した。これらは陸海軍、すなわち全艦隊と地上軍隊を保持するためにあてがわれ、平時にはこの額で十分であったが、戦時には臨時の支給額が追加された。収入の第三の部分は、現在の治世のあいだに負った負債を支払うために抵当に入れられた基金である。債権者たちはこの基金のための担保を要求した。この目的のために固定税が導入され、これに由来する収入がその負債の支払いのために抵当に入れられたのである。この部分には国王は干渉しえない。それは財務府の部局に払い込まれ、そこでまったく安全に保管される。財務府の会計監査人その他の官吏たちは、それに関して議会に説明責任を負い、彼らの履行内容を議会に提出しなければならないのだが、これは議会によって指名された公債債権者からのものでなければ、受け取られることはないであろう。したがって、この部分の収入は国王に権威を与えることはできないが、彼はこれによって若干の非常に有利な役職を自由に処置することができるのである。それはまたステュアート家の利益に反して彼の利益を高めるのだ

175

が、それはこれらの債権者たちがその税の導入にあたって、元本と利子の双方を失うからである。なるほどその税は彼の官吏たちによって徴収されるのだが、決して彼の手中には入らず、（すでに述べたように）まず財務府に、次いで債権者の手に渡るのである。この税には一般に、当該債権者に利子を支払うのに必要な額以上の余剰分が含まれている。この部分は、特定の用途に充当されないので、いわゆる不特定用途充当基金、もしくは減債基金に入れられる。これには国王は手を出すことができない。これは財務府の会計監査人その他の官吏の直接的管理と監督の下に置かれるが、彼らは、終身の官吏で非常に高額の俸給を手にし、一般に王国の指導者であるので、どのような報酬によっても、これを本来それがあてられていたもの以外の目的に使用することでこの官職を失うような危険は冒さないであろう。なるほど王室費は、各治世の冒頭において確保されるが、現在の運営では、それは宮廷と王室の奢侈と壮麗さに費やされるので、国王には何の権威をも与えていない。収入の他の部分、すなわち地租と消費税と関税からなる部分は、全艦隊と陸軍に当てられ、年々付与される。抵当に入れられた税は必然的に永久的なものであり、王室費は国王の生涯に及ぶが、その他の部分は臨時のものであるため、したがって議会が招集されなければ減少するであろう。陸海軍の保持に当てられる基金もまた、議会の認可に依存しているので、議会が定期的に招集されなければ、統治の全体は終了するに違いない。国王は、チャールズ一世

176

177

が行ったように、一五年もしくは一六年間ものあいだ議会の援助なしに王国を統治することなどは到底できないどころか、そもそも財源を徴収することができないのであるから、誰にでも衝撃を与えるような手段をとることによって国民全体を怒らせたりすれば、一年間たりとも統治を維持することはできないだろう。このようにして、常備軍が導入される以前に、自由の体系がイングランドに樹立されたのである。他の国々では事情が異なっていたので、この体系はいまだに樹立されていない。これらの国々の国王は、そこで用いられている常備軍によって、議会や国会その他における一国の最高裁判所の決定を破棄する権限を手中に収めているのである。

――イングランドでは、立法府の最高権力は国王と上院と下院とのあいだに分割されている。立法過程は上院か下院のいずれかで始まり、それぞれ他方の議院で可決される。しかし国王は、討論が始まるとそれに介入したり、どれかの議論を非難したりすることはできなかった。もっとも、彼はある法案を推薦し、議論に先立って議員たちの考慮に委ねることはできた。しかしながら、金銭関係議案は下院からしか発議しえなかった。この特権に上院が異議を唱えたことは確かであるが、この特権が約一〇〇年間以上にわたって下院によって保持されていることは周知の事柄である。上院はその法案を無条件に同意するか、それを無条件に拒否することができるだけで、それを変更したりそれに付け加えることは、どのようなものであれできなかった。国王はあらゆる場合において、

178

ある法案に対して同意か否認を示す権限だけしかもっておらず、しかも両院を通過した法案を拒否することは、まったく不人気になっているので、いまでは見られなくなった。ウィリアム三世[83]の時代以降、国王はつねにどの法案にも同意を示してきた。チャールズ二世は、法案の拒否が国民にはまったく不愉快なことであるのをよく理解していたので、それを実行するようなことは決してなかったが、しばしば法案の引き延ばしなどの非常に卑劣で意地の悪い方法を用いた。これが引き起こす不快感は、法案をきっぱりと拒否した場合よりも少ないと、彼は考えたのである。王室費と常備軍だけが、臣民の自由をともかくも危険にさらしうるものである。王室費は相当なものなので、精力的で腹黒い野心のある君主たちがこれを手中に収めれば、宮廷付近に侍る少数の官吏によって得られるものにはるかにまさった影響力を手にするであろう。――常備軍もまた、国王がそれによって大きな影響力を手にしたときには、確かに国民に向けられるかもしれない。しかし、ここには一つの安全弁もある。軍隊の主要な階級と地位を占めている人物たちは、自ら大きな領地をもち、また下院議員を務めてもいるのである。

[手稿第四巻の終わり]

179

［83］ウィリアム三世（William III, 1650–1702）はジェームズ二世の甥でオレンジ公としてオランダ総督であったが、名誉革命により妻メアリ二世（ジェームズ二世の長女）と共同で王位についた（在位一六八九―一七〇二）。

第五巻

1 彼らは、国王から完全に独立した影響力と権力とを、このようなやり方でもっている。国民を隷属化しようとする何らかの意図をもって国王と結託することは、決して彼らの利益とはならないであろう。というのは、国王が彼らに与えうる見返りでは、彼らの関心を国王のほうに向かせることができないからである。したがって、彼らがどれほど欲深いとわれわれが想定するにせよ、少なくとも議会に議席をもっているか、あるいはそれに伴って官職をもっている人々は、信頼できるだろう。

一七六三年三月九日　水曜日

［自由の体系］

昨日の講義で私は諸君に、自由の体系というものが、貴族たちの没落のあとに、ブリテンでどのようにして確立されたかを説明した。ただ、実際にはその没落の直後ではなく、テューダーの家系が絶え、ステュアート家が王位について一〇〇年ほどあとのことである。この変化をもたらすには二つの大きな原因が働いた。――その第一で主要なものは王国の情勢であり、それにより常備軍は不要とみなされた。常備軍の欠如は国王が議会の支持なしに法を制定すること、あるいは税を課すことを不可能にした。王国は実際には布告と勅令によって一六年のあいだ、チャールズ一世によって統治されたのである。ヘンリ八世の時代のこれら［布告と勅令］も、
2 議会が制定した法とまったく同じというわけではないが、ほとんど変わらぬ権威をもっており、人々を畏怖させ続けるには十分であった。それらに対する不服従は厳しく罰せられることになってはいたが、当時は実際にはそうではなかった。同様に甚大な影響を及ぼしたもうひとつの事情は、国王の古来の、通常の王室収入が、ブリテンでは他のどの国よりも浪費されてきたことである。古来の直領地の残りは、エリザベスによって完全に譲渡されてしまった。彼女は、自分が子孫をもたないことを分かっていたので、自分の後継者がいかなる条件で統治を受け入れるかということに無頓着になり、特にスペインと交戦中の彼女の治世の晩年に、これらの領地の

売却によって調達された資金によって、統治の費用を減じることで国民の機嫌を取ったのである。このことはボリングブルック卿によって特に詳しく解説されている。[68] このようにして、ここでは、他のどこよりも王室収入のひどい不正流用が確認されたのである。国王は常備軍をもっていなかったため、いかなる税あるいは上納金も自ら徴収することができず、議会に完全に依存していた。下院もまたこのとき、上院 3 に対して優勢であった。下院の投票総数ははるかに多く、彼らが約五〇〇名の議員からなっているのに対して、上院議員は二〇〇名をそれほど超えてはいない。しかも、この五〇〇名のなかに上院議員たちと同等の大きな資産か、あるいはそれ以上のものを保有する者が二〇〇名ほどいる。ところが、こうした人的な影響力に加えて、彼らはさらに大きな影響力をもっていた。それは、彼らが自治町と地方のどちらにおいても民衆全体の代表であり、このように見れば、いわば全人民の勢力であったということである。国民もまた一般に、貴族たちよりも彼らのほうをずっと信頼している。貴族たちは自分の一族の勢力を強化し、富を増やすことに関心をもつと懸念されよう。というのも、彼らはそれらから自分たちの影響力を得るからである。それに対して下院議員は、人民の声と彼らの選挙区民たちの支持に関心をもつに違いない。彼らの権威はそれに依拠しているので、彼らはそれを維持するために努力しなければならない。だから彼らは、彼ら自身の勢力と人民の勢力との合成勢力を所有しているのである。下院はまた、あらゆる金銭関係議案が彼らから提出されるという古い慣習によって、相当な影響力を有している。金銭関係議 4 案は現在では、議案のなかで最も重大かつ重要な役割をもっている。下院議員は、上院議員よりもはるかに討議と審議に慣れているので、諸議案のほとんどが彼らから発議されるのが普通であり、一般にもちろん上院よりも先に通過する。上院議員は現在、スコットランド人の抗議がなければ、行うべき仕事がほとんどないだろう。そこでは、講和条約の締結あるいは他のそうした重要な案件処理に関する審議がなされない場合は、四人あるいは五人以上が出席していることは通常はない。それ以外のすべての場合において、下院議員は、はるかに重大で重要なかかわり方をしている。下院議員は、すべての議案を金銭関係議案と対等の地位で提出するという慣例、そして国王がもっている権力、すなわち、議案を修正することなく賛成あるいは拒否する権力よりも大きな権力を上院議員に与えないという慣例を、定着させる努力もしていた。彼らは、このことを彼らがタックとよぶもの、すなわち、金銭関係議案につながれた条項によって達成しようとした。その条項には、異なる性質をもつ事柄が含まれており、彼らはこれを金銭関係議案だと言うことによって、上院議員はそれを拒否するなどの権限しかもつべきではないと要求した。しかし、彼らがこれに同意することは決してないだろ 5 う。あらゆる法が金銭関係議案の形に置き換えられてしまうからである。

こうして確立された自由は、それ以後、数多くの議会の諸法や諸条項によって確認されてきた。統治の体系はいまでは自由の体系をその礎として前提している。この体系を変更しようとするどのような試みに対しても、誰もが衝撃を受けるであろう。そして、そうした変更には最大の困難が伴うであろう。最大の危険は、（上述したように）王室費と常備軍から生じる。(69) 自由に対するひとつの安全保障は、すべての裁判官が終身でその職を保持することであり、国王から完全に独立することである。そうなれば、あらゆる人々は、自由で独立し、自分のふるまいにも責任をもつ裁判官によって裁かれることになる。その結果、臣民に対して不公平なふるまいをするように彼らを促すものはなくなり、有益な仕事ができずに彼らの評判も落とすという危険がなくなるであろう。また、それに見合うものを国王は何も与えることができないだろう。裁判官も陪審も国王に依存することはまったくない。――事実、スコットランドと同じように、イングランドの多くの地方では州長官たちは国王によって任命されるが、この職も終身であり、高い権威や利得が伴うものではない。その結果、その職を免除してもらうために、多くの者が五〇〇
6 ポンドの罰金を支払っている。それを拒否することは国王には何も影響を与えず、国王が彼らに圧倒的な統制力を加えたり、あるいは法と正義に反してふるまうこともできない。議会によって承認されていない何かの税を課した者は、強盗罪で裁かれるであろうし、また私訴追によっても裁かれるであろう。国王は起訴あるいは告発された人々を赦免することができるが、私訴追を赦免することはできない。したがって、たやすく国王に左右される者は誰もいないだろう。というのは、彼の保護あるいは命令は人々を正義から遠ざけることはできないからである。臣民の自由を守るもうひとつの条項は、国王の大臣たちを、失政のかどで弾劾する権限を下院議員がもっていることであり、しかも、それが明白な自由の侵害でなくても弾劾できるということである。この権限はウィリアム三世の時代から行使されていないが、いまなお存在している。この特権は、自由にとって好都合な他の多くのことと同じく、あの専制的な君主ヘンリ八世のおかげなのである。彼が疑念をもつようになった、彼の大臣たちのなかの誰かを除去するために、彼らがとったいつもの手段は、国王に従順な下院の手で彼を弾劾することであり、このときから彼らはずっとそれを保持している。国王は、私人が起こした訴
7 追、すなわち私訴追を赦免することはできない。つまり、国王がその権限をもつのは起訴に関してのみであり、すなわち、大陪審が起訴状を正当なもの、あるいは、いわゆる妥当なものであると認め、その後に、個別の事件を委員会あるいは下位の陪審に委任したときのみである。通常の告発と同じ

(68) エリザベス朝期の経済の全般的な賞賛については、Bolingbroke, *Remarks on the History of England*, Letters 13 and 14 (*Works* (1841), 369 ff.)、直領地の売却については、Hume, *History*, IV. 729.

(69) 上記手稿第四巻179ページ［本書284ページ］。

く、彼はこれらを許すことができるのだが、私訴追を赦免することはできない。同じ理由で、彼は弾劾も赦免することができない。というのは、それらは他者の利害にかかわることだからである。――上訴できない、あるいは、赦免されることがない死罪に対する恐怖と同じく、不名誉と評判を落とすことに対する恐怖は、大臣たちが国家に反する何かの〈?〉を企てるのをおじけづかせる一助となり、臣民の自由を保障し、彼らが現在保持している大きな諸権利を確固としたものとする。人身保護法[70]もまた、圧政に対する重要な安全保障である。というのは、それによって、移動の費用が負担できる者は誰でも、四〇日以内にウェストミンスターで裁判が受けられるからである。この法律ができる前は、枢密院は、彼らが選んだ者を誰でも牢獄にとどめておくことができ、裁判にかけないで思いどおりに拘禁しておくことができた。現在では、州刑務所、あるいはその犯罪が行われたと言われている場所に最も近いところ以外のどこかに投獄されることはない。つまり、彼［犯罪者］はブリテンから、ジャージー島、ガーンジー島、あるいは植民農園に送られることはありえず、すなわち、必ず人身保護法の範囲内に置かれる。――これは人民の自由を十分に保障するであろう。というのは、その費用を負担できない人々が多数いるとはいえ、国王によって甚大な危険を与えられうる人々はそうした人々ではないからだ。国王の不興をきわめて受けやすいのは裕福で権勢のある人々である。フランスでバスティーユに送られる

8

のは、貧困民衆ではなく富裕な人々なのである。人身保護法に反対できる裁判官は誰もいない。それに伴う懲罰は、不名誉と高い罰金である。国王がどのような影響力を及ぼしても、彼らをそうした企てをするようにそそのかすことはできない。この法律はきわめて厳格なため、反乱あるいはそれ以外の国家の緊急時に、そのように迅速な裁判をしないで収監する必要がある場合には、六カ月のあいだ停止されるのが普通である。しかし、その廃止は決して許されないだろう。そうすれば、臣民の自由を大いに損なうことになるからである。

選挙を頻繁に行うこともまた、臣民の自由にとって大きな安全保障である。というのは、代議士は自分の国、少なくとも自分の有権者たちの役に立つよう配慮せねばならず、そうしないと次の選挙で自分の議席を失う危険にさらされるからである。専制的統治では、国王のお気に入り連中に寵愛が与えられ、すべての公職は彼らに授けられる。しかし、このような国では、国民の好意は、活動的で多忙な重要な人々に与えられるのが一般的である。そうした人々は、自分の有権者たちに対して何かの支援を求める大胆さがあり、こうしたやり方で、他の人々よりも傑出しているのが自然である。最大の影響力をもって当然な人々に権力が与えられるのは悪い方法ではない。こうした選挙が頻繁になるほど、代議士たちはそれだけ従属的になるのである。議会が一七一五年〈の〉戦争のあとに、三年任期から七年任期に変更された[71]のはこうし

9

た理由からであった。そうすれば議会が有権者たちに従属することがより少なくなり、統治の民主的な部分が縮小されるからである。同様の理由から、人民の発言力は、次の選挙の時期により近い議会の満了の頃より、最初の頃のほうがその
10 重みが軽くなる。したがって、閣僚は、講和の締結やそうした類の重要な仕事を、議会の初期に達成しようと目論むのが一般的である。会期終了近くになると、敵対政党がきわめて厄介な党派を立ち上げるかもしれないからだ。——選挙の方法も、イングランド独自のもうひとつの安全保障である。自治町の議員の選挙は、かつてイングランドでは、現在スコットランドで行われているものと同様のものであった。それらは町参事会員と一般議員によって管轄されていた。しかし、チャールズ一世の時代より前には、選挙が人民の全集合体で行われたいくつかの自治町があり、きわめて民主的であった一六四二年の議会で、すべての選挙は自治町の自由市民たちか、あるいはそこの全住民、彼らの言うところでは、煮えかえる鍋をもつすべての人によって管轄されるべしとの命が下された。このやり方はまったく民主的なものである。〈だが?〉選出された人物が、少なくとも選出されたその町において、その品性がふさわしい人であるということはありえない。ところがスコットランドでは、彼らはまったく寡頭
11 政治的なため、貨幣がもたらす利害を為政者たちと共有していれば、町全体にとってきわめて嫌悪すべく不愉快な人物が選出される可能性がある。しかし、いかなる賄賂を使っても、その人物にいったん偏見をもってしまった暴徒たちが沈静化することはないだろう。したがって、彼はその町では、少なくともある程度の評価をもっていなければならない。それは州選挙と同じやり方である。国王から保有しない者、年間六〇〇ポンド[72]を超える多額の地代収入のある者は、ここでは選挙権をもたない。ところがイングランドでは、土地を四〇シリングの価値まで占有していれば、それが国王からであれ、一臣民からであれ、あるいは一代または数代の借地であれ、それから年に二〇シリングの利益を得ると誓うことができるなら、誰でも［選挙権をもつ］[73]。その数はここでは［スコットランドより］ずっと多く、三千あるいは四千というのは、彼にとって三〇あるいは四〇よりはずっと膨大なものであろう[74]。したがって、われわれの統治はイングランドよりもかなり貴族政治的であり、独立した議会をもっていたときには実際にそうであったことをわれわれは知っている。下院はまた、問題のあった選挙すべてに対し単独で審査し、それらに

（70）31 Charles II, c. 2 (1679). 期間は二〇日以内である。上記手稿第二巻129ページ［本書123ページ］を参照。
（71）1 George I, st. 2, c. 38 (1716).
（72）四〇〇スコットランド・ポンド。これは Act, 1681, c. 21 による（A.P.S. VIII. 353, c. 87）。
（73）8 Henry VI, c. 7 (1429) は、年間四〇シリングの価値をもつ自由保有地を保有する者に参政権を与えた。
（74）Dalrymple, 274:「イングランドでは、いくつかの特定の州で三万人を超える有権者がいる一方で、スコットランド全体では、自由保有地保有者と町議会議員を含めて三千人を超える有権者はいない」。

ついて細心、慎重である。というのは、彼らの利害は、それらをできるだけ自由にしておくことに通じるからである。これらの法律と定着した慣例が、想像できないほどの強い反対
12
を受けることなくして国王の絶対権力の導入をきわめて困難にし、ほとんど不可能にしている。議会の期間の長さと有権者と当選者の双方を買収しうる王室費の膨大さが、自由にとって危険と思われている唯一のことである。しかし、これもおそらくあまり役には立たないだろう。つまり、悪法を可決させる限りでは、それは彼らに実際に影響を及ぼすかもしれない。〈だが?〉人民の自由を奪い去ることが明白である何かの法を可決させるには、十分ではないだろう。彼らは、もし資金の調達を国王の権力に委ねる場合は、そうした法を可決させるために手に入れる金銭は、彼らが受け取る限りで最後のものになると気づかねばならないことは明らかである。したがって彼らは、議会招集の必要性を無効にする法の可決に決して同意しないであろう。

［イングランドの裁判所］

自由を保障するのに役立つもうひとつのものは、裁判所の形態である。王国〈解読不能〉以前は国王裁判所は、一七四五年以前のスコットランドの大司法官裁判所と同じ形態をとっていた。それらの裁判所の裁判官あるいは長官は、領主
13
裁判所の執行代理官であったが、こうしたやり方で大司法官であるばかりでなく、男爵の代理人あるいは執事でもあった。彼は領地の地代を徴収するばかりでなく、そこで起こるあらゆる問題を裁いたのである。国王の下の裁判官たちは、同様にまた国王に支払われるべき収入の徴収官でもあった。この関係はきわめて自然であった。州長官あるいは州官吏は、諸犯罪に対するあらゆる罰金、特別罰金、示談金が支払われる人物であり、これらは封建的収入とならんで、公収入の相当な部分を占めていたのである。無償譲渡であれ相続であれ、一方から他方への所有の移転は、国王への科料の支払いなど、その類のものがなければ不可能であった。州長官はそうしたすべての科料の徴収官なので、彼をそれらの裁判官にも任命することは自然であった。〔州長官たちは、これを記帳するようにしていたが、彼らはそれを、国王に渡される判決金とよんだ。〕［12裏］この時代には、大司法官は、公収入の財務あるいは会計の長官と同じであった。このようにして、彼の権力はこの二重の官職のためにまもなく国王自身の
14
それとほとんど同等となり、彼は国王の警戒対象となったのである。この時代には議会と財務府の構成員は同じであったと思われ、公収入に関連する何かの問題を考察する場合にだけ、彼らは財務府の会議室に集まった。その机がチェック柄の布で覆われていたことから、財務府にはチェス盤 scaccarium という名前がつけられた[75]。長官すなわち大司法官は、このように訴訟事件の裁判官となるばかりでなく、公収入の徴収官にもなったのである。というのは、地代を徴収する者が、自分の裁判所で訴訟事件の判決も下すよう定められてい

たからだ。この執行代理官は、法についてきわめて不完全な考えしかもっていない何かの著述家か、あるいはそうした類の人物であるのが一般的であった。最高法官 Magnus Justiciarius はこのようにきわめて有力となり、国王と同等の地位になったため、ライヴァルを許せなくなったエドワード一世は彼の権力を剝奪してしまった。この裁判所は、三つのそれぞれの権能、すなわち刑事訴訟に関する判決の権能、民事訴訟そして財政訴訟の権能をようやくもったばかりだった。 15 ところが、普通民事裁判所はジョン［王］によって分離された。それらの訴訟を審理する裁判所を国王裁判所とともに移動させるのは、不便であるとみなされたためであった。それは訴訟の取り下げをしばしば起こしたからである。しかし、エドワードはこの役所を完全に取り去り、この裁判所を四つに、すなわち、普通民事裁判所、第二に王座裁判所、第三に財務裁判所、そして最初は訴訟要領書(76)の役所にすぎなかった大法官裁判所に分けたのである。

一七六三年三月一〇日　木曜日

イングランドの臣民の自由を大いに強化する、もうひとつのことについて私は話した。――これは、法の意味を解釈、変更したり、あるいは拡大、修正したりする、裁判官の小さな権限であり、法がその文言の文字通りの意味にもとづいて遵守される厳密な正確さのことである。これらについて、歴史はわれわれに数多くの事例を提供している。司法権は、この王国ではまず、男爵や領主の裁判所で、男爵領の執事あるいは執行代理官に対して与えられたのと同じやり方で与えられた。男爵領の執事あるいは執行代理官は、地代と紛争の決着のためのあらゆる科料、そして男爵の支払いにあてられるべき他のすべての資金を徴収し、それと同時にこうしたすべての訴訟の裁判官でもあった。したがって、王国の最高法官は、財政上の権限も有しており、国王の収入を徴収し管理した。 16 彼はこの国では最高法官あるいは大司法官とよばれ、フランスでは宮宰とよばれた。この官吏はそれらの二つの職務を併せもっていたので、やがて、少なくともフランスでは、ついには国王以上の大人物となった。われわれはそれがフランスでどうなったかを知っているのだが、この職がひとつの家系に数世代にわたって継承されたあと、彼らがその司法・財政の両方の権限から得るに違いない権威は、その期間に、ますます大きく感じられるようになり、さらには王国のさまざまな地域に対して国王にまさる影響力を彼らに与え、［ついには］王国全土に彼らの権力が及んだのである。したがっ

(75) T. Madox, *History and Antiquities of the Exchequer* (1711), 109. Scaccarium は、中世ラテン語でチェス盤を意味する。

(76) 訴訟要領書 briefs は、イングランドの令状に対するスコットランドの用語。Cf. G. Gilbert, *Historical View of the Court of Exchequer* (1738), 7; Hume, *History*, I. 411.

てわれわれは、宮宰がフランスの最初の二つの王朝のあいだ王国を奪ったことを知るのである。これは最初にカール・マルテルによってなされ、のちにはその末裔であるユーグ・カペー〔1〕によってなされた。われわれの国王のなかで最も賢明な人物であるエドワード一世は、誰かが行ったことだけでなく自分が行ったことについてもよく分かっていたようであるが、宮宰がフランス王に対してふるまったのと同じやり方で大司法官が彼に仕えることを恐れて、その権威をいっせいに廃止した。(77) この時代より前には、ジョン王の時代に大司法官の権力に対してなされた削減がひとつあった。彼らは最初は、刑事訴訟と民事訴訟と財政訴訟を行ったが、大司法官は裁判を実施するために王国を巡回する国王に随伴し、大司法官裁判所は国王の裁判所に同行したので、普通民事裁判所に与えられているこれらの諸権力のうちのひとつを、彼から分離することが必要だということになった。彼らがもっていた三つの権力、というよりも彼らが裁判する三つの訴訟の種類は、第一に、人と人のあいだに起こるあらゆる民事訴訟に関する裁判権であり、初期の社会では契約が訴訟を維持させないので、特に土地所有をめぐる訴訟に関するものであった。第二に、彼はあらゆる刑事訴訟を裁いた。第三に、彼は財政上の法定資格をもって判決を下し、その場合、起訴は主権者と臣民のあいだで起こり、彼らのあいだの地代あるいは何かの種類の負債のような、金銭に対するあらゆる請求は、国王対臣民か、あるいは臣民対国王かで決められる。司法権のこ

17

れら三種類すべての異なる諸部分は大司法官のなかに統合されていた。

刑事訴訟の手続きの形式は、民事訴訟のそれとはつねに大きく異なっている、とわれわれは言うことができる。刑事訴訟の手続きはきわめて短いのがつねである。陪審は、全員が監禁されて彼らの評決を答申する。生死にかかわる裁判は一度の尋問しか要しない。その罪が申し立てられ、双方の証人がよばれ、判決はただちに言い渡される。この判決に控訴はない。——しかしイングランドでは、四〇シリングの価値について、人は最初に治安判事(78)に訴えられる。そこで却下、猶予などを要求することができるし、判決を三カ月か四カ月にわたって延期させることができる。それでもし納得しなければ、彼はそこから州長官の裁判所へ事件を移すことができる。そこから普通民事裁判所へ、さらに誤審令状により王座裁判所へ、そこからまた議会へ。こうしたやり方できわめて長期間判決を遅らせることができる。生死にかかわる訴訟の裁判は、四〇シリングのわずかな金額のための裁判よりも長いに違いなく、人の生命は当人には何物にも代えがたいものであるから、その訴訟の審理には、より膨大な時間が費やされると考えるのが当然であろう。ところが、つねにその正反対が実情であったことが分かる。(79) その理由は、すでに私が処罰の基礎として述べておいたことから明らかである。刑法全体は、侵害を受けた人の憤慨に対してわれわれが抱く同胞感情にもとづいている。われわれが一般的に言う復讐とは、性

18

急な情念である。それはその欲求の充足が遅れることを待ちきれず、即座にそれを要求するため、われわれの同胞感情によって命じられた起訴は、それらをかきたてた情念の性急さに流されやすいのである。しかし、四〇シリングの請求には 19
それほど差し迫ったものがあるとは思えない。犯罪の風評は国のすみずみにまで憤慨をかきたて、われわれはすぐに賠償が彼に与えられるべきだと感じるし、彼の情念はそうした欲求の充足を要求している。しかし、単一の負債はそこまでの熱意をもって追究されてしかるべきだとは思われない。一方［刑事訴訟］は短期の裁判を要求する。他方［民事訴訟］は、ときには遅延が許可あるいは承認されるかもしれないが、それは道理にかなっている。したがって、民事〈訴訟？〉の起訴はつねに緩慢であり、被告の狡猾さと言い逃れによってますますそうなる危険性がある。民事訴訟は、起訴を最後までやり通すのに時間がかかることが避けられず、遅延や中断が訴訟の取り下げを起こすことも避けられない。法廷が召集されたあとに、当事者たちが出廷しないか、あるいはどうしても遅延する場合に、それにもかかわらず原告が自分の訴訟を、彼がそれを中断したところからいつでも再開できるようにしておくことはきわめて困難であろう。どのような遅延であれ、その訴訟が中断されない〈解読不能〉で進められない場合は、訴訟の取り下げを起こすのであり、彼が自分の訴訟を再開する場合は、すべてが最初からやり直されねばならず、それ以前にかかった彼の費用はすべて損なわれる。ところで、大司法官裁判所が国王裁判所に同行する場合には、その巡回にあたって当事者たちが国王に随行することは決してできないので、訴訟の取り下げは避けられない。だが刑事訴 20
訟では、裁判所の移動についての不満はない。それらについては、つねに一度の審問で判決が下されるからである。この不便さはすぐに気づかれ、救済策が求められた。その結果、ジョン王の時代のマグナ・カルタによって、民事訴訟（すなわち、一般的な民事争議）は国王裁判所に同行せず、ひとつの固定された場所で開かれるべきである(80)と規定された。そのときから、それらはつねにウェストミンスターで審理され、王国のどの地域からもそこに集められた。刑事上および財政上の権限は結合されたままであったのだが、エドワード一世は、彼がきわめて警戒していた権力をおとしめることを熱望し、したがって［彼は］この官吏の権力を、それぞれ異なる担当官たちがいる三つの別々の裁判所に分割した。——これらが普通民事裁判所、財務裁判所、王座裁判所である。こ

〔1〕ユーグ・カペー（Hugues Capet, 940-996）はフランス王。ただし、カール・マルテルの系統であるカロリング家ではなくロベール家の出身である。

(77) Gilbert, op. cit., 10-11; Hume, *History*, II. 122.

(78) 治安判事ではなく州長官が、四〇シリングまでの裁判権をもっていた。Gilbert, op. cit., 6.

(79) 上記手稿第二巻89-90ページ［本書106-107ページ］。

(80) communia placita non sequuntur curiam domini regis sed in aliquo certo loco habentur（第一七条）.

れらのうちで最初のものによって、臣民と臣民のあいだのすべての民事訴訟が審理される。〈第二のものによって〉負債の未払いに対する、国王と臣民のあいだの訴訟が審理される。あらゆる種類の刑事訴訟が王座裁判所に提訴され、そしてそれはまた、普通民事裁判所に優越するものとされた。という 21 のは、どのような訴訟でも、誤審令状あるいは、いわゆる上訴によって、そこへ移行されうるからである。それが王座裁判所とよばれた理由は、国王が自らそこに座るのが習わしであったからである。それはヘンリ五世の時代まであったという人々がいるが、われわれは確かにヘンリ三世の時代まで、国王がいわゆる王座 banco regis に座っていたのを知っている。しかし現在では、国王はいかなる裁判所にも自ら出席することはできず、自分の官吏たちによってあらゆる訴訟に判決を下さなければならない。――大法官庁は、最初は裁判所ではまったくなく、たんに訴訟要領書と訴訟記録を扱う官庁にすぎなかった。大法官の仕事は、宣告されたすべての令状と和解を記録することであった。

［**大法官の由来**］

こうしてエドワード［一世］が司法権を分割したとき、彼が裁判官として任命した人々は、全体として、法律家として養成されてはいたが、財産あるいは地位のない最も下流の人々であり、しかもしばしば教会人であった。私は以前、すべての司法権が最初は不安定に行使されると述べた。[81] 刑事訴訟は、たんに争いをまとめるための仲裁者としての裁判官たちによって裁決され、民事訴訟は、仲裁者かあるいは任意に選ばれた調停者によって裁決された。すべての訴訟において、統治がよりよく確立されているときのように、強力な手によって採決されることはなく、大いにためらいがちで、注 22 意深く、柔軟であった。それゆえ、この権力が下流の人々に任せられているときは、民事訴訟の〈　〉、王座の〈　〉、財務裁判所の会計監査官は、みな国王の意向に従う下層の人々であったために、彼らはどのような形であれ、法の意味を超えたり、あるいはそれを変更したりすることをとてもいやがり、懸念した。[82] その結果、彼らが裁判の判決を下す根拠となる訴訟要領書と令状がすべての訴訟において作成され、すべての訴訟手続きの正確な記録が記録所 officina brevium に保存された。したがって、人がどの裁判所であろうと訴訟を起こそうと思った場合、その方法は、当人が大法官庁に行き、自分の訴訟を大法官庁の書記の一人に説明するというものであった。その書記は、その人の事件を含むものを発見できるかどうかを確かめるために、あらゆる令状と訴訟要領書を調べた。なぜなら、それが正確に合致しないとまったく価値がないからである。書記が合致するものを見つけると、彼はその人のためにそれを抜き出し、氏名とその状況を変更するが、書式は何も変えなかった。ところが大法官庁に、その事件に合致した訴訟要領書あるいは令状がない場合は、どの裁判所にも行くことができず、また、いかなる補償も取得す 23

ることができなかった。当時のイングランドの大法官庁は、現在ここ［スコットランド］にあるものと同等であり、たんなる記録所にすぎなかった。ただし、次のような違いがある。すなわち、高等民事裁判所が最近設立されて、その大部分がカノン法と市民法を基礎として構成されているため、人はそこにすぐに申請することができるのである。ただし、相続人への送達のような、たんなる形式に関する場合を除くのだが、以前はそれはここでも除外されなかった。――認可された訴訟要領書は、被告が住む州の長官に、訴訟開始令状とともに送られるが、それは、提起された告訴に答弁する人物を法廷に出頭させることを彼に要求するものである。いまでもこの形式がほとんど変更なく用いられている。裁判官たちが下流の者であったために、彼らの訴訟手続きの不規則さと不正によって、彼らは国王と人民の双方の不信をかった。彼らが収賄と汚職のかどでしばしば裁判にかけられ、罰金を科せられたのをわれわれは知っている。エドワード［一世］自身も収賄のかどで、その当時の通貨で約一〇万ポンドの罰金を徴収されたことがある[83]。これは現在の鋳貨では三〇万ポンドを超える額に相当し、価値においてはその当時の一〇〇万ポンドほど、すなわちその時代の公収入の約二年か三年分を超える額であったため、収賄はきわめて法外なものであったに違いない。したがって、彼らは厳格な法によって裁判をするように命じられ、訴訟手続きに関して、彼ら自身の訴訟記録によって裁判にかけられたのである。その訴訟記録はき

24

わめて厳格に一貫して保管され、いかなる種類の変更、説明あるいは修正も認められず、こうした類の企ては処罰された。今日に至るまで、これが多くの訴訟の実情であり、実際に、それが修正法によって除去されていないところではすべてそうなのである。それゆえ、これらにおいては、間違って綴られた言葉あるいはそうした誤りが全体を無効にする。というのは、特に法喪失宣告 outlawry についての訴訟手続きに関しては、これらの錯誤[84]あるいは修正は認められないからである。陪審裁判では、評決が宣告されたあとでさえも、誤りの修正は認められる。ところがあらゆる種類の上訴（あるいは私的な刑事訴追）とその他の多くでは、修正あるいは弁解は認められず、このことが、上訴が行使されることをきわめて少なくする原因となっている。大法官庁にある訴訟要領書あるいは令状がその訴訟を含まず、文書の字句が正確に一致していない場合、あるいは訴訟に関する何かの特定の法令があって、その法令の命令が同様に厳密に遵守されている場

(81) 上記手稿第二巻95ページ［本書109ページ］。
(82) ここにはいくらか混乱が見られる。というのは、この一節は、民事訴訟と王座の裁判官たちや財務府の男爵たちのような司法官たちに言及しているように思われるからである。彼らの裁判機能は訴訟開始令状によって制約されていたと言えよう。財務裁判所の会計監査官は（収入役とは違い）何も裁判機能をもっていなかった。
(83) 罰金は一〇万マークであった。Hume, *History*, II. 68.
(84) ジオフェル諸法（私は間違っている jeo faille に由来する）は、14 Edward III, st. I, c. 6 (1340) に始まる。それらは弁論の修正を認めた。

合は、その裁判所からはいかなる救済も得られない。訴訟記録が正確であると、どんな逸脱もきわめて容易に気づくこと
25
ができる。したがって、貴族と高位の教会人だけが高潔であると考えられていたときに、裁判官は当初は下流の人々であったので、そのことが裁判官の権力の縮小をもたらした。――国民の自由を支え、裁判所の訴訟手続きをきわめて正確にするのに役立ったもうひとつのことは、彼らのあいだに生じた競争であった。王座裁判所は普通民事裁判所に優越し、訴訟を普通民事裁判所から彼らに移すこともしばしばあったから、誤審令状が交付されたあとばかりでなく、それらの訴訟が普通民事裁判所で判決を下される前でさえ、刑事訴訟と同じく民事訴訟においても裁判を引き受けるようになった。彼らはこれを、不法侵害という架空の話を使って行った(85)。すなわち、当該人物が潜伏し、彼が召喚されたときに出廷しなければ、このことを示す逃亡者逮捕令状とよばれる令状が交付されて州長官に送付され、彼を発見するよう州長官に要求した。土地に関する訴訟はこのやり方で提起されるこ
26
とはできなかったが、契約などからも、動産返還権などからも発生するあらゆる争いはそうすることができた。現在ではあらゆる民事訴訟が、その裁判所に速やかに提起されることが可能である。それらの訴訟手続きの方法における改善が近年なされたので、訴訟の大部分は速やかに開始される。刑事訴訟を民事訴訟へ切り換える方法はありえず、その点ではいかなる脱法も不可能である。したがって、王座裁判所は普通民事裁判所を侵犯したが、普通民事裁判所が王座裁判所を侵犯することはなかった。

財務裁判所は、最初は国王と国民のあいだの金銭貸借をめぐる訴訟のみを裁判していたが、この裁判所で国民同士の訴訟も引き受けるようになった。国王に対する負債についてある人が訴えられた際に、彼は人々に、ある人が彼からそれだけの額を借りているので［国王に］返済できないが、彼から支払いを受けることができればすべてを精算できると述べた。これにもとづき、その人が負っているものと同額の不足状態 quominus et precipimus などの令状[2]を、われわれは命じるのである。こうしたやり方で、彼らは民事訴訟を自分たちの裁判所に取り入れたのである。誰もが何らかの形で国王に対する債務者であることから、彼はその負債という手段を利用して、自らの訴訟を財務裁判所にたやすく持ち込むことが
27
できるのである。――これらの裁判所の利得は、この国では判決料とよばれる、彼らが審理する複数の訴訟の手数料に主として依拠していた。書記と公証人たちもそこから報酬を得ていた。このように裁判所の利得のすべては、提起される民事訴訟の数に依拠していたので、その訴訟手続きを正確で確実、および（合意があれば）迅速にすることで、自分たちの裁判所で訴訟を起こすように、彼らがすべての人々に熱心に勧めたのは至極当然のことであった。その競争は裁判官たちの気づかいと正確さをいっそう大きなものにした。大法官はこの当時は文書の保管官にすぎなかった。彼はさほど重要

でない訴訟の裁判も自ら担当し、それらは大きなかごに入れられる他のものと区別されて、小さな袋とよばれていた。当時の大法官は王座裁判所に従属していたが、最初はこれらの小さな訴訟から彼の権威が生じた。しかし、エドワード一世とエドワード二世、それにもましてエドワード三世の時代に、次のことが分かった。すなわち、商業と貿易における頻繁な取引が多くの訴訟を発生させたが、いかなる訴訟記録もあるいは当時使われていた規則もそれに対応できず、そのことがきわめて有害であり、救済なしにすますことはできなかったということである。したがって大法官は、訴えられている権利侵害がどれかひとつの訴訟要領書には一致しないが、二つ以上のものに含まれる場合には、その形式で彼が新たな訴訟要領書を書記に作成させることを求められた。この方法を用いて大法官は、どの訴訟がそれに対する救済が準備されているかを審理する権利をもった。このことは当初は、裁判所に対して新たな訴訟要領書を作成することにすぎなかった。こうしたやり方で、彼は実際には、法律上の論点の裁判官であり、裁判所は審査すべき事実問題だけを扱った。ところが、争うべき事実のない数多くの訴訟事件が生じ、そうした訴訟では、それを裁判所にもちだす効用も必要もなかった。その訴訟はすでに結論が出されているため、このことは無駄だったのである。こうした訴訟では大法官は十分な救済を提示することができた。こうして大法官庁の衡平法裁判所が開始されたのである。〔しかし、衡平法裁判所は法律上の

28

論点だけを確定させる訴訟ばかりでなく、特に一般的な裁判所がいかなる救済も提示しなかった訴訟を扱った。〕［27裏］

われわれがそう考えがちなものとは異なり、衡平法裁判所は、不公平で不満足な判決に不平を訴えて、われわれが〈　〉あるいは誤審令状とよぶものによる上訴が、訴訟を他の裁判所からそこに移行させることのできるような裁判所ではない。というのも、それはそのようなものを何も受理しないし、それらと何のつながりもないからである。しかし、自分の訴訟を大法官裁判所で裁いてもらいたい場合は、彼は自分の顛末をその裁判所で語り、それと同時に、普通法の裁判所が彼にいかなる救済も与えることができないことを申し立てるのである。

　上述したように大法官はまもなく、普通法が含んでいない訴訟を考慮し始めた。この方法で彼が行った最初のことは、契約の特定履行を命じることであった。これらのことは普通法によって認められていなかったのである。彼らが行っていたことは原告に損害賠償金を与えることだけであり、特定履行の強制は考慮していなかった。しかし、このことを人は徳

29

(85) ミドルセックスの起訴状とよばれる召喚令状によって、被告は、彼がその州で（架空の）不法侵害を犯したと申し立てられ、出頭を命じられた。彼が応じなかった場合は、逃亡者逮捕令状が公布され、彼は潜伏していると主張された。

［2］不足状態 quominus というのは quo minus sufficiens existit（それによってより不足状態が生じる）の略であり、訴訟開始の理由とされた。

義上履行しなければならなかったのである。普通はカノン法に精通した教会人である大法官を長とする良心の法廷とみなされていた大法官裁判所が、この点に関する訴訟を提起し始めた。もうひとつのことは、信託と詐欺についてのすべての訴訟であった。普通法は契約に法的な効力を与えなかったが、それと同様に普通法は、人が自分に委託された信託を履行することを義務づけなかった。これを大法官裁判所が救済したのである。これには、売買による所有権の移転も含まれていたが、これはその当時、賃貸借契約、権利譲渡、およびそれ以外のすでに述べられたような方法によって、処理されるようになった。第三に、

［約四行の空白］

第四に、大法官はすべての遺言や遺書、およびあらゆる種類の相続と遺贈に法的効力を与えた。このことはまた、教会人を義務づける権限を彼らに与えた。王国のさまざまな諸地域において、教会人に大領地を委ねることが慣習化していた。彼らはこの方法で王国の大部分の土地を占有しがちであったので、どのような土地も死手譲渡すること、すなわち［宗教］団体に委ねることを禁じる法令が作られた。ところが、教会人はそれでも死ぬ間際の人々の良心を管理していたので、教会が使用するために、彼らの土地を特定の人々に委ねるよう彼らを説き伏せたのであった。普通法は、当該人物

30

が自分の信託を履行しない場合に教会にいかなる賠償も与えなかったが、このこともまた大法官によって認められた。これらのことは、私がすでに述べたように、あらゆる争いの主要な源である。争いのほとんどは契約から生じるか、あるいは、遺言のない ab intestato 相続は普通はまったく問題がないので、遺言とそれがもとで争いになる相続から生じる。もしくは最後に、一部分は生存中に有効な契約である結婚の契約から、一部分は死後に起こる継承的財産設定の契約から生じる。これらすべては大法官によって裁判されるようになった。こうして最初はまったく裁判所をもたなかった者が、他の裁判所から大量のビジネスを手に入れるようになったのである。

31

一七六三年三月一一日　金曜日

前回の講義で私は諸君に次のことを説明した。それは、イングランドでは、法とそれにもとづいて下される判決の高度な正確さと精度、そしてこれをもたらす訴訟によって臣民の自由がどのように保障されてきたのか、そればかりでなく、イングランドの裁判官たち——大法官はたいていの裁判官と同様に、自由裁量の裁判官であることは明らかなので、私は普通法の裁判官たちのことを言っている——が、法を解釈しあるいは改正する際に、他のどの国よりも小さな力しか

もっていないということがいかにして起きたのか、というこ 32
とである。ところが大法官もまた、普通法での救済がない訴訟のほかには、いかなる訴訟も裁判することができないので、臣民の自由にとってあまり危険ではない。また彼はいかなる訴訟においても、普通法の裁判所によって定められた訴訟手続きのいかなる方法に対しても、正反対の行動をとることもできない。他のすべての裁判所と同じく、この裁判所からの上訴も上院に移される。

法の高度な厳格さの第一の原因は、裁判所での訴訟手続きの通常のやり方である。それは大法官庁で令状を受理することから始められ、それにもとづいて彼らは訴訟をまとめ、訴訟要領書の正確な言葉から逸脱しないように判決を下す。あるいはその訴訟が何かの特別な法令にもとづいている場合には、その法令の条文は厳密に守られなければならない。彼らは訴訟手続きにおいて何かを、あるいは訴訟要領書とは異なる判決を変更したり、あるいは偽造したりすることもできない。というのは、きわめて厳密に保管される訴訟記録は公然とそれを明らかにしていなければならないからである。

［陪審］

裁判官の権限を抑制するもうひとつのことは、あらゆる訴訟は事実問題に関して、陪審員によって審理されなければならないということである。事実に関する問題は、完全に彼らの
の決定に委ねられている。――陪審員は、現在ではブリテ 33
ンを除くすべての国々で廃止されているが、かつてはヨーロッパの過半数の国々で行われていた古い制度である。その起源は以下のとおりである。自由保有地の封建的統治が始まったころ、裁判は、私が多少説明しておいたように[86]、男爵やその種の人々による変則的な裁判所において、法をまったく知らず、証言による公平な裁判の詳細にわずかな注意しか払わない人々の前で行われた。こうした場合には、一二人の証人を連れてくることが慣習化していた。すなわち、起訴された人物は他の一二人の人々とともに入廷したのである。そして彼が無実を宣誓し、この一二人が彼は無実であると信じると宣誓すれば、彼は釈放された。これはある程度、訴訟とよばれるものに残っている。それは、人と人との宣誓に帰着させうる特別な法律であり、もし彼が冤責宣誓を行うならば、すなわち、自分には負債がないと宣誓し、彼がそうであると信じていると宣誓する六人の人々がいる場合には、彼は放免される。これに関する誘惑は、不必要なもめごとを避けるために、負債が認められることが確実である場合でなければ、こ 34
の訴訟を決して使えないようにしてしまった。この方法は不完全であるために、司法決闘の慣習のきっかけを与えたと言われている[87]。貴族たちは下流の人々の宣誓によって彼らの権

（86）上記手稿第四巻119ページ［本書258ページ］以降。
（87）Kames, *Law Tracts*, I. 115 ff.は、決闘による裁判が証人によって置き換えられたと主張しているが、それ自体も陪審員による裁判に取って代わられた。

利を奪われ、当時、偽誓があらゆる犯罪のなかで最もありふれたものであったことに大いに気分を害したであろう。したがって、彼らはそれをいわゆる神の判決あるいは単身の決闘に持ち込むという、古い手法をとることが許される必要があった。これらの不都合を改善した最初の人物がヘンリ二世であるが、彼はエドワード一世を除くすべてのわれわれの王のなかで、最もすぐれた立法能力をもっていた。彼は、当事者自身によって選ばれ、そのとき自分が望むとおりに宣誓するよう容易に影響を与えることのできる彼の扶養家族あるいは配下であるかもしれない、一二人の証人あるいは宣誓者の代わりに、その事件について熟知し、それを考慮した上で意見あるいは判断——裁判官はこれに従い、法にもとづいて自らの判決を下す——を表明する一二人の宣誓者を、州長官が任命するよう命じた。刑事訴訟において彼らは、事実が原告の主張どおりであるのか否か、そしてあらゆる状況がその証拠によって明確に立証されるのか否かを審理する。民事訴訟でも同じやり方である。というのは、宣誓者はどちらの場合でも用いられ、事実が一方の側か他方の側のどちらにあるのかを彼らは考察するからである。

陪審員たちの中立性を確認することに関して、イングランド法ほど慎重で確実なものはない。陪審員たちは当該人物が居住している州から選ばれなければならないが、所有地をめぐる争いの場合にはその地方の近辺から選ばれることになり、それ以外の場合もそうである。その際、当該人物は陪審

員たちのなかの誰かを、専断的に、あるいは理由があって pro causa 忌避してもいい（というのは、これがその特徴だからである）。彼は専断的に、すなわち彼の思いつきあるいは空想から、何の根拠も示さずに、四〇人の陪審員のうち三五人を気まぐれに忌避してもいいのである。彼らはすべての法廷に出席し、そのうちの一二人が陪審を構成する。[88] 彼は、裁判官によって提案された第一、第二、第三の陪審員を何の理由も示さずに忌避してもいい。あるいはそのあとで、彼は何かの理由で陪審員すべてを忌避することができる。その際、パネル〔陪審団〕——一枚の羽目板、壁板あるいは鏡板を意味する——のなかに彼らが立っているときに、陪審員候補者名簿によって全員を指定するか、あるいは陪審員候補者名簿のなかから個別に per capita、彼が十分な理由をあげることができる誰かを指定するのである。かなり根拠の薄弱な理由でも普通は認められる。彼が兄弟、特別な友人あるいは土地保有者あるいは扶養家族であったり、あるいはともかく当事者たちのいずれかと関係があれば、彼が不公平〈?〉を疑われるのは当然のことだろう。そして州長官が同じように当事者たちのいずれかと関係していて、不公平であったと疑われる場合には、陪審員すべてを忌避する十分な理由となろう。また、そうする理由がある場合には、彼は恩恵によって per favorem すべての陪審員を忌避してもいいが、彼らを専断的にお払い箱にするのではなく、裁判官の考慮にそれを委ねるのである。——同じことがそれぞれの陪審員すべてに対し

て認められる。これには多くの制約があるが、法によってそれに適用された新たな形式が依然としてイングランドでは行われていて、臣民の自由の大きな保障となっているように思われる。ここでは、[89]人は裁判官によって審理される。裁判官は終身その職にあり、したがって独立していて国王の影響を受けず、法に精通したきわめて高潔で博学な人であり、王国の最上級の人々の一員になることも多いが、法を厳格に遵守するようにしばられてもいる。また、事実に関する核心は、近隣から選ばれた、裁判される当該人物と同等の陪審員によって裁定されるが、訴訟の本質にもとづいて、彼ら全員のなかで、諸君は一三人まで忌避する権限をもっている。

37

主要な欠陥は、この陪審は、彼らの意見が一致しないといけないということであり、そうでなければ彼らは大いに悩み、最終的には不名誉な扱いを受けなければならないのである。われわれスコットランドの陪審員たちは全員一致を求められていないので、それ以外の点ではあまりうまく工夫されているようには思えないが、この点ではよりすぐれているように思われる。このように彼らが統一された意見を表明することを求められることは、きわめて困難である。最良の人物で、最高の高潔さを備えた人が意見を異にするかもしれず、[それ以外の]各人もその問題について完全に確信している。これは、人の気質の多様性と人がものごとを見る観点の違いから生じるに違いない。しかもこの場合には、彼らは同意をするか、大きな屈辱を受けなければならない。なぜなら、彼

38

らは、同意するつもりはないと宣言するまで悩まなければならず、宣言すれば、その州から追い出されてしまうからである。これが実情であるので、彼らのなかには偽りの誓約をする者もいるに違いない。というのは、彼は他の勢力の意見へと転向しなければならないからである。刑事訴訟では、優位な側がつねに採用されるので、実際には大きな疑念は存在しえない。これは一般には準正義の規則とみなされている。犯罪者を無罪にすることを望む勢力が最少数であっても、彼を無実と考える高潔な人々が存在することが分かっていれば、他の勢力は、彼を無実であると考えることにたやすく合意するだろう。ところが、民事訴訟では優位な側は存在しえない。どちらの側の陪審員が屈服すべきか、誰も言うことができないのである。このことはしばしば生じるに違いなく、それでも彼らが恥をかきたくなければ、どちらかの側が従わなければならない。それゆえ、イングランドでは陪審員の仕事ほど不愉快なものはない。したがって、上流の人々はつねにそれを避ける。その国の陪審員たちは一般的に――アイル

(88) Hawkins, II. 43. 7.（理由のない）専断的忌避の数は、22 Henry VIII, c. 14 (1531) によって三五人から二〇人に減らされた。

(89) これ以降の部分はおそらくスコットランドに言及している。そこでは、被告人は召喚された四五人の陪審員のなかから三〇人（一三人というのはおそらく聞き間違えであろう）まで拒否することができ、一五人からなる陪審を残した。Act, 1672, c. 16 (A.P.S. VIII. 80, c. 40); Sir G. Mackenzie, *Works*, II (1722), 352. しかし、この文脈ではイングランドへの言及が必要だと思われる。

ランドでも実情は同じであるが——年間約四〇シリングか
五〇シリングの土地を保有し、概してあまり高い名声を得て
いない自由土地保有者か、あるいは証拠の詳細な考察に参加 39
することができる人々から構成される。その結果、イング
ランド人たちは、一二人の証人の全員一致という古い慣習
——その訴訟ではそれが要求されることはきわめて適切で
あった——にこだわり、臣民に自由を与えようと努力する
ことで、彼らの第一の目的を崩壊させてしまった。しかし、
この不愉快な部分は取り除かれてしまったのだが、陪審員た
ちの多様性はきわめて強く、一人が欠ければ何事も決定する
ことができないので、上流の人々だけが認められたとして
も、彼らにはまったく耐え難いものになるであろう。ところ
がスコットランドではそれらはまったく異なる立場にある。
陪審に必要な数は一五である。彼らについて全員一致は必要
ではない。いくらか以前には必要であったのだが、この一五
〇年のうちに廃止された。しかし、それがいつであったかを
私は述べる自信がない。したがってその任務においては、自
分以外の人々がすべて反対しようが、自分自身の意見を堅持
してもいいので、きわめて不愉快であることはまったくな
い。ここでは陪審員たちは民事訴訟に必要とされていないの
で、彼らが答弁することはめったになく、その結果、上流の
人々は何かの大きな苦労もすることなく一人で仕事をするこ
とができるし、実際にそうしている。しかしながら、一瞥し
ただけで、あるいはそれについての説明を読んでみると、こ
うした形態のイングランドの陪審ほど自由と自主を保持する 40
ために見事に考案されたものはないように思われる。人民は
たちまちそれに魅了されたので、それがマグナ・カルタの条
項を制定する問題となったことをわれわれは知っている。
「自由人は誰も、捕らえられたり、あるいは収監されたり、
占有を侵奪されたり、法益を剥奪されたり、あるいは追放さ
れたり、または何らかの方法で破滅させられたりしてはなら
ない。われわれは、彼と同格の者の法的判断あるいはその地
の法による以外は、彼を不利にしたり、彼を訴えたりするこ
ともないであろう」[90]。この規則は大法官庁を除くすべての裁
判所で、いまでも守られている。陪審がそこで使用されない
理由は、大法官の職が最初に設立されたときに、彼には陪審
を招集する権限が与えられていなかったからである。という
のは、彼がその権限をもっていれば、予定されていない法廷
を彼が容易に開いてしまうからである。ところが、彼に司法
権力を与えることが必要だと分かったときに、陪審に対する
配慮をまったくしないで、このことが決められてしまった。
治安判事の裁判所でもほとんどの訴訟において陪審がない。
これらは、前述したマグナ・カルタの規則に対する二つだけ
の例外である。スコットランドの高等民事裁判所は、陪審を
用いることは決してない。その理由は、彼ら［高等民事裁判
所の裁判官］はその人数が一五人なので、自分たちが陪審員
であると考えていたからだと思われる。刑事訴訟でも、われ
われの陪審員たちは、被告人には陪審員を忌避するそれほど 41

大きな自由は認められていないにせよ、やはりしっかりとした基盤の上にあると思われる。

　国王は正義の源と考えられており、ウェストミンスターの四大法廷を設立したように、もともと自らの権威によって裁判所を設立する権限をもっていたが、いまではそれは剥奪されている。ヘンリ八世は同様に自らの特許で、かつてまったく存在しなかった三つの裁判所を設立した。これらは第一に、教会に関するあらゆる諸問題を審理する高等宗務官裁判所、第二に刑事訴訟を審理する星室裁判所、第三に国王に関するあらゆる後見の管理を行う後見裁判所である。これらのうち最初の二つはチャールズ一世の時代に、それらの訴訟手続きが変則的で不正であるという理由で廃止された(91)。残りはチャールズ二世の時代に廃止された(92)。というのは、彼が後見の利得を一年につき一二〇万と交換したために、その裁判所は必然的に何もしなくなったからである。いまでは、王は議会の同意なしにはいかなる裁判所も創設することができない。また、彼はいかなる訴訟においても独自に裁判できず、司法の通常の過程がたどられることを認めなければならない。

　裁判所がこれほど統御され、裁判官の権威がこれほど制限されている国はないように思われる。裁判所の正確さと同じく、その訴訟手続きの正確さはそれらの地位に依拠するところが大きい。いまではイングランドの裁判所は、他の国々の裁判所よりも歴史が古いだけでなく、はるかに整然としてい

42

る。イングランドの裁判所は、フランスあるいはスコットランドの裁判所よりもずっと歴史が古いのである。パリの高等法院(93)はヘンリ八世と同世代であるフランソワ一世[3]によって設立され、高等民事裁判所は同じ頃にジェームズ五世[4]によって設立された。その当時は統治の権威が強く、最初は先例がなかったため、設立当初の裁判所はつねに強大な自由を手にしていたことをわれわれは知っている。彼らは訴訟要領書にしばられず、陪審に煩わされることもない。また、これらの裁判所は民法が熟知されるようになり、盛んに研究されるようになったあとに設立された。つまり、新しい裁判所は、それらの裁判所——その崩壊によって新しい裁判所が設立された——の先例に従うことを蔑視し、むしろ民法の諸規則に従った。高等民事裁判所は古い大司法官裁判所の、パリの高等法院は州長官の、星室裁判所はそれ以外の裁判所の訴訟手続きにほとんど配慮しなかっただろう。イングランド法はそ

43

(90) 第三九条。Nemo liber, etc. Nec in eum ibimus, nec in eum mittimus nisi per legale judicium parium suorum.
(91) 16 Charles I, cc. 10, 11 (1641).
(92) 12 Charles II, c. 24 (1660) は軍事上の終身在職権を廃止した。
(93) パリ高等法院は、実際は一三世紀のあいだは別の機関として発展し、一四世紀にいくつかの「裁判官室」に分割された。高等民事裁判所は一五三二年に創設された。
[3] フランソワ一世（François I, 1494–1547）はフランス国内の王権の強化をはかり、高等法院を再組織した（在位一五一五—四七）。
[4] ジェームズ五世（James V, 1512–1542）はスコットランド国王（在位一五一三—四二）で、親フランス的な政治を行った。

うしたあらゆる〈解読不能〉から自由であるために特有の性質をもっており、思弁的な人の研究に十分値するのである。それは、契約や対物権のようないくつかの問題において、他のどこことも異なっている。われわれの裁判所は、封建法か民法のいずれかによって完全に統制されている。

新しい裁判所と新しい法律は、〈　〉が言うように、大きな害悪である。すべての裁判所は自らの慣行だけに拘束されている。ひとつの法律の正確な意味を確認するにも、あるいは裁判所の慣行を決定するのに十分な先例を作るにも時間がかかり、慣行が繰り返し行われなければならない。その訴訟手続きはまったくずさんで不正確であろう。

［約三行の空白］

一七六三年三月一四日　月曜日

［ヨーロッパの統治形態］

以前のいくつかの講義のなかで私は、ヨーロッパに存在したほとんどの統治形態について諸君に説明した。まず、牧畜民の氏族的統治形態について、次に、どこか特定の場所に定住したときに、これらの人々から発生し、のちにあらゆる貴族政治やその後の民主政治の起源となった、貴族政的な君主政治の統治形態についてである。ギリシャ人たちは、最初の

トロイア戦争の時代あるいは氏族による統治の時代には、最初は首長の支配下に置かれていた。ゲルマン人たちも、その後ずっとその状態にあった。ローマ人たちに征服される前のヨーロッパはすべて、いくつかの小さな地方を除いて、共和制統治の下にあった。ガリアは、貴族制統治の下にあり、一部は共和制統治の下にあったが、そこでは貴族社会は世襲貴族の支配下にあった。スペインもまたそうであった。イタリアは概して小さな共和制統治へと分裂していた。また私は諸君に、いくつかの共和国が大規模で広大な領地をどのようにして有するようになったのか、そしてこれらのものの滅亡が、氏族による統治から生まれる君主政治よりもはるかに強大な君主政治を生み出したことを説明した。――さらに私は諸君に、ローマ帝国の没落後に、ヨーロッパの統治がどのようにして最初は自由保有地的になり、のちに封建的になったのかを明らかにし、フランス、イングランド、ドイツなどにおけるこの統治の打倒によって生み出された、さまざまな種類の統治について説明した。とはいえ、いまだにポーランド、クルランド[5]などではそれは力強く存続している。――これはヨーロッパにおける統治の歴史についてのかなり概括的な説明になるだろう。あと一つか二つだけ、私がここでその起源に注目しようと思うものがある。

［ヨーロッパの小共和国］

市民的統治の本来の形態とはまったく異なる国々のなかに

は、私が以前説明したように、数多くの自治町あるいは町が
作られた。これらの多くは、統治の混乱という好機を得て、
自ら独立した。ドイツ皇帝であるカール五世は、全イタリ
ア、フランス、スペイン、そしてドイツの大領地の大部分を
同時に所有した。この帝国が彼の後継者たちの下で分割され
たとき、フランスは、私がすでに言及したように、ユーグ・
46
カペーの後継者の手中に落ちた。ドイツは、皇帝の称号を装
って、帝国に併合されたものとしてイタリアへの権利を主張
した別の一族によって簒奪された。したがって、オットー[6]お
よび彼の三人の直系相続人たちはイタリアに継続的に侵略を
行ったが、彼らが不在のときに生じた動乱を鎮めるためにし
ばしば呼び戻された。それゆえイタリアの統治はきわめて脆
弱であり、彼らにその国に対するわずかな影響しか与えなか
ったのである。このことは、フリードリヒ一世[7]の時代に顕著
であった。法王とそれ以外の人々は、ドイツで騒乱を起こす
ために力を尽くし、騒乱はドイツの皇帝たちに、彼らの企て
が達成される前に軍隊を呼び戻すことを余儀なくさせた。ド
イツからイタリアまでの距離は、ドイツ人の権威をきわめて
脆弱なものとし、その結果イタリア人たちは、一四世紀のこ
の時点で、ヨーロッパのその他の国々が一六世紀に到達した
のと同じくらいの大きな進歩を、学芸と改良において成し遂
げていたのである。したがって、独立の精神がより強く、皇
帝たちの権威を拒絶〈しようと？〉したのである。彼らは十
47
分に防備された、人口の多い町をもっていて、それらはこの
国のわれわれの町とほとんど同じやり方で、市議会の支配下
にあった。さて、彼らは遠方であることによって、イタリア
に総督あるいは従属的な諸侯を置いていないドイツの皇帝た
ちの権力から解放され、自己防衛のための準備が十分に整え
られているために、彼らの隣国人たちは、彼らを征服するか
あるいは彼らの権力を抑制することがどうしてもできなかっ
た。そのため彼らは全員で自治を行い、自らの独立を〈獲得
した？〉のである。同じようにドイツでは、いわゆる自由町
の多くはこれらの混乱に乗じて、他のすべてのものからほと
んど独立して固有の領地をもつようになった。そして、城壁
で防備した町に住むことで防御に備え、つねに軍備を整え、
それらの近隣のあらゆる諸侯とその他の勢力に対抗できると
考えていたために、あらゆる従属状態を拒否した。ところが
統治様式に関して、イタリアの諸共和国とハンブルク、アウ
48
グスブルクなどのドイツの自由町とのあいだには、ひとつの
重要な違いがある。それは、イタリア人たちが完全に世襲貴
族によって統治されている点である。市民たちは、投票によ
って諸問題を決定する無制約の権利をもっていない。私が以

[5] 現在のラトビア西部に位置し、リガ湾とリトアニアのあいだの地域。
[6] オットー一世（Otto I, 912-973）は教皇ヨハネス一二世によって初代神聖ローマ皇帝（在位九六二―九七三）に載冠され、イタリア政策を重視した。
[7] フリードリヒ一世（Friedrich I, 1122-1190）は、神聖ローマ皇帝（在位一一五五―九〇）としてイタリアに大規模な遠征を行った。

前に述べたように、ヨーロッパには、古代の統治における民主政治のような本当の意味での民主政治は存在しない。その理由についても私はすでに説明しておいた。すなわち、それらのうちのいくつかにおいては、人民はこれらの諸権利をもっていたが、私が述べたように、これらをきわめて厄介なものと考えたために、さまざまなやり方で上流の人々に委ねてしまったのである。ヴェネツィア人たちは、さしあたっては市参事会が、その後は彼らの子孫が、その都市の統治をずっと行うということで合意した。これらすべての共和国の人民は、ミラノ、ジェノヴァ、ヴェネツィアなどにおいてそうであったように、こうしたやり方で暗黙のうちにかあるいは明白に、彼らの統治を上流の人々に委ねたのである。これらの都市がその自由を回復したとき、世襲貴族たちは評判がよくもてはやされたために、町に大勢が集まり、それらの［町の］多くで、彼らの援助と保護によって主要な権力を獲得した。——一方でドイツの町の場合、統治の混乱によって助けられたことは明白であるが、その勢力の源は、それらが交易と商業によって獲得していた実際の勢力と経済力にあった。——それらの町は貴族からの助けをまったく得ずに自由を獲得し、選挙によって議員を調達する町議会の統治になだれこんだ。こうしたやり方で、アムステルダムその他の町では、誰かが最高為政者の地位に就いたのである。これらの共和国のあいだの主要で本質的な違いはこの点にある。——

49

これらが結合した同盟あるいは連合は、連邦共和国を構成している。これらは相互に防衛し、保護し、援助するよう義務づけられ、共同の収入をもっている。しかし、これらの州はそれぞれ法律を制定し、総督たちを選出し、貨幣を鋳造し、自費であれば単独で戦争を行うことさえできる。というのは、それらは共同の収入に干渉するいかなる権限ももたないからだ。連合諸州とスイスの諸州ではこれが実情である。ところが、ホラントでは他よりも連合がはるかに強固であると、われわれは言うことができる。その理由は、スイスの諸州は他よりもずっと勢力を有して自立しており、自らの力で自身を維持することができたからである。すべてのスイスの州は、ベルン州のように、他の州がなくても自らを維持することができたが、ホラントのいかなる州あるいは町もそれができなかった。したがって、［スイスの］諸州はしばしばお互いに不和であったことをわれわれは知っている。プロテスタント諸州はカソリック諸州に戦争をしかけ、自分たちの講和による中止がなかった場合には、それらを完全に殲滅したが、そのような無秩序を連合諸州ではかつて聞いたことがない。それら［ホラントの諸州］は統合されていることにその力を見出していたが、他方［スイスの諸州］は、分離されていることにその力を見出していたのである。

これらは、ヨーロッパにかつて存在したあらゆる統治を含んでいる。というのは、クルランド、ポーランドとそれ以外の国々は、イングランドがヘンリ八世のときにそうであった

50

封建的統治と同じか、あるいはそれ以上に厳格な封建的統治の下にあるからである。

51

　さてわれわれは、これらの統治の下で行われていた一般的あるいは公的な諸法についてしばらく考察することにしょう。共和制統治に関して考察されるべき第一のことは、国民の意見を決めるのは何であるかということである。なぜなら、それが国民の諸法を決めるものだからである。あらゆる社会において、少数派が少数派［多数派］(94)に従わねばならないというのは一般的な規則である。しかし、法律の制定あるいは拒否、あるいは為政者の選択に関する投票において、少数派［多数派］(94)が容易にそして明確に決められないということがしばしば起こる。たとえば、A、B、Cの候補者がいたとして、Aが一〇〇のうち三四を、Bが三三を、そしてCが三三を獲得したとしよう。もし多数派が勝つのなら、たとえAがすべての候補者のなかで、一〇〇のうちの六六にとって——あるいはもしかすると全体にとって——最も不快な存在であったとしても、この場合はAが選出されるであろう。このことは、この国の選挙でその規則が採用される際にしばしば起こる。これは疑いなくきわめて大きな苦情の種である。司法上のあるいは議員としての権力をもつ人々がこの規則に支配されていると想定すれば、なおさらそうである。(95)ある人が死罪で審理されたとして、一〇〇人のうち、三五［三四］(96)人が彼を謀殺の罪で、三三人は故殺で、三三人は偶殺の罪で有罪としたとしよう。ここでは六六人が彼を謀殺の

52

罪からは赦免したわけだが、彼は有罪とされる。これを阻止するために、これらの国々ではあらゆる案件を二通りに分ける努力がなされてきた。この場合では、彼らはその案件を、謀殺の罪で有罪か否か評決にかける。まず、六六人は謀殺について彼を無罪とするだろう。彼を有罪とした人々は第二の案件で帳尻を合わせ、故殺罪の判決を下す。したがって、前者の例では、［裁判の］構成員たちの最初の案件となるのは、Aがふさわしい人物か否かなのである。これに関しては、Aは六五［六六］[8]人によって斥けられ、他の候補者は、彼らに合流するAに投票した人々の割合に左右されることになるだろう。このように彼らは、票を二つの対立する票あるいは提案に変えるために絶えず努力するのである。これはヴェネツィアでの慣例である。議会が一〇〇とか四〇あるいはそれ以外の偶数の数字からなる場合は、議会が分裂することもときには生じるに違いない。こうした場合には、実際に何事も決まらず、最も厳密な意味において、彼らはいかなる決定票あるいは決定投票権も認めず、それが討議上の発言権と結びつけられることははるかに少ない。——議会の議長が決定投票権しかもっていないならば、彼は他の誰よりも不利な立場に置かれ、彼の党派は同数によって敗北させられることもし

53

(94) minority は majority と書くつもりだったのだろう。
(95) Pufendorf, VII. 2. 18 ; Hutcheson, *System*, II. 241.
(96) 三五は三四と書くつもりだったのだろう。
［8］六六人と書くつもりだったのだろう。

ばしばあるだろう。一四人のうちの七人が彼に反対すれば、その結果、彼は他の構成員たちよりも不利な状況に置かれるであろう。しかし、彼がこれを討議上の発言権とともに保持していれば、彼ははるかに多く［の票］を獲得することになる。したがって、この種の発言権は認められない。――議長は秩序と規律を保つだけである。それゆえ、同数であると何も行われない。この場合、人は赦免もされず、有罪とされることもないだろうが、どちらも勝ったわけではないので、われわれのルールに反して裁判にかけられることになるだろう。ある法律が発議されたときにこうしたことが起これば、それは可決も否決もされず、数日後に再提出されるが、拒否されればそれはできない。これがまったく正しいことは疑いの余地がない。

［臣民の義務と反逆罪］

私が考察する次の事柄は、何らかの性質をもつ主権、すなわち君主政治では君主に、貴族政治では貴族に、民主政治では人民全体にある主権に対して、臣民がとるべき敬意と諸義務とは何かということである。さらに、その一方で主権者がその国民に対して負っている諸義務とは何なのか、これらの諸権利の侵害に対して科せられる処罰とは何なのか、ということである。――主権者の身柄に対する何らかの攻撃あるいは侵害は、つねにきわめて凶悪な犯罪として処罰される。この攻撃が主権者に直接向けられたものであるなら、それは

54

大逆罪とみなされる。とはいえ、この罪は君主国の場合と共和国の場合とではきわめて異なっている。君主国では、身柄を危険にさらすか、あるいは国王の威厳を損なうものは何でも大逆罪とみなされるが、共和国では全体としての国民の威厳に悪影響を及ぼすものが大逆罪とみなされるのである。――こうした理由から、ローマ人たちは反逆的な犯罪を二種類に区別している。正式に反逆に関する法律に即したものは、反乱 perduellio とよばれた。さらに、威厳をもつ為政者あるいはその他の人々を侮辱することは高権毀損 Laesa majestas であり、これはわれわれが王権侮辱とよぶものに似ている。反国家罪は民主制統治ではきわめて明瞭である。人が敵と結託したり、敵を援助したり、あるいは内通したりすることで、国に対する敵対的な態度[97]を示したとき、彼はその罪で有罪とされた。すなわちそれは、彼が人質を引き渡したり、町を彼らの手中へ明け渡したり、あるいは裁判官として活動している臣民の生命や自由を、公的権威なくして剥奪したりしたときである。または、権威をもたずに軍隊を召集したときなどである。その相違は主として、主権者の身柄に対して払われた敬意にある。――君主国では、主権者はつねに神聖なものとみなされ、あらゆる攻撃に対して反逆に関する法律によって守られている。主権者の権利あるいは権原がどのようなものであろうと、これが実情である。この場合、反逆とは、主権者の身柄への侵害や侮辱を企てるか、あるいはそれらを成し遂げる何らかの試みであり、したがって、彼

55

56 の妻や彼の息子の妻〈たち〉を汚すことを含んでいる。というのは、その方法で私生児が王位を継承するかもしれないからである。彼の生命あるいは威厳に対するあらゆる攻撃は総じて禁止されているが、彼が王位を保持する資格に対しては、いかなる配慮もされてはいない。そのような攻撃が許されてはならないというのは、あらゆる主権者の利益なのである。暴君殺害が許されるのなら、誰もが危険にさらされてしまうだろう。それを容認する者は、数日のうちに自分が殺されてしまうかもしれない。というのも、わずかに権威を誇示しただけで、あるいは権力を普通に行使しただけでも、彼の臣民の多くの目には彼は暴君と映じてしまうからである。武装する者、あるいは王の名の下にその種の業務を行う者はすべて、あらゆる刑や罰に問われないことも必要であろう。その事情は共和国では大きく異なっている。そこでは暴君の殺害はつねに容認されているばかりでなく、ほめたたえられ、報奨を与えられるのがつねである。共和国では、人民の反対を押し切って戦争を遂行し、挙兵し、自由民を殺害するなど
57 した者は、誰であれ反逆罪で有罪とされる[98]。こうすることで、彼は人民の権威と諸法を超越したところに自らを置くのである。謀殺者は、法を破ることになっても、法を超越したところに自らを置くことはないが、ある種の権威によって人を死刑にする者は、明らかに法を超越したところに自らを置いているのである。それゆえ、ローマの十人委員会が共和国の特権を侵害した場合、彼らを召喚しうる裁判所は存在しなかったので、彼らが圧制者とよばれるのは明白であった。ペイシストラトスとナビスもそうだった[99]。暗殺以外に彼らの支配から逃れる方法はなかった。したがって、暴君の殺害はつねに容認されたのである。しかし、現在ではそれはヨーロッパ全域で禁止されている。その理由は、ホラント、スイスなどは、（それらはきわめて尊敬すべき国々であるにせよ）フランス、イギリスなどには決して及びようがないということである。君主政治は一般的に見られる統治であって、それらが流行となって他のすべてのものの慣習に影響を与えている。最大の暴君の暗殺は、現在ではまったく衝撃的なものとみなされるであろう。オリヴァー・クロムウェルが暗殺されていたとしたら、それは忌まわしいものと考えられただろう。それ
58 を実行した人々は恥辱を一身に浴びることになっただろうが、それとは反対に、かつては暴君の暗殺以上に名誉なことはなかったのである。ブルートゥス、ティモレオン、そしてハルモディオス、アリストゲイトンたちは、暴君の暗殺者として名高い[1]。その統治はほとんどが共和制であった。すなわ

(97) animum hostilem erga rempublicam : *D*. 48. 4. 11.
(98) quicunque injussu populi bellum gessit, exercitum conscripsit, liberum necavit, etc. *D*. 48. 4. 3. と Grotius, I. 3. 4. 2. を参照。
(99) ローマは伝統に従って、前四五一年から四四九年まで、十人委員会の二つの会議によって支配されていた。第一のものは穏健的で、第二のものは圧制的であった。ペイシストラトスは前五六〇年から五二七年のあいだの三期にかけて僭主となり、ナビスは前二〇七年から一九二年までスパルタの僭主であった。

ち、それらは当時、その時代の風習に影響を与え、それらのなかで、マケドニアのような小規模あるいは単一の君主国は、全体的な動向に従わざるをえなかったであろう。共和国は現在ではその数も減り、以前のような影響を与えることができないので、それ以外の国々によって与えられる影響に従わざるをえない。古代人たちのあいだでは報奨が与えられた暴君殺害を、われわれのあいだで忌み嫌われるものにしてきたのは、古代人たちにまさる人間性の何らかの優越や習俗の洗練などではなく、たんに時代の状態や事情が異なっているからである。――

一七六三年三月一五日　火曜日

私は昨日、反逆に関する一般的な諸法のうちのいくつかについて説明するよう努めた。反逆は、合法的に確立された統治の本質と実在を直接的に攻撃する罪である。私が述べたように、この犯罪には共和国と君主国とのあいだにきわめて本質的な違いがある。君主が彼らの利害関心から望むのは、反逆罪に関する諸法が、君主が人々に与えるかもしれないあらゆるささいな違反に対して彼に責任をとらせることなく、現在の自分の領地を保障することである。また、臣民が次の二つの詮索をするように奨励されないことである。まず、彼らは彼の王位への資格が確実であるかどうかを詳細に詮索しす

59

ぎてはならず、次に、王位をもっている主権者がいかなる人物であろうと、その行為の傾向を詮索しすぎてはならない。したがって、君主政治は暴君殺害にきわめて否定的である。そうでなければ、彼らはきわめて不安定になるだろう。――その一方で、共和制はつねにそれを奨励し、それを奨励する諸法をほとんどいつでも制定してきた。この違いにはいくつかの理由がある。というのは、まず、反逆の罪を犯した者は、私が以前に述べたように、非常に容易に有名になり、また反逆的な人々に対する彼らの恐怖心も大きく異なっているからである。主権者に対する人民の反乱や暴動、あるいは彼らのあいだの不満は、君主制統治によって特に恐れられているものである。したがって彼らは、彼らの資格や行政についての研究や調査を好まないだろうし、あるいは君主がその家系の正当な出身ではなかったり、その他の理由で資格を失うか、行政をしくじったりした場合には、王位を保持すべきではないことを彼らに教える教義についても同様であろう。それゆえ、暴君殺害の合法性を主張する原理は、すべてのもののなかで最も抑止されるべきものである。それは人民の主権者への忠誠を完全に破壊するからである。――ところが反対に、共和制統治の下では、これらの理由の両方がそれを弁護することになる。そこでは反逆がきわめて容易に高名となり、また、彼らが恐れていることはまさに、彼ら自身の有力者のうちの誰かが、知力や権力の優越によって簒奪を行うことなのである。これらは彼らが何よりも恐れることで

60

あり、したがって彼らはそれらを取り除く唯一の手段として、そうした人々の殺害を奨励するのである。――君主制統治の諸法はここで述べられた理由によって〈?〉。その諸法は、あらゆる合法的な主権者を支持するのと同じように、オリヴァー・クロムウェルを支持した。ところが、共和国の諸法はどのような簒奪者も決して擁護しなかったのである。

反逆の罪は、統治あるいは主権の本質と実在を破壊することにある。これは二通りのやり方でなされうる。第一に、国内の変化によって現在の統治形態を打倒しようとする一部の国民の企てによって、あるいは第二に、国外の敵を国内へ導き入れ、国を彼らの掌中に引き渡すことで、確立された統治を打倒しようとする企てによって、そのどちらかでそれはなされる。これらのうちの前者は、反乱 perduellio とよばれるのが適切であり、もう一方は反逆 proditio あるいは裏切りとよばれる。――背信(2)あるいは反逆は、正しくは外部から来る敵に国を売るという罪を意味している。これらはどちらもイングランドの諸法によって対抗措置が取られている(3)。――まず第一に、主権者の身柄に対して、彼を殺害または侵害しようという企てがある。したがって、反逆法の第一条は、国王(4)の殺害をたくらむか、あるいは企てることはいずれも反逆であると規定している。しかも、それが実際に実行されたときばかりでなく、彼に対して陰謀を企てる、あるいは彼に対して武器を用意するというように、何らかの公然たる

61

行為によってそれが示されるときも、そうなのである。最も凶悪な企てであろうと、これが該当しなかった場合には罰することはできなかった。火薬陰謀事件[9]は、国王と彼の貴族たちを殺害する明確な陰謀であったが、実行されなかったので罰することができなかった。ある私人の家屋の下に火薬を撒くことは殺人ではなかっただろう。なぜなら、ある私人の殺害を企てたり思いついたりすることは――同様の企てが国王に向けられたことが明確なときは反逆罪であるにせよ――、謀殺あるいは重罪とは考えられないからである。私人への侵害に、公共は同感だけによってついていくが、主権者の場合には、彼らは彼ら自身に対する侵害を罰するのであり、こうした理由で、公共に対する侵害は諸個人に対する侵害よりも処罰が重いのがつねである(5)。――この条文の第二項は国王の伴侶、すなわち彼の妻や彼の息子の妻、あるいは彼の長女を汚すことを反逆罪としている(6)。これは主に、その

62

（1）ブルートゥスはユリウス・カエサルの暗殺者であった。ティモレオンは、シラクサイの僭主であったディオニュシオス二世を倒したが、彼の命は助けた。ハルモディオスとアリストゲイトンは解放者として知られ、アテナイの僭主ヒッピアスと彼の弟ヒッパルコスの殺害を企てたが、弟の殺害にだけ成功した。

（2）Tarheason はフランス語の trahison と書くつもりだったのであろう。

（3）25 Edward III, st. 5, c. 2 (1352); Hawkins, I. 17.

（4）国王あるいは女王、もしくはその長男。

［9］一六〇五年一一月五日に国会議事堂を爆破して国王ジェームズ一世を殺害しようとした旧教徒の陰謀。

ことでその一族がこうむった不名誉に由来すると思われるが、同様に、それが疑わしい相続を引き起こす場合もあるということにも由来する。たとえば、エドワード五世はエドワードが〈?〉の息子であることを否認した(7)。このことによって、国王あるいは彼の親族に関係する、あらゆる企てが準備 63 されよう。というのは、より遠縁の親族を汚すことは、無作法なきわめて重大な事例になるにしても、反逆罪ではないからだ。第三に、第二条によると、公然とあるいは別のやり方で国王に対する戦闘を開始すること、すなわち、何も実行されなくとも彼に対する陰謀に参加することのように、それを行うことを目論んだり想像したりすることでさえも、大逆罪なのである。この最後のものは、拡大解釈によって、第一条にあてはまると解釈されよう。というのは、国王に対して武装する者は、可能であればいつでも、彼を殺害することを計画していると考えられるからである。これもまた私法との違いである。というのも、ある私人に対して武器を携帯していることは、謀殺とみなされないし、その人を殺害しようと陰謀を企んでいるともみなされないからである。何らかの形で国王の敵たちを励ましたり、彼らの手助けをしたり、元気づけたり、あるいは援助したりすることはこれに含まれる。それが武器あるいは食糧の供給であろうと、国王の町あるいは要塞を彼らの支配下へ引き渡すことであろうと、あるいは国王に対して、彼にとって役に立つかもしれない町を引き渡すことを拒否することであろうと、そうなのである。このこと 64 はラテン語で反逆 proditio と正式によばれている。

大逆罪の第三の種類は、国王の役人たちに対する何らかの攻撃である(8)。それは大法官や三つの大裁判所〈 〉、あるいは巡回裁判の裁判官たちの殺害のように、彼らの職務を執行している裁判所に彼らがいるときになされる(9)。これは彼らが裁判所にいるときか、あるいは彼らの職務を執行しているときか、あるいは参内しているときにのみあてはまる。それ以外の時間は、それは他の人々の殺害と同じ方法で考慮されるにすぎない。このことは、それ以外のことと同様にエドワード五世(10)の時代に確立された。裁判所のなかであっても彼らを傷つけることは、反逆罪とは考えられていない。第四は、国印あるいは王印の偽造である。親署の偽造はきわめて異なる性質をもつ犯罪であり、重罪とのみ考えられる(11)。国印と王印は国王の権威のしるしであり、それらを偽造することは臣民に対する国王の権力を奪うことであるため、したがって、彼の尊厳と権威を傷つけるものとみなされて当然なのである。第五は、国王の鋳貨の偽造である。しかし、これについてはそれほど重大な理由があるようには思われない。それは 65 反逆罪ではなく、偽造罪 crimen falsi とみなされるのが当然である。こうした理由で、現在ではそれは反逆罪と重罪という両方の処罰を含んでいるために、重罪として、あるいは国家に対する侮辱行為として、裁判にかけられるのが一般的である。——誰かが貨幣を鋳造し、自分の肖像あるいは紋章をそれに刻印するのを妨げるものはありえない。この点ではいかなる罪もありえないのだ。しかし、そのように提供された貨幣は支払いのための正貨ではない。それは、そのなかに含まれている地金としてのみ通用するであろう。国王の鋳貨はかなり品質が低下してしまったが、支払うために差し出された際には受理されなければならない。それを拒絶することは高度の軽罪とみなされ、重罪の処罰を受けることになる。ある私人によって鋳造された貨幣はこの特権をもちえないので、一私人が自分の名で貨幣を鋳造することによって彼は何の便益も得られない。彼にとって何か有利なことがあるとしたら、国王の鋳貨を偽造し、より質の悪い純度でそれを造ることぐらいであろう。しかしながら、貨幣の鋳造は正当には反逆罪とはみなされえないのである。その唯一の理由は、この特権に対して国王がもっている警戒心であった。この特権はその当時きわめて大きな収益を生み出していて、王国の多くの大領主たちによってそれが所持されていたのもそう遠い昔のことではなかったのである。——

　これらが、エドワード五世(12)の下での反逆に関する諸法によって制定された大逆罪の五つの種類である。——そのほかに、ヘンリ八世および彼のあとにウィリアムとメアリによって導入されたものがいくつかある。ヘンリ［八世］は、しばしば法王と争ったあとに、とうとう彼の至高性を否認し、自らがプロテスタントであるとは宣言しなかったが、そのようにふるまい、自らを教会の首長であると称し(13)、これらの事柄において彼の権威を主張するために、高等宗務官裁判所を設

66

立した。これと同じやり方で、エリザベスはのちに教会の首長であると考えられた。当時は、法王派の節度のない熱狂と偏狭さは、プロテスタントの宗教を奉じていたヨーロッパの主権者たちの大きな脅威の対象であった。エリザベス、ヘンリ八世、そしてエドワード六世は、彼らの司祭たちに鼓舞された頑迷な法王派の策略と陰謀の危険に絶えずさらされてい

(5) Cf. TMS II. iii. 2. 4:「罪を犯そうという企図は、……その現実の遂行と同じ厳しさで処罰されることは、およそめったにない。反逆の場合は、おそらく唯一の例外である。……反逆の処罰においては、主権者が、直接に彼自身に対してなされる諸侵害に報復するのであり、他の諸犯罪の処罰においては、彼は、他の人々に対してなされる諸侵害に報復するのである。一方の場合に彼が満足させるのは、彼自身の憤慨であり、他方の場合に彼が同感によって入りこむのは、彼の臣民たちのそれなのである」。

(6) 正確には、彼の妻、彼の長男の妻あるいは彼の未婚の長女。

(7) これは、エドワード四世とエリザベス・ウッドヴィルの結婚が無効であると申し立てられた根拠にもとづき、リチャード三世によって投げかけられた、エドワード五世の正統性に対する疑義に言及した可能性がある。

(8) 実際の殺害がその要件であった。

(9) その行為は「大法官、財務担当官、あるいは一方か他方の座の国王の裁判官、巡回裁判官、あるいは陪審の裁判官そしてその職務の期間中に彼らの事務室にいて審問し裁定することを任じられた、それ以外のすべての裁判官たち」の殺害を含んでいたが、財務府の小貴族たちは含んでいなかった。Hale, I. 230 ; Hawkins, I. 17. 46.

(10) 実際はエドワード三世。

(11) これは 1 Mary, st. 2, c. 6 によって大逆罪とされた。Hawkins, I. 17. 53.

(12) 実際はエドワード三世。

(13) 26 Henry VIII, c. 1 (Act of Supremacy, 1534).

たのである。そのためローマ・カソリック教は、主権者に対してあらゆる種類の企てや陰謀を仕向ける宗教だと考えられてきた。このことは、メアリの治世下で前にも増して助長されたので、エリザベスをいっそうの危険にさらした。したが 67 って、次のようなあらゆるやり方でそれを推し進めようとするすべての人々に対して、反逆罪の刑罰を科すことが必要だと考えられたのである。すなわち、法王の勅書を受け取り、教会人に対するその指図に従うこと[14]、この宗教に改宗したり、あるいは他者を改宗させたりすること[15]、教会の首長として免罪符その他を与える法王の権力を、文書あるいは口頭で賞賛したり、強化したりすること[16]、王国に神羊や聖遺物を取り入れようとすること[17]、法王の神学校で教育を受け、王国に帰国したあと、六カ月以内に政府に対して誓約しないこと、法王の司祭になること、あるいは彼らを自分の家に迎え入れるような、何らかの形で彼らを援助することである[18]。これらはすべて、統治の存続に反し、あらゆる可能な手段によってそれを崩壊させようとする宗教を助長するものとして、反逆とみなされた。これらの法律は、過去に相当長いあいだ実施されなかったが、いまでも有効である。しかし、それらは廃止されたほうが正当であっただろう。きわめて害のない人々が、まったく重大でない不慮の事態のために危険な目にあって、大きな困難に遭遇するかもしれないからである。特に彼が何らかの形あるいは手段で統治の支障となる場合にはそう 68 である。現在ではこれが行われるのはきわめて適切なのだが、しかし、この時代のヨーロッパの歴史を読む者は誰でも、法王派の偏狭さが彼らに味わわせた大きな動乱や危険のことを考えると、それらがその当時にはまったく道理に合っていたことが分かるであろう。さらに、チャールズ一世と彼の議会のあいだに存在していた長期にわたる争い、それらから生じた反乱、国王の死、そしてオリヴァー・クロムウェルの簒奪などがあった。この時代を通じて、そしてチャールズ二世の王政復古のあとに、彼の悪行と暴君的傾向があり、彼の弟ジェームズの優柔不断で愚かな行為においてそれがさらにひどくなったのだから、国王の権力に抵抗することがどこまで正当かを問うことは当然であろう。これらの直前に存在したテューダー家は、（私が述べたように[19]）まったく専制的であった。このことは宮廷派に発言の機会を与え、多くの人々を次のように信じさせた。すなわち、イングランドの立憲政治は絶対的であり、人民はいかなる権限ももたず、いかなる点においても王の権力に抵抗したり、それを制限したりすることは合法的にはできず、すべての人民は彼の臣下であり僕 69 であるということである。他の党派はまた、王は彼らの諸問題を管理する代理人として人民に信任された最高の為政者にすぎず、そういうものとして、彼は自らのふるまいを説明する義務があるだろうと主張した。しかも、もし彼らが彼を不当にそして十分な理由なくして追放するならば、それは違反であり、きわめて非難されるべきことなのは明らかであるが、しかしそれでも彼らはそれをする資格があったというのである。統治の全権力は人民から生じており、したがって彼らは、いつでもどんな理由によってでも自分が好きなように召使たちを追い出すことができたのであり、何の落ち度もなかった者を追い出すときでさえも、資格のないことは何もしなかった。たんなる気まぐれから彼の召使を追い出した主人は不適切な行いをしたのだが、彼が合法的に行いうることをしているにすぎない。主権者とその臣民とのあいだ、すなわち国王と人民とのあいだも同じだ、と彼らは述べた。これは一六四〇年から一六六〇年にかけて広く普及し、人気のあった学説である。――ところがクロムウェルの悪行と、あら 70 ゆる党派を裏切った彼の不誠実な行動と、それに続く彼の息子リチャードの非力な政治は、共和制統治下にある人民すべての機嫌をそこねてしまった。すぐさま王政復古がこれに続いた。これらの諸原理は放棄され、別のものがもてはやされるようになった。それを好んでいたピューリタンたちあるいは長老派たちは完全に憎まれ、激しく抑圧された。共和制の諸原理はまったく消え去りつつあったが、ジェームズの愚かで専制的なふるまいが再び彼らを奮い立たせた。その結果、彼は追い出されたのであり、法王派の家系も永久に追い出された。彼はその宗教を導入するのに努力してきたからである。ウィリアムとメアリが王位へと招聘され、その後ウィリアムの法律[20]によって、王位継承権はアン女王と彼女の子孫に取り決められた。現在の一族において彼女がいなくなった場合は、オルレアン公、サルデーニャ王やその他大勢といったより近親の多くの親族を抜きにして、きわめて思慮深い憲法 71 により、王位は最も近親のプロテスタントの継承者にわたるようになっている。この相続は完全に議会で決められたものであるが、正反対の原則がしばらくのあいだ通用していたので、この新しい統治はその当時はびこっていた偏見のために危機に瀕した。したがって、次のような反逆に関するいくつかの新法を導入することが必要であると考えられた。まず、印刷物あるいは書面で、国王と議会が共同で王位継承権を随意に変更する権利をもたないと主張する者は、反逆の罪があるとみなされるのであり、もし口頭であれば王権蔑視罪に処せられなければならないとされた。次に、ステュアート家の権利がいまでも存続していると主張する者は、印刷物あるいは書面の場合は反逆罪の刑罰に処せられ、口頭の場合は王権蔑視罪に処せられるとされた[21]。この法もまた、現在では廃止

(14) 13 Elizabeth, c. 2 (1571).
(15) 23 Elizabeth, c. 1 (1581).
(16) 5 Elizabeth, c. 1 (1563)は、これを王権蔑視罪とした。Cf. LJB 84.
(17) これは反逆罪ではなく、13 Elizabeth, c. 2により、王権蔑視罪とされた。［神羊はキリストの象徴］
(18) 27 Elizabeth, c. 2 (1585)は、次のことを反逆罪とした。すなわち、国民が法王の命令を聞き入れること、ロンドンでその意図を宣言したあとで、法王の神学校から六カ月以内に帰国しないこと、そして［帰国後に］二日以内に誓約しないこと、である。それでも当局に対して法王の司祭を明かさないことは、たんに罰金あるいは投獄によって罰すべきとされた。Hawkins, I. 17. 81.
(19) 手稿第四巻164-165ページ［本書278ページ］。
(20) 12 and 13 William III, c. 2 (Act of Settlement, 1701).

される可能性が十分にある。というのは、これらの諸原則は、当時それらに依拠していた統治を維持するために強要される必要があったが、それらにもとづいて確立された統治がそれらを十分に確かなものにしたので、これらの諸法は、無実のあるいは悪意のない人々を困難に巻き込む効果しかほとんどもたらしていないからである。――合邦以前の反逆罪に関する諸法律はきわめて混乱しており、不条理であったために、反逆の刑に処せられた計り知れない数の罪を生み出し 72
た。いわゆる嘘つきは、これらの刑罰に処せられた。それにより、彼らは民衆に情報を与えることによって、民衆に対して国王を、国王に対して民衆を間違って表現することを意図し、それは民衆に偏見を吹き込むことだと言われた。――これは大きな抑圧であった。というのは、そうなると誰も統治あるいは大臣たちについて自由に語ったり、書いたりすることができず、まして何らかの不平を訴えて大胆で率直な建白書を国王に提出する者はいなかったからである。しかし合邦により、反逆罪に関する諸法はスコットランドとイングランドで同一となっている(22)。

一七六三年三月一六日　水曜日

昨日の講義で、私はエドワード五世(23)の法律によって制定された、この国の反逆に関する諸法について諸君に説明した。その時代以前は、思いとどまらせるべきだと彼らが強く望んだすべてのことが、たった三年間だけ敵国に行くようなことであっても、反逆の刑罰を受けた。その法律はそれらを前述
の五種類に限定した。 73
これらは一般に、きわめて妥当にそれらの刑罰に値するとみなされている。国王その他の殺害を企てたり、彼の配偶者その他を汚したりすることが反逆とみなされることはまったく正当である。これらは統治を崩壊させ、まさしくその根幹を揺るがすことに直接つながるからである。国王に対して戦いを起こし、あるいは職務執行中の彼の役人を攻撃することが、同様に反逆だとみなされるのは正しい。なぜなら、彼らは完全に統治の基礎を崩壊させ、その執行を妨げるからである。印章の偽造もまた統治に対する甚大で非道な侵害である。というのは、この手段を使ってその人物は、国王の法律のなかのひとつだけではなくすべてを、あるいは思うがままに偽造することができるからである。第五番目の種類、すなわち鋳貨の偽造はあまり明確には反逆罪とは思われないが、ただたんに国王の警戒心から反逆であるとみなされていた。――法王派の宗教を助長することに多くの厳しい刑罰を科している法律に関しては、(私が述べたように)これは現在では継続させる必要はない。その宗教の熱狂は多くの点で大きく弱まっており、二重課税あるいはそうした類の罰則でそれをくじくのは妥当なことかもしれないが、プロテスタントの宗教よりもローマ・カソリック教を選ぶような、きわめて思慮に欠ける人々の弱さを、反逆罪とし

て罰するのは決して妥当ではありえない。不本意ながら、そ 74
のような罰則は人々を大きな困難に巻き込むかもしれない。同じことは、革命以来取り入れられたものにも言えるかもしれない。〔確かにこのことは、顧みられることはあまりない。というのは、統治の精神が、現在では前にも増して共和主義的になっているからである。〕［73裏］統治があまりにもうまく確立されているので、王位継承を変更する権利を争ったり、ステュアート家を支持したりする人々によってそれが傷つけられることはない。そして、誰もこの項目で起訴されたことはない。〈　〉[24]は、歴史書三巻を出版したが、全巻を通して彼は、国王と議会は王位継承を変更する権利をもってはいないということを、確定された原則とみなした。それは疑いもなく政府に対するきわめて大きな攻撃であったが、彼に反逆の罪があるとは決して考えられなかった。反逆罪に科せられる刑罰はすべてのなかで最も重いものであり、この国で法律によってあらゆる拷問が認められている唯一のものである。その罪人は首を吊られて半死状態にされ、その後、息が絶える前に引きずり降ろされ、彼の心臓はもぎとられ、やがて死ぬ直前にはらわたが、その後、彼の〈頭部？〉が肉体
から切断され、公共の場所のどこかに据え付けられることに 75
なる。しかし、われわれの良俗の穏健さは[25]、その罪人が間違いなく死んでいるものとして、その刑罰のこの部分を軽減するのが普通である。――このことに加えて、それには家財、土地資産、寡婦産の没収、そして子孫への血統汚損が伴い、それによって彼らは彼の資産ばかりでなく、彼のせいで彼らのものとなったであろうすべての相続権を剝奪されるのである。――

これら以外にも国王に対する、それよりも軽い犯罪が数多くある[26]。第一のものとしては、鋳貨や平らな地金、あるいは英国銀貨に比べて劣悪な純度で精錬された銀を発行することであり、それは法によって重罪として処罰される[27]。第二に、王国の国外に鋳貨あるいは地金を持ち出すことは、かつては重罪であった。現在ではこれは鋳貨に限定されており[28]、地金の輸出は、それが税関を通して申告されて〈　〉[29]の前で審査される場合は、許可されている[30]。これは誤った概念から王国の富を減少させるものとよばれた。王国の富は、マン以降

（21）4 and 5 Anne, c. 8 (1705) and 6 Anne, c. 7 (1707).
（22）7 Anne, c. 21 (1708). Mackenzie, *Laws and Customes of Scotland in Matters Criminal* (1678), VI and XXX. 6.
（23）エドワード三世。
（24）手稿の空白。おそらく Laurence Echard, *History of England*, 3 vol., 1707-18 であろう。
（25）mildest は mildness と書くつもりだったのだろう。
（26）Hawkins, I. 18.
（27）7 Anne, c. 25 (1708).
（28）鋳貨の輸出は依然として禁じられていたが、一五七三年以降は重罪ではなくなっていた。Hale, I. 654-6 ; Hawkins, I, 18. 6.
（29）手稿の空白。地金は 6 and 7 William III, c. 17 (1695) により、金細工職組合本部で商標が押され、7 and 8 William III, c. 17 (1696) により、ロンドン市の市長裁判所によって認証された。
（30）15 Charles II, c. 7 (1663).

のほとんど〈すべての?〉著者たちによって、国内の金と銀にあると考えられてきた。『外国貿易によるイングランドの［富］[31]』と称する彼の書物のなかで、彼は貿易収支がイングラ 76
ンドを支えうる唯一のものであることを示そうと努力している。というのは、このやり方によって金と銀が王国に持ち込まれるからである。そして、それらだけが腐らないので、これらによってのみ王国の富を構成しうると彼は述べている。この彼の学説はどれほどばかげているにせよ、後続するすべての著述家たちによって採用されており、これらの諸法律はそれにもとづいてきたのである。実際には、そのような禁止令以上に無用のものはない。禁止令は貿易にとって大きな不利益である、と申し立てる商人たちのしつこい要求に応じて、地金の輸出はウィリアム王[32]によってはじめて承認された。鋳貨の輸出禁止はまだ継続されているが、効果はなく、鋳貨の不足そのものはわれわれの生活行政における誤った構造から生じるのである。王国に貨幣が多くあれば、それだけ便益も大きいのだと考えられてきた。したがって、地金を鋳貨に変えるのを奨励するために、私人は鋳造の費用を負担することなく、それらはすべて政府によって支払われた[33]。その結果、現在では鋳造権の特権は国王に何の利益ももたらすことはなく、一年で約一万四千ポンドの負担となっている。こ 77
の影響で、硬貨に鋳造されていない銀がつねに、その価値において硬貨に鋳造された銀と同じくらい高くなっている。それには鋳造の費用が付加されているのだから、これは明らかにおかしなことである。硬貨に鋳造された銀の一トロイポンドは三ポンド二シリングと見積もられ、その一オンス［トロイオンス］は五シリング二ペンスの価値がある。硬貨に鋳造されていない銀のオンスの価格は、決してこれを下らない。なぜなら、もし誰からもその価格を拒否された場合は、彼はそれを造幣局に送ることができるからであり、そこでは、硬貨の鋳造の費用は彼にはかからないので、その価値を手に入れることができるのである。——したがって、地金の一オンスは決して五シリング二ペンス以下になることはなく、実際にはそれよりも高いのが普通である。というのは、地金は多くの点で鋳貨よりも便利であるからだ。なぜなら、それは多くの場合その目的を果たし、さらに海外では［鋳貨よりも］受け入れられやすく、あるいはローマでは食器に加工されうるからである。したがって、新しい鋳貨をもっている者は、それを溶解することが有利であることが分かるであろう。というのは、彼はいくらかそれ以上のものが手に入るからである。したがって、この構造は実際に鋳造を増やすが、鋳貨を増加させるわけではない。それは新たな鋳貨を溶解する際に、それが名目価値以下に下げられる前にそうした利益を与えるので、この二〇年あるいはそれ以上前から、スコットラ 78
ンドに流れてきた新しいシリング硬貨を見た人はほとんどいないのである。なぜなら、それらは造幣局から出てくるや否や、るつぼに投げ込まれるからである。これもまた、第三に、重罪とみなされている[34]。しかし、これまでその罪で罰せられた者は一人もいない。というのは、愚人以外は誰でも、発見できないほどの短期間にそれを行うことができるからである。第四に、国王の鋳貨を増加させるあらゆる企ては、哲学者の石を発見する探求として、重罪とみなされる[35]。にもかかわらず、これが鋳貨の価値を低下させるというのは道理に合っているとは思われない。——第五に、国王の顧問官に対する何らかの企て、暴動を起こすこと、あるいは国王の従者の誰かを攻撃すること[36]、〔国王の武器の横領〕［77裏］は重罪である。

　ジョン王とヘンリ三世の下での問題状況は、王権蔑視罪の諸法のきっかけとなった[37]。その当時、法王は特使をしばしばブリテンに派遣したが、その特使たちは、国王の同意もないのに、教会人だけでなく信徒にさえ重い寄付金を課す、法王勅書をもってきた。特使たちは教会関係の諸問題における国王の判決に対する不満を聞き入れ、これらの勅書を使って王国から大量の貨幣を持ち出し、こうしたやり方で、王国を使徒管区の封土をほとんど超えないほどにまで法王権威に従属させた。プロテスタンティズムが思いつかれるよりずっと前に、このことがいくつかの点で法王の権力を抑制することを必要とした。したがって、法王の勅書をもってくること、あるいは特使が国王の許可なしに王国に入ること、国王裁判所からローマの裁判所へ上訴すること、地方司教代理と聖堂参事会員、あるいは聖堂参事会が国王によって任命された主教を認めることを、拒絶したりあるいは叙階したりすることは

79

罪とされた。これらの法律は、（法王の侵犯に対して）王国を防衛するために王国の防衛 premunire regnum とよばれた。いまではわれわれは、王国の防衛の諸法令によって定められた刑罰に人は服するとは言わず、王権蔑視罪に彼は服すると言う。これらの刑罰は、教会にかかわる諸問題において国王の権威を守ることが主として意図されているが、法喪失宣告、すなわち財産が没収され、国王の庇護が受けられないということであった。これにより、ある人物とその子孫あるいは相続人たちは、いかなる裁判所においてもいかなる法律にも訴えることができないが、他のほとんどの犯罪ではそういうことはない。法喪失宣告の刑罰は、異端、呪術などに対する刑罰が取りやめになって以来、反逆罪の刑罰を除いて、何よりも最も重い重罪である。国王に対する他の軽罪は、違法行為 misprision という名称で通っている。これは怠慢あるいは侮辱を意味する、古いフランス語の mespris から来ている(mepris のことだが、s という文字が、それに対して一種の嫌悪

80

(31) 手稿の空白。Thomas Mun, *England's Treasure by Forraign Trade*, published by John Mun in 1664.
(32) 実際はチャールズ二世による。Hawkins, I. 18. 6.
(33) 18 and 19 Charles II, c. 5 (1666).
(34) 6 and 7 William III, c. 17 (1695) により、重罪と宣告されないが、禁止されていた。
(35) 5 Henry IV, c. 4 (1404). だが、1 William and Mary, c. 30 (1689) によって廃止された。
(36) 3 Henry VII, c. 14 (1487) and 9 Anne, c. 16 (1710).
(37) Hawkins, I. 19.

をもつフランス人には廃棄され、それを好んでいると思われるイギリス人によっては保持されている)。違法行為には二種類があり、反逆罪の違法行為と反逆罪ではない違法行為がある。——反逆罪の違法行為もまた、積極的なものか消極的なものかどちらかである。[38] 反逆罪の消極的な違法行為あるいは国王の権威に対する軽蔑は、国王の生命あるいは彼の配偶者に対する何らかの企て、あるいはその他の種類の何らかの反逆罪を人が明示していないのに国王が知るところとなるという場合である。[39] ——しかし、人がそれらを受理し支援するか、あるいはいずれにせよそれに同意していると思われる場合は、彼はたんに重罪の場合に該当する共犯者としてではなく、反逆の罪があるとして罰せられる。したがって、人がステュアート家の権利を議論している人々に出会って、彼らの仲間になり、同一の目的のために二度目に会う場合には、彼は反逆の罪があるとみなされるであろう。しかし、そのような諸行為に自分が賛同したことをどのような〈方法?〉でも表明せず、知らせることを怠るだけである場合には、反逆の罰ではなく違法行為の罰に処せられる。他方で、重罪を摘発してもその罪で有罪とされることはない。この反逆罪の違法行為は、罰金と禁固刑という裁量による刑罰に処せられる。——反逆罪の積極的な違法行為は、その国で通用していない鋳貨を偽造することである。[40] 国王の布告によって、その国で通用している外国鋳貨を偽造することは、国王自身の鋳貨を偽造することに劣らぬ反逆罪である。しかし、布告によっ

81

て通用していないものを偽造することは反逆罪ではなく、違法行為である。反逆罪にはあたらない違法行為にはいくつかの種類がある。[41] 第一に、国王の宮殿あるいは宮廷に対する軽蔑である。宮殿内で何らかの騒動や暴動を起こすか、あるいは他者に暴行する者は違法行為の刑罰に処せられ、後者の違反で有罪となる人々は彼らの右腕を失う。[42] 裁判官に何らかの罵詈雑言を浴びせ、裁判の執行を中断させて司法の執行を妨害すると、これらはすべてきわめて重い刑罰に処せられる。——最近のことであるが、法学博士で相当地位の高い人物がこの種の罪で、テンプル門から〈　〉まで、彼の罪状を証明する文書を貼り付けられて歩かなければならなかった。全海事裁判所は、首席裁判官ウィリスが、未決の訴訟を軍法会議のために彼らに先んじて審理したという理由で、彼に対する不満を含んだきわめて下品な文書を示したために、高官名誉毀損 scandalum magnatum で法廷に召喚され、全法廷に向かって許しを乞わなければならなかった。[43] ——そのような罪はすべて罰金と拘禁に処せられ、公然の侮辱的なやり方で許しを乞うことで償うべきだとされた。フランスではこれがすべての犯罪にあてはまる。そこでは、一般的な刑罰に加えて、彼らはそれを悔い改めながら、侵害された当事者に許しを乞い、教会内で全会衆の前で神の許しを乞う。しかしイングランドでは、この場合だけ、名を知られた人々に対してこのことが要求される。

第二に、国王大権に対する軽蔑がある。それは彼の合法的

82

83

な命令に従わない場合、すなわち、彼らの役務を請求する権利を彼がもっているときに、彼に仕えることを拒否する場合であり、あるいは、国王の同意なしに彼らから年金を受け取るような、何らかの方法で外国の宮廷を優先する場合である。というのは、主権者たちは他の主権者たちとのそのような関係をつねに妬むものだからである。[44] 国王の命に反して、人が王国外へ出るときも同様である。というのも、通常の場合では、貴族あるいは議員を除いて、誰もが許可を求めずに王国外へ出国する権利をもってはいるが、国王は誰に対しても王国から出るな ne exeat regno と命じることができ、あるいは国王の王印による個別命令または一般的布告で要求された場合には、帰国するなと命令することができる。

第三は、国王自身による統治［身柄あるいは統治］[45] に対する軽蔑であり、彼が自分の戴冠の〈誓い？〉を破ったとか、彼は臆病者あるいは悪党だとかの発言である。ところがこの種の罪は、ここしばらくのあいだ罰せられたことは決してない。というのは、政権の特定の人物に何らかの非難が寄せられる場合でなければ、現在では統治がかつてなく民主的だからである。もしそれが審理されることになれば、この法律は完全に廃止されるであろう。なぜなら、この国の国民の誰もが政権を非難する自らの自由を失うまいと争うであろうからだ。イングランド国民は、自分たちがこれらの主題に関する書物や小冊子を通じて、政治的な諸問題を知る権利をもっていると考えているのだが、その権利はこの場合には削除され

84

るであろう。

第四は、国王の資格に対する軽蔑である。それはたとえば、僭王を優先し、彼の健康のために乾杯することや、長年の慣行である忠誠の誓約をしないこと、そして法に従って求められたときに、革命と宗教改革のあとに取り入れられた国王至上権と異端放棄の宣誓をしないことなどである。[46] ――これらに対する刑罰は罰金と拘禁、あらゆる官職への適格性の喪失、およびその他いくつかであるが、重罪あるいは法喪失宣告の刑罰にはあたらない。

---

(38) Ibid., I. 20.
(39) 1 and 2 Philip and Mary, c. 10 (1554).
(40) 14 Elizabeth, c. 3 (1572).
(41) Hawkins, I. 21.
(42) 33 Henry VIII, c. 12 (1541)（国王がそのときに在住している場合）.
(43) 一七四六年に海軍の軍法会議は、普通民事裁判所の首席裁判官であるウィリスを弾劾しようとした。*Gentleman's Magazine*, XVI (1746), 462 ff., 598, 604 ; Horace Walpole, *Letters* (ed. Toynbee, 1903), II. 251 を参照。
(44) Hawkins, I. 22.
(45) personall government は、おそらく person or government の聞き違いであろう。Hawkins, I. 23. Cf. LJB 85–6.
(46) Hawkins, I. 24.

一七六三年三月一七日　木曜日

適切にそうよばれている反逆罪は三つの分野に分けられ、上述のすべてはそれらの下にまとめられるであろう。第一 85
は、臣民のなかの誰かが非合法の武力と暴力によって、既存の統治を打倒しようとする企てである。これはローマ人たちによって反乱 perduellio とよばれたものであり、君主制統治の場合には、主権者を殺害または襲撃することを含んでいる。第二は、その国の臣民が国を国外の敵に売ろうと努力することであり、反逆 proditio とよばれるのが正しい。第三は、何かの侮辱が統治に対して加えられるように企てることであり、それは高権毀損 laesa majestas である。反乱と背信の刑罰は、きわめてすみやかに同列に位置づけられた。それらはともに凶悪な罪であり、どちらもそれ以外のものより相当に凶悪だからである。皇帝たちの下では、これらはすべて混合・融合されているため、皇帝の威厳に対する最もささいな犯罪でも最も高次の背信行為と同じ方法で処罰された。すなわち、何か侮蔑的な言葉を発すること、あるいは貴族たち、つまり彼の大臣たちを中傷することでさえも、あるいは彼の宮殿に石を投げること[47]、または彼の彫像や彼を記念して作られた何らかの物を溶かすことでさえも[48]。これらのことを行うと、人は反乱と同じ刑罰に処せられるが、これがまったくばかげていることは明白である。 86

昨日私は諸君に、反逆罪として罰せられる事柄について、国王に対するそれより軽い罪についてともに多少の説明をしておいた。すなわち、それほど妥当とは言えない他の一例と同じく、古い法律によってそうだとされている四つの反逆罪のことである。その他に国王に対する重罪とよばれているものがあり、それらは人に重罪の刑罰を科す。その他に臣民に対する重罪となるものがいくつかあって、国王に対して犯される場合には重罪であり、そのようなものとして起訴されるだろう。これらは国王としての彼に敵対するとみなされるので、国王に対する重罪とよばれるのである。――それ以外のものは、私が述べたように、それよりは軽い罰に分類される。

［**市民権**］

われわれは次に、主権者が臣民に対して有罪とされる犯罪について考察することにしよう。これに関して留意されるべき第一のことは、誰が臣民なのかということである。――さまざまな国の諸法はこの問題に関してきわめて多様である。一般に市民権がある人物に特権を与える場合、市民の数が少なかったならば、家系、すなわちかつて市民であった人の子孫であることが、その人が特定の官職あるいは職業に登用される確実な機会を与えることになる。というのは、それらの数は、市民の数に比較するときわめて多いからである。 87

さらに小さな諸国に共通する多くの恩恵がある。ところが大きな諸国では、この特権は、選挙をする利点、あるいはきわめて膨大な数の人々のなかから選出されるという利点以外は何も人に与えず、通常はある人の出生地が、彼が市民であるとみなされるか否かを決めるだけなのである。ホラントやスイス、イタリアの諸共和国および他の共和国では、出生がその人を市民にすることはない。ある人は、市民の特権を何ひとつもつことなく、何世代かにわたって居住してきた家柄に生まれるかもしれない。この場合、その数はきわめて少数にすぎないが、市民権に伴う官職および他の利益の数はきわめて大きい。人は同じようなやり方で、ローマあるいはアテナイで、その祖先が彼らに混じって長年居住してきたが、いまだに外国人 peregrinus あるいは在留外国人[49]とよばれている両親の下に生まれてきたかもしれない。ローマでは、その人の父親が市民であることが必要不可欠であった。この特権を付与することに最も慎重であったアテナイ人たちは、父母双方がアテナイ市民であること、あるいはアテナイ市民であった人々の子孫であることを要求した。少なくとも彼らが活気と繁栄を得ていたときには、彼らは、他のどんな人々よりもそのことに慎重であり、マケドニアのアミュンタス[50]とフィリッポスがアテナイ市民となることを望んだときも、物品に対して支払われる輸入税と関税に関して、市民たちに平等に認められた市民特権以外は何も手に入れることができなかったほどである。それらの税は、ほとんどの国では外国人に対して

は市民よりもかなり高額であり、少数の事例を除いてこの国でもそうである。こうなった理由は、他の国々で同じ措置の原因であったものと同様である。すなわち、彼らが保有していた領土の支配力と大きさに比較して市民の数が少なかったことである。軍国時代のアテナイの都市には二万三千人あるいは二万五千人を超える自由市民がいたことは決してない。この数は、彼らが保有していた広大な領土に比較するときわめて小規模である。彼らはエーゲ海のほとんどの島を所有し、それ以外にもトラキアとアジアの多くの諸都市と植民地を所有していた。この領土から生まれる公収入はきわめて膨大であったに違いなく、それは、そこから多くの恩恵を得る権利をもっていた少数者の完全な所有物であった。彼らは金銭あるいは穀物の配給を頻繁に受けていた。彼らは必要な場合には、市庁舎で公費を使って彼らの子どもたちを養護してもらったが[51]、当時はそのことは不名誉とはみなされなかった。彼らは裁判所と人民集会に出席する許可も得ており、つ

(47) おそらく *D.* 48. 4. 5 からの推測であろう。
(48) *D.* 48. 4. 6.
(49) *μέτοικος.*
(50) アミュンタス三世は、前三九三年から前三七〇年までマケドニア王であり、前三五九年から前三三六年までマケドニア王であったフィリッポスの父親である。
(51) 共同体への奉仕と引き換えに、個人は貴賓館（ある種の市庁舎）での食事の特権を与えられた。また、戦争孤児は公費で養護された。

いには彼らが劇場に出席することを可能にする許可さえ手にした。もし彼らがきわめて自由に市民権を広げることができたならば、こうして古い市民たちのそれぞれの手に入る公共財産の割り当ては、それに比例して減じられていったであろう。それゆえ彼らは、新たな仲間が都市に入ってくるのを許すことにつねに反対したのである。そのような共和制は、イングランドにおける教区とかなり似た状態であると言える。そこでは、貧困状態に陥ったすべての人々は教区の基金から少なからぬ手当を受け取るが、こうした〈理由?〉から、自分の子どもたちが彼らの生計のために将来その厄介にならないという保証を与えられない人は誰も教区の一員と認められないであろう。[52] したがって、すべての小共和国は、それらの特権を広げることにきわめて慎重である。少数、すなわち一万あるいは一万五千の市民から構成される国家では、被選挙権や選挙権は取るに足りない特権ではない。ところが、その数がはるかに大きく、約九〇〇万あるいは千万であり、アイルランドと植民地を入れると約一五〇〇万にもなるイングランドのような国で、ある人に膨大な数のなかから選出される権利を与えることは、それほど大きな優遇ではない。それゆえ出生が市民権を確定するのである。その国の領土内で生まれた者は土地を保有する諸権利をもち、信託と利益を伴う職務に就くことができ、国会議員に他者を選出するか自分がなることができ、一市民としてのそれ以外のすべての権利をもつ。しかし、ホラントやスイス、特にベルン州では警戒心が

際立っており、彼らは自治町の正市民になることを望んだフランス王の要求を拒絶した。ローマでの規則は他の諸共和国と同じであったが、生まれつき市民でない人々にそれを与えることに、彼らはつねにはるかに自由で寛容であった。その理由はおそらく、ローマはつねに他の諸都市よりもずっと巨大であったということである。王たちの追放後すぐに、自由市民の数は約一〇万に達した。この数字は軍事年齢の人々のみを数えているので、奴隷を除く自由民の数は約八〇万あるいは一〇〇万ほどであったに違いないことをわれわれは知っている。その理由で、選挙権その他の市民の諸権利は、法によって市民として出生した人々に限定されてはいたが、彼らはそれらをきわめて寛容に、彼らに同行して功績のあった人々、または町全体あるいは帝国の属州にさえ与えたのである。

これら二つはあらゆる国々において市民権の基礎である。つまり、大国では、その国家の領土内に出生することであり、小国では父親が市民であることである。それ以上に用心深い国々では、父親と母親が市民であることが必要となる。

［外国人の身分的制約］

外国人がこうむっている制約と無資格は国によってさまざまである。――ローマの最初の時代には、モロッコ王国、トルコ、アジアの〈東〉[53]部の朝鮮、一言で言うと世界中のいたるところのあらゆる未開諸国では、〈その〉王国の領土内

に到達した外来者は捕らえられ、奴隷にされた。もし彼が、到達した国家に対して同盟や和平状態にある国家の一員であれば、彼は二つの国家が合意した関係にもとづいて処遇されたであろう。ところが、もし彼が、暴風の猛威あるいは他のそのような事故によって見知らぬ国からローマの領土内に漂着し、ローマとのあいだにいかなる同盟関係もない国から来たのであれば、彼は奴隷にされ、彼の財貨は没収されたであろう(54)。それらはおそらく最初の占有者のものとなっただろうが、そのような特定の人に属さない財貨が引き起こす争奪戦を予防するために、それらは国庫へ入れるよう調停された(55)。——外来者と敵は、敵対者 hostis という名称で共通してよばれていた。外国人 peregrinus という言葉は、ずっとあとになって区別がなされるようになったときに導入された。キケロは、現在敵を意味するその言葉は、古代には外来者を意味していたと述べている(56)。古代ローマ人の徳と人間性を賞賛することにつねに努力していた彼は、このことを彼らの包容力のある人間性と穏健さのしるしであると見ている。われわれ人類の祖先は、敵に対しては、外来者に対して彼らが与えたもの以外の名称は与えなかった、と彼は述べている。しかし、実際に彼らは外来者と敵をひとつの同一のものと考えていたのであり、したがって、外来者は敵と同じ名称を有していたと言うほうが正しかったかもしれない(57)。このことを説明するのは、実際にはそう困難なことではない。同盟関係にある隣接する二つの未開の諸国民は、少なからぬ慈愛をもって互い

92

の成員をもてなすであろう。ところが、彼らはそれ以外の諸国民の成員については、交戦状態になったときに知りえたこと以外はまったく知識をもっていない。彼らが彼らについてもっていた唯一の知識は、敵としての知識なのである。彼らは交易によって彼らと商売したことも交渉したこともなく、現在彼らと交戦状態にあるか、あるいはつい最近にそうであったので、彼らのなかに入ってくる者は誰でも、もし本国から通行証をもってこなかった場合は、スパイとみなされてしまうのである。したがって、これらの諸原理にもとづいて、その当時モロッコの皇帝はブリテンと平和状態にあったにもかかわらず、軍艦リッチフィールド号の船員たちは拿捕され、奴隷にされ、その国の慣行に従って身代金を払って解放されたのである(58)。——しかし、人々が社会を少し発達させ、その学芸と改良を進歩させて、彼らのなかにやってくる外国人たち——彼らはその国の生産の余剰部分を運び出し、彼らの国の余剰なものを輸入するが、そのことがその国の便益

93

(52) 8 and 9 William III, c. 30 (1697).
(53) 手稿の空白。欠けている言葉はおそらく eastern であろう。
(54) *D.* 49. 15. 5. 2; Montesquieu, XXI. 14.
(55) Fiscus すなわち国庫のこと。
(56) *De Officiis*, I. 37.
(57) Hume, 'Of Commerce', *Essays*, I. 292, note.
(58) リッチフィールド号は一七五八年一一月二九日にバーバリー海岸で難破し、一七六〇年の四月に、船員は皇帝に鋳貨二二万五千ドルの身代金を払って解放された。*Gentleman's Magazine* (1760), 200, 391; (1761), 359-63.

あるいは奢侈に資する――を受け入れることの恩恵を見出
し始めると、そのとき彼らは外国との交易の利益に気がつ
き、彼らのなかに外国の商人たちが定住することを促進する
ようになるであろう。この目的のためには、彼らの身柄と財
貨のどちらに対しても、法の保護を与えることが絶対に必要
となるであろう。このことは必然的に次のことを要求するだ
ろう。それは、彼らは市民たちと同じやり方であらゆる対人 94
訴訟の利益を得なければならないこと、彼らがむち打たれた
りあるいは虐待されたりする場合は、彼らは賠償を受け取る
ことができること、そして彼らを殺害する者は、市民を殺害
するものと同等の刑罰に処せられることである。もしそうで
ない場合は、彼らは自分の生命あるいは身柄について何の保
証もてなくなるため、〈このこと?〉は彼らが市民のなかで
居住することを許可される場合には、絶対に必要であろう。
それに劣らず必要なのは、彼らが動産にかかわるあらゆる訴
訟を起こすことができることである。それによって彼らの契
約を有効なものとし、他人の配慮に委ねた財貨を取り戻すこ
となどができるようになる。これが、古代あるいは近代の諸
国家で、外国人が置かれた状況のすべての詳細である。イン
グランドでは外国人はこれらすべてを有しており、そこでは
これらは対人訴訟とよばれ、動産に関するすべてのものを含
んでいる。対物訴訟は土地財産にのみ関係し、これらに対し
て彼らはまったく何も有していない。彼らは土地を購入する
ことも、あるいは相続することも、それらを他者に譲渡する
こともできない。外国人は数年にわたって土地を借用するこ 95
ともできない。というのは、このことは商人が自分の商売を
営むために必要ではないからだ。しかし、その目的のために
彼は数年間にわたって家屋を借用することができる。このこ
とは、最初はたんに［貿易］商人たちを奨励するために施さ
れたもので、職人たちあるいは小売商人たちのためではな
い。イングランド人たちもそれをこのように解釈してきたの
である。ヘンリ八世の時代、彼らがこのようにかつてないほ
ど警戒し、外国の小売商人たちはみな貧乏人の口からパンを
取り上げているとみなしていたときに、彼らは、外国人の小
売商人たちが数年にわたって家屋を保持することを許可して
はならないという法を通した。[59]――敵対外国人と友好外国
人、すなわち、われわれと交戦状態にある国の外国人と平和
状態にある国の外国人のあいだになされた区別も存在する。
友好外国人は上述した諸特権を有している。しかし、敵対外
国人は国王の保護がなければ身柄あるいは財貨に対する保証
がなく、他人の名前で訴訟ができても、彼自身の名前で対
物、対人、あるいは混合訴訟ができない。友好外国人は、あ
らゆる対人訴訟と、それらが対人である限り混合訴訟ができ
る。Gの国王[10]は、直近のこの戦争[11]の開戦時に、その国に定住
するつもりであったすべてのフランス人たちに彼の保護を与
えた。

　外国人であることの不便さが取り除かれる二つの方法があ
る。それは国王による国籍付与状によってか、あるいは議会 96

による帰化法によってである。国籍付与状は、彼が土地を購入し、それらを、その国に同じように自由に出入りできる彼の子孫か相続人に、遺言なしにあるいは遺言によって譲渡することを可能にする。しかし、他人から相続する権利を彼に譲渡することはできない。——国王は、すべての外国人の相続人であり、彼らが購入するすべての土地が、彼らがそれらを所有するようになるその瞬間から、帰属することになる人物であるが、彼らは保持ができないので、当該人物の生きているあいだと彼の死後、自らの権利を譲ることになろう。しかしこの国では、国王は少なくとも他人の権利を与える権限をもっていない。彼は、自分が好む何らかのやり方で、相続権を購入あるいは譲渡する諸権利を与えることはできる。なぜなら、そのことは彼自身に損失を与えるだけだからである。しかし彼は、外国人に対して相続する権利を与えることはできない。なぜなら財産は、その人が外国人であることによって別の親類へ移行するからである。したがって、市民であった者が、事業のために国を離れるかあるいは海外に滞在せざるをえなかった場合は、そうした人々の妻は母国に戻って出産するのが普通である。というのも、彼らは自分たちのものとなる財産を、国籍付与法によってさえ何も所有できなくなるからである。ある親類が、ある人にこの状況で遺産として財産を遺贈したいと思っている場合に、彼はそれを相続するかもしれない。というのは、遺産は購入の一種と考えられるからである。ところが、相続できるようになり、他の臣

民と同等になるためには、議会の法律が必要となる。議会の法律は何でもすることができるのである。かつて帰化法は、人に市民のあらゆる権利を与え、人が彼に付与された高位あるいは貴族身分をもつことを可能にしていた。ところがウィリアム王が来た際に、ホラントの多くの彼の友人たちが彼とともにやって来た。これらの人々は目につくことが多くなり、より厚遇された。というのは、彼はイングランド人よりも彼［彼ら］[60]をよく知っていたからであり、彼らを栄典や爵位でしばしば優先させたからである。このことは、この自然なえこひいきに深く傷ついたイングランド人の感情を大いに損ねた。したがって、次のことを宣言する議会法が作られた。すなわち帰化人は、上述した他のすべての諸権利はもっていても、これまでと同じく上院に列する貴族として決して認められることができず、あるいは下院の議員に選ばれることができないことを規定し明白に宣言しなければ、いかなる帰化法も承認されてはならないということである。[61]外国人の身分に関するいくつかの国々の諸法のなかで、イングランド

（59）32 Henry VIII, c. 16 (1540) は、多くの外国人の存在が、イングランド人に害を与えていると非難して、外国の小売商人たちが数年にわたって家屋を借用することを禁じた。

［10］イギリス国王ジョージ二世（在位一七二七—六〇）を指していると思われる。

［11］二月に終結した七年戦争を指していると思われる。

（60）him は them と書くつもりだったのだろう。

（61）1 George I, st. 2, c. 4 (1714).

には存在しないそれ以外のある特色について私は述べておこう。――所有者の身柄を超えて所有を拡張するすべての法は、所有権を制定する諸法よりあとに導入されたものであり、その存在にとってまったく不可欠なものではない。所有は本来（上述したように）、イングランド法によって対人権とよばれるすべてのものと関連している。しかし、真偽判断の能力はまったく必要ではなく、すべての国々では他のもののあとにくるものであった。こうした理由で、多くの国々では外国人は遺言状を作成することができない。彼の所有は、アルバニ法 jus albani あるいはル・ドロワ・ダルバン le droit d'albain とよばれるものによって国王の所有に帰する。アルバン albain(62) は外国人を意味する言葉である。これらの財貨は最初に占有者のものとなるが、そのような争奪戦で生じる混乱を防ぐために国王に譲渡された。現在のポーランド王であるザクセンの選帝侯は、サクスン人たちが所有権をもてる国々のすべての人々はザクセンでもそうであるべきだが、そうでなければ所有権をもてないという法律を作った(63)。――これはきわめて正当な報復であるように思われる。この権利はローマで生じたものである。ローマで死亡した外国人の財貨は国庫に納められたのだ。

99

一七六三年三月二一日　月曜日

前回の講義で、私はさまざまな国々における外国人身分の性質、それらの制度の諸理由、彼らが置かれているさまざまな無能力状態について説明しようと努力した。今日でもいくつかの国々やすべての野蛮な諸国民においては、外国人たちは、市民たちが保持している諸権利のすべてを完全にはもつことはできず、彼らが自分の土地財産を保持することを許されている多くの国々でも、遺言状を作成する権利を許可されていない。私が以前にずいぶん詳しく話したように(64)、この権利は、われわれが死者の指示に対して感じる敬意と尊敬の観点から認められるにすぎない。それは、所有権を設立するのに必要なこと以上のものをそのなかに含んでいる。その場合、死者に対する敬虔がその唯一の基礎であり、これはわれわれの友人、同国人、そして親類に対しては向けられて当然のように思われるが、外国人たちの遺言あるいは追慕に払われるべき強い敬意を人々はあまり感じないものである。それゆえ、外国人が所有物をもつことを許可されている多くの国々では、彼らに子どもあるいは近い親類がいない場合は、いわゆるアルバニ法 jus albani、アルベツァーニ albezani [法]、あるいはダルバン dalbain［法］によって、彼らの財産は政府によって没収されるのである。イングランドではそう

100

ではない。イングランドでは、遺言状を作成する自由は完全にカノン法に起源をもつが、のちには市民法に由来し、所有に関する多くの法律が作成された時代に確立されたので、所有の付属物とみなされるようになった。そうした理由で、遺言状を作成する自由は、他の諸国では認められていない非嫡出子に対しても認められている。しかし、やはり外国人は土地財産を相続あるいは購入することはできない。これらのうちの後者は国籍付与状によって認められうるが、前者は議会法によってのみ認められる。というのは、国王は他人の所有権を第三者に寄贈することはできないし、かつてそれを試みたこともなかったからである。市民である者が法によって許可されていない他者と契約する際、その契約は無効で拘束力はなく、その所有権は持ち主に戻る。ところが外国人と交わされた契約は無効ではなく、無効にすることもできない。つまり、その契約は効力をもってはいるが、外国人は所有権をもつことができないので、それは国王によって没収されるのである。国王は他人の権利を、そうでなければ彼のものとなったであろうものを誰かに相続する資格を与えることによって、取り去ることはできないが、この権利を譲渡することができる。

外国人に関して、aliens〈ennemis と aliens〉amis(65) すなわち、敵対外国人と友好外国人のどちらに対しても、さらに説明すべきことがひとつある。——もし外国人のうちの何名かがその国で悪質化して、彼らが所属する主権者に認可されること

となく、敵意のある態度でその一員になる場合でも、彼らを反逆者として裁判にかけることはできない。彼らは国王あるいは主権に服属しておらず、彼に対して忠誠義務を負ってはいない。したがって、彼らは反逆を禁じる諸法によって扱われることはできない。彼らは略奪者あるいは海賊として当該国の軍法によって裁かれうるだけである。彼らが、和戦あるいは敵対的派兵の権力をもつ主権国家の指示を受けている場合は、彼らは戦時法に従って処遇されるであろう。ところが、王国に対する敵意を明言する外国人が王国に対する反逆者として裁かれることはありえないが、法の保護を受けている友好外国人が、彼が居住する国の主権者に反して陰謀あるいは謀反に参加し、あるいはその国の敵たちに内通・助長・援助あるいは帮助する場合は、彼は臣民と同じく、最も重い大逆罪の刑罰に処せられる。彼は臣民と同等に、主権者に対して忠誠と忠実の義務を負うと考えられるのだ。というのも、彼は諸法のおかげで同等の保護と安全を得ているからである。同じように、国王の領土内にとどまる人々に対する、彼の保護と安全保障を利用していながら、自国の主権者に何らかの重要な情報を与え、何らかの陰謀に参加し、あるいはそれ以外の何らかの反逆的行為を犯した敵対外国人は、反逆

(62) Aubaine（オベヌ）が正しい。
(63) E. Vattel, *Droit des gens*, II. 8. 112.
(64) 上記手稿第一巻149ページ［本書62ページ］以降。
(65) 最後の二語の読み方は正確ではない。Cf. LJB 90.

に誰でも、臣民と同じ忠誠の義務がある。——

罪の刑罰に処せられる。法の保護の下に生活する者は一般的

［主権の限界］

私はいま公法の第二の部分、すなわち主権者の彼の臣民に対する諸義務と主権者が彼らに対して犯しうる罪について考察するところに来た。これは、私が他の諸問題のような正確さで回答しようとしても、できる問題ではない。公法のこの部門の本質については、国際法のそれと同じく、臣民のあいだの私法あるいは臣民が彼らの主権者に対して負っている諸義務を包括する公法の他の部分と同等の、正確さを称しうるようなものではない。これらはどちらも何度も論議されてきており、臣民が臣民に対して負っている義務と臣民が主権者に対して負っている義務のどちらに関しても、諸法は規制を行い、裁判所は先例を公正に審理し決定してきたのである。諸法と裁判官の手続きがそれらを確実なものにしている。ところが、主権者それ自体を審理しうる裁判所はなく、主権者を超える権威もない。しかも、主権者の臣民に対する、あるいはある主権者の他の主権者に対する諸行為がどの程度まで正当なのか、それらの権力がどの程度にまで及ぶのかを精査し、つきとめ〈た?〉ものはないのである。正確な限界はほとんど考察されてきておらず、主権者の権力が及ぶ正確な限界をつきとめることは、きわめて困難である。イングランドでは、国王権力の厳密な境界線は、革命以降は十分に熟知さ

れており、人は彼が何をなしうるのかを正確に述べることができる。しかし、ここでは国王が主権者ではないということを考えなければならない。主権は国王と議会を合わせたものに置かれており、それらが何をなしえないかは誰も言うことができない。同様に、フランスやスペイン、トルコなどのように国王が主権者であるところでは、この権力がどこまで及ぶのかをつきとめうるとあえて言うものはいない。一定の限界があることは確かであるが、裁判所が諸個人の私事を考慮するのと同じ公平さと平静さで、それらを考慮した人はまだいない。したがって、この問題を考察する人は自らの基礎から新しく始めなければならないのである。この種の争いはすべて力と暴力によって解決されてきた。主権者が臣民よりも優位である場合は、臣民は反逆者あるいは逆賊として糾弾されるが、臣民が主権者よりも優位である場合は、彼は耐えることのできない暴君であり圧政者であると宣告される。その裁定が正しかったことも間違っていたこともあるが、それらが冷静かつ公平な裁判所の裁定のような重みをもったものであることは決してない。——最高権力の二つの部門はいまでは主権者の掌中に完全に確立されているが、主権者に対してさえも不法であるに違いない、いくつかの事柄がいまだに存在している。この権力の最も必要な諸部門は、最初は不安定に行使されたのである。

社会において行使される最高権力の最も重要な部分は、連合権である。しかし、私がすでに述べたように[66]、これは社会

の初期においてはまったく不安定なものであった。国の多数派が和戦を決定するが、その場合、これは彼らだけを拘束するものである。他の人々が講和を締結したあとでも、それ以外の人々は戦争を遂行し、あるいは他の人々が戦争をしている人々と平和な状態でいる完全な自由があると考えられる。
105
人民全体が講和したあとでも戦争を継続する人々は、全体の争いに加わらなくても、罰せられることが決してない、ということも私は述べた。その理由は、私が述べたように、人々を講和するよう促す動機あるいは熱情は冷静で思慮深いものであるが、他方で、彼らを戦闘へとかりたてるそれは激しくて衝動的なものであり、彼らがこうむった侵害あるいは侮辱に復讐しようとしない人々に対する恨みを晴らそうと人々をかきたてるということである。この方法で起こることは、戦争を継続したいと考える少数派は、分別のある理性によって抑制されないときに多数派がやるやり方でたいてい行動するということである。したがって、最高〈権力〉のこの最も初期の部門は、現在ではまったく絶対的なものであるにせよ、最初は不安定に行使されるのである。〈諸〉国民が講和したあとに戦争を継続する者は、その侵害がなされる当該国ばかりでなく自分の国の諸法によっても罰せられるべきである。同様に、諸国民のあいだのあらゆる交際と通商は、その二つの諸国民のあいだで宣戦布告されるとすぐに停止される。司
106
法権もまた元来はまったく不安定なものであり、時の経過とともに連合権あるいは執行権よりもずっとあとに確立された。多くの国々では、主権者が和戦権をもたなかった時代をわれわれは見つけることはできないが、この権力もまた不安定であったことを示す確かな痕跡を、われわれが発見できない国は存在しない。裁判官が刑事訴訟におけるたんなる仲裁者であり、民事訴訟における任意に選ばれた調停者であるとみなされていた時代があった。彼らはついには絶対的なものとなったが、その結果、彼らが裁定することはすべて、それが正当なものであれ信用できないものであれ、厳守されなければならず、その判決にはいかなる照会もできないとされた。裁判官たちは最初は、当事者たちが彼らの前に出頭し、彼らの判決に従うことを求めなかった。彼らは自らを裁判官と国に委ねる代わりに、司法決闘、火神判あるいは熱湯などによる審判に自らを委ねることができ、こうして裁判官の判決から逃れることができたのである。彼らは裁判官の判決に
107
従うよう義務づけられなかった。彼らは判決が下されたあとに、彼らの相手と闘うことは実際にはできなかったが、裁判官の判決が気に入らない場合は[67]、彼らの裁判官に戦いを挑んでもよく、そのときは彼らの争いは彼に向けられたのである。判決によってなされたのは、それが公正だと思われる場合は裁決に同意することを、彼らの権力に委ねたということだけであった。というのは、彼らはかつて相手の主張にそう

(66) 上記手稿第四巻13-14、19-20ページ［本書212、214-215ページ］。
(67) Montesquieu, XXVIII. 27.

したのと同じやり方で、裁判官の判決を撤回させ反証するという権力をいまだにもっていたからである。裁判官はこの時代には、自分の権威に対してなされたあらゆる侮辱あるいは侮蔑を武力によって終結させた。彼らは反抗的な人物に自分の命令に従わない理由を尋ね、それから彼らに挑み闘った。このことは、司法権が当時きわめて不安定であったことと、人類は裁判官の取り調べを受ける際も、彼の判決に従う際にも、彼の権威に屈せねばならないとは考えていなかったことを示している。ところが、現在では彼らの権威はしっかりと確立されているので、何か不公平をこうむっているかもしれないと考えても、彼らは絶対的であり上訴もできないので、誰も不平を言わないのである。あらゆる抵抗は非合法であり、抵抗することが当然であるかもしれない場合でも、それは完全に禁じられている。その経緯は国民が和戦の停止に同意したあとで、戦闘を継続したり、あるいは開戦後も敵方と交信を続けることが現在では非合法なのと同じである。

立法権もやがては絶対的なものになろう。――社会が初期の粗野な時期には、立法権は存在しないが、これはそれほど長期間には及ばない。人は、おそらく家父長たちのような人民全体から選出された調停者の判決を遵守する用意はできていたが、彼らは自分の行為に対して諸法を定めることにはまったく賛成してはいなかっただろう。彼は、誰かが自分に対してこの権力をもつという観念をもっていない。クラブの一員が自分たちが定める諸規則に従わないのと同様に、野蛮

108

人は社会の一員になることに同意するときに、それらの諸規則のすべてに従わねばならないとは考えないであろう。――諸法を制定させた事情は、裁判官たちの一般的なあるいは一部の慣行であるのがつねであった。どのような国民もその自由を保有し、所有権が彼らのあいだに確立された際に、それに関して生じるに違いない多くの争いを決着させるために、裁判官たちがすみやかに任命されなければならない。そうした初期の国民にとって、裁判官はきわめておそろしいものに思われるであろう。現在では裁判官がおそろしいというよりも心地よい姿なのは、彼がわれわれの自由、独立、安全の源になっているからである。野蛮人たちは裁判官たちがいないことを何とも思っていない。そのために彼らは多大な不便に出会わざるをえないのだが、自らの腕力と武勇の力に頼ることに慣れていた人は自信があり、将来の機会においてもあえてそれに頼るであろう。しかし、彼としては自分がしばしばそうであったことを知っているように、何らかの侵害を犯したときはいつでも彼を裁判にかけ、その事実が彼に不利な場合は、彼が適当と考える処罰を彼に下す権力をもつ人物が存在するということを、彼が考えることはまったくおそろしく、耐えられないことのように思われる。野蛮人たちはすべてのなかで、彼らの頭の上に載せられた裁判官をひどく憎むものである。このことについては、タキトゥス[68]によって記録されたワルスの話がよく知られた事例である。われわれが彼について知りうるすべてのことから判断すれば、

109

彼はきわめて温厚な人物で上品な性格だったようである。したがって、彼がゲルマン人たちをそこまで激昂させるなどということがどのようにして起こったのか、今でもわれわれは想像できない。彼らをローマ人のあらゆる専制、強奪、圧政よりも激昂させたのは、ワルスが国中のいたるところに正規 110
の裁判所を設立したことであり、彼はローマの裁判所で通常行われたのと同じ厳格さと厳正さですべての法律違反を審理し、処罰したのであった。ゲルマン人たちを刺激したのはこのことであり、この報復として彼らはローマ全軍を虐殺したのである。裁判所は、それが設立される際には、粗野な民族にはまったく耐え難い権威をもつようである。それと同時に所有が相当に広まってくると、裁判官たちが不足するということはありえない。裁判官は必要なのだが、すべてのなかで最もおそろしいのである。この場合に何をなすべきか。唯一の方法は、彼の行為を確実にする諸法と諸規則を制定することである。｛裁判官の行為を規制する諸法を人民が要求したアテナイ、スパルタとその他の地域では、そのとおりであった。｝［109裏］というのは、どのような方法で裁判官が訴訟を提起するかが分かったときに、脅威は大いに取り除かれるであろうからだ。こうして諸法が裁判官の設置のあとに続くのである。裁判官を最初に設置したときには、諸法は存在していない。すなわち、各人は、自らの胸中に抱き、他者のなかに見出すことを予期する正義についての自然な感覚を信頼している。初期の社会において、裁判官より先に諸法が制定されてしまうと、それらは自由の抑制となるであろうが、裁判官のあとに制定される場合には、それらは〈自由？〉を伸張させ[69]、確実なものとする。なぜなら、それらは私人の行動よ 111
りも人民に対する裁判官の権限と行為を確定するか、あるいは抑制するからである。このようにして立法権は設立され、それはやがて他のものと同様に、絶対的になっていくのである。臣民たちはこれらすべての諸権力に服従するよう義務づけられるにもかかわらず、彼らがそれらを破ってもいい、いくつかの事例が存在する。

［一七六三年］三月二二日　火曜日

私は昨日の講義で、臣民の主権者に対する諸権利についての説明を始めた。すなわち、主権の限界とは何であり、いかなる場合に諸国民が抵抗をすることが正しいのか、ということである。——まず、この権力のあらゆる部門はいちじるしく制約され、不安定に保持されていた。連合権でさえも不安定に保持されていたのである。司法権も同様に不安定であり、立法権ははじめは決して絶対的ではなかったため、その

(68) タキトゥスではなくフロルスが正しい。*Epitome Rerum Romanarum*, II. 30. 31 ff. Montesquieu, XIX. 2 も、このことについて間違ってタキトゥスを引用している。
(69) extent は extend と書くつもりだったのだろう。

ようなものはほとんど存在しなかった。司法権が拡大するにつれて、立法権が設立されるようになった。というのは、そのことは彼らに司法の役人たちの権力を抑制することを最初に思いつかせたからである。社会の初期に制定された諸法は決して同意されないであろう。それらは臣民の自由と安全に対して想像しうる最大の制約であると思われるであろう。と

112

ころがその後、それらは、そのときに絶対的かあるいはほとんどそうなっている裁判官たちの恣意的な諸権力を抑制することで、明らかに人民の安全に資すると思われる。こうして設立された立法権は、まさにその本質と目的のゆえに、それが設立された瞬間から絶対的でなければならないのである。他の諸権力もやがてそうなっていく。裁判官の判決が当該人物にとって妥当と思われようが、あるいはそうでなかろうとも、現在では抵抗する権力は存在しない。同様に、廃止されなければ不当であると思われる法律に対する救済方法は存在しない。私人はそれに従わねばならないし、裁判官たちはそれに則って判決を下す。――国制において最高権力の個別の諸部分を委ねられた人々は、ためらうことなく信頼されなければならない。ある事柄においては議会の権威、他の事柄においては国王と議会の権威、あることにおいては国王だけの権威に対して争いの余地がない場合がある。彼らの行動が不適切である場合でも、いずれにせよ主権者として彼らに抵抗する正規の権利はない。したがって、主権の限界はきわめて曖昧である。国王権力の限界はこの国では十分に知られているが、国王は決して主権を有してはいない。彼は議会とともに立法権を共有しているが、現在では議会がそのほとんど

113

すべてを有している。彼は確かに正義の源と言われている。それは実際にある程度はそうなのであり、通常の裁判官たちはすべて彼が任命した者たちである。しかし、彼らが任命されたあとは、これらの裁判官たちは完全に彼から独立する。彼は、自分の身柄にいかなる司法権も有していない。このほかにも、最高の裁判官である上院は、彼らの任命あるいは処分に関して、国王からは完全に独立している。彼は実際には執行権あるいは連合権のすべてを有しているが、人民は、彼に悪い助言を行った大臣なら誰でも弾劾する権力を有しているので、国王と彼の大臣が通常のあらゆる場合に和戦を自由にできるにしても、これもまた多少は制限される。そうであれば、抵抗されてもいい国王の権力が存在することは疑いない。ところが問題は、国王と議会の権力に抵抗するのが合法あるいは容認可能なのは、いつなのかということである。彼らがそうした限界を超えたときに、人民は彼らに従う義務を負わず、抵抗してもいいということをわれわれに告げる、何らかの法律を制定しようなどと彼らは決して思わないであろう。彼らがそうすることは想像しえない。主権者が存在するところはどこであろうと、まさにものごとの本性からその権

114

力は絶対的であるに違いなく、主権者をよんで説明を求めるために正規に設置された権力は存在しない。なぜなら、主権者には臣民を服従させる疑う余地のない資格があるからであ

る。臣民のこの服従の基礎についてはしばしば論争されてきた。しかし、それが何であれ、主権者の権力にはある限界があり、もし彼が限度を超える場合には、臣民が抵抗するのは正当なことなのである。

［社会契約説批判］

われわれがこの主題に関して、大多数の著者たち（ロックやシドニーなど）[70]とともに、統治はその起源を自由意志による契約にもち、その契約において、人民はそのそれぞれの部分にある主権すなわち司法権や立法権を別の機関に与え、執行権についてもそのようにして、この権力に対する服従と従順を約束したと想定すれば、統治の進展についてすでに説明されてきたことから考えてみても実在したとは到底想定できないこの従順によってさえ、臣民たちは抵抗権をもつに違いないのである。この場合には、主権者の権力は人民によって彼に委任された信託である。彼は、ごく普通の程度の衡平さをもって統治しているあいだは、彼らが服従することを約束した偉大な為政者なのである。しかし、彼がこの権力をきわめて乱暴なやり方で濫用した場合には、そうした暴力的な手段を必要とするのは権力の激しい濫用にすぎないのであるから、彼は彼に委任された信託に違反するという罪を犯しているので、抵抗を受けうるということは疑いの余地がない。――彼が自らの権力を濫用し、人民の利益のために彼に与えられている権力を人民のために用いずに、自分自身の権勢

を高め強化するために利用するのなら、彼はその職から放逐されるであろう。それは、面倒を見るよう任せられた生徒の所有物を、自らの利益のために不正に使用する家庭教師が追放され、あるいは別の教師がその地位につけられていいのと同様である。しかし、これが主権者の権力と人民の服従の基礎であるとは到底思われない。もともとはそれが主権者の権威の基礎であったと想定しても、いまではそうではありえない。それでもやはり、あらゆる通常の場合には、彼らは国王に従うよう義務づけられることをわれわれは知っている。さらには、契約にもとづくこの服従の理論は、ブリテンに限定され、それ以外のどの国においても耳にしたことがない。それゆえ、そこではそれは人民の服従の基礎たりえないのである。そしてこの国でさえも、それはロックなどを読んだことのある、ごく一部の人々にだけ影響を及ぼすことができるのである。圧倒的多数の人々はそれを知らないが、それでもやはり、契約のいかなる観念にも由来しない主権に起因する、服従についての同じ観念を彼らはもっている。――さらに、その社会の最初の構成員たちが、自分たちが主権を託す特定の人物たちと契約を交わしていたのであれば、彼らの服従は実際には、大部分が契約の上に基礎づけられていたであろう。ところが、このことは彼らの子孫たちの場合はそうでは

（70）Locke, *Civil Government* ; Algernon Sidney, *Discourses Concerning Government* (1698).

ありえない。彼らはそのような契約をしなかったのである。(71) ある人の先祖たちの契約は、たんにそれが彼の［契約］だったという理由だけで、その人を拘束することは決してない。相続人は確かに、彼が相続した、祖先たちによって契約された負債を返済する義務を負っているが、それは彼らの約束が何らかの方法で彼を拘束するからではなく、彼らの貨幣を有することで、彼は他人に損をさせて裕福になる(72)からである。人は彼の先祖によって約束された人的な用役をするよう束縛されない。彼らの約束は彼には影響しないのである。しかし、彼の祖先の用役の全賃金あるいは代金が事前に支払われていた場合は、前述した理由から、果たされていない部分の対価を弁済するよう義務づけられるであろう。その他のすべての場合もそうである。このことを完全に明白にするのは、人は自分の祖先の負債に対して、彼らが残した財産が及ぶまでしか、それがはるかに少なくても責任を負わないということである。そのことは、相続人が死者と同じ人格であるという古い幻想をくつがえす。――しかし、これに対して、彼らは次のように答えるかもしれない。すなわち、人は、彼の先祖の契約によって義務づけられておらず、この場合は、彼自身の何らかの明示された行為によっても義務づけられてはいないが、それでもやはり彼は彼自身の暗黙の約束によって義務づけられているのだ、と。彼がその国に住み続けていることが、そこで確立された統治に対して彼が服従するつもりであることを示している。(73) それゆえ、その国に住み続けてい

る者は誰でもその統治に服従しなければならない、と彼らは言うのである。しかし、これはきわめて間違った議論である。きわめて頭脳明晰な紳士が、次のような例を用いてその虚偽を明白に暴いた。(74) 眠っているときに船内に運び込まれた人が、その後も船内にとどまっていたのだから、船員の諸規則に従わねばならないと告げられるのであれば、彼は船内にいることを無条件に強制されているのだから、その理不尽さに誰もが気づくであろう。彼は自分が好んで乗船したわけではなく、船内に入ったあとで、大洋が四方を取り囲んでいるときに、彼に立ち去ってもよかったと告げるのはばかげているだろう。このことは国家の臣民各自にあてはまる。彼らは、自分が選んだ生誕地をもつことなく生まれてきたのであり、したがってわれわれは、彼らは眠っているうちにその国に生まれたと言ってもいいのである。また、最大限の不都合をこうむることなくその国を出ていくことは、大多数の人々にはできない。したがって、ここには臣民たちの暗黙の同意は存在しないのである。彼らはその考えをもっていないので、それが彼らの服従の根拠ではありえない。――さらに、このことが事実だとすると、人は国を去ることで、その政府に対するあらゆる義務から解放されることになろう。そうではあるが、あらゆる国は彼らの臣民たちを、布告かあるいは（王印令状としての）非公式の勅令によって召喚する権力を要求し、命令に従わないすべての人々を反逆者として処罰するのを、われわれは知っている。一般的に言って、その政府の

下に生まれるすべての人々はそれへの服従を義務づけられて
いるとみなされる。さらに、人が政府への服従を義務づけら
れているあらゆる事例のなかで、外国人の事例は、随意のあ
るいは暗黙の契約に最も近いものであろう(75)。彼は眠ったまま
ではなく、目を開いて入国し、他のすべてよりも、この統治
を選んでその保護下に自ら進んで入るのである。忠誠と服従 119
の原理が仮にも契約にもとづくとすれば、それはこの事例に
違いないであろう。それにもかかわらず、外国人たちが政府
に絶えず嫌疑をかけられ、つねにさまざまな種類の大きな制
約の下に置かれ、国内で信頼や仕事を得ることができないの
をわれわれは知っている。それでも彼らは、他の誰よりもそ
の統治に対して、より強固で明白な服従の意向のしるしを示
してきたのである。彼らがその下に置かれている服従への諸
義務は、自発的に海軍に志願する人のそれのような、生まれ
ながらの臣民の諸義務と比べると、強制募集された男のそれ
にたとえられよう。したがって、誰もが主権者に対して払わ
れるべきだと普通に考えているこの服従は、契約のいかなる
観念からも生じないのである。

［**忠誠の原理**］

忠誠のこの原理すなわち忠誠義務は、二つの諸原理に基礎
づけられるように思われる。第一は、われわれが権威の原理
とよんでいいものであり、第二は共通のあるいは一般的な利
益の原理である。——権威の原理に関しては、われわれは
各人が自然に、誰であれ他人のなかにある確立された権威と
優越を尊重する傾向があることを知っている。若者は老人を
尊敬し、子どもたちは彼らの両親を尊敬し、弱者は能力と体
力に秀でた人々に敬意を払うのが普通である。統治の基礎が
何であろうと、これはきわめて大きな効力を有している。人 120
は為政者たちの下に生まれて育てられる。彼は為政者たち
が、彼の周辺にいるすべての人々の忠誠を求めているのを知
り、彼らがつねに権威に服従するのを知っている。彼は、為
政者たちが国家において保持している権力において、彼をは
るかに凌いでいることを知る。彼は、為政者たちが彼の服従
を求めており、服従することの適宜性と〈不〉服従が理に合
わないことも理解しているのである。為政者たちは彼よりも
生来すぐれており、反抗的な者たちを制して権威を支えよう
とする、より多くの追従者たちをもつ。彼らに服従するのは
父親にそうするのと同じ適宜性がある。というのは、権威を
もつ人はすべて、生まれながらにして、あるいは彼らに権力

（71）Cf. Hume, 'Of the Original Contract', *Essays*, I. 447.
（72）locupletior factus aliena jactura.
（73）Cf. Locke, *Civil Government*, § 119.
（74）Hume, 'Of the Original Contract', *Essays*, I. 451：「同様にまた、眠っているうちに船内に運び込まれ、脱出しようとすればたちまち大洋に飛び込んで死んでしまわねばならないような場合でも、やはり、その人が船内にとどまっているということによって、船長の支配に自由な同意を与えていることになるという、そのような主張が成り立とう」。
（75）Cf. Hume, 'Of the Original Contract', *Essays*, I. 452.

を与える国家の意志によって、諸君よりはるかに上の地位に就いているからである。――

他方の原理に関しては、為政者たちが統治一般だけでなく、各個人の安全保障と独立を支えていることを誰もが知っている。この安全保障は、正規の統治がなければ獲得できないことを彼らは分かっている。それゆえ、可能な最善のやり方で処理されていないと考えているかもしれないにせよ、確
121
立された統治に服従することがきわめて賢明であると誰もが考えるのである。このことも、自分の上位にいる人々の権威に異を唱える資格が自分にはないと、普通考えがちな人類の生来の謙虚さによって強められる。これらの諸原理は、通常はどちらかが優勢であるにせよ、あらゆる統治においてそれぞれある程度生じる。権威の原理は特に君主政治において優勢な原理である。君主政治への尊敬と敬意、つまり不服従にはある種の罪深さあるいは不敬があるという、彼らが抱いている観念と、彼らが彼に負っている義務とが、彼らに主として影響を与えているものである。間違いなく、そうした服従の便宜も若干の人々に対しても効果があるかもしれない。――共和制統治、特に民主制統治においては、〈効用?〉が主に、いやほぼ完全に臣民の服従を引き出す。彼は、自分がその下で暮らしている統治の長所を幼少期から感じ、教え込まれる。国事を全体の指導に委ねることは、それが一人の人間に限定されるよりもどれほど望ましいことであろうか。ある場合にはそれが決して濫用されえないのに、他方ではそうなることがほとんど避けられない。このことから、それが分かるように教育されている人々に統治が委ねられるのである。そのような統治では、権威の原理がいわばある程度禁止
122
されている。[76] 人民に人気のある成功した指導者は、彼が彼らに要求しうるすべてのものを手に入れるであろう。彼らは自分たちの好意に限度が〈ない〉ことを知っている。したがって、そうした人物たちは国家においてきわめて危険になり、確立された統治を簡単に転覆させるかもしれないのである。それゆえ、この原理は冷遇されよう。というのは、誰もが他の人々よりはるかに傑出しないことが国益になるからである。それにもかかわらず、この場合でさえも、権威の原理は臣民の服従を獲得する際にいくらか影響を与えている。この敬意はまさに、その自然の対象である人物にではなく、官位に払われている。――ローマの執政官に選出される者は誰であっても大きな栄誉と敬意を、たとえ世襲の主権者のそれに及ばないにせよ、彼に払わせたのである。権力者たちに払われる敬意は、すべての国において、政治機構をより円滑に機能させる。――貴族政治では、他方の原理もいくらかの効果を有していることは疑いの余地がないが、権威の原理が主導的な原理である。

ブリテンでは、主権は国王、人民、貴族それぞれに部分的に委ねられている。したがって、それは部分的には君主政治的であるので、権威の原理がかなりの程度効果をもつ。というのは、統治のごく一部は貴族政治的でもあるからだ。しか
123

し、下院の影響で、統治の大部分は民主政治的であるので、効用の原理もそこには見出される。一方によってより強く支配される人々もいれば、他方によってそうなる人々もいる。ウィッグとトーリーの違いはこれらの諸原理に由来していた。権威の原理がトーリー党の原理であるのと同様に、効用の原理はウィッグ党によって奉じられている。彼らによれば、統治は支配者たちではなく人民の利益のために設立されるのであり、したがって、支配者たちが彼らの権力を著しく濫用して彼ら自身の利益になるよう変えるならば、いつでもそれに抵抗するのが正しく、そして彼らが人民から引き出すもののほかには、彼らはいかなる権威も有していない、というのである。これが彼らの原理であって、彼らはそれを契約の観念に一致させようと努力しながら、それをあまり明確には説明していない。また一方で、トーリー党は権威の原理を主張し、契約の想定にもとづいて、それをさらにいっそう混乱したものにしている。トーリー党は、国王の権威は神聖な制度であって、国王たちはその権威を直接神から得ており、したがって、彼に抵抗するのは不敬であるに違いないし、国王はいわば家父長の権威を有しており、彼の人民にとって父親のようなものであり、子どもが彼らの父親に反抗するのはいかなる場合でも不法なことなのだから、臣民が彼らの主権者たちに反抗するのも同じことなのだ、と主張している(77)。これらの諸原理はさまざまな気質をもつ人々に影響を及ぼしている。圧政に耐えられず、絶えず前進しようとするような、

騒々しく血気盛んで活動的な人々は、国制の民主的な部分と提携するのが自然であり、効用の原理だけに、すなわちウィッグの利害に好感を示すであろう。あまり覇気がなく、楽をして享受したいと考えている豊富な資産を有し、平穏で現状に満足している人々は、じゃまをされたくないし、他人のじゃまをしたくもないので、トーリー党に加わるのが自然であり、彼らの服従［の根拠］をより寛大さに欠ける効用［権威］(78)の原理の上に置いたのである。ところが、臣民の服従の根拠が何であろうと、いくつかのことがあってそれは、主権者[12]がそれに手を出すことは彼としては不法であり、臣民たちに抵抗する権利を与えるのである。一人の人間あるいはひとつの合議体において、一定程度の非常識と不正行為があれば、彼らは服従請求をまったく破滅させるであろう。確かに合議体は一人の人間よりも、この非常識に陥る傾向がより低い。なぜなら、ある人物と他の人物の行動にはきわめて大きな違いがあるかもしれないが、人民から選出された四〇〇人あるいは五〇〇人からなる合議体は、それ以外のどのような五〇〇

(76) prescribed は proscribed と書くつもりだったのだろう。
(77) TMS VI. ii. 2. 16（一七九〇年の第六版のために書かれた一節）のなかで、スミスは「プラトンの神聖な原則」を認めて、「彼の両親に対してと同じく、［自分の］国に対して決して暴力を用いない」と書いている。
(78) utility は authority と書くつもりだったのだろう。Cf. Hume, 'Of the Parties of Great Britain', *Essays*, I. 133–4.
[12] subjects を消して sovereign と書きなおした。

人ともほとんど同じであり、間違いを犯すことも少ないから
だ。しかしこの場合でも、ときにはそうなることがあろう。
そのため、貴族集団が彼らに反対する人民を激怒させ、古い
貴族政治はすべて民主政治になったのである。――人が、
その行為に含まれた、ある程度の非常識と不正行為のため
に、彼の権威をすべて失うことは間違いなく起こりうること
である。狂気、未成年[79]あるいは痴呆が、君主の権威を完全に 126
打ち砕くことを万人が認めるであろう。さて、主権者のふる
まいには、心神喪失あるいは痴呆ほどではないにせよ、あら
ゆる公平な人々が見るところ、臣民に抵抗する権利を与える
非常識と不正の程度がある。ローマの歴史を読むときに、ネ
ロ、カリグラあるいはドミティアヌスのふるまいが、彼らか
らすべての権威をすっかり奪い去るほどのものであったこと
を認めない者がいるであろうか。人民の陰謀に加担せず、彼
ら［暴君］を追い出そうとする人民の策略と謀議にともに参
加しようともせず、また人民の［策略による］成功を喜ばず、
その失敗に悲しまないような者はいないに違いない。それゆ
え、この原理にもとづいてさえ、抵抗は認められなければな
らないのである。効用の原理では、それでもより小さな疑念
が残りうるが、それは合法的なのだ。公共の利益が、服従が
〈?〉する原理であるならば、この服従は有用であるから妥
当であるにすぎない。既存の統治の崩壊によって生じるに違 127
いない混乱が、それを存続させることの害悪よりも小さい場
合には、抵抗は妥当であり、許容できるのである。しかも、
そのような事態が生じるかもしれないということは疑いえな
い。ふるまいの非常識さと不正および際立った不品行は、権
威あるいは公共善の感覚のいずれに起因するものであろう
と、服従を消失させるのである。

一七六三年三月二三日　水曜日

昨日の講義において、私は諸君に、主権者の忠誠[13]と服従の
原理がどのようなものであれ、それにはある限界がなければ
ならないことを説明した。私は、暗黙の契約という広く受け
入れられているものが、正しいものではありえないことも説
明しようと努めた。この［忠誠と服従という］原理は確かに、
世界の大多数の人々が自ら義務づけられていると考えている
ものであることは間違いないだろう。すべての道徳的な義務
は、人類が意識している何かから生じるに違いない。その実
状は、是認と否認の場合とまさに同一である。前提を知るこ
となく、ある結論を導いたり、それに同意したりすることな
ど誰にもできないのと同様に、少なくともある混乱した概念
さえもたない原理からは、誰もいかなる義務の観念も得る
ことはできないのである。というのも、人が義務 duty の根 128
拠について明確な観念をもつのは、これこれの義務 obliga-
tion があるのだという観念をもつ場合だけだからである。す
べての人々は主権者に対する忠誠義務の観念をもっている

が、それに先立つ暗黙のあるいは明示された契約の概念は依然としてもっていないのである。政府に対立する党派と派閥に加わる人々が、忠誠を誓うのを拒否するのはなぜであろうか。その国に滞在することで、彼らが契約を受け入れることになるのであれば、それは自発的に契約が締結された場合と同じことであり、その後に、明示された誓約をする何の必要があるのか。このことは、彼らがこの暗黙の契約という観念をもっていないことを明白に示している。同様に、政府がそれに依拠していないことも明らかである。そうでないとしたら、彼らがこの誓約をするのはなぜであろうか。また、忠誠が当事者たちの暗黙の契約にもとづくのであれば、その国を去ることと同様に、その契約に反対する明示された宣言が彼らをそれ［忠誠］から完全に解放するであろうし、外国人は他のどんな人々よりもそうする傾向はより明白であろう。実情はそのまったく反対なのである。したがって、頻繁に論じられているこの暗黙の契約は、統治者たちによっても、あるいは被治者たちによっても、決して思いつかれなかった。この忠誠が実際にもとづいている諸原理は、権威〈と？〉公共的あるいは一般的な効用の諸原理なのである。権威とは何であるかを定義することはきわめて困難であるが、誰もが彼の心のなかにその観念をもっている。いくつかのことが、ある人に他の人々に対する権威を与える傾向をもつ。第一に、年齢およびそれに通常付随する知の優位である。第二に、肉体の力の優越である。これら二つは年長者に権威と青年た

ちの尊敬を与える。第三に、その他のことが同等であれば caeteris paribus、資産の優越もある一定の権威を与える。第四に、その他のすべてのことが同等である場合は、卓越した古さの効果も同様である。古い歴史をもつ一族は成り上がり者ほどの嫉妬をかきたてない。古い管轄権と権力は、それがどのような方法で獲得されたにせよ、その人物の権威を強化する。彼は、彼の父親などが記憶を超えた昔の時代にもっていたものをもっているにすぎないように思える。終身官は、一時的にすぎないものよりも人に尊敬の念を与えるのである。――裁判官は、自治町の首長よりも多くの尊敬の念を払われる。なるほど、われわれは彼［自治町の首長］の官職のために彼に敬意を払っている。この場合、彼らはその権威をつい昨今獲得したにすぎないことをわれわれは知っている。また、一方が自分の権威をすぐに放棄しなければならず、他方がそれを終生持続させることもわれわれは知っている。その古さもまた、古い歴史をもつ権威への敬意を付け加える。こうした理由で、行政的権威は、他方［裁判官］の権威ほどに尊敬されることは決してない。なぜなら、後者の権威は世襲されるからである。普通の治安判事は、世襲化された司法権の多くがもつ権力のすべてをもっているが、彼ら［裁判官］が所持していた権力の古さゆえに彼らがそれほ

(79) すなわち、未成年 non-age あるいは未成年期 minority のことである。

［13］当然「主権者に対する忠誠」でなければならない。

ど大いに尊敬されていないと考える者は誰もいなかった。――こうした理由で、世襲の君主は選挙された君主よりもはるかに強大な権力〈と〉権威をもつのである。彼には巨額の収入とそれに伴う大勢の食客たちがいるが、食客たちは何世代にもわたって彼の一族の一員となっており、そのことが、彼が王権から得ているものよりもいっそう強大な権力を彼に与えている。その古さに加えて、このことが彼に強大な権威を与えているのである。そうした権力をもっている人に敬意を払うことの適宜性を誰もが分かっており、そのこともまた、彼の祖先がもっていたものよりすぐれていなくとも、誰にも嫉妬心をかきたてないのである。権威の原理は、ここでは、他のどこよりも重要である。もうひとつの原理もまたそれ自身の重さをもつ。為政者たちが所有に安全保障を、法に力を与えていること、それらがなければすべてのことが混乱に陥るに違いないことを誰もが分かっている。それゆえ、確立された統治が、普通の節度と許容できる品性をもって機能している場合は、それに服従することが彼自身の利益であり、それ以外のすべての人々の利益であるように思われる。統治機関が強大な権威と他の人々に対する甚大な影響力をもっているために、それを打倒しようとするあらゆる企ては相当な力で抵抗を受けるに違いないことを誰もが分かっている。人はときに統治に不都合があると考えるであろうが、それを変更しようと試みることから生じる大きな困難と動乱があることも理解しているに違いない。権力側の人々は、それ

131

が彼らの利益であるので、断固として抵抗するだろうし、彼は変革を望む理由をほとんどもたないのである。司法は、最も完璧なやり方ではなくとも、我慢できるようにうまく運用されている。それを打倒しようと企てた結果として自分自身と他の人々に生じる恐怖が、より強くそれに服従しようという気にさせる。自分がその下に生まれ教育を受けた国制について、その人がよく分かっていることはめったにないであろう。すべてのことは慣例によって正しく思われるか、あるいは少なくとも、人がそれに憤慨するのはごくわずかでしかない。この場合とそれ以外の多くの場合に、権威の原理は、効用あるいは共通利益の原理の基礎なのである。

132

［主権者権力の制限］

最高権力のいくつかの部分はまず、初期の統治ではまったく不安定であった。現在、あらゆる文明国において、統治がすべての部門において絶対的である場合でも、人民が主権に対する抵抗権をもつ事例が存在する。すべてのものが主権者に属し、彼は国の統治のすべての部分と全権力を託されているけれども、そのある程度の濫用は人民に抵抗する権利を与えるに違いない。また、悪行は必然的に彼らからすべての権威を剥奪するに違いない。子どもらしさ、狂気、痴呆は必ずすべての権威を失わせ、古い主権者の代わりに新たな主権者が置かれるよう求めるだろう。これらの断絶が合議体で起こることはありえない。しかし、これに劣ることは確かだだが、

133

はっきりとした悪質さ、愚行、無分別は、カリグラなどの場合のように、君主であろうと合議体であろうと、各人の眼中に人民の手で彼らを放逐する権利を明白に樹立し、その目的のために使用されるあらゆる手段を正当化するのである。しかし、一人の人物は多数の合議体よりもこれらの愚行におちいる傾向がずっと強いので、この点に関する革命は、他のどんな場合よりも絶対君主政治において頻繁に起こる。ムガール人たちのあいだでは継続的に革命が起こる。トルコ人たちは同じスルタン（彼らは依然として同じような専制的統治を続けているが）を六年あるいは八年以上ももち続けることはめったにない。ロシアでは、ここ数年のあいだ、その他のヨーロッパのすべてよりも多くの革命が起こった。個々の人間の愚劣はしばしば人民を激怒させ、反抗を妥当で正しいものにする。——同等の愚行は、貴族制統治においても同様の効果を及ぼすであろう。コルシカ人たちに対して、ジェノヴァ人によって規定された、その行動に関する諸規則の耐え難い要求と厳格さは、その島民たちの反抗と持続的な抵抗を完全に正当化する。[14] 彼らは、きわめて大きな譲歩として、非公式の通知によっては(80)、すなわち公判に付されなければ、誰も総督によって処刑されないことを認めたのである。このことが譲歩として認められたということは、彼らが要求した権威が当を得ていなかったことを明らかに示している。そのようなことはめったに生じない。すなわち、臣民たちがこれらの暴力的な手段を使用する機会は稀であり、主権者の侵害行為

は、人民が見慣れたものとしてしばしば見過ごされるのである。

人民の忠誠の根拠が暗黙の契約であるというのはまったく正しくない。したがって、その体系に追随する著述家たちによって主張された諸制限が、実際にはどの国においてもほとんど見受けられないことをわれわれは知っている。——主権者が、人民が賛成していない税を彼らの同意なしに徴収することによって貨幣をとるならば、いつでも人民は抵抗する権利があるというのは、ロック氏(81)によって原則として主張された規則である。現在われわれは、フランス、スペインなどでは、人民の同意など少しも考慮されていないのを知っている。国王は自分が好きなだけ税を課しているのである。人民の何らかの同意が求められるのはブリテンだけであり、ここで与えられるのは、きわめて比喩的で隠喩的な同意にすぎないことを神は知っている。スコットランドではイングランドよりもさらにそうである。この隠喩的な同意を与える国会議員に対する投票権をもっているのは、きわめて少数にすぎないからである。それにもかかわらず、これはどこでも反抗の十分な根拠とみなされていない。平時に戦時と同じくらい増税するように、すなわち、国富の半分あるいは五分の一でさ

[14] 一七二九年にジェノヴァの支配に対するコルシカ人の反乱が始まり、一七六八年に支配権がジェノヴァからフランスに移った。
(80) Informata conscientia.
(81) *Civil Government*, §§ 138-40.

え、きわめて法外に税を高くすることは、他のはなはだしい権力の濫用と同様に、人民の抵抗を正当化するであろう。しかし、この権力が適度に行使されるところでは、それがどの国でもそうであるように、最大限の適宜性をもってなされないにしても、そして比喩的な同意さえ要求されなくとも、彼らはそれに抗議する自由を主張するかもしれないが、抵抗しなければならないとは決して考えないであろう。――統治は臣民の所有を守るために確立されるが、それが反対の傾向になるような場合でも、彼らは自らの権利のごく一部を放棄することに同意しなければならない。彼ら［統治者］が完全に信頼を破る場合には、抵抗の結果が事態を悪化させない限り抵抗がなされるにしても、諸君は彼らをある程度は信頼することに同意しなければならないのだ。――

また、主権者はその領土のいかなる部分も譲渡できない、あるいはそれらを他の［主権者］に譲渡することはできないと、これらの著者たちは言う。(82) 彼がなしうることは、彼の保護と防衛をそれらから引き上げ、それらを放置することだけである。これは契約の体系に完全に合致している。人民は、自分たちは彼によって統治されることに同意するけれども、彼が任命する人物の権力に服することには同意していない、すなわち、彼に服従することには同意するが、彼の思いどおりになることには同意していない、と言って主権者に抗議するかもしれない。しかし、かつて統治が堅固に確立されたところでは、このことがしばしば行われていたことをわれわれ

136

は知っている。そういうわけで、フランス人とスペイン人たちは、この戦争[15]の終結にあたって、われわれが占領地の一部を所持し続けることを承認したばかりでなく、それ以外の占領地と交換に、領土の広大な区域を放棄することに同意したのである。彼らはそれを防衛しないばかりか、われわれに事実上それを占領させ、その住民たちはその後、グレート・ブリテンの臣民になるのである。このこともまた、通常は人民の利益となる。というのは、一部の間違った考えをもつ人々が彼らを扇動して、彼らの新たな支配者に対する無益な抵抗をさせるからである。このことは、講和の際あるいは戦時中ばかりでなく、娘の結婚式での持参金のような、もっと言語道断なやり方で、あるいは統治者たちの強い意思に従った遺言によってさえ、行われてきたことをわれわれは知っている。これはフランスとスペインによってしばしば実行されてきた。モスクワの皇帝もこの権力をもっていると認められよう。封建的な諸統治はすべてそれを認めていたし、ドイツの諸公国もその子孫たちのあいだで私領として分割された。長子相続権はこの一五〇〇年以内には成立しなかったからである。このことは要するに、これらの諸問題において実際に何が行われているかを見るための正しい規則なのである。この権力が個々の内閣に限定されていることもあれば、全人民に及ぶこともある。主権者はその国の基本法を変更できないと言われているが、これらのことはたんに、その当時の国の在り方次第なのである。したがって、フランス国王は、サリ法

137

で禁じられている女性後継者たちの王位継承を見送ることで、王位継承を変更できないと言われている。しかし、これはその状況に依拠しているにすぎない。フランスには、広大な土地を保有する、かなりの数の血縁の王侯たちがいて、これらの人々はそうした不利益な変更につねに反対するであろう。ところが、血縁の王侯たちがいないか、あるいは〈　〉(83)のブリテンでそうであったように、きわめて大きな勢力をもつ貴族がいなければ、彼はおそらく思いどおりに、私人の相続のように容易にそれを変更できるであろう。それでも主権者は抵抗を受けるかもしれないが、そうするための正規の権威があるとは言えない。臣民の所有、生命、そして自由は、ある程度は彼の手中にあるのである。どのような濫用が抵抗を正当化するのかは確かめられないし、あるいは確かめられうるものではない。いかなる法も、いかなる裁判官も、この問題を確かめたことはないし、あるいは確かめることはできない。それらはわれわれが審判することのできる、いかなる判例も作らなかった。――

　最高権力が別々の人物のあいだで分割されている統治に関して言えば、誰かが彼の権力の限界を越えたときに、それを確認することはそう難しいことではない。革命時には、国王(84)がその権力の限界を越えたことに疑問の余地はありえなかっただろう。国王が自分の議会の同意なくしては何もしないと誓ったあとで、統治を実行する彼の第一歩は、彼らに知らせも相談もしないで関税と消費税を上げることであった。それ

138

らは議会の命令によって三年ごとに徴収されていた。当時はその期限が切れており、それらが徴収されない場合には、商人たちが数年間にわたって国に供給するほどの大量の財貨をその期日内に持ち込むことが懸念された。ところが、枢密院の緊急提案によってこれはたやすく収拾されたかもしれない。その提案とは、議会がこれを継続させることが適切だと考える場合には、役人たちは職務を継続して、輸入された財貨の関税に対する証書を提出しなければならない商人たちと業務を継続せよ、というものであった。ところが、この忠告に従うことを国王は拒否し、権威の単独行為によってそれらを王国全土から徴収したのである。しかし、消費税の事件は、よりいっそう言語道断のことであった。権威の行為は〈?〉不当であっても、いくらか尊重されるのだが、消費税においてはそうではなかったのである。(85)チャールズの治世の

139

(82) たとえば、Pufendorf, VIII. 5. 9; Cocceius, I. 3. 12; Hutcheson, *System*, II. 297 ff.

[15] 七年戦争を指していると思われる。

(83) 手稿の空白。おそらく一七〇一年の王位継承法に対する言及であろう。

(84) ジェームズ二世のこと。この記述は、Gilbert Burnet, *History of His Own Time*, Book IV (Edinburgh, 1753), III. 7 ff. にもとづく。

(85) 原文のまま。おそらくいくつかの単語が省略されている。スミスが言ったことは、関税に関する国王の行為は依然として尊重される雰囲気があったが、「消費税においてはそうではなかった」ということであったと考えられる。手稿第五巻142ページ［本書349ページ］を参照。

あいだの一定の年数は、三年を超えない期間その取り立てを請け負わせることが、監督者に対する権限とともに議会によって認められた。このことは、それが徴収され続けている期間中、彼らは三年間、その取り立てを請け負わせることが可能であることを確実に意味していた。ところが国王はこれを、彼らが三年間はいつでもそれを免除できることを意味していると解釈し、このために、彼はそれ以前の日付の証書を偽造し、消費税の役人たちに、彼の兄の治世のときになされたものとして、その署名をさせたのである。この小さな卑劣な詐欺行為によって、一年間の消費税を布告したのである。

一七六三年三月二四日　木曜日

私はここまで、公法に関するこの第二の問題について、それが認めうるほぼ完全な正確さとともに考察してきた。——主権はあらゆる統治において絶対的であり、統治が堅固に確立されると、いかなる正規の力によっても抑制されないようになる。狩猟民や牧畜民の国家では、それは大きく違っている。しかし、現在では最高権力 summa potestas はいかなる正規の権力によっても抑制されない傾向にある。というのも、いわゆる最高権力が、誰かや何らかの人民集団あるいは全人民によって責任を問われることを免れない場合は、この人物あるいは集団が最高権力となるだろう。そしてこれが、さらに他の権威に服している場合は、それが最高権力となるだろう。したがって、われわれはつねに、正規の権力からいかなる統制も受けない何らかの集団にたどりつくに違いない。立法権、司法権あるいは執行権に関しては、全体が制限されることなく彼らに委ねられるのである。確かにわれわれは、これらがつねに最大限の適宜性をもって行使されることを期待すべきではない。疑いもなく、多くの悪法が制定され、次の会期で廃止された。多くの不当な税が課せられてきて、炉税や人頭税のように、その迷惑はすみやかに感じられたのである。思慮に欠ける多くの戦争が始められ、ユトレヒトの和約(86)のような、多くのばかげた講和条約が国王と枢密院によって結ばれた。そうした多くのことが、人民に武器を取って立ち上がる資格を与えることもなく、なされるであろう。粗雑で目に余る明白な濫用がそれを許すだろう。あたかも彼らが自分の財産の半分、あるいは三分の一に等しい税を払うことを求められるかのように。しかし、主権がどの程度まで安全に機能するのかを述べることはできない。彼らがこの点で、あるときにはふだんよりもはるかに重い税や軍需品を徴収することをわれわれは知っている。主権が別々の管轄に分割されている場合は、結合された主権全体がどの程度まで機能するかを述べることは不可能であるが、分割された主権のうちのどれかが、それらの合法的な制限を越えた場合にそれを確認することは容易である。それらのうちのどれかが、他に属している権力を行使しようと試みるときがそうだからである。それは、議会あるいは国王が他方の同意なくして立法権を行使しようとする場合や、議会が戦争を始めたり、あるいは国王が税を徴収しようと努めるような場合である。確かに、国王は議会を閉会にすることで不当な議事を修 142
正することができる。——ある人々によって不完全権とよばれる慈愛などの機能に対置される完全権とは、われわれが他者に暴力を行使してでも実行を求めうるものなのである。——したがって、統治機関のそれぞれの部分が、それらのそれぞれの領域について完全権を有していれば、それらは自ら実力によって自己防衛する権利を与えられていると想定されなければならない。——それゆえ、国王が議会によって課せられていない税を徴収する場合には、彼は統治の規則を破っているのである。これはジェームズ二世が行ったことであり、私が前述したように(87)、関税に関してはいかなる必要性もないものであった。性急な輸入によって生じたあらゆる不都合を防ぐために、ゆるやかな手段をとることができたからである。消費税に関しては、この口実すらなかった。なぜなら、それは主としてビールから徴収されたが、醸造業者はそのどの種類でも過剰にもつことはできなかったからである。第一にそれは、法令の意味に関する法の〈解読不能〉によって徴収された(88)。その事例は、人がいわゆる三年間の小分けの権限をもちながら、三〇年間農地を借用し、三〇年目にその一部を小分けする場合とまったく同じであった。そうすることで、転借人は三〇年後にいかなる利益を得る資格も与えら 143
れないのである。その日付も捏造され、文書偽造罪よりも許しがたいものであったにもかかわらず、それはまるでチャールズの時代のように委員たちによって署名されたのである。まさにこのことは、きわめて特別な方法で、（チャールズ一世によって侵害された）課税権を議会に保障する、権利の請願(89)に反して行われたことは明らかである。——最初はあまり注目されなかったもうひとつのことは、誓約違反であった。国民は、チャールズ二世には子どもができないのを知って、彼らがその多くの実例を知っているジェームズの偏屈さ、強暴性と軽率さを極度に警戒していた。したがって、二つの誓約が定められた(90)。ひとつは法王派に対してのものであり、それは全ウィッグと共和制支持者、特にプロテスタントの教会人によってもたらされた。もうひとつは国教会による非国教徒に対するものであった。これらは、イングランド国教会の形式に従った聖礼を受けない者は、統治機関のいかなる職務に就くことも認められてはならないということを保証した。

---

(86) 一七一二年（すなわち、アン女王の治世期間中）のユトレヒトの和約は、スペイン継承戦争を終了させた。

(87) 手稿第五巻138ページ［本書347ページ］。

(88) 12 Charles II, c. 23 (1660)は、チャールズに対して、終生、消費税を認めた。第一四節は三年を超えない期間でそれが委託されることを認めた。その事例に関しては、次を見よ。Burnet, op. cit., III. 8.

(89) 3 Charles I, c. 1 (1628).

(90) 25 Charles II, c. 2 (Test Act, 1673)は、カソリック教徒と非国教徒が公務にとどまることを禁じた。30 Charles II, st. 2, c. 1 (Test Act, 1678)は、彼らが国会議員になることを禁じた。

144 これは、非国教徒だけでなく、明らかにジェームズとその一派にねらいを定めたものであった。しかも、国王至上と異端放棄を宣誓しなければ、法王派の者は誰も三カ月を超えて兵役に服することはできなかった。それにもかかわらず、ジェームズは、モンマス公の反乱[16]に際して、幾人かのローマ・カソリック教徒の将校を採用した。彼らは三カ月間は服役することができたからである。彼らはきわめて役に立つことが分かったので、彼は、彼らを継続させることを決意し、このことを議会に告げた。彼がそのことに言及しなくてもそれについては十分に分かっていたが、彼らはきわめて卑屈な態度でそれを見逃したであろう。ところが彼は、自分は統治の諸規則を破ることを決心したと、はっきり彼らに述べたので、彼らは自分たちにはそれを諫める義務があると考えた。(91) 彼はまた、国事犯の多くを処罰する際に、実に残酷であった。ジェフリーズ[17]は一度の巡回裁判で、モンマスの反乱後に六〇〇人を処刑したが、その多くはきわめて正当な理由があったにもかかわらず、有罪を認めるよう力ずくで強要された。統治をそれよりもずっと危険にさらした最近の反乱(92)では、それに関与した有名人が多数いたにもかかわらず、約六〇名の市民が処刑されたにすぎなかったが（それ以外にも、完全に正当であるとは認められない数名の軍人が処刑された）、約三週間しか続かなかったモンマスの反乱にかかわった有名人は一人か二人を超えることはなかった。——誓約を免除することで、彼は多くのローマ・カソリック教徒たちを公職に就かせた。彼

145 は枢密院に四人を入れ、一人を国庫の長に、もう一人を財務長官に据えるなどし、ローマ・カソリック教徒の教会人をクライスト・チャーチの司祭に任命した。(93) さらに彼は、モードレン学寮の研究員たちにローマ・カソリック教徒(94)を学寮長に選ぶよう命令した。その人物はローマ・カソリック教徒であるだけでなく、その役職にふさわしくない品性であったので、彼らはそれを拒否したが、彼は彼らをその地位から追放した。そのことは、彼が有罪となりうるそれ以外のどの行為とも同じく、所有権の侵害であることが明らかであった。彼は、この免除権は誓約ばかりでなく、刑法にも関するものだと想定した。この権力は、二輪と四輪の荷馬車の形状のような、あまり重要ではないいくつかの事項に関して、かつてチャールズに与えられたものであって、彼はこれらを先例としてあげた。刑法はもともと犯罪を処罰する際に、国王の権威を強化するために作られたものだった。それゆえ、刑法を必要としないときには、彼がそれらの適用を免除することが許されてもいいのである。しかし、明らかに彼の権力を制限し、国民の利益に反する宗教を禁止するために制定された議会法の適用を、彼が免除することは決して認められなかった。彼は、特定の人たちに対して適用を免除することで、これを行ったばかりでなく、自らの統治を進めるなかで、諸法
146 を完全に停止させたが、それは無期限であったため、廃止に等しいものであった。——何にも増して革命をもたらす一因となった第二段階は、彼が出した命令であった。それは、

王国のすべての教会人たちによって読まれることが命じられており、すべての刑法の停止の宣言を含んでいた。彼らはチャールズ一世の時代に同様の趣旨のものを読んだことがあるので、それだけたやすくそれに賛成するだろうと、彼は考えていた。ところが、それには議会の是認が含まれていたのに、これにはなかった。結果的に、全イングランドで二〇〇人を超えない教会人がそれを読んだ。カンタベリー大主教(95)とその他六人か七人が出向いて、最も丁重な言葉遣いで作成された陳情書と請願書を提出し、彼にその命令を撤回するよう懇願した。ところが、彼らの言うことを聞く代わりに、彼は彼ら全員をロンドン塔に送ったのである。王国の最も高位にいる六人あるいは八人を、教会人としてばかりでなく議会の上院議員としての彼らの地位に対して、すべての臣民がそうする権利をもっていることをしたという理由で投獄するという、このこと以上に国民を驚かせるものはありえないだろう。しかも彼らは、いつでも私的聴問を要求できるので、特に彼らを余計に驚かせた。しばらくあとに、シャープという者がカソリック教に反対する説教をしたが、［カソリック教は］国王の宗教だったので、それは彼に対する侮辱と受け止められた。それゆえ国王は、彼を停職にするようロンドンの主教に命じた。主教は、シャープにこのことを告げたが、公平な裁判にかけずにすませることはできなかった。ところが同時に、彼に［説教を］思い止まるように忠告することを提案したので、彼はそれに応じたのである。ジェームズはこれ

に納得せず、宗教の諸問題に関する委員たちからなる裁判所を設立し、チャールズ一世の時代に廃止された高等宗務官裁判所の名称を変えることで、難なくそれを行うことができると考えた。この裁判所は、国王の権威に背いた侮辱の罪で、主教とシャープを即座にロンドン塔へ送ったのである。(96)これ以外にも、彼がカソリックに与えた奨励に全国民が嫌悪感をもっているのを彼が知ったときに、彼にはその権限がなかったにもかかわらず、あらゆる宗教の人々に対して良心の自由を認める宣言を発し、それと同時に、誰かにその宗教を変更することを義務づける、拒絶不能の強要を使用しないと約束した。(97)彼がプロテスタントになることを誰にも強いることはないのは周知のことであったので、これはプロテスタントを

［16］チャールズ二世の庶子であったモンマス公（1649–1685）が、ジェームズ二世の王位継承に異議を唱えて起こした一六八五年の反乱。

（91）Burnet, op. cit., III. 49.

［17］ジョージ・ジェフリーズ（George Jeffreys, 1644–1689）はモンマス公の反乱の裁判を担当した王座裁判所主席判事。血の巡回裁判と恐れられた。

（92）一七四五年のジャコバイトの反乱のこと。

（93）一六八六年のジョン・マッシー。Burnet, op. cit., III. 112.

（94）アンソニー・ファーマーのこと。Burnet, op. cit., III. 116–19.

（95）一六八八年のウィリアム・サンクロフト。Burnet, op. cit., III. 174 ff.

（96）一六八六年のことである。Burnet, op. cit., III. 81 ff. 主教とシャープは職務を停止されただけであった。

（97）Burnet, op. cit., III. 137:「拒絶可能な強要 no invincible necessity」。

手厳しく処遇することはないという宣言にすぎなかった。プロテスタントの国では、狂人以外は誰も作ることを思いつかないような宣言であった。カソリックに反対する貴族の強い抗議のひとつは、ヘンリ八世の時代に貴族に与えられた修道院の土地を返還させられるのではないかということであった。そのことも彼は考慮して、誰もが、その当時に所有していた土地を所有することが認められるべきだと宣言したが、それはカソリックを王国に広める彼の意図を意味していることは明白であった。――それから彼は軍隊に訴え、彼が誓約の宣誓を廃止することに彼らが賛同するかどうかを尋ねた。彼はこれを一個連隊で始め、彼らがもし反対の意見である場合は、自分の武器を捨てるよう求めた。六人かあるいは七人の兵士と一人かあるいは二人のローマ・カソリック教徒の将校以外は、全員が自分の武器を地面に置いたのを見て彼は驚いた。このことは彼をひどく怒らせ、今後はそうした問題では彼らの意見を二度と聞かないと彼らに告げて、もう一度武器を手に取るよう彼らに命じた。[98] これらすべてのことからも、全国民が彼を見捨て、彼の代わりにウィリアムをよび寄せたことは驚くにおよばないのである。彼らがすべてのステュアート一族を除外して、彼らが望む誰かを国王に選んでもよかったということを疑う余地はない。統治に対する反逆の罪をもつ者の子孫は、永久にいかなる財産も継承することができないのだから、主権者がその人民に対する義務違反の罪を犯した場合は、彼は王位へのあらゆる資格を永久に喪失

148

149

すると推定されてもいいからである。ところが、彼らは寛大にもこれを免除して、ローマ・カソリック教徒でもあった彼の息子を見逃してやり、彼の正統性を疑わしいとし、彼の娘であるメアリをよび寄せた。彼女の治世のときに、[99] 王国はアンに譲渡されたが、彼女に子どもがいない場合は、最も近親のプロテスタントの相続者であるハノーヴァー家に引き継がれることになった。そして、国教会以外のいかなる宗教の人物も、ブリテンの王位を占めることは決してできないという原則が確立されたのである。

［手稿第五巻の終わり］

（98） P. Rapin, *History of England* (tr. Tindal, 1743), II. 768.

（99） 実際には彼女の死後、12 and 13 William III, c. 2 (Act of Settlement, 1701) によってである。

第六巻

一七六三年三月二八日　月曜日

1

この講義のはじめに、一国のすべての法律は以下のどれかを対象とすると述べられた。それは第一に、その公的または私的なさまざまな部分における司法の運営か、第二に国の生活行政か、第三に軍備かである。第三のものは国内の軍事力の状態、すなわち民兵と常備軍の管理、さらにはそれらが用いられる様式を含意していて、その様式の下で平和と戦争の法が考慮されるようになるのである。われわれはいま、生活行政に到達した。

生活行政

この生活行政 police という言葉はイングランド人がフランス人から直接借りたものであったが、もとはギリシャ語のポリテイアに由来し、政策、政治、統治の規制一般を意味している。しかし現在それは一般的に、統治の下級諸部分の規制に限定されている。それは一般に三つのことを含意している。すなわち、道路、街路などの清潔に公共が払う注意、第二に安全保障、第三に低価格とその恒常的な源泉である豊富である。ラモニオン氏(1)がパリの行政総監に任命されたとき、
2
彼は役人たちから、国王が彼に三つのことを要求していると告げられた。すなわち、彼がその都市で清潔、安全保障、低価格を提供すべきだというのであった。――これらのうち前二者はおそらくかなり重要ではあっても、講義の主題としてはひどく些細な性質のものである。ある国の清潔は道路、街路などの清潔を保持し、物質を劣化・腐敗させる悪影響を防ぐためになされる規制に関するものである。これをこの場で扱うことは、とてもできないだろう。人民の安全保障は生活行政の第二部門の目的である。つまり、何か暴力的な攻撃によって交流を阻害するか、社会の平和を破壊するかもしれ

(1) ダルジャンソン氏のこと。本書1ページを見よ。

ないすべての犯罪と騒動を防ぐことである。一般に、この望ましいねらいを果たす最善の手段は、犯罪を防止し国家の平和を確立するために適正に作られた法律を、厳格・厳密に見せしめとして執行することである。――この目的のために 3 は、ときどき他の方法がもっと直接にとられて、より直接に有害な人々をねらう。フランスの町々にはこの種のものが大量に存在する。どの町も marche possé すなわち都市衛兵隊をもっていて、彼らは街路を巡回し、その手段によって悪者たちを威圧してどのような犯罪も企てられないようにし、殺人者や強盗の逃亡をより困難にし、さらに火災やその他の危険な事故の処理を助けてもいる。主として都市衛兵の適正な規制と形態を考察することもまた、われわれの考察にとってはあまりに些細でつまらない主題である。

この項目についてわれわれは、最大の生活行政が行われている都市が、最大の安全保障を享受している都市ではないことを述べるだけにしよう。〔1〕ロンドンはヨーロッパ最大の都市であり、パリよりも少なくとも三分の一は大きく、それゆえこの種の規制をいっそう必要としているはずである。だがパリのほうが、この点で多大の用心がなされていることをわれわれは知っている。ドゥ・ラ・マールによるこの項目に関する法令集(2)は、彼が計画のごく小部分しか完了しなかったにもかかわらず、大きな二つ折判で全四巻に及ぶ。したがってパリの生活行政は、法律の非常に厄介な部分であって、法律に 4 関するさまざまな官職や裁判所に雇用されている人々によってしか完璧には理解されないものであるが、他方でロンドンの生活行政に関して作られた諸法令は一、二時間ですべてを読むことができる。それが大いに必要とされていることをわれわれは確かに理解する。パリでは路上での謀殺や強盗なしに一晩が過ぎることがめったにないのに対して、ロンドンではまる一年で三、四ないし五件以上の謀殺はない。――ここから人は、どのような国でも生活行政が多ければ多いほど安全保障が少なかったと考えるであろう。しかし実情は、最大の必要があるところでは、最大の配慮がこのようになされているということである。人民の生活様式の本性と多様性が、この点での大きな違いを生んでいる。われわれは一般に、どの国においても社会的混乱は、そこでの従者と食客の数に比例していると言えるかもしれない。私は封建的諸統治の無秩序と混乱が、そこでの従者(3)と食客の数に大いにもとづいていたことに注目した。従者と食客は、主人の家の周りで 5 安楽で贅沢に暮らすことに慣れていて、強奪と暴力による以外に自活する術がなかったのである。――『イングランド史』の〈第四〉(4)巻でデヴィッド・ヒューム氏によって集められた報告によってわれわれが知っているのは、封建的統治が下降状態にあったエリザベス女王の時代に、王国で一年間に、われわれには到底理解できないほどの謀殺が犯されたことであり、われわれは同じことをひとつの州の謀殺の記録簿から知っている。同様に、フランスにおける社会的無秩序は、身分の高い人々が維持するのが流行している召使の莫大

な数のせいであるように思われる。確かにその数は、一五〇
年前の従者の数よりはるかに少ないが、封建的統治の精神が
イングランドほど完璧に廃れていないので、イングランドに
おけるよりもはるかに多い。これらの召使たちは不品行のた
め、したがって救済の余地なくたびたび解雇されるので、想
像しうる限り最も無力な一群の人々である。主人とともに暮
らしていたときの、安楽と豊富のなかでの彼らの怠惰で贅沢
な生活が、彼らを心身ともにまったく堕落させるので、彼ら 6
はすすんで仕事で自活しようとしないし、そうすることもで
きない。そして、犯罪と悪徳によるほかに生きる術がないの
である。われわれは次のことも知っている。すなわち、各人
が一人以上の男の召使をもつことがめったにないこの町（グ
ラーズゴウ）では、死刑に値する犯罪が犯されることがほと
んどあるいはまったくなく、そういう犯罪は外来者によるの
がごく普通であるが、他方、エディンバラでは、貴族や郷士
の集積地が非常に多数の、主人にたびたび追い出された召使
たちを引き寄せるため、毎年、死刑に値する犯罪がいくつか
起こるということである。全体的に見て多くの従者と食客を
もつ習慣が、いくつかの都市におけるすべての無秩序、混乱
の大きな源泉である。そして、われわれは以下のことも断言
できそうである。すなわち、一国民の安全保障を保つのは、
生活行政の諸規制ではなく、国民が従者と食客をできるだけ
少なくしようとする習慣だということである。従属ほどひど
く精神を堕落させ、無気力にし、卑しくするものはなく、自
由と独立ほど、廉潔という高貴で寛容な概念を植えつけるも
のはない。商業はこの習慣のひとつの大きな予防薬である。
製造業は、どの親方が支払うことができるよりも高い賃金を
より貧しい人々に与える。そのうえ、製造業は富者に、彼ら 7
の財産をごく少数の召使で費やす機会を与え、その機会を彼
らは捕らえそこなうことがない。だから、完全に自由で独立
したイングランドの一般民衆が、どこでも遭遇しうるその階
層の人々のうちで最も正直なのである。フランスの郷士や貴
族はおそらく、イングランドやその他の国々の郷士や貴族と
同じくらい善良な人たちではあるが、庶民はより従属的なの
で、その取引においてはるかに正直でも公正でもない。スコ
ットランドの郷士はイングランドのそれと変わらないが、民
衆はかなり抑圧されているので、その気質における廉潔さ、
気前のよさ、人好きのする資質は、イングランドの民衆より
もはるかに劣っている。

［1］ロンドンとパリ、グラーズゴウとエディンバラの比較は『国富論』水田洋監訳、杉山忠平訳、岩波文庫、㈠一一八―一二〇ページにある。以下、『国富論』への引照を訳注に記す。

（2）Nicolas de la Mare, *Traité de la Police, où l'on trouvera l'histoire de son établissement, les fonctions et les prérogatives de ses magistrts, toutes les loix et tous les règlemens qui la concernent* (Paris, 4 vol. folio, 1705–38).

（3）retaints は retainers の誤記であろう。手稿第四巻157ページ［本書275ページ］以降を参照。

（4）手稿の空白。Hume, *History*, IV. 726–7.

［人類の自然的欲求］

生活行政の対象である三番目の事柄は、国に豊富と潤沢を
導き入れる適切な手段、すなわちあらゆる種類の財貨の低価
格である。これらの用語について言えば、低価格は豊富の必
然的結果なので、豊富と低価格はある意味で同義語である。 8
たとえば、人類の生存維持に絶対に必要な水は、潤沢にあっ
たとしてもくみ上げ以外の費用は何もかからないが、他方
で、何の役に立つかほとんど言うことができないダイアモン
ドやその他の宝石が莫大な値[5]をつけていることを、われわれ
は知っている。富裕を生み出す適切な手段を考察するために
は、富裕や豊富の内実は何にあるのか、あるいは一国民にお
いて潤沢であるべき諸事物とは何か、を考察するのが適切で
あろう。これに先立って、人類の自然的諸欲求と諸需要とは
何かを考察することも必要であろう。人間は自然の恵み深さ
から、理性、技巧、技術、工夫、改善の才能を、自然が他の
どんな動物に賦与したよりも格段にまさって受け取ってきた
が、同時に、その生活の維持と快適さに関しては、動物たち
よりもはるかに無力で不足した条件にある。[6]他のすべての動
物は食料を自分たちが望む状態で見出し、しかもそれは動物
たちのさまざまな本性に最も合致していて、他に必要不可欠
なものはほとんどない。――しかし、より繊細な身体とよ 9
り虚弱な体質をもつ人間は、使用にあたってその用途に相応
しい改良や調理を必要としないものには何も出会わない。他
のすべての動物は、彼らの食料が自然によって生み出された
状態で満足していて、料理法によって改良されるだろうと
か、ソースによってもっと快適になり、もっと滋養分が多く
なるだろうとは考えも及ばない。確かにいくつかの未開民族
の慣行から、人間の胃は食料をその自然のままの調理されて
いない状態で、しかも動物性食料ですら消化できるように思
われる。だが、これは人間にとって大変快適な、あるいは大
変役に立つやり方であるとは思えない。彼は食料の調理に火
を用いるようになるとすぐに、火が生み出す変化による有益
な結果を発見する。こうして調理された食料を彼はまもなく
より快適なものとして味わい、経験によって以下のことを発
見するのである。それは、その食料が、粗野で未調理の食料
よりも彼の虚弱で弱々しい胃の働きに簡単に順応することで
あり、彼はその後、粗野で未調理の食料を最初は嫌い、それ
から忌まわしいものとみなす。というのは、未開人の胃は、
料理されていない一定量の食べ物を何とかして平らげること
はできるが、それにまったく適応してはいないのをわれわれ
は知っているからである。消化不良や生の食事から生じる病 10
気はどこでも、未開諸民族のあいだにおいてほど頻繁ではな
いし、われわれは他のどこよりも彼らのあいだに憂うつ症と
心気症疾患が蔓延しているのを発見して驚くのである。余分
な体液[2]を取り去るために必要な外気や運動や労働の不足は、
現在のわれわれとは異なり、彼らのなかではその原因ではあ
りえない。彼らに特定されうる唯一の理由は、生の、調理さ
れていない、消化しにくい食料による作用である。

空気の自然な温度は、天候のさまざまな変動からほとんどまったく不都合を感じないように見える他の諸動物の条件に、完全に適合している。しかし、この穏やかで微妙な気体ですら、人間の弱く繊細な身体にとっては厳しすぎる。この微妙ではかない要素は、人間の手によるどんな変化にも従うとはしないと想像されてしかるべきだが、人間の方は自分の身体のまわりに、通常取り巻いている空気よりも穏やかで 11 暖かく快適な、一種の新しい大気を形成しようとする。そのため、彼はその身体にまとう衣服を自分に与え、この大気を彼のまわりにもう少し遠くに広げようとして、自分の家を建てる。これらは他のどの動物もその必要を感じない工夫であるが、人間はそれらなしではほとんど生存することはできない。太陽の恵み深い影響のため、他の国々で見出されるような冷たい空気から人間の身体を守ることが不必要な国に住んでいる人々ですら、他の予防手段を使うことを避けられない。そういう手段がなければ、熱が彼らの弱い皮膚を引き裂き、彼らが風雨に耐えるのを不可能にするであろう。そのため、彼らは油や油脂を塗りこんで自分の皮膚を柔らかくする。そして、いわば皮膚をさまざまな染料で色付けして日に焼き、硬化させて、焼けつく太陽、身をきる風、冷え冷えと打ちつける雨に耐えられるようにするのである。しかしこれらの必要物は、ある無理のない仕方で各個人の勤勉によって 12 苦もなく供給されうる。それぞれの職業に特化していない未開人たちは、それぞれ自分たちで食料、衣服、住居を供給することができる。野生で実った大地の果実が、彼が狩猟で捕らえる動物の肉とともに、自分で容易に調理できる食料を彼に供給する。数枚の皮は、おそらくその皮から作った数本の皮ひもで縫い合わされ、彼に衣料を供給する。そして地面に刺されて、皮かむしろで覆われた数本の杭が、夜間や天気が荒れたときの避難所を彼に提供する。——彼にこれらの改善を促したものと同じ気質と傾向が、彼をいっそう大きな洗練へとかり立てる。この生活方法は野蛮で不潔であると思われ、もはや彼を満足させることはできない。彼はもっと気品のある優雅さ、洗練を求めるようになるのである。——こ 13 の地球のすべての動物のなかで人間だけが、事物の真の実質に何の影響を与えることもない差異や、自然の入用物を供給する際に諸事物に優越した利点を何も与えることがない差異に、注意を払う。すべての特質のうちで最も根拠が薄弱で最も皮相的な色彩でさえ、彼の注意のひとつの対象となる。それゆえ、ダイアモンド、ルビー、サファイア、エメラルドや他の宝石はいつの時代にも、さほど豪華ではない色合いの玉[7]石と区別されてきたのである。形態もまた、人間の営みの多

（5）水の豊富さや低価格と、ダイアモンドの希少性や高価との対比に関しては、John Law, *Money and Trade Considered* (1705), I. 4 and Harris, I. 3.

（6）Hume, *Treatise of Human Nature*, III, ii. 2 (ed. Selby-Bigge, 484).

［2］血液等の体液によって人間の健康が規定されるとする、体液病理説の考え方によるものと思われる。

くにおいて、彼の選択を方向づけるのに少なからぬ重みをもつ特質である。われわれは、ある家または建物の構造が単調に均一でなく、その諸部分がすべて角張ってもいないときに満足を与えるのを見るように、一種の均一性が同時にある程度の多様性と調合されていると、人間にある種の喜びを与える。[8] 形態の諸部分が、急激な変化〈または〉切れ目なしに互いにある一定の釣り合いを保っているときには、これもまた感じがよい。そして最後に、われわれが喜びを見出すのは、一目で簡単明瞭に理解されるという他の性質がこれらに付け加わった対象を眺めるときである。[9] これらのうち一番目から生じるのが、〈　〉に与えられる選好である。

[手稿一行の空白]

二番目から、曲線図形のゆるやかな曲がりが、いくつかの、そしてほとんどすべての直線図形がもつ不意の不規則な角よりも一般に選好されることになる。三番目から、円の絶えず変化する方向——同時にそれはつねに類似していて容易に表象される——が、楕円、放物線、双曲線、そして多様性において円をはるかに凌駕しているアルキメデスのらせん[3]という、もっと変化に富む図形よりも選好されることになる。それは円が、一見したところではその本性を理解することができない他の諸曲線よりも、容易に表象されるからである。それゆえ、八辺以上の多角形は、まったく知的に把握さ

14

れないか、または人に数えさせるという面倒をかけるため、建築術への導入が決して許されないということにもなる。——模倣もまた大いに関心をひきつけるが、特に好みの他の源泉からまったく切り離されたときにそうである。これについての注目すべき例がオランダの絵画にあり、それらの絵画が喜びを与えるのは、たんに他の諸事物に類似していることによってであって、その諸事物自体は決して美しくはない。[10] 肥やしの山の絵、あるいはベーコンの切り身の絵は、われわれの目を捉え、そしてとても快適であろう。まったくなめらかで平らな台板の上に塗られたときに、色の濃淡や着色の変化がそれら固体の凹凸、隆起、起伏を、どのように表現できるのかを見て、われわれは驚嘆するのである。——希少性もまた、他の点では同等の諸事物を優先させ、無価値な諸事物をかなり尊重されるものにする。宝玉がその価値を得るのは主にこのことからである。ヨーロッパで現在なされている人造宝石やガラス製品の調合は、ほんの少しだけ本物の宝玉の域に達していないが、格段に低く値踏みされている。同様に知られているのは、もっと小さい本物の宝玉と交換に人造宝石やガラス製品を与えられてきた未開諸民族が、その交換にひどく満足し、ヨーロッパ人たちが再びそれらを取り戻そうとするのを恐れて、[4] それらを受け取るとすぐに逃げるということである。こうして金と同等の色をもつ金色銅は決してそれほど高くは評価されないし、イングランドではフランスの皿という通称で知られる錫やその他の金属のかの調合

15

16

は、銀の輝きにほとんど劣らないにもかかわらず、決して評価されないのである。

［技術の発達］

色彩、形態、多様性または希少性、類似性というこれら四つの特質は、もっと思慮深い人々にとっては、他の点では同等の諸事物における、すべての些細でつまらない特質と選好の根拠であるように思われる。その特質と選好の追求は、人類に他のすべてよりも苦悩と不安を与え、それらを満足させるために無数の技術が発明されてきたのである。〔そして、それらの技術の実行は、食料、衣服、住居に関して便利さと関係のない習慣に人々を導く。その習慣はそれらの事物によって供給されるべきことが目論まれていたねらいにしばしば反し、われわれを、安楽、健康、便利さ、暖かさに必ずしも適合しない仕方で、着させ、食べさせ、住まわせるのである。〕［15裏］なるほど、食べ物、飲み物、衣服、住居の必要を満たすために、技術と科学のほとんど全部が発明され、改善されてきた。——農業は、さまざまな工匠が雇われる原因となる素材を増加させたが、それらは主に食料に適した諸事物であった。それらに最大の消費があるからである。森はわれわれに建物のための木と板を供給し、平野からわれわれは羊毛、亜麻、綿花、桑の木の栽培によって衣服のための絹、それに加えて上記の諸物質を染めるのに使われる藍、ホソバタイセイ、西洋茜と他の一〇〇種の植物を得る。——これらの原生産物を改良するために労働を結合し、それらを使用できるように準備する職人を、すべて数え上げることは不可能であろう。肉屋、製粉工者、製パン工、醸造工、料理人、菓子職人などはすべて、大地の種々の生産物を人間の食料として用意するために、彼らの労働を提供するのである。室内装飾商、反物商、織物商、服地商の店舗が扱う品物を用意するために、すなわち羊毛を刈り、ほぐし、えり分け、紡ぎ、梳き、編み、織り、洗浄し、染色などをするためにどれだけの数の職人が雇われているだろうか。そしてまた、さまざまな商品のそれぞれに別の一〇〇人の作業者が従事している。どれだけの数の職人が協力して、食料品商で見る主とし

(7) 原文では the more ordinary pebbles の ordinary が消されている。おそらく the more もまた消されるべきであろう。

(8) Hutcheson, *Inquiry concerning Beauty*, II. iii.

(9) Ibid., VIII. ii. 2.

［3］定点Oの回りを一定の角速度で回転する直線上を、一定の速さで運動する点Pの描く曲線のこと。

(10) アダム・スミス「模倣芸術について」を参照。「ある入念なオランダ芸術家の作品である布の絵は、毛織物のけばや柔らかさまでを表現するほど綿密に明暗をつけられ彩色されていて、それは今私の前にあるみすぼらしいじゅうたんへの相似からさえ、ある種の値打ちを引き出しうるといえよう。この場合、模写は原品よりもずっと大きな値打ちをもつかもしれないし、おそらくそうであろう。……絵画では、模倣は、もとの対象がどうでもいいもの、あるいは不快なものであってさえ、しばしば快い」（『哲学論文集』水田洋ほか訳、名古屋大学出版会、一五四—五ページ）。

［4］least は lest の誤記であろう。

て人間の食事のためのさまざまな商品を支給していることか。大工、木工、木彫師らが皆、石工、れんが積工らとともに、われわれの住まいを建てたり提供したりするために力を合わせている。すべての真鍮、鉄、銅の工匠たちが、数々の種類の家財用具や他の工匠のための道具を用意するのに、彼らの労働を投じているのである。商業と交通、そして造船工のすべての技術など、さらに船員や商人のたゆみない勤勉は、同じ目的に役立っている。 18 彼らは、ある国に他国の食料や衣料の余剰を輸入して、代わりにその国で豊富な同種の他の余剰物を運び出すのである。――幾何学、算術、記述はすべて、もともとさまざまな技術の作業を楽にするために発明された。記述と算術が発明されたのは、商人や小売商のさまざまな商取引を記録してはっきりさせるためであったし、幾何学がもともと発明されたのは、（大地を測定するためか、あるいはそれを住民に分割するためか、あるいは）働き手が、もっと正確な測定に必要な諸技術を形成するのを助けるためであった。ほとんどすべての法と規制は、大衆の労働の目的にすぎないと〈われわれが？〉みなしている諸事物、すなわち食料、飲料、衣料を提供するための技術の奨励に役立っている。法と統治ですらその最終的なねらい、究極の目的とするのはそれらである。 19 法と統治は国家の住民に、彼らが安全に所有している土地の耕作[11]における自由と安全保障を与え、それらの恵み深い影響は、種々の技術と科学のすべてに改良の余裕と機会を与えている。法と統治は、貧者の暴力と略奪から富を占有する富者を守り、それによって、異なった個人間の種々の能力、勤勉、精励の差から自然かつ必然的に生じる、人類の財産におけるあの有益な不平等を存続させるのである。法と統治は、侵入してくる外敵の不正な侵略の危険から臣民を保護して、人々に余裕をもって技術を開発するようにさせておき、彼らがいわゆる生活の便宜とよばれるものを追及する余地を与えるのである。英知と徳のすべての部門ですら、効用に関するそれらの光と美を、ただこれらの便宜において人類の安全保障に資する傾向から引き出しているのである。法と統治は、英知と徳の公共的見地での主要業務であって、それらのねらいはあらゆる個人にとって同じに違いない。 20 交際での廉潔、正直、誠実はすべて、いろいろな人々の生計[12]に役立ち、それによってさまざまな職務で彼らを勇気づける。善良で利口な人間のすぐれた英知は、自分の事務の管理によって他者を指導し、自らの勤勉と活力を模倣し張り合うように他者を鼓舞する。彼らの勇気は、外国からの侵略と国内の敵による侵害から彼らを保護し、そして生活の必需品や便宜品の獲得のために設定された企画が失敗するとき、彼らの寛容さが助力によってわれわれを安心させるのである。これらの徳が実行に移されて、彼が手本として人々を同じような勤勉に鼓舞するとき以上に、国家にとって有益でありうることはない。したがって一定の事物の見方からは、すべての技術、科学、法と統治、英知、そして徳それ自体ですら、みなこのひとつのこと、すなわち普通は職務のなかで最も卑

しく、人民のうち最も下層で最も卑しい者だけにふさわしい 21
職とみなされている、人々に食料、飲料、衣料、住居を与え
ることに役立っているのである。生活におけるさまざまな技
術と業務はすべて、生活の必需品と便宜品をより獲得しやす
くするのに役立っている。――したがって、ひどく単純な
生き方をしていると誤解されている[13]ありふれた一人の日雇い
労働者は、千人の裸の未開人の首領であるインディアン[14]の王
侯よりも、生活の便宜品と奢侈品を多く有していることをわ
れわれは知っている。[5] 日雇い労働者の毛織りの粗末な青の上
着は、おそらく一〇〇人の工匠の労働の生産物である。その
なかには、羊毛を刈る者、開毛工、選毛工、梳毛工、紡毛工
など、さらには織布工、縮絨工がおり、織布工、縮絨工の織
機や水車だけで、未開の王侯の宮廷で使用されているすべて
のもの以上の技術が含まれている。そのほかに、遠隔地から
染料や他の材料を集めてきた船、その船を艤装するために雇
われたすべての働き手、すなわち木工、大工、桶工、かじ工
など、また船を操縦するための人手がいる[15]。日雇い労働者が
働くのに使う鉄の道具は、どれだけの数の人手を経ているこ
とか。――鉱夫、石切工、破岩工、製錬工、鍛職工、製錬 22
のための木炭の炭焼き人、かじ工などが、この鉄の道具を作
成するのに人手を加えている。日雇い労働者が着ている粗末
な麻のシャツを供給するのに、どれだけの人手が必要とされ
ることか[16]。なめし皮で仕上げた靴、彼が休む寝台、そこで食
料の下準備をする台所の炉、長い陸海路で運ばれてきて彼が
燃やす石炭、彼のナイフとフォーク、ピュータ製あるいは陶
器の皿、そして彼のパン、ビールや他の食料を準備するため
に必要であった多数の働き手、それに加えて、彼の窓を形作
っているガラス。ガラスの生産には現在の完成まで莫大な労
働を必要とするが、それは風と雨を締め出すと同時に光を通
し、この一商品がなければ、現在の繊細で弱々しい生身の人
間たちにとって、この国は少なくとも住居不能となるだろ
う。したがって、この貧しい労働者に供給するために、およ
そ千人による結合した助力がなされているのである。彼は、 23
確かにヨーロッパの王侯や貴族には劣っているとはいえ、他
の人々よりは格段にまさっているし、インディアンの王侯よ
りも格段に多くの便宜品を享受している。そしておそらくヨ
ーロッパの王侯の境遇と安楽は、ここで叙述した労働者の境
遇と安楽を大きく超えるわけではなく、労働者が未開人の首
領の境遇と安楽を超えるほどには及ばないであろう。千人の
抑圧された食客、土地保有者、召使をもつ有力者が贅沢かつ
裕福に暮らし、金融家や地位ある人が、商人、貧者、窮民が

(11) the cultivate the land は、the cultivation of the land の誤記であろう。
(12) the main は、the maintenance の誤記であろう。
(13) he false account は、we falsely account の誤記であろう。
(14) アメリカ・インディアンのこと。Locke, *Civil Government*, § 41.
[5] イギリスの労働者と未開人の首長との比較は、『国富論』(一)三六ページ。しかし、それは分業の成果ではない。
(15) Mandeville, I ('A Search into the Nature of Society'), 356–7.
(16) Ibid., I (Remark P), 169.

すべて彼の生活の糧のために助力しているときに、それほど非常に裕福であることは、確かに驚くべきことには思えないかもしれない。私が言うのは、これらの人々が未開人の一部族全体で最も偉い人間をはるかに超えていることが、意外と思われる必要はないということである。しかし、貧しい日雇
24
い労働者あるいは貧乏な農業者が、すべての抑圧や暴虐にもかかわらず、よりゆとりをもつこと、彼らが未開人よりもゆとりをもつということは、ありそうには見えない。未開人のなかには地主も高利貸しも収税吏もいないので、あらゆる人が自分自身の労働の全果実を所持し、したがって最大の潤沢を享受するはずであろう。しかし、実情はまったく別である。――――

一七六三年三月二九日　火曜日

〔文明社会における分業〕

昨日の講義で私が説明しようと努力したのは、人間を勤勉へと促す、すべての動物のなかで人間に固有の原因、すなわち彼の身体の生来の弱さと、優雅と洗練への彼の欲望についてであった。孤立した一未開人はこれらの必要を、ある仕方で満たしうるが、それは統治が一定期間のあいだ確立されてきたあらゆる国で、絶対に必要だとみなされるような仕方によってではない。私がさらに示したのは、人類の三つの大きな必要――すなわち衣食住――を満たすために、技術と科学の非常に重大な部分がいかに発明され改良されてきたか、あるいはその三つの目的に、手段としていかに役立ってきた
25
かであった。また、未開国家におけるよりも文明国家において、人類が生活の必需品と便宜品のすべてを特別にうまく提供されており、豊富と富裕が格段にまさっているのはどのようにしてか、ということであった。一未開人の単独の勤勉は彼に、現在は最も卑しい職人にも必要とされているものを決してもたらすことはできない。われわれはこの優劣の差を、イングランドかホラントのありふれた一人の日雇い労働者の生活様式を、千人または一万人の裸の未開人の生命と自由を意のままにできる未開人の王侯の生活様式と比較することで、知ることができよう。単純で質素な仕方で生活しているとわれわれが誤解しているこの人間が、君主自身よりもはるかによく供給されていることは明らかだと思われる。彼の衣服、家庭用具、食料のあらゆる部分が、果てしない数の人手の結合労働によって生産され、そしてこれらの人手も再び、彼らにそれぞれの職業用具を供するために、莫大な数を必要としている。したがってこの労働者は、およそ千人の人手の協力なしでは、（われわれがそう言うように）単純な仕方で提供されることはできない。確かに彼の生活は、ヨーロッパの
26
貴顕の奢侈と潤沢に比べれば単純である。しかしおそらく、最高の富者の豊富と奢侈は、一人の勤勉な農業者の豊富と潤沢を大きく超えることはなく、後者が、最も尊敬される未開

人の、経済的に不自由で助力のない[6]生活様式を大きく超えるほどには及ばない。財産家が彼の生活の便宜と安楽において、粗野で貧乏な未開人を大きく超えることを不思議に思う必要はない。文明諸国における貧者の労働と時間は、富者の安楽と奢侈を維持するために犠牲にされている。地主は、地主と自分のために土地を耕作する小作人たちの労働によって、怠惰と奢侈を維持されている。金融家は、勤勉な商人と窮民からの取立てによって生活を支えられている。彼らは金融家の貨幣を使用して得た収益によって、彼の生活を安楽に支えることを余儀なくされる。しかし、あらゆる未開人は彼自身の労働の果実をまるまる享受する。そこには地主も高利貸しも収税吏もいない。そのためわれわれは、未開人が、自分自身と他人のために働く従属的な貧者よりも、はるかによく供給されていると想像しがちである。しかし、実情はまったく別である。一人の未開人の貧困は、文明国民の名に値するなかの最も卑しい市民の貧困よりもはるかにひどい。これを説明する困難を増加させるもうひとつの考察がある。もし労働が各人に等しく割り当てられていると想定するのであれば、困難はなくなるだろう。すなわち、ある個人の生活を支えるのに一万人が必要で、各人は残りの人々の労働によって維持されていると想定するならば、ここでは一人の労働と一万人、一万人の労働と一人のあいだに相互的な均衡があり、したがって各人は、彼に与えられた一人分の労働をもっていることになる。だが、どんな文明国家でもこれは実情ではな

27

い。互いに生活を支えている一万家族のうち、おそらく一〇〇家族はまったく労働せず、共同の生活の支えに何ももたらさない。他の家族は自分たち自身に加えて彼らを維持しなければならず、そのうえ、労働する人々の安楽、便宜、潤沢は、まったく働かない人々よりも取り分がずっと少ない。いくつかの指示をするにすぎない富裕で盛んな商人は、すべての業務を行う彼の社員たちよりも、ずっと恵まれた状態、奢侈、安楽、生活のあらゆる便宜と繊細の豊富のなかで生活する。社員たちの安楽と豊かさもまた、拘束を別にすれば、その労働によってこれらの商品を支給した職工たちの状態よりも大きくまさった状態にある。この人物の労働もまた、わりと耐えうるものである。彼は過酷な天候から守られて屋内で働き、貧しい労働者と比較すれば苦痛なくその生計を立てている。貧しい労働者は、土壌と季節のあらゆる不都合と戦わねばならず、絶えず過酷な天候と同時に最もつらい労働にさらされている。こうしていわば社会の全構成を支え、残りのすべての人々の便宜と安楽の手段を支給する彼が、自らは非常に少ない取り分を保有して、世に埋もれるのである。彼は自分の肩に人類全体を背負い、重荷に耐え切れずにその負担に埋もれ、地球の最も下層の部分に無理に押し込まれ、そこから残りのすべての人々の生活を支えるのである。それではどのようにして、彼や最下層の人民が生活の便宜品の大きな

28

［6］unmesisted は unassisted の誤記であろう。

分け前にあずかることを説明できるだろうか。異なった人手のあいだの分業だけがこれを説明できる。[17] 分業が特定のひとつの業務部門に及ぼすであろう効果を考察しよう。そこから 29 われわれはその効果を判断できるだろうし、その効果から分業がもつ全般的な効果を判断できるだろう。この目的のためにわれわれは、確かに取るに足りないものの、その効果を例証するには十分だと考えられる一例を取り上げよう。それはピン製造である。[7] 一人の人間が鉱山で鉱石を掘り、それを砕き、溶解し、製錬し、溶鉱炉を準備し、真鍮を棒状に鍛造し、それらを針金に引き伸ばし、この針金を切り、頭部を作るなどと想定したとすれば、彼は一年の期間に一本のピンを作ることも、まずできないだろう。働き手は自分の労働の対価を得るに違いないので、われわれが一人の労働を一年で六ポンドと見積もれば、この場合一本のピンはおよそ六ポンドとなるだろう。——もし仕事の大部分が彼の手でなされるものと想定し、針金を作る真鍮が彼に与えられ、それをピンに作り上げるために必要とされるさまざまな作業をすべて彼が行うと想定しても、彼は一日二〇本以上のピンを作ることはできないだろう。そして、一日の労働の価値に真鍮と道具の消耗の価格を加えると、およそ二〇ペンスになるので、彼は自分のピンを一本一ペニー以下で売る余裕はないだろう。 30

ピン製造業者は現在、この仕事を非常に多数の人手に分割している。一人が針金を切り、もう一人が頭部をつけるために一端を研ぎ、三、四人が頭部を作るために雇われており、一人がそれをつけ、別の一人が先端を作り、別の一人が光らせ、別の一人が紙で包む。したがって、一本のピンを作るのにおよそ一八人が雇われている。[18] これらの人々が一日におよそ三万六千本のピンを作るであろうし、これはちょうど各人がおよそ二千本を作るのと同じことになる。したがって、これによって仕事は大いに増大するため、ピン製造業者は働き手の賃金を増やすことができるし、一本六ポンドや二〇ペンスではなく、いまや数ダース半ペニーのような値段で商品をより安く売ることができる。他のすべての手仕事においても、実情は同じである。

農業者の労働は、製造業者のそれとはまったく分離されている。農業者には農業者の、製造業者には製造業者の役割がある。羊にえさをやる牧草業者あるいは麻の栽培者と、毛織物の調整工やしわのばし工、あるいは麻の光沢を出し、麻に仕上げをかける人間とのあいだに、どれほど多くの異なった人手と別々の業務があるだろうか。だが、農業は仕事のこの分離を毛織物、リント布、鉄製品の製造業と同じ程度には許さないのである。しばしば同一人物が鋤で土地を耕作する 31 人、穀物の種をまく人、馬鍬で土地をならす人、収穫をする人、脱穀をする人を兼ねているに違いない（ここにはいくつかの区別があるかもしれない）。だが、これらの異なった仕事が遂行される季節の違いが、一人の人がこれらの仕事のどれかひとつによって生計を立てることを不可能にする。脱穀工と製粉工が独立して生計を立てることができるのは、一年の

あらゆる時期に同じように働くことができるからである。農
夫もまた、彼の道具を供給するために必要な仕事のさまざま
な部分が他の人手によってなされるならば、つまり犂工、荷
車工、大型荷車工、それらのうちの鉄作業を行うかじ工が、
他から分離されている場合には、大いに救われるであろう。
しかし、製造業でなされている程度に労働を大いに分離する
のがなお実行不能であることが、農業の改良が製造業の改良
に肩を並べることをつねに不可能にしているのである。ひと
つの富裕な国家はおそらく、より貧しい国家を、農地の開拓
および製造業の優良性・低価格の双方で大いに超えるだろう
が、それでもこのことは土壌からの生産物においては、手工
業職業においてほどは際立っていないだろう。こうしてフラ
ンスの穀物は一般に、あらゆる点でイングランドの穀物と同
じくらい良質で同じくらい低価格である。しかし、イングラ
ンドの小間物、ボタン、バックル、ナイフなどは、製品の上
品さと強さと低価格において、フランスの小間物などを大い
32 に上回っている。これらの改良がなされたときには、職業の
各分野は有力者の富裕を支え、彼らにかなりの利潤を与える
とともに、労働者の勤勉に十分報いることができよう。あら
ゆる職業は、働かない人たちにそれなりの儲けをもたらし、
勤勉な人々に十分な量を与えることができる。こうして前と
同様の取るに足りない例として、ピン製造業者が一日に千本
のピンを支給することができ、それらは（一ポンド約二〇ペ
ンスの金属の価格を含み、そこから数千本のピンが作られうる）
一〇〇本につき一ペニー半の値段で売ることができると想定
しよう。そうすると、千本全部で一五ペンスの価値になるだ
ろう。そのうち職工は三ペンスを彼の親方に提供し、一二ペ
ンスを彼の労働の対価とすることができる。あるいは、二〇
〇本を親方に与え、八〇〇本を自分自身で保有するかもしれ
ない。というのは、各人が製作する商品を受け取ると想定す
るのも、彼の取り分の対価を受け取ると想定するのも、同じ
ことだからである。さらにピン製造業者が何とかして、各人
が一日に二千本のピンを作り、彼がそれらを一〇〇本あたり
一ペニーで売り、二〇ペンスが全体の価値になるようにする
ことができると想定しよう。この場合、親方は自分の取り分
として五ペンスを受け取り、職工に一五ペンスを提供するこ
33 とができる。ここでは仕事の価格はより低くなり、公共はは
るかによく供給され、職工の報酬は大いによくなるであろ
う。いまや仕事にはほとんどまったく費用がかからない。真
鍮の針金は一ポンド約二〇ペンスで、それが——一ポンド
の真鍮から数千本が作られうる——ピンに加工されたあと
は二シリング六ペンスにすぎないので、ピン一ポンドの仕事

(17) Mandeville, II (Dialogue 6), 284.
[7] ピン製造における分業については、『国富論』(一)二四—二六ページ。
(18) *Encyclopédie* (vol. V, 1755) の Épingle の項目には、一八の連続する工程が細かく記述されている。E. Chambers, *Cyclopedia* (1728) の Pin の項目には、一五人の働き手が連続的に雇われていると書いてある。

の価格は一〇ペンスにすぎない。このようにして、仕事が安くなるのと同時に、労働の対価は高くなる。そして、大衆の目にはまったく両立しないように見えるこれら二つの事柄が、ここでは明らかにきわめて整合的なのは、技術の改良が諸事物の遂行を非常に容易にしたので、品物が低価格でもなお高賃金が職工に与えられることが可能だからである。生活の必需品や便宜品が容易に手に入る国家は、その国家の他の条件にかかわらず富裕であり、この手に入りやすさをおいてほかに富裕の名に値するものはありえない。すなわちひとつの国家が富裕なのは、大きな骨折りなく勤勉の適切な充当によって、これらを容易に獲得しうるときである。この場合、貨幣やその種の他の事物が、潤沢であってもなくても関係がない。勤勉とうまく充当された労働はいつでも生産を改良するに違いなく、富裕な国家はいつでも、貧しい国家よりも手頃に商品を提供することができる。そしてもし、そのうち一方が富裕で他方が貧しい二つの国家があり、前者がその職業の何かの部門を、より低価格で提供できる他国の安売りによって失うことが起こるとしても、決して前者の富裕がその原因ではありえない。われわれは原因を他のどこかに探さねばならない。それは、その事業部門が抑圧的で耐え難い税、あるいは消費税によってむりやり余儀なくされた何か不当な不都合に起因するか、あるいはどんな税よりもいっそう耐え難い役人の横柄や抑圧、または何か特定の原因による生活必需品の不当な価格に起因するに違いない。富んだ商人がいつも

34

貧しい商人よりも安値で売る余裕があるように、富んだ国民はいつも富の少ない国民よりも安値で売る余裕がある。職工が他のどことも同じくらいよい報酬を得ているホラントでは、国内消費向けの財貨はきわめて高価だが、輸出向けの財貨は、他のどこよりも安く買うことができる。この相違はもっぱら、前者の場合に課されるが後者の場合にはそうではない税と消費税によっている。さまざまな仕事に多くの資本をもっている親方たちは、仕事を多数の人手に分割することができる。これによって親方たちは仕事をよりよく仕上げて、より安く提供することができる。仕事の分割によって、人手がずっと少ないときよりも一〇倍、二〇倍、四〇倍の仕事量がなされ、高度に分割されるほど、仕事はいつもそれだけ安くなるだろう。したがって、一般的には想像されないにもかかわらず、われわれが知るのは、革命以来[8]ほとんどすべての商品、麻織物、毛織物、あらゆる種類の製品、製造品の価格が、貨幣が潤沢であると言われているにもかかわらず下落していることなのである。特殊な理由で[19]唯一その価格が上がったものは、牧草とその結果としての獣肉である。あらゆる技術と製造業が最高の完成に達しているムガール国[9]では、あらゆる生活必需品をここよりもはるかに少ない貨幣で購入することができる。そこではさまざまな種類の綿織物と、わが国の麻織物や毛織物よりもいっそう衣服として役立っているさまざまな種類の絹織物は、はるかに安い。そしてそれらに課されている高い税がなければ、遠距離のためときには商品価

35

36

値の四、五倍の多大の運賃を要するにもかかわらず、われわれは、われわれ自身の生産物のどれよりも安くて良質の、ムガール人の労働による綿織物や絹織物を身に付けるであろう。それらの税だけが、わが国の製造業者の生活を支えているのである。

　われわれは、労働が安いか高いかをその貨幣価格によってではなく、労働の果実によって得られる生活必需品の量によって判断すべきである。ベンガル〔10〕では二ペンスかそこらが一日あたりの男性一人の賃料だと言われているが、ここからわれわれは、労働がこの国よりも安いと結論すべきではない。そこでは一ペニーで、この国では一シリングで購入するのと同じだけの生活必需品を購入できるであろうから、その国における一ペニーの労働は、ロンドンでの一シリングまたは一シリング六ペンスと同じ程度に高く報いられているかもしれないのである。生活の便宜品はもっと手に入れやすく、普通に受け入れられている見解とは逆に、そこでは貨幣がきわめて潤沢であるにもかかわらず、労働のこの低廉な貨幣価格が生じるのである。労働の貨幣価格は、勤労や技術の改良の進展と同じ割合で上昇することは滅多にない。金、銀は商品交換において有益だとみなされているので、ある国でそれらを増産することは、おそらくその国の富を増加させるだろう。しかし、それらを他の商品と同じように容易に増産することはできない。一エーカーを耕作する人は、二エーカーを耕作するかまたはその一エーカーを扱うある方法によって、彼の

37

穀物の貯えを二倍にすることを、ほとんど確信できる。しかし、彼が鉱山に二倍の勤労を充当することによって、金、銀の量を同じ割合で増産できるだろうという確信はもてない。両者に充当された勤労の同一の付加は、穀物や他の生産物の増産のほうが、金の増産におけるよりもはるかに確実である。そして以下に示すように、他のあらゆる職業は金鉱山の作業よりもむしろもっと儲けが多いのである。

〔分業による生産増加の原因〕

　仕事の分割から生じる、商品の貯えのこの増加と仕事の低価格には三つの原因がある。第一はそれが働き手にもたらす技巧であり、第二は仕事のある一部分から他の一部分に移るときに失う時間の節約であり、第三は仕事の分割が引き起こす機械の発明である。第一の仕事の分割から生じる技巧の増大は計り知れない。仕事が最も単純な諸作業に還元されると、それらのうちのひとつにつねに雇用される一人の人間は、そこで驚くような技巧を習得して、他の人がなしうる数倍の仕事量をこなすことができる。錠前、犂、鉄架、蝶番などすべての種類の仕事に時々たずさわり、余った時間に釘製

38

〔8〕名誉革命（一六八八年）のこと。
（19）手稿第六巻95-96ページ［本書389ページ］を見よ。
〔9〕一五二六―一八五七年のあいだ、インドの大部分を征服して帝国を形成したムガール人の国家。
〔10〕インド北東部の州で、イギリスのインド開発の拠点。

造に従事する田舎のかじ工は、一日に多くて一五〇〇本の釘を作るだけであろう。他方、釘製造以外の仕事に携わったことのない一五歳の釘工は三千ないし四千本を作るだろう。また、すべての種類の仕事に従事したことはあるが釘を作ったことはおそらくないかじ工は、釘を二〇〇ないし三〇〇本以上作らないであろうし、それもかなりひどい製品しか作らないであろう。この釘製造は、それが実際に行われている仕方では、最も単純な作業のひとつですらないにもかかわらず、この大きな優劣の差が存在する。最も単純な作業に還元されている針やピン製造における優劣の差は、特に大きい。これらの作業のいくつかがそれに長く習熟している人々によって遂行される際の迅速さは、同種のことに慣れていない人々にとっては、まったく驚くべきことで想像がつかない。

　第二に、分業による時間の節約は確かに顕著なものである。異なった場所で仕事が遂行されねばならない場合に、時間の浪費となるに違いないことがいくつかあるのはまったく明白である。農場の耕作も行う織物工は、農地から織機までの移動に多くの時間を浪費するに違いない。だが、業務の異なった諸部門が同じ仕事場で進められていても、やはりかなりの浪費がある。彼はひとつの部門と別の部門のあいだにぶらつき、休息をとる。人はどんな仕事にも、自分の精神をすぐに集中することはなかなかできない。最初は一種の気だるさや無気力を感じるのであり、これが彼らをよく部門と部門のあいだにぶらつかせるのである。――やる気がある人が

39

強く迫られれば、ひとつの仕事からもうひとつの仕事へすばやく移動し、それぞれの仕事に等しい活力で集中するだろう。しかし、やる気がある人ですら、彼がそうする前には強く迫られねばならず、さもないと彼でさえ仕事と仕事のあいだにぶらつくであろう。これがひとつの大きな理由となって、田舎の働き手[20]はどれか特定の部門に集中することができないのである。――そこでは、かじ工は錠前や釘によって生計を立てることができずに、異なったすべての道具を使って異なったすべての種類の仕事に就かなければならない。また、木工は椅子と机を作るだけでは生きていくことができず、あるいは斧だけを使うことはできないで、いまはかんなをかけ、次にのこぎりでひき、次いで手斧でさらにはちょうな[11]で切り、その後に鑿《のみ》で仕事をしなければならない。――彼らは、都会の働き手の活発さとはまったく異なる、ある種の怠惰とぶらぶらする性向を、技巧の欠如とは別に身に付けるのである。

40

　機械の発明[12]は、なされる仕事量を大いに増加させる。これが明白なのは、最も単純な作業においてである。二人の人間と三頭の馬で犂を使えば、二〇人の人間が踏み犂で掘りおこすよりも、多くの農地を耕すだろう。製粉工によって操作される風車または水車は、手うすを使う八人の人間以上の仕事をこなすであろうし、それもずっと容易に行うであろうが、手うすは、人が就かせられうる労働のなかで最も過酷なものとみなされていたので、何か死罪に値する罪を犯した人々以

41

外は誰もそれに従事しなかった。しかし、手うすは見下すべき機械ではなく、その発明には多大の技巧を要した。これは、未開諸国においてだけではなく、この国の辺境地域の住民によっても実践されている方法である、二つの肌理のあらい石のあいだで穀物をこすることより、どれほどすぐれていようか。人がひとつのことにつねに従事すると、彼の精神は、自然にそれを改良するのに最も適切な手段を工夫することに向けられるであろう。犂を最初に発明したのは――おそらく犂工はそれについて考えることに慣れていたであろうが――たぶん農業者であろう。そしてこの機械の発明については、そのどちらかが発明者であったはずがないということほど不可解なものは何もない。最も巧妙に作られている播種用犂は、農業者の発明であった。硬く肌理のあらい二つの石のあいだで穀物を粉に挽く仕事を課された奴隷がおそらく、石のうちのひとつを軸で支え、それを水平なクランクで回転させることによって、労働を楽にする方法を最初に考えた人物であった。彼はまた、ホッパーとフィーダーによってそれを改良したかもしれないし、水車大工の助けによって小輪などをつけ、それと上のうす石の穴によってフィーダーとホッパーが穀類を供給するようにしたかもしれない。車輪工もまた思考の努力と長い経験のあと、人間に並外れた力を与えて労働をとても楽にした、垂直の巻き上げ機によって回転するはめば歯車を考案したかもしれない。しかし、クランクの代わりに外部の車輪でこれを回転させるために、水流を、

42

さらには一陣の風を応用しようと最初に考えたのは、製粉工でもなければ水車大工でもなく、学者であった。学者とは、彼ら自身は何事かに取り組むのではないが、すべてを観察することによって、諸事物を、それらが到底適合しないと思われる効果を生み出すため、この広範な思考様式によって一緒に応用するのを可能にする人々の一人である。以前にその用式で使用されている種類の力を応用することは、その用式によく従事している多くの、否すべての人に可能なことである。だが、その用式で使用されたことが決してなく、まったく不適合だと思われる力を応用することは、われわれが学者とよぶこれら一般的な観察者の仕事である。そういう効果に応用可能だとは到底考えられないある力によって水をくみあげる蒸気機関は――観察していた職人によっておそらく改良されてきたであろうが――巧妙な学者の発明である。風車や水車の発明者は間違いなくそういう人々であった。

　学問はそれ自身ひとつの分離した職業となり、やがて他のすべての職業と同じようにさまざまの分野に細分される。物理学、化学、天文学、形而上学、神学、倫理学の学者がいる。この分割は他のすべての職業と同じように学問を改良する。学者はおのおのがそこで特有の業務をもっているので、

43

---

(20) 手稿第二巻40ページ［本書88ページ］を参照。

［11］adse は adze の誤記であろう。「ちょうな」は手斧の一種で、柄の曲がった斧。

［12］機械の発明と学問については、『国富論』㈠三一―三三ページ。

全体としてまた各部門で、以前よりも多くの仕事をするのである。

［**交換性向**］

44 しかしながら仕事のこの分割は、人間の何らかの知恵の結果ではなくて、まったく人間に固有の自然的性向、すなわち取引し、交易し、交換する性向の必然的な結果である。そして、この性向が人間に固有であるのと同様に、その結果である協力して活動する異なった人々のあいだの仕事の分割も、人間に固有のものである。兎を追いかける猟犬たちが兎を互いに他方へ追いやり、こうして相互に助け合い労働を分割しているのが観察されるが、これがどんな契約にもとづくものでもないことは、兎が殺されたあとに通常それをめぐって猟犬がけんかすることから明白である。彼らが、ひとつの骨を他の骨と交換に与えるという何らかの協定を結んだり、これは私のものであり、それはあなたのものであると表明した何らかの合図をするのを、かつて見た人はいない。――犬が
45 他者の全注意をひきつけるのは、甘えとへつらいによってである。人も時々、他の方法が役に立たないときに、自分の欲しいものを甘えと追従によって入手するというこの技術を用いる。しかし、これは本当に稀な場合である。彼は普通、他の方策を思いつく。他の動物たちは、他者から完全に独立して生きている。そして確かに危険な状態にあるときは、しばしばその泣き声が人間や他の動物の注意をひくかもしれない。しかし、これはめったにあることではなく、そういう場合に自然による配慮がないように思われるのは、海の真ん中で難破した人間に配慮がないのと同様である。にもかかわらず、類の増殖と種の保存は進行する。他者の助けをつねに必要としている人間は、その助力を獲得するためのある手段を思いつかねばならない。彼はこれをたんに甘言で説き伏せたり、機嫌をとったりすることによって行うのではない。彼は他者の助力をその人の利益に転化できるか、あるいはそう見えるようにすることができなければ、他者の助力を期待しない。彼が何らかの仕方でその人の自愛心に訴えるまでは、たんなる愛では十分ではないのである。取引契約《バーゲン》はこのことを最も容易な仕方で行う。あなたが酒屋や肉屋にビールや牛肉を注文するとき、あなたが彼に説明するのは、自分がどれほどそれらを必要としているかではなく、それらを自分が有するのを一定の価格で認めることが、どれほど彼の利益[21]になるかである。あなたは彼の人類愛にではなく、自愛心に訴える
46 のだ。――乞食は自分たちの生活資料を慈善に依存している唯一の人間であるが、彼らも完全にそうではない。というのは、彼らはその懇願によって人から得たものを、彼らがさらに欲する別の何かと交換するからである。彼らは自分の古い衣服を住居と交換に人に与え、彼らが得た貨幣をパンと交換に他者に与え、こうして彼らでさえ取引契約と交換を利用している。この交易精神、取引精神が職業の分離と技術の改良の原因である。狩猟によって生活を維持している未開人

は、自分が狩猟に必要とする以上の矢を何本か作るので、それらを彼の仲間の何人かに贈物として配り、その仲間たちはお返しに彼らが捕らえた猟獣をいくらか彼に与える。そして彼がたまたま普通よりもうまく矢を作るので、矢を作ってそれを隣人たちに与えることによって、自分自身の狩猟によるより多くの猟獣を得ることができることをついに知ったとき、彼は気晴らしのほかは狩猟をやめて一人の矢作りになるのである。同様に、小屋の屋根を作る人は完全に屋根職人と 47 なり、他はかじ工に、他は皮なめし工などになる。こうして、ひとつの職業で自分たちの労働の剰余生産物を確実に交換できることが、彼らをそれぞれ異なった職業に分離させ、自分の才能をひとつのことだけに集中する気にさせるのである[22]。

職業のこの分離を引き起こすのは、一般的に想定されるような[23]（もしあるとしてもきわめて小さい）資質や天賦の才の相違ではない。というのは、職業の分離はそれが人に与える異なった見方によって、いろいろな天賦の才を作り出すからである。学者と荷役人夫ほどその天賦の才が異なっている二人の人間はありえないが、彼らのあいだに本源的な相違があるとは思えない。彼らの人生の最初の五、六年間は、どんな目立った相違もほとんどなかった。彼らの仲間は彼らをほぼまったく同類の人間とみなした。 48 一方における英知と創意が他方のそれに優っているようには見えなかったのである。ある時期から彼らのなかのある相違が気づかれるように思われた。そのとき、彼らの生活様式が彼らに影響を与え始めたのであって、おそらくこれがなければ、彼らは同じであり続けただろう。したがってわれわれが知るのは、職業の多様性がほとんどまったくない未開人のあいだには、気質や天賦の才のどんな多様性もほとんどないということである。

取引、交易、交換するというこの性向は、職業の多様性の誘因となるだけでなく、それを有益にもする。疑う余地もなく同一種で、しかも非常に異なった天賦の才を有する多くの動物たちは、この性向を欠いているのでそれを活用しない。学者と荷役人夫は自然な天賦の才において、異なった種類の犬ほど違ってはいないが、後者は決して有益ではない。グレイハウンドの速さ、マスティフの強さと賢さ、牧羊犬の御しやすさは、仕事の分割を引き起こさないので、 49 それぞれの種の労働を決して軽減しない。それぞれがそれぞれ自身のために働いている。しかし学者と荷役人夫でさえ、相互に有益である。荷役人夫が学者を助けるのは、学者が欲しいものを彼のところまで運んでくることによってだけではない。商人の店舗や倉庫を満たしている財貨を梱包し、運び、包みを解くのに助力することによって、荷役人夫は学者が買うあらゆる事物を、もっと精励ではない働き手が雇用された場合より

（21）your interest は his interest の誤記であろう。
（22）Mandeville, II (Dialogue 6), 335–6, 421.
（23）Harris, I. 11.

372

も、ずっと安上がりにしている。また一方、学者はときおり顧客になるだけではなく、彼がさまざまな諸技術において行う改良によって、荷役人夫の役に立っている。石炭を燃やしたり、あるいはパンを食べたりするあらゆる人は、蒸気機関や製粉機を発明した学者から利益を受けている。そして何の機関も発明せず、あるいはそれらに改良を加えることをしない人々は、観念についての知識〈解読不能〉を他者のために保存したり、あるいは他の諸科学の改良の計画を形成したりするので、有益である。

一七六三年三月三〇日　水曜日

前講義の例証を続ける

昨日の講義で私が諸君に示したのは、いかに分業が一国民の富裕を増加させるかということである。一国民の富裕は分業に起因すると言われて当然かもしれない。もし一〇人が、一人だけで働くよりも一日に四〇倍多く働くことができるとするならば、あらゆる人は自分一人だけで働く場合の四倍働くことになる。その結果、彼はその財貨を以前より四分の一の安値で売ることができる。すなわち彼は、自分の労働の剰余生産物を以前の価値の四分の一と交換することができるのだ。ある場合には増加は特別に大きい。すでに言及した例のとおり、採掘、製錬、鍛造、切り分け、頭部の接着などといったすべての作業を遂行する一人の人は、一年に一〇本のピ

ンを提供すること(24)はほとんどないであろう。そして彼の生計費を、これほど器用な人間に対しては非常にひかえめな六ポンドと見積もるとすれば、彼は一本のピンを一〇シリング以下で売ることはできないだろう。しかし（ピン製造業者が通常スウェーデンからそうするように）[13]既製品の針金を入手することによって――それによって仕事は採掘工、製錬工などの五、六人に分割され、彼は別の仕事をすることになる――彼が一日に一〇本のピンを作ることができるならば、彼は以前には一年を要した仕事を一日ですることになるだろう。すなわち、以前の三六五倍、あるいは端数のない数字を使えば三〇〇倍(25)である。またその上にもしピン製造業者が、よく実行されるようなやり方で仕事を一八人の人手に分割することによって、全体の人々で――頭部を作る最も遅い人も含めて――一人あたり二千本まで仕事をするようにできたとすれば、これは以前の二〇〇倍である。これに前の数字である三〇〇を乗じると、すべて一人の人間によって行われたときの六万倍ということになる。したがってここでは、彼は最初に彼が作った場合の六万分の一の価格でピンを売ることができ、彼自身も同程度の対価を得る。そしてもし彼が、簡単に容認されるであろうようにそれらを少し高く売れば、彼はかなりの利潤を取得するだろうし、製品はより安くなるだろう。こうして製品がより安くなるとき、同時に労働はより高くなる、ということになる。そしてこれら二つの事柄は、通俗的には矛盾するとみなされているが、まったく矛盾

しないだけではなく、ほとんど必然的に関係している。労働は、それに支払われる貨幣価格に応じて高くなったり安くなったりするのではない。もし一ファージングあるいは一ペニーで多量の生活必需品を獲得できれば、一ファージングあるいは一ペニーは高賃金である。すなわち彼の労働の貨幣価格 52 で、大量の財貨あるいは生活物資を獲得できる。ムガール人一人が二分の一ペニーをもっていれば、一人で一日で食べられる以上の米を手に入れることができるが、西インド諸島の労働者は彼の賃金である一日あたり二シリング六ペンスないし三シリングから、いくらかでも貯えることはほとんどできない。ここでの労働の価格は、前の場合ほど大きくないのである。国家の富裕は、労働の貨幣価格とそれによって購入されうる諸商品の貨幣価格との割合に依存する。もしそれが大量のものを購入できれば、その国家は富裕であり、少量であればその国家は貧しい。

　私が示したのは、どのようにして分業が三つの原因から、遂行される仕事を増加させるかであった。その三つとは、ひとつの単純なことをすることによって習得される手際よさ、時間の節約、そしてそれによって引き起こされる機械の発明である。上に言及した例では、この習得した手際よさによって人はある意味で六万倍、あるいは他の意味では六千倍も多くのことをなしうる(26)。言及した別の例によって同じことが明らかになる。そこでは釘しか作らない人間は、かじ工のすべての道具を使って仕事をするものの、釘製造に特に専念するのではない片手間仕事の人より三倍の仕事ができ、釘製造を 53 一度も試みたことがない人の一〇〇倍の仕事ができる。ここでの分業による優劣の差は、ボタン製造、ピン製造、あるいはタイル製造には遠く及ばない。ここでの作業ははるかにずっと複雑である。釘製造者は火を吹いて起こし、鉄を熱し、燃料を足し、そして彼の位置と道具を何度も変える。これら

(24) fournist は fournish の誤記であろう。

[13] スウェーデンの製鉄業は古くから有名で、現在でも主要産業のひとつである。

(25) 原文は八〇〇倍。

(26) もしこの文章の二つの数字が手稿50―51ページの例証に関連しているのであれば、二番目の数字は誤りであろう。この例証でスミスが仮定しているのは、(a)ピンのすべての部分が独力で働く一人の人間によってはじめから作られるとすれば、彼は一年にたかだか一〇本のピンを生産できるだけであり、(b)もし既製の針金が彼にわたされるとすれば、彼は一年に三千本生産できるであろう、ということである。分業が導入されるときにスミスが仮定しているのは、各人が事実上、年に六〇万本のピンを生産できるということである。これは(a)の仮定で独力で働く人間が生産できる量の六万倍で、(b)の仮定で彼が生産できる量の二〇〇倍ということになる。『国富論草稿』六―八の類似の計算を参照。そこでスミスが仮定しているのは、(a)はじめから独力で働く人間は一年に一本のピンのみを生産でき（手稿第六巻29ページ［本書364ページ］参照）、(b)もし既製の針金が彼に供されるとすれば、彼は一年に三千本を生産できるであろう、ということである（手稿第六巻29ページ参照）。分業が導入された場合、各人が（前と同様に）一年に六〇万本生産できるようになり、これはまさしく（『国富論草稿』七―八で）スミスによって語られている「最初の想定」（すなわち仮定(a)）によれば、前の産出量の六〇万倍に達し、「二番目の想定」（すなわち仮定(b)）によれば一〇〇倍の産出量に達する、ということである。

のことが、まったく同じ単純な作業を絶えず行う他の職業で働き手たちが習得するあの完璧な手際よさを、釘製造者が習得するのをつねに妨げるのである。時間の点で得られる利点は織物工や木工の例で説明された。そして、田舎の労働者の怠けを引き起こすのはそれであった。——機械の最初の発明が分業によるものであることは、疑いえない。その思考がすべて一部分の仕事に集中している人は、この仕事を最も賢明で最も容易な仕方でする方法を工夫しようと骨折る。製粉機や犂の発明は古いので、歴史はそれらについて何も説明していない。しかし、もしわれわれがシェフィールド、マンチェスター、バーミンガム、あるいはスコットランドのいくつかの町にさえある新しい工場のいずれかの製造業者の仕事場へ入って、機械に関して調べたならば、これこれの機械はある普通の職人によって発明されたと、彼らは言うだろう。

54

　この分割をするために人間の慎慮は必要ではない。確かにセソストリス(27)は、あらゆる人が自分の父親の職(28)を永久に固守すべきであるという法律を作り、同じ規則が他の東方諸国でも作られてきたと言われている。この制度が設けられた理由は、あらゆる人がいわゆる紳士らしい性格に自分自身を高めようと努力するために、より社会的地位の低い職業が捨てられはしまいかと彼らが恐れたことにある。しかし、卓越をめぐるこの一般的な奪い合いのなかで、誰かが上へ進むときには、他の人々は必然的に最下級に落ちねばならず、彼らは他のあらゆる職業とともにより社会的地位の低い職業をも満たすことになるだろう。このようにして事物の自然の行路が、より社会的地位の低い職に十分な人手を与えるか、残しておくかするであろう。もし事物が自然の行路をとるのを許されれば、どの職業の部門にも人手が過剰にあるいは過少に供給される大きな危険はない。セソストリスの制度はまた、職業の分割を導入するのではなく、それを保存しようと努めたものだが、彼は、職業の分割はそれを生み出した原因によっては維持されないだろうと、理由もなく懸念したのであった。

55

私が示したのはまた、取引、交易、交換する性向が、いかにこの分割の基礎であるかということであった。——矢を作りそれらを売却することによって、狩猟によるよりも多くの猟獣を入手できることを発見した一未開人が矢作りになったのは、このようなやり方によってであった。こうして労働の剰余生産物を確実に売却できることが、人々をあらゆる種類の異なった職業に分離させえたのである。この性向が（私が言ったように）天賦の才の相違の誘引であって、その逆ではない。犬やもっと多様な他の動物は、性向の多様性によって利益をもたらすことはない。彼の生産物が、彼が欲しくなるかもしれないすべてのものの購入を確実に可能にするだろうということが、人がひとつの業務に自分を分離することを可能にするのである。靴職人は靴によって、彼が欲するあらゆる事物を得ることができる。全生産物がいわば共同の貯えに入れられて、それによって利益が生じるのだが、それは、あらゆるものがその種のものとして良質であれば、あらゆるも

56

のと交換に購入されうるからである。

人間精神のなかでこの取引する性向がもとづく原理を調べると、それは明らかに、あらゆる人がもつ説得しようとする自然的傾向である。一シリングを提示することは、われわれには実に平明で単純な意味をもつように見えるが、実際には人に、彼の利益のために何かを行うよう説得するひとつの論拠を提示しているのである。人間はいつも、事柄が自分にとってどうでもいいときですら、他人を自分の意見になるように説得しようと努力している。もし人がシナまたはもっと遠い月について、あなたが真理だと想像していることと矛盾する何事かを言い立てたならば、あなたはただちに彼の意見を変えるよう彼を説得しようと試みる。そして、このやり方であらゆる人は、その全人生を通じて他者に雄弁をふるい続けているのである。——あなたは、人があなたと考え方が違うときはいつでも落ち着かず、あなたと同意見になるよう〈彼を〉説得しようと努力する。あるいは、もしあなたがそうしないとすれば、それはある程度の自己規制であり、あらゆる人はその全人生を通じてそのために育てられているのである。こういうやり方で人々は、ものごとをうまく扱う、あるいは言い換えれば人間をうまく扱う一定の手際よさと巧みさを習得するのである。そしてこれが、総じて最も日常的なものごとにおいてあらゆる人が実践していることである。——これがあらゆる人の恒常的な職務や職業であるので、職工が彼らの仕事の単純な方法を発明するのと同じやり方

57

で、ここでは各人が最も単純なやり方でこの仕事をするよう努力するだろう。それが交易であり、それによって各人は人間の利己心（self interest）に訴え、自分のねらいを即座に達成することにめったに失敗しない。獣類にはこのような考え方はない。私が言及したように、犬は同じ対象を目的にして時々彼らの労働を結合させるが、それは決して契約によってではない。同じことがよりいっそう強く見られるのは、喜望峰で果樹園の果樹を強奪する猿のやり方においてである。——だが彼らがとても巧妙にりんごを盗み去ったあとには、彼らは契約していないので（死に至るまですら）格闘し、その場に多くの死体を残して去っていく[29]。彼らのねらいを手にするために、甘えとへつらいによって人の好意を手に入れる以外の手段は、彼らにはない。人間もまた必要に迫られればそうするが、通常は利己心という、より強い力[30]に訴える。

富裕を扱うにあたって、私は以下のことを考察する。

1 交換の規則、あるいは商品価格を規制するのは何か

2 貨幣

i 商品の価値を算定する尺度（価値尺度）としての貨幣

ii 商業または交換の共通の手段としての貨幣

58

(27) 本書199ページの注23を参照。

(28) possession は profession の誤記であろう。

3 富裕の遅い進行と、富裕を遅らせた二種類の原因

i 農業の改良に影響を及ぼす原因

ii 製造業の改良に影響を及ぼす原因

4 租税あるいは公収入

これをとりあげるのは、公法のうちでこれほど富裕と関係し、それに影響を与えているものはなく、また商業と租税に関する悪法は富裕に対するひとつの大きな障害となってきたからである。

5 商業の良い効果と悪い効果、そして後者の自然な矯正法

一 商品の価格について

正確には商品には二種類の価格があり、それらは関係がないように見えるけれども、それにもかかわらず非常に密接に関係している。——まず、人に自分の技術と勤勉のすべてをある特定の業務部門に集中するよう促すものは、何なのかを考察しよう。第一に、自分の労働の剰余生産物を売却することによって生計を立てることができるだろうと、彼が確信していなければならない。たとえば、人が矢作り職人になろうとする前に、弓矢を売却することによって生活必需品について自活できるであろうと、彼は確信していなければならない。彼が労働しているあいだ彼を維持するのに十分な生活必

需品を、彼は疑いなくもっていなければならないのである。しかしそれ以外に、第二に、彼に対しては何であれ職業を学ぶために投じた時間への補償がなければならない。徒弟奉公を必要としない職業がいくつかある。使い走りやその他の仕事に雇われる少年は、すきでの耕作、溝掘り、刈り取りなどの日雇い労働者のありふれた仕事をよく見ている。そのため、彼に体力がつけばすぐに自分でその仕事ができるに違いなく、こうした仕方で彼は時間を失っていない。だが、かじ工、仕立て職人、織物工は、彼らの職業を独力ですべて一度に学ぶことはできない。彼らはしばらく親方から学ぶことに満足しなければならず、この間、自分自身にも親方にも、他の誰の利益にもならずに働くことに満足しなければならない。彼らはこの時期、なんとかまずまずの仕事ができるようになるまでに、大量の材料を壊すか、だめにするだろう。これらに対しても彼は親方に弁償しなければならず、それが徒弟奉公料の理由となっている。この期間中ずっと、彼は自分自身の生活維持のためには何もすることができずに、自分の両親に生活を維持してもらわねばならない。徒弟奉公を終えた一人の若者の生命は、現在では、せいぜいおよそ一〇年ないし一二年の収入の価値しかない。だから、その後の彼の賃金は、彼の生活を維持するだけではなく、一〇年ないし一二年のあいだに彼の教育の出費を償うことになる程度のものでなければならないのだ[31]。それゆえ、徒弟奉公が長ければ長いほど、その賃金は高くなるであろう。ある職業が徒弟奉公に

よって学ばれるとしても、その賃金は七年以内に習得できない職業の賃金よりも低いであろう。そこでは、教育の出費を補償するのに残されている人間生活はより短い。もし徒弟奉公が七年であるならば、一二年のうちの五年しか残っていない。さらにそのうえ、教育の出費はそれだけ大きい。彼は日雇い労働者と同じ仕方で自分の生活を維持できなければならないだけではなく、教育の出費を埋め合わせることもできなければならない。したがって教育に欠かせない出費に応じて、賃金は異なっているに違いない。これに加えて、他の職業では、別の技術についてのある事前の学習が必要とされる。かじ工は、読み書きができなくても十分にうまくやれるかもしれないし、彼の道具の使用法を、それらの操作が依拠している力学的な原理を少しも習得していなくても、実践によって完全に学べるかもしれない。だが時計工は読み書きができなければならず、算術と、若干の幾何学、三角法、天文学を理解していなければならない。こうして、織物工は一六歳か一七歳までには自分の職業で一人前になれるかもしれないが、時計工が彼の技術になんとか熟達できるのは二二歳か二三歳になってからだろう。それゆえ、彼は生前に補償されないことに対して、高額の報酬を得なければならない。他の人々は、その代価を取り戻す以前に死んでしまう危険性のある退屈な教育を受けるだけではなく、彼らがどんなに長生きしても、その教育によって何かの利益を得ることが決してないという危険負担も同様に負う。こうして法律の勉強におい

61

ては、二〇人のうち一人でさえ、彼らが投じた貨幣を取り返すことはたえてまったくないのである。人民から見上げられるか、名を知られるか、ありがたがられるかするのに十分な能力と知識をもつ人はわずかである。したがって、法曹界に入る一〇人ないし一二人がもらう賃金は、彼らの教育の出費――法律家として何かの役に立てるようになるのは三〇歳頃であるに違いないので、その額はきわめて大きい――を償わねばならないだけでなく、その教育によって何の利益も決して受けられないという危険性についても償わねばならない。これや何かその他の自由学芸に専心させる誘引は、そ

62

（29）ヒヒが喜望峰の果樹園の果樹を強奪する仕方は、Peter Kolben (Kolb), *The Present State of the Cape of Good Hope* (German edn., 1719; English edn., London, 1731) に記述されている。コルベンの説明は英語版の第二巻一二一―二ページにある（第一巻と合本されているがページ付けは独立）。コルベンによれば、ヒヒは「彼らのあいだでは一種の規律に従っていて、あらゆることに驚くほど狡猾に先を見こして取り組む」（一二一ページ）。スミスの説明によると、猿は（「契約していないので」）略奪品の分割のために争い（LJB 222）、たいてい何匹かは殺される。事後の争いについてのコルベンの解説はかなり違っている。彼が言うには、「ヒヒたちは見張りでの義務の不履行を死刑に処する。というのは、叫び声が発される前に群れの何匹かが撃たれるか、命を奪われるかしたときには、ヒヒたちが丘に戻ったときに彼らのあいだではげしい口論の怒号が聞かれるからである。そして折々、ヒヒの何匹かが路上でずたずたに裂かれているのが発見されることから、それらのヒヒが見張りをしていたと判断できるのである」（一二二ページ）。

（30）string は spring の誤記であろう。

（31）R. Cantillon, *Essai sur la nature du commerce en général* (1755), 23-4.

の利潤というよりも、むしろそれが与える尊敬、名誉、卓越
である[32]。自由学芸に他のどこよりも高い報酬が与えられてい
るイングランドでさえ、もしわれわれがかじ工や他の職工の
規則と同一の規則に従って算定すると、それらははるかに安
価であろう。だがそれらに伴う名声と名誉は、賃金の一部、
報酬の取り分として考慮されるべきである。それゆえ、これ
が労働の自然価格の規則となる。賃金が、その人の生活を維
持し、教育の出費、その出費が埋め合わされる以前に死ぬ危
険性、たとえ生きていても何かに役立つようになることは決 63
してないという危険負担を補償するのに正確に十分であるよ
うに配分されるとき、賃金は自然率に合っていて、誘引は、
誰かをそれに専念する気にさせるほど十分に大きい。もし賃
金がこれより低ければ、自然率以下であって、誰かをそれに
専念する気にさせる誘引はない。もし賃金がそれよりも高け
れば、その逆である。

一七六三年四月五日　火曜日

[分業と商業の範囲]
富裕の本性と国家の富が何にあるかを説明したので、私が
続いて示したのは、それが大いに促進されたのは、取引など
をする性向を起源とする分業によることと、分業がその効果
を生み出した手段についてであった。――この点について
われわれが言うことができるのは、分業の直接の原因となる
のは、人が自分の商品について有する市場――それによっ
てひとつの事物をあらゆる事物と交換することができる
――であるため、この分業は市場に応じて大きかったり小
さかったりするということである。もし市場がなかったなら 64
ば、あらゆる人はあらゆる職業を必要とする割合に応じて実
行せざるをえないだろう。もし市場が小さければ、彼はどん
な商品も多く生産することができない。もしそれを購入する
であろう人が一〇人しかいなかったならば、彼は一〇〇人に
供給しようとするのと同じ量を生産してはいけない。さもな
いとそれによって何の利益も回収できないであろう。まして
彼は、この分業のいっそうの進展に伴う大きな増産を成し遂
げようとする気はないだろう。市場の存在がまず分業を引き
起こし、市場の大きさが労働をさらに分割することを思いの
ままにさせる。田舎の大工は車大工であり、かつ家大工、木
材職人、家具職人、あるいは木彫り職人でもあるが、都市で
はこれらはおのおのひとつの分離した業務になっている。麻
を扱うグラーズゴウやアバディーンの商人は、自分の倉庫に
アイルランド産、スコットランド産、ハンブルク産の麻をも
っているだろうが、ロンドンではそれらのそれぞれに別々の
業者がいる。市場の大きさは、人が自分の全資本をひとつの
商品に投じることを可能にするだけではなく、ある商品の一
種、その一個別種に投じることを可能にする。これはまた彼 65
の取引先を減らし、彼の苦労を軽減する。これに加えて、彼

は多くの量を扱うので、それらを安価で取得するであろうし、結果としてより高い利潤を得ることができる。その結果、商業がますます拡大するにつれて、分業がますます完璧になる。ここからまたわれわれが知りうるのは、それによって商品が運ばれる異なった場所間の安全で容易な輸送の必要性である。もしこの種の輸送がなければ、人間の労働は彼が住んでいる教区を越えて拡大しないであろう。道路に強盗がはびこるならば、その危険性のために商品はより高い価格となろう。道路がもし冬に悪化するならば、商業はまったく停止しないにしても大いに遅滞する。冬の悪路では、馬が同量の荷物を運ぶのに、以前にかかった時間の四倍がかかる、つまり、道路がよいときには冬と夏に大差はないのに、悪路では以前に運んだ財貨の四分の一しか運べないであろう。それゆえ、イングランドの有料道路《ターンパイク》がこの三〇年ないし四〇年で内陸部の富裕を増加させたことを、われわれは知っている。農村の水上輸送の莫大な恩恵も、それをわれわれに示しているかもしれない。四、五人でスコットランドとイングランド、ノルウェーなどとのあいだを航行する船はおそらく、二〇〇トンを載せるだろう。この運搬の全費用は、船の損耗とこれらの人々の往復の賃金である。これは船がからで戻ると想定している場合だが、もし積荷を積んで戻るとすれば、二度目の貨物によって費用は半額になるだろう。これが陸路で運ばれたと想定すると、出費は格段に大きくなる。もし一台の荷馬車が五トンを運ぶならば、二〇〇トンについて四〇台

66

の荷馬車がなければならない。それぞれに六頭から八頭の馬と二人の人間がいる。ここでの出費ははるかに大きいであろう。損耗は大体同じだが、賃金はもっと高く、そのうえ、船ははるかに短い時間で仕事をする。したがって、陸上輸送は財貨の供給と市場の大きさの障害となる。それゆえまたわれわれは、商業の偉大な恩恵を、国内に貨幣を持ち込むという空想的な利点としてではなく、勤勉、製造業を促進し、国内の製造業によって作り出された富裕と豊富を促進するもの と、みなしうるであろう。

〔自然価格と市場価格〕

また私は商品の価格について述べ始めもした。あらゆる種類の財貨には考慮されるべき二つの別々の価格、自然価格と市場価格[14]がある。第一のものは、人をひとつの特定の業務に専念する〈気にさせる〉のに必要な価格である。たとえば、人は自分自身の生活を維持し教育費を償う見通しのない限り、何でも屋の著述家になろうとはしないだろう。生活費は、あらゆる業務によって提供されることが必要な、最初の事柄である。しかし、この職業が与えるのがただの生活費にすぎないとしたら、それは誰かをこの職業に乗り出す気にはさせないだろう。おそらく運命のめぐり合わせで、私がある

67

（32）Mandeville, II (Dialogue 6), 342–3.

［14］自然価格と市場価格については、『国富論』第一篇第七章。

不思議で風変わりな業務の仲間入りをしたとすれば、努力してそれによる惨めな生計を立てるかもしれないが、もしそれですべてなら、この職業は私で終わりになるだろう。それが何かの教育を必要とする職業だとしても、誰も〈それ〉に専念しないだろう。日雇い労働者になることによって、何も事前の教育なしに、もっとはるかに確実に自分の生活費を得ることができるからである。たいていの業務は何らかの教育を必要とする。それにその間、両親によって提供される食費、衣料費、住宅費が、徒弟奉公料とともにこの業務の費用に計上される。ここには元本だけではなく、私がそれで得たかもしれない利子と利潤とともに、どんな職業によっても回収されなければならない資本がある。これもまた、妥当な時間内に回収されなければならない。すなわち、これが回収される以前に死ぬ危険性が相殺されうるということである。多くの職業はさらに、その職業の道具を使いこなす方法についての知識だけではなく、他のさまざまの学習部門の知識も必要とする。法律と医術という自由学芸の専門職では、その人間がたとえ生きていても仕事を仕損じるであろうという、それに伴う不運も償われなければならない。自由学芸の専門職以外の他の多くの技術においても、これが実情である。たとえば貴金属の採掘の業務において、仕事の費用を考慮し、金属が何も得られない場合の危険性、古い鉱脈での就業や新しい鉱脈の発見に無駄骨を折る危険性があることを考慮すると、銀の価格が決して法外ではないことが分かるであろう。もしわ

68

れわれが鉱山で働くのと同数の、穀物の栽培に従事する人間を取り上げれば、全体として後者は、前者が負担した費用と、彼らが自分の貨幣を決して取り返せない危険を冒すことに対して、前者と同じくらい十分に報酬が与えられているのを見出すことになる。もしわれわれが鉱山で働く別の一〇〇人と同数の人手、同額の費用で穀物を耕作する一〇〇人を取り上げると、後者の利潤が最低ではないことが分かるであろう。［鉱山で働く］一〇〇人のうちおそらく七五人は何も得るものがない。それゆえ、残りの二五人の利潤は、一〇〇人の利潤になるべきはずの全額に等しいに違いない。――それゆえ、幾人かは大財産を築きあげるが、他の人々は何も得るものがないのである。そして、全体として一〇〇人によって築かれた資産は、一〇〇人の農業者のそれぞれによって築きあげられたほどほどの財産より多くはない。したがってここでわれわれは、非常に異なった意味で使われている格言をおそらく正しくあてはめてよいだろう。すなわち、世界に金採掘者より悪い職業はないのである。もし鉱山業が、そこでの労働者の生活を維持するのに十分である以上の利潤をもたらさないならば、それは誰かをそれに従事する気持ちにさせはしないだろう。それに従事する人々の四分の三はその全労働を無駄にするのである。それゆえ他の人々の利潤は、全人数の生活を維持すべきはずのものに匹敵するほど大きくなければならない。これらが自然価格を規制する諸事情であって、自然価格がこれらすべての事情に見合っていれば、人々をそ

69

れに従事する気にさせる十分な誘因がある。

市場価格はしばしばこれとはかなり違っていて、他の諸事 70 情によって規制される。財貨が市場に持ち込まれるとき、その人があれこれの価格を得るとどれだけの利潤があるのかを、われわれはめったに調べない。他の諸事情が、彼が得るであろうものを決定するのである。それは第一に（それが現実的であっても、気まぐれであっても）その財貨への需要あるいは必要であり、第二にこの需要に比例したその財貨の潤沢さであり、第三に需要あるいは需要者の富である。

第一に、一塊の土のように、市場に持ち込まれても無用の事物は、誰もそれを要求しないので価格はつかないであろう。それが有用であれば、その価格は、使用が一般的であるかどうかによる需要と、それを供給する豊富さに応じて規制されることになる。有用性がほとんどなくても、もしその量が需要を満たすのに十分でない事物は高い価格をつけるだろう。そのためにダイアモンドは大変な価格なのである。間違いなく金ほど有用ではない貴金属がひどく高価なのは、一部にはこの理由による。他方で、供給が可能な需要すべてにまさる潤沢さは、 71 水をまったくただにするし、他の諸事物をほとんどただ同然の価格にする。[15] また、希少性は価格を極端に高くする。これは、需要の貧富という他の事情にも依存している。ある商人と旅行者——その墓はいまでも見ることができる——がアラビアの砂漠で出会ったとき、商人は水が入用だったので小瓶一本の水に五万シリングを旅行者に出した、と言われている。どれほど必要に迫られていても、もし商人が五〇〇シリングしか持ち合わせがなかったとしたら、この価格を彼は払えたはずがない。需要を満たすのに十分な量より不足していれば、当事者たちは誰がそれをとるかを争う。ここでの実情は競売とまったく同じである。あるものに同じように好みをもち、同じように真剣にそれを手に入れようとする二人の人間がいたとすると、彼らは自分たちの能力に応じて、それに対する欲望が合理的であっても非合理的であっても、同じ値をつけるだろう。しかし、最富者が最高値をつけることができるので、いつもそれを手に入れるであろう。このように価格は需要と、この需要を満たすそこにある 72 量によって規制される。そして量が十分でないときはいつでも、価格は購入者の財産によって規制されよう。——したがって需要が僅少ないくつかの事物において、このささやかな需要にさえ応えるほど十分な量がないときには、価格はやはり高くなる。水への需要は何であれ他のどんな事物への需要を上回っているが、可能な需要すべてに十分応える以上に潤沢なので、水には値がつかない。その一方で、その有用性をわれわれはほとんど理解することができないが、ほんの少量しか存在しない実質価値のない他の諸事物に、少数の買付によって計り知れない価格がつく。[33] これが宝石や宝玉の実情である。有名なピット・ダイアモンドは、裕福で、ひとりよ

［15］水とダイアモンドについては、『国富論』㈠六〇—六一ページ。

がりで誇り高いフランスのルイ一二世[16]のような国王がいなかったらば、二五万ポンドで購入されなかっただろう。ヨーロッパの他の君主たちでも、それほどの値はつけなかったであろう。したがっておそらく五万ポンドが、それに値のつく最高値であったと思われる。そして、一五〇年前にそういうものがヨーロッパに持ち込まれたとしても、到底それほど高い 73 価格を引き出さなかっただろう。当時はどのヨーロッパの国民にも、とてもそれほどの富はなかった。価格はそれに支払われた貨幣において安かったはずであるのみならず――というのは、それは何の役にも立たないからだが――それによって購入されえたはずの実質的富においても安かったであろう。すべてのものは、その量がそれを富者の購入品にするか貧者の購入品にするかに応じて、高かったり安かったりする。ダイアモンド、骨董品、金属などは、きわめて富裕な人々だけの購入品である。あらゆる種類の金の器は非常に希少なので、はるかに裕福な人々だけが購入する。銀製品はそれより豊富なので、大いに裕福な人々にすべてを売りさばくことはできない。もっとほどほどの財産をもつ人々が購入者になり、価格は購入者の大多数の財産によって規制されるので、それに応じて下がる。パンとビールは大量に生産され、 74 すべての人に同様に必要なので全人民の購入品になる（貴族は全部を消費できない）。つまり、一〇〇人のうち九九人の貧しい階層の人々の購入品となる。というのは、いわゆる紳士らしい財産とわれわれがよぶものをもつ者は一〇〇人のうち一人を超えないからである。それゆえ、これらの商品の価格は庶民の能力によって規制される。これは労働の価格次第であるに違いない。あるいはもっと正確に言えば、労働の価格は庶民の生活手段である穀物の量と価格次第であるに違いない。――それゆえ、穀物が安いときには労働は安いであろう。そしてまたそれが高いときには、労働は同様に高いであろう。これはこの国の経験に相反すると言われるが、穀物が低価かあるいは〈高価？〉のときに労働はそれに随伴するという、一般的な規則に何も矛盾しない。

　したがってこれらが、交換において買い手と売り手のあい 75 だの商品価格を規制する諸事情である。――穀物やビールは富者に必要であるが、他のすべての人々にもそれがなければならないので、価格は富者によって規制されない。量が非常に多いので、それは富者によって使用しきれないのである。その栽培者たちが全部を売り払おうという気持ちをもっていたら、彼らは貧者、すなわち一〇〇人のうち九九人に売らなければならないし、全体に広げなければならない。人民のなかの最も卑しい人々がそれを購入できるようになれば、彼らは大多数なので、彼らが払う余裕のある価格がそれを規制する。このうちどちらかの量が少なければ価格は比例して上がり、この場合、穀物は大財産をもつ人々のみの購入品となるので、低階層は蕉や他の根菜類を食べて生きていかざるをえなくなる。こういうわけで、水やパンが飢饉や包囲攻撃の時期にあれほど高価になるのである。

これら二つの異なった価格は、一見すると少しも関係せず、互いにいささかも依存関係がないように見えるし、さらにそれらを規制する事情は独立しているように見えるにもかかわらず、非常に密接に関連している。というのも、もし市
76
場価格が自然価格を埋め合わせるのに十分以上であるほどに高く、（上に述べたように）あらゆる商人が求めるすべての事物に適合するならば、それはすごく利益の上がる職業であるように見え、金持ちになることを期待してすべての人がそこに押し寄せるだろう。人手の数が増加するのにつれて、なされる仕事の量が増加するであろう。その結果、それはより下層の人間の購入品となり、その自然価格まで下落するであろう。というのは、豊富と低価格は同一であるからだ。もしラファエロの絵画と同じような絵画が大量にあったならば、それらは現在のように一万ポンドではなくおそらく一〇ポンドで売られているだろう。もしある業務が、それに専念する人は誰でもそれによって金を稼げるようなものであれば、すべての父母は息子にそのための教育をし、価格はまもなく自然価格に低減するだろう。もしこの手段や何かほかの手段でその職業が供給過剰になり、この仕事での大きな対価どころか、他の職業では普通の対価すら得られなくなったとすれ
77
ば、誰もそこに参入しなくなるはずだ。また、そこに従事していた多くの人々はずっと高齢になったときですら、労働者が正当な報酬すら得られないような割の悪い業務を続けるよりも、むしろ何か別の業務を学ぶだろう。すると作られる財貨はすぐに減少し、価格が自然価格にまで上昇するが、それは価格が自然価格より高いときに、みんなが殺到し量が増大して価格が再び下がるのと同じである。ダイアモンドの量はきわめて少ないので、それらは最も富んだ人々のみの購入品である。しかし、もし何らかの勤勉によってその量の増大が可能となり、一〇〇ポンド――これでも全ブリテンにあるより多い――ではなく一〇万ポンドが毎年王国に持ち込まれうるとしたら、それらは最下級の人々の購入品となり、ダイアモンドは一シリングで売られるだろう。――それゆえ明らかなのは、商品の市場価格と自然価格は非常に密接に関係しているということである。
78

穀類が安いところでは賃金も安いだろうし、他方で穀物が高価格なところでは労働が高いだろう、と私は述べた。このように労働の価格は穀物の価格とともに上がったり、下がったりするものである。――労働者が安価に生存できればできるほど、彼はその生計費を超えてそれだけ多く得ることができるので、彼の利潤はそれだけ大きいだろう。そして穀物がかなりの時間にわたって安かったならば、すべての人は穀

(33) ピット・ダイアモンドあるいは摂政ダイアモンドは、マドラス総督トマス・ピットによって二万ポンドで購入された。その後一七一七年に、一説では八万ポンド、別の説では一三万五千ポンドで、ルイ一五世の未成年期のフランス摂政オルレアン公爵に売却された。

[16] ルイ一二世（Louis XII, 1462-1515）はフランス王（在位一四九八―一五一五）。前注のとおり、ピット・ダイアモンドが購入されたのはルイ一五世の治世である。

物が安いにもかかわらず自分が最も高い賃金を得る業務に専念するであろう。なされる仕事もまた増加するだろう。食べ物が安いときは、価格はきわめて低いにもかかわらず、得られる報酬は実際にはより大きい。したがって、価格は自然率にまで低下するだろう。そして逆に食べ物が高いとき、たとえば普通の価格の二倍になると、同じ貨幣報酬が実際には以前の半分でしかない。一日に一シリングを稼いだ労働者は、
79
食料の価格が二倍になると、実際には六ペンスをもらっているにすぎないのである。——それゆえ、労働の価格は上がらざるをえない。しかし、高価な年には労働が安価で、安価な年には労働が高価であることが経験によって分かっている、ということを耳にする。だが、この観察が該当するのはただ一種類の労働、すなわち召使の労働だけなので、それは大いに誤っている。他のすべての種類の労働では、食料が安価なときに労働が安価で、逆の場合には逆になるという規則が該当する。しかし、ここではそれがあてはまらない。あらゆる人は、主人の気まぐれと散財から免れ難い、召使の従属的で卑しい条件を当然嫌っている。彼はあなたの召使になるよりも、日雇い賃金のためにずっと喜んで働くであろう。それゆえ、労働の自然価格と市場価格がすぐには相互に規制しないとき——それらは決してすぐにはできないのだが——、以前には自分の勤勉によって自分の生活を維持できなかった
80
人間が、商品が安くなるとそれが簡単にできるのを発見するのである。彼は、製造業で自分の労働によって得られるよりも少額しか得られない奉公から必死に逃げ出すので、その奉公部門の［労働の］価格はしばらくのあいだ自然価格以上に高く保たれるのである。紡ぎ仕事で雇われていた女召使は、以前は彼女自身の労働で生きていけるはずはなかったのに、自立して仕事を始める。したがって、みなが奉公をやめ、奉公よりもいい仕事を自分自身のためにするようになるのである。結果的に、労働の価格はいずれ、その自然の水準にまで低下する。ひとつの兆候としてわれわれが見るのは、他の種類の労働は穀物が安価な時期には安価であり、人は家内で紡ぐ召使により多く支払うにもかかわらず、家外での紡績は以前より安価だということである。食料が高価なときには、同様に、それらの価格はすぐには相互に規制しない。他の労働の価格では手が届かないパンを得ようという必要性のために、みなが召使に押し寄せることを余儀なくされる。しかし、食料不足［高価］や安価が数年にわたって続きうるならば、そのときには両価格はそれら自身で相互に規制するだろ
81
う。食料不足のときには労働は高価であろうし、安価な季節には労働は安価であろう。

一七六三年四月六日　水曜日

私が述べたように、市場価格は自然価格と密接に関係しているので、それと同じように低くなったり高くなったりす

る。もっとも、自然価格を規制する事情は、需要の大きさ、この需要に応えるそこでの量、需要者の貧富といった市場価格を規制する事情とは少しも関係していないように見える。財貨の量が可能な需要すべてを満たすのに完全に十分でないときにはいつも、そういう財貨には、需要がある人々や入札 [82] 者の財産に応じて規制された価格がつくことになる。——最も希少な事物は、最も高い価格を払うことができる最も富んだ人の購入品となるので、最も高い価格をつける。彼らだけが、ダイアモンド、ルビー、および付加的な大きな実質価値はないけれども要求される仕事によって希少なすべての製造品、および一般に希少で手に入れにくい人為や自然のすべての生産物を購入する。しかし、これらのものが、人為または自然によってさらに多く生産されたならば、それらには実質価値はないか小さな実質価値しかないにもかかわらず、なお中流階層の購入品になるだろう。また一方で、すべての人がある程度必要とするものが何かあったとして、最も富んだ人々と中流の人々が消費できる以上の量はあるが、可能な需要すべてを満たすのに十分ではない場合、それらはある価格がつくであろうが、必ず一般民衆の購入品になり、各一〇〇人のうちの九九人である大多数としての彼らによって規制されるに違いない。——それゆえ、穀物の価格は、彼らが自分の労働で得る価格に依存する。あるいはもっと正確には、 [83] 私が言ったように、彼らの労働の価格は穀物の価格に依存する。というのは、穀物はすべての人が需要するが、われわれの消費のやりくりに頼れるほど豊富ではないので、ある価格がつくのである。これは購入者の大多数である人民が払うことができるような額に規制されるに違いない。穀物が高ければ、労働は高価であろうし、その逆もしかりである。賃金が高すぎるどんな職業への合流も、その値を下げさせ、もし供給過剰になれば、人手が立ち去って量の減少を引き起こし、価格が少なくとも自然価格まで上昇する。したがって市場価格と自然価格は、何か悪い政策によって妨害されない限り自然に一致する。悪い政策によってあらゆる形態の労働者に報いる以上の稼ぎが得られると、すべての者がその業種に殺到し、製造量が増加し、それは下層の人々の購入品となる。これはおそらく価格を自然価格以下に引き下げる。そして、それによって多くがその職業をあとにして、再び価格は上がる。

市場価格を自然価格より上回らせそうなどんな政策も、公 [84] 共的富裕と自然の富を減少させる。というのは、高価格と希少性、潤沢と低価格は同義の言葉と言っていいからである。それゆえ、きわめて潤沢にあるものは何でも下層の人々に売られるだろうし、それに対して希少なものは並外れた財産をもつ人だけに売られ、したがってその量は少ないであろう。それゆえ、生活の便宜品または必需品であり人類の幸福に資するものであれば、その高価は、必需品を少数者に限定して下層の人々の幸福を減少させるので、いっそう有害である。したがってそれらの価格を上げたり、高いままにしておくものは何でも、国の富裕と幸福と安楽を減少させる。腕時計が生活の便宜品である限り、その価格を上げる税は、それらをきわめて少数の人の手に限定することによって、一般的、国民的富裕を減少させる。そこから明白なのは、勤労への課税 85 はすべて商品の市場価格を上げるので国民的富裕を減少させるに違いないということである。たとえば、皮革に対する税は靴をひどく高くする原因となる。それでわれわれが知るのは、田舎の人々がその不足にあれほど不満を言う衣料はないということである。そして、靴は絶対に必要なのでまだ万人がはいているが、彼らはそれらに関してひどくつましくし、倹約しているので、やはり高価が靴をごく少数の人に限定していると言えるかもしれない。塩と弱いビールへの課税は同じ効果をもつ。強い酒はあらゆる国民でほとんど必需品のひとつである。人間は注意深い動物で、多くの欲求と必要物をもち、自分の生存を絶えず気にかけて心配している。これを彼は、万人を保護し生活をより楽にする法と統治によって、何らかの形で守っている。強い酒は、すべての国民が思いつく同じ目的のためのひとつの便法で、それゆえほとんど生活 86 必需品となり、適度に使えばたぶん健康に寄与する。その価格を上げるどんな税も、この点で豊かさを減少させる。そういう酒への税が泥酔を防ぐと言われているのは確かだが、たぶんその逆が実情だろう。それらの価格を上げることによって、人々はそれを自分たちの欲望の対象とし、飲み友達のよしみのようなものが、客人にそれを強いることを要求する。われわれが知るのは、すべての酒が非常に安いスペインやフランスでは、この国よりも泥酔が少ないということである。この国でそれが実情であることも知ることができよう。エールに酔った紳士は決して見ることができない光景だが、他方でワインに酔った紳士はそれほど稀ではない。人は友人に、一杯のエールを飲むよう強いることは決してない。というのは、友人が彼に遠慮するだろうとは決して想像しないからである。だが飲み友達のよしみが要求するのは、友人に、自分が十分出せるだけの額のワインを強いて飲ませることである。

同様にまた、すべての独占は商品の価格を上げるので、国 87 民の富裕にとって有害であるに違いない。このような方法で、毛皮輸入の唯一の特権をもつハドスン湾会社[17]は、毛皮が生活の必需品または便宜品である限り、国民の富裕を低減させる。その会社はいつも、その商売が自由であった場合よりも少ない毛皮を持ち込むであろう。彼らが持ち込むものは、より高く売られもする。それゆえ、より少数の人々にそれらは供給される。それらを必要とする製造業においても、供給がさらに悪化するため、したがってより高価に価格づけされる。そういう会社は、あらゆるものの価格を自然の高さにまで下降させる自由な競合を妨害するのだ。少数の人間にはこの競合は決してできない。少数者は、額を集めて相談すること 88 とが容易にでき、少量を持ち込み非常に高く売ることで一致するのである。それは自由な競合によって防がれるであろう。というのは、ある職業が過度に儲けすぎた場合、あらゆる人々がそこに群がり、その職業を自然価格——すなわちその人の生計費と彼が冒す危険に対する補償、つまり地位と身分に応じて人間の生活を維持するのに十分な価格——にまで引き下げるからである。東インド、トルコ、ハドソン湾などの会社がすべて、こういう商品に関して富裕を減少させているのと同様に、かつては非常に有益であったがいまは公共の重荷であるすべての同業組合も富裕を減少させている[34]。肉屋、ビール屋、パン屋などの同業組合がそれである。彼らは競合を妨害し、それによって商品の価格を上げている。したがって通常、これらの商品すべての価格を決定する役人がいるのである。しかし、服地の業者の同業組合はないので、その価格を規制する人はいない。他の業者では、それが絶対に必要だということが知られている。同業組合はほんの少量を生産してそれに高値をつける。そして、これは彼らに、それらを大量に作った場合よりも少ない労苦で同じ利潤を与える。パン屋が一年に五〇ポンド儲けるのに、千個を作ろうが、一万個を作ろうが彼にとっては同じことである。そしてどんな職業部門でもわずかな人々しかいないときには、こうすることを彼らのあいだで簡単に合意できる。それゆえ、パンの価格を近隣の小麦や燕麦の価格に応じて規制する市場の役人や事務員が任命されているのである。この方策は、同業組合が許されているところでは必要とはいえ、どう見ても豊富な市場というねらいには、自由な競合を許す方策ほど適っ

89

てはいない。自然価格を超えるかなりの利潤が、各部門で許されているに違いない。そうでなければ誰もそれに従事しないであろう。〈　[35]　〉は、豊富に与えようと努力することによって、アンティオキアでの最も深刻な飢饉を引き起こしたと言われている。彼は穀物の価格を低く規定することによってそれをしようとしたが、少し低すぎたので、穀物をもっている人はみな他の場所へ穀物を輸送したのであった。それゆえ、価格法定官は通常、自然価格よりかなり上に価格を定める。もし彼がそれより低く定めると、最も耐え難い不足が生じよう。したがって、そういう商品はすべて非常に高価になる。パン屋という職業はきわめて速く身につくので非常に儲かる業務であり、酒屋も同様である。これは自由な競合があれば矯正されるだろう。だから、勤勉に水をさすことはすべて国民の富裕を害する。これが、塩についてそうであるように、商品からのすべての税収の実情である。仕事の価格は同一であるが、これに元本と利子への税、それを徴収する費用が加算されねばならない。その結果、生活必需品としての塩

90

［17］ハドソン湾は、カナダ東北部の深い湾でハドソン海峡によって大西洋に通じている。ハドソン湾会社は、一六七〇年にチャールズ二世によって、ハドソン湾地方の毛皮貿易の独占権を与えられたが、独占権の効果は、イギリス人に対してしかありえなかった。

（34）手稿第二巻34-41ページ［本書86-88ページ］を参照。

（35）手稿の空白。おそらくユリアヌス帝であろう。Ammianus Marcellinus, XXII. 14. 1; Libanius, *Orations*, I. 126 and XVIII. 195; Julian, *Misopogon*, 369c.

はより高くなり、その消費は、いくつかの場合において完全になくなるわけではないが、大いに減る。――市場価格を自然価格以上に上げるすべての事物だけでなく、それを自然 91 価格より低くしそうなすべての事物も、別の原因から富裕を妨げる。公共から、ある商品の製造または輸出のある部門に与えられる奨励金ほど、それを引き起こしうるものはない。たとえばこの国では、一ヤードあたり一二ペンス以下のすべての粗製麻布に奨励金がつけられて、その大部分が輸出用に作られている(36)。この奨励金は一ヤードあたりおよそ三ペンスである。いま布地の値段を六ペンスと想定すると、公共は価格の約四分の一を払う。だから外国の商人は、その製作に奨励金がつかなかったとすれば職人にとって十分な価格であったよりも、四分の一安く入手できる。同じようにして、輸出向けのすべての小麦が通常の価格である三〇ないし三五シリングを超えるときには(37)、一クォーターあたり五シリングの奨励金がある。だからこの場合でも、公共は価格の八分の一を払い、その結果、外国の商人には、奨励金がなかった場合に提供されたはずの価格よりも八分の一安く売ることができるのである。したがって、これは小麦価格をより低くし、それを買う者を増やす原因となる。あるいは同じことだが、買い 92 手により多くの量を買わせる原因となる。これは穀物の育成を奨励し、こうして人為的な潤沢を作り出す。これもまた産業の自然的均衡を覆すことによって、国民の富裕を害するものだ。勤勉な人民は当然、そういう商品への需要にちょうど比例してさまざまな職業部門に専念する。税や関税によって異常な落胆を与えるにせよ、奨励金やその他によって異常な奨励を与えるにせよ、この自然的均衡を壊すものは何でも国民的富裕に害を与える傾向にある(38)。何らかの職業部門が奨励金を得ると、群衆全体がそこに殺到し、大きな需要に応えようという見込みからではなく、この奨励金によって財産を築こうという欲望から働き、自分たちの仕事を需要にではなく奨励金に比例させようとする。事物がその自然の行路に委ねられるときには、需要に応じて各商品が作られる量が多くなったり、少なくなったりする。あなたが奨励金によって奨 93 励する限り、あなたは公共が需要する以上の量を作り、その結果、別のときに労働者を奨励するのに必要である以上に価格を下げる。この部門での生産物をより多くするために、あなたはこの部門で増やしたのと同じ数の人手を、他の雇用先から去らせることになるのだ。――業務で雇用される人手の数は王国で蓄積された〈資本〉に依存し、あらゆる個別部門で雇用者は蓄積した資本に依存する。多くの財貨はしばらくのあいだ何も生み出さない。栽培人、紡績人、麻の仕上げ人はすぐには利潤を獲得しない。麻に何らかの値が付く前に、それは莫大な数の人手を経なければならないのである。これらの人々はすべて、独力では何も取得できないので、製造業者の蓄積した資本によって生活を維持されねばならない。王国中で蓄積されたこの資本は、間断なく増加するかもしれないが、ある特定のときにはたやすく変化しない。

――貨幣量は増えたり減ったりするかもしれないが、労働 94
者に食料、衣服、住居を提供しうる蓄積された資本は、ほと
んど同じであり続け、人手の数が規制されるのはそれに比例
している。それゆえ、あなたがどこか特定の業務に、そこに
自然に従事する以上の人手を呼び集めた場合はつねに、外国
の商人にとっては確かにその商品の価格を低くするけれど
も、国内ではその価格を高めるか、あるいはおそらく他のす
べての商品の価格を相応に高めるであろう。そのときそれら
の部門には、かつてと等しい競合はない。各部門の製造業者
は特定の資本を必要とする。五、六人の織物工を雇っている
人は、彼らの労働の生産物をその日その日で売ることができ
ないので、一定の資本を持たねばならない。二五人ないし一
〇〇人を有する人は、その数に応じておそらく三、四、五、
六カ月間、彼の貨幣が不足するのを可能にするためのより大
きな蓄積された資本を必要とするだろう。この資本は、製造
業者が彼らに提供しうる、食料、衣服やその他の必需品の量 95
によって制限される。したがって、各部門で雇用されうるの
は一定の数である。だから、あなたがある部門で数を増加さ
せれば、必然的に他の部門で数を減少させることになるので
ある。その商品の価格は下がるが、すべてあるいは他のいく
つかの商品価格は上がる。小麦への奨励金はその価格を絶え
間なく低くし、その必然的帰結が小麦農地の地代の低下であ
ることも、われわれは知っている。千クオーターの小麦の生
産を意図している農地の地代は、小麦が高価なときよりも低
価格になったとき、少なくなるに違いない。千クオーターの
価値はかつてと同じ大きさではないからである。しかしなが
ら最初は、この奨励金は小麦農地の地代を上げるために交付
された。地主たちが言われたのは、彼らの穀物の便利なはけ
口を彼らに与えることによって、損失なしに彼らが地租を負
担できるようになるだろうということであった。確かに、大
量の荒地が耕作地に転化し、他の土地が大いに改良される原
因となったことによって、しばらくはそうであった。しか
し、この国のたいていの場所の土地は、小麦の育成のために
できる限り改良されているので、この効果ははるか昔に達成
されている。その結果、それはしばらくのあいだ牧草の量を
かつての量以下に、そして自然の量以下に減少させた。より 96
多くの土地が小麦に移行し、その結果、牧草の生産のために
残された土地はより少なくなった。牧草の量が減少したの
で、その価格は当然上がり、同時にそれに依存するに違いな
い肉屋の畜肉の価格も上がる。そして、肉屋の畜肉の価格は
富裕の相違に比例して、イングランドとアイルランドの最も
富んだ地域ではここよりもはるかに高い、ということをわれ
われは知っている。こうして小麦はより安くなったが、それ
に劣らず有益な別の商品の価格が上がっている。干し草の価

(36) 奨励金は一ヤードあたり、〇・五ペンスから一・五ペンスに変わった。29 George II, c. 15 (1756).
(37) 実際には四八シリング。1 William and Mary, c. 12 (1688).
(38) naturall は national の誤記であろう。

格も、牧草の価格と同じくらい大きく上がるに違いない。小麦一クオーターはかつて四〇ないし四五シリングで売れたが、今は約三〇ないし三五シリングであることが分かっており、したがって八分の一くらい下がった。現在では、干し草一荷は二〇ないし二三シリングで、かつての価格の二倍である。これはひとつには小麦の下落のせいであり、ひとつには 97 他の原因のせいである。それゆえ、馬の維持ははるかに高価になっている。これが乗用馬に及んでいるだけなら、苦情は耐え難くはなかっただろう。しかし、馬は陸運を助けるのに王国中で必要なので、この維持費の上昇によって輸送費が増加し、王国の国内商業が大いに困惑させられるのである。商品市場がより狭くなり、競合は減り、それは必然的に富裕や豊富を減らす。したがって最良の生活行政とは、どんな奨励金もなしに、あるいは水をさすことをしないで、あらゆることをその自然の行路に委ねることであろう。

［貨幣］

われわれはいま、提起した二番目の事柄、すなわち貨幣に到達したが[18]、第一にそれを価値尺度として考察すべきである。最初に人々が数種類の財貨を売買したときには、どんな種類の財貨でも残りの財貨の価値の共通尺度になりえただろう。こうして彼らが穀物、羊、肉牛を売買したとしたら、ある量の穀物が一匹あるいは二匹の羊に価値として等しく、そこからさらに、四匹の羊は一頭の牡牛に等しい価値であると 98 いう取引をしたと考えられる。これらの相対価値は簡単に覚えられただろう。しかし彼らが、この国や他の多くの国で見られるように一〇万とまでは言わないにしても、一〇〇の異なる商品を売買したと想定したら、そこではあらゆる商品が他の九九の商品と比較されるだろうし、それと同数の異なる価値をもつであろう。その結果、覚えておくべき価値が合計九九〇〇もあることになろう。このことが彼らに、ある特定の商品を共通の基準として定めさせるのである。というのはその場合、覚えておくべき異なった価値はわずか九九にすぎないからだ。この共通の尺度はいつも彼らが最もよく知っているものだった。ギリシャでは畜牛が最も一般的に使われた商品であり、しばらくはこれが尺度であった。ホメロスではあらゆる事物が牡牛幾頭の価値として値踏みされ、グラウコスの武具は一〇〇頭の、ディオメーデスのそれは九頭の牡牛の価値があった[39]。また一方で、イタリアは丘陵に富んだ国だったので羊がより多く蓄えられていた。それゆえ、トスカナ人のあいだでのように、羊が価値の尺度であった。そして通 99 常、彼らは他のすべての商品を彼らが最もよく知っていたその商品と比較したであろう。しかし、まもなく一頭の牡牛が他の一頭と価値が等しくないことが発見されたであろう。大小や年齢の相違のほかに、それらには多くの多様性がある。そのためあらゆる賢明な人は、しばらく売買に携わるなかで、よりよい尺度の形成を試みたであろう。彼らは、等しい量が等しい価値をもつはずの尺度、畜牛よりもっと確実で正確な価値の尺度を欲した。この条件は同国におけるすべての金属、否とりわけ金と銀にほとんど合致している。というのは、金と銀における合金の量は、鉄と真鍮の価値がそれに依存する弾性や品質よりもはるかに簡単に、はるかに正確に——ここでもそれは、この上ない手早さと正確さで行われえなかったとはいえ——確定されるからである。

　これらの金属は、その価値が量に比例して同一で、量の割合を簡単に確定しうる唯一の商品である。したがって、すべての国でそれらが畜牛や羊よりも適切な価値の尺度であることが発見されてきたし、それゆえ、遅かれ早かれそういうものとして使われてきた。人々が長さの自然の尺度を人為的な尺度へ変えたのと同じ仕方で、価値の尺度もそうしたのである。すべての尺度はもともと人間の身体から取られたものである。ファザムは一人の人間が両腕を広げた幅で計測され、一ヤードはこれの半分で、スパン、インチあるいはディジッド、フット、ペースなども同様である。これらの自然の尺度は、異なった人々においてのみならず、同じ人ですら異なった時期や異なった気分によって大いに変化するので、人々を長く満足させることはできなかった。それゆえ、慎慮ある人々が考案し、公共が確立したのが、異なるすべての長さの尺度であるべき、人為的なヤード、ファザム、フィート、インチなどであった。同じ理由で、人々は価値の本質的で自然な尺度を、それほど自然ではないが、社会のより未開な時代の人々によって自然に使われた尺度のどれよりも便利な、他

100

の尺度に転換したのである。

一七六三年四月七日　火曜日

　私がいま述べている貨幣は、二つの別々の目的にそれぞれ役立つ。それはまず価値の尺度となる。あらゆる人が、彼が売らなければならない財貨は何ポンド、何シリングなどの価値があると話すのは、あなたがそれを尺度として知っていると信じているからである。貨幣は商業の道具、あるいは交換や変換の媒体でもある。牛肉あるいはパンを買うつもりの靴職人は、肉屋に靴を差し出すのではなく、彼の靴を貨幣に転換または交換する。そして、これを再びパンや肉と交換する。貨幣によって彼は自分の財貨を市場に持ち込み、彼自身が欲するものを購入する。私が示し始めたのは、金属の金と銀がどのように価値の尺度になったかということであった。というのは、それによってそれらは商業の道具となったからである。商業における事物の数が多すぎるため、人々が簡単にそれぞれの価値を覚えることができないほどであるとき、彼らが発見したのは、私が述べたように、すべての価値についてある共通の尺度をもつことが必要だということであっ

101

［18］貨幣については、『国富論』第一篇第四章。

（39）*Iliad*, vi. 236 ; Pufendorf, V. 5. 1.

102

た。私が述べたように、それは、羊、牡牛、あるいはその他の何であれ、人々に最もなじみの深い商品である。――人々が小規模に、あるいは小さい価値の商品を売買するときには、自然で不正確な尺度で十分であろう。長さの尺度ではこれが実情である。大きい価値をもたない粗製の布地を数ヤード売ろうとする人は、人間の広げた腕によって計測した一ファザムのような尺度の不正確さによって、各ヤード毎に一、二インチの損をしても、大きな損失はしないだろう。人間の身体から取られたこれらの自然的尺度は決して正確ではなく、人によってまちまちである。それゆえ彼らが大規模に、あるいは価値のある商品を売買するときには、彼らはもっと確実に確定されるより正確な基準を自然に思いつくだろう。そこから人為的なフィート、ヤード、スパン、ペース、インチなどが生じた。というのも、これらのより広範な交換では、しばしば繰り返される小さな不正確さは全体として大きな損失を生み出すからである。――賢明な人ならばすべて、これが詐欺や悪事を防ぐのに必須であることに気づくであろう。人々が彼らの取引契約により注意深くなるとすぐに、価値の尺度に関して同じことが生じた。羊や牡牛という自然な尺度では彼らの目的に応えることはできなかっただろう。その価値がいつもその量によって確定されうる、もっと正確な基準が必要とされた。金属は一般にこの種のものである。一ポンドの鉄または銅は別の一ポンドの鉄または銅と、ほとんどまったく同じ価値である。しかし、金と銀はとりわ

103

けそうであって、その理由は、それらの純度が非常に確実で、簡単に確定されるからである。こうしてすべての人々が金や銀をこのように使い、そういう商品は――人々が自然のファザムではなく人為のファザムを使ったのと同じように――何頭の羊や牡牛ではなくて、金や銀の何ポンドまたは何タラントの価値があると言うようになったのである。――こうしてまた、それは商業の道具とみなされるようになった。絶対に必要なのは、すべての種類の商品が売買される市場をもつことである。畜牛はさまざまな事情から、この目的に相応しくなくなった。それは、牧畜民の時代にはきわめてよく目的に応えた。その頃はあらゆる人が畜牛または羊を有していて、彼はどんな商品にも彼が望むだけの数を連れていくことができたのだ。それらは彼の群れや集団でその数を増やしたが、当時は地球の全表面がひとつの共有の牧草地だったので、維持費はまったくかからなかった。それゆえ、畜牛はあらゆる人にとって最も受け入れ可能な事物であり、あらゆる人が差し出そうとするものであった。しかし、土地が異なった所有者のあいだに分割され、その大部分が穀物の栽培にも使われるようになったとき、もはやこれは実情ではありえなかった。そうなるとあらゆる人は、一定数の畜牛を維持できるだけだった。そのうえ、土地をもたない人々や、またはほんのわずかしか土地をもたないので、畜牛を大きな出費なしに飼うことができない多くの人々がいた。真鍮工や皮の仕上げ工は、費用なしで自分の品物を好きなだけ長く手

104

元に置いておくことができた。だが牡牛の維持費は、おそらく彼が容易に負担できる額以上であった。それゆえ、畜牛はもはやこの共通の尺度たりえなかった。しかし、彼らがその代わりに、ある共通の尺度と交換の道具をもつことは絶対に 105 必要であった。パン屋のパンや肉屋の牛肉を欲した織物工は、必ずしもそれらを彼の布地で手に入れることができたのではないし、その一方で、かじ工の仕事を欲するパン屋や肉屋が、それを彼らの商品で手に入れることはできなかった。——私はあなたの財貨を必要とするが、あなたは私の財貨を必要としていない。おそらくわれわれは双方とも必要者だが、相互の財貨を必要としてはいない。したがって、ある共通の取引の道具をもたない限り、われわれのあいだに交換はありえないのである。畜牛はいまや見向きもされなくなった。彼らが思いつくことができた最も自然で適切な事物は金属で、そのなかでは金と銀が他の金属に対してさまざまな利点をもっている。さらに金属はどれもかなり正確で、したがってわれわれは、ラケダイモンでは鉄がそうであったように、ローマ国家の初期には長いあいだ、銅が価値の尺度であり、交換の一般的な道具であったことを知っている(40)。それらの国家の貧困は深刻だったため、金と銀はのちの時代まで導入されなかったのである。けれども貴金属は一般的に商業の道具である。一定の重量の貴金属はいつも一定の価値がある。ある量の金や銀を保有することは、何も費用がかからな 106 い。それによって人は何も失わないが、他の金属では事情はこうではない。金が他のすべての金属をしのぐのは、最も腐敗しにくい点である。大きな価値が小さな場所に収まっている。すなわち少量が、その希少性と美のため、生活必需品の購入に大いに役立つのである。それらの価値は、ロック氏が想像するように(41)、それらについて諮った人間の合意にもとづくものではない。それらはいわゆる自然の価値をもっていて、たんにひとつの商品として考慮すれば、交換の道具として使われるのではなくても高い〈価値？〉をもつだろう。その美しさはおそらく他の金属にまさっていて、金には他のどの金属より見事なつやがあり、銀はそれに次いでいる。このほかに、切るための道具以外のすべての道具は、他のどの金属よりも金と銀によってうまく〈作る？〉ことができる。皿、スプーン、湯沸しなどのあらゆる家庭用品は、少数の例外を除いて金か銀で作られるとそれだけ良質なものになるだろう。それゆえ、それらは最も美しく、また鉄を除けば最も有益であるし、最も希少でもあるので、自然に高い価値となり、大量の他の商品と交換されるであろう。その希少性もま 107 たそれらを交換の道具にふさわしくする。そこから高い価格がつき、それゆえ小さなかさで大きな価値をもち、それによって簡単に輸送されるのである。少量の銀は、同価値の粗製の麻布や他の商品よりも簡単に持ち運べるし、鉄や銅よりも

（40）Plutarch, *Life of Lycurgus*, 9 ; Pliny, *Historia Naturalis*, XXXIII. 13. 43.
（41）*Civil Government*, § 50.

かなり簡単に持ち運べる。そのため、スウェーデンのいくつかの町では、人々が冬の食糧を買いだめするつもりの貨幣を手押し一輪車に入れて市場に行かざるをえないことになるのだ。金と銀はすでに価値の尺度として使われていたので、この点でもそれだけいっそう簡単に認められたのであった。あらゆる人はこのやり方で自分の商品を値踏みした。パン、ビール、布地など何であっても、それらは何ポンドあるいは何シリングの価値があると彼は言うであろう。自分の財貨をそれらで測定し、彼が扱わなければならなかったすべての商品についてもそうであったので、それらを受け入れることに何らかの異議をもちうる人は誰もいなかった。

　こうして、貨幣が商業の道具となり、すべての交換は、畜牛の介在によるものから、これらの金属の介在によって営まれるものになった。それらの金属をこの目的にもっと適合させるためには、その重量と純度という二つのことを確定することが必要である。このうち前者は最も容易であるが、それでさえ困難がないわけではない。天秤は単純な機械であるにもかかわらず、すぐには発明されず、それに先立つローマのさお秤は、非常によく熟練した職人によらない限り多数の大きな不正確にさらされていた。またそのうえ、金のように高価な商品の計量には、精密な天秤だけでなく大きな用心と注意力が必要とされ、これがそれらの交換のひとつの大きな障害であった。その一方で、純度は見分けるのがなおさら困難である。合金は銀にも金にも混入されうるので、良貨を悪貨

108

と識別することはなかなかできなかった。それは静水秤[42]によってのみ見分けることができたが、その場合でも合金が鉛であれば、まったく正確ではなかった。――それゆえ、量は大きな障害なしには簡単に確定されなかったし、交換と試金は、通常それだけでひとつの職業となるほどに困難だったので、これら二つのねらいに応えるある方法――それほど有益であることが分かった、この価値の共通の尺度かつ商業の道具の量と純度を確定できそうな方法――が必要とされた。鋳造がこれらのねらいの双方に応えたのである。公共は貨幣がどれほど交換を助長し、商業を興隆させるかを理解していたが、それらは税の支払いを大いに助長するうえに、貨幣が国民を豊かにするため政府にとっても高度に役立つので、貨

109

幣を最善の基盤の上にのせることが、政府の利益であった。それゆえ政府は金と銀の貨幣を鋳造して、それに刻印を押すことを引き受けた。そのことは価値を増やしも減らしもしなかったけれども、それを見たあらゆる人に、それが一定の重量と純度をもつという公共的信頼を与えた[43]。鋳造によって確定された第一のことは十中八九、純度であっただろう。純度は、ふちにぎざぎざをつけるか、ふちを型取る技術、および金属の大きさに刻印を正確に合わせる技術が発明される以前には、明示するのがきわめて困難であった。したがって最初の鋳貨は、その刻印が純度に関する価値のみを確定するスペインの金塊、あるいはペソ銀貨とほとんど同じ性質のものであっただろう。計量は、正確に行うのは困難であったが、と

110

はいえ普通の人間には誰でもできることであった。しかしながら、鋳造が最も完全になるのは、純度と量の双方が確定されるときである。そうなれば、支払いは重量の代わりに、少額の際にははるかに手早くかたづく個数(44)でなされうる。銀貨の名称と金銀の名目額の名称は、一般的に銀が基準だったので、最初は銀の一定量の重量の名称で定められた(45)。いずれの事物も二つの価値をもつことはできないので、基準はただひとつでなければならない。そして銀がより頻繁に使われるので、銀がその基準となった。市場で価値の低いものを買いたい人物は、金を渡すことはできない。日々の出費はそれを許さないだろう。彼ははじめに自分の金を銀に交換し、次にその銀を彼が必要としている商品と交換するのである。一定枚数の鋳貨があらゆる重さになるように計画された。フランスのリーヴルはもともと銀のトロイポンド、またはリーブラであった。このポンドは、すべての国の商人にとっての大きな行楽地であった〈シャンパーニュ(46)〉のトロイ市で使われたものであった。――イングランドのポンドはもともと、トロイポンド[19]より幾分少ないタワー衡法[20]での銀一重量ポンドであり、それはローマ衡法と同一であったようである。

　価値の尺度は絶えず小さくなるにもかかわらず、量の尺度はいつも大きくなると、われわれは述べていいだろう。イングランドの一ポンドは、エドワード一世の時代にそうであったもののほんの三分の一にすぎない。フランスの一リーヴルはいまはほんの一〇ペンスの価値だが、これはかつてシャル

111

ルマーニュの時代には、まるまる一トロイポンドだったので約七二倍もの価値があった[21]。つまり、価値の尺度は間断なく縮減してきたのである。政府は価値の尺度を小さくすることに利益を見出してきたが、量の基準を小さくすることには、同一の利害関心をもたなかった。商品の取り扱い業者は、これらの尺度を低減させることに利潤を見出すであろうが、公共はこのことに何の利害関心もないので、通常、尺度を規制し監督するための役人がいた。そして取り扱い業者は通常それらを低減させるので、これらの役人たちは最も安全な策を志向して、むしろそれらを大きくする。そして、このことが大体の国でそれらを次第に大きくさせたのである。わが国の長さの基準、フット、ヤード、ペースなどはすべて古代ローマ人からの借用だが、それぞれかなり大きくなっている。

　液量の尺度や衡法に関しても、事情は同じである。トロイ市でのポンドの基準は、全ヨーロッパで使われたものであった。これもまた、タワー衡法あるいはローマ衡法よりもかな

112

(42) bance の判読は疑わしいが、balance の誤記であろう。
(43) Pufendorf, V. 1.12 に引用されている Aristotle, *Politics*, 1257^a 38–41.
(44) by the tail は by tale のことだろう。すなわち重量と区別される個数によって。
(45) Harris, I. 28 ; cf. II. 1, note.
(46) 手稿の空白。シャンパーニュのトロイ。
[19] 一トロイポンドは三七三・二四グラム。
[20] タワー衡法による一ポンドは三四九・九一グラム。
[21] some は many の誤記であろう。

り――つまり半オンス分――大きい。この衡法もまた金と
113
銀以外のすべての商品で廃止され、常衡[22]、あるいは名前の意味に従ってしばしば重衡法と呼ばれる別の衡法によって受け継がれた。これが導入された原因は、買い手に計量する役目を与えるのが習慣だったことである。そしてこれが不正確だったので、商人がそれを三オンスに修正し、一ポンドは一二オンスではなくて一五オンスとなった。しかしこの数は、三と五でしか割り切れず、一二という数と同じくらい便利には割り切れないので、商人たちはもう一オンス加えて、一ポンドを一六オンスとした。だが同時に、その一オンスを常衡一ポンド約一四トロイオンスとなるように減らしたのである。こうして価値の尺度は小さくなっているにもかかわらず、重量の尺度は、量の尺度がすべてそうであったように大きくなっている。東部ポンドあるいはハンザの町で使われたポンドは、イングランドの重量の基準として合意され、そしてこれが一ポンド貨幣と呼ばれるものであった。だが、現在の一ポンドはそれのほんの三分の一である。トロイポンドは六二シリングを含んでいるが、一トロイポンドはいくらか大きかったので、その相違はそれほど重大ではない(47)。

114
　政府の必要性あるいは詐欺が、価値の尺度におけるこの縮少の誘因であった。政府が鋳造の労苦と出費を負うことは必然であり、他の誰もそれに利益を見出すことはできなかった。刻印は、それに何の付加的な価値も与えない。それはたんに価値を確定するだけである。政府が出費を負担することに利益を見出したのは、貨幣が商業によって税と通商を促進し、それが人民を豊かにするので政府にとって有益だからである。私人にはそれを引き受ける動機がなかった。彼は、自分の刻印を貨幣に押したかもしれない――現在もそうしているかもしれない――が、それは何の役にも立たないであろう。そのうえ誰も、金属の量あるいは純度についての自分の言葉がそのまま受け入れられるほど、一般的な信用をもたないだろう。それゆえ、政府以外の他の誰も鋳造を行うべきではないと定めることが必要であった。というのは、政府は正直であるかもしれないが、私人は誘惑が大きかったので、公的貨幣に合金を多く含ませてそれを偽造する大きな危険があったからである。したがって、公共のものと同じやり方に
115
よる貨幣鋳造は、最も凶悪な性質の詐欺、政府への大きな侮辱と考慮されるべきであった。国王〈解読不能〉政府が信用されていたので、すべての人がそれらを受け入れざるをえなくすることもまた必要であった。あなたは国王の鋳貨をそこに記されている価値と名目によって受け入れなければならず、それを拒否することは政府への侮辱であるため、刑罰を科される。また、貨幣の提供は法貨による支払いとみなされねばならず、そうすることが必要とされた。そして、債権者が受け入れてもそうでなくても、この鋳貨による支払いは、政府の苦労と心配のすべてから彼を解放するものとみなされることが必要とされた。誰でも自分自身の名前で貨幣を発行しうるし、もしそれが受け入れられればそれでいい。だが誰

もそれを、法貨として受け入れることを強いられはしない。政府の力と権威によって、未開で注意深くない人民のあいだでは、より少ない価値の鋳貨が容易に通用したであろう。そして政府もしばしばこのやり方で、同量の銀により多くの割合の合金を加えることによって、その基準の価値を下げるよう努力しようとした。そしてこれは、銀の量の価値を上げるので、造幣局用語で鋳貨の上昇と呼ばれる。もし二〇シリングにほとんど等しい四オンスから、合金をもっと付加することによって四〇シリングを鋳造したとしたら、そのとき二オ 116 ンスはイギリス正貨一ポンドの価値をもつので、基準を半分に減価し、価値を二倍にしたことになる。これは、国庫に一〇〇万ポンドしかないのに、債務を皆済し、契約を履行し、陸海軍兵に俸給を支払うために二〇〇万ポンドが入用な場合には、しばしば政府の利益となった。政府は、その基準を減価し、新しい鋳貨をできる限り古い鋳貨に類似させることによって、この一〇〇万ポンドを二〇〇万ポンドに鋳造する。この手段によって、政府は債務を弁済したかのように見える(48)。これでしばらくは十分うまくいく。こうして、この詐欺による政府の一時的な利益は、価値の尺度を減少させるのである。――しかし、他のすべての詐欺と同様に、それはたんに一時的な誘惑にすぎず、全体としてはそれを実行する人々にとって損失となる。イングランド政府は最も自由であり、人民が最も油断なく警戒しているので、鋳貨はその価値の完全に三分の一には下落しなかった。フランスでは七〇分の一以下に下落したし、他のすべての国では多かれ少なかれ 117 下落した。スコットランド・ポンドはもともとトロイ・ポンドなので、スコットランドでは三六分の一になった。というのは、スコットランド人はフランス人との最大の交流をもっていたので、彼らの鋳貨は一般に、ジェームズ六世の時代までフランス人と歩調をそろえていたからである。それ以降はイングランド人と対等の立場になり、変更されていない。しかし鋳貨は、なお議会が法的に干渉できないので、国王と枢密院の管理下という不安定な基盤に立っている。

一七六三年四月八日　金曜日

貨幣が商業の道具としてきわめて必要なものであることが示されてきた。貨幣はこの方法で商品交換を促し、この交換はさらに人民の勤勉を促し、分業を助長し奨励するのである。なるほど貨幣はごく自然な発明品であり、したがって、かなりの程度の改良に達したすべての国民によって使用されてきた。ヨーロッパ人ははじめてシナ、メキシコ、ペルーや 118

[22] 常衡はエリザベス一世のときから宝石、貴金属、薬品以外で用いられ、一九六三年に一ポンド0.45359237キログラムと正式に定められた。

(47) Harris, I. 31.

(48) in appears は it appears の誤記であろう。

他のすべての東方諸国に行ったとき、金属が商業の道具とし
て使われていることを知った。それらの金属は公的な刻印を
帯びており、それが貨幣を構成するのに必要とされるすべて
だったのである。
　私がまた指摘したのは、鋳貨の重量を——純度の基準は
現在でも相変わらず高いので——もともとの基準以下にす
る理由であった。これは政府の一時的で詐欺的な見解によっ
て引き起こされてきた。政府はしばしば、少量の金銀でさま
ざまな債務を皆済するために、大量の合金を加えることによ
って鋳貨を減価することが、自分の利益であることを知っ
た。私は次第に、これらの操作が鋳貨に及ぼした他のいくつ
かの効果を示す[49]であろう。つねに生じるひとつのことは、鋳
貨の名目価値の減少である。イングランドではそれが約三分
の一となった。銀の一重量ポンドが六三シリング六ペンスに
分割され、その結果一ポンド八ペンスが四オンスとなるの
で、銀の一ポンドはその価値にもかかわらず、完全な四オン
スではないのである。〔金鋳貨は現在一ポンド約四六ギニー
半なので、銀とほとんど歩調をそろえてきた。〕［117裏］
119 　この操作の効果は、商業にとって非常に有害である。平
明、明確、便利な価値尺度と、すべての商品の交換の媒体を
提供することが、貨幣の大きな利益であるが、それがこの手
段によってかなり乱されてしまう。尺度はいくぶん不便であ
っても、決して変更されるべきではない。ヤードは不便な長
さのひとつであるかもしれないが、それをそのまま継続して
おくのを認めるほうがいいのであり、どんな変更もつねに業
務の混乱をもたらすのである。以前の基準はもはや符合せ
ず、われわれがなじむにはいくらか時間がかかる新たな計算
が必要とされる。価値の尺度に関しても事情は同じである。
何かの変更がなされるとき、新しい鋳貨のどれだけが一定の
価値に等しいかは、容易に分からない。これは必然的に商業
を混乱させる。商人は損失を恐れて、大変な高価でなければ
売ろうとしないし、購入者は同じ理由で大変な安価しか支払
120 わない。こうして両者が同調しないので、商人は自分の財貨
を安すぎる価格で売るよりもむしろ保持することを選択し
て、必然的に商品交換における沈滞があとに続くに違いな
い。そして貨幣はある程度、価値の尺度としてのその目的に
応えることを停止する。それはまた、多くの詐欺を生み出す
ことになる。というのは第一に、政府の債権者が彼らの貨幣
を騙し取られるからである。もし鋳貨が半分に減価すれば、
債権者がもっているのは、外見上は政府に与えられた価値の
全部であっても、実際は半分にすぎない。それらを隠ぺいす
るためにまた必要なのは、王国の全債務が古い貨幣によって
と同様の仕方でこの貨幣によっても支払われるべきというこ
とである。その結果、王国の全債権者はこうして彼らの正当
な債務を詐取されるのである。これはしばらくのあいだ、鋳
貨の価値を保持して、貨幣の価値が下がるのと同じように商
品価格が上がるのを妨げる。だがその後、商品価格は、もし
予防されなければ適正な高さまで上昇する。貨幣は、債務の

支払いと商品の購入という二つの目的に役立つ。貨幣はこれらの第一の目的には、価値が下がっても応える。121 なぜなら、鋳貨はその価値が半分に下落しても、拒絶されることはありえないからである。人が鋳貨を市場、とりわけ外国の市場にもっていくとき彼が見出すのは、なるほど新しい鋳貨二〇シリングでは、以前一〇シリングで購入したものよりも高価なものを購入できないだろうということだが、同時に彼は前と同じくらい簡単に債務を払うことができる。そして、これによって実際には一〇シリングの価値しかない一ポンドが一八ないし二〇シリングの価値を保持するようになる。すべての職人は新しい鋳貨で支払われる。織物工、石工などはすべて彼らの業者にこの鋳貨で支払う。他方で二〇万ないし四〇万人の軍人、莫大な数の消費税、文書送達、警察の役人は、皆この鋳貨で支払われる。彼らの賃金は、その実質価値にではなくその鋳貨に設定された名目に従って支払われるので、実際は大いに減少している。そして下層階級は、すべての種類の必需品の価格を規制する人々であるが(50)、いまは以前と同じ価格で購入する余裕がないので、必需品は彼らが払うことができる額で売られねばならない。こうして人民の資本は少なくなり、諸商品もまたより低い価格に下落するに違いない。122 けれどもまもなく、商品価格は鋳貨の名目価値が上がったのと同じだけ上がり、鋳貨の実質価値は減少するであろう。しかしこれがはじめて生じるのは、雇い職人、手仕事職人、労働者が自分たちの賃金では生活を支えることができないのに気づき、賃金を鋳貨の減価に比例して次第に高め、以前の価値を払えることが可能になってからだろう。そしてこれは通常、数カ月で生じるであろう。この理由で、主権者はこうして貨幣の調達によって取得したもの以上を、まもなく失うだろう。彼は、貨幣が自分の国庫にあるときには名目を増大させ、それによってより少ない価値で彼の債務を支払う。しかし、その後、彼の歳入が調達される際に、貨幣がこうして名目上は高くても価値はそのままのときは、支出された貨幣は以前の半分としても流通しないだろうから、彼は巨大な損失をするであろう。――それゆえ名目の減少が必要になり、それはいつもその増大に次いで起こる。もしあなたが四オンスから四〇シリングを鋳造したら、あらゆるものの価値は名目的に二倍になる。123 つまり、一〇シリングが一ポンドに、半クラウンが一クラウンになるということである［23］。これはフランスではマーク［24］の切り上げを告示することによって頻繁に行われている。マークはフランスでもイングランドのように一ポンドの三分の二を含んでいたが、それはイングランドではおよそ四二シリングに等しい。これはフランスではかつて二八リーヴルに分割された。これはすぐに四〇リーヴルに上が

(49) shem は shew の誤記であろう。
(50) 手稿第六巻73-74ページ［本書382ページ］。
［23］一ポンドは二〇シリング、一クラウンは五シリングであった。

［24］マークは西ヨーロッパで、主として金銀の重量を表示するために使用された名称。一般に、一マークは八オンスとされていた。

り、それから六〇リーヴルに上がったが、しかもそれは何の新しい鋳造もなしにマークがそれだけのリーヴルを含んでいると宣言する、たんなるひとつの命令によってであった。そして、その後すぐに六〇リーヴルから一二〇リーヴルに上がった[51]。しかし、これらの増大[25]した貨幣が発行される直後に、減少が予想される。増大は国庫が充満したときになされ、それによって政府は得をする。そして、歳入が調達される前になされる減少は、ある程度損失を防ぐ。この変更は前の変更に劣らず悪い結果をもたらす。これによって尺度は絶え間なく変動し、それによって商業は遅滞するのだ。増大が債権者に損害を与えるように、減少は、むしろ保護されるべき債務者に損害を与える。というのは、貨幣の切り上げが告示されたときに、彼は支払う義務があった一〇シリングの代わりに一五ないし一六シリングを支払わざるをえないからである。しかし、増大はたいてい徐々に生じ、人々はそれらが起こる時期をあらかじめ警戒するので、減少ほどには痛切に感じない。だが、債務者の支払いの時期はおそらく減少が起きたあとまで来ないだろうから、これは彼らを完全に守ることはできない。それゆえ、増大が債権者に及ぼすほどではないにせよ、債務者は苦労するのである。それは突然に生じ、そのとき存在するすべての契約で詐欺を引き起こす。

　たいていの国には、金、銀、銅の三種類の鋳貨がある。人が支払いで受け取りを義務づけられるのは銀と金だけである。われわれは最も低額、すなわち一・六ペンス以上の交換

124

125

で銅を受け取る必要はない。——銀行はしばしば六ペンス貨で支払うことによって困らせようとするので、銀の受け取りを強いられるのは、ときに苦難でさえあるかもしれない。しかし彼らは業務をもてあそぶべきではない。これらの鋳貨間の一定の比率は当然確定されねばならず、これは秩序がよく整ったすべての国家では、政府の気まぐれではなく金と銀の市場価格によって〈解読不能〉。もし金が市場で同量の銀の一六倍で売れるとしたら、金と銀の鋳貨は一六対一であるべきだろう。もし金の価値が銀の価値の一四倍ないし一五倍であれば、金と銀の鋳貨は一四ないし一五対一であるべきだろう。この理由で金の価値は銀のそれと歩調をそろえ、それらの相対的な価値は需要に応じて頻繁に変化する。いま二一シリングの価値があるギニーは以前は二二シリングだったが、最初は二一シリング六ペンスに、その後二一シリングに切り下げる告示があった。そして、それ以前は二〇シリングの価値しかなかった[52]。金はイングランドでは、ヨーロッパのその他においてよりも価値があると言われている。なぜなら、ここでは同重量の銀の一六倍の価値があるが、他の国々では銀の価値のおよそ一四ないし一五倍しかないからである。そして、そのためにわが国の銀鋳貨はすぐに消えうせる。ここでは金一ポンドから四六ギニー半を、銀一ポンドから六三シリング六ペンスを得る。それゆえ比率はほとんど一六対一である。他の国々では、それが一四対一である。それゆえ銀は金よりも価値が少ないので、銀一六ポンドはこの王

126

国では金一ポンドしか購入しないだろうが、他の国々ではいくぶん多く入手するであろうから、銀が造幣局から発行されるとすぐに、それを海外に運ぶと利得がある。銀を海外に運ぶ人は国内で得るよりも多くの金を得て、その金を持ち返り、彼が海外で得ることができるよりも多くの銀を得るのである。そして、この方法によって彼の資本を絶えず増やすことができる。そのために銀鋳貨が減少するにもかかわらず、わが国の金鋳貨は、金銀の相対比率におけるこの小さな誤りによって継続的に増加するのである。議会においてこれを是正するためのひとつの提案がなされたが、それが極端に面倒なことが分かったので否決された。他の場所で発行されて一〇ペンス以上の価値のない偽のシリングは、この理由で政府から大目に見られた。それは国民に鋳貨を供給し、鋳造の手間と出費を政府から省き、銀の輸出というこの不都合を――もはや儲けることができないという理由で――防いでいるのである。

［国民の富裕とは何か］

商業の道具としての貨幣の意図は、人間にとって必要な財貨と食料、衣服、住居を流通させることである。食料、衣服などの流通を達成するために使われる部分が多ければそれだけ、国内の食料、衣服、住居が少なくなり、人民への食料、衣服、住居の供給が悪くなる。その逆もしかりである。したがって国民は、流通の媒体の増加によってその富への付加を

127

得るどころか、実際には貧困が増加する。その逆もしかりである。というのは、一国民の富裕を形成するのはこの貨幣ではなく、流通する食料、衣服、住居の豊富だからである。――もしスコットランドにおける貨幣と商品の全価値が二千万ポンドで（多少の増減はあっても）、そのうち一〇〇万ポンドが残りを流通させるのに必要であると想定すると、一九〇〇万ポンドが住民に食べさせたり、着させたりするために残される。もし二〇〇万ポンドがこの目的に必要だとすると――これが銀行預金勘定から見てほぼ実情だが――、人民の衣食住のためには一八〇〇万ポンドしか残らない。したがって、前者では一〇〇万ポンドで生活が維持されるのと同数の人民が流通を維持するために排除されるが、後者では二〇〇万ポンドに等しい食料、衣服、住居が養いうる数の人々が排除される。衣食住の資本を流通させるために必要な量が少なければ少ないほど、残っている資本はそれだけ大きくなる。ただ単にこれらの事物を流通させ、それらを市場に持ち

128

(51) 手稿第二巻81ページ［本書103–104ページ］を参照。

［25］以下、増大・減少とは名目上の増大・減少のこと。

(52) ギニーは、はじめて最初一六六三年に鋳造されたときには二〇シリングの価値があったが、その後二一シリングに、次いで二一シリング六ペンスへと変動した。7 and 8 William Ⅲ, c. 19 (1696) が、一ギニーは二二シリング以上で受け取られるべきではないと規定したが、一六九九年に下院は、その法律がギニーを二二シリングで受け入れることを何人にも強いるものではないと決定し、それ以後ギニーは二一シリング六ペンスに下落した。一七一七年の一二月二二日の布告で最高値が二一シリングに減額された。

込むのに役立つだけで、誰にも衣食住をもたらさず、国民の富裕を増加させないものは死蔵資本にすぎない。これに関して使われるものが多ければ多いほど、その国で消費される生活の便宜品は少なくなる。主要道路は、等しい大きさの他のどんな土地よりも、牧草や穀物をある意味で多く産出すると言われる。というのは、運輸を促進することによって、主要道路は他のすべての土地がより改良され耕作を奨励する原因となり、それによって大量の牧草や穀物が生産されるからである。しかし、それ自身では主要道路は何も生産しない。いまもし、あなたが何らかの手段で――主要道路をまっすぐにしたり、交通を遮断したりすることなくその幅を縮めることによって――道路に使われる土地を減らす方法を考案し、その二分の一を耕作可能にしたとすると、あなたは耕作用の土地をはるかに多くもつことになり、その結果はるかに多く、すなわち道路の二分の一で生産されるのに等しい量が生産されるだろう。何も生産しない多くの空き地は、牧草や穀物などを生産する土地へと転換されるであろうし、ここから食料や衣服が人民のために生産されよう。同じようにして、貨幣は富裕を増大させる。穀物が成長するのが幹線道路の上ではないように、富裕は貨幣にあるのではない。それは、生活の必需品、便宜品の潤沢と人民の勤勉にある。貨幣はそれらの流通に役立つにすぎない。したがって明白なのは、国民の富と資本がこの仕方で利用されるのが少なければ少ないほど、国民のなかの商品と必需品は増えるだろうということで

129

ある。他のものを流通させるのに利用される資本を少なくするのに資するどんな工夫も、公的富裕の増大に役立つであろう。紙幣はこの種の方策のひとつである。スコットランドでの流通を続けるには、約二〇〇万ポンドが必要である。一〇〇万ポンドだけだという人がいるが、銀行預金勘定は、それが二〇〇万ポンドのほうに近いことを示している。それでもし国民の貯えまたは富が二千万ポンドであったら、なお流通させられる一八〇〇万ポンドがある。

　いま、スコットランドの六大銀行が、同時に総計二〇〇万ポンドの紙幣を発行した、と想定するとしよう。これらは銀行信用をもつ商人に配分される。流通している二〇〇万ポンドの貨幣のうち、各銀行が五万ポンドを何らかの緊急需要に応えるために手元に保有すると想定しよう。それゆえ、全六行は三〇万ポンドを手元にもっている。すると流通を続けるために、一七〇万ポンドの金、銀と紙幣二〇〇万ポンドがあることになろう。全部で三七〇万ポンドになるので、流通のための貨幣はほとんど二倍である。というのは（いまの場合がそうであるように）、紙幣は金、銀と同じくらい快く受け入れられ、紙幣を発行した銀行へ行けば、金、銀と交換できるからである。しかしそれにもかかわらず、実質的富が増加した者はいない。もしある商人が千ポンドの価値の銀行信用をもち、そこから紙幣千ポンドを引き出すと、私は依然として千ポンドの富を所有していることになる。王国における流通は買い手の富に依存する。一万ポンドを有する人は五〇〇ポ

130

131

ンドを有する人の二〇倍を流通させ、後者は毎年一〇〇ポンドを有する人の五倍を流通させるであろう。あらゆる賢明な人は、自分の富がこの貨幣によっては増加しないことをよく分かっており、自分の富が増えると考えてより多くを消費する愚者がいくらかいるかもしれないが、大多数と想定される分別ある人々は、前と同じように消費するであろう。それゆえ、（大多数は通常この事柄に関して常識をもって行動するので）交換あるいは流通は前とほとんどまったく同じで、同量の貨幣が交換あるいは流通を続けさせるだろう。前に十分であった二〇〇万ポンドが、なお全需要に応える。国はそれ以上使うことはできず、それを上回るものは何でもあふれ出てしまう。三七〇万ポンド全部を王国で使い尽くすことはできない。それゆえ、ある部分は外国に送られるであろう。紙幣を外国に送ることはできないが、それは紙幣が高い割引率でしか受け取られないであろうし、銀行信用がそこまで広がらないからである。紙幣は最初、キャッシュ・アカウント[26]で商人に配分されるが、商人は彼らが受領する貨幣と同額の手形を振り出し、これによって、一人の商人がおそらく自分自身でもっていたよりも千ポンド多くもつ。国が消費しないので、これを彼は国内で使用することはできない。紙幣を外国に送ることはできないため、彼は自分の鋳貨を、異なった種類の財貨と交換される海外の国々で使用する。こうして本国にもたらされる財貨の量は増加し、より多くの人手がそれらを製造するために雇用されるに違いない。二〇〇万ポンドが流通

132

を続けさせ、三〇万ポンドが銀行に供給される。したがって、総計一七〇万ポンドの——加工され、製造されて衣食住となり一部の住民を雇用する——品物が国に持ち込まれることになる。というのは、それは食料、衣服などになりうる何かと交換に外国に送られるからである。民衆がこれをその年のうちに消費するのは事実であるが、同時に彼らの勤労によってより多くを生産し、それが商人に、来年に備えて、衣食を増加させ人民を雇用するための大量の財貨をもたらすのを可能にするのである。したがって、スコットランドにおける銀行の創設以来、貿易と製造業が次第にかなり増大していることを、われわれは知っている。(53)

すべての勤労は人間の欲望の対象——すなわち財貨や貨幣——を増加させ増産するのに使われているし、使われてきたし、世界の終わりまでそうであるだろう。すなわち、目的としての財貨、手段としての貨幣である。しかし、これらは均等に増加するのではない。最も容易かつ確実に増産する

133

[26] キャッシュ・アカウントは、スコットランド銀行の慣行（『国富論』第二篇第二章を参照）。

(53)「かなりso」は手稿132ページの最終行の末尾にあり、その後に句点はない。132ページは学生が33という番号をつけた手稿の最後の（右）ページであって、原文が再開される133ページは学生が40という番号をつけた手稿の最初のページである。学生が34から39までの番号をつけた手稿は、偶然に製本からはずされたようである。それはLJB 246-253に該当するがLJAにはない。［編注以下省略。手稿の脱落部分は銀行論である］

のは金と穀物のどちらだろうか。金の発見はまったく不確かである。ある人がペルーやアンデスやアペニン山脈の山々へ行ったとしても、現在の貯えに一ギニーも付け加えないかもしれない。穀物はときには金鉱山ほど儲けは多くないが、より確実で、取りかかると滅多に失敗することはない。そして穀物、それにまた他のすべての商品と製造品は金よりも容易に増産されるので、財貨は貨幣よりも大きな比率で増加するであろうし、それゆえそれは貨幣の価格を上げ、財貨は低下するだろう。わがサクスン人の先祖や現在の北アメリカ人のような未開の人々においては、貨幣は莫大な価格であり、とてつもなく希少なので、最も富んだ種類の人々によってしか

134

所有されず、莫大な量の財貨を購入するであろう。彼らがもっている金または銀のすべては、彼ら自身の国の生産物に違いないし、彼らに商業はない。それを発見し鉱石から分離する彼らの腕前は、ほんの取るに足りないものでしかありえない。そういう技術はさらに改良を必要とする。金や銀を採掘し、鉱石から分離する技術は彼らからは期待できない。金や銀を欲望の対象とし、人類のあいだでの虚栄の友人とするあのすばらしい光沢をそれらに与えるために、それらを採掘し、純度を高める技術を彼らはもっていない。[54] したがって、それらは希少で大きな価値がある。――人類がもっと向上し、すべての鉱山が注意深く採掘されるとき、商業が金や銀を潤沢にもたらし、それらの価値は低減する。これが実情であった。ローマ帝国の衰亡からスペイン人による発見[27]まで、

135

西インド諸島での価格は継続的に上がり、それ以降、革命[28]のときにしばらく上がったのを除いて下がっているのである。

一七六三年四月一二日　火曜日

［貨幣と富裕］

私が説明しようと努力してきたのとは非常に異なるこの体系[55]は、先行する著者たちによって暗示されていたが、マン氏がそれを正規の体系に形作った最初の人であった。[56]――以来、多くの著者がそれを採用した。ロック氏は同様にそれに従い、いくつかの修正によって、確かにいくらかより哲学的な雰囲気と蓋然性のある外観をもたせた。彼は穀物、衣服、畜牛などの他の商品が一国民の富の一部であることは認めたが、同時に彼が断言したのは、それらは腐敗しやすいので富の小さな、少なくとも重要でない部分をなすにすぎず、他方で金、銀はその耐久性によって、国民がすべての緊急時にそれに頼り、それによって国民の生活が豊富で富裕に維持される富の実質的部分になったということである。[57] しかし、ほんのわずかでも注意すれば明白なのは、他のすべての商品の腐敗しやすい性質は、それらを使い尽くすことができない金、銀に対して劣ったものにすることはなく、他のすべての商品の実質価値をより大きくするものこそ、その消費可能性である、ということである。それがこの国では商品にその価値を

136

与えるのである。そして、こうして消費されるものが国産であるか外国産であるかはまったく重要ではない。消費が大きければ、大量のものが作られる引き金となる。それが国内で作られれば、民衆によって大量に作られるべきものがあるということになり、こうして勤勉と製造業を奨励する。もしそれが外国産であれば、それと交換される需要を満たすために、他の製品が大量に国内で増やされねばならない。自分の商売に勤勉なあらゆる人は、自分が破壊し消費しうる以上に生産するので、勤勉を奨励する消費は富裕を促進する。現金（あるいはそれに代わる何か）は一国の富の最小の部分をなすのを、われわれは知るだろう。グレート・ブリテンにおける現金についての最も高目の計算は、それが三千万ポンドを超えないとしている。おそらくそれはもっと少ないであろうが、どの計算でもそれ以上にはなりえない。これはどう見ても国民的富裕の非常に小さな部分にすぎないに違いない。このことの一つの証拠として、国債はいまおよそ一億二千万ないし一億三千万ポンドである。国債の利子がこれほど容易に支払われているので、これは非常に大きな負担ではないに違いない。もし、国富がわずか三千万ポンドにすぎなければ、全体の五分の一ないし六分の一であろうから、調達が不可能となり利子は支払われえないだろう。三千万ポンドは疑いなく国の資本または富裕に対して非常に小さな割合に違いない。もしグレート・ブリテンに千万の住民がいて、それぞれが一年に一〇ポンドを消費すると想定すると、消費は全部で

137

一〇〇万ポンド[29]に達する。この計算は途方もないものではない。というのは、実際に見なければその大きさを思い描くことがなかなかできない、富裕層の節度のない消費を考慮すると、それが、他の人々のより少ない消費を十二分に埋め合わせると考えられるからだ。子どもの消費は到底それほど大きくはないが、消費が一〇ポンド以下の大人はほとんどいないし、富者の奢侈は生産を増加させることによって貧者により多くのものを提供する。軍人一人の年給は九ポンドで、このほかに彼は後払い金として衣服や住居のためにほぼ三ポンドを保有しているので、彼の消費は一二ポンドに達する。確かに他の人々の消費はしばしばこれより少ないが、別の人々の奢侈は優にこれに匹敵する。それゆえ、消費は一億ポンドに

138

(54) fave not は have not の誤記であろう。

[27] スペイン人による銀山の発見と開発は現在のメキシコから南アメリカ大陸にかけて行われ、西インド諸島とはあまり関係がなかった。

[28] 名誉革命（一六八八年）のこと。

(55) すなわち、一国民の富裕はその国民の金銀の貯蔵量にある、あるいはそれによって測定されうるという理論または仮説のこと。この原理はほとんど確実に、手稿133の前に抜けている節で議論され、批判されたであろう。［注53の推定によれば、トマス・マンとジョシュア・ジーの理論］

(56) *England's Treasure by Forraign Trade*(1664).

(57) この事柄についてのロックの見解の説明は——完全に忠実というわけではないが——おそらく *Civil Government*, §§ 46-50 にもとづいている。

[29] 一億ポンドの誤記であろう。

達することになる。これを供給しうる資本は格段に大きいに違いない。というのは、資本が人民の勤勉によって一〇％以上を生み出すとはほとんど想像できないからである。また、勤勉な人民の製品が市場に持ち込まれるまで、彼らすべての生活が維持されるのは、この貯えられた資本を使ってであるからだ。それゆえ、これを生産した資本はおよそ一〇億ポンドであるに違いない。こう見ると、戦争の途方もない出費 139 に、王国でどのようにして二千万ポンドが割かれたのかを思い描くことは容易である。だがもし資本がわずか三千万ポンドであったとしたら、資本の三分の二を最大級の暴動なしに割くことができたとは、ほとんど想像できない。五分の一ないし六分の一ですらそれなしで済ますことはできなかったであろう。だがもし資本が一〇億ポンドであれば、それは大きな減少ではない。この場合、現金は資本の小部分にすぎない。ウィリアム国王の時代に課された、当時一ポンドにつき四シリングまたは地代の五分の一ということになっていた地租は、イングランドだけで二五〇万ポンドに達した。もしこれが五分の一ならば、地代の総額は一二五〇万ポンドであったろう。しかし、よく知られているのは、たいていの州で地代登録簿[30]は実際の地代よりもはるかに低額で提出されており、その当時でさえそれは一ポンドあたり二シリング以上ではなかったということである。しかし、正しい地代登録簿が提出されている州でさえ、土壌はよく改良されたので（特に、田舎がよく耕作される原因となる良い効果をもたらした穀物

140 補助金以降）それは地代の三分の一を超えなかったであろう。そして、四シリングと言われるのが実質地代一ポンドあたり二シリングに等しく、したがって地代がおよそ二五〇〇万ポンドであろうと言えば、全体としてそれは十分な推定額である。イングランドの土地の地代は、生産物の三分の一を上回ると計算することはできない。それは実際、それほど多くはないのである。なるほどこの国の低地部分のすべてでは、一般に法外な地代というほど地代が最高率なので、地代はその割合であろう。しかしイングランドはより富裕な国なので、農業者の報償はそれだけ高いに違いない。生計を立てられず飢餓寸前の人は、彼に生計を与えるどの契約も、それがどんなにみじめであっても受け入れるだろう。しかし、それだけで数年間自分の生活を維持できる貯えをもつ人は、少なくともかなりよく儲かるもの以外の契約は受け入れないだろう。そして、これがイングランドの農業者の多くの実情なので、地代はめったにそう高くはない。だが仮にそれが生産物の三 141 分の一であったと認めると、生産物は七五〇〇万ポンドの価値であるに違いない。もし作物を維持するために必要な種子、畜牛という資産を保持する出費、およびその他すべてのために一五〇〇万ポンド――これは確実に必要以上だが――を取り除くと、畜牛、穀物と他の土地の生産物の年々の消費に六千万ポンドが残る。というのは、この七五〇〇万ポンドはまったく製造業を含まず、土地の自然のままの粗雑な生産物――脱穀する人から得た穀類、羊毛を刈る人から

得た羊毛、亜麻摘みする人から得た亜麻、えさをやる人から得た畜牛など——の価値だからである。いま、穀物をパンとビールに転化し、羊毛や麻をさまざまな種類のすべての衣服に加工するために投入されたすべての勤労が、それらに四千万ポンド以上の価値を、すなわち全部で一億ポンドを作り出すとしなければ、それゆえここでの生産物(58)が一〇億ポンドを大きく下回ることはありえないと言うのでなければ、とても不思議である。そのうえ、あらゆる人が、全体から見て決して多すぎない、一人頭一日あたり六ペンスをもっていると想定したら、彼はこのうち、パンとビールに二ペンス、肉屋の肉に二ペンス、衣服、住居などの他の必需品に残りの二ペンスを必要とするだろう。これは軍人の、後払い金なしの年約九ポンドの報酬とほぼ同額で、これを一人頭と解釈すると国民の年々の消費は九九〇〇万ポンド、あるいは一億ポンドになると言っていいだろう。したがって、あらゆる面で三千万ポンドの現金はグレート・ブリテン王国全体の資本のなかでは非常に小さな割合である。しかし、おそらくそれは三千万ポンドよりずっと少ないだろう。流通を続けるのに要する貨幣量を判断するためにわれわれがもっている唯一の方法は、土地資産の地代の額である。これは、地租の計算によると半年で一二五〇万ポンドにすぎない。地主は実際、他のすべての人々に支払っている。彼らは抵当権を清算するために地代を注ぎ込み、あるいは執事に報酬を払う。その一方で彼らは、小売店主やパン屋や肉屋に支払う。そしてそのうえ、

142

国内であれ海外であれ、財貨を彼らに供給する大商人や地方の他の取引先に支払う。その結果、地代は国中を流通し、すべての国民に支払われる。それは土地保有者の手元に集められて、それを彼らから受け取った地主によって再び分配される。ここから生じるのが、支払い期限の前には貨幣の大きな不足があり、しかしその後大いに豊富になり、その他の支払い期限がたいていすぐあとにやってくるということである。この期限の前に土地保有者はそれを集め、その後、それはすぐに王国中に満ちわたる。それゆえ、それは少なくとも一二五〇万ポンドに達するに違いない。全部が土地保有者の手元に収集されるのではないのは事実である。そして、もしあなたが他の取引のために、そのときに必要とされうる以上に、もっと多くのものを見込むとしても、それは二五〇〇万ポンドを超えないだろう。一度にそれ以上どこで使用されるのか、それ以上どこに存在するのか、われわれは示すことはできない。別々の時期により多く使用されることを示しても何も証明しない。一二五〇万ポンドが流通に絶対に必要であって、これと、これがない場合に職業を続けるのに許される別の一二五〇万ポンドのうち——この国ではそれほどの大きさではないが——大部分が銀行券であることを考慮すると、二八〇〇万ポンドあるいは二千万ポンドという計算ですら十

143

144

[30] 地代登記簿 rental は、土地の広さや保有者の名前等が記載されている地代徴収の基準となる帳簿。

(58) produce は the stock which produced this とすべきだろう。

分である。王国の富のなかで現金の部分は、資本の全体に比較するときわめてわずかな部分にすぎない。

　それゆえ、貨幣は国家の富裕がそこに存するものではありえない。もしそうであったら、資本全体の三分の二である戦争に必要な経費は調達されえたはずがない。しかし、資本を一〇億ポンドと計算すると、それがほとんど影響を受けないのに驚く必要はない。確かにこの体系を支持して述べられるのは、あらゆる人が職業をやめると彼の貯えを売り払い、それを貨幣に変えようと努力するということである。貨幣は彼が目当てにする偉大なものであり、かなりの量をもつことを彼は望んでいるというのだ。しかしそれは、彼がその理由で何かそれだけ富者になるからではないし、貨幣そのもののためでもない。むしろ彼が欲しうるすべての種類の財貨―― 145 パン屋、肉屋、ワイン商、服地商などからのもの――を確実に彼が思いのままにしうるからである。彼は、それらのうちの一人に一五〇ポンドを与えることによって、彼らが欲していない一定量の麻布で購入しようとした場合よりも容易に、財貨を購入できる。同様に彼は土地資産、あるいは年金受領権をずっと容易に購入できる。彼が一五〇ポンドを与える職人は五〇ないし七〇ポンドの額の物質を彼に与え、五〇ポンドは自分の職人のために保持し、残りはその職人自身が自由に使う。そして、これを彼は貨幣以外の他のどんな方法によってもできなかったはずである。彼は楽にくつろいで暮らすことを望み、この目的のために貨幣を望むのであり、それは貨幣それ自体のためにではなくて、貨幣が快適な生活資料を彼にもたらすからである。貨幣それ自体を最大限に尊重しているように見える守銭奴[59]でさえ、貨幣それ自体に喜んでいるのではなく、以下のように考えて喜んでいるのである。それは、彼が貨幣をそういうものとして喜んで使用するとき 146 に、潤沢の手段になりうるものをもっているという考え、また窮乏に落ち込む不足や危険の余地はないという考えである。貨幣はどんな人間の欲望の究極の対象でもない。しかし、われわれは一般的に貨幣より先を見ないで、普通にわれわれは貨幣を欲すると言うので、大量の貨幣が一国民の目標であるべきだという意見を彼らはもってきたのである。この体系はこの国や他の国民の実践において、貨幣量を増やそうと努力することで、〔それらが〈　〉を増加させるのに寄与するというので、一部は無駄な、一部は有害な〕［145裏］多くの誤りを引き起こしてきた。その貨幣量は流通の媒体以外に役立つことはない。そして、流通の媒体を超えるものは何であれ死蔵資本であり[60]、外国に送られたとしたら国民の勤労と富を増大させた収益をもたらすはずのものであった。

［**鋳貨の輸出禁止**］

　これらの有害な規制のひとつで、多くの国で実践されてきたのが、鋳貨と地金の輸出禁止である。私が前に述べたように、鋳貨を輸出することはいまもなお国王に対する重罪であり[61]、この禁止は以前には地金にも及んだ。ウィリアム王の治 147

世まで、ブリテンには縁どりがある貨幣と縁どりがない貨幣の二種類の貨幣があった。これらのうち前者は（現在しばしば実践される〈　〉の技術がその頃は知られていなかったので）削り取られたり、破損されたりしにくかった。後者はこの仕方で非常によく傷つけられ、おそらく価値の八分の一が減損した。これは世間の激しい抗議をまき起こしたが、鋳貨が担うべきであった価値をもっていなかったので、これにはなるほどある理由があったし、大きな混乱が続いて起こりそうであった。これに対して議会は、削り取られた鋳貨をすべて回収して、正しい重量と基準に即して同一の名目価値を与えるという一般的な決議に達した。これはそれ相当に行われ、改鋳と削り取られた鋳貨の損失をあわせて、国民に二〇〇万ポンドを費やさせた。こうして国民に貨幣が供給されたあとになされるべき次のことは、それが海外に運ばれるのを防ぐことであった。この目的のため、貨幣輸出を重罪とする古い法律が復活され、その規制の自然の帰結として地金の輸出もまた死刑に値するとされた。しかしながら、この後者の規制はまもなく廃止され、地金は一定の規制と指導の下で輸出することが認められた(62)。これが認められなければ外国貿易は続くはずがなかったので、商人たちはこれを絶対に必要だとみなし、それゆえ規制が廃棄されるべきことを請願し達成したのであった。しかしながら、国内にある正貨の量が多ければ多いほどそれだけ良いというのが、支配的な見解であった。それはいくらあっても十分ということはありえない、と

人は考えたのである。この理由で、地金の鋳造が、その価値を増大させると考えられて奨励されたのだ。その目的のために貨幣鋳造は費用がかからないようにされ(63)、造幣局に一ポンドの〈金〉を運んできた人は誰でも、何らかの代価を払うことなく全体を四四ギニー半で、あるいは一ポンドの銀を六三シリングで受領し、それを渡す役人にただ数シリングを払うだけであったが、これでさえまた禁じられた。――地金を貨幣にすることは公共の富裕を増大させると想像された。しかしギニーやシリングは、実際にはそれに含まれている金属と等しい量の地金の価値しかない。それゆえ、鋳造された金は同じ重量の鋳造されていない金塊よりも高い価格を決して有することはできない、ということになった。というのも、もし一ポンドにつき六ペンスでも高ければ、人はそれを造幣局に送って鋳貨に変えるだろう。それゆえ、鋳造されていない金はつねに鋳造された金と少なくとも等価でなければならない。通常それは、輸出により適していて、何らかの処罰を受ける危険から免れているのでより高価である。そして、金塊は鋳造された金属よりも手に入れにくいので、それに伴う処罰にもかかわらず(64)、大部分の鋳貨は坩堝に入れられる。そ

(59) appear places は appears to place の誤記であろう。
(60) Harris, I, 51.
(61) 事実ではない。Hale, I. 655. 本書319ページ参照。
(62) 15 Charles II, c. 7(1663).
(63) 18 and 19 Charles II, c. 5(1666).

れは瞬く間になされうるので、愚か者でない限り発見されることはありえない。もし人が銀行から多くの貨幣を受け取ったと知られても、彼がそれをどう処分したかを調べることは誰の業務でもないし、突き止めることはできない。というのは、その貨幣がたとえなくなっても、彼がそれをどこで処分したのかを言うよう強制することはできないからである。このように、これらの規制は大いに無駄である。しかしながら、効果をあらわす限りそれらは有害である。というのも、それらの規制は、自然に適切である以上のものを流通の水路に投げ込もうとするからである。これは流通に必要なものを上回ることはできないし、それよりずっと下回ることもできない。貨幣不足の不安はありえない。というのは、もし少なすぎれば、それはすぐに財貨の輸出によって供給されるだろうし、多すぎれば正貨でまたは溶解されて、財貨と交換に海外へ送られるからである。そして金と銀には、溶解されてもほとんど何も失わないというひとつの特有の利点がある。あらゆる金属のなかで最も不変なので、二〇回溶解されても銀はほとんど失わず、金はまったく何も失わない。鋳造が無料で行われる場合、それは地金のみならず鋳貨の溶解と輸出を奨励する。しかし、貨幣の鋳造に少し税が課されたら、これはすぐに妨げられよう。鋳造された一オンスの金または銀は以前よりも交換に適し、鋳造にはある費用がかかる。それゆえ、それはより大きな価値があるので、より高い価格がついても合理的である。そして造幣局長官は一ポンドの金を四四

150

ギニー半で支給するのではなく、鋳造されていない四四ギニー半の価値の金を四五ギニーに換えることができよう。そうすれば鋳貨を溶解したり輸出したりする気は起こらないであろう。しかしながら造幣局長官は、鋳造に対して彼が欲するどんな代価も受け取ることを許されるべきでない。というのは、彼が唯一の貨幣鋳造者となり鋳造の独占権をもつべきだからだ。それゆえここで必要なのは、他のすべての独占と同様の定価あるいは法定価格である。これによって毎年、鋳造に費やされている一万四千ポンド(65)が節約され、他の目的に投資されることになるだろう。このように、輸出の禁止は大いに無駄である。しかしながら多少は有効であり、有効である場合はそれが国内で商品の価格を上げるだけではなく、それらを不利な価格で輸出させる。ポルトガルはわが国の穀物や他の財貨と交換に、貨幣以外に、ほとんどあるいはまったく与えるものがない。それゆえ、もし貨幣の輸出が厳格な処罰で禁止されれば、何らかの商品を買うポルトガル人の商人たちは、自然価格と運輸費に必要とされる価格を払うだけではなく、イングランドの商人たちが国からそれを持ち出すのに冒す危険についての価格も支払わなければならない(66)。そこにいる人は皆、国から貨幣を持ち出す難しさを知っている。商人ではないほとんどすべての人が、ひとつずつ貨幣をポケットに入れて船に載せて運ぶために雇われるに違いない。もしこの禁止が解かれれば、より多くの金と銀が王国から運び出されるかもしれないが、そのときにはより多くの財貨が、し

151

かも貨幣の相違よりももっと良い価格で持ち込まれるであろうか。現在の状況下で買う際の不利が取り除かれるであろうからだ。外国の財貨が自国の財貨よりも安く手に入るので外国の財貨をもつことが必然となるが、この手段によって安く売り、高く買うよう強いられるのである。貿易差額はこのように彼らに不利なので、彼らは差額を現金で払わねばならない。そして鋳貨あるいは金属の輸出が禁止されると、価格はさらに高くなるに違いなく、より少ない財貨により多くの貨幣が支払われるに違いない。

第二に、不必要な富のあらゆる蓄積は、どんなよい目的にも一切、役立つことはできない。それは国に何ももたらさないそれだけの額の死蔵資本で、国内の生産物を害し輸出を妨げる。貨幣が増加すれば、財貨と労働の価格は比例して増加するに違いなく、それらは安く売ることができず、他の国民すべてによって安値で売られるので、勤労は行き詰まるであろう。外国では何も販売することができず、他国はすべてより安く作るので、他国の財貨が持ち込まれるであろう。そしてそれらの輸入が禁じられても、大きな利潤があるときにはどんな禁止もそれを妨げないだろうから、それらは密輸されるであろう。貨幣は確かにこの仕方で王国から流出するだろう。しかし、アメリカにおけるスペインやポルトガルの鉱山のように、なお供給があれば、たとえ入ってくるのと同じ量の貨幣が出て行っても、不自然に高くせき止められるかもしれない。それは川の堰が、（上端まで到達したあと）そこへ流

153

入するのと同じ量が流出して行くにもかかわらず、水位を高く保つのと同様である。これによって労働の価格はなお不自然に高くあり続け、その結果、他国すべてがそれらを安値で売り、彼らの製造業は、他国が安く供給できるので、自国にさえ十分供給しないだろう。(67) スペイン産の羊毛はこれまで発見されてきた限り上等な布地の製作には絶対に必要だが、スペインから輸出されたことはない。われわれが他愛なくわが国の羊毛に帰属させてきた性質、すなわちそれなしにはどんな布地も作れないし、またそれを国内に留められればわれわれはあらゆる衣料の取引を独占するだろうということは、実際にはスペインの羊毛の実情であると思われる。にもかかわらず、スペイン人は決して羊毛を販売のために製造しなかった。すべての商品の貨幣価格の高さが、スペイン人が他国の役に立つことを不可能にしており、彼らは自分たちのところに密輸される他国の財貨によって供給されてもいるのである。――これが、スペインとポルトガルの苦難の、数ある原因のうちのひとつの大きな原因であるように思われる。それが彼らの勤勉を損ない、資本を減少させ、富裕を破壊しているのである。

154

(64) 6 and 7 William Ⅲ, c. 17(1695).
(65) 判読が疑わしいが、数字はあるいは六万四千かもしれない。しかし、LJB 260では「およそ一万四千以上」とされている。
(66) John Law. *Money and Trade Considered* (1705), II. 25.
(67) Hume, 'Of the Balance of Trade', *Essays*, I. 333–4.

第三に、この体系のもうひとつの悪い帰結は、いくつかの職業あるいは職業部門を不適切、不条理に奨励し、他を抑圧し禁止することである。というのは、いくつかの職業では負の差額があるように思われるので、これらは王国から貨幣を引き出し、王国の富を減少させるに違いないからである。それゆえ、これらは有害であり、制限された。差額がわが国にとって有利な職業は貨幣を王国にもたらすに違いないため、非常に注意深く奨励された。この理由で、フランスとの貿易はあらゆる部門で水を差された。というのも、フランス人はわが国にある産品や製造業をすべてもっているので、わが国の産品や製造業への必要はなく、そのうえ、それらの双方にわが国がもっていないものをいくつかもっているので、それらのために貨幣が送られねばならないからである。――それの一方でポルトガル人は、わが国がもっている産品や製造業を自国でもたず、それ以外のものもほとんどないため、わが国にすべて貨幣で支払いをするので、彼ら［との貿易］は大いに奨励された。これによってポルトガル人はわが国にほとんど唯一、果実とワインを供給しているが、それらはより勤勉でなくより遠方の国からのものなので、高価であるだけでなく、品質が劣ってもいる。しかしながらフランスとの貿易は、彼らが人民の勤労によって作り上げられたより多くのさらに多様な財貨を提供するだろうから、はるかに有益だろう。

一七六三年四月一三日　水曜日

昨日私は、一国民の富裕が鋳貨と貨幣にあるとする体系または理論に由来する、実際の悪しき諸効果について説明を始めた。これらのうちの第一のものは、鋳貨と地金の輸出についての規制であった。貨幣を蓄積することと富を蓄積することは、一個同一と考えられた。それゆえ、得ることのできた貨幣をすべて国に持ち込み、国から貨幣が少しでも出て行くのを防ぐために、あらゆる方法が取られたのである。このために、ペルーで銀鉱山を発見したがブラジルの鉱山を知らなかったスペイン人は、すべての銀を思いどおりにできると想像して、もしすべての銀を国内で自分たちだけで独占できれば、彼らがヨーロッパで最も強力になるだけではなく、最も富んだ王国を生み出すと考えた。だからスペイン人と、のちにはポルトガル人が同じ計画によって、金と銀の輸出を禁止したのであった。私が言ったように、これは大いに無駄であったが、それは彼らにとって不利な貿易差額が、金と銀で流出するに違いないからである。彼らが欲する財貨は同じようにすべて割が悪く売られる。イングランドの商人から買うポルトガルの商人は財貨の価格を支払うだけではなく、貨幣を持ち出すのに冒す危険に対して三、四、五％あるいはおそらく一〇％を支払うのである。イングランドの商人は対価を得

るとき、決して〈?〉持ち出せない危険を冒すので、この危険に対する保険として商人からさらに何かを受け取るのであ
157 る。これらの規制が有効である限り、それは有害でもある。それらは貨幣を不自然に高くせきとめ、貨幣が出て行っても、等量の貨幣が入ってくるので堰はなお貨幣を保有し続ける。これは流通に必要な量以上なので死蔵資本として彼らの負担となり、何かの手段によってそれが流通の水路に無理に入り込まされるときには、あらゆる事物を不自然に高い価格まで上げる効果を生むにほかならない。もしこの堰に穴があけられると、これらの王国から出て行く金は、まもなく事物をその自然価格にもたらすであろう。金と銀はより少ないであろうが、財貨(68)はより潤沢により低い値段で持ち込まれるであろう。流通の水路はこの堰によってまったく満杯に保たれてしまい、すべての財貨と労働は極端に高価なので、外国市場のために何も作ることはできない。その国の自然の生産物以外でスペインから来たものは、かつてどんな国でも見られなかった。〔スペインは、その砂を含んだ丘がすべて素晴らしい草で覆われているので、世界で最も上等な牧羊国であ
158 る。〕［156・157裏］スペインにはヨーロッパの広幅織物にとって不可欠の羊毛があるが、それにもかかわらず、市場でかつてスペインの広幅織物を見た者はない。あるいは、他のどんなものにも出くわすことはできない。スペイン産で唯一、出くわすことができるのは果実とワインであるが、それはその上等な国のほとんど〈唯一の?〉自然の産物である。われわれが出くわす他の唯一の産物がスペインの鋼鉄で、それは格別に素晴らしい品質だが、その量はごくわずかにすぎない。規制はウィリアム国王時代のブリテンでもなされた。これらについては、鋳貨の溶解と輸出に関する悪い帰結、およびそれが矯正されうる方法とともに、すでに言及した。しかし、この種のすべての試みは、流通の水路は決して一定量以上を含むことはできないので、無効であるに違いない。

〔貿易差額〕

それはまた、貿易と商業の規制に関連して他の多くの悪い結果を生み出した。貨幣は王国の唯一の富だったので、王国から貨幣を運び出す貿易は致命的だとみなされ、その一方で
159 貨幣を持ち込む貿易は高度に有益だとみなされた。それゆえ、フランスとの貿易は王国から富を運び出すと考えられたので阻止されたのであった。フランスにはわが国にあるすべての産品とたいていの製造業があり、わが国にないさまざまな製造業と自然産品がある。フランスにはわが国にないワインがあり、また最高級のケンブリック[31]を作るためのリントの一種は、この国では育たないであろう。それゆえ、フランスからわが国への輸入は、フランスへの輸出を超過するので、差額は貨幣で支払わねばならない。それゆえ（この考えに従

（68）godds は goods の誤記であろう。
［31］フランスのカンブレー原産の高級麻布。

って）それらの貿易は阻止されたのであった。その結果、フランスとの貿易はわれわれに対して、ほとんどまったく施錠されてしまった。多くの商品には禁止に等しい高関税が課され、ケンブリックのような他の商品は明示的に禁止されたのである。これらはひとつにはこの点を考慮したことに発しており、ひとつには彼らが相互に供給することを決して喜ぶことができない国民相互の敵意と嫉妬に発している(69)。公正に考
160
えれば、自由な商業が双方に有利に見えるに違いない。個人間ではそうであるに違いないし、その一方がおろかで取引契約を明らかに破綻させるのでない限り、慎慮ある人間のあいだではいつも有利であるに違いないことをわれわれは知っている。というのは、交換のまさに原因が、あなたは私の財貨を、私がそれらを必要とする以上に必要とし、私はあなたの財貨を、あなたがあなた自身に必要とする以上に必要とすることに違いないからだ。そして、取引契約が普通の慎重さで執り行われれば、それは双方にとって利益になるに違いない。それは国民に関しても同じことである。彼らが慎重に行為すれば、交換はいつも利益になるに違いないし、慎慮ある人間の数は双方でほとんどまったく同じであろうし、これは相当な部分であろうから利益は相互的であろう。というのも、他国の国民が、自分の国のものを必要とする以上に交換を必要としていることは明白であり、これは双方の実情に違いないからだ。たとえば、最もありそうもないのだが、一例をあげよう。もしクラレット[32]が、ここではフランスにおいてよりも価値が小さかったならば、あるいはそれが彼が取り寄せるために支払った貨幣のここでの価値より小さかったとすると、彼にはそれを注文する気が起こりえないだろう。彼がフランスに支払うよりも、ここで多くを得るのでなければ、彼はそれを輸入しないだろう。おそらく彼はここで一一〇〇ポンドの価値があるであろうものに、フランスには千ポンドを支払うだろう。この金は国民から送り出されるが、国民の
161
富裕を増大させる大量のワインで戻ってくる。金は長期間、長持ちし、クラレットはきわめてすぐに消費されるのは確かに事実だが、これは大した違いではない。一国民が所有するすべての事物は、何の目的に寄与するのだろうか。人民の生活を維持するという目的だけではないのか。そして、どうすればこのねらいに応えることができるのであろうか。それは、消費することによってである。ある事物を有益にするのは消費可能性である。これらの必需品の最大量を生産する以外に勤労は何の目的に寄与するのだろうか。それゆえ、それらが消費される時間がどれほどであるかは、三年でも三〇年でも三〇〇年でもたいしたことではない。商業と勤労は前者［金］によってよりも後者［クラレット］によって促進される。商業と勤労の業務は、国民の消費のため、あるいはある商品をもっと欲されている他の商品と交換するために、生活必需品の最大量を生産することである。分業はこの交換力に依存しているが、諸君すべてが得心のいくように示したように、分業は製作されるさまざまな事物のより多量の生産を引
162

き起こすので、富裕の大きな基礎である。生活必需品の生産が勤労の唯一の利益である。もしあなたがそれを使わなかったら、最大の富裕の利益は何であろうか。数多くの人手を雇い、技術の開拓を大事にする利点は何であろうか。富と勤労のすべての利益は、あなたがより多くの人手を雇うか、すでに雇われている人々により快適な生活資料を与えることかであって、適切に続けられればこのねらいに応えない職業はない。このねらいには一定量の貨幣が必要であるが、それは残りの商品の流通を促進するためである。この金を国内に留めておくことが何の目的に役立つのだろうか。流通の水路はいつもひとりでに十分に満ちている。もしそれがとぼしくなれば、貨幣はすぐに他国の四方八方から流通の水路に押し寄せるか、あるいは国内の食器類が溶解されて鋳貨に転化されるであろう。もし貨幣が多すぎると、それは輸出によって外国の国々へ行くか、溶解されて減少するに違いない。したがって貨幣は、財貨との正しい比率以上に満ちることも、それ以下に減少することもありえないのである。いま貨幣が普通そうであるように適正な〈解読不能〉であれば、何のために、あるいはどうやって、それにそれ以上を付け加えるのであろう。あるいは、それ以上を付け加えうるのであろうか。三千万ポンドがその目的すべてに応えるのに、なぜそれ以上が付け加えられるべきなのか。普遍的に認められているのは、輸出のどんな部門でも完全に禁止することは、製造業の部門や改良にとって有害だということである。この点についてはは疑

163

問がないので、これが実情であれば、どの一国への輸出も妨害することは、その国に供給するのに必要なぶんだけ少なく生産されるであろうから、害があるに違いない。そしてこの損失が最大となるのは、輸出や交通が最も儲かる国への輸出が禁止される場合である。もし最も富裕で最もよい国への輸出を禁止することに害があるとすれば、この商品と、その国が提供する最もよく、最も儲かる商品の交換を禁止することも害があるに違いない。織物と穀物の禁止は絶対に害があるし、それゆえフランスへの輸出を禁止することも、そこで売るために育成されるであろう穀物と織物はもはや必要がなくなるため、害があるに違いない。そして、もし穀物と織物をクラレットと交換に輸出することを禁止すると、そのワインを購入するために織物と穀物を育成するのに必要な勤労をすべて禁止することになる。ここで人は、次のように言うかもしれない。そうだ、われわれはクラレットと交換にあなたが穀物か織物を送るのを認めるべきなのでしょうが、あなたが送るのは金です、と。しかし、それが金であっても穀物であっても相違はない。一方は他方より少しも望ましくはない。この貨幣は、もし国内にとどめられていれば勤勉にとって非常に有害である。そして、それは直接にフランスにワインと交換に国外送金されるかもしれないし、あるいはまずブラジ

164

(69) Hume, 'Of the Jealousy of Trade', *Essays*, I. 345 ff.
［32］フランスのボルドー産の赤ワイン。

ル[33]に金と交換に送られるかもしれない。あるいは同じことだが、すでに金がポルトガルへ持ち込まれていて、のちにフランスにクラレットと交換に送られるかもしれない。というのは、財貨が送られるか、あるいはそれらと交換に受け取る貨幣が送られるかはどうでもいいことだからである。したがって、あなたがもしクラレットの輸入を止めれば、スペインへの輸出向けの製造業を、直接禁止した場合におとらず有効に止めるのである。これらの禁止は、それがフランスを傷つけ
165
る以上にわが国自身を傷つける。彼らを互いに悪意と敵意にかりたて、どんな生活の便宜品も供給されるのを拒むこれらの国民的嫉妬はすべて、商品の交換を減らし、分業を阻害し、両国の富裕を減少させるに違いない。フランスとのあらゆる商業は現在、ある意味で禁止されている。両国民は彼らのあいだでなされるであろう相互交換の益を奪われている。これによって双方は貧窮化するが、二国のうちでより富んだ国であるブリテンはより貧窮化する。というのは、公正に続けられているすべての交通では、両者がその財産を向上させるに違いないが、もし一方が富んでいて他方が貧しければ、多くの理由で富んだ国が他方よりもその財産を改善するからである。——他方で、ポルトガルとの貿易は、差額がわが国に非常に有利でそれによって貨幣を得るに違いないので、大いに奨励されている。しかし、もし交換が必要とする以上に貨幣があるとしたら、それは何の目的に役立つのだろうか。もしそれが国内にとどまっていたら害があるし、それゆえ外国に送られるかあるいは他の仕方で流通の水路から追い出されるに違いない[70]。——自由貿易によるポルトガルとの交
166
換は、フランスとの自由貿易よりもかなり劣っており、したがって儲けが少ない。ポルトガルには約二〇〇万人の人がいるが、他方のフランスには約二千万人がいる。フランスと行われる交換はたぶんポルトガルとの交換の一〇〇倍であろうが、フランスとの自由貿易はそれゆえポルトガルとの交換よりもはるかに勤労を喚起するだろう。すなわち、二千万人の一社会は、製造業者の一社と同じように、より貧しくより数の少ない二〇〇万人の社会に比べて一〇〇倍多くの交換されるべき財貨を生産するということである。確かにフランスはイングランドよりも、あるいはスコットランドの低地地域よりも貧しいが、スペインやポルトガルに比較すると著しく富んでいて、そこにはすべての製造業がはるかに潤沢であるのを見出せる。ポルトガルとなされるひとつの交換で、フランスとであれば一〇〇の交換がなされ、両国との自由貿易によって喚起される勤労は同じ比率であろう。フランス・ワインの輸入を禁止することによって、われわれはフランスから供給されるよりも高価格で低品質のポルトガル・ワインをもっぱら供給されている。私がこの例に言及したのは、それが外見上最も重要性が少ないもののひとつだからである。しか
167
し、ワインはたんなる奢侈品だと言われるだろう。だがそれは、こしょう、砂糖、茶、コーヒー、たばこ、染色材料、薬品などに比べればそうではないし、われわれの貨幣でよいワ

インを飲みたいと望むのは、他のどんな商品について望むよりも少しも不合理ではない。

自国にとって不利な貿易差額で破滅する国民はありえない。ジーの著書[71]を調べてわれわれが発見するのは、西インド諸島に対するわが国の差額が大幅に不利なアメリカ植民地に加えて、スペイン、ポルトガル、アイルランドを除くヨーロッパの全国民との貿易差額がわが国にとって不利なことである。このことをジーは、われわれが差し迫った破滅の危機に瀕していると表現している。そしてスウィフトが、六年ないし七年でアイルランドには一シリングあるいは一ギニーも残らなくなるであろうと想像した――にもかかわらず、アイルランドは急速に進歩している――のと同様に[72]、ジーは破壊的で破滅的なこの外国貿易に何か歯止めがなければ、イングランドは短期間にまったく破滅するだろうと想像していたように思われる。確かに外国貿易がイングランドの破滅の原因になるだろうというのは、チャールズ二世の時代以来の声であったが、それにもかかわらず、国民は財、力、富裕において継続的に改良してきた。そして、貨幣が不足したとしても、いまでは貨幣はかつてより潤沢かつ平易に調達される。非常に賢明であったアン女王の大臣たちによって調達された最大額は、六〇〇万ポンドを超えなかった。だが、ペラム氏は一年で千万ポンドを、ピット氏は二三〇〇万ポンドを、それ以前になされたよりもはるかに容易に調達した[73]。海運は破滅したとわれわれは不満を言ったが、船の数とわれわれの力

はあらゆる点において増大していることが分かる。事情は他の国でも同じである。フランス、ホラント、イタリアはみな貿易差額が自分たちを破滅させるだろうと不満を言ったが、それにもかかわらず彼らは継続的に改良している。かつてこれによって破滅した国民は存在しない。個人の場合と同様に、消費が生産よりも多いことが国民を破滅させるのだ。もし国民が九千万ポンド相当を生産して一億ポンドを消費したら、その国民は長く存続できないのである。

［国内消費と富裕］

第三に、この体系のもうひとつの悪い効果は――確かにそれは実践よりも理論に影響を与えてきたので、前の場合ほ

［33］ブラジルはポルトガル領の砂糖植民地であったが、一六九三年にミナスの金山が発見されて、ゴールドラッシュを引き起こした。

(70) Portugall は France の誤記であろう。

(71) Joshua Gee, *The Trade and Navigation of Great-Britain Considered* (1729).

(72) Jonathan Swift, *A Short View of the State of Ireland* (1727–8 : *Prose Works*, ed. H. Davis, vol. XII. 1955, 9–10). Hume. *Essays*, I. 332.

(73) ヘンリ・ペラムは一七四三年から五四年まで大蔵第一卿であったが、その期間中、一七四八年に（海軍への三六四万三五〇ポンド、陸軍への四二六万一五七五ポンドを含む）最大の額が議決された。のちのチャタム伯爵ウイリアム・ピットは、一七五六年から六一年まで国務大臣として実質的な権力をもっていたが、その期間中に議決された最高額は、一七六〇年の戦費への一九六一万六一一九ポンドであった（J. Sinclair, *History of the Public Revenue of the British Empire*, 2nd. edn., 1790, III. 58–69）。

ど有害ではないが――国内外での出費に関する考え方である。ここから必然的に生じる規則のひとつは、国内で費やされるものは何も公共の富裕、国民の富裕を減少させることはありえないということであった。それゆえ、ここから〔『蜂の寓話』の著者であるジョン・マンデヴィル卿は〕[74] ［168裏］私悪は公益という彼の理論を形成した。奢侈もどんな散財も、想像可能な最大の乱費も、国内生産の商品に注ぎ込まれれば、少しも有害ではないと考えたのである。多くは利益になりさえした。もしわれわれが他の財貨すべてを閉め出して、人に満足するだけ費やさせたら、この国民は以前と同様に金持ちになる。貨幣は国外のフランスやホラントに送られず、なお国内にとどまる。それは右手で左手に支払うのと同じで、その場合に人はより貧しくはなりえない。同様に、ここでは貨幣がなお臣民のなかにあるので、国民はより貧しくはなりえない。しかしわれわれは、この方法で自分の貯えを費やすあらゆる人は、同じ量の富裕を減少させるに違いないことを知るだろう。というのは、貨幣が王国内にあるとはいえ、貯えはまさにそれだけ減少するからである。もし私に千ポンドの財産があってそれをすべて愚行と乱費に費やしたとすると、なお王国には千ポンドあるが貯えは千ポンドだけ減少している。全体が破壊され、その代わりに何も生産されない。しかし、もし私が千ポンドを貿易に使用する商人や、これによって多くの人手を雇って農地をよりよい目的のために耕作する農業者や地主に渡せば、それは年七五ポンドの利潤

170

を生み出し、そのうち五〇ポンドを彼らは私に与え、なお彼ら自身が二五ポンドを保有することになろう。この方法で、貨幣は勤労と富裕に寄与するのである。いま五〇ポンドで生活している私は怠惰な人間なので、〈ほとんど？〉役に立てないが、しかし同時に害にもならない。私の資本が使われると、より多くの勤勉と富が生産される。もし私も勤勉で財貨を生産すれば、おそらく私は役立つであろう。しかし、もし私が〈？〉によって何も生み出すことなく千ポンドを消費したら、国は千ポンドの価値だけ貧しくなる。これをよりいっそう明白にするために以下のように想定してみよう。私の父が私に財貨――牧草地に畜牛、地下室にビール、倉庫に毛織物、麻布など、そして私が欲しうるすべての事物――を残してくれたので、私は額にして千ポンドの範囲内で生活することができるとする。そして、私自身と同様に怠惰な他の何人かとともに、私が、年末までにそのすべてを消尽するほど、畜牛を食べビールを飲み、服地と麻布を身につけて傷めるとすれば、明らかにここには、その代わりに何も生産されない千ポンドの減少がある。

〔手稿第六巻の終わり〕

(74)『蜂の寓話、私悪は公益』(一七一四年)は、バーナード・マンデヴィルによって書かれたが、彼は一四世紀の旅行記の著者であるサー・ジョン・マンデヴィルとはまったく関係がない。

訳者解説

水田　洋

アダム・スミスがグラーズゴウ大学の道徳哲学の教授として、最初の著作『道徳感情論』（一七五九）を出版したとき、その巻末で自分の次の著作は法学または統治の一般理論であるだろうと予告し約束していた。「私はもうひとつの別の論説で、法と統治の一般的諸原理と、それらが社会のさまざまな時代と時期において経過したさまざまな転換とについて、正義に関することだけでなく、生活行政[1]、公収入[2]、軍備、さらには法の対象である他のすべてのことについても、説明するように努めるつもりだ」と彼は書いたのである。その後、彼は大学を辞職してフランスに渡り、『国富論』（一七七六）を書いて有名になったが、約束したように法学の一般理論を出版することなく、晩年を主として『道徳感情論』の改訂増補に費やして、フランス革命の知らせを聞きながら一七九〇年に死を迎えた。この改訂作業は倍増と言っていいほどの成果を生んだので、この本については重荷をおろしたように感じたのであろうか、彼は第六版の序文で、初版での約束をふりかえって次のように述べたのである。（繰り返しを避けずに引用すれば）「この著作の初版の最終パラグラフで私は次のことを述べた。すなわち、私はもうひとつの別の論説で、法と統治の一般的諸原理と、それらが社会のさまざまな時代と時期において経過したさまざまな転換とについて、正義に関することだけでなく、生活行政、公収入、軍備、さらには法の対象である他のすべてのことについても、説明するように努めるつもりだということである。諸国民の富の性質と原因に関する研究で、私はこの約束を部分的に、少なくとも生活行政、公収入、軍備に関する限り実行した。残っている法学の理論は、私が長いあいだ想を練りながら、以下の著作の改訂を妨げてきたのと同じ仕事によって、これまで実行を妨げら

［1］生活行政は police の訳語である。ポリスとすると日本では警察を意味することになり、古代ギリシャのポリスとも混同されるので、この訳語に到達した。治政または行政という訳語も使われた。

［2］公収入は revenue の訳語である。財政年度が確立される前には、歳入という言葉は使えないのでこうしたが、支配者の私的な収入が含まれる可能性もあるだろう。

れてきたものである。この大著を自分で満足できるように仕上げられる日があろうとは、ほとんど期待できないということを私は認めるのだが、それでもなお、私はその企画を完全に放棄したのではないし、できる限りのことをする義務を負い続けたいと思うので、私はそのパラグラフを、三〇年以上も前に出版されたままに残しておいた。そのとき私は、そこに述べられたすべてのことが実行できるものと、疑いをもっていなかったのである」。この悲痛な遺言を、残された人々がどのように受け取ったかはわからない。これを書いているときの彼は、友人に依頼して膨大な原稿を焼き捨てていたはずであり、そのなかには彼がラ・ロシュフーコー[3]への手紙で、資料が大変よく集められ、整理されていると述べた「法と統治に関する理論と歴史」の大著の原稿も含まれていたのである。それはスミスが予定した大著のうち、『国富論』で取り扱わなかった部分であっただろう。

しかしスミスは、最後まであきらめなかった。法学あるいは統治論について、大学就任以来、というよりその前のエディンバラ公開講義以来、毎年講義をしてきたのであって、そのことは（内容こそ知られなかったが）早くから伝えられていた。教授が講義のまねさえしなくなったというオクスフォード大学の沈滞に失望して、留学途中の一七四六年夏に帰郷したスミスは、復学しないで就活青年の道を選んだ。当時はもちろんオクスフォード・イングリッシュという言葉はなかったのだが、このオクスフォード帰りの就活青年に、英語のすなわち「修辞学と文学」の講義をさせることを思いついたのは、まもなくケイムズ卿としてスコットランド最高裁の長官になろうというヘンリ・ヒューム[4]であった。彼のこの提案の根底には、ウェストミンスター議会・法廷でのスコットランド法曹としての苦い体験があった。というのは、一七三六年に起こったエディンバラ市衛兵隊長ポーティアスの私刑事件について、市民自治と合邦後三〇年のイギリス法とのあいだで論争が生じたとき[5]、説明のためにウェストミンスターに出頭したスコットランド貴族たちの英語がほとんど理解されないのを、同行したケイムズが身にしみて体験していたからである。

スミスはケイムズの提案に応じて、エディンバラで一七四八―五一年の三冬に修辞学・文学と法学と哲学史について公開講義を行い、その成功によって母校の教授に迎えられた。この三つの講義を、スミスがエディンバラ公開講義からグラーズゴウ大学にもちこんだことについては、双方の受講者であり同僚にもなったジョン・ミラー[6]の証言がある。この三つのテーマのうちの優先順位については、後継者ウッドハウスリーによるケイムズの伝記[7]では修辞学・文学だけがあげられていて、DNB の新版（二〇〇四）でもドナルド・ウィンチが、修辞学・文学講義の最初の成功に力を得たスミスが、哲学史と法学を含むように拡大したのだと書いている。哲学史というのは古代ギリシャからの天文学史であって、スミスはこれを青年時代（オクスフォード留学時代）の作品として、出版する価値があるものと考えていた。彼は一七七三年に『国富論』の草稿をもってロンドンに向かうとき、親友ヒューム[8]を文筆遺産処理人に指名したが、遺稿の中で天文学史だけは出版されて差支えないと付記したのである。さらに晩年、死を覚悟した彼が友人の助けを得て遺稿を焼却したときも、天文学史は残されて遺稿集『哲学論文集』に収録されたのであり、これが大学の講義に使用されたことは、弟子であり道徳哲学の教授にもなったアーチボルド・アーサー[9]が記録している。

同じように法学講義も、スミスの希望によったものと考えられないだろうか。まもなくスコットランド法曹界の頂点に立とうという人が、二七歳年下の就活青年に法学の講義を依頼するとは、一般市民向けではあっても考えにくいことである。スミスは自らの希望によって、法学の公開講義を行うことができたが、しかしそれを天文学史のようにすぐ出版できるものとは考えなかった。その課題を背負い続けて、彼は十年後に『道徳感情論』で、次は法学あるいは統治の一般理論を書くと宣言したのである。だがこの宣言は、論壇・学界でまともに対応されることがなかった。理由を二つに分けて考えることができる。『道徳感情論』も『国富論』も正確に理解されなかったということでもあるが、最初の本はトマス・リード[10]によって自愛心・利己心の哲学として非難されただけでなく、そもそも自由平等な市民による相互同感の共同体という観念がもつ歴史主義と相対主義は、キリスト教の一神絶対主義とは相容れないものであり、したがってその後の道徳哲学の著者たちは、スミスを受け入れようとしなかったので

[3] ラ・ロシュフーコー（La Rochefoucauld d'Anville, Louis Alexandre, duc de, 1743–1792）。スミスは一七六五年にジュネーヴでラ・ロシュフーコーに会い、『道徳感情論』におけるその先祖への言及を削除することを求められた。それへの回答を含めた手紙（一七六五年一一月一日）でスミスは、主著の改訂増補とともに二つの大著の準備がかなり進行していると述べていた。

[4] ヘンリ・ヒューム（Henry Home, Lord Kames, 1696–1782）。スコットランドの法律家で一七五二年にケイムズ卿として高等裁判所（スコットランド最高裁判所）の長官に就任し、その頃からの著作活動によって、スコットランド啓蒙思想の開拓者となった。

[5] ポーティアス事件については、近藤和彦編『長い一八世紀のイギリス』山川出版社、二〇〇二年、第一章2「ポーティアス事件と連合した王国」を参照。

[6] ジョン・ミラー（John Millar, 1735–1801）。アダム・スミスの高弟で、一七四八年にグラーズゴウ大学に入学。一七六〇年に弁護士資格を取得し、翌年から死に至るまで母校の法学教授を務めた。道徳哲学の教授としてのスミスの講義が自然神学・倫理学・正義論・便宜論の四部構成であったことを伝えた。

[7] A. F. Tytler, Lord Woodhouselee, *Memoirs of life and writings of the honourable Henry Home of Kames*, Edinburgh, 1807, vol. 1, p. 195.

[8] デヴィド・ヒューム（David Hume, 1711–1776）。哲学者でアダム・スミスの無二の親友。無神論者と言われて、大学の職に就けなかった。ホッブズの強い影響を受け、最初の著作（一七三九―四〇）の題名に「人間本性 Human Nature」を選んだのは、一〇〇年前にホッブズが亡命を前にして書いた同名の手稿を記念するかのようである。

[9] アーチボルド・アーサー（Archibald Arthur, 1744–1797）。一七五八年にグラーズゴウ大学に入学し、一七六三年に修士号を取得。スミスの後任リードの助手を務め、その後任として道徳哲学の教授に就任した（一七八〇―九七）。

ある。[11] 他方で『国富論』は、著者自身が法学の一般理論の一部分（五部門のひとつ）にすぎないと言っているにもかかわらず、産業革命の波に乗って自由競争のバイブルとなり、前著にまさる主著として評価されてしまった。そのために、一八九五年と一九五八年にいずれもスコットランドの旧家の蔵書の中から発見された、スミスの法学講義の学生による筆記も、主として『国富論』への道を示すものとして理解されたのである。イギリスの経済学者たちは、法学講義のスミスがフランスでケネーやチュルゴの影響を受ける前に、経済学をもっていたことを知って満足した。

一八九五年に発見された法学講義ノートは、「一七六六年法学講義」と題して製本されていたが、言うまでもなくそのときスミスは大学で講義をしていなかった。発見者であり編集者であったエドウィン・キャナン[12]は、講義の内容（穀物価格や七年戦争への言及など）から、講義が行われたのは一七六二―六三年の学年か、それ以後だと推定した。ところが一九五八年にアバディーンでジョン・ロージアン[13]が発見した二組の手稿には、明確な主題と日付（法学講義は一七六二年一二月一七日から一七六三年四月一三日まで、修辞学講義は一七六二年一一月一九日から一七六三年二月一八日まで）があって、一七六二―六三年におけるスミスの法学講義と修辞学・文学講義の、聴講生による筆記であることが明らかであった。二つの講義がエディンバラ公開講義からこの学年までに変更がなかったか、特に、法学についてはケイムズあるいは市民法の教授として同僚となったミラーの、批判を受けることがなかったかということについては、これまでのところ何も知られていない。もちろん『道徳感情論』と二つの雑誌論文がこの期間に出版されているので、講義への影響を推測することはできるだろう。なお、紛失したらしい法学講義ノートの第七巻は、第六巻から続けられた生活行政論であるから、スミス自身が遺言で述べているように『国富論』にその完成形態を見ることができる。一九五八年に発見されて LJA とよばれている法学講義ノート（本訳書）が日付をもっていたことによって、キャナンが編集した法学講義はその後のものと推定され、LJB と呼ばれるようになった。しかしスミスは、この学年が始まってまもなく、政治家タウンゼンド[14]の要望を受け入れて、彼が後見するバクルー公とともに大陸旅行に出発することになるので、講義ができたのは学年のはじめの二カ月ぐらいだっただろう。

LJA から LJB へはいくつかの重要な変化があるが、LJB の冒頭でスミス自身が、法学講義の構成あるいは叙述の順序の変更について次のように述べている。「民法学者［ローマ法学者］たちは統治の考察から始めて、そのあとで所有権およびその他の権利を取り扱う。この主題について書いたその他の人々は、後者のそれぞれから始めて、そのあとで家族と国内統治を考察する。これらの方法には、それぞれ固有の長所がいくつかあるが、全体として民法の方法がまさっている」。この二つの方法のうち、公法から始めるローマ法学者の方法を、スミスはLJBでとろうとしていたのであり、LJAを含むそれまでの自分の講義は「その他の人々」の方法に従ったものだったのである。その他の人々のなかにはハチスンも含まれていただろう。スミスがこのようにLJBで法学の叙述の順序を逆転させたことは、研究者のあいだで議論を引き起こしたが、スミス自身が法または統治の一般理論を目指していたのであってみれば、公法論優先には議論の余地がないのである。

スミスはLJAを「法学は統治を導くべき諸規則についての理論である」と始めて、すべての統治が目指すこととして、司法（正義）、生活行政、財政、外交（和戦）をあげるが、この講義は司法から始まり、第六巻の生活行政のあとに、紛失したとされる第七巻が続いて終了したようである。財政と外交はLJBにはあるが、LJAにはない。ここで統治および司法と訳したのは、それぞれgovernmentとjusticeである。統治は政府が成立する前の統治（支配）機能まで含める意味で訳語として使用し、司法には、正義を維持する制度だという意味で正義と付記した場合もあるが、正義論であるかのような誤解を与えたかもしれない。スミスには交換的正義と分配的正義への言及はあっても、正義論そのものはない。彼によれば、権利とは交換的正義にかかわる完全権のことであって、他方で分配的正義にかかわる不完全権は、正確には法学にではなく良俗の体系に属している。「したがって、

［10］トマス・リード（Thomas Reid, 1706–1796）。アバディーン大学マーシャル・カレッジ出身の哲学者で、一七六四年にケイムズの推薦により、グラーズゴウ大学のスミスの後任となった。スミスの道徳哲学を自愛心の哲学として非難しつづけた。

［11］道徳哲学における否定的なアダム・スミス評価の例をあげておく。Thomas Brown, *Lectures on the philosophy of the human mind*, 4 vols., Edinburgh, 1820. Daniel Dewar, *Elements of moral philosophy, and of Christian ethics*, 2 vols., London, 1826. Robert Blakey, *History of moral science*, 2 vols., London, 1833. ブラウンはエディンバラ大学の道徳哲学の教授、ブレイキーはクイーンズ・カレッジ・ベルファストの論理学・形而上学の教授で、デューアは著書の表題によれば、グラーズゴウ・トゥロンの牧師で、アバディーン大学キングズ・カレッジの道徳哲学の前教授であった。以上三著におけるアダム・スミス評価は、下記に抜粋収録されている。Cf. Mizuta Hiroshi, *Adam Smith: critical responses*, 5 vols., London and New York, Routledge, 2000, vol. 2, pp. 229–275.

［12］エドウィン・キャナン（Edwin Cannan, 1861–1935）。経済学者、ロンドン・スクール・オブ・エコノミクスの初代経済学講師（一九〇七年から教授）。彼が詳細な編注をつけて出版した『国富論』（2 vols., 1904）は、標準版として高い評価を受け、現行のグラーズゴウ版もこれに依拠するところが大きい。

［13］ジョン・ロージアン（John Lothian, 1896–1970）。カナダのサスカチュワン大学のイギリス文学の教授であったが、引退してアバディーン大学の講師となり、一九五八年に旧家の蔵書の中からスミスの講義ノート二篇を発見した。彼はそのうちの『修辞学・文学講義』を編集して出版し、手稿は双方ともグラーズゴウ大学に売却された。

［14］チャールズ・タウンゼンド（Charles Townshend, 1725–1767）。政治家で、雄弁においてはエドマンド・バークにも比せられたが、無原則・不安定の評もあった。彼の意図をヒュームが当てにならないとしたのは、そのためだろう。彼は結婚によってバクルー公の後見人であった。

われわれは以下において、完全権および交換的正義と呼ばれるものに論述を完全に限定する」ということになる。このような序論のあとで、講義は所有権法と言われるローマ法の解説に入る。「自然権とよばれているものの最大部分の起源は、説明する必要がない」のだが、唯一、起源が明白でないのは所有に関する自然権であるとして、先占、移転（譲渡・売買など）、添付、時効、相続による所有とその変化が紹介される。所有というのはpropertyの訳語であり、所有権や所有物も含めて使用されているが、近代的所有はまだ成立していない。スミスもときには触れているように、所有といっても歴史的相対的なものであり、そのことがまた所有とその侵害に対する処罰を、同感で説明することを容易にしただろう。

スミスは人類史を狩猟・牧畜・農業・商業の四段階に分けて、「これらの段階のそれぞれにおいて所有に関する法律と規制はさまざまである」としたうえで、先占（占有）を所有に転化させ継続させる決め手として同感理論を使用し、それを時効、契約、怠慢（違約）、刑法にも適用する。スミスはこの理論を『道徳感情論』の初版（一七五九）から第六版（一七九〇）にかけて展開したが、その内容を要約すれば、心身の能力において平等な諸個人が生存のために全力をあげて競争するとき、自己中心的な行動が、競争者相互の同感によって規制されて、フェアプレイが実現されるということである。スミスはこの競争を競争者と観察者（観衆）に分けて説明しているが、両者はつねに立場を交換する。これは、各人がある程度商人になる商業社会の道徳哲学なのだと言えば、グラーズゴウ版『法学講義』の三人の編者のうち、ミークは賛成しラファエルは反対するだろう。いずれにせよ、この競争は所有の拡大競争なのだから、出発点で所有とは何かを決めておかなければならないのである。

法学講義におけるこのような所有の同感理論を、先行したはずの『道徳感情論』と比べてみると、理論も用語法も法学講義のほうがはるかに遅れている。同感についても中立的な観察者についても説明がないことは、先行の著書にあるからだとしても、用語の混乱は用語法の未熟としか考えられない。spectatorやimpartial spectatorとならんで、注視者beholderと傍観者bystanderが、無差別に混用され、無関心な観察者unconcerned spectatorを「残りの人類すべての目」と書き直した箇所もある。『道徳感情論』にも傍観者という言葉は六回登場するのだが、そこでは「あらゆる中立的な観察者」と「すべての利害関心のない傍観者」を並べて、後者の意味が自然にわかるようにしている（もちろんこの並列に問題がないわけではない）。法学講義では「中立的な観察者」の観念を導入するにあたって、「諸君は私が、すでに説明した体系から次のように言ったのを思い出すだろう」と述べ、過誤と重過誤については「それはユスティニアヌス法典で取り扱われ、『道徳感情論』で詳しく説明されたので、ここで繰り返す必要はない」とも言っているので、著書または道徳哲学講義に詳細を譲っているということも考えられる。しかし、いずれにしても用語法の粗雑さは否定できず、この法学講義には、先行の著書や講義に譲った部分があるだけでなく、逆にそれらに先行して未熟なまま残された部分もあるのではないかと疑われるのである。なお、スミスによれば、事情に通じた中立的な観察者の同感は、所有の発生と平和的移転を確認し正当化するだけでなく、それが侵害されたときの侵害の確認から被害者の憤慨（被害意識）とそれに対応する処罰の正当性を問うものでもあった。野生のリンゴを木からもぎとったとき、および兎を狩りだしたときの先占や所有とその侵害が、同感と観察者の理論によって説明されている。

先占の次に時効について、「時効の権利は、実際は先占の権利と同一の原理から引き出された」とし、善意の占有者が「このように占有してきたものは使用していいのだという、正当な期待」をもち、それに観察者が入っていくことによって、時効による所有が成立する。「国王が彼の臣民たちの服従に対してもつ権利は、土地およびその他の財産の単独使用の権利と同じ理由で時効にかかる」という発言は、もちろん当時のヨーロッパの諸王家にかかわる紛争を指していて、権利の継続を主張しうる「子孫や親族に事欠くことは決してない」とスミスは言うのである。

所有取得の第四の方法としてあげられる相続については、第一巻の半ば以上を占めて、法定相続と遺言相続、分割できるもの（動産）と分割できないもの（不動産）の相続が取り上げられる。不動産の代表例は封建領主と従士の領地や封地であり、領地については世襲制を維持するために、限嗣相続あるいは代理相続（代襲）の制度が作られ、封地についてはコンラート二世が、イタリア遠征軍の兵士たちの不満を受けて相続を認めたという。スミスは、古代ローマで女性の地位の変化に応じて生じた遺贈信託が、限嗣相続を生んだとして、この制度に一定の歴史的必然性を認めるが、現実の制度についてはきわめて否定的で、「諸家族の虚栄だけによって支えられている不自然な権利」と言っている。「この権利は、最大限に背理的であるだけでなく、その共同体にとってきわめて有害である。というのは、それが土地を商業から完全に排除するからである」とスミスは述べ、さらに詳しく説明すると約束したのだが、それが果たされたのは『国富論』の長子相続制批判としてであった。

第一巻の終わりで、このように独立自営農民の社会への展望を（その天敵を含めて）得たスミスは、第二巻を「私はいま、所有を取得する最後の方法、すなわち任意の移転に達した」と始める。所有者の意思と引渡しを絶対的に必要とするこの移転は、商業社会への展望を予知するものであるが、スミスはなお、封建制下の封土の移転についての説明を忘れていない。これで所有権は終わって、対物権の第二の種類である地役権、第三の抵当権、第四の排他的特権に進み、市民法で第四にあげられる相続権は、排他的特権と所有権の双方にわたるものとされる。「排他的諸特権の最大部分はその国の政治制度の産物」であり、その最大部分は社会にとって大いに有害だとみなすスミスが、害がないとして許容するのは、機械その他の発明や著作に対するもので、著者は自著について一四年の独占販売を認められる。スミスは、いまでは有害なものでも、かつては「非常に好都合であり、ほとんど必要であったかもしれない」と認めながら、社会の進歩が自然に発生させる職業の分化を行政が促進することを期待して、対物権から対人権に移るのである。

対人権を発生させるのは契約か準契約か怠慢（不法行為）である。契約が履行の義務化を伴うようになったのは、商業の発展によって契約履行に対する相手の期待または依存が増大したためであり、それに従って裁判と裁判所も増加した。怠慢 delinquency とは、青少年非行のように、法律に反してはいるが、まだ犯罪にはなっていない行為のことで、不注意によって他人に損害を与えた場合の処罰の程度は、被害者の憤慨と中立的な観察者との一致点だとスミスは言う。「すべての場合に、それを科すことについて観察者が被害者と一致するような処罰であれば、それは人類のうちの彼ら以外にも公正と思われるのである。受けた侵害を犯人に返すようにせきたてる被害者の復仇心は、犯罪処罰の真の源泉である」。ここでスミスは、グロティウスその他が処罰の基準を公益においていることに触れ、public goods または public utility にもとづく刑罰の例として、イギリス重商主義による羊毛輸出禁止と立哨中に居眠りをした歩哨の死刑をあげる。観察者は後者にはついていくが、これは凶悪犯の処刑の場合とは違う、と言うのである。しかしスミスはすぐ、被害者の復讐心が処罰を規定するという前の議論に戻り、犯罪には、第一にわれわれの自然的諸権利を侵し身柄に作用する、殺人から名誉毀損にいたるものがあり、第二に取得権を犯す、窃盗から詐欺強盗にいたるものがあるとして、謀殺から処罰の検討に入る。この間、反逆という言葉は使われているが、中心は所有と契約であって、私法の範囲内である。同感は、犯罪を処罰する力をもつようになった社会が被害者の状態に身を置く作用として、一度あげられるが、処罰には結びつけられていない。対人権はその権利の履行と解除、および時効によって消滅すると述べて、第二巻を終えようとするとき、スミスは一七一五年と一七四五年のジャコバイト反乱における政治犯の時効問題に言及して、「社会の安全は危険人物の除去を求めるだろう」と言うのだが、これは統治論に移る準備であろうか。

第三巻の冒頭で彼は、正義にもとづく人間の諸権利のうち、これまでに人としての人に属する諸権利を述べ終わったので、次に家族の一員としての諸権利を説明すると言う。彼はこの家族論の最初の講義で夫と妻の関係から始めると述べ、次の講義でも前回、結婚の永続性と夫の離婚権を説明したことを確認しているのだが、実際には手稿が一ページ紛失したために、その内容を知ることができない。確認される限りでは、彼は結婚についてその起源とそれによる諸権利、結婚の解消を論じると言いながら、その前に性欲を取り上げ、

「すべての四足獣において、性的愛好は雌が妊娠するや否や消滅する。それは雌が自分だけで、子の生存に配慮するのに十分な能力をもっているからである」として、それが人間の場合に継続するのは、生存条件の厳しさによるのだと述べる。したがって人間の場合は、子の両親への依存が動物より大きく、「子は両親に依存しているので、……その諸情念を彼らがついてくることができる程度に引き下げ、その諸意欲をその程度に抑制するため、この手段によって彼は非常に幼い頃に、教育の主要で最も基本的な部分を学ぶのである。……人がその諸情念を引き下げ、その意思を抑制して、他の人々の情念と意思とおりあいをつけ、彼らがついてこられるようにしない限り、彼が社会のなかで平和を手にすることはありえない。この教訓は、最も放埒邪悪な両親の子によってさえ学ばれるのである」。この家庭教育による自己愛の自主規制は、ある程度商人になった市民たちのあいだで作用する同感とは関係がない。

その次の講義は、古代ギリシャ・ローマでは、妻は夫の絶対権力下にあり、動産と同じく時効取得されたということから始まる。トロイア戦争の起源になったヘレナの誘拐は、恋愛問題ではなく私有財産の略奪であり、彼らのあいだでは、愛情が文学の主題になったことはほとんどなかった。共和制ローマで女性が大財産をもつようになり、離婚の自由を獲得しても、女性の自由放縦が増大しただけであった。それは「この情念自体がむしろ滑稽な性質のものであり、度重なる安易な離婚は、それを充足することを何も意味のないものとした」からである。ところがキリスト教の導入によって結婚が永久化されると、相手の選択の重みが増大し、「これ以降、愛情がわれわれのすべての悲劇と物語の主題」となったのである。

キリスト教界に対応するものとしてであろうか、イスラム教界が、同時に多妻制の代表として取り上げられる。この制度の下での男女それぞれの悲惨な状態を述べたのち、スミスは、多妻制は「嫉妬によって諸家長間の連合と友好を妨げる」だけでなく、「世襲貴族の存在を絶対的に阻止する」ことによって、「臣民の自由にとって有害である」と言う。生産力の上昇と奢侈による貴族の没落を、近代への前提として評価するスミスとしてはめずらしく、ここでは貴族は国王に対して民衆を守り、外敵の侵略に対する抵抗の拠点になるものとされている。しかも、貴族の世襲を支えるものとして、長子相続制が容認されているのである。

スミスはその後、多妻制から単妻（単婚）制に移って、離婚権の所在、妻の地位を論じたのち、家父長権の絶対性から奴隷制論に入る。ギリシャ・ローマから現代にいたる奴隷制の説明からスミスが引き出す帰結は、自由保有者による農業経営が経営的に有利であるにもかかわらず、民主的な統治においても立法者が奴隷所有者であるために「奴隷制が廃止されることはありそうもない」ということであった。それでもなお彼は、スコットランドに現存する塩田炭田の奴隷労働とその対極としての富の一極集中との、非効率性・浪費性を指摘して（近代を目指して）第三巻を終了するのである。

スミスは第四巻の冒頭で、これまでに人間を一人の人間として、また家族の一員として論じてきたので、これからは社会の一員として取り扱うと告げ、立法権・司法権・執行権を含む統治の諸形態とその歴史を、狩猟・牧畜時代から名誉革命まで説明する。これは私法から公法への変化として、統治論の始まりでもあるだろう。ここでの政治史の説明は、前三巻よりも歴史的・理論的に一貫性があってわかりやすい。商品経済の導入が貴族を奢侈による自滅に陥れたあとに、大陸では常備軍をもった専制君主が成立したのに対して、イングランドでは、常備軍が導入される前に自由の体制が樹立され、王権の議会依存が増大するなかで、チャールズ二世とジェームズ二世の浪費癖が名誉革命を引き起こしたと論じて、第四巻は終了する。「新しい王家はこの王国ではまったくの新参者で成り上がり者でもあるので……議会が課すどのような条件にも服さざるをえなくなった」のである。

第四巻がこのように終わったあとを受けて、第五巻は自由の体系を保障するものの説明から始まる。それは、国王が常備軍をもたないことや選挙制の議会、国王から自立した裁判所と裁判官、そして陪審制度であり、特に大法官について詳しく説明される。これらは国民の権利を王権から守るものであるが、共和国においては国家制度自体がそういう役割をもつ。これについてスミスは、ドイツ、イタリア、スイス、オランダの都市国家を中心とする小共和国に触れたのち、同じ講義の後半で、臣民の義務と反逆に議論を転じる。彼がこれらの都市国家をすべて町 town とよんでいることは指摘しておいていいかもしれない。『国富論』では town と city が使われている。

スミスはエドワード五世の法律による反逆罪を、名誉革命までの経過を含めて説明したのち、逆に主権者が臣民に対して犯す罪は何かと問いかけるのだが、叙述は、臣民とは何か、移住外国人はどれだけの権利をもつか、市民は戦争とどうかかわるのかというように、むしろ主権の絶対性を強調する方向をとっている。「主権者が存在するところはどこであろうと、まさにものごとの本性からその権力は絶対的であるに違いない」と言うのである。実は、スミスはそのあとすぐ、絶対主権にも限界があって、主権者がそれを超えれば臣民の抵抗権が発生すると述べるのだが、彼は抵抗の根拠が当時流行の社会契約説（ロック、シドニー）ではないことを強調するために、あえて主権の絶対性を前提したのではなかっただろうか。

臣民の抵抗の根拠、したがって服従の根拠が社会契約であることを否定したスミスは、忠誠（服従）の原理として権威の原理と共通利益 common or general interest あるいは効用 utility の原理をあげる。後者については、スミスがすでに、刑罰の根拠としてグロティウスが公益をあげていることを紹介して、それを不十分として退けていたことを指摘しておう。彼は二つの原理がそれぞれ、政体（君主的か共和的か）によって、または政治的党派（トーリーかウィッグか）によって受容されてきたことを、社会契約説批判を含めて説明し、ジェームズ二世によるステュアート王朝の終了と名誉革命で第五巻を終えている。

スミスがここであげた二つの服従原理については、内田義彦が『経済学の生誕』（一九五三）で紹介して、戦後日本のスミス研究の出発点にいた研究者たちに大きな衝撃を与えた。内田は、権威の原理をヒュームによって代表させ、典拠として高島・水田共訳版の LJB（『グラズゴウ大学講義』日本評論社、一九四七）しか利用できなかった（LJA はまだ発見されていなかった）ことによって、訂正を迫られたが、思想史研究の意味についての衝撃は消えなかった（じつは、われわれはそのとき、『道徳感情論』でさえまともに読んでいなかった）。

第六巻は生活行政の始まりであることが明示され、そのあとに軍備論が来て法学講義は終わるとされているのだが、手稿は軍備論に到達する前の、一七六三年四月一三日の貿易差額論までしか残っていない。グラーズゴウ大学の学年は五月末近くまでだったから、スミスは紛失した第七巻で、予定された法学講義を終了することができただろう。

第六巻は、生活行政という言葉がパリの都市行政の用語であったということから始まり、商業は自立的で勤勉な市民を創出するので行政の介入を必要としないとして、ロンドンとパリ、グラーズゴウとエディンバラが対比される。人間は他の動物と違って自然のままでは生きていけないので、技術（生産）によって自然と自分とのあいだのギャップを埋めようとする。それをスミスは技術論から分業論へと展開して説明するのだが、分業による生産増加の第三の原因として職人による機械の発明をあげたとき、その現場を見てきたかのような表現をしているのには驚かされる。スコットランドでもすでに見られると言ってはいるが、彼がイングランドの工業地帯を見る機会は、オクスフォードへの往復の途上しかなかったからである。

スミスは『国富論』で、分業は市場の広さによって規制されると言うのだが、この講義でも分業論は市場論、市場価格論、貨幣論へと展開されて、重商主義の二つの欠陥の批判で終わっている。トマス・マンとジョシュア・ジーによって代表される重商主義は、前の講義でも批判されていたが、ここであげられる二大欠陥とは、貴金属偏重論（貿易差額論）と国内消費無害論である。

以上、アダム・スミスのグラーズゴウ大学における、一七六二―六三年の法学講義の概要を紹介した。ローマ法を中心にした前半三巻には、同感理論の形成過程が見られるかもしれないし、第四巻は政治史、第五巻は服従原理論、第六巻は生活行政（経済）論として、スミスが意図した統治の一般理論がどのようなものでありえるかを示している。

前述のように、彼の講義としては、LJA と LJB のほかに修辞学・文学と哲学史（天文学史）が知られている。これらのうち、天文学史は青年時代に完成されたものとして、そのまま遺稿集に組み入れられたものであり、LJB は短期の講義の筆記または代行用メモであって、LJA と比較することはできない。しかし、修辞学・文学の講義は LJA と同時並行して同じ場所で行われた。違うのは、前者がケイムズの依頼によって、おそらく公開講義の看板であったのに対して、LJA はスミスの希望によって追加されたものだったと考えられることである。したがって、両者を比べてみると講義としての完成度の落差は歴然としている。同感論関係の用語法の未熟さは、この最後の通年講義の前半が、十年余り前の公開講義そのままではなかったかと思わせるほどである。しかし、資料が未成熟だということは、歴史家にとってその資料の価値を減じるものではない。手稿は未完成であるだけに、問題提起としての魅力をもっているのである。

索　引

（項目は注からも採録した）

ア　行

カ　行

サ 行

タ　行

ナ　行

ハ　行

マ　行

ヤ　行

ラ・ワ行

《訳者略歴》

水《みず》田《た》 洋《ひろし》

1919年生まれ。名古屋大学名誉教授，日本学士院会員

著　書『思想の国際転位』（名古屋大学出版会，2000年）

『アダム・スミス論集』（ミネルヴァ書房，2009年）他

篠《しの》原《はら》 久《ひさし》

1944年生まれ。関西学院大学名誉教授

著　書『アダム・スミスと常識哲学』（有斐閣，1986年）他

只《ただ》腰《こし》親《ちか》和《かず》

1950年生まれ。中央大学経済学部教授

著　書『「天文学史」とアダム・スミスの道徳哲学』（多賀出版，1995年）他

前《まえ》田《だ》俊《とし》文《ふみ》

1963年生まれ。久留米大学法学部教授

著　書『プーフェンドルフの政治思想』（成文堂，2004年）他

アダム・スミス　法学講義 1762〜1763

2012年5月10日　初版第1刷発行
2015年8月30日　初版第2刷発行

定価はカバーに
表示しています

訳　者　水 田 洋 他

発行者　石 井 三 記

発行所　一般財団法人 名古屋大学出版会
〒464-0814　名古屋市千種区不老町1 名古屋大学構内
電話(052)781-5027/FAX(052)781-0697

印刷・製本 ㈱太洋社　ISBN978-4-8158-0699-6